Bodenmüller/ Piepel · Streetwork und Überlebenshilfen

Martina Bodenmüller
Georg Piepel

Streetwork und Überlebenshilfen

Entwicklungsprozesse
von Jugendlichen aus Straßenszenen

BELTZVOTUM

Ihre Wünsche, Kritiken und Fragen richten Sie bitte an:
Verlagsgruppe Beltz, Fachverlag Soziale Arbeit, Erziehung und Pflege,
Werderstraße 10, 69469 Weinheim

ISBN 3-407-55892-9

Herstellung: Ulrike Poppel, Münster
Satz: Markus Schmitz, Büro für typographische Dienstleistungen, Münster
Druck und Bindung: Druckhaus »Thomas Müntzer« GmbH, Bad Langensalza/Thüringen
Umschlaggestaltung: glas ag, Seeheim-Jugenheim
Titelfoto: zefa
Printed in Germany

Weitere Informationen finden Sie im Internet unter http://www.beltz.de

Inhalt

Vorbemerkung

Seit 1992 haben wir im Rahmen der Streetwork des Amtes für Kinder, Jugendliche und Familien der Stadt Münster mit Jugendlichen und jungen Erwachsenen gearbeitet, die auf der Straße leben. Immer wieder wurden wir gefragt, wie wir diese Arbeit nur tun können – denen helfen, die ganz unten sind und auch kaum Chancen hätten, aus der Szene, dem Bahnhofsmilieu, der Drogenabhängigkeit oder Prostitution wieder herauszukommen. Wir antworteten stets mit Überzeugung, dass wir nicht das Ziel hätten, Jugendliche »herauszuholen« aus dem Milieu, das vermeintlich für sie schlecht sei, sondern dass wir Unterstützung, niedrigschwellige und unbürokratische Hilfe bieten, Überlebenshilfe sozusagen, und dass unsere Erfolge anders aussehen: wenn 40 junge Leute an einem Morgen unser Frühstücksangebot annehmen, wenn die Jugendlichen zu uns Vertrauen fassen, wenn wir verhindern können, dass ein junger Mann in den Knast muss, wenn Punks sich im Rahmen unserer Wohnhilfen einen Bauwagen ausbauen – das sind unsere Erfolge.

»Wie groß schätzen Sie die Chancen, dass ein Mädchen wie Petra wieder aus der Szene aussteigt?« fragte uns zum Beispiel ein Arzt der Uniklinik, der sie wegen HIV behandelte, und wollte Prozente hören. Nachdem wir unsere üblichen Ausführungen von Ausstieg oder Integration, von Stabilisierung in der Lebenswelt beendet hatten, und er immer noch nicht nachgab, sagte einer von uns: »Ich weiß nicht, mehr als die Hälfte bestimmt« – was ihn wiederum völlig überraschte. Er hätte mit 5% gerechnet. Das gab uns zu denken. Auf dem Rückweg überlegten wir noch einmal. Dachten an Karin, die heute mit ihrem Sohn in einer kleinen Wohnung lebt, an Ronja, die im Sommer eine Ausbildung als Kinderpflegehelferin begonnen hat, an Pit, der seit seinem Zivildienst als Briefträger arbeitet. Alles ehemalige »Straßenkinder«. Aber dann fiel uns auch Tequila ein, der seit über sechs Jahren wohnungslos ist, Tommi, der seit fünf Monaten im Gefängnis sitzt und dort noch zwei Jahre vor sich hat, und Lea, von der wir nichts mehr gehört haben, seit sie in die Psychiatrie eingeliefert wurde.

Was ist heute aus den »Straßenkindern« geworden? Wie verliefen ihre Entwicklungen, ihre »Karrieren«? Wie sieht es mit dem viel beschriebenen Teufelskreis aus: ohne Wohnung keine Arbeit – ohne Arbeit keine Wohnung? Wie geradlinig sind die Lebensgeschichten – und gleichen sie wirklich einer »Rolltreppe abwärts«, wie es die Medien gerne beschreiben? Gibt es Bedingungen, Faktoren, Hilfestellungen, die eine Entwicklung in die eine oder andere Richtung wahrscheinlicher machen? Wo liegen geschlechtsspezifische Unterschiede?

Mit diesen und ähnlichen Fragen beschäftigten wir uns, als wir 1998 den Entschluss fassten, unsere praktischen Erfahrungen und Einschätzungen anhand der Auswertung konkreter Lebensgeschichten von Personen aus der Zielgruppe zu verifizieren. Zu diesem Zeitpunkt waren bereits etliche Jugendliche und junge Erwachsene, die wir im Rahmen der Streetwork begleitet hatten, aus der Szene herausgewachsen. Für wieder andere stand die Straßenszene nach mehreren Jahren noch im Mittelpunkt ihres Lebens. Um ihre Entwicklungen nachzuzeichnen, und der Verschiedenartigkeit dieser Lebensgeschichten Rechnung zu tragen, entschieden wir uns für zwei Vorgehensweisen: einerseits die exemplarische Darstellung und Auswertung einzelner Lebensgeschichten, andererseits eine empirische Analyse der uns bis dahin bekannt gewordenen Lebensverläufe all jener Jugendlicher und junger Erwachsener, mit denen wir näher in Kontakt gekommen waren. Aus dem Zusammenspiel der daraus gezogenen Erkenntnisse haben wir Veränderungsnotwendigkeiten und Handlungsanforderungen herausgearbeitet.

Bis zur Fertigstellung dieses Buches, an dem wir neben unserer normalen Berufstätigkeit her gearbeitet haben, war es ein langer Weg. Und ohne die tatkräftige Unterstützung verschiedenster Personen wäre die Realisierung dieses Projektes gar nicht möglich gewesen. An dieser Stelle möchten wir uns bei all jenen bedanken, die an diesem Prozess beteiligt waren. Zunächst gilt unser besonderer Dank den neun InterviewpartnerInnen, die sich Ela, Denis, Fistal, Marco, Sid, Birgit, Bernd, Andrea und Julia nennen, für ihre Bereitschaft, ausführlich aus ihrem Leben zu erzählen und einer Veröffentlichung zuzustimmen. Aber auch allen anderen Jugendlichen und jungen Erwachsenen aus der Zielgruppe, aus deren Geschichten wir lernen und wichtige Erkenntnisse ziehen konnten, sei an dieser Stelle gedankt. Des weiteren danken wir Dr. Erwin Jordan, Monika Bodenmüller, Susanne Bronder und allen anderen FreundInnen und FachkollegInnen für ihre wertvollen Anregungen, ihre Kritik und den bereichernden fachlichen Austausch. Wir danken Rainer Wyen, der im Rahmen seiner Diplomarbeit vier der Interviews führte und somit wertvolle Vorarbeit leistete. Gerd Wilhelm danken wir für die Hilfe und Unterstützung bei der edv-gestützten Auswertung der statistischen Daten. Und wir danken Kathrin Harsdorf für das sorgfältige Lektorat.

Wir hoffen, mit diesem Buch Zukunftsperspektiven von »Straßenkindern« aufzuzeigen, damit einen Beitrag zur Qualifizierung im Umgang mit ihnen zu leisten und Mut zu machen, wohnungslose Jugendliche und junge Erwachsene zu unterstützen, sie nicht aufzugeben, sondern auf ihrem Weg zu begleiten.

Münster, im September 2002

Martina Bodenmüller
Georg Piepel

1 Das Problemfeld: Jugendliche und junge Erwachsene auf der Straße

Die Personen, die in den Medien und der Öffentlichkeit oft als »Straßenkinder« bezeichnet werden, sind in Münster in erster Linie Gruppen von Jugendlichen und jungen Erwachsenen, die ihren Lebensmittelpunkt ganz oder zumindest zeitweise auf die Straße verlegt haben. Kinder sind selten darunter – ab und zu ein paar 13-Jährige. Kennzeichnend für sie ist das Leben auf der Straße, auf öffentlichen Plätzen, in Jugendgruppen, die häufig zur Ersatzfamilie werden. Denn diese Jugendlichen haben im eigentlichen Sinne kein Zuhause.

Wohnungslosigkeit resultiert im Jugendalter im Gegensatz zur Erwachsenenproblematik seltener aus Wohnungsverlust durch Arbeitslosigkeit, Mietschulden oder Trennungen, sondern begründet sich meist in Problemen in der Herkunftsfamilie: Gewalt, massive Kontrolle, Vernachlässigung oder den ständigen Wechsel von Bezugspersonen wie zum Beispiel in Heimen. Wohnungslosigkeit hat im Jugendalter nicht nur andere Ursachen, sondern auch andere Ausprägungen, Erscheinungsformen und Konsequenzen. Wie sieht für Jugendliche das Leben in der Straßenszene aus? Warum kann die Jugendhilfe – die ja eigentlich zuständig wäre – in vielen Fällen keine Lösungen bieten? Und was kann Streetwork leisten?

In diesem einleitenden Kapitel beleuchten wir das Problemfeld der Wohnungslosigkeit Jugendlicher und junger Erwachsener aus unserer Sicht als StreetworkerInnen. Zunächst geben wir einen kurzen Überblick über Begriffe und Zahlen. Es folgt eine Einschätzung der Ursachen und Gründe, warum Jugendliche und junge Erwachsene das Leben in der Straßenszene dem in Familien oder Heimen vorziehen.

Des Weiteren beschreiben wir die Lebenssituation wohnungsloser Jugendlicher und junger Erwachsener, insbesondere unter geschlechtsspezifischem Blickwinkel. Unter dem jugendkulturellen Aspekt werfen wir einen Blick auf das Phänomen »Straßenszene«. Wir zeigen die Grenzen der »klassischen« Jugendhilfe auf und stellen Streetwork als lebensweltorientierten Hilfeansatz für wohnungslose Jugendliche und junge Erwachsene vor.

1.1 Straßenkinder oder Wohnungslosigkeit im Jugendalter?

Der Begriff »Straßenkinder« bezieht sich ursprünglich auf Lateinamerika, wo er Kinder und Jugendliche beschreibt, die auf der Straße leben und/oder arbeiten, für die die »Straße im weitesten Sinne des Wortes zum zentralen Aufenthalts- und Überlebensort« (Specht 1991: 31) geworden ist. Dort sind es zum

Teil 8- oder 9-Jährige, für die die Straße der Lebensmittelpunkt darstellt, die auf der Straße arbeiten und von denen viele gar kein anderes Zuhause mehr haben als die Straße.

»Straßenkinder« sind meist Jugendliche und junge Erwachsene

In Deutschland hat sich – geprägt durch die Medien – der Begriff jedoch irreführender Weise für Jugendliche und junge Erwachsene etabliert, die im weitesten Sinne auf der Straße leben. »Straßenkinder« suggeriert, dass es sich um unter 14-Jährige[1] handeln würde. Diese sind jedoch eher die Ausnahme als die Regel. Nicht nur in Münster sind es in erster Linie Jugendliche und junge Erwachsene, die sich in der Straßenszene aufhalten, und deren Altersspanne von etwa 13 Jahren bis ins Erwachsenenalter reicht. Auch in den meisten Studien und Erfahrungsberichten aus Praxiseinrichtungen anderer Städte herrscht weitgehend Einigkeit darüber, dass das Gros der so genannten »Straßenkinder« in der Altersgruppe ab 15 aufwärts zu suchen ist, weit in den Bereich der jungen Erwachsenen hineinreicht und Kinder unter 14 Jahren nur selten darunter sind (vgl. zusammenfassend Hansbauer 1998a: 29).

Merkmale von »Straßenkindern«

Definitionen von »Straßenkindern« sind demnach unterschiedlich und jede Praxis-Einrichtung grenzt ihre Zielgruppe auf unterschiedliche Weise ein. So geht es in manchen Einrichtungen mehr um manifest wohnungslose Jugendliche, um drogenabhängige oder sich prostituierende Jugendliche, in anderen Städten wiederum mehr um Jugendliche, die ihre gesamte Freizeit im öffentlichen Raum verbringen, aber noch im Haus der Eltern übernachten. Hansbauer beschreibt »Straßenkinder« in seiner Definition (vgl. 1998a: 33) als Minderjährige, die sich weitgehend von gesellschaftlich vorgesehenen Sozialisationsinstanzen wie Familie oder Jugendhilfe sowie Schule und Ausbildung abgewendet haben, sich der Straßenszene zugewandt haben, die damit zum Lebensmittelpunkt wird, und die mit ihrem Handeln gegen gesellschaftliche »Normalzustände« verstoßen. Es soll sich bei diesen Merkmalen nicht nur um ein kurzfristiges Verhalten handeln, sondern um Dauerhaftigkeit. Dabei beschreibt diese Definition das Abwenden der Jugendlichen vom Herkunftssystem als aktiven Schritt und vernachlässigt sämtliche Ausgrenzungs- und Ausstoßungsprozesse. Nach unseren Erfahrungen ist der Schritt auf die Straße längst nicht für alle Jugendlichen eine selbstgewählte Entscheidung. Viele sind aus ihren Familien oder Jugendhilfemaßnahmen ausgegrenzt, zum Teil ganz handfest hinausgeworfen worden. Auch wenden sich längst nicht alle von Jugendhilfe, Schule und anderen Sozialisationsinstanzen ab. Eine unserer InterviewpartnerInnen geht beispielsweise, nachdem sie zu Hause ausreißt und fortan die Nächte draußen im Zelt verbringt, weiterhin zur Schule.

---

1 Nach dem Kinder- und Jugendhilfegesetz sind »Kinder« Minderjährige unter 14 Jahren. »Jugendliche« werden als 14-, aber noch nicht 18-Jährige definiert und junge Volljährige als bereits 18, aber noch keine 27 Jahre alt beschrieben (vgl. KJHG § 7 (1)).

Unserer Einschätzung nach sind Ausgrenzung und Abgrenzung oft ineinander greifende Prozesse, bei denen viele Faktoren eine Rolle spielen. Häufig wird die Flucht auf die Straße für die Jugendlichen zum Lösungsversuch, zur Bewältigungsstrategie, zur momentan günstigeren Alternative. Das heißt aber, dass Jugendliche und junge Erwachsene in Straßenszenen in der Regel andere Wünsche und Lebensperspektiven haben als die Straßenexistenz. Gemeinsam ist ihnen unserer Einschätzung nach, dass in diesem Prozess zwischen Ausgrenzung und eigener Abgrenzung die Straßenszene als wesentliche Sozialisationsinstanz an Bedeutung gewinnt und oftmals die einzige »Welt« ist, in der die Jugendlichen Integration und Zugehörigkeit erfahren. Das Verstoßen gegen gesellschaftliche »Normalzustände«, das häufig als Persönlichkeitsmerkmal bewertet wird, ist in diesem Zusammenhang vielmehr eine Überlebensstrategie – sei es pragmatischerweise, um an Geld, Essen oder einen Schlafplatz zu kommen oder auch, um den Normen der jeweiligen Gruppe zu genügen, die nun die »Ersatzfamilie« geworden ist.

Die Straßenexistenz ist zumeist nicht »frei« gewählt

Permien/Zink legen ihrer Untersuchung eine Karriereperspektive zu Grunde, um dem Entwicklungsaspekt gerecht zu werden. Während der Begriff »Straßenkinder« einer persönlichen Zuschreibung gleichkommt, berücksichtigt der Begriff der »Straßenkarriere« Wechselwirkungen, biografische Entwicklungen und den Aspekt, dass die betroffenen Jugendlichen die Straße wieder verlassen können. Er berücksichtigt, dass Straßenkarrieren bereits in einem Alter entstehen können, in dem die Jugendlichen noch lange nicht auf der Straße leben (vgl. Permien/Zink 1998: 20; Deutsches Jugendinstitut 1995: 139f).

Straßenkarrieren

Auf Grund der falschen Assoziationen, die der Begriff »Straßenkinder« weckt, wollen wir unsere Zielgruppe lieber als »wohnungslose bzw. von Wohnungslosigkeit bedrohte Jugendliche und junge Erwachsene« beschreiben. Wenn es um Aspekte der Entwicklung geht, verwenden wir auch den Begriff der »Straßenkarrieren«. Zentral sind für uns die Merkmale, dass diese Jugendlichen und jungen Erwachsenen kein dauerhaftes, intaktes Zuhause haben und die Straßenszene für sie zum Lebensmittelpunkt geworden ist. Aber auch der Ausdruck »auf der Straße« wird der Komplexität dieser Lebenssituation nicht gerecht und ist in diesem Zusammenhang negativ geprägt, so dass uns der Begriff »Straßenszene« trefflicher und weniger stigmatisierend erscheint. Denn nicht alle Jugendlichen und jungen Erwachsenen, die sich in der Szene aufhalten, leben zwangsläufig ständig in akuter Wohnungslosigkeit draußen auf der Straße. Aber die Erfahrung und Bedrohung von Wohnungslosigkeit, der Mangel an einem festen Zuhause ist das verbindende Element.

Wohnungslose und von Wohnungslosigkeit bedrohte Jugendliche und junge Erwachsene

Immer wieder werden wir nach Zahlen gefragt und wird der quantitativen Einschätzung des Problems wohnungsloser Jugendlicher eine große Bedeu-

Schätzungen: zwischen 7.000 und 100.000 wohnungslose Jugendliche

tung beigemessen. Seit Jahren kursieren verschiedenste Schätzungen, die von einigen Hundert bis 40.000 »Straßenkindern« in Deutschland reichen. Eine aktuelle Schätzung der Münsterschen Zeitung benennt sogar 100.000 wohnungslose Jugendliche in Deutschland (vgl. Ausgabe vom 07.02.2000). Hansbauer kommt dagegen nach einer ausführlichen Auswertung auf ca. 5.000 bis 7.000 Minderjährige im Bundesgebiet (vgl. 1998a: 37). Dabei sind die jungen Volljährigen nicht mitgezählt, die nicht nur in Münster, sondern auch in vielen anderen Einrichtungen mehr als die Hälfte der AdressatInnen von Streetwork ausmachen[2]. Nach oben ist die Altersgrenze fließend. Vermischungen zwischen Jugendszene und der »Berberszene« der erwachsenen Wohnungslosen finden durchaus statt, und die Grenzziehung ist oftmals nicht einfach. Inhaltlich geht es hier aber um ein Phänomen der Jugendphase. Ein Großteil der jungen Erwachsenen ist beim ersten Ausreißen oder Straßenaufenthalt minderjährig und wird praktisch auf der Straße erwachsen.

Mädchen- und Frauenanteil zwischen 30 und 75%

An dieser Stelle wollen wir noch ein weiteres Vorurteil zurechtrücken: Mit der Straße als »männlichem Territorium« werden oft auch männliche wohnungslose Jugendliche und junge Erwachsene assoziiert. Mädchen tauchen trotz ihrer zahlenmäßig hohen Präsenz meist nur als »Sonderfall« auf (vgl. dazu auch Weber/Retza 1998: 116ff). Im Gegensatz zur Wohnungslosigkeit im Erwachsenenalter, wo der Frauenanteil bei den alleinstehenden Wohnungslosen nach neueren Schätzungen mit ca. 20% angegeben wird (vgl. Rosenke 1996: 77) und damit immer noch relativ niedrig ist, ist im Jugendbereich das Geschlechterverhältnis eher ausgeglichen. Die Auswertung von aktuellen Vermisstmeldungen ergibt bei aller Problematik der Übertragbarkeit[3] auf Straßenszenen einen Mädchenanteil von ca. 50% (vgl. Hansbauer 1998a: 35). Auch die Erfahrungsberichte unterschiedlicher Einrichtungen und Praxisprojekte zeigen, dass Jugendliche auf der Straße nicht vorrangig Jungen sind. Je nach Zielgruppe und Altersstruktur ergibt sich ein unterschiedlich hoher Mädchenanteil, der zwischen 30 und 75% zu variieren scheint (vgl. auch Deutsches Jugendinstitut e.V. 1995: 46; Internationale Gesellschaft für erzieherische Hilfen 1998: 4).

Leider wird trotz ausführlicher Auswertungsverfahren das Verhältnis zwischen Altersstruktur und Geschlecht meist nicht ausgewertet (wie zum Beispiel bei Reismann/Freesemann 1998: 258–275). So können wir nur die Vermutung anstellen, dass es sich in anderen Städten ähnlich verhalten könnte wie in

---

2   Nach einer Auswertung der BesucherInnenstruktur drei süddeutscher Streetwork-Einrichtungen von Reismann/Freesemann (1998: 264) gehören zwei Drittel der AnlaufstellenbesucherInnen der Gruppe der jungen Volljährigen an. Das Durchschnittsalter liegt bei 19,6 Jahren. Auch die Chemnitzer Streetwork verzeichnet in ihrer Zielgruppe mehr als 50% Volljährige (vgl. Mobile Jugendarbeit Innenstadt 1999: 6).

3   Nicht alle Minderjährigen, die ausreißen oder hinausgeworfen werden, werden von den Erziehungsberechtigten vermisst gemeldet, gleichzeitig finden sich auch Opfer von Gewalttaten oder Jugendliche, die lediglich zu spät nach Hause kommen, unter den Vermissten (vgl. auch Hansbauer 1998a: 34f).

Münster, wo der Mädchen-/Frauenanteil in den letzten Jahren stets etwa 40% beträgt, bei den Minderjährigen aber immer mehr als zwei Drittel Mädchen sind (vgl. Amt für Kinder, Jugendliche und Familien 1999: 6) oder in der

Unter den Minderjährigen sind in vielen Städten mehr Mädchen als Jungen

Dortmunder Innenstadt, wo die Streetwork einen Mädchenanteil von ebenfalls 40% verzeichnet, bei den Minderjährigen, die etwa die Hälfte der Zielgruppe ausmachen, aber 70% der Personen weiblich sind[4].

Die Hinweise auf einen deutlichen Überhang der Mädchen im Bereich der Minderjährigen finden wir in der Literatur lediglich spärlich, meist nur in den Erfahrungsberichten anderer PraktikerInnen. So beobachtet zum Beispiel die Stuttgarter Kontakt- und Anlaufstelle »Schlupfwinkel«, dass der Anteil der weiblichen BesucherInnen mit zunehmendem Alter abnimmt und gibt für die unter 18-Jährigen einen Mädchenanteil von 60% an (vgl. Meyer 1995: 12). Die Mobile Jugendarbeit Innenstadt der Stadt Chemnitz gibt in ihrem Jahresbericht von 1999 einen Mädchen- und Frauenanteil von ca. 36% an, verzeichnet aber bei den Minderjährigen ca. 55% Mädchen. Unter denen, die jünger als 16 Jahre sind, sind hier sogar mehr als 80% weiblich (vgl. Mobile Jugendarbeit Innenstadt 1999: 5ff). Die Hamburger Anlaufstelle Kids e.V. verzeichnet bei den Minderjährigen insgesamt ein ausgewogenes Geschlechterverhältnis, bei den unter 16-Jährigen aber einen Mädchenanteil von 58% (vgl. Lembeck/Ulfers 1997: 5). Das geschlechtsgemischte Frankfurter Sleep-In gibt in seinem Jahresbericht von 1995 einen Mädchenanteil von 33% an, bei der Auswertung der einzelnen Altersgruppen ergibt sich bei den 11- bis 15-Jährigen ein Mädchenanteil von 51% (vgl. Verein Arbeits- und Erziehungshilfe e.V. 1995: 30f). Und die Karlsruher Streetwork gibt als Ergebnis einer Befragung von Straßenpunks an, dass die Mädchen, die insgesamt 50% der Gruppe ausmachen, gleichzeitig »erheblich jünger« als die männlichen Szeneangehörigen seien (vgl. Freesemann 1997: 63). Insgesamt gibt es zu diesem Phänomen trotz der inzwischen erreichten beträchtlichen Anzahl von Studien und Befragungen leider kaum wissenschaftliche Auswertungen, obwohl eine Vielzahl von PraktikerInnen aus anderen Städten in ihrer Arbeit eine ähnliche Alters- und Geschlechtsverteilung beobachten, wie wir sie für Münster verzeichnen.

Einen deutlichen Jungenüberhang scheint es jedoch in Szenen mit vorwiegend ausländischen Jugendlichen und minderjährigen Flüchtlingen zu geben. So besteht bei-

Szenen mit ausländischen Jugendlichen

spielsweise die weitgehend ausländische Zielgruppe der Streetworker in der Dortmunder Nordstadt zu 90% aus männlichen Personen[5]. Im Hamburger Kids e.V. sind 90% der nichtdeutschen Jugendlichen und jungen Erwachsenen männlich (vgl. Lembeck/Ulfers 1997: 6). Die Frankfurter StreetworkerInnen geben für 1995 ein ausgewogenes Geschlechterverhältnis im Bereich der deut-

---

4 Mündliche Mitteilung der Streetworker des Dortmunder Jugendamtes vom 15.05.01.
5 Mündliche Mitteilung der Streetworker des Dortmunder Jugendamtes vom 15.05.01.

schen Jugendlichen an (50%), während bei den ausländischen Jugendlichen (die insgesamt zwei Drittel der Zielgruppe ausmachen) über 70% männlich sind (vgl. Streetwork Innenstadt Frankfurt am Main 1996: 12f). Viele PraktikerInnen, die hauptsächlich MigrantInnen und Flüchtlinge betreuen, berichten, fast ausschließlich mit Jungen zu arbeiten.

1.1.1 Wohnungslose Jugendliche

In Straßenszenen halten sich Mädchen und Jungen in unterschiedlichen Lebenssituationen auf. Manche sind aus Familien, andere aus Heimen oder Psychiatrien ausgerissen, wieder andere aus dem Elternhaus hinausgeworfen worden. Ein Teil der Jugendlichen hat noch Kontakt zum Elternhaus, andere wiederum pendeln zwischen Eltern oder Jugendhilfeeinrichtung und Straße hin und her. Für einige ist die Szene ein attraktiver Anziehungspunkt, für viele eine Art Ersatzfamilie oder Notgemeinschaft. Gemeinsam ist diesen Mädchen und Jungen, dass meist massive Störungen und gravierende Probleme im Elternhaus vorliegen, die sie dazu gebracht oder gezwungen haben, die Familie zu verlassen. Sexueller Missbrauch, massive körperliche und psychische Gewalt, Kontrolle und starke Einschränkungen, aber auch völlige Vernachlässigung sind typische Erfahrungen.

Über die Ursachen, warum Mädchen und Jungen das Leben auf der Straße dem in ihren Familien vorziehen, gibt es inzwischen eine beträchtliche Anzahl von Studien (vgl. Permien/Zink 1998; Hansbauer 1998a; Institut für soziale Arbeit e.V. 1996; Pfennig 1996; Bodenmüller 1995; Langhanky 1993). Daher geben wir hierzu nur eine kurze Zusammenfassung der für uns wichtigsten Zusammenhänge wieder.

Fast alle erleben massive Probleme im Familiensystem

Nahezu immer stehen bei Jugendlichen, die auf der Straße leben, massive familiäre Probleme im Vordergrund. Nach unseren Erfahrungen haben alle Jugendlichen einen Grund, warum sie das Leben auf der Straße dem im Elternhaus oder in einer Jugendhilfeeinrichtung vorziehen. Die Gründe mögen dabei unterschiedlich sein, meist sind sie für die Jugendlichen in ihrer Situation jedoch so existenziell, dass sie es zu Hause »nicht mehr aushalten«. Permien/Zink unterscheiden hier zwischen Jugendlichen mit »leichteren« und »schwerwiegenden« Dauerbelastungen. Bei 40 der von ihnen befragten 48 Jugendlichen stellen sie schwerwiegende Dauerbelastungen in der Familie fest, lediglich 8 Jugendliche scheinen nur begrenzten Belastungen und Krisen ausgesetzt zu sein (vgl. 1998: 99ff). Im Folgenden gehen wir kurz auf die Belastungsfaktoren und Verschärfungszusammenhänge ein, die wir in unserer Arbeit als vorrangig erfahren haben und die in den oben genannten Untersuchungen als zentral angesehen werden.

Von psychischer, physischer und sexueller Gewalt berichten sehr viele Jugendliche, die auf der Straße leben. Auch Permien/Zink (1998: 107ff) und

Hansbauer (1998: 43) weisen auf familiäre Gewalt als Risikofaktoren für spätere Straßenkarrieren hin. Dabei können Gewaltanwendungen über Jahre hinweg stattfinden, die Kindheit geprägt haben und daher Jahre zurückliegen oder sich im Jugendalter drastisch verschärfen. Oft treten die unterschiedlichen Formen von Gewaltanwendung miteinander verbunden auf. Körperliche Gewaltanwendungen sind nach unseren Erfahrungen häufig ein direkter Auslöser für das Weglaufen. Dabei berichten die Jugendlichen nicht von gelegentlichen Ohrfeigen, sondern von brutalen Schlägen, teilweise sogar mit Gegenständen. Für Mädchen und Jungen, die missbraucht werden, ist die Flucht aus der Familie oft die einzige Möglichkeit, der Gewalt zu entkommen. Sie flüchten in der Regel hin zu Verwandten, Freunden, in offizielle Schutzstellen, oder – wenn sie keine Möglichkeit sehen – auf die Straße. Bei vielen Jungen und Mädchen auf der Straße liegt die Missbrauchserfahrung schon lange zurück oder hat über Jahre hinweg stattgefunden. Zusätzlich haben einige die Erfahrung gemacht, dass ihnen nicht geglaubt wird (insbesondere, wenn der Missbrauch innerhalb der Familie geschieht), was ihr Vertrauen in beide Elternteile zutiefst erschüttert. Direkter Auslöser für das Ausreißen sind dann oftmals andere Situationen – die Auseinandersetzung mit dem Weglaufen hat aber im Kopf schon seit längerer Zeit stattgefunden. Diese Mädchen und Jungen haben meist die Erfahrung gemacht, dass sie nur noch sich selbst vertrauen können. Insbesondere, wenn sie bereits vergeblich in der Familie oder beim Jugendamt Unterstützung gesucht haben, sind sie nicht mehr bereit, sich noch auf Außenstehende zu verlassen. Die Angst vor erneuter Enttäuschung ist zu groß. Sie ziehen das Leben auf der Straße, wo jeder auf sich selbst gestellt ist, dem Versuch vor, sich noch einmal an Beratungsstellen oder soziale Dienste zu wenden.

Psychische, körperliche und sexuelle Gewalt

Gleichgültigkeit und Vernachlässigung bis hin zur direkten Ausstoßung erfahren viele Jugendliche, die sich im Laufe der Zeit auf der Straße ihre neuen Lebenszusammenhänge suchen. Oft sind die Eltern so intensiv mit ihren eigenen Problemen beschäftigt und mit der Erziehung ihrer Kinder überfordert, dass sie das Interesse an ihrem Kind verlieren. Viele Mädchen und Jungen berichten von Alkohol- bzw. Suchtproblemen der Eltern (vgl. auch Permien/Zink 1998: 110f). Wird beim ersten Ausbruchsversuch noch eine Vermisstenanzeige aufgegeben, so reagieren die Eltern beim zweiten Mal kaum noch darauf. In anderen Fällen werden Jungen und Mädchen direkt aus der Familie hinausgeworfen. Auslöser sind häufig eskalierende Streitigkeiten oder Ausbildungsabbrüche. Stierlin thematisiert bereits in den 70er-Jahren Familienflucht als direkte Folge von Ausstoßungsprozessen aus Familien, in denen zentrifugale (ausstoßende) Kräfte überwiegen (1975: 81–90). Diese Jugendlichen laufen von zu Hause weg und können in den meisten Fällen kaum mehr zurück, weil die Eltern sie nicht mehr haben wollen.

Vernachlässigung und Ausgrenzung

17

Hier besteht eine große Gefahr, dass sie schließlich wohnungslos bleiben, insbesondere wenn kein Ort gefunden wird, an dem sie dauerhaft leben können. Nach unseren Erfahrungen ist es gerade für diese Jugendlichen besonders schwierig, ein neues Zuhause zu finden, weil sie immer noch der Liebe ihrer Eltern hinterher trauern, die sie nicht bekommenen haben. Gelingt es, diese Jugendlichen beispielsweise in betreutes Wohnen zu vermitteln, so genügt oft ein kleines positives Signal aus dem Elternhaus, dass die Jugendlichen aus der Maßnahme ausreißen und wieder zu Hause einziehen, wo sie über kurz oder lang jedoch wieder ausgegrenzt werden. Häufig geben diese Eltern ihre Kinder schon früh an Heime oder Pflegefamilien ab, holen sie aber immer wieder nach Hause zurück und geben sie erneut ab, so dass die Mädchen und Jungen nie ein wirkliches Zuhause erleben können. Da sie sich nirgends zu Hause fühlen, bleiben sie irgendwann sowohl den Einrichtungen als auch dem Elternhaus fern. Ihr Zuhause ist die Straße geworden.

Trennung, Scheidung und Verlust
Immer wieder wird thematisiert, dass Jugendliche, die später auf der Straße leben, nur selten in vollständigen Familien aufwachsen (vgl. Permien/Zink 1998: 103; 113ff; Hansbauer 1998: 43; Bodenmüller 1995: 78f). Konstante dauerhafte Beziehungen zu beiden leiblichen Elternteilen sind auch nach unseren Erfahrungen eher die Ausnahme als die Regel. Erfahrungen mit Trennung und Verlust von Elternteilen (auch Tod eines Elternteils) finden sich in unterschiedlichen Altersgruppen, oft bereits in der frühen Kindheit. In vielen Fällen haben Jugendliche den Kontakt zu einem Elternteil vollständig verloren, werden manchmal nur mit wenigen (negativen) Aspekten dieser Person konfrontiert und können kaum ein positives Bild von ihrer Herkunft aufbauen. Permien/Zink bemerken, dass gerade diese Jugendlichen Gefahr laufen, sich mit den negativen Seiten des »verlorenen« Elternteils zu identifizieren und dadurch zum Beispiel die stets von der Mutter beklagte Alkoholabhängigkeit des Vaters in ihr Selbstbild übernehmen (1998: 117). Oft idealisieren Jugendliche ihre nicht anwesenden Elternteile, machen sich auf die Suche nach ihnen, in der Hoffnung, dort – obwohl diese ihnen im Grunde völlig fremd sind – das Zuhause zu finden, das sie nie hatten (vgl. auch ebd. 118).

Konflikte mit Stiefeltern
Auch wenn immer wieder das Aufwachsen in Ein-Elternteil-Familien im Zusammenhang mit »Straßenkindern« thematisiert wird (vgl. Degen 1995: 57ff; Trauernicht 1992: 145–148), so sind es nach unseren Erfahrungen nicht unbedingt Konstellationen, in denen dauerhaft alleinerziehende Mütter oder Väter mit ihren Kindern zusammenleben, sondern vielmehr Beziehungsgefüge, in denen Jungen und Mädchen mit (immer wieder neuen) Stiefvätern oder -müttern zurechtkommen müssen und deren unterschiedlichen Erziehungsstilen ausgesetzt sind, die die Entstehung von Straßenkarrieren begünstigen. Permien/Zink weisen darauf hin, dass nur sehr wenige der befragten Jugendlichen von positiven Erfahrungen mit neu hinzukommenden Stiefelternteilen berichten (vgl.

1998: 114). Sehr viel häufiger sind ihrer Auswertung zufolge Konstellationen, in denen eine schwache, überforderte, zum Teil auch liebevolle Mutter dem neu hinzukommenden Mann viel Macht überlässt und dieser von den Kindern als Eindringling bekämpft wird. Diese Konstellation führt nach unseren Erfahrungen sowohl für Mädchen als auch für Jungen oft zu unlösbaren Konflikten: Während Jungen eher in Rivalitäten mit dem Stiefvater verwickelt werden, haben Mädchen meist darunter zu leiden, dass der Stiefvater ihre Eigenständigkeit nicht respektiert, Vorschriften macht und harte Erziehungsmaßnahmen ergreift, die sie nicht ertragen können. Da viele von ihnen eine gewisse Selbstständigkeit erlangt haben, sind sie nicht bereit, sich von einem fremden Mann Vorschriften machen zu lassen, den sie nicht als »Vater« anerkennen. Nicht selten gehen damit sexuelle Übergriffe durch den Stiefvater einher. In der Praxis stellt sich hier eine kaum lösbare Situation dar: Diese Jungen und Mädchen haben oft eine große Sehnsucht danach, wieder bei der Mutter zu leben, lehnen aber ein Zusammenleben mit deren neuem Partner entschieden ab.

Weiterhin typisch scheint eine Konstellation, in der es in Folge der neuen Partnerschaft eines Elternteils und der Geburt weiterer Geschwister zur Gründung einer »neuen Familie« kommt, in der sich die Jungen und Mädchen dann überflüssig und störend fühlen. Die Verhaltensweisen, die sie zeigen, um Aufmerksamkeit zu bekommen, erscheinen für das neue Paar im Extremfall nur noch als hinderlich. Ausstoßungsprozesse sind die Folge, oder die Mädchen und Jungen wenden sich letztendlich ab und zum Beispiel der Straßenszene zu.

Kein Platz in der »neuen Familie«

Immer wieder werden in der Literatur materielle Unsicherheiten, unterdurchschnittliche Einkommen und ökonomische Mangellagen mit der Entstehung von Straßenkarrieren in Verbindung gebracht (vgl. Hansbauer 1998: 43; Trauernicht 1992:130ff). Auch nach unseren Erfahrungen verschärfen ökonomische Mangelsituationen Konflikte in Familien. Armut, Schulden und beengte Wohnverhältnisse stellen für viele Familien eine große Belastung dar und tragen mit zur Eskalation von Problemen und Schwierigkeiten bei. Dennoch begrenzt sich das Problem nicht auf die »unteren« sozialen Schichten. Gerade in Münster – einer relativ reichen Stadt – müssen wir feststellen, dass ein nicht unerheblicher Anteil der Jugendlichen aus gut situierten, teilweise reichen Elternhäusern stammt. Unterschiedlich sind hier meist die Umgehensweisen. Während Jugendliche aus »unteren Schichten« häufig direkt ausgegrenzt oder vernachlässigt werden, erleben Jugendliche aus bürgerlichen und reichen Elternhäusern sehr versteckt Missbrauch, Gewalt oder seelische Vernachlässigung und machen zusätzlich oft die Erfahrung, dass ihnen nicht geglaubt wird. Viele dieser Eltern wehren sich vehement und nicht selten mit gerichtlichen Schritten gegen den Aufenthalt der Jugendlichen in Schutzstellen oder die Installierung einer Jugendhilfemaßnahme.

Ökonomische Mangelsituationen und reiche Familien

19

**Migration und
Migrationsfolgen**

Migration wird ebenfalls in der Literatur oft als Belastungsfaktor benannt. Dies liegt vielerorts nahe, wenn wie beispielsweise im Hamburger Kids e.V. ca. 30% der BesucherInnen ausländischer Herkunft sind[6] oder die Streetwork der Frankfurter Innenstadt im Jahr 1995 sogar einen MigrantInnenanteil von 65% verzeichnet (vgl. Streetwork Innenstadt – Frankfurt am Main 1996: 12f). Als Gründe hierfür werden Konflikte bikultureller Sozialisation, Entwurzelung und Orientierungslosigkeit genannt. Permien/Zink (1998: 108f) und Trauernicht (1992: 152ff) weisen darauf hin, dass insbesondere Mädchen aus Migrantenfamilien unter den Folgen der bikulturellen Sozialisation mit ihrem Widerspruch unterschiedlicher Geschlechterrollen zu leiden haben. Gerade die Jugendphase gestaltet sich hier problematisch. Gewalterfahrungen, Demütigungen und Zwangsverheiratungen sind hier oft Auslöser des Weglaufens von Mädchen.

Dennoch sind auch in Straßenszenen mit einem hohen AusländerInnenanteil oft relativ wenig wohnungslose ausländische Mädchen zu finden. So sind beispielsweise im Kids e.V. 90% der ausländischen Jugendlichen männlich (vgl. Lembeck/Ulfers 1997: 6). Die Streetwork der Frankfurter Innenstadt verzeichnet im Jahr 1995 bei den Jungen einen MigrantInnenanteil von 70%, bei den Mädchen liegt er bei 50% (vgl. Streetwork Innenstadt – Frankfurt am Main 1996: 12f). Ein Großteil der ausländischen Mädchen, die aus Familien ausreißen, scheint die Angebote der Mädchenhäuser zu nutzen, in denen sie parteiliche Unterstützung und Begleitung finden. Viele mädchenparteiliche Schutzstellen registrieren einen hohen Anteil an ausländischen Mädchen, wie zum Beispiel das Bielefelder Mädchenhaus mit über 50% (vgl. Celik/Kunsleben 1994: 6).

**Einschränkungen
und Kontrolle**

Massive Einschränkungen und Kontrolle sind nach unseren Erfahrungen immer noch wesentliche Gründe, warum insbesondere Mädchen auf die Straße flüchten. Von Mädchen werden Kontrolle, Verbote und Einschränkungen, die zum Teil in intimen Verletzungen wie Tagebuch-Lesen oder Zimmer-Durchsuchen gipfeln, regelmäßig als Konfliktthemen benannt – bei Jungen eher selten (vgl. auch Bodenmüller 1995: 78–83). Auch wenn in diesen Familien oft andere Belastungskombinationen vorliegen, so sind Einschränkungen, Vorschriften, Verbote und die Bestrafung ihrer Nichteinhaltung häufig die auslösenden Faktoren, warum Mädchen ausreißen. Mädchen werden aus Angst um ihre körperliche Integrität immer noch mehr Beschränkungen auferlegt als Jungen. Und gerade der Umgang mit einer Straßenszene wird bei Mädchen viel seltener toleriert als bei Jungen. So kommt es in Folge von Verboten, Auflehnung, Bestrafungen und erneuter Auflehnung immer wieder zu eskalierenden Konflikten, in deren Folge die Mädchen dann auf die Straße flüchten. Insbesondere den

---

6 1996 waren im Hamburger Kids e.V. von 272 Jugendlichen, deren Nationalität bekannt war, 88 ausländischer Herkunft (vgl. Lembeck/Ulfers 1997: 6).

Mädchen, die auf Grund von Einschränkungen und Bevormundungen ausgerissen sind, fällt es schwer, sich an neue Regeln und Grenzen in Hilfeeinrichtungen zu halten, so dass sie das »freie« Leben auf der Straße dem in den Schutzstellen vorziehen oder nach mehrmaligen Regelverstößen ausgegrenzt werden.

Letztendlich sind es meist Belastungskombinationen, die dazu führen, dass Jugendliche dauerhaft auf der Straße bleiben. Dauerbelastungen und kurzfristig eskalierende Probleme kommen zusammen. Permien/Zink merken **Belastungs-kombinationen und Diskontinuität** an, dass sich die Lebensgeschichten der von ihnen befragten Jugendlichen durch die Konstanz belastender Lebenssituationen einerseits und den raschen Wechsel zentraler Lebensumstände wie Bezugspersonen, Schule und Wohnorte, also Diskontinuität andererseits, auszeichnen (vgl. 1998: 104f). Zwischen diesen beiden extremen Polen bewegen sich letztendlich die Lebensgeschichten von Jugendlichen, deren Zuhause irgendwann die Straße wird.

Viele Mädchen und Jungen werden schon früh in bestimmten zentralen Lebensbereichen in Erwachsenenrollen gedrängt. **Frühe Übernahme von Erwachsenenrollen** So geraten zum Beispiel innerhalb der Familie missbrauchte Mädchen in die Rolle einer »Ersatzpartnerin«; Jugendliche in Ein-Elternteil-Familien werden zur Erziehung jüngerer Geschwister herangezogen. Kinder von Eltern mit Alkohol- oder Suchtproblematik müssen die Verantwortung für den Lebensalltag übernehmen, die die Eltern nicht mehr tragen können. Der Schritt, das Elternhaus zu verlassen, ist zunächst ein Akt der Befreiung aus destruktiven Strukturen. Häufig ist die Flucht ein Signal, ein aktiver Problemlösungsversuch, teilweise (insbesondere bei sexuellem Missbrauch oder körperlicher Gewalt) eine konkrete Überlebensstrategie. Viele Jugendliche sind bereits öfter ausgerissen und haben dabei auch negative Erfahrungen mit Einrichtungen wie Jugendschutzstellen oder Heimen gemacht. Mit dem Leben auf der Straße setzen sie in letzter Konsequenz einen früh aufgedrängten und später verinnerlichten Erwachsenenstatus in ihre äußere Realität um. Den Verlust des »Kind-sein-Dürfens« verarbeiten sie, indem sie sich wenigstens die für sie erreichbaren Vorteile des Erwachsenenstatus einverleiben – so zum Beispiel Bewegungsfreiheit, sexuelle Kontakte, Partner- und Elternschaft. Eine eltern- oder jugendhilfeunabhängige Existenz ist besonders bei den Jüngeren undenkbar, gleichzeitig findet sich jedoch bei fast allen das Bedürfnis nach Autonomie und soziokultureller Selbstständigkeit, das mit den Kontrollansprüchen der Eltern bzw. der Jugendhilfe kollidiert und zu Konflikten führt. Das Straßenleben und die damit verbundene Aus-Zeit in Bezug auf Schule und Beruf lassen die ökonomische Eigenständigkeit noch weiter in die Ferne rücken. So sind Schulabbrüche eher die Regel als die Ausnahme.

Letztendlich können Kinder und Jugendliche unseren Erfahrungen nach erstaunlich viele Belastungen und Diskontinuitäten verkraften und verarbeiten, wenn sie irgendwo eine Vertrauensperson haben, Gehör finden, ihnen geglaubt wird und sie akzeptiert werden. Vorhandene Ressourcen im sozialen Umfeld können verhindern, dass Jugendliche gezwungen sind, auf die Straße zu flüchten. Das kann eine mitfühlende Lehrerin sein, ein Nachbar, eine Verwandte – oder auch das Jugendamt und die Jugendhilfe. Sind keine solchen Ressourcen verfügbar, so ist die Straßenszene oft der einzige Ort, der ihnen vermeintlich Zusammenhalt, Solidarität und Vertrauen bietet.

1.1.2 Wohnungslose junge Erwachsene

Auf der Straße erwachsen werden – auf die Straße entlassen werden

Ein nicht unerheblicher Teil der Jugendlichen wird im Laufe ihrer Straßenkarriere erwachsen. Gerade Jugendliche, die schlechte Erfahrungen mit dem Jugendhilfesystem gemacht haben, beschließen mit 16 oder 17 Jahren nun bis zum 18. Geburtstag auf der Straße »auszuharren«, denn das Volljährigwerden verspricht wenigstens den Sozialhilfe-Tagessatz und die Hoffnung auf eine vom Sozialamt geförderte Wohnung. Andere wiederum kommen in Jugendhilfemaßnahmen unter, leben dort einige Jahre und werden mit 18 oder 19 zum Teil tatsächlich auf die Straße entlassen oder verlassen nach Unstimmigkeiten und Konflikten die Maßnahme ohne weitere Perspektive. Generell kommt es oft bei Volljährigen zu einer Beendigung der Jugendhilfemaßnahme, wenn die jungen Erwachsenen eine begonnene Berufs- oder Schulausbildung abbrechen. Meist verlieren sie mit der Betreuung die vom Jugendhilfeträger angemietete Wohnung. Manchmal ist für eine Nachfolgeunterbringung gesorgt, nur in seltenen Fällen kann die Wohnung behalten werden. Aber auch wenn die Wohnung von den jungen Erwachsenen übernommen wird, ist die erste Zeit ohne Betreuung für viele schwer. Findet nicht genügend Vorbereitung auf das Leben ohne Betreuung statt, so wachsen die nun allein zu lösenden Probleme Vielen über den Kopf. Auseinandersetzungen mit Nachbarn oder dem Vermieter – bisher von den BetreuerInnen geschlichtet – können erfahrungsgemäß schnell zum Verlust der Wohnung führen. Etliche landen mit Beendigung der Maßnahme – oder kurze Zeit später – dort, wo sie einige Jahre vorher schon einmal waren: auf der Straße.

Massive Konflikte im Familiensystem – auch für junge Erwachsene ein Grund, auszureißen

Darüber hinaus verlassen viele junge Erwachsene aus ähnlichen Gründen wie die Jugendlichen ihr Elternhaus: Ausgrenzung, Missbrauch, Misshandlung und andere massive Probleme im Familiensystem sind auch für junge Volljährige eine große Belastung. Weitere Gruppen sind junge Haftentlassene, Klinikentlassene, junge Frauen und Männer, die – zum Beispiel auf Grund von Kündigung, Arbeitsplatzverlust oder Trennung vom Beziehungspartner – wohnungslos werden und sich zusammen mit den Jugendlichen in der Straßenszene aufhalten.

Für viele junge Erwachsene ist die aktuelle Wohnungslosigkeit nicht die erste. Sie sind bereits als Jugendliche ausgerissen, verbringen dann eine gewisse

Zeit in Jugendhilfemaßnahmen, leben zwischendurch wieder bei den Eltern oder ziehen mit einem Beziehungspartner zusammen. Oft haben sie bereits unterschiedliche Phasen von Wohnen, Wohnungsverlust und Wohnungslosigkeit hinter sich. Einige haben schon eine Vielzahl von Hilfemaßnahmen kennen gelernt, und viele von ihnen haben negative Erfahrungen mit dem Hilfesystem oder Enttäuschungen hinter sich und wollen möglichst »auf eigenen Beinen« stehen. Diese jungen Menschen stehen »zwischen den Stühlen« von Jugendhilfe und Wohnungslosenhilfe. Die Angebote für erwachsene Wohnungslose lehnen sie in der Regel als unpassend ab, Jugendhilfe kommt für sie aber auch nicht mehr in Frage oder wird nicht mehr bewilligt. In der Regel wünschen sie sich Normalisierung: einfach eine Wohnung.

»Zwischen den Stühlen«

Einige junge Frauen und Männer werden in dieser Zeit bereits Eltern – gewollt oder ungewollt. Der Verzicht auf Verhütungsmittel, ihre mangelhafte Anwendung oder fehlende Verfügbarkeit führen nicht selten zu ungewollten Schwangerschaften. Junge Frauen sehnen sich manchmal nach einer neuen, eigenen Familie, in der sie all das besser machen wollen, was sie selbst Schlechtes erlebt haben. Mit dieser Bewältigungsstrategie versuchen sie, ihr erlebtes Leid zu mildern, einem Kind ein glücklicheres Zuhause zu geben, als sie es selbst hatten. Damit verbunden ist auch die Hoffnung, durch den »Mutter-Status« wieder ein Stück weit zur Gesellschaft zu gehören. In der Erwartung, durch die Geburt eines Kindes endlich Hilfe zu erhalten, wenden sie sich an die zuständigen Stellen, um dann unter Umständen die Erfahrung zu machen, dass sie nicht unbedingt Hilfe, sondern wieder Kontrolle erhalten. Um das Kind behalten zu können, müssen sie beweisen, dass sie in der Lage sind, es großzuziehen. In letzter Konsequenz erleben insbesondere alleinerziehende wohnungslose junge Frauen, dass sie um das Sorgerecht ihres Kindes kämpfen müssen, wenn sie nicht bereit sind, in eine stationäre Einrichtung zu ziehen. Ehemals wohnungslosen jungen Müttern wird auf Grund ihrer Vorgeschichte die Erziehung eines Kindes oft nicht zugetraut. Der Wunsch nach der eigenen, heilen Familie endet somit nicht selten mit der Unterbringung des Kindes in einer Pflegefamilie oder im Heim.

Leben mit eigenen Kindern

Kriminalisierung und die Anhäufung von kleineren und größeren Straftaten sind Probleme, die insbesondere junge Männer betreffen. Nach unseren Erfahrungen sind junge Frauen zwar durchaus auch in Auseinandersetzungen mit Polizei und Gericht verwickelt, jedoch äußerst selten von Haftandrohung und Gefängnisstrafen betroffen. Dagegen sammeln sich bei einer nicht geringen Anzahl von jungen Männern bis zum Alter von 21 Jahren schon eine beträchtliche Anzahl von Straftaten an, die – sobald das Jugendstrafrecht nicht mehr angewandt wird – häufig mit einer Haftstrafe verbüßt werden müssen. Ein Gefängnisaufenthalt wirkt sich in der Regel auf Selbstbewusstsein, Entwicklung und Res-

Kriminalisierung und Haft

23

sourcen äußerst negativ aus. Den jungen Männern verbleiben oft nicht einmal die Kontakte, die sie innerhalb der Szene hatten. Bei einigen sind StreetworkerInnen oder andere Professionelle über Monate bis Jahre hinweg die einzigen, von denen sie Post oder Besuch bekommen. Nach der Haftentlassung sind meist keine Perspektiven vorhanden, Wohnung und Arbeit sind noch schwerer zu finden als zuvor. Viele sprechen davon, dass sie danach »nur noch härter« wurden. Die im Gefängnis erlernten Durchsetzungs- und Überlebensstrategien wie zum Beispiel Faustrecht oder die Beschaffung knapper bzw. verbotener Güter durch illegale Praktiken führen im Leben draußen schnell wieder zu Konflikten mit dem Gesetz und zu neuen Anzeigen. Oft werden Bewährungsauflagen gestellt, die nicht so leicht erfüllt werden können, wie zum Beispiel das Finden einer Wohnung oder Arbeitsstelle. Die Gefahr erneut inhaftiert zu werden ist groß.

1.2 Die Lebenssituation auf der Straße

Illegaler Status Minderjähriger

Jugendliche, die auf der Straße leben, befinden sich generell in einer nicht legalen Situation, da ein minderjähriges Kind laut Gesetz den Wohnsitz seiner Eltern teilt und somit seinen Aufenthalt nicht selbst bestimmen kann. Das Aufenthaltsbestimmungsrecht ist Teil des elterlichen Sorgerechts und als solches im Bürgerlichen Gesetzbuch verankert. Haben die Eltern oder Erziehungsberechtigten eine Vermisstenanzeige aufgegeben, so bedeutet das, dass die Jugendlichen polizeilich gesucht werden. Ihr Dasein gleicht oft einem Versteckspiel vor Polizei, Bahnpolizei und anderen Behörden, weil sie berechtigterweise fürchten, sofort in eine Einrichtung oder in die Familie zurückgeführt zu werden, sobald sie aufgegriffen werden. Jugendliche, die bereits mehrmals gegen ihren Willen untergebracht oder rückgeführt wurden, meiden meist jeden Kontakt mit SozialarbeiterInnen und Hilfeeinrichtungen. Bei älteren Jugendlichen oder denen, die schon öfter erfolglos rückgeführt wurden, erleben wir dagegen oft eine gewisse Gleichgültigkeit von Eltern, Polizei und Behörden. Der Umstand, dass Eltern nicht einmal mehr eine Vermisstenanzeige aufgeben oder keinerlei Reaktion mehr auf die Rückführung des Jugendlichen zeigen, erhöht für die Jugendlichen das Gefühl, wertlos und nicht gewollt zu sein und bindet sie noch mehr an die Straßenszene.

Kein sicherer Schlafplatz und gesundheitliche Gefährdungen

Obwohl viele Jugendliche und junge Erwachsene berichten, dass die Straße immer noch besser sei als alles, was sie vorher erlebt haben, ist die tatsächliche Lebenssituation in der Straßenszene eine existenzielle Notlage. Wer auf der Straße lebt und nicht die Hilfe einer Übernachtungseinrichtung annehmen will oder kann, muss draußen schlafen oder bei Bekannten unterkommen. Insbesondere für Mädchen gehört die Angst vor Überfällen beim »Platte machen« bzw. die sexuelle Gegenleistung für einen Schlafplatz beim Bekannten zum Alltag (vgl. Bodenmüller 1995: 90–93). Wer im Winter draußen schläft, setzt sich massiven gesundheitlichen Gefährdungen aus. Körperpflege und Hygiene sind generell nur eingeschränkt möglich, chronische Krankheiten oft die Folge.

Auf der Straße zu leben bedeutet auch, keine Privatsphäre und nur ganz begrenzt Privateigentum zu haben. Es gibt keine Rückzugsmöglichkeiten. Mehr als Schlafsack und Rucksack zu besitzen bedeutet Ballast und ist kaum möglich. Zum Alltag gehören Polizeikontrollen, Bahnhofs- und Platzverbote und infolgedessen Kriminalisierung.

Keine Privatsphäre und kein Privateigentum

Das Leben auf der Straße ist teuer. Es gibt keine Möglichkeit, Vorräte zu lagern oder selbst zu kochen. Immer wieder werden Bekannte, die gerade völlig mittellos sind, von den anderen mitversorgt – oft reicht die Sozialhilfe dann nur für wenige Tage. Durch Bußgeld- oder Gläubigerzahlungen ist die ohnehin schon knappe Sozialhilfe für viele stark verringert. Während erwachsene Wohnungslose mit ca. 17,50 DM[7] Hilfe zum Lebensunterhalt am Tag auskommen müssen, haben Jugendliche, die auf der Straße leben, in der Regel keine regelmäßigen legalen Einnahmen[8]. Das führt dazu, dass viele auf Betteln, Diebstahl oder Gelegenheitsprostitution angewiesen sind, um über die Runden zu kommen. Und dies führt wiederum zu Kriminalisierung. Die Alternative ist die Mitversorgung durch Freunde oder andere Szeneangehörige, die Sozial- oder Arbeitslosenhilfe beziehen.

Finanzielle Notlage

Die erlebten Enttäuschungen in zwischenmenschlichen Beziehungen bringen viele Mädchen und Jungen dazu, sich als »besten Freund« lieber ein Tier auszusuchen. In der Münsteraner Punkszene leben derzeit fast so viele Hunde wie Menschen, und zunehmend schaffen sich andere Jugendliche ebenfalls Hunde an. Der Hund bietet neben der Verlässlichkeit der Beziehung Jugendlichen einen gewissen Schutz beim Schlafen unter freiem Himmel. Auch die Erträge beim Betteln sind mit (kleinen) Hunden höher: viele Passanten geben bereitwillig Geld für Hundefutter – lieber als für den Lebensunterhalt der jungen Menschen. Gleichzeitig erschwert die Hundehaltung natürlich den Zugang zu Hilfeeinrichtungen. Kaum eine Übernachtungsstelle nimmt Tiere in die Einrichtung auf, eine Vermittlung in betreute Wohngruppen ist mit Hund nahezu unmöglich.

Der Hund als Begleiter

Für viele HundehalterInnen verschärft sich aktuell die Situation mit den in vielen Bundesländern unlängst verabschiedeten »Hundeerlässen«. So wird

---

7 Derzeitiger Sozialhilfe-Tagessatz für Wohnungslose in Münster.

8 Nach ämterübergreifenden Fachgesprächen wird in Münster seit 1998 in Einzelfällen an Minderjährige ab 15 Jahren Sozialhilfe (nach SGB I § 36) bzw. wirtschaftliche Jugendhilfe ausgezahlt, auch wenn sie (noch) nicht bereit sind, eine Jugendhilfemaßnahme anzunehmen. Die Auszahlung ist an eine Beratung durch die Fachkräfte in Streetwork, Jugendamt oder Sleep-Ins geknüpft. In den meisten anderen Großstädten stehen Minderjährige auf der Straße dagegen völlig mittellos da.

nun konsequent gegen nicht angeleinte und nicht angemeldete Hunde vorgegangen. Bußgelder, Hundesteuer und obligatorische Haftpflichtversicherungen können kaum von der knappen Sozialhilfe bezahlt werden (vgl. auch Amt für Kinder, Jugendliche und Familien 2001: 5).

Drogen und Alkohol als Bewältigungsstrategien

Der Konsum von illegalen Drogen und Alkohol wird generell recht schnell mit dem Leben auf der Straße in Verbindung gebracht. Zunächst wird Alkohol- und Drogenkonsum durch das Leben auf der Straße sichtbarer. Wie viel in geschlossenen Räumen getrunken wird, ist für die Öffentlichkeit nicht zu erkennen – wer in der Bahnhofsunterführung ein Bier trinkt, weil er oder sie kein Zuhause hat, wird oft per se als AlkoholikerIn abgestempelt. Tatsächlich halten sich in Straßenszenen sowohl suchtmittelabhängige Personen sowie Jugendliche und junge Erwachsene auf, die exzessiv Drogen und Alkohol konsumieren, als auch Jungen und Mädchen, die relativ wenig Alkohol trinken und mit illegalen Drogen nichts zu tun haben. Während bei vielen erwachsenen Wohnungslosen eine jahrelange Alkohol- oder Heroinabhängigkeit vorliegt, zeigen die meisten Jugendlichen eher ein Experimentierverhalten mit legalen und illegalen Drogen jeder Art. Hinzu kommt, dass sie auf Grund ihrer Mittellosigkeit nicht die Möglichkeit haben, wählerisch zu sein. Sie nehmen, was sie billig oder geschenkt bekommen, und das schließt Safer-use-Praktiken in der Regel aus.

Drogen- oder Alkoholkonsum stellt in Jugendszenen eher eine Bewältigungsstrategie dar, mit deren Hilfe die Straßenexistenz (zum Beispiel das Draußen-Schlafen) und erlebte Verletzungen besser ertragen werden, als dass sie Ursache für das Leben auf der Straße wären. Bei vielen normalisiert sich nach unseren Erfahrungen der Drogenkonsum, wenn sich ihre Lebenssituation wieder stabilisiert. Leben Jugendliche und junge Erwachsene aber längere Zeit auf der Straße und ergibt sich für sie keine Perspektive, so ist ein Abrutschen in eine manifeste Abhängigkeit – nach unseren Erfahrungen meist von Alkohol, Heroin oder synthetischen Drogen – nicht selten die Folge.

Psychische Folgen

Auch in psychischer Hinsicht hat das Leben auf der Straße gravierende Folgen. Einerseits haben sich die Jugendlichen und jungen Erwachsenen aus destruktiven Strukturen befreit und daraus Stärke und Selbstbewusstsein gewonnen, andererseits machen sie weiterhin die schmerzvolle Erfahrung, unerwünscht und überflüssig zu sein. Je mehr sie sich in das Leben auf der Straße mit seiner spezifischen Dynamik integrieren, desto schwieriger wird es, Alternativen zu entwickeln. Wird andererseits »Normalität« zum angestrebten Orientierungsmuster, so machen sie immer wieder die Erfahrung, als »nicht normal« eingestuft und abgestempelt zu werden. Jeder gescheiterte Versuch der Integration in die Gesellschaft zerstört Hoffnungen und nagt am Selbstbewusstsein.

1.2.1 Mädchen und Frauen

Die Straße gilt noch immer als »männliches Territorium«. Während der Straßenraum den Jungen als »ihr Terrain« zugestanden wird, müssen die Mädchen ihren Aufenthalt dort in der Regel legitimieren (vgl. auch Steinmaier 1993: 168). **Die Straße als männliches »Territorium« – Zugehörigkeit als Widerstand** Zugehörigkeit zu einer Straßenclique, subkulturelle Orientierung und das Leben auf der Straße wird bei Mädchen in noch größerem Maße als Fehlverhalten bewertet, als dies bei Jungen der Fall ist. Das bloße Interesse an einer Straßenszene, was die Eltern bei ihren Söhnen oft als Experimentierphase tolerieren, löst bei Töchtern häufig schon Angst und erhöhte Kontrollen aus. Für viele Mädchen bedeutet oft allein schon die Zugehörigkeit zu einer jugendkulturellen Gruppe Widerstand – und damit harte Durchsetzungskämpfe mit den Eltern um Ausgangszeiten, Freunde und Outfit. Wenn Mädchen auf der Straße *leben*, so stellt dies auch eine Form von Widerstand gegen die erlebten Einschränkungen und Raumbegrenzungen dar. Durch das Leben auf der Straße nehmen sie öffentlichen Raum ein – ein Raum, der ihnen gewöhnlich vorenthalten wird.

Dabei bedeutet die Etikettierung als Wohnungslose neben der Stigmatisierung als »Pennerin« für Mädchen noch eine zusätzliche sexuelle Stigmatisierung als »Straßenmädchen« (vgl. auch Trauernicht 1992: 139). **Stigmatisierung als »Straßenmädchen«** Fast automatisch wird ihnen Prostitution unterstellt. Männer können durchaus noch eine positive Bestätigung erlangen, indem sie sich zum Beispiel selbstbewusst als Straßenpunk oder Abenteurer gegen den Rest der Gesellschaft darstellen. Für Mädchen gibt es eine vergleichbare positive Besetzung von Wohnungslosigkeit nicht. Und auch von Seiten der Jugendhilfe werden Mädchen, die auf der Straße leben, schnell als »sexuell verwahrlost« etikettiert, ohne dass der Situationskontext betrachtet wird. Viele Mädchen sind daher darauf bedacht, die Straßenexistenz zu verbergen. Das bedeutet, dass sie in der Straßenszene weniger auffallen und daher oft von StreetworkerInnen weniger oder erst viel später beachtet werden.

Für die Mädchen ist die Lage ambivalent. Prostitution, die ihnen von außen zugeschrieben wird, lehnen viele vehement ab, teilweise ist sie aber auch Überlebensstrategie. **Gratwanderung zwischen Sich-Anbieten und Sich-Bewahren** Denn viele Mädchen und junge Frauen sind immer wieder gezwungen oder genötigt, ihren Körper für eine Gegenleistung anzubieten. Das Überleben auf der Straße stellt somit eine ständige Gratwanderung dar zwischen Sich Anbieten und Sich-Bewahren (vgl. Trauernicht 1992: 117). Um überhaupt überleben zu können, müssen die Mädchen ihren Körper verstärkt schützen. Gleichzeitig müssen sie ihre Körperlichkeit vermehrt einsetzen, um Geld oder Schlafplätze zu bekommen. Das selbstgesetzte Tabu der »richtigen« Prostitution stellt für viele eine Grenze dar, die sie in jedem Fall zu bewahren suchen. Indem das offensichtliche Sich-Verkaufen vom alltäglichen Sich-Anbieten abgegrenzt wird, können sie letzteres leichter bewältigen und verkraften. Der Versuch, der Stigmatisierung wenigstens zum Teil zu entkommen, sie jedoch gleichzeitig tagtäglich zu erleben, nagt am Selbstbewusstsein, verhindert Gruppensolidarität unter den Mädchen und führt zur Isolation.

Prostitution Prostitution wird jedoch für Mädchen (und auch manchen Jungen) sicherlich dann nahezu unumgänglich, wenn sie regelmäßig Heroin oder andere extrem teure Drogen konsumieren. Für die meisten stellt sie nach unseren Erfahrungen eher den letzten Ausweg oder die allerletzte Möglichkeit dar, um an Geld zu kommen, oft verbunden mit Ekel, Widerwillen und Gewalt. Eine mögliche Bewältigungsstrategie ist dabei, sich selbst nicht als Prostituierte im eigentlichen Sinn zu sehen. Dies hat aber zur Folge, dass sich diese Mädchen häufig nicht umfassend gegen AIDS oder andere Krankheiten schützen. Viele verkraften die Realität nur schwer, können nur mit Hilfe von Drogen oder Alkohol »anschaffen« oder reagieren mit Scham und Schuldgefühlen, psychischen Problemen oder Hautkrankheiten (vgl. auch Pfennig 1996: 9, 16f). Für einige der Mädchen, die sexuell missbraucht wurden, wiederholt sich in der Prostitution diese frühe Gewalterfahrung, gegen die sie sich kaum schützen können, weil sie genau das nie gelernt haben. Sie lassen es »über sich ergehen«. Durch ihre illegale Situation können sich Mädchen, die sich prostituieren, nicht in dem Maße schützen wie professionell arbeitende Frauen. Brutale Gewalt seitens der Freier und Vergewaltigungen sind keine Ausnahmen.

Mitversorgung und Abhängigkeitsstrukturen Hinzu kommt, dass die Mädchen in den Straßenszenen oft wesentlich jünger sind, als ihre männlichen »Kollegen« (vgl. Abschnitt 1.1.). Sie sind daher vermehrt auf Betteln, Schnorren[9], Diebstähle oder Angebote mit prostitutivem Charakter angewiesen. Eine Alternative ist die Mitversorgung durch Bekannte aus der Szene oder den jeweiligen Freund, der von seiner Sozialhilfe einen Teil abgibt. Gerade neu in die Szene gelangende Mädchen werden von älteren Szeneangehörigen bereitwillig mitversorgt. Das bedeutet jedoch erneute Abhängigkeit. Oft verlangen oder erwarten diese Männer dann zu einem späteren Zeitpunkt, dass die Mädchen für sie mitschnorren, weil Mädchen angeblich beim Betteln mehr Geld bekommen können (vgl. auch Britten 1995: 93f, 98). Auch für einen Übernachtungsplatz wird das Mitschnorren zuweilen als Gegenleistung erwartet. Dabei ist Schnorren keinesfalls leicht verdientes Geld. Die Höhe der Einnahmen ist jedes Mal unklar und extremen Schwankungen unterworfen. Mädchen müssen darüber hinaus Demütigungen einstecken, Prostitutionsangebote und sexuelle Belästigung durch Passanten sind keine Seltenheit. Mädchen, die allein draußen schlafen, müssen mit der Angst vor

---

9 Unter Schnorren wird eine aktive Form des Bettelns verstanden, bei der Passanten direkt angesprochen und um Kleingeld gebeten werden.

Vergewaltigung und Überfällen fertig werden. Das Mitwohnen bei Bekannten führt in so manchen Fällen dazu, dass von den Mädchen eine sexuelle Gegenleistung erwartet wird. Sie berichten von Anmache und Gewalt, aber auch davon, den »Kompromiss« zu schließen, den eigenen Körper für einen Schlafplatz zu »verkaufen« (vgl. auch Bodenmüller 1995: 92f; Britten 1995: 133).

Innerhalb der Szene erleben die Mädchen ebenfalls nicht immer Solidarität, sondern oftmals Ausgrenzung und Stigmatisierung. Für viele Mädchen zeigt sich ziemlich schnell, dass die anfangs idealisierte »Ersatzfamilie« eher eine Notgemeinschaft darstellt, geprägt von Unverbindlichkeit und Konkurrenz. Solidarität endet häufig dort, wo der Kampf ums Überleben existenziell wird. So berichten zwar viele Mädchen von Hilfsbereitschaft untereinander, wenn es um das Teilen der Einnahmen, Schlafplätze oder Drogen geht, andererseits beschreiben sie auch Aggressivität und Ausbeutung (vgl. Bodenmüller 1995: 101). Gerade Mädchen machen oft die Erfahrung, anfangs mit offenen Armen empfangen zu werden, und durch die Szene einen gewissen Schutz zu genießen. Männliche ältere Szeneangehörige zeigen den Mädchen Anlaufstellen, Schlaf- und Bettelplätze, lassen sie bei sich übernachten und beschützen sie gegebenenfalls vor Freiern. Dafür werden jedoch nicht selten Gegenleistungen erwartet – sei es sexueller Natur oder in Form von Geld. Wenn die Mädchen sich weigern bzw. die angeblichen Schulden nicht zurückbezahlen können oder wollen, kommt es unter Umständen zu psychischer und körperlicher Bedrohung oder Gewalt. Während für Jungen und Männer solche körperlichen Auseinandersetzungen und Bedrohungen ein Teil von Experimentierverhalten und Rivalitätskämpfen sein mögen, erleben wir immer wieder Mädchen und Frauen, die auf Grund solcher Bedrohungen um ihr Leben fürchten, lieber die angebliche Schuld begleichen oder sogar die Stadt verlassen. Gerade jüngere Mädchen, deren Aufenthalt auf der Straße nicht legalisiert ist, geraten schnell in solch eine abhängige Position.

Diskriminierungen innerhalb der Szene

Viele Mädchen und Frauen berichten von Anmache und sexueller Gewalt durch männliche Szeneangehörige (vgl. Bodenmüller 1995: 102f). Das Spektrum reicht dabei von beleidigenden Sprüchen über Belästigung bis hin zu (versuchten oder vollzogenen) Vergewaltigungen. Das Verhältnis zur Szene scheint dabei ambivalent. Einerseits ist es ihr einziges Zuhause, und sie finden hier tatsächlich FreundInnen, andererseits beurteilen sie das Szeneleben als destruktiv und geprägt von Konkurrenz, Überlebenskampf und Drogenkonsum. Junge erwachsene Männer betrachten insbesondere neu hinzukommende Mädchen oft als »Freiwild« und nutzen ihren Erfahrungsvorsprung im Szeneleben den Mädchen gegenüber aus. Nicht selten spielen sie die Mädchen gegeneinander aus, unter denen infolgedessen eine Konkurrenzsituation entsteht.

Sexuelle Gewalt

Mädchen werden innerhalb der Szenen oft viel kritischer betrachtet als Jungen. Für Verhaltensweisen, die bei Jungen toleriert werden, werden Mädchen

Konkurrenz unter Mädchen

viel schneller verurteilt, so zum Beispiel für Verelendung, exzessiven Drogenkonsum, Partnerwechsel oder nichtkonformes Verhalten. Häufig sind es sogar andere Mädchen und Frauen, die sich in der Abwertung von Mädchen hervortun, sei es, um bei den Männern Anerkennung zu bekommen, oder um sich selbst zu beweisen, dass sie noch nicht »so heruntergekommen« sind. Immer wieder erleben wir, dass sich die Mädchen über die Konkurrenzsituation beklagen und darunter leiden – in einer von Männern dominierten Szene ist es jedoch fast unmöglich, diese aufzulösen. Sie finden sich allerdings nicht als *Opfer* damit ab. Meist entwickeln sie unterschiedliche, eigene Schutz- und Abgrenzungsstrategien – sei es die innige Beziehung zur besten Freundin, die Suche nach oder der Erhalt von Rückzugsmöglichkeiten von der Szene, die Beziehung zum Freund oder auch der große schwarze Hund als »Beschützer«. Für manche Mädchen stellt der feste Freund die scheinbar einzige Möglichkeit dar, am Szeneleben teilzunehmen ohne sich ständig gegen Übergriffe behaupten zu müssen.

1.2.2 Jungen und Männer

Junge Männer als Mittelpunkt der Szene

In der Münsteraner Straßenszene sind zwar unter den Minderjährigen doppelt so viele Mädchen wie Jungen anzutreffen, bei den jungen Volljährigen kehrt sich das Verhältnis aber bereits um. Unter den jungen Erwachsenen, die zwischen 21 und 30 Jahre alt sind, sind seit 1998 mehr als 80% Männer (vgl. Amt für Kinder, Jugendliche und Familien 1999: 3 und 2001: 7). Nicht Jungen, aber junge Männer bilden somit in Münsters Szene die größte Gruppe. Und sie stellen auch den Großteil der langjährigen Szenemitglieder, die informell in der Szene den »Ton angeben«, über Zugehörigkeiten, Ablehnung und Ausgrenzung entscheiden. Dies scheint in Szenen anderer Städte ähnlich zu sein (vgl. Deutsches Jugendinstitut 1995: 142). Dennoch gibt es neben den langjährigen Szenemitgliedern eine beträchtliche Anzahl von Jungen und jungen Männern, die sich am Rande der Szene aufhalten, lediglich zeitweise dazugehören oder ausgegrenzt werden.

Jungen werden nicht so bereitwillig aufgenommen

Während jüngere Mädchen oft erstaunlich schnell in die Szene aufgenommen werden, haben es minderjährige Jungen häufig schwer, von Älteren aus der Szene akzeptiert zu werden. Vor allem 13- bis 15-jährige Jungen werden schnell ausgegrenzt, als »Kindergarten« beschimpft und ins Lächerliche gezogen. Viele Mädchen aus dieser Altersgruppe werden bereitwillig mitversorgt – die gleichaltrigen Jungen bekommen dagegen nichts »geschenkt«. Sie müssen oftmals ihre eigenen Cliquen bilden. Gerade minderjährige Jungen sind daher noch öfter als Mädchen auf kriminelle Überlebensstrategien angewiesen. Gängige Einnahmequellen sind Diebstahl und Weiterverkauf. So sind beispielsweise ältere Szeneangehörige trotz der Ablehnung gerne bereit, mit ihnen Wertgegenstände gegen Drogen oder Geld einzutauschen. Auch Stehlen auf Bestellung ist üblich.

Durch die Isolation und eigene Gruppenbildung sind diese Jungen für Streetwork oft schwer erreichbar. In der Regel dauert es sehr lange, bis sie Vertrauen fassen. Bei vielen hat sich bereits im Alter von unter 16 Jahren ein längeres Strafregister angesammelt. Seitens der Jugendhilfe werden sie häufig als »Täter« angesehen, geschlossene Unterbringung oder Jugendarrest wird gefordert und durchgesetzt. Die Erfahrungen, für ihre Notlagen bestraft zu werden, führen zu einem extrem hohen Misstrauen gegenüber Erwachsenen, was die Erreichbarkeit durch Streetwork zusätzlich erschwert. Oft wenden sie sich erst an die Streetwork, wenn sie beispielsweise aus einer Jugendstrafanstalt ausgerissen und infolge dessen auf der Flucht sind. Dann ist allerdings abgesehen von niedrigschwelligen Hilfen nur noch wenig zu machen – sie werden von keiner Einrichtung mehr aufgenommen.

Jungen werden schnell als »Täter« angesehen

Aber auch andere Gründe tragen dazu bei, dass Jungen im Gegensatz zu Mädchen viel häufiger mit dem Gesetz in Konflikt geraten. Neben Straftaten wie Diebstahl, Hehlerei oder dem Verkauf von Drogen, die als Überlebensstrategien auf der Straße anzusehen sind, ist bei vielen Jungen ein Austesten von Stärke, Abenteuer und Risikoverhalten zu beobachten, was nicht selten durch illegale Handlungen realisiert wird. In diesem Zusammenhang stehen viele Autodiebstähle, Auto-Crash-Rennen, S-Bahn-Surfen oder Szene-Prügeleien.

Austesten von Stärke und Risikoverhalten als Motivation von Straftaten

Im Gegensatz zu Mädchen werden Jungen bereits recht früh angehalten, ängstliche und hilflose Gefühle nicht auszudrücken und zu integrieren, sondern sie in Aktivität und Bewegung umzuwandeln. Klein machende Gefühle, Traurigkeit und Verletzungen werden so durch Inszenierung von Stärke beiseite geschoben und ausgelebt (vgl. auch Schnack/Neutzling 1993: 47f). Auf erlebte Verletzungen und Enttäuschungen reagieren Jungen daher oft mit Aggression und Risikoverhalten. Baer beschreibt solche Jugendliche als »Kinder ohne Furcht«: Sie können die Angst vor erlebten Demütigungen, Herabwürdigungen und körperlichen Misshandlungen nicht mehr aushalten, so dass sie sich nur noch zu helfen wissen, indem sie die Angst nicht mehr fühlen. Sie haben somit nichts mehr zu verlieren, spüren Wertmaßstäbe und eigene Grenzen nicht mehr. Sie können weder die eigenen Grenzen noch die anderer Menschen respektieren (vgl. Baer 1999: 274ff). Vor diesem Hintergrund erst werden Risikoverhalten wie S-Bahn-Surfen, Auto-Crash-Rennen oder exzessiver Drogenkonsum erklärbar, aber auch »sinnlose« Körperverletzungen und Gewalt gegen Schwächere. Gefängnisstrafen verstärken in der Regel diese Verhaltensmuster, da in der hierarchischen »Männerwelt« der Knäste noch weniger Raum ist für Angst

Risikoverhalten und verdrängte Angst

31

und Hilflosigkeit. Wer Schwäche zeigt, wird von den Mitgefangenen ausgegrenzt, abgelehnt und nicht selten körperlich und seelisch misshandelt.

Gewalt als Konfliktlösungsstrategie in der Szene

Gewalt wird für viele junge Männer – insbesondere nach Gefängnisaufenthalten – zur vorrangigen Konfliktlösungsstrategie. Aber selbst Prügeleien untereinander oder das Eintreiben von Schulden mittels körperlicher Gewalt kommt durch die hohe Präsenz der Polizei in den Szenen inzwischen oft zur Anzeige. Viel seltener sind nach unseren Erfahrungen Szenefremde von Körperverletzungen betroffen als die Szeneangehörigen. Dies deckt sich mit den Erfahrungen der Bonner Anlaufstelle von Polizei und Ordnungsamt GABI, die die Angehörigen der Randgruppen-Straßenszenen als hinsichtlich der Gewaltkriminalität mit Abstand gefährdetste Gruppe am dortigen Szenetreffpunkt im Bahnhofsbereich beschreiben (vgl. Behrendes 1998: 45). Auch für Münster wurde im Rahmen einer kriminologischen Untersuchung festgestellt, dass Randgruppenangehörige im Bahnhofsbereich überproportional häufig Opfer von Straftaten werden (vgl. Heitkamp/Holtei 1997: 56f).

Drohende Inhaftierung

Zusammen mit Kleindelikten wie Diebstahl, Drogenbesitz oder Hausfriedensbruch im Bahnhof führen Körperverletzungen im Rahmen von Szene-Prügeleien gerade bei Männern oft zu Freiheitsstrafen oder zum Bewährungswiderruf. Aber auch der Versuch, immer wieder die drohende Inhaftierung zu verhindern, wird für manche jungen Männer derart zum Lebensthema selbst, dass positive Perspektiven gar nicht mehr entwickelt werden können. So wird zum Beispiel der mögliche Beginn einer Ausbildung fragwürdig und subjektiv unsinnig, wenn klar ist, dass in einem halben Jahr eine Gerichtsverhandlung stattfinden wird, die über Inhaftierung oder Bewährungsstrafe entscheidet.

Zwischen Jugend- und Wohnungslosenhilfe

Während viele Frauen sich recht rasch aus der Szene verabschieden, gibt es eine beträchtliche Anzahl von Männern, die im Alter von 30 Jahren immer noch in der Szene der jugendlichen Punks verweilt. Bereits ab dem Alter von 21 sind in der »Jugend«-Szene kaum mehr Frauen anzutreffen. Für die jungen volljährigen Männer fehlt es in extremer Weise an Perspektiven. Weil Mädchen früher in die Szene »einsteigen«, kann für viele von ihnen im Rahmen von Jugendhilfe noch eine Perspektive gefunden werden. Die große Gruppe der jungen Männer zwischen 18 und 26 Jahren ist aber nicht mehr in der Jugendhilfe unterzubringen – für die Angebote der Wohnungslosenhilfe, die konzeptionell auf Ältere zugeschnitten sind, sind sie aber zu jung. Sie hängen praktisch »zwischen den Stühlen« von Wohnungslosen- und Jugendhilfe. Die meisten wünschen sich eine Wohnung, aber zum eigenständigen Wohnen fehlt oft die Selbstständigkeit nicht nur in haushaltstechnischen Dingen. Bei den Mädchen und Frauen ist dies in der Regel kein Problem. Sie haben in ihren Familien zumeist gelernt, den Haushalt zu führen, wenn sie nicht sogar komplett die Familie versorgt haben, weil die Mutter dazu nicht mehr in der

Lage war. Demgegenüber sind viele Jungen und Männer mit der eigenständigen Haushaltsführung überfordert. So sind etliche von ihnen auch nicht in der Lage, eine angemietete Wohnung auf Dauer zu behalten. Mietschulden, Beschwerden der Nachbarn über Lärm oder Müll und Auseinandersetzungen mit dem Vermieter führen in vielen Fällen bald wieder zur Kündigung. Möglichkeiten, dieses Lernen der Haushaltsführung nachzuholen und mobile Unterstützung in Fragen der Lebensführung zu erhalten, ohne dass damit Fremdunterbringung, Kontrolle und Bevormundung einhergeht, gibt es noch immer zu wenige.

1.3 Die Straßenszene: Notgemeinschaft oder Jugendkultur?

Werden Jugendkulturen vor allem dadurch charakterisiert, dass sie sich durch einen eigenen Stil auszeichnen (vgl. Bruder/Bruder 1984: 53), so kann nicht von einer eigenen Jugendkultur »Straßenszene« gesprochen werden.

Die Straßenszene: keine einheitliche Jugendkultur

Vielmehr setzt sich die Straßenszene in Münster wie in anderen Städten aus Jugendlichen zusammen, die ganz unterschiedlichen »Subkulturen« angehören. Weitgehend spiegeln sich in Straßenszenen jugendkulturelle Stile wieder, die ohnehin in der Gesellschaft bestehen. Die kulturellen Stile der Straßenszenen finden sich alle auch unter Jugendlichen, die noch zu Hause leben – zum Teil aber in unterschiedlicher Ausprägung. Die Straßenszene ist in punkto Jugendkultur eher heterogen und durchlässig – allein schon auf Grund der materiellen Unterversorgung können jugendkulturelle Stile (vielleicht mit Ausnahme von Punk) gar nicht so exzessiv und ausgeprägt gelebt werden. Freundschaften entstehen nicht nur in Münster oft über die Stil-Grenzen hinweg, konkrete Ausgrenzung auf Grund von Lebensstilen finden wir in Straßenszenen eher selten (vgl. auch Lembeck 1996: 2).

In Münster sind unter den Jugendlichen auf der Straße sowohl Punks, Raver, Grufties, Sprayer, Skater, Heavies, als auch teilweise rechtsorientierte Jugendliche und zu einem nicht geringen Teil Jugendliche mit »ganz nor-

Eine Vielzahl verschiedener jugendkultureller Stilrichtungen

malem« Outfit, die sich äußerlich kaum von anderen AltersgenossInnen unterscheiden. In anderen Großstädten setzen sich die Szenen wieder anders zusammen: So sind beispielsweise in Hamburg vermehrt ausländische Jugendliche und minderjährige Flüchtlinge auf der Straße, die einen eigenen Stil leben und eigene Gruppen bilden (vgl. auch Lembeck 1996: 2). Auch finden wir in Straßenszenen anderer Städte so genannte Crash-Kids[10], S-Bahn-Surfer, rech

---

10 Als »Crash-Kids« werden Jugendliche bezeichnet, die regelmäßig mit gestohlenen Autos rasante Autofahrten unternehmen und nicht selten dabei schwere Unfälle verursachen (vgl. Permien/Zink 1998: 15).

te oder unpolitische Skinheads und Glatzen, junge Prostituierte oder Jugendliche in Abbruchhäusern.

Unterschiedliche Gruppierungen haben verschiedene Normen, Spielregeln und Problembelastungen

Jede Szene hat ihren eigenen Stil, ihre Normen und Spielregeln und ihre Faszination. Allen Szenen gemeinsam ist jedoch die Gegenkultur zur Erwachsenenwelt und mehr oder weniger Formen der Provokation bis hin zu Aufsehen erregendem Risikoverhalten (wie zum Beispiel bei Crash-Kids oder S-Bahn-Surfern). Ausgeschlossen aus der Teilhabe am gesellschaftlichen Leben wird das Auffallen hier (zum Teil unter Einsatz des Lebens) zu einem Akt der Selbstvergewisserung und Identitätsbildung (vgl. auch Langhanky 1993: 272). Dabei bringt jede Gruppe wieder unterschiedliche Verhaltensweisen und Problemlagen mit, wie zum Beispiel die extreme Selbstgefährdung bei Crash-Kids oder S-Bahn-Surfern, die Illegalität bei minderjährigen Flüchtlingen oder das Outfit und die Hundehaltung der Punks, die die Vermittlung in Jugendhilfe sowie auf den Wohnungs- und Arbeitsmarkt nahezu unmöglich macht.

Kollektivität, Solidarität und gegenseitige Unterstützung

Neben dem Stil beschreiben Bruder/Bruder die Kollektivität als zweites wesentliches Kriterium einer Jugendkultur (vgl. 1984: 24f). Dieses Gefühl der Zusammengehörigkeit und Solidarität ist auf den ersten Blick in Straßenszenen besonders groß. Die Jugendlichen, die alle in der gleichen existenziellen Notsituation stecken, zeigen sich untereinander solidarisch, teilen Essen, Geld und Übernachtungsplätze. Nicht umsonst werden diese Szenen immer wieder als »Ersatzfamilien« bezeichnet – von BeobachterInnen, SozialarbeiterInnen und den Jugendlichen selbst.

Unverbindlichkeit und Akzeptanz

Gleichzeitig bietet die Szene aber auch das erforderliche Maß an Unverbindlichkeit. Es findet zunächst keine Ausgrenzung statt, alle können teilhaben, ohne Gefahr zu laufen, eine engere Beziehung einzugehen, an deren Ende eine Enttäuschung stehen könnte (vgl. Lembeck 1996: 2). Im Kontrast dazu, was viele Jugendliche in ihren Herkunftsfamilien erlebt haben, erscheint ihnen die Lebensweise der Szene als »wahre Familie«: arm aber gerecht, offen und direkt. Es gibt dort keine Menschen, die ihnen Vorschriften machen und Kontrollen ausüben. In ihrer (bisher oft lebenslangen) Suche nach Authentizität werden sie vermeintlich zum ersten Mal bestätigt. Es werden (zunächst) keine Ansprüche gestellt, und nicht wenige Jugendliche formulieren, sich hier zum ersten Mal akzeptiert und »zu Hause« gefühlt zu haben (vgl. auch Seidel 1994: 328; Krause 1994: 59).

Vermischungen und Überschneidungen zwischen Straßenszene und »übriger« Jugendkultur sind unterschiedlich stark. In Münster erleben wir, dass gerade Skater, Sprayer und Technos oft noch eine relativ starke Anbindung an kulturelle Gruppierungen haben, deren Mitglieder nicht wohnungslos sind. Dies kann eine stabilisierende Funktion haben. Nicht-wohnungslose Freunde nehmen wohnungslose bei sich auf, vermitteln Safer-use-Praktiken oder gar einen Job. Die meisten Sozialkontakte über den Rand der Szene hinaus sind sehr wertvoll für die Betroffenen und ein Stück Integration. Sie ermöglichen

Straßenszene und andere Jugendkulturen – Vermischungen, Ausgrenzungen

die Teilhabe an positiven szenefremden Gruppenerlebnissen und eröffnen den Zugang zu weiteren Ressourcen. Je mehr eine Straßenszene jedoch verelendet, desto größer wird die Kluft zwischen der Straße und dem »Rest«. Durch Verelendung wachsen die Szenen auseinander. So gibt es in Münster zum Beispiel eine Kultur politischer Punks, teilweise StudentInnen, die mit den Straßenpunks nicht (mehr) viel zu tun haben. Die Vermischung ist hier nur marginal, teilweise findet Ausgrenzung statt, beispielsweise werden die Straßenpunks auf Demonstrationen nicht geduldet, wenn sie betrunken sind. Und eine isolierte, auf sich selbst gestellte Straßenclique hat es natürlich merklich schwerer, wieder ein Stückchen Integration zu erlangen: Alle, die helfen könnten, leben ja selbst auf der Straße.

Im Gegensatz zur Szene der erwachsenen Wohnungslosen sind die meisten jugendlichen Szenekulturen für viele Gleichaltrige in gewisser Weise anziehend. Allgemein haben Jugendkulturen Zulauf, sind auf verschie-

Anziehungskraft, Freiheit und Widerstand

denste Art attraktiv. »Penner« will eigentlich keiner werden. Punk dagegen ist provokativ, gesellschaftskritisch, Crash-Kids sind mutig, alle heben sich von der »Massenkultur« der Erwachsenenwelt ab. Zugehörigkeit zu einer jugendkulturellen Gruppe bietet Freiraum, Integration und Halt in einer Gesellschaft, in der andere Orientierungsmuster wie Familie und Beruf längst nicht mehr verlässliche Größen sind. Die identitätsstiftende Funktion von Jugendkulturen (vgl. Krause 1992: 99) trifft in diesem Sinne ebenfalls für die jugendkulturellen Gruppierungen in Straßenszenen zu. Bei den Straßenszenen kommt zur generellen Attraktivität von Jugendkulturen noch die leichte Zugänglichkeit hinzu. Während in anderen Gruppen häufig erst einmal die »Labels« stimmen müssen, nehmen viele Straßenszenen Neue bereitwillig auf. Auch die Kontaktaufnahme gestaltet sich im öffentlichen Raum einfacher: Man setzt sich dazu, kommt unverbindlich ins Gespräch. Die Szene erscheint offen. Darüber hinaus übt das Leben in vermeintlicher Freiheit ohne den Druck von Eltern, Schule, Ausbildungsstelle eine gewisse Anziehungskraft aus. Und auf den ersten Blick scheint die Straßenszene für viele synonym mit Erlebnis, Abenteuer und Selbstbestimmung.

Dennoch kann die Szene selbst nicht als Verursacher der Straßenexistenz von Jugendlichen angesehen werden, wie oft angenommen oder befürchtet. In der Regel verlassen Jugendliche kein intaktes Elternhaus, nur weil

Die Existenz einer Straßenszene führt noch lange nicht zum Ausreißen

Punk so schön »bunt« ist. Zwar mag eine existierende Straßenszene für Jugendliche Bedingungen dafür schaffen, auf der Straße zu überleben – ohne Szene hätten die in den Familien auftretenden Probleme vermutlich in anderen (und nicht unbedingt ungefährlicheren) Verhaltensweisen Ausdruck gefunden. Jugendliche Essstörungen, Suchtentwicklung, Schulprobleme, Suizidversuche oder Gewalt gegen andere seien nur als einige Beispiele genannt.

Verschärfungs-zusammenhänge im Familiensystem

Entscheiden sich Jungen und Mädchen, lieber auf der Straße als im warmen Bett zu schlafen, liegen fast immer gravierende Störungen in Elternhaus oder Herkunftssystem vor, sind sie ausgegrenzt oder bereits in wechselnden Bezugssystemen groß geworden. Hinter der platten Antwort »kein Bock« – oft in den Medien als Weglaufursache herangezogen – stecken wie in Abschnitt 1.1.1 beschrieben massive Probleme, Gewalterfahrungen und Verletzungen, die von den Jugendlichen erst nach längerer Zeit der Vertrauensbildung benannt werden. Trotzdem kann das Interesse oder die Teilnahme an einer Straßenszene auch Konflikte im Elternhaus auslösen. Besonders Mädchen erleben diesbezüglich häufig erhöhte Einschränkungen und Kontrolle. Spätestens, wenn die Mädchen einen wohnungslosen jungen Mann zum Freund haben, reagieren viele Eltern mit erhöhtem Druck, Verschärfung der Kontrolle und Bestrafungen, und es kommt zu Vertrauensbrüchen. Die Mädchen, die nun völlig zwischen den Stühlen sitzen, müssen sich entscheiden – die Freunde aus der Szene erscheinen als »bessere Familie«, da die Eltern ihnen immer weniger Freiraum zugestehen. Wenn Eltern dann aus völliger Hilflosigkeit und in der Angst, die Tochter könne beispielsweise illegale Drogen konsumieren, mit immer stärkeren Einschränkungen oder Verboten reagieren, oder gar als scheinbar letzten »Ausweg« eine Psychiatrieeinweisung erwirken, ist das Vertrauen danach in der Regel endgültig gebrochen und die Jugendlichen wenden sich ganz der Szene zu. Ist im Elternhaus aber eine gewisse Bearbeitung von Konflikten möglich und ist eine Vertrauensbasis vorhanden, so bleibt die Attraktivität einer Straßenszene meist eine begrenzte Phase, so zum Beispiel während des sommerlichen Campens am Kanal. Drei Wochen später ist für diese Jugendlichen Reiten oder Technomusik wieder interessanter. Unsere Erfahrungen zeigen, dass es Jugendliche gibt, die sich zeitweise in der Straßenszene aufhalten, ihr Zuhause im Elternhaus jedoch nicht verlassen. Voraussetzung dafür ist jedoch, dass die Jugendlichen sich zu Hause akzeptiert fühlen, ihnen Freiräume zugestanden werden und sie für den Aufenthalt in der Szene nicht bestraft werden.

Kriminalisierung und Diskriminierung

Inzwischen ist Kriminalisierung fast schon zu einem weiteren Merkmal von Straßenszenen geworden. Dabei scheint allein schon »Jugendlich-Sein« verdächtig. Während erwachsene Wohnungslose in der Regel eher Mitleid ernten, werden Jugendliche oft als Selbstverursacher ihrer Notlage angesehen und als »Täter« abgestempelt. Ohne immer wieder gegen geltendes Recht zu verstoßen, können Jugendliche – insbesondere, wenn sie keinerlei legale Einnahmen haben – kaum überleben. Sie bekommen Anzeigen wegen Diebstahl, Beleidigung, Hausbesetzungen, Besitz von Cannabisprodukten oder auch Hausfriedensbruch in Bahnhöfen, nachdem sie beispielsweise ein schwer nachvollziehbares Hausverbot wegen »Herumlungern«[11] übertreten haben.[12] Selbst das Betteln versuchen viele Städte inzwischen durch die Änderung von kommunalen Verordnungen zu verbieten und mit Bußgeldern zu bestrafen (vgl. Behrendes 1998: 43f). Die erhöhte Kontrolle der Innenstädte zum Beispiel durch Service- und Ordnungskräfte des Ordnungsamtes, wie in immer mehr Städten praktiziert, führt dazu, dass immer mehr Ordnungswidrigkeiten (wie das Nicht-Anleinen von Hunden oder das Pinkeln in der Öffentlichkeit) geahndet und mit Bußgeld belegt werden.

Die in den letzten Jahren intensiv geführte Diskussion um Jugendkriminalität hat unserer Einschätzung nach zusätzlich dazu geführt, Jugendliche bei kleineren Vergehen bereits rigider zu verfolgen und härter zu bestrafen. Beispiele aus unserer Praxis sind 1000 DM Geldstrafe für eine Beleidigung (für einen Sozialhilfeempfänger zwei Monate Lebensunterhalt) oder ein halbes Jahr Freiheitsstrafe auf Bewährung für mehrmalige Hausfriedensbrüche im Bahnhof. Überlebensstrategien oder Protesthaltungen werden mit Kriminalität gleichgesetzt. Diese Kriminalisierung treibt die Verelendung voran, verstärkt Desintegration und erschwert den Zugang zu Ressourcen. Bei vielen Jugendlichen und jungen Erwachsenen sammelt sich dadurch eine Wut auf Gesellschaft und Staat, sie fühlen sich ungerecht behandelt. Dieses »Feindbild« verbindet zwar und schweißt untereinander zusammen, eine Integration der Jugendlichen wird aber immer schwieriger.

1.4 Die Grenzen der Jugendhilfe

Bei der Betrachtung von »Straßenkarrieren als vorläufigem Endpunkt eines Marginalisierungsprozesses« (Deutsches Jugendinstitut e.V. 1995: 151) spielen Hilfeeinrichtungen eine nicht unwesentliche Rolle. Sind es zunächst die familiären Konstellationen, die das Ausreißen auslösen, so ist Jugendhilfe oft nicht in der Lage, auf den Problemlösungsversuch der Mädchen und Jungen adäquat zu reagieren. Bevor sie ihren Lebensmittelpunkt auf die Straße verlegen, haben viele Jugendliche bereits Kontakt mit Institutionen gehabt und sozialpädagogische Interventionen erlebt. Nach Langhanky (1993: 274) haben »Straßenkinder« im Durchschnitt 3,6 Einrichtungen durchlaufen und damit Kontaktaufbau und -abbruch mit 20 verschiedenen Bezugspersonen erlebt.

Viele Jugendliche haben schon verschiedene Institutionen durchlaufen

---

11   Die Deutsche Bahn verbietet beispielsweise in ihrer Hausordnung ausdrücklich das »Betteln und Herumlungern im Bahnhof oder auf den Vorplätzen«, den »übermäßigen und gewohnheitsmäßigen Alkoholgenuss«, sowie das »Sitzen und Liegen auf dem Boden« (vgl. Deutsche Bahn AG o.J.).

12   Eine ausführlichere Beschreibung der Problematik der Kriminalisierung von jugendkulturellen Straßenszenen und Wohnungslosen ist zu finden in: Arbeitskreis Streetwork/Mobile Jugendarbeit Westfalen Lippe (1998: 117–120).

Jugendämter, Heime, Schutzstellen, Wohngruppen und in zunehmendem Maße auch Psychiatrien werden von den Mädchen und Jungen meist als durchlebte Stationen genannt.

»Nicht-Verstehen« im Jugendamt

Jugendliche, die massive Schwierigkeiten in ihren Familien haben, dort ausgerissen sind oder nicht mehr bleiben können, fallen zunächst in die Zuständigkeit der Jugendämter bzw. der dort angesiedelten Allgemeinen oder Kommunalen sozialen Dienste (ASD bzw. KSD). In Gesprächen soll hier geklärt werden, welche weiterführenden Maßnahmen für die Betroffenen geeignet sind. In der Praxis scheint der Kontakt zum Jugendamt bzw. ASD/KSD für die Jugendlichen oft problematisch. Sie berichten uns immer wieder, dass sie den Kontakt abgebrochen hätten, weil sie sich unverstanden fühlten, Maßnahmen gegen ihren Willen installiert worden seien und sie letztendlich das Vertrauen verloren hätten. Auch die von Permien/Zink (1998: 340ff) befragten Jugendlichen fühlten sich von den zuständigen SachbearbeiterInnen im Jugendamt wenig gehört und verstanden und waren an den sie betreffenden Entscheidungen teilweise kaum beteiligt. Häufig waren sie mit den Ergebnissen der Hilfeplanung unzufrieden, sahen sich negativ etikettiert und ausgegrenzt.

Die Wünsche der Jugendlichen werden oft zu wenig berücksichtigt

»Verstehen« zwischen den Jugendlichen mit ihren Szeneerfahrungen und SozialarbeiterInnen im Amt scheint dabei nicht immer möglich zu sein. Auf der einen Seite stehen die Mädchen und Jungen, die mit dem Leben auf der Straße Erfahrungen gesammelt und Überlebensstrategien entwickelt haben, die sich für die SozialarbeiterInnen im nicht-akzeptablen Spektrum befinden. Auf der anderen Seite versuchen jene SozialarbeiterInnen den Jugendlichen einen Schutzraum zu schaffen und streben danach, sie vom jugendgefährdenden Ort des Bahnhofs oder der Straße wegzubringen, was für die Betroffenen jedoch undenkbar ist. Mädchen werden dabei eher als *Opfer* gesehen, die es zu schützen gilt, Jungen dagegen als *Täter*, deren krimineller Karriere Einhalt geboten werden muss. Geschlossene Unterbringung wird – vor allem für unter 16-jährige Jungen mit einem längeren Strafregister – nicht nur wieder gefordert, sondern teilweise noch immer praktiziert. In unserer Arbeit erleben wir immer noch Fälle, in denen die Wünsche der Jugendlichen bei der Form der Fremdunterbringung nur unzureichend berücksichtigt werden. Insbesondere Mädchen werden oft auf Wunsch der Eltern außerhalb untergebracht, um damit den Kontakt zur Szene zu erschweren. Die Mädchen, für die in ihrer momentanen Situation die Szene der einzige »Halt« ist, flüchten – zum Teil noch bevor sie sich in der neuen Umgebung einleben können – wieder auf die Straße.

Die unzureichende Berücksichtigung der Wünsche der Jugendlichen führt nicht selten dazu, dass immer wieder Hilfemaßnahmen abgebrochen werden. Oft haben die Mädchen und Jungen schon mehrere Maßnahmen durchlaufen, so dass sich seitens der SozialarbeiterInnen im Amt eine gewisse Hilflosigkeit einstellt. Sie vertreten schließlich die Auffassung, nichts mehr für die Jugendlichen tun zu können, für die es keine adäquaten Lösungen zu geben scheint. Sie werden als »hilferesistent« abgestempelt. Hinzu kommt, dass viele Jugendliche es nur schwer ertragen können, dass andere Personen in langwierigen Prozessen und Hilfegesprächen über ihre Zukunft entscheiden. Aus Angst, erneut enttäuscht zu werden, stellen sie sich lieber darauf ein, dass ihnen wieder nicht geholfen wird. Dies hat zur Folge, dass sie gegenüber dem Jugendamt nicht die nötige Motivation oder Mitarbeitsbereitschaft zeigen, die die SozialarbeiterInnen als Voraussetzung für die Installierung einer Hilfemaßnahme ansehen.

> **Hilflosigkeit im Jugendamt**

Permien/Zink weisen darauf hin, dass für Jugendliche auf der Straße die Erfahrung einer Aneinanderreihung von Jugendhilfemaßnahmen typisch ist. Jugendhilfe folge dabei oft dem Prinzip von »Versuch und Irrtum« – von einer Zuständigkeit und Maßnahme in die nächste (vgl. 1998: 351f). Zwischendurch erfolgen Rückführungsversuche in die Familie, die meist nach kurzer Zeit scheitern. Die Ausdifferenzierung in immer speziellere Dienste und Maßnahmen führt dazu, dass Jugendliche in einer Maßnahme relativ schnell als »nicht mehr tragbar« angesehen und in eine andere Einrichtung verschoben werden. Diese Jugendlichen können nirgends Wurzeln schlagen und reißen aus den Einrichtungen wieder aus, bevor ein Vertrauensverhältnis aufgebaut werden kann. Oft pendeln sie bis zum 18. Lebensjahr zwischen Jugendhilfe und Straße. Nach unseren Erfahrungen ist es aber auch häufig der Fall, dass Jugendämter gar nicht mehr bereit sind, nach einer adäquaten Maßnahme zu suchen, wenn die Jugendlichen bereits mehrere Maßnahmen abgebrochen haben. Sie unterstellen fehlende Motivation und legen den Fall zu den Akten. Für die Jugendlichen ist es in diesen Fällen – selbst mit Unterstützung der Streetwork – in der Regel sehr schwer zu beweisen, dass sie eine Mitarbeitsbereitschaft besitzen und etwas an ihrer Situation verändern wollen.

> **Aneinanderreihung und Ausdifferenzierung von Hilfsdiensten**

Ausschnitthafte Zuständigkeiten und das Fehlen von Zusammenarbeit bemängeln Permien/Zink auf Grund der ausgewerteten Lebensgeschichten. In nicht wenigen Fällen sind viele verschiedene Dienste und Träger mit unterschiedlichen Aufgaben und Einschätzungen an der Hilfeplanung beteiligt. So entstehen häufig Konflikte unter den Fachkräften auf Grund von unterschiedlicher Einschätzung der Situation und der geeigneten Maßnahme (vgl. 1998: 347f). Nach unseren Erfahrungen ist es für die Jugendlichen selbst oft schwer zu realisieren, wer in welcher Hinsicht für sie zuständig ist. Neben StreetworkerInnen und Beratungskräften in den niedrigschwelligen Einrichtungen, zu denen im Laufe der Zeit ein Vertrauensverhältnis wachsen kann, kommen im Jugendamt mehrere AnsprechpartnerInnen hinzu (SachbearbeiterIn im allgemeinen bzw. kommunalen sozialen Dienst, in der Jugendgerichtshilfe, im Heimsachgebiet bzw. den wirtschaftlichen Erziehungs-

> **Die Entscheidungen treffen selten die Fachkräfte, die die Jugendlichen wirklich kennen**

hilfen plus deren Vertretungskräfte im Urlaubs- oder Krankheitsfall), die die Jugendlichen kaum richtig kennen lernen können. Letztendlich entscheiden aber ASD/KSD und Jugendamt über die geeignete Maßnahme. BeraterInnen vor Ort, die die Jugendlichen meist wesentlich besser kennen, werden – je nach SachbearbeiterIn – allenfalls angehört und haben keinerlei Mitbestimmungs- rechte.

Bis die Maßnahme eingeleitet ist, sind viele Jugendliche schon in einer ande- ren Lebenssituation In vielen Fällen führt das Kennenlernen unterschiedli- cher SachbearbeiterInnen und die Aneinanderreihung von Hilfeplankonferenzen dazu, dass die Jugendlichen viel zu lange auf eine Maßnahme warten müssen (vgl. auch Hansbauer 1998: 46). Bis sie endlich in das Heim oder die Wohngruppe aufgenommen werden können – wir haben Prozesse er- lebt, die sich über mehr als ein Jahr hingezogen haben – hat sich ihre Lebenssituation auf der Straße oft schon drastisch verändert. So hat ein Mäd- chen zum Beispiel inzwischen einen erwachsenen Freund und möchte mit ihm zusammenziehen, oder ein Junge hat seinen zunächst experimentellen Dro- genkonsum derart ausgeweitet, dass er für die damals geplante Wohngruppe kaum mehr tragbar ist. Es liegt nahe, dass die ehemals beschlossene Maßnah- me nicht mehr passt oder die Jugendlichen längst die Motivation verloren ha- ben.

Die Mühlen der Büro- kratie: Lange Wege, Zuständigkeiten und Hilfeverweigerung Bürokratische Hürden blockieren immer wieder Hilfen, wenn sich Jugendliche von außerhalb in Münster (bzw. jeder anderen Stadt) aufhalten und dort Unterstützung suchen. Letztendlich ist immer das Heimatjugendamt (die Stadt, in der die Sorgeberechtigten gemeldet sind) zuständig, auch wenn sie vielleicht schon ein Jahr lang in Münster auf der Straße leben. Während für erwachsene Wohnungslose mit der Abmeldung aus der Heimatstadt und dem ständigen Aufenthalt in einer neuen Gemeinde diese gleichzeitig für die Hilfen zuständig wird (vgl. BSHG § 97), ist für die Finanzierung einer Jugendhilfemaß- nahme am Aufenthaltsort die Heimatgemeinde zuständig. Zwar *kann* das ört- liche Jugendamt eine Maßnahme einleiten und vorausfinanzieren, dies wird in der Praxis aber nur äußerst selten gemacht. In der Regel muss auf umständli- che Weise über Amtshilfe der Kontakt hergestellt werden, und nicht selten be- kommen Jugendliche zu hören, sie sollen doch erst einmal zurück nach Leipzig, München oder Freiburg kommen, dann würde man weiter sehen. Aus Angst vor Repressalien, Rückführung zu den Eltern, oder weil sie sich keine Hoffnun- gen machen, verzichten die Jugendlichen meistens darauf.

Nach KJHG § 42 sind Jugendämter verpflichtet, Kinder und Jugendliche, die um Inobhutnahme bitten, vorübergehend aufzunehmen. Zu diesem Zweck sind in nahezu jeder größeren Stadt Jugendschutzstellen oder Kinder- und Jugend- notdienste eingerichtet worden (vgl. auch Deutsches Jugendinstitut e.V. 1995: 19). Die Schutzstellen gehören nicht zu den niedrigschwelligen Hilfeangebo- ten der Jugendhilfe. Die MitarbeiterInnen der Häuser müssen das zuständige

Jugendamt und die Erziehungsberechtigten über die Inobhutnahme informieren. Jugendliche, die auf der Straße leben, sind aber unter Umständen nicht sofort bereit,
ihren Aufenthaltsort preiszugeben und damit ihre Situa-
tion zu legalisieren. Nach unserer Erfahrung brauchen sie dafür zunächst einen Vertrauensvorschuss. Meist herrscht in den Schutzstellen ein klares System von Regeln, deren Nichteinhaltung sanktioniert wird. Jugendliche, die
schon längere Zeit auf der Straße gelebt haben, sind jedoch häufig nicht in der
Lage, Ausgangszeiten und Gemeinschaftsregeln einzuhalten. Sie werden zur
Mitarbeit an der Veränderung ihrer Situation aufgefordert, haben aber oft
zunächst das Bedürfnis, zur Ruhe zu kommen. Grundsätzlich werden drogenabhängige Jugendliche (oder die als solche eingestuft werden) nicht aufgenommen, was einen nicht geringen Teil der wohnungslosen Jugendlichen aus-
grenzt (vgl. auch Deutsches Jugendinstitut e.V. 1995: 24ff). Mädchen und Jungen, die sich in subkulturellen Szenen aufhalten und dort anerkannt sein wollen, machen sich fast schon »lächerlich«, wenn sie sich an die Ausgangszeiten
halten. In manchen Schutzstellen wird sogar zur Bedingung gestellt, den Kontakt mit der Szene abzubrechen. Viele entscheiden sich dann lieber für ihre
»Ersatzfamilie«, die Szene.

> **Die Angebote der Inobhutnahme sind oft zu hochschwellig**

Problematisch ist auch hier die Regelung der örtlichen
Zuständigkeit. Jugendliche, die auf der Straße leben, verlassen oft ihre Herkunftsstadt, um nicht Gefahr zu laufen,
von Eltern oder Bekannten erkannt bzw. zurückgeholt zu
werden. Insbesondere Mädchen, die von Familienangehörigen missbraucht
und bedroht wurden, verlegen ihren Aufenthaltsort häufig aus Angst vor erneuter Gewalt in eine andere Stadt. Wollen sie nach einer gewissen Zeit Hilfe
in Anspruch nehmen, so kehren sie dazu erfahrungsgemäß nicht an ihren Heimatort zurück. In den meisten Schutzstellen können sie aber nicht (oder nur
eine Nacht) bleiben, weil auswärtige Jugendämter, die eigene Krisenhäuser
unterhalten, in der Regel die Kosten nicht übernehmen. Sind sie nicht bereit,
in die Schutzstelle ihrer Heimatstadt zu wechseln, bleibt ihnen nur noch die
Straße.

> **Immer wieder werden Jugendliche abgewiesen, weil es keine Kostenzusage gibt**

Wenn es schließlich zur Installierung einer Jugendhilfemaßnahme kommt, so heißt das nicht automatisch,
dass sich die Jugendlichen von der Straßenszene verabschieden. Ob Jugendliche ein neues Zuhause finden,
hängt neben der Berücksichtigung der Bedürfnisse der Jugendlichen entscheidend von der Qualität der Maßnahme ab. Während sich eine ganze Reihe von
Jugendhilfeträgern bemüht, den Jugendlichen eine familienähnliche intakte
Atmosphäre zu schaffen, berichten Mädchen und Jungen teilweise noch immer
von Heimen, in denen sie vernachlässigt, eingesperrt oder körperlich misshandelt wurden. Fortschrittliche, emanzipatorische Konzepte haben sich demnach
noch nicht überall in der Heimerziehung durchgesetzt. Generell scheint es für

> **Akzeptanz der Vorerfahrung »Straßenleben« ist oft nicht gegeben**

41

viele Jugendliche ein Problem zu sein, sich an das System unterschiedlicher und immer wieder wechselnder Bezugspersonen zu gewöhnen. Da sie bereits viele Enttäuschungen hinter sich haben, fällt es ihnen schwer, immer wieder erneut zu vertrauen. Anonymität und Bezugspersonenwechsel empfinden viele als Belastung.

Der Forderung nach »Ausstieg aus der Szene« können viele Jugendliche von der Straße nicht nachkommen

Viele Jugendliche, die längere Zeit auf der Straße gelebt haben, haben große Schwierigkeiten, sich an Regelerwartungen zu halten, selbst wenn diese relativ gering gehalten werden. Auch führt Drogenkonsum nicht selten zur Entlassung aus Hilfemaßnahmen (vgl. auch Hansbauer 1998: 45). Oft ist es der nicht geduldete Kontakt zur Straßenszene, der eine Jugendhilfemaßnahme scheitern lässt. In den Blickpunkt gerät die Gefährdung der Jugendlichen durch die Szene, mit Hilfe von Verboten sollen sie dazu gebracht werden, die gefährdenden Orte zu meiden. Solche Verbote verstärken jedoch nicht selten die Identifikation mit der Szene. Der Schutzgedanke wird von den Mädchen und Jungen als Kontrolle empfunden – sie können weder Vertrauen fassen, noch offen über ihre Erfahrungen, die sie auf der Straße gemacht haben, sprechen. Viele von ihnen flüchten zurück in die Straßenszene. Dieses Fortlaufen wird ihnen häufig als persönliches Fehlverhalten angelastet, auf Grund von Drogenkonsum, Fehlzeiten in der Schule oder mangelnder Mitarbeitsbereitschaft wird so manche Maßnahme wieder abgebrochen. Tragisch ist dann für Jugendliche von der Straße vor allem Folgendes: Neben der Betreuung verlieren sie gleichzeitig die Wohnung oder den WG-Platz und sind wieder wohnungslos.

Pendeln zwischen Jugendhilfe und Straße

Manche Jugendliche pendeln lange Zeiten zwischen Straße und Jugendhilfeeinrichtung hin und her. Weder können sie sich in der Jugendhilfeeinrichtung richtig zu Hause fühlen, noch flüchten sie ganz in die Straßenszene. Für Wohngruppen ist dies oft schwer auszuhalten. Reagieren sie mit Verboten, so kommt es häufig dazu, dass sich die Jugendlichen ganz der Straßenszene zuwenden und für die Jugendhilfe erst einmal nicht mehr erreichbar sind. Teilweise werden Jugendliche aber auch direkt als »untragbar« aus Jugendhilfemaßnahmen ausgegrenzt, wenn sie sich in der Szene aufhalten, immer wieder eine Nacht dort verbringen oder verstärkt Szene-Jugendliche mit in die Wohngruppe bzw. das Apartment bringen oder gar dort übernachten lassen.

Konkrete Überlebenshilfe, Normalisierung bzw. Stabilisierung ist es, was sich die Mädchen und Jungen vom Hilfesystem wünschen. Stattdessen haben nicht wenige das Gefühl, eingeschränkt und bevormundet zu werden, wenn sie Hilfe in Anspruch nehmen. Einschränkungen haben sie bereits in ihren Familien massiv erfahren. Die Erfahrung, mit ihren Problemlagen akzeptiert zu werden, machen diese Jugendlichen leider noch immer zu selten.

1.5 Streetwork als lebensweltorientierter Hilfeansatz

Dass Streetwork und niedrigschwellige Einrichtungen die oft als »unerreichbar« abgestempelten Jugendlichen wieder erreichen, verdeutlichen nicht nur die Praxisberichte unterschiedlicher Einrichtungen mit ihren hohen Fall- und BesucherInnenzahlen (vgl. z.B. Amt für Kinder, Jugendliche und Familien der Stadt Münster 1999 und 2001; Mobile Jugendarbeit Innenstadt Chemnitz 1999; Kommunale Kinder-, Jugend- und Familienhilfe Frankfurt am Main 1999; Projekt Zora Wiesbaden 2000; Stadt Dortmund, Jugendamt, Abteilung Jugendarbeit: 1998). Auch die Jugendlichen selbst zeigen sich zufrieden mit StreetworkerInnen und niedrigschwelligen Angeboten, wie beispielsweise die Befragung von Permien/Zink (1998: 340) zeigt.

Im Mittelpunkt von Streetwork steht die aufsuchende Arbeit in der Lebenswelt der Jugendlichen. Dies beinhaltet nicht nur die Kontaktaufnahme mit Jugendlichen im Bahnhofsbereich und in der Innenstadt, sondern auch **Streetwork – Aufsuchen in der Lebenswelt** das Miterleben und Kennenlernen dieses sozialen Raumes. Die StreetworkerInnen begeben sich dabei als Gast auf die Straße und akzeptieren die dort geltenden Grenzen und Regeln.

Primäres Ziel von Streetwork ist es, den Jugendlichen dauerhafte, verlässliche Beziehungsangebote zu machen, die sie – auch in Krisensituationen – annehmen können. **Ein verlässliches, dauerhaftes Beziehungsangebot** Der Aufbau vertrauensvoller Beziehungen ist im Grunde das Kernstück der Arbeit mit Jugendlichen und jungen Erwachsenen. Grundvoraussetzungen hierfür sind selbstverständlich Akzeptanz, Freiwilligkeit und Verschwiegenheit. Dies schließt eine Zuführung von Jugendlichen zu oder durch Polizei oder eine Überwachung von Gerichtsauflagen aus.

Eine akzeptierende Grundhaltung gegenüber der Zielgruppe ist die Basis, auf der sich ein Vertrauensverhältnis bilden kann. Akzeptanz und Parteilichkeit bedeutet, **Akzeptanz und Parteilichkeit** Lebensstile und Sichtweisen zu akzeptieren, keinen Veränderungsanspruch zu stellen und sich für die Belange der Jugendlichen einzusetzen. Dabei geht es hier nicht um eine gleichgültige, abwartende Haltung gegenüber den Jugendlichen. Angemessen sind Empathie und Wertschätzung. Denn nur in einem Klima, in dem ausgegrenzte Jugendliche anfangen können, sich akzeptiert, angenommen und »zu Hause« zu fühlen, können sie beginnen, Verhaltensweisen zu überprüfen, gegebenenfalls zu revidieren und neue Wege auszuprobieren. Unverzichtbar ist dabei, den Jugendlichen die Zeit zu lassen, die sie brauchen. Streetwork drängt nicht, sie macht Angebote, zieht sich aber gegebenen falls wieder zurück.

Ziel von Streetwork ist nicht das Herausholen von Jugendlichen aus einer vermeintlich gefährdenden Lebenswelt, sondern Stabilisierung, Beziehungsaufbau und die Erschließung von Ressourcen. Die Jugendlichen und jungen

43

Stabilisierung in der Lebenswelt – Erschließen von Ressourcen

Erwachsenen, die mit der Streetwork in Kontakt kommen, haben alle bereits auf unterschiedliche Art und Weise versucht, ihre schwierige Lebenssituation zu bewältigen. Dabei haben sie verschiedene Überlebensstrategien entwickelt, die teilweise als wirkliche Kompetenzen angesehen werden können, teilweise aber auch für ihr Weiterleben hinderlich oder gefährlich erscheinen. Ziel von Streetwork ist es, den Jugendlichen und jungen Erwachsenen ein breiteres Handlungsspektrum an Bewältigungsmöglichkeiten zu eröffnen und damit ihre individuellen Kompetenzen zur Lebensbewältigung zu erweitern. Dazu gehört das Erschließen von personellen, sozialen und finanziellen Ressourcen. Streetwork orientiert sich dabei an den aktuellen Bedürfnissen und Hilfewünschen und stellt keine Vorbedingungen. Im Mittelpunkt steht der jeweilige Jugendliche als ganzer Mensch mit seiner individuellen Geschichte und seinen persönlichen Bedürfnissen und Zukunftsplänen. Ziele sind dabei die Stärkung von Selbstbewusstsein und Selbstbestimmung der Jugendlichen, sowie die Förderung ihrer Entwicklung hin zu einer »eigenverantwortlichen und gemeinschaftsfähigen Persönlichkeit« (KJHG § 1).

An den Grundbedürfnissen ansetzen – ganzheitlich arbeiten

Die Angebote der Streetwork sind niedrigschwellig[13], d.h. sie setzen an elementaren Grundbedürfnissen an und bedürfen keinerlei Voraussetzungen des Zugangs. Sie tragen dazu bei, die Lebenssituation der Jugendlichen zu verbessern und eine existenzielle Grundversorgung zu sichern. Sie dienen zunächst der Stabilisierung in Krisen- und Notsituationen. Wie viel und welche Hilfe die Jugendlichen annehmen wollen, entscheiden sie selbst. Die angebotene Hilfe hat stets ganzheitlichen Charakter: Die Jugendlichen können mit der Gesamtheit ihrer Problemlagen kommen und Gehör finden; Streetworkerinnen und Streetworker sind nicht nur für einzelne Problembereiche zuständig. Dabei werden Unterstützungsmöglichkeiten geboten, die den Jugendlichen ermöglichen, den nächsten Schritt zur Veränderung ihrer Lebenssituation selbst in Angriff zu nehmen. Hilfe zur Selbsthilfe und Förderung von Eigenverantwortung stehen im Vordergrund.

Stärken und Selbstbewusstsein fördern

Streetwork wendet den Blick ab von den Schwächen der Jugendlichen – die so oft im Mittelpunkt stehen – und hat das Ziel, an den bestehenden Stärken der Jugendlichen (zum Beispiel Kreativität, Selbstständigkeit) anzusetzen und diese zu fördern. Im Blickfeld der Streetwork steht der ganze Mensch, nicht die »Störung«. Einbezogen werden je nach Wunsch des Jugendlichen sein Umfeld, sein soziales Setting, seine Lebenswelt. Dabei werden die Jugendlichen weder als Problemverursacher noch als hilflose Opfer gesehen, sondern als handelnde Subjekte,

---

13 Dabei darf »niedrigschwellig« nicht mit »billig« oder »passiv« gleichgesetzt werden. Niedrigschwelligkeit ist ein professioneller, qualifizierter Arbeitsansatz, um gezielt ausgegrenzte Jugendliche und Erwachsene, für die die Zugangsschwelle zu anderen (beispielsweise intensiver betreuten) Angeboten zu hoch ist, zu erreichen.

die für ihre Verhaltensweisen einen Grund haben. Sie werden als grundsätzlich kompetent betrachtet, was ihr Leben, ihre Aussagen und ihr Umfeld betrifft. Streetwork versucht nicht, Szenen und Treffpunkte aufzulösen oder einzelne Jugendliche aus gefährdenden Milieus »herauszuholen«. Ziel ist vielmehr, den Einzelnen *in* seinem Lebensumfeld zu stabilisieren, und dazu gehört auch das Einbeziehen seiner sozialen Bezüge und der dort potenziell verfügbaren Ressourcen. Dabei sollen positive Gruppenstrukturen gestärkt und die vorhandenen Kompetenzen und Handlungspotenziale mobilisiert werden.

Gerade wohnungslose Jugendliche und junge Erwachsene sind vielfach vom gesellschaftlichen Leben ausgeschlossen und von Benachteiligungen betroffen. Ziel von Streetwork ist es daher, diese Benachteiligungen abzubauen und gleichzeitig Lebensräume zu erhalten bzw. zu eröffnen. Streetwork setzt sich gemäß einer Anwaltschaft bzw. Szeneinteressenvertretung mit den Jugendlichen zusammen für ihre Bedürfnisse ein. Ziel ist weiterhin, repressive ordnungspolitische Zugriffe (die eine direkte Benachteiligung darstellen) zu reduzieren und die soziale Integration zu fördern. Damit einher geht das Aufdecken, Benennen und Abbauen von Stigmatisierung und Diskriminierung der Zielgruppe. Dies geschieht mit Hilfe von Öffentlichkeitsarbeit, Projekten und Gemeinwesenarbeit. Um auf politischer Ebene gezielt Strukturen und Rahmenbedingungen zu verändern, bedarf es einer sozialen Infrastruktur, die der Benachteiligung entgegenwirkt, Chancengleichheit ermöglicht und den Bereich präventiver Maßnahmen miteinschließt. Streetwork arbeitet insbesondere in Gremien, Arbeitskreisen und Öffentlichkeit mit darauf hin, gesellschaftliche Verbesserungen für ausgegrenzte Jugendliche zu erzielen.

> **Lebensräume und gesellschaftliche Teilhabe eröffnen und erhalten**

Inzwischen ist es durch die Praxis belegt, dass genau diese Arbeitsansätze es sind, mit denen Jugendliche auf der Straße, die ansonsten soziale Einrichtungen meiden, wieder erreicht werden. Streetwork lässt den Jugendlichen die Zeit, die sie für Veränderungen brauchen, drängt nicht, sondern lässt die Jugendlichen Nähe, Distanz und Intensität der Beziehung bestimmen. Im Gegensatz zu Jugendhilfemaßnahmen bzw. Hilfen zur Erziehung arbeitet sie nicht ausstiegsorientiert. Es werden keine Hilfepläne erstellt, keine Ziele festgesetzt.

> **Streetwork erreicht »hilferesistente« Jugendliche**

Die Kontaktintensität zwischen StreetworkerInnen und den jeweiligen Jugendlichen ist oft sehr unterschiedlich. Ebenso variiert die Kontaktdauer: Zum Teil sind es kurze Kriseninterventionen, zum Teil jahrelange Bindungen. Flexibilität ist gefragt, Jugendliche auf ihrem Weg zu begleiten, dessen Ziel meist ungewiss ist. Dabei müssen Phasen der Stagnation, des »Abrutschens« in die Szene, in Drogengebrauch oder Kriminalität von Seiten der Streetwork akzeptiert werden, auch wenn dies manchmal schwer fällt. Dennoch – bei der Begleitung der Jugendlichen über Jahre hinweg stellen wir fest, dass Ausstiege, Veränderungen und Umorientierungen durchaus öfter vorkommen, als ge-

45

meinhin angenommen – nicht von außen aufgedrängt, sondern dann, wenn es für die Jugendlichen auf ihrem Weg ansteht.

»Ausstiege« als langsame Umorientierungen begreifen

Jugendlichen beim Aussteigen helfen, Ausstiegshilfen anbieten und Jugendliche »aus der Szene holen« sind meist die von Politik, Öffentlichkeit und Jugendhilfe an Streetwork gestellten Erwartungen. Dabei wird jedoch verkannt, dass Jugendliche aus einer Lebenswelt, in die sie hineingewachsen sind, nicht aussteigen können wie aus einem Zug oder Bus. Wenn Ausstiege stattfinden, sind es fast immer längerfristige Prozesse, langsame Umorientierungen oder ein Hineinwachsen in andere Bezüge. Es sind langsame Entwicklungen, Annäherungen und Abschiede. Und nimmt man an, dass es oftmals ein Mangel an sozialen Bezügen und Ressourcen ist, der dazu führt, dass Jugendliche sich auf der Straße ihr Zuhause suchen (vgl. Hansbauer 1998b: 4), so wird die Forderung nach Ausstieg, also der Aufgabe jener wenigen verbleibenden sozialen Bezüge – nämlich der innerhalb der Szene – absurd.

Spontane Ausstiege kommen nur selten vor

Spontane, unvermittelte Ausstiege aus der Szene beobachten wir wirklich nur bei jenen Jugendlichen, die sich mit der Szene »verkracht« haben, dort auf Grund von Konflikten ausgegrenzt oder gar bedroht wurden, oder sich dort nicht mehr sehen lassen können, weil sie zum Beispiel »Leute abgezogen« oder geliehenes Geld nicht zurückbezahlt haben. Auch Beziehungsverwicklungen, Eifersucht und ähnliche Konstellationen können Auslöser sein. Meist beenden diese Jugendlichen mit dem Ausstieg aus der Szene dann aber keineswegs ihre Straßenkarriere. Sie verlassen eher die Stadt, in der die Konflikte aufgetreten sind, und suchen sich eine neue »Ersatzfamilie« in einer anderen Bahnhofs- oder Innenstadtszene. Nur in seltenen Fällen kommt es vor, dass ein Bruch mit der Szene dazu führt, dass die betroffenen Jugendlichen bereit sind, beispielsweise die Einrichtungen der Inobhutnahme anzunehmen, weil ihnen die Schlafplätze in der Szene verweigert werden. Jene Jugendlichen, die durch Einweisung in entfernte oder geschlossene Heime oder Psychiatrien regelrecht zum Ausstieg gezwungen werden, flüchten häufig bei nächster Gelegenheit wieder zurück in die Szene. Erfahrungsgemäß ist danach das Vertrauen zu Jugendamt und Eltern restlos zerstört. Sie verstecken sich auf Grund der Vermisstmeldungen und sind noch weniger als vorher bereit, Jugendhilfe anzunehmen.

Diskontinuität statt »Teufelskreis«

Unseren Erfahrungen nach verfestigt und verstärkt sich Wohnungslosigkeit im Jugendalter nicht im Sinne einer »Rolltreppe abwärts«, und auch das Bild vom »Teufelskreis« trifft so nicht zu. Vielmehr gleichen jugendliche Straßenkarrieren eher einem krisenhaften, durchbrochenen Versuch, wieder ein Zuhause zu finden; es wechseln Phasen akuter Wohnungslosigkeit mit Zeiten der Stabilisierung. Oft ändern Jugendliche mehrmals im Jahr ihre Lebenssituation, und ganz wenige kennen wir in Münster, die über mehrere Jahre hinweg akut wohnungslos sind oder waren, was dagegen bei wohnungslosen Erwachsenen öfters der Fall ist.

Um diesen zunächst von uns einfach beobachteten Eindrücken nachzugehen und sie an der Realität zu überprüfen, haben wir diese Ausstiegsprozesse dokumentiert und das vorliegende Material ausgewertet. Zentral waren für uns folgende Fragen: Sind Ausstiege, Verabschiedungen aus der Szene und Neuorientierungen nur »Highlights«, die wir uns in Erinnerung halten, um unsere Frustrationen klein zu halten – oder kommen sie tatsächlich häufiger vor, als gemeinhin angenommen? Wie sehen diese Prozesse aus? Welche Zusammenhänge und Unterschiede gibt es? Und was ist für die Jugendlichen hilfreich und förderlich, was hinderlich?

Wie sehen Ausstiegsprozesse aus?

Um Antworten auf diese Fragen zu bekommen, wählen wir zwei Herangehensweisen: einerseits die Befragung einzelner ehemaliger wohnungsloser Jugendlicher im narrativen, lebensgeschichtlichen Interview und andererseits die quantitative Auswertung der uns verfügbaren 373 Verläufe von Straßenkarrieren. Unsere Ergebnisse stellen wir im Folgenden dar.

2 So unterschiedlich können sich Straßenkarrieren entwickeln – neun Lebensgeschichten

Ela, Denis, Fistal, Marco, Bernd, Sid, Birgit, Julia und Andrea erzählen in diesem Kapitel ihre Geschichten. Diese jungen Erwachsenen sind heute zwischen 20 und 28 Jahre alt, sie alle haben bereits als Minderjährige zeitweise auf der Straße gelebt, unterschiedlich lang, mit unterschiedlichen Erfahrungen. Auch heute stehen sie an unterschiedlichen Punkten in ihrem Leben – mit und ohne Wohnung, mit und ohne beruflicher Perspektive, mit mehr oder weniger Abstand zur Szene, mit und ohne Lebenspartner und/oder Kind.

Sie alle sind junge Erwachsene, die wir bei unserer Arbeit als Streetworkerin und Streetworker in Münster kennen gelernt haben – zu unterschiedlichen Zeitpunkten. So taucht Denis bereits 1991 als »Straßenkind« am Münsteraner Hauptbahnhof auf, als die Streetwork gerade installiert wird. Ela lernen wir erst als 23-Jährige kennen. Beide leben aber bereits Ende der 80er-Jahre zum ersten Mal auf der Straße, in einer Zeit, in der es in Münster noch keine Streetwork gibt. Fistal, Bernd und Marco können dagegen bereits die Angebote der Streetwork nutzen. Als wir Birgit und Andrea kennen lernen, können wir ihnen außerdem das Angebot der niedrigschwelligen Wohnhilfen machen, die erst 1995 installiert werden. Und als Julia wohnungslos wird, können wir bereits auf ein gut ausgebautes Netz an Hilfemöglichkeiten zurückgreifen. Um diese zeitlichen Aspekte zu veranschaulichen, geben wir die Interviews in folgender chronologischer Reihenfolge wieder: Wir beginnen mit der ältesten Interviewpartnerin Ela und enden mit Julia, der jüngsten.

Gerade diese Verschiedenheiten und unterschiedlichen Entwicklungen sind es, die wir spannend und erforschenswert fanden. Welche Faktoren sind an diesen Entwicklungen beteiligt? Warum und an welchen Schnittstellen des Lebens wendet sich das Blatt in die eine oder andere Richtung? Daher haben wir unsere InterviewpartnerInnen unter dem Aspekt ausgewählt, dass unterschiedliche Geschichten und Lebensverläufe wiedergegeben werden. Aber auch pragmatische Gründe spielten eine Rolle: Wer hat überhaupt Interesse, uns ein Interview zu geben?[1] Zu wem haben wir noch einen vertrauensvollen Kontakt, so dass eine Basis für das Erzählen der Lebensgeschichte vorhanden ist? Wir haben nach Möglichkeit Frauen und Männer ausgewählt, die verschiedenartige Lebensabschnitte hinter sich haben, unterschiedliche Bewältigungsstrategien entwickelt und unterschiedliche Erfahrungen mit Hilfeangeboten gemacht haben.

---

1 Die Interviews mit Birgit, Andrea, Marco und Bernd führte Rainer Wyen im Rahmen seiner Diplomarbeit »Ehemals obdachlose Jugendliche in sozialpädagogisch begleiteten Wohnprojekten« (1999).

Dabei glichen die narrativen Interviews mehr und mehr biografischen Gesprächen, und von unserem anfangs erstellten Leitfaden wichen wir immer mehr ab.[2] Vielmehr war uns wichtig, das zu erfahren und wiederzugeben, was die jungen Erwachsenen über ihr Leben und die Straßenzeit heute denken, welche Deutungsmuster sie wählen, was sie heute anders machen würden, wie sie im Nachhinein Hilfe beurteilen und wie sich ihre Vergangenheit auf ihr heutiges Leben auswirkt. Da das für jeden Befragten sehr unterschiedlich war, erschien uns der Leitfaden im Gespräch meistens nur noch wenig hilfreich – wir ließen sie einfach erzählen, fragten an den für uns interessanten Punkten nach.

Der Schwerpunkt unserer Studie liegt auf persönlichen biografischen Deutungen, Beurteilungen und Wahrnehmungen und weniger auf Ursachen und direkten Erfahrungen in der Straßenszene. Über Ursachen, Familiensystem, Zusammenhänge gibt es inzwischen viele Untersuchungen, in denen Jugendliche befragt werden, ebenso zu den Erfahrungen in der Straßenszene. So interessierte uns weniger, was genau in den Familien passiert ist oder mit welchen Überlebensstrategien sie auf der Straße zurechtgekommen sind, sondern vielmehr wie sie heute im Rückblick ihre Geschichte deuten und was sie daran erzählenswert finden. Wir fragten nach biografischen Brüchen in den jeweiligen Lebensgeschichten, nach den Faktoren, die die jungen Erwachsenen im Nachhinein als Auslöser oder Verstärker für negative oder positive Entwicklungen betrachten. Auch ihre Wünsche und Perspektiven sind für uns interessant.

Stehen die persönlichen Deutungen der jungen Erwachsenen im Vordergrund, so ist jede Lebensgeschichte natürlich zunächst einmal eine ganz persönliche Sicht der Dinge. Was weggelassen wird, was betont wird, was Bedeutung einnimmt, bestimmen die jungen Erwachsenen selbst. So fallen uns als InterviewerInnen und gleichzeitig StreetworkerInnen, die sie über Jahre hinweg begleitet haben, auch die Unterschiedlichkeiten auf, mit der die jungen Erwachsenen ihre Lebenssituation während der akuten Wohnungslosigkeit oder zum späteren Zeitpunkt des Interviews beurteilen. Zum Beispiel sehen sie ihre Familiensituation im Rückblick nicht mehr so negativ, wenn heute wieder ein guter Kontakt zu den Eltern besteht. Dies darf nun nicht als Einschränkung der Aussagekraft verstanden werden. Denn es geht uns hier darum, bewusst herauszuarbeiten, wie die jungen Erwachsenen ihre Lebensgeschichte im Rückblick beurteilen und bewerten und welchen Faktoren sie im Nachhinein eine bedeutsame Rolle zuweisen. Ergänzen werden wir die Darstellung der Lebensgeschichten durch die Jugendlichen aber durch unsere Beschreibungen, wie wir die Jugendlichen in der Kontaktzeit wahrgenommen und erlebt haben.

Im Laufe der Deskription und Bearbeitung der Interviews nahmen wir daher auch immer mehr Abstand von einer direkt vergleichenden Auswertung,

---

2 Eine ausführlichere Darstellung unserer methodischen Herangehensweise findet sich im Anhang.

sondern kamen zu dem Schluss, dass den unterschiedlichen Lebensgeschichten am ehesten Rechnung getragen wird, wenn sie zusammenhängend und in ihrer Ganzheit dargestellt werden. Aus jedem Interview (in einer Länge von jeweils ein bis zwei Stunden) wurde also eine biografisch geordnete Lebensgeschichte zusammengestellt. Da mit dieser Methode Anonymisierung schwieriger wird, haben wir – insbesondere auf Wunsch der jungen Erwachsenen – bestimmte biografische Merkmale, die wir für den Gesamteindruck nicht relevant fanden, verändert.

2.1 Ela: destruktive Partnerschaften, aber private Ressourcen

Ela ist heute 28 Jahre alt. Sie lebt allein in einer größeren Wohnung in Münster, hat eine Ausbildung als Verkäuferin gemacht und ist im Moment arbeitslos. Für sie liegt ihre erste Zeit auf der Straße bereits über 10 Jahre zurück. Über ihre Familie erzählt sie:

> Also, mein richtiger Vater, der ist wo ich zwei war gestorben. Und ich habe 'ne Schwester, und wir sind hinterher getrennt worden. Meine Schwester ist zu den Eltern von meinem richtigen Vater gekommen und ich bin zu meiner Mutter gekommen, weil ich damals halt noch etwas jünger war, meine Schwester war schon fünf Jahre.

Ihre Mutter lernt nach dem Tod ihres Partners einen anderen Mann kennen und zieht mit ihm zusammen. Ela weiß von Anfang an, dass der neue Mann der Mutter nicht ihr leiblicher Vater ist, akzeptiert ihn aber lange Zeit als Vater.

> Da war ich zwei, drei Jahre alt, da haben sich die kennen gelernt. Und für mich persönlich gab's ja eigentlich keinen anderen Vater, und ich bin auch halt mit Papa aufgewachsen. Irgendwie hab ich den halt immer so genannt.

Die Familie ist wohlhabend, Geld und Ansehen spielen eine große Rolle. Mit Beginn der Pubertät beansprucht Ela immer mehr Freiheiten für sich, fühlt sich eingeschränkt und eingesperrt. Mit dem Stiefvater kommt es daraufhin immer wieder zu Auseinandersetzungen und sie stellt ihn immer mehr in Frage.

> Wo ich denn dann in diese Zeit kam, Pubertät, wo du dich 'n bisschen von zu Hause lösen willst, das haben die halt einfach nicht zugelassen. Und das konnte ich nicht verstehen. Weil früher, in meinem Freundeskreis jetzt von der Schule halt, die durften alle länger weg. Und ich durfte dann nicht und

sonntags war sowieso Familientag, da durft ich nie raus. Und hinterher ist es mir dann richtig hochgekommen, was will der eigentlich von mir? Eigentlich hat der ja gar nix zu sagen, aber weil meine Mutter nix gesagt hat, musst ich halt auf das hören, was er gesagt hat. [...] Mein Stiefvater hatte das letzte Wort immer gehabt. Prügel oder so stand jetzt nicht an der Tagesordnung, aber es war schon so, dass umso älter ich geworden bin, also halt mit sechzehn, siebzehn, wo man halt doch schon halt seinen Kopf durchsetzen möchte, dass ich genau da gebremst worden bin. Und dann hab ich auf einmal wieder Hausarrest gekriegt und mein Stiefvater hat halt immer unheimlich Wert gelegt auf Pünktlichkeit, und das hab ich halt hinterher einfach nicht mehr einhalten können, weil ich eben auf Partys war und irgendwann nachts nach Hause gekommen bin und mich dann in mein Zimmer schleichen musste. Da habe ich auch mit meiner Mutter sogar drüber gestritten, damals. Ich so: »Hey, warum sagst du nichts?« Aber die war ja auch so ziemlich unterwürfig. Die war vorher zweimal schon geschieden gewesen und jetzt war mal einer bei ihr geblieben. Und sie konnte sich da so nicht richtig dagegen wehren. Weil er ist auch ein südländischer Typ, also ist ein Südeuropäer, und er hat halt dieses Dominante so.

Aber es sind nicht nur Ausgangszeiten und Einschränkungen, unter denen sie leidet, sondern auch der fehlende Zusammenhalt und die große Bedeutung der finanziellen Aspekte. Ela unternimmt den ersten Fluchtversuch:

Bei mir in der Familie wurde immer gegeneinander ausgespielt. Also, war der eine aus der Familie nicht da, dann wurde über den gelästert, war der andere nicht da, dann wurde über den gelästert. Und die ganze Familie schwebte auf dem Level, so, Geld als erstes und Liebe et cetera kommt dann erst mal irgendwie danach. Aber ansonsten, so im Großen und Ganzen, ich meine, ich lebe noch und ich sag mal, es war jetzt keine falsche Erziehung. Es war einfach nur in dem Moment, dass ich es einfach nicht mehr begriffen habe, wie die diese Erziehung jetzt meinen oder was die damit erreichen wollen. [...] Also ich hatte schon mal meine Sachen mitgenommen zur Schule und wollte nach der Schule nicht mehr nach Hause gehen. Meiner Mutter ist das aber aufgefallen, hat in der Schule angerufen, und ich bin dann vom Direktor erst mal ins Büro gerufen worden, und dann hat meine Mutter mich erst mal vollgeheult, ich soll das doch nicht machen, was sie denn alleine machen soll, und ich soll doch bitte wieder nach Hause kommen. Ja, irgendwie hatte ich eigentlich 'ne ganz gute Beziehung zu meiner Mutter und hab halt das Ganze erst mal gelassen. Ich wusste zu dem Zeitpunkt auch noch nicht so ganz genau, wie ich dann weiterkomme. Aber hinterher dann hatte ich schon den Entschluss gefasst.

Mit 17 reißt sie, nachdem sie verprügelt wird, tatsächlich aus und kommt auch nicht mehr nach Hause zurück. Sie übernachtet in der Folgezeit bei ihrem Freund und hält sich viel am Bahnhof auf.

Ich bin aus'm Fenster abgehauen, nachdem mich meine Eltern mehr oder weniger 'n bisschen durchgelassen [verprügelt] hatten, weil ich eigentlich Hausarrest hatte und zu spät gekommen bin. Und da hab ich nur 'n paar Sachen zusammengepackt und bin aus'm Fenster abgehauen. Hatte damals halt die Möglichkeit, zu meinem Freund zu gehen, der auch 'ne Wohnung hatte. Aber da war ich nur zwei Wochen. [...] Ich war erst siebzehn, und mein Freund damals war halt 'n Punker gewesen vom Bahnhof, den hatte ich halt kennen gelernt. Da hat mich die Polizei mal weggeholt, von wegen Ausweis geguckt, siebzehn Jahre alt: »Wissen ihre Eltern überhaupt, in welchem Milieu sie sich bewegen?« Und ich so: »Ja, klar«, aber ich konnte ja auch nicht wissen, dass die nachher zu Hause anrufen. Und dann bin ich mit Polizei halt erst mal nach Hause gekommen.

Durch den Kontakt mit der Straßenszene wird sie mit einem für sie fremden Milieu konfrontiert. Ela beschreibt dies einerseits schwierig, andererseits auch als anziehend und spannend. Sie ist stolz darauf, sich in dieser »anderen Welt« zurechtzufinden. Bald findet sie in der Bahnhofsszene ihre neue »Familie«.

Ich bin unerfahren auf eine Welt zugeschickt worden, wo ich noch keine Erfahrungen hatte. Das war so, mehr so die Lernphase, auch mit der untersten Schicht klarzukommen. Und ich hab da keine Probleme mit gehabt. Also, am Anfang war's natürlich schon 'n bisschen schwierig und 'n bisschen Umstellung, da hab ich mich sehr mitreißen lassen. [...] Dann bin ich auch ziemlich krank gewesen auch, weil ich das irgendwie alles nicht so gecheckt hatte. Ich hab damals auch irgendwie nie kochen müssen, ich bin voll verwöhnt gewesen, und dann auf einmal so – zupp! – stehste da und musst alles selber machen. Und durch die einseitige Ernährung und so hab ich dann hinterher auch unheimliche Kreislaufprobleme gekriegt und so. Dann hab ich auch schon Krätze [Skabies; durch Milben verursachte Hautkrankheit] und Flöhe mitgemacht, und Schleppe [Pyodermie; bakterielle Wundinfektion] hatte ich auch schon. Aber es sind alles, ich sag einfach mal, Erfahrungswerte, ich meine, es hätte vielleicht nicht sein müssen, aber ich bin eigentlich froh darüber, das ich beide Seiten kenne. Ich komme eigentlich aus einer Familie, die schon recht angesehen ist, und war 'n sehr verwöhntes Kind, und es war für mich schon 'ne Umstellung. Aber ich hab mich gleich mit den Leuten sehr gut verstanden. Ich hab mich halt da geborgen gefühlt, und da hab ich irgendwo 'ne Familie gehabt, was ich halt in meinem richtigen Leben irgendwo nicht richtig erfahren habe. Diese Liebe, die ich eigentlich nie gekriegt hab.

53

In der Realschule kommt sie dadurch nicht mehr mit, erreicht das Klassenziel nicht und bricht die Schule vorerst ab.

Zu der Zeit war auch eigentlich gerade mein Schulabschluss gewesen. Und irgendwie hab ich das nicht mitgekriegt, dass ich sitzen bleibe. Ich war fest davon ausgegangen, dass ich das schaffe. Aber durch das ganze vorher, hab ich ja auch immer Hausarrest gekriegt, da hab ich viel in der Schule gefehlt. Weil das war meine einzigste Freiheit. Und wie gesagt, dann sitzen geblieben, hab ich hinterher dann noch mal versucht, aber kam dann überhaupt nicht mehr klar, und dann hab ich erst mal abgebrochen. Ja, und dann das Dreivierteljahr, hab ich erst mal so rumgehaust, bin auch am Bahnhof viel gewesen.

Die wohlhabende Familie möchte nichts mit dem Jugendamt zu tun haben, akzeptiert aber schließlich, dass Ela nicht mehr nach Hause kommt. Elas Oma, zu der sie ein ganz gutes Verhältnis hat, kümmert sich im weiteren um sie und findet nach kurzer Zeit ein Apartment, in das Ela einziehen kann.

Nee, meine Eltern haben damals halt gesagt, wenn Jungvögel Flügel kriegen, fliegen sie aus. Und die haben das Okay dafür gegeben, und alles andere ist ja dann egal. [...] Seitdem bin ich nicht wieder nach Hause. Also, da fing mein Leben auf jeden Fall an. Also, was ich mir selbst halt vorgestellt habe, wie's dann halt zu laufen hat. [...] Und durch meine Oma hab ich dann halt sehr schnell auch 'n Apartment finden können, wo die mich dann halt auch unterstützt hat.

Die erste Zeit im Apartment beschreibt Ela als schwierig. Sie hält sich viel in der Szene auf, fühlt sich allein. Dann stabilisiert sie sich aber und meldet sich bei der Abendrealschule an.

Ja und danach war das Leben alleine erst mal ziemlich schwierig. Bin auch sehr oft am Bahnhof gewesen, und habe halt auch Erfahrungen gemacht von der anderen Seite des Lebens. Ja, ein halbes Jahr hab ich erst mal so rumgehaust, bis ich dann eingesehen hab, ohne Abschluss kommste auch nicht viel weiter, ich meine, bei 'nem Mädchen ist das halt nicht immer so einfach. Ja und dann hab ich mich halt bemüht und bin zur Abendrealschule gegangen, hab meinen Abschluss nachgemacht. Hab das auch geschafft, aber alles halt auch aus eigenen Zügen heraus, da hat mich keiner zu gedrängt oder so, ich bin einfach zu der Ansicht gekommen, dass das so nicht geht, dass ich irgendwas machen muss.

Ziemlich bald kommt es in Elas Apartment zu Auseinandersetzungen mit den Vermietern, die keinen Männerbesuch dulden, und Ela muss ausziehen.

Wieder ist es ihre Oma, die für sie eine neue Bleibe organisiert.

> Ja und dann hab ich halt so 'n Zimmerchen gehabt, in 'nem Einfamilienhaus in H. [Vorort von Münster]. Also auch: Herrenbesuch – vergiss mal! Zu der Zeit war ich eigentlich kaum da gewesen, weil ich war die meiste Zeit bei meinem Freund. Das war eigentlich nur 'n Rückhalt, so dass ich immer noch irgendwo hin kann. Und dann haben sie mich einmal erwischt mit jemandem und dann direkt den Aufstand gemacht. Die haben dann das Sozialamt, meine Eltern und meine Oma angeschrieben, mit was für Chaoten ich rumlaufen würde, sie [die Vermieter] müssten doch um ihr Leben bangen. Und dem Sozialamt halt so geschrieben, ich hätte sowieso fast nie da gewohnt, also ich wär nie da gewesen. Also ist das Sozialamt direkt darüber aufgeklärt worden, dass in der Wohnung keiner wohnt, und dann zahlen sie da auch nicht für. Und in diesem Schreiben zu meinen Eltern und zu meiner Oma stand dann direkt bei, hätten sie von vornherein gewusst, dass ich Sozialhilfe bekomme, hätten sie mich gar nicht erst einziehen lassen. Aber auf'm Kontoauszug steht das sowieso immer drauf, woher das kommt.

Sie zieht noch einmal um, in ein Zimmer bei ihrem Onkel. In dieser Zeit hält sie sich aber ohnehin fast nur noch bei ihrem neuen Freund auf, der wesentlich älter ist als sie und ein Kind hat, das er an den Wochenenden betreut.

> Ja und danach hab ich 'n Zimmer gehabt, bei meinem Onkel in B. [Vorort von Münster]. Da hab ich erst mal mietfrei wohnen können. Das war auch so 'n halbes Jahr ungefähr. Ja und danach bin ich dann halt mit meinem Freund zusammengezogen. Mit dem bin ich aber heute nicht mehr zusammen. Und, ich sag mal, das war 'n Fehler, auf jeden Fall. Ich hätte lieber mein Zimmerchen behalten sollen, so im Rückhalt. Weil, wo ich damals dann mit dem da zusammengezogen bin, da kamen erst meine ganzen Schwierigkeiten.

Ela hat mittlerweile ihren Realschulabschluss geschafft und inzwischen eine Ausbildung als Verkäuferin begonnen. Mit der Zeit bekommt sie mit, dass ihr Freund Heroin nimmt.

> Wir waren insgesamt fünf Jahre zusammen. Und drei Jahre davon war er drogensüchtig. Vorher wohl leichte Drogen, halt kiffen oder so, aber das ist ja kein Thema. Am Anfang wusst ich das nicht. Erst mal hat ich von diesen Drogen gar keinen Plan. Ich wusste ja nicht, wie solche Leute aussehen, oder wie die aussehen müssen oder sonstiges. Bis dann irgendwann seine Schwester mal zu mir gekommen ist und gesagt hat: »Ich hab den mit 'ner Nadel erwischt.« Ich so: »Nee, kann ich mir nicht vorstellen!« War

voll davon überzeugt, und irgendwann bin ich dann doch mal neugierig gewesen und hab ihn halt auf frischer Tat ertappt. Und fiel alles aus 'n Wolken. Ich war völlig entsetzt und konnte das absolut nicht fassen und hab mir einfach auch nur Gedanken und Sorgen gemacht. Hinterher bin ich dem natürlich auch ziemlich damit auf'n Sack gegangen, weil ich ihm dann auch mal öfter nachspioniert habe. Und ihm auch immer wieder meine Ängste erzählt habe. Aber irgendwie war ihm das egal. Ich sag mal, die Drogen waren einfach wichtiger. Ja, bis er dann halt irgendwann um die Ecke gekommen ist und gesagt hat: »Weißte was, ich mach dir jetzt einen [Schuss Heroin] fertig und dann guckste selber, wie das ist.« Und so hab ich mir halt von ihm 'n Druck setzen lassen. War natürlich direkt 'ne Überdosis, jetzt nicht so, dass ich ins Krankenhaus musste, aber irgendwie halt schon, dass ich zusammengesackt bin und er mich erst mal so 'n bisschen wieder so: »Hallo, hallo?« ... also, Beine hochlegen und so. Aber hab irgendwo das Ganze immer noch nicht verstanden. Was daran so toll sein soll. Ja, nur, ich weiß nicht auf welche Art auch immer, auf jeden Fall ist es dann hinterher doch öfter vorgekommen und dann war ich auch schon gut dabei. Und dann ging's hinterher mehr oder weniger schon bald darum, wer hat mehr? Da kam dieser Neid, so von wegen, gib mir dein Pack, und du brauchst ja nur ein Nädelchen, er braucht drei oder vier. Ja, dann kamen solche Sachen auf. Ja und dann kam Koks ins Spiel, und weil Heroin, dieses Runterbringzeugs, eh nicht so unbedingt mein Ding war, hab ich dann mit Koki [Kokain] angefangen.

Ela nimmt zunächst an den Wochenenden, später regelmäßig Kokain. Dennoch schafft sie es, täglich bei ihrer Ausbildungsstelle zu erscheinen, sich um ihren zeitweise kranken Freund und seinen Hund zu kümmern, für beide die Drogen zu besorgen und sogar noch an den Wochenenden sein Kind mit zu betreuen.

Der war ja auch kurz vorher im Krankenhaus gewesen, der hatte 'n ganzes Bein kaputt gehabt. Musste dir vorstellen, ich musste die Drogen für den besorgen, weil er konnte nicht laufen. Dann musste ich arbeiten, wir hatten 'n Hund, mit dem musste ich rausgehen, dann war sein Kind noch da, um die musste ich mich kümmern, musste zusehen, dass die nicht ins Zimmer rennt, wenn er sich grad 'n Druck setzt. Und irgendwie, ich war so überlastet, ich war zwölf Stunden aus'm Haus, und komm nach Hause und irgendwie alles kreuz und quer und musste den auch noch bedienen!

Ela hält dieses Leben eine ganze Weile durch, bis ihr Freund versucht, sich mit einer Überdosis Heroin das Leben zu nehmen. Sie beschreibt diese Situation als Schlüsselerlebnis, wonach sie ihr Leben radikal ändert:

Hab da auch 'ne ganze Zeit lang ganz schön heftig mitgemacht. Bis dann irgendwann mal mein Freund sich 'n Goldenen [Goldener Schuss = Überdosis] gesetzt hat. Und ich ihm auf Koki das Leben gerettet hab. Und seitdem hab ich nichts mehr angepackt. Hab einfach für mich selber gesagt, das ist es nicht. Also, ich war selbst voll irgendwie gar nicht in der Welt gewesen und seh auf einmal meinen Freund die Augen verdrehen. Ich so: »Was haste gemacht?« »Ja, du liebst mich ja eh nicht mehr. Ich bring mich jetzt mal um.« Mehr oder weniger. Ich so: »Sag mal, bist du bescheuert und bla?« Ja und wie gesagt durch die ganze Aktion kam ich nicht mehr klar. Ich war völlig aufgedreht, so am zittern und wollt echt aus'm Fenster springen, mehr oder weniger, gut, dass da 'ne Scheibe vor war. Ja, aber das hat's mir dann doch irgendwie im Kopf gegeben. Ich hab da unheimlich viel drüber nachgedacht und hab im Grunde genommen mit diesem Entschluss auch den Entschluss gefasst, die Beziehung zu beenden, weil es für mich einfach zu viel war. Ich hatte erst mal mit mir selbst zu tun, also mit meinem Leben, und ich konnt es einfach nicht mehr. Ich konnt mein Leben jetzt nicht mehr für jemanden aufopfern. Ich musste ja selber zusehen, dass was aus mir wird oder dass ich mal weiterkomme. Und wär ich noch 'n halbes Jahr länger bei dem gewesen, wär ich bestimmt voll abgrundtief abgesackt.

Nach diesem Erlebnis verlässt sie ihren Freund, befreit sich aus dieser Abhängigkeitsbeziehung und geht in die Wohnungslosigkeit. Sie übernachtet bei Bekannten, lebt wieder auf der Straße. Ela ist zu dieser Zeit 23 und im dritten Ausbildungslehrjahr. Durch ihre Wohnungslosigkeit und die damit verbundenen Probleme bricht sie die Ausbildung ab. Den Kokainentzug kompensiert sie mit Alkohol.

Da war ich dann erst mal ungefähr drei Monate obdachlos. [...] Ja, ich hab 'ne ganze Zeit lang dann auch Alkohol getrunken, ziemlich viel Alkohol. Das sind immer diese Phasen, wo ich mich dann fange. So, dann mach ich erst mal irgendwas anderes, was total verrücktes und dann ist mir auch erst mal alles drum herum ziemlich egal. Hauptsache ich. [...] Und ich hab also mehr oder weniger alleine den Weg da raus gefunden. Also erst mal hab ich mich von meinem Freund getrennt und gleichzeitig auch von den Drogen getrennt. Also, im Grunde genommen, mein eigener Psychiater gewesen im Großen und Ganzen.

Auf der Straße findet sie sich jetzt besser zurecht als mit 17. Sie kennt dort eine Menge Leute, findet schnell Anschluss. Ihre Freunde leisten ihr in dieser schwierigen Situation emotionalen Beistand und bieten Übernachtungsmöglichkeiten. Dennoch ist ihr bewusst, dass sie so nicht leben will – die Wohnungslosigkeit stellt im Vergleich zum Leben mit dem heroinabhängigen Freund für sie nur das geringere Übel dar.

Wenn ich meine Freunde nicht gehabt hätte, also die mir 'n bisschen Rückhalt geben, hätte ich das vielleicht auch nicht geschafft. Aber den Entschluss, das Ganze zu beenden, das hab ich alleine gemacht. Ich hatte eigentlich immer ziemlich viele Leute um mich, ich hab gerne im Mittelpunkt gestanden. Wir haben halt immer wie 'ne Familie so zusammengehalten, das war schon so, dass wir halt immer zusammen waren. Und immer alles zusammen gemacht haben, ja meistens aber auch irgendwo gepennt haben. Und dann mit fünf, sechs, sieben Leuten auch in so 'nem kleinen Apartment monatelang gehaust haben. Aber eigentlich war es ganz witzig.

Zu dieser Zeit lernen wir Ela kennen, die relativ schnell Vertrauen fasst, die Beratung und niedrigschwellige Angebote rege nutzt und einen hohen Veränderungswillen zeigt.

Zu der Zeit war das dann auch mit 'm Streetwork gewesen. Und hab halt euch alle kennen gelernt, und ich bin eigentlich auch 'n Mensch, der ziemlich offen ist. Also, weiß ich nicht, ich denke mal einfach, Leuten kann man nicht in den Kopf gucken, und ihr seid ja jetzt nicht so, dass ihr direkt zum nächsten hingeht und weitererzählt, das und das ist mit der passiert und so. Also das war schon, dass man halt 'ne Vertrauensperson auch hatte, wo man hingehen konnte, die Rat wusste.

In einer Zeit, in der in Münster absolute Wohnungsnot herrscht, findet Ela mit unserer Hilfe über Beziehungen eine Zweizimmerwohnung. Sie hat zu der Zeit wieder einen neuen Freund, der bald darauf als Untermieter mit einzieht. Sie reduziert das Trinken, nimmt mit unserer Unterstützung Kontakt mit dem Arbeitsamt auf, und kann schließlich in einer überbetrieblichen Maßnahme ihre Ausbildung als Verkäuferin wieder aufnehmen.

Durch euch hab ich halt hinterher auch 'n bisschen Fuß wieder gefasst. Ihr habt mir dann auch geholfen mit der Wohnung und so und, war schon ganz gut. [...] Aber das sind Etappen. Also, mit 'm Alkohol, das ging vielleicht irgendwie vier Monate, wo ich fast jeden Tag mich zugeschüttet hab. Und dann war halt auch wieder 'ne Wohnung da gewesen, wo ich dann halt mein Reich wieder hatte. Und da wurd das dann halt auch wieder 'n bisschen gedämpfter.

Ein knappes Jahr geht die Beziehung gut, dann kommt es mit dem neuen Freund zu Konflikten und Streitereien. Sie trennen sich, aber er ist nicht dazu zu bewegen aus der Wohnung auszuziehen, er »sitzt« die Sache aus. Ela hält es in der gemeinsamen Wohnung nicht mehr aus und verlässt schließlich 6 Wochen vor ihrem Ausbildungsabschluss ihr Zuhause. Ela ist zum dritten Mal in ihrem Leben wohnungslos. Diesmal hat sie durch ihre wieder aufgenommene Lehre eigene Ressourcen, auf die sie zurückgreifen kann: Sie kann bis zur Abschlussprüfung bei einer Kollegin unterkommen.

Das Blöde war halt nur, ich hatte irgendwie wieder den falschen Freund. Der mich mehr oder weniger aus meiner schönen Wohnung wieder rausgeekelt hat. [...] Er hat mich hinterher so untergebuttert, ich konnte da nichts gegen machen. Der hat mich da regelrecht rausgeekelt. Wobei ich damals schon mal meine Lehre abgebrochen hatte, wegen dieser Aktion, wo ich mit dem Drogensüchtigen zusammen gewesen bin. Da hatte ich schon die Wohnung verloren und hab da auch heute noch alte Mietschulden. Und da 'nehm ich dann schon wieder einen mit rein und lass mich wieder belabern und war da auch wieder in der Lehre gewesen und wollte das eigentlich zu Ende bringen. Und gerade da fing dann der Stress auch wieder an und ich wusste nicht, was ich machen sollte. Wenn ich wieder obdachlos gewesen wäre, richtig obdachlos, sag ich mal, dann hätte ich das glaub ich nicht geschafft, dann hätte ich wieder den Elan nicht gehabt dafür. Und da hatte damals dann 'ne Arbeitskollegin von mir, mit der ich auch recht vertraut war, die hat mir dann angeboten, dass ich bei ihr die letzten sechs Wochen wohnen kann, so dass ich meine Ruhe habe. So dass ich mich dann halt noch drauf vorbereiten kann. Und das hab ich auch angenommen. Da hab ich einfach nur gesagt, Augen zu und durch, und ich hab's auch geschafft.

Ela schafft trotz Beziehungskrise und Wohnungslosigkeit ihre Abschlussprüfung und wohnt anschließend noch einmal bei einer anderen Freundin mit. Sie kommt in dieser Zeit oft zur Beratung zur Streetwork, wir führen viele Gespräche und unterstützen sie bei der Suche nach einer neuen Wohnung. Wir erleben sie sehr zielstrebig, sie weiß, was sie will. Die Wohnungslosigkeit ist für sie nun eine lästige Übergangsphase, die sie entschlossen zu beenden sucht.

Dann war ich erst 'ne ganze Zeit lang bei der Arbeitskollegin und dann hab ich hinterher noch bei 'ner Freundin gewohnt. Also insgesamt war ich auch ungefähr vier, fünf Monate schon wieder obdachlos, also ohne eigenen festen Wohnsitz. Und wo ich das dann alles beendet hatte und meine Lehre auch geschafft hatte, da hab ich dann auch alleine weiter versucht, was zu finden. Und so insgesamt war's halt schwierig, was zu finden, als Sozialhilfeempfänger und von der Straße kommend. Und viele Vermieter wollten halt dann auch jemanden haben, der für mich bürgt, und das war auch schon recht schwierig gewesen alles. [...] Aber ich bin da schon ein bisschen entschlossener drauflosgegangen. Hinterher bin ich da halt schon wie gesagt 'n bisschen zielstrebiger gewesen. [...] Und dann hab ich halt in C. [Vorort von Münster] die Wohnung gefunden. Und das war in Ordnung, also, ich hab mir das Ding angeguckt, die hat mir das direkt zugesichert, und ich hab das beim Sozi alles klargemacht. Und dann hab ich da halt auch zwei Jahre gewohnt.

Ela hat bald wieder einen neuen Freund. Auf Grund ihrer bisherigen Erfahrungen lässt ihn jedoch nicht bei sich einziehen, obwohl er wohnungslos ist.

Also das war dann mein Reich, und da hab ich auch keinen drangelassen. Ich hab wohl zwischendurch mal welche bei mir pennen lassen, aber auf jeden Fall nicht so was, was eine Beziehung angeht. Nicht jemand, der mir jetzt richtig nahe steht, so dass ich da wieder drauf hängen bleibe. Also, ich hab mir gesagt, auf jeden Fall nicht wieder mit jemandem zusammenziehen. Das ist jetzt meins, und das bleibt meins, und wenn ich Scheiße baue, dann ist das mir zuzurechnen, aber nicht, wenn irgendwie was passiert mit meinem Partner, dass ich das wieder alles ausbuttern muss.

Nach 2 Jahren zieht Ela noch einmal um, in eine größere, zentrale Wohnung innerhalb von Münster. Hier lebt sie heute noch immer allein. Ihre Situation beschreibt sie so:

Kann sich eigentlich nur noch steigern. Nein, ich fühl mich soweit eigentlich ganz wohl. Es sind halt einfach die alltäglichen Dinge, die einen immer wieder 'n bisschen aufreiben, und wo man dann halt immer wieder drüber nachdenkt. Ich sag mal, ich werd ja auch nicht jünger. Ich geh jetzt auch schon auf die dreißig zu, und da muss man halt doch schon 'n bisschen gucken, wie geht's jetzt weiter irgendwie. Ich mein, nicht so, dass ich jetzt zehn Jahre vorplane oder so. Aber ich sag mir schon, es könnte auch anders sein, und ich könnte es auch besser haben. Ich hab halt durch mein Leben in dem Sinne, wenn man's so sieht, Zeit verloren. Zwar Erfahrung gewonnen, aber Zeit verloren. Weil jeder andere in meinem Alter, der ist schon was weiß ich wie weit. Hat schon Kinder und so. Und ich will mich einfach aus diesem spontanen Leben nicht rausreißen lassen. Ich fühl mich immer noch so, als wär ich, siebzehn, achtzehn, also, ich mach auf jeden Fall noch den gleichen Scheiß mit. Also, es ist nicht so, dass ich jetzt irgendwie pingeliger werde oder was weiß ich. Ich hab halt meine Ansichten, die ich vertrete und, die meisten kommen da auch gut mit klar.

In den letzten Jahren hat sie ein paar Mal in ihrem Beruf gearbeitet, jedoch nie lange und fest angestellt. Schwierigkeiten gab es dort auch immer wieder mit ihrem Aussehen, den Piercings und Tätowierungen. Problematisch sind für sie auch die geringen Verdienstmöglichkeiten in ihrem Beruf. Denn sie hat mit einer Vollzeitstelle bei einer teuren Miete und abzuzahlenden Schulden letztlich kaum mehr Geld zur Verfügung, als sie in Zeiten der Arbeitslosigkeit über das Sozialamt bezieht.

Einmal hab ich ziemlich viel Pech gehabt. Da sollte ich eigentlich mehr oder weniger 'nen Laden schon übernehmen. Nur, die haben mich ausgenutzt. Also, die haben hinterher jemanden Ungelerntes eingestellt, die hab ich eingearbeitet, wo die das drauf hatte, bin ich gekündigt worden. Vielleicht war auf sie auch zu der Zeit 'n bisschen mehr Verlass, weil ich war damals 'n bisschen krank gewesen bin, 'ne chronische Sache. Und dann war ich halt deshalb öfter mal nicht da. Obwohl die mir vorher schon einen erzählt haben, ja, wenn das dann mal richtig läuft und so, und dann könnte ich mehr oder weniger den Laden übernehmen, und ich hab da auch ganz gut verdient und es war auch in Ordnung. Ja, und dann direkt so – pht! – kriegste die Kündigung reingewürgt und der lässt dir noch nicht mal Zeit bis zum nächsten Tag. Die musste ich direkt unterschreiben. War voll blöd gewesen. [...] Im anderen Laden, da war das Betriebsklima einfach scheiße. Hinterher hatte ich auch gar keine Lust mehr gehabt und in der Probezeit bin ich dann auch gekündigt worden. Weil einfach auch der Elan einfach nicht mehr da war, es wurd hinterm Rücken gelabert, über Tätowierungen, Piercing, et cetera, und war nicht so mein Ding, mich da irgendwo zwischenzuquetschen, wo ich mich eh nicht wohlfühle. Ja und danach halt so jobmäßig. Also hier und da mal 'n bisschen gearbeitet und halt immer so mehr taschengeldmäßig und schwarz, irgendwo was. Wenn mir jetzt so was noch mal in die Arme fallen würde, wo ich mich wohlfühle, wo das Arbeitsklima stimmt, dann kann ich mir auch vorstellen, mal länger zu arbeiten. Aber ich hab's einfach satt, für'n Minilohn mir den Arsch aufzureißen für 'ne ganze Woche. Also, ich mein, ich hab das gelernt und ich denk mir einfach: Meine Güte. Warum wird das so scheiße bezahlt?

Ela wünscht sich derzeit eine feste Stelle mit einer angemessenen Bezahlung und angenehmem Klima. Für die Gründung einer eigenen Familie fühlt sie sich noch zu jung und zu spontan.

Ich möchte halt ganz gerne mal 'n Job haben, wo ich dann halt auch mal länger bin. Wo das Betriebsklima in Ordnung ist, wo man einigermaßen wat verdienen kann und mal wegfahren kann, aber jetzt, so richtig Familie oder so, ich glaub, da hab ich gar nicht so den Fimmel zu. Also, ich mein, wenn's passiert, dann passiert's, aber solang's nicht sein muss, muss es einfach nicht sein. Also, weiß ich nicht, ich hab halt auch einfach noch nicht den Mumm dazu. Also ich bin einfach noch zu spontan und

61

weiß ich nicht. Irgendwie macht das viel mehr Spaß, alles noch machen zu können und wenn ich 'n Kind hätte, den ganzen Tag zu Hause, ich würd wahnsinnig werden.

Heute denkt sie, dass Freunde für sie wichtiger als eine Beziehung sind, und will sich nach den vielen Enttäuschungen auch nicht mehr so eng binden.

Ich sag mal so, meine Freunde sind mir auf jeden Fall wichtiger als meine Beziehung. Weil, den Fehler werd ich nie wieder begehen. Dass meine Beziehung über meinen Freunden steht. Weil dadurch hab ich damals sehr viele Freunde verloren, weil mein damaliger Freund einfach mit denen nicht klarkam und dadurch ich halt den Kontakt abgebrochen habe. Also mir ist es auf jeden Fall auch wichtig, wenn ich 'ne Beziehung habe, dass der auch mit meinen Freunden klarkommt. Wenn das nicht gegeben ist, muss ich mich zweiteilen, und das kann ich nicht. Dann würde ich mich eher für meine Freunde entscheiden. Also das ist mir das allerwichtigste. Und die Familie kommt echt als letztes, ganz ehrlich. Weil die bringt mir nichts. Ich mein, okay, die haben mich großgezogen, die haben viel für mich gemacht, aber halt alles irgendwo, um mich auf den richtigen Weg zu bringen, auf deren [betont] richtigen Weg. Also, du wirst irgendwo reingeschleust, ich sag mal, wäre es nach denen gegangen, wär ich heute auch was anderes.

Die Szene sieht sie heute mit mehr Distanz. Viele Kontakte spielen sich für sie im privaten Rahmen ab.

Ich sag mal so ungefähr siebzig Prozent davon sind auf jeden Fall nicht mehr so wie früher. Also, da musste echt schon fast auspicken im Moment. Also sind nicht mehr so offen oder die reden dann nicht mehr so viel darüber, also früher wurd halt auch über alles geredet. Ob's jetzt Beziehungsstress ist oder zu Hause irgendwas – also da wurden die Probleme richtig auseinander gepflückt. Und heutzutage ist das meist sehr oberflächlich geworden. Da sind ja dann immer so Grüppchen. Also, es ist zwar immer so, dass ich zwischendurch noch mit den ganzen Leuten zusammenhänge und mit denen mal einen trinke oder mit denen 'n bisschen Party mache, ist ja jetzt nichts gegen die Leute an sich. Nur, es haben sich wie gesagt Grüppchen gebildet, und die meisten haben auch irgendwo Wohnungen. Und dann hängt man mal hier ab, dann hängt man halt da ab. Also, es ist nicht mehr dieses Zentrum Bahnhof, sondern schon mehr verlagert so.

Zu ihren Eltern hat sie heute ein entspannteres, wenn auch distanziertes Verhältnis. Allerdings leben diese auch nicht mehr in Deutschland.

Ja, jetzt sind sie [die Eltern] ja ausgewandert. Die waren mal hier zu Besuch, ich mein, das geht. Also, die wissen schon, dass das Verhältnis jetzt nicht mehr so ist, und dass die mir nichts sagen können. Die lassen mich machen und tun, die haben ihr Leben und ich hab mein Leben. Also, das sind jetzt zwei verschiedene Welten. Die haben sich das ausgesucht wegzuziehen, auszuwandern, ich gönn denen das auch. Aber dann müssen die mir auch mein Leben lassen. Ich mein, die können jetzt nicht sagen, später mal, dann kommste zu uns, pflegst uns oder so, nee. Und ich hab das ja auch damals alleine geschafft, die Lehre zu Ende zu machen und dies und jenes. Da hab ich mich ja auch bei meiner Familie nicht gemeldet in der Zeit. Weil ich 's auch einfach satt hatte, immer von denen bemuttert zu werden. Die haben mich nicht erwachsen werden lassen. Die wollten immer, dass ich in dieser Familie drin bleibe. Haben sie aber nicht geschafft.

Auch wenn sie ab und zu noch illegale Drogen konsumiert, hat sie eine Art entwickelt, kontrolliert und selbstbestimmt damit umzugehen.

Ich mein, klar, so Partydrogen nehm ich zwischendurch halt auch noch – also, mag man sehen, wie man will – aber ich denke schon, dass ich mich einschätzen kann. So ungefähr. Man kann natürlich nicht immer wissen, was für 'n Zeug man da jetzt gerade nimmt. Aber, ich fang immer leicht an und hinterher kann man immer noch gucken, was wird. Nur, ich übertreib 's einfach nicht. Ich hab da einfach gar keine Lust drauf, das alles zu übertreiben, weil, mein Körper macht das bestimmt auch nicht alles mehr so mit. Der will irgendwann auch nicht mehr, und dann krieg ich einen an den Kopf oder so und fall um. Oder mein Herz macht nicht mehr mit oder so, ich hab eh schon Herzrhythmusstörungen. Und dann muss man halt schon 'n bisschen gucken, wie weit man gehen kann.

Ela sieht es so, dass sie durch ihre Zeit auf der Straße beide Seiten des Lebens kennen gelernt hat und empfindet das im Nachhinein als Bereicherung. Wichtig sind ihr vor allem ihre Kontakte und Beziehungen und die Akzeptanz. Dabei hat nicht nur sie immer wieder auf die Unterstützung durch andere zurückgreifen können, sondern für sie selbst war es ebenso wichtig, anderen Hilfe und Halt zu geben.

Einerseits bin ich in einer angesehenen, beziehungsweise fast reichen Familie aufgewachsen, wo ich solche Sachen erst gar nicht zu sehen kriege, vielleicht im Fernsehen oder so. Und andererseits bin ich da direkt mit konfrontiert worden, so dass ich das selber erfahren konnte, wie es überhaupt ist. Und da ich jetzt halt auch beide Seiten kenne, hab ich auch irgendwie so 'n Spielraum, mich auch in beiden Seiten aufzuhalten. Einerseits werd ich akzeptiert bei den Punkern oder bei den Leuten, wo ich auch früher mit abgegangen habe. Andererseits werd ich genauso gut akzeptiert bei meiner Familie oder bei der Arbeit. Also ist schon so 'n Level, was ich ganz gut raushabe auch. Wie gesagt, ich hab manchmal echt das Gefühl gehabt, dass ich echt, auch so 'ne Mutterperson bin. Weil ich halt von den Mädchen eine der ältesten gewesen bin, und mit mir konnt man halt Pferde stehlen, ich hab halt alles mitgemacht und nie jemandem was Böses so zugetan oder so. Das hat halt mich teilweise so auch 'n bisschen beliebt gemacht. Das trifft vielleicht nicht auf jedermann zu, aber jemand, der mich halt richtig kennt, der weiß auch ganz genau, dass man auf mich zählen kann. [...] Und ich hatte halt irgendwie meine fünf, sechs Leutchen, also meistens auch Typen, wo ich immer mit rumgezogen bin, die aber auch richtig versorgt habe und die auch wie so 'n Tagebuch an ihre Sachen erinnert habe, wo die noch anrufen müssen oder wenn sie jetzt einen Termin hatten. Ja, ich hab halt auch für alles gesorgt, was man halt so braucht, was zu trinken, was zu essen.

Ela sagt, sie würde heute einiges anders machen. Dennoch steht sie zu ihrer Vergangenheit, möchte auch die Erfahrungen nicht missen. Aber sie hat daraus auf jeden Fall gelernt und Selbstbewusstsein gewonnen. Vor allem ihre Beziehungen sieht sie im Nachhinein sehr kritisch und achtet heute darauf, ihre Eigenständigkeit nicht mehr aufzugeben.

Nicht, dass ich jetzt mein Leben in dem Sinne anders gestalten würde, sondern eher die Sachen, die ich so erlebt habe. Also jetzt durch meine Beziehungen zum Beispiel. Die haben mich sehr so runtergerissen, ich war 'n Hausmütterchen! Ich bin nicht mehr rausgelassen worden, ich bin nur eingesperrt worden, und das sind halt Sachen, die lass ich heute mit mir nicht mehr machen. Also, ich geh meinen Weg und wenn mein Partner halt irgendwie meint, mir das verbieten zu müssen, dann zeig ich dem 'n Vogel. Also, ich lass mir nichts verbieten und auch von meiner Familie nicht. Die können mir gerne einen erzählen, aber ob ich das jetzt mache oder nicht, das sollen sie mal ganz schön mir überlassen. [...] Also, es kann mir heute nicht mehr passieren. Das ist einfach irgendwie für mich gegessen das Thema. Ich lass auch nichts mehr so nah an mich ran. Vorher hab ich auch immer alles sofort erzählt, von wegen die Liebe und was weiß ich, später mal heiraten und dies und jenes und schon zweimal verlobt gewesen und wie schön und hastenichtgesehen. Und das könnte mir nicht mehr passieren. Über's heiraten rede ich nicht, weil so was kommt eh von irgendwann alleine. Und ich möchte auch in einer Beziehung diese Freiheit behalten.

Im Nachhinein nimmt Ela ihr Leben als Abfolge von Höhen und Tiefen wahr. Sie wünscht sich, einmal länger »oben« zu bleiben.

64

Und wie gesagt, also mein ganzes Leben besteht nur aus Höhen und Tiefen, aber immer, kurz bevor ich in den tiefsten Abgrund steige, fange ich mich erst mal wieder. Und dann kraxel ich mich erst mal wieder hoch, ich mein, bisher hab ich's einfach noch nicht geschafft, auf diesem oberen Stüfchen zu bleiben, also irgendwo hat mich immer wieder was getreten, also irgendwo hat's noch nicht so richtig geklappt, dass ich auf dieser Ebene bleibe. Ich möchte ja auch wohl ganz gerne wieder irgendwo arbeiten. Das ist halt nur nie das Richtige gewesen.

Kommentar

Ela nennt als Gründe für ihr Ausreißen die in der Familie erlebten Einschränkungen, die hohe Kontrolle und die Dominanz des Stiefvaters. Gleichzeitig leidet sie darunter, dass materielle Werte an erster Stelle zu stehen scheinen. Als sie mit 17 von zu Hause ausreißt und zunächst bei ihrem Freund wohnt, ist für alle Beteiligten ziemlich schnell klar, dass Ela nicht mehr zu Hause wohnen wird. Die wohlhabende Familie möchte nicht mit dem Jugendamt zusammenarbeiten, eine Jugendhilfemaßnahme kommt nicht in Frage. Aber es gibt private Ressourcen, auf die Ela zurückgreifen kann: Ihre Oma besorgt ihr ein Apartment, in dem sie mit 17 selbstständig und auf sich allein gestellt leben kann.

Ela beschreibt die erste Zeit in der eigenen Wohnung als schwere Zeit. Mit 17 ist sie plötzlich für sich allein verantwortlich, auf sich selbst gestellt. Sie hat die Schule abgebrochen, ist zunächst perspektivlos, orientiert sich an der Bahnhofsszene. Aber sie schafft es aus eigener Kraft, ihre Schulausbildung wieder aufzunehmen. Obwohl sie immer wieder ihre Wohnungen verliert, besteht sie den Realschulabschluss und beginnt eine Ausbildung. Dies zeigt viel von ihrer Stärke.

Destabilisierend wirkt sich in der Folgezeit das Zusammenziehen mit dem Freund aus. Ela erträgt lange Zeit die Heroinabhängigkeit des Partners und wird schließlich selbst abhängig. Sie beschreibt sich in der Beziehung als abhängig und unselbstständig – völlig konträr dazu, wie sie bislang eigenständig ihr Leben bewältigt hatte – aber ähnlich, wie sie es bei ihrer Mutter immer wieder kritisiert hat. Ihr selbstständiger Ausstieg aus der Drogenabhängigkeit und Abhängigkeitsbeziehung zum Freund wird durch ein »Schlüsselerlebnis«, den Selbstmordversuch des Partners hervorgerufen. Es ist zwar ein spontaner, aber dennoch völlig überlegter Entschluss, und sie nimmt die darauf folgende Wohnungslosigkeit als kleineres Übel in Kauf. Unterstützung erhält sie von Freunden, den Entzug steht sie mit Hilfe von Alkohol durch.

Bemerkenswert ist, dass es in Elas Geschichte immer wieder private Ressourcen gibt, auf die sie zurückgreifen kann. Zunächst innerhalb der Familie, wo ihr ihre Oma mehrmals Wohnungen besorgt und sie bei ihrem Onkel mitwohnen kann. Später ist sie aber auch in der Lage, sich immer wieder selbst Ressourcen zu organisieren. Elas Kontaktfreudigkeit und Hilfsbereitschaft gegenüber anderen ermöglichen ihr, im Freundes- und KollegInnenkreis immer wieder dauerhafte Beziehungen aufzubauen, auf die sie in Notsituationen zurückgreifen kann.

Dem stehen jedoch die destruktiven Partnerbeziehungen gegenüber, die sie eingeht. Zweimal wird sie auf Grund der Trennung vom Partner wohnungslos. Erst bei der dritten Wohnung schafft sie es, diese nur auf ihren Namen anzumelden und ihr eigenes Zuhause für sich zu behaupten.

Ela nimmt bereits mit 17 Jahren ihr Leben selbst in die Hand und regelt sehr viel für sich allein. Ihre Geschichte ist beispielhaft für Höhen und Tiefen einer Entwicklung, die nicht mit »Teufelskreis« beschrieben werden kann. Denn aus jeder Phase der Wohnungslosigkeit findet Ela wieder heraus, lernt ein Stück dazu. Sie geht zwar immer wieder zerstörerische Beziehungen ein, es gelingt ihr jedoch, diese wieder zu beenden. Und sogar ihre Kokainabhängigkeit beendet sie selbstständig aus eigener Kraft, ohne medizinische, pädagogische oder therapeutische Hilfen. Auch dass sie trotz mehrmaliger Wohnungslosigkeit und immer wiederkehrenden massiven Beziehungsproblemen ihre Ausbildung beendet, zeigt viel von ihrer inneren Stärke. Letztendlich gelingt es ihr, sich weitgehend selbstständig ein Zuhause zu schaffen und dies auch für sich zu behaupten.

Unterstützung und Hilfen bekommt Ela vor allem im privaten Bereich. Lange Zeit hat sie keinen Kontakt mit dem Hilfesystem, bis wir sie im Alter von 23 kennen lernen. Dazwischen gibt es keinerlei professionelle Hilfen. Sie schafft ihren Schulabschluss allein, beginnt eine Ausbildung und beendet ihre destruktive Beziehung zum damaligen Freund. Ela hat dies alles allein geschafft, aber vielleicht hätte ihr eine Begleitung durch Jugendhilfe insbesondere in dieser Zeit auch einige »Tiefen« ersparen können.

Als wir Ela im Alter von 23 Jahren kennen lernen, ist es für Jugendhilfe zu spät, zumal sie eine selbstständige, eigenständige Frau ist, die nach allem was sie erlebt hat, keine Betreuung mehr wünscht. Aber sie nimmt vielfältige Hilfen durch die Streetwork an, wie Beratung, Hilfe bei Wohnungssuche, Begleitung und Schuldenregulierung. Die Arbeit der Streetwork kann in vieler Hinsicht mit zu ihrer Stabilisierung beitragen.

Worunter Ela heute leidet, ist im Grunde der Arbeitsmarkt und ein arbeitspolitisches Problem: die hohe Arbeitslosigkeit, die es ihr schwer macht, beruflich Fuß zu fassen. Hinzu kommt, dass sie in einem typischen Frauenberuf arbeitet, in dem es wenig abgesicherte Arbeitsverhältnisse gibt und dessen tarifliche Bezahlung in ihrem Fall kaum ausreicht, um als eigenständige alleinstehende Frau finanziell überleben zu können.

2.2 Denis: Dynamik von Wohnungslosigkeit und Sucht

Denis ist heute 24 Jahre alt und seit einiger Zeit wieder wohnungslos. Er hat schon sehr viele Stationen in seinem Leben hinter sich, so dass es nicht einfach war, seine Geschichte zu rekonstruieren. Über seine Kindheit erzählt er:

Ich war als erstes Kind nicht so erwünscht. Und das hab ich auch wohl gemerkt. Also ich lag halt vierundzwanzig Stunden ohne Fruchtwasser, weil die Blase vorher geplatzt ist und hab halt die Nabelschnur um den Kopf gehabt, war auch schon blau und wurde mit einer Saugglocke rausgeholt. Also das war dann irgendwie auch schon so 'n bisschen, der will gar nicht rauskommen. Das überträgt sich auf 'n Kind ja auch. Und das hab ich auch wohl so 'n bisschen mitgekriegt. Weil meine Mutter wollt mich danach auch wohl sofort nicht haben, die wollte mich und meinen Vater nicht sehen. Also ich war dann zwei Tage auf der Säuglingsstation ohne Kontakt zu meiner Ma und das hat bestimmt 'ne Menge zu tun, also, es gibt so psychologische Denkansätze, die da so hingehen, das man dann auch keinen Kontakt, keinen körperlichen Kontakt und auch keine emotionale Bindung hat zur Mutter. [...] Mit meinem Vater hatte ich mehr Kontakt, ich war früher so'n bisschen Fußballliebhaber, beim FC immer gewesen, war auch ziemlich gut, 'ne Zeit lang, bis das dann halt alles passiert ist mit elf so, da waren wir halt oft zusammen. Und das war halt das einzigste, wir haben zusammen mehr Erfahrung, wir haben mehr erlebt. Also wie ich das für mich feststellen kann, ist das so, dass ich ziemlich wenig emotionale Bindung hab zu meinen Eltern.

Als Denis 11 Jahre alt ist, stirbt sein Vater bei einem Arbeitsunfall. Danach ändert sich sein Leben radikal.

Er war 'n Zimmermann. Und die mussten halt 'n Dach richten. Und dann ist er dann da runtergestürzt. [...] Hing aber nicht mit dem Gerüst zusammen, irgendwie, ist einfach 'n Arbeitsunfall gewesen. Ja und dann war 'n halbes Jahr natürlich erst mal völligst Funkstille, Supertrauer, klar.

Denis kommt nicht damit zurecht, dass seine Mutter schon bald mit einem neuen Mann befreundet ist und ihn kurz darauf heiratet. Mit seinem Stiefvater versteht er sich nicht und kann ihn nicht akzeptieren.

Und dann hat meine Mutter sich halt mit dem B. angefreundet. Und das ging dann auch ziemlich schnell, dass die geheiratet haben, da war ich dann elf einhalb so ungefähr. [...] Das heftigste, was mein Vater mit mir gemacht hat, wo ich ihn sofort zum Kotzen gefunden hab, ist, als er da ankam und mir gesagt hat, ich darf nicht das Messer in der linken Hand haben und die Gabel in der rechten. Das war der Punkt, an dem der für mich sofort verkackt hat. Ich musste also Rechtshänder sein, da musste man ja aus S. [norddeutsche Großstadt] auch wegziehen, weil er Bundeswehrsoldat ist. [...] Also haben sie auf jeden Fall geheiratet, und dann ging's dann ratzfatz mit'm Umzug nach Münster. Und da bin ich dann halt ausgerastet, hab gesagt, nee, das will ich nicht. Auch weil meine Mutter sich überhaupt keine Zeit gelassen hat, einfach nur Schiss hatte, alleine zu stehen in ihrem Alter. Obwohl sie ja überhaupt noch gar nicht so alt war da, Anfang dreißig. Aber das war mir alles 'n bisschen zu schnell. Und vor allem, weil ich auch meine ganzen Leute in S. hatte, ich hatte da meine Umgebung und wollte halt auch irgendwie nicht in 'n anderes (Bundes-) Land.

Den Gedanken aus der Heimatstadt wegzuziehen und seine restlichen Bezugspersonen zu verlieren kann Denis nicht ertragen. Er reißt vor dem Umzug aus und wohnt zunächst bei einer Frau, die seine Schwester und ihn vorher bereits ab und zu betreut hatte und die er als »Ziehmutter« beschreibt. Bei ihr und ihrem Sohn fühlt er sich angenommen.

Ich bin dann in S. abgehauen. Bin da 'n bisschen rumgetingelt [mal hier, mal dort gewesen], hab bei Freunden gewohnt. Ich war bei A., das ist unsere, also meine und meiner Schwesters Ziehmutter ungefähr. Also die wohnte da mit in dem Haus, wo wir auch gewohnt haben.

Von seinen Eltern wird das zunächst geduldet, aber dann wird er in den Sommerferien in einer fremden Stadt von der Polizei aufgegriffen und zu seinen Eltern zurückgeführt. Plötzlich soll er in ein Heim im Münsterland kommen.

Ich bin halt dann aufgegriffen worden von der Polizei, weil wir ja auch immer auf Konzerten waren und so und auch 'n bisschen rumgetingelt sind, vor allem im Sommer, so lange halt die Sommerferien gehen. Ich bin ja in S. auch weiter zur Schule gegangen. Realabschluss hab ich. Und ja, dann sind wir da halt rumgetingelt und da haben se mich dann aufgegriffen in Y. [Stadt am Bodensee]. Ich bin dann da alleine abends zur Tanke und hab da geklaut und dann haben se mich erwischt und dann ging 'ne ganz lange lange Reise nach Münster. Weil ich halt schon gesucht worden bin, schon seit mehr als 'nem halben Jahr. Dann ging's erst mal endlos lange bis ins I.-Heim in der Nähe von Münster. [...] Also gar nicht erst nach Hause, sondern sofort ins Heim, weil mein Stiefvater wohl gesagt hat, dass das so 'ne große Belastung für Mama gewesen wär, wenn ich da jetzt wieder angetanzt wär. Weil ich hatte auch 'n Irokesenschnitt und so.

Im Heim fühlt Denis sich überhaupt nicht wohl. Er wird zunächst geschlossen untergebracht und kann allein schon daher kein Vertrauen fassen.

Ein halbes Jahr war ich da, war halt beschissen. Ich war eingesperrt, ich war erst auf C fünfzehn, das ist geschlossen. Bin dann nachher inne Außenwohngruppe nach W. [Ort im Münsterland] gekommen. Und da ging's dann schon 'n bisschen besser. Am Wochenende durften wir halt mal hier und da schlafen, wo wir halt Leute hatten, dann hab ich halt Kontakt zu Münster gekriegt. Weil ich dann halt immer hier am Bahnhof war.

Obwohl es ihm in der Außenwohngruppe ein wenig besser geht, reißt Denis nach einem halben Jahr aus und geht wieder zurück in seine Heimatstadt, in sein bisheriges Zuhause.

Und ich bin dann mit ungefähr vierzehn abgehauen und bin auf der Straße gelandet. Bin dann nach S. gegangen. Ich bin wieder zu A. und die hat auch nichts gesagt. Und weil ich da meinen besten Freund hatte, den C., konnte ich da auch pennen. Weil C. und ich haben uns oben den Dachboden ausgebaut, also zu 'ner Räuberhütte irgendwie, Punkrock gehört und da halt auch unsere Musik gemacht und so. Schlagzeug stand da und alles Mögliche, was man so braucht für 'ne Band. Da war auch der Proberaum am Anfang. Ja und da hab ich dann halt zwei Jahre gewohnt, ungefähr. [...] Die zwei Jahre waren okay. Also A. war natürlich auch wie 'ne Mutter zu mir, irgendwie. Und ich denk mal, ich hab zwar öfter angerufen und hab gesagt, ich bin hier und da und dort und so, aber die haben sich das auch bestimmt schon gedacht. Also das war bestimmt so 'n bisschen hintenrum, ohne dass ich das mitgekriegt hab, damit ich mich von A. nicht hintergangen fühle. Dass A. bestimmt schon Kontakt aufgenommen hat, aber dann halt nix gesagt hat. Das denk ich mal.

Heute macht er sich selbst noch manchmal Vorwürfe, dass er damals als 13-Jähriger nicht nachdrücklicher den Wunsch nach einer geeigneten Maßnahme geäußert hat.

Das war ja das Blöde, weil ich hätte auch... Darum bin ich ja auch oft so sauer auf mich. Ich hätte da ja was einleiten können entweder erst mal ins Heim, aber danach dann eigene Wohnung oder in irgendein Sozialprojekt zu kommen. Und das hab ich mir ja dann verbaut mit der Zeit. Indem ich halt dann nix gesagt hab.

Als sein Stiefvater in die Psychiatrie kommt, will die Mutter Denis doch wieder zu Hause haben und nimmt ihn für die kurze Zeit in Münster auf.

Dann war ich auch für'n paar Monate zu Haus, wo der B. halt in der Klapse [Psychiatrie] war. Und da musst ich halt Vater spielen. Ich musste halt meine Schwester immer mit zur Schule nehmen, ich musste dann auch zur Schule. Ich musste meiner Schwester helfen und kochen und das Haus saubermachen, und meine Mutter war halt arbeiten den ganzen Tag. Da musste ich abends noch arbeiten von 18 bis 22 Uhr und das alles mit vierzehn. Und dann war mein Vater auf einmal wieder da und dann war ich wieder nichts. Durft ich wieder den kleinen Sohn spielen.

Denis reißt wieder aus und pendelt in der Folgezeit zwischen seiner Heimatstadt, Münster und anderen Großstädten hin und her. Er schafft es dennoch, seinen Realschulabschluss zu erreichen. Danach hat er allerdings gar kein Zuhause mehr. Scheinbar interessiert sich niemand dafür, wo Denis bleibt, und so zieht er als 16-Jähriger mit anderen Jugendlichen durch Deutschland.

Aber dann hat's mich dann auch wieder nach Münster verschlagen. Weil ich dann halt auch in dem halben Jahr hier unwahrscheinlich viele Leute kennen gelernt hab. Unter anderem hab ich dann den L. [Kumpel] kennen gelernt, der war ja auch in einer Außenwohngruppe. Mit dem bin ich dann halt hier immer rumgetingelt, da sind wir aber auch schon mal nach U. [süddeutsche Uni-Stadt] gefahren, weil in U. auch unwahrscheinlich viele Leute gewohnt haben, die wir aus Münster kannten. Und haben halt hier in dem alten Obdachlosenheim gewohnt. [...] Also, ich hab halt ab und zu Kontakt gehabt zu meiner Mutter, hab ab und zu mal hundert Mark für'n paar Schuhe gekriegt, aber sonst war halt nix.

Denis wird immer wieder aufgegriffen und in die Jugendschutzstelle gebracht. Dort verbringt er auch die eine oder andere Nacht, an weiterführende Hilfen kann er sich aber nicht erinnern. Als in Münster der erste Streetworker des Amtes für Kinder, Jugendliche und Familien seine Arbeit aufnimmt, freut sich Denis, dass sich wenigstens jemand für ihn interessiert und ihm Unterstützung anbietet. Dennoch gelingt es auch mit Hilfe des Amtes für Soziale Dienste nicht, Denis' Eltern von der Notwendigkeit zu überzeugen, dass ihr Sohn ein neues Zuhause braucht.

Das einzige, was mir ab und zu geholfen hat, ist die Jugendschutzstelle. Dass ich da duschen konnte, mich umziehen konnte, waschen konnte, essen konnte. Mal für zwei, drei Stunden einfach nur abspannen, das war das einzigste. [...] Wenn man abends aufgegriffen worden ist am Bahnhof, unter achtzehn, wurd man halt dahin gebracht. Und das war's. Mehr gab's früher noch nicht, also zu meiner Zeit nicht. [...] Und ganz wichtig H. [Streetworker], als der auf die Straße kam, haben L. [Kumpel] und ich uns da schon gut dran geklammert und das war auch ganz gut so. [...] Wir hatten dann ein Gespräch mit 'm Jugendamt, meine Mutter, H., ich und halt diese Tante da vom Jugendamt und da kam gar nichts bei rum. Mein Vater war dann auch noch kurz dabei, der ist dann abgehauen, der wollt sich den Scheiß nicht geben. Und dann hat meine Ma gesagt, das geht nicht, können wir nicht, blablabla, und dann meinte H. und die Frau halt auch, ja dann müssten wir vors Gericht ziehen. [...] Dann hieß es halt, dass ich meine Eltern verklagen müsste, wenn ich Geld haben will oder wenn überhaupt da irgendwas laufen würde. Weil meine Eltern sich absolut dagegen gesträubt haben. Und dann hab ich mir das halt verkniffen, weil ich wollte nicht absolut mit meiner Ma brechen, weil der hätte das bestimmt ziemlich wehgetan. Und dann bin ich halt auf der Straße gewesen.

Denis lebt die nächsten Jahre auf der Straße ohne Geld, ohne Zuhause in verschiedenen Städten.

Ja, bis achtzehn, neunzehn, war beschissen. Also, das einzige, was gut war, war sich jeden Tag betrinken und mit Leuten irgendwie zusammen sein. Das einzig Schöne war, das man unwahrscheinlich viele Leute kennen gelernt hat, weil man auch überall hingefahren ist.

In einer süddeutschen Großstadt kann er dann bereits im Alter von 17 Sozialhilfe bekommen. Er kommt in einem ehemals besetzten Haus unter, schließt dort Kontakte und kann bei Umzügen ein wenig Geld verdienen. Aber er kommt dort auch zum ersten Mal mit Heroin in Kontakt.

Ich hab ja auch 'n Jahr in U. [süddeutsche Uni-Stadt] gewohnt, hab dann da mit siebzehn einhalb schon Sozialhilfe gekriegt, an der Ö.-Straße [Einrichtung für Wohnungslose]. Da konnte man sich auch duschen und das war halt gleichzeitig auch für Obdachlose die Sozialhilfestelle. Und in U. bin ich dann auch draufgekommen, auf Heroin, weil dann das ganze Haus, in dem ich gewohnt hab, da waren halt fast alle drauf. Und dann bin ich halt auch auf Heroin gekommen. [...] Das war auch 'n bisschen der Zwang von der Gemeinschaft und ich war halt auch 'n bisschen doof. Weil ich wusste schon, was abgeht und trotzdem hab ich 's genommen, irgendwie. Weil, ich hab halt in U. dann auch gearbeitet, Umzüge, und hab halt das irgendwie damit besser machen können. Ich hab am Anfang nur Codeinkompretten genommen, und das ging halt irgendwie alles locker-flockig, der Tag ging irgendwie ganz easy vorbei. Und dann hab ich das weiter eingenommen, und irgendwann kam dann der erste Druck. Ja und da hab ich den Leuten natürlich auch schon erzählt: »Ja ja, ich kann das schon, blablabla.« Und dann ging das halt ratzfatz. Von heute auf morgen war ich dann drauf. Ich hab dann erst mal zwei, drei Tage nichts genommen, dann wieder und dann ging's jeden Tag. [...] Nach und nach kamen dann alle

71

drauf. Und nach S. [Heimatstadt], da bin ich ja dann nicht mehr hingefahren. Vor allem war ich auch zu stolz, denen zu erzählen, dass ich jetzt auf diesem Scheißzeug bin. Dann bin ich halt nur noch in U. und Münster rumgelaufen. Dann sind die anderen Leute auch alle nach und nach draufgekommen. Und dann waren wir 'ne richtige breite Gemeinschaft.

Etwa 3 Jahre lang lebt Denis vorwiegend in Süddeutschland, kommt nur kurz zwischendurch nach Münster, und wir haben daher nur sporadisch Kontakt. Er finanziert seine Sucht mit Diebstahl und Einbrüchen und bekommt nach und nach immer mehr Strafanzeigen.

Und da fing's dann an, nicht mehr lustig zu sein, also das Leben auf der Straße, und dann kam Beschaffungskriminalität, ist ja ganz klar. Ja und dann ging das halt drei Jahre ungefähr so, da bin ich halt nur drauf gewesen.

Denis baut immer mehr ab, und als er mehrere Strafanzeigen gegen sich laufen hat, macht er einen ersten Versuch, vom Heroin loszukommen. Er geht wieder nach Münster, wo es ihm gelingt, in ein Polamidonprogramm zu kommen. Gleichzeitig wird aber das Strafverfahren gegen ihn eröffnet, und er wird zu 18 Monaten Haft verurteilt, mit der Auflage, stattdessen eine stationäre Therapie zu machen.

Da bin ich halt nur drauf gewesen, bis es irgendwann nicht mehr ging, dann wurd ich substituiert. Das war damals noch mit Remmida zehn, und ich war halt auch auf Pillen, also auch mit Rohypnol, das war so früher das Gängigste. [...] Und da ich dann auch so langsam so viel Strafsachen angezettelt oder so viel Anzeigen hatte, hab ich zugesehen, dass ich in ein Polamidonprogramm komme. Da war ich dann auch anderthalb Monate, und war zu der Zeit bei meinen Eltern. Die hatten in der Zwischenzeit sich 'n Haus angemietet. Und da hab ich dann anderthalb Monate gewohnt und bin dann in Therapie. Also, das war dann die Auflage, auf Polamidon zu sein und danach in die Therapie zu gehen.

Ohne genauere Kenntnisse über die Institution beginnt er eine Therapie, mit der er überhaupt nicht zurechtkommt. Nach einem Monat reißt er wieder aus, steht wieder auf der Straße.

Da war ich dann 'n Monat und bin abgehauen, weil das absolut beschissen war. Ja, das Problem war einfach, ich musste da von heute auf morgen über mich und meine Vergangenheit und über meine Gefühle aufschreiben, was ich die ganzen Jahre auf der Straße nicht gemacht hab, oder auch mehr oder weniger im Suff verdrängt hab. Das musst ich dann von heute auf morgen irgendwie in der Gruppe preisgeben. Und das war mir einfach zu viel, das konnt ich nicht. [...] Ich bin aus der Therapie gekommen, hab Geld geholt und war sofort wieder drauf. Das ging von heute auf morgen. Und dann war ich drei Monate drauf, hab auch (Drogen) verkauft, und dann wurd ich gepackt, verurteilt, weil ich natürlich sofort 'n Haftbefehl draußen hatte, nach der Therapie.

Nachdem er die Therapie abgebrochen hat, tritt der alte Haftbefehl wieder in Kraft und Denis muss im Alter von 20 Jahren ins Gefängnis. Er erzählt:

Und dann haben se mich gepackt und dann war ich 'n Jahr im Knast, hatte halt achtzehn Monate offen. Hab dann zwölf Monate abgesessen und sechs Monate hab ich auf Bewährung gekriegt. [...]. Ja, erst in S. [Heimatstadt], und dann 'n Jahr in hier in R. im Jugendknast. Also für mich war 's unwahrscheinlich krass, weil ich kam halt von der Straße, war auf Schore, war dann hier in Münster zwischengelagert, weil ich nicht transportfähig war zwei Wochen, hab dann Pillen gekriegt, Aponal und Diazepam, das hat absolut gar nichts gebracht, die hab ich auch nicht genommen. Ich hab meinen Affen [Entzug] also so durchgezogen und hab die dann verkauft für Tabak. Ich hatte ja gar nichts. [...] Ich wollte 'ne Einzelzelle haben, ich hatte keinen Bock auf andere Leute. Ich war in Münster auf Affen mit drei Polen, einem Schwarzen, und drei anderen Deutschen auf 'ner Achtmannzelle und dann nachher auf der Zweierzelle in R. Das war mit 'nem Ossi, den konnte ich überhaupt nicht leiden, der war wegen 'nem Autodiebstahl drin, kam eh wieder raus. Aber der hat mir jeden Abend die Ohren zugebrammelt. Und ich konnte halt auch noch nicht pennen, ist ja klar irgendwie nach dem Entzug. Kann man nach zwei Wochen immer noch nicht schlafen. Dann bin ich halt nach R. gekommen, zuerst Zweimannzelle. Dann hab ich 'n Antrag gestellt, da ich aber BTMer bin, also nach dem BTM-Gesetz verurteilt, dürfen die einen eigentlich nicht in 'ne Einzelzelle setzen, wegen Selbstmordgefahr. Aber nach meinem Antrag – man muss für alles 'n Antrag stellen – durft ich dann in 'ne Einmannzelle, und dann hatte ich dann auch meinen ersten Einkauf und das war dann auch unwahrscheinlich geil. Das war das schönste Erlebnis überhaupt in dem ganzen Knast.

Einsamkeit, Stille und Eingesperrt sein bewirken, dass für Denis Kleinigkeiten wie Einkauf oder Musik lebensentscheidend werden. Er beschreibt aber auch, im Gefängnis Solidaritätserfahrungen gemacht zu haben.

Am ersten Abend war halt noch keine Zelle frei, als ich vom Transport kam, von Münster nach R.. Morgens um acht Uhr sind wir eingestiegen und waren abends um sieben da. Und dann war auch schon das Abendessen weg, ich hatte halt nur meine Klamotten. Bin dann in die Zelle gekommen zu so 'nem Türken. Und der hat mir erst Nudeln gemacht an dem Abend sofort. Und als ich meine Einzelzelle gekriegt hab und er ist dann in den normalen Knast gekommen, hat er mir seinen Casi [Kassettenrecorder] gegeben. Also das war das schönste überhaupt, das war das geilste, Musik zu haben. Nicht mehr abends die Stille, vierundzwanzig oder dreiundzwanzig Stunden, einmal eine Stunde am Tag hat man Freigang. Und dann halt das Duschen einmal in der Woche. Im Strafhaft wurd 's dann ja besser. Und das war das geilste, Musik zu haben. Ich hab zwar auch viel gelesen und so, aber man hat dann die ganze Zeit die Stille. Man hört sich die ganze Zeit atmen, man wird echt verrückt. Ich bin echt wahnsinnig geworden, im Knast – also, jeder, der im Knast war, hat 'n Schaden.

Denis wird nach 12 Monaten mit einer Reststrafe von 6 Monaten auf Bewährung entlassen. Aber draußen weiß er nicht, wie es weitergehen soll. Er ist zwar clean, hat aber keine Wohnung, keine Arbeit, keine Anknüpfungspunkte und Perspektiven. Er macht dort weiter, wo er vor einem Jahr aufgehört hatte.

Sechs Monate hab ich wieder auf Bewährung gekriegt. Aber ohne Therapieauflage diesmal, weil halt ich im Knast auch Screenings [Drogentests] abgegeben hab, die waren immer alle sauber. Und ich hatte dann keine Auflagen mehr, außer halt festen Wohnsitz und Arbeit. [...] Ich bin danach noch extremer geworden. Danach bin ich erst richtig angefangen Scheiße zu bauen und Einbrüche zu machen und zu klauen. So nach dem Motto: Jetzt ist es mir sowieso egal. Jetzt kenn ich den Knast, jetzt können se mir da ja auch nix mehr anhaben. Also, vorher hat man ja auch noch so 'n bisschen Schiss vor 'm Knast. Und danach, da war mir alles scheißegal. Jetzt mittlerweile hab ich mich gefangen und ich weiß auch, dass ich da nicht noch mal reinmöchte. Nur die Jahre danach war ich extremer als vorher. Auf jeden Fall.

Er begeht weiter Straftaten, kann die Bewährungsauflagen nicht erfüllen. Es kommt erneut zur Gerichtsverhandlung und Denis bekommt eine neue Therapieauflage.

Ich bin dann in der Bewährung noch mal rückfällig geworden. Die haben mich halt bei mehreren Einbrüchen und Raub erwischt und ich hab achtzehn Monate noch dazu bekommen zu den sechs Monaten, also vierundzwanzig Monate. Musste davon zwölf Monate Therapie machen und hab dann die zwölf Monate wieder auf Bewährung gekriegt, auf drei Jahre. Das war jetzt vor kurzem, also vor zwei Jahren.

Denis wird zu einer von ehemals Abhängigen getragenen Therapieeinrichtung vermittelt. Über das Leben dort erzählt er:

Also, das ist wohl mit die heftigste Therapie, die es gibt, weil da gibt es nämlich keine Therapeuten und so, das sind alles Süchtige. Man kommt dahin, dann erst mal Klamotten weg, Ohrringe weg, alles, was irgendwie an die Junkzeit erinnert. Dann muss man erst mal 'n Monat entweder nur Geschirr spülen oder Tische decken, oder man hat nur 'nen Blaumann an wie bei richtiger Arbeit oder muss halt Klos schrubben, Gänge wischen, also nur die niedrigste Arbeit im Haus. Danach kommt man zu den Transporten. Die versorgen sich selber, zur Hälfte erwirtschaften sich die das Geld selber, das die Gemeinschaft braucht, das sind ungefähr vierhundert Leute oder noch mehr. Wir hatten halt ein Haus in T. und dann gab's noch 'n Gut, in P.. Das war also 'ne frühere LPG in der DDR und die haben dann halt auch Fleisch selbst erwirtschaftet, die größte und modernste Melkanlage in Europa, also das war schon richtig geil. Und auch nur gutes Essen, nur Demeter. Ja da hab ich dann 'n Jahr gewohnt, hab dann bei Transporten mitgeholfen, und war erst der vierte Mann, also nur stumpfer Träger und dann dritter, da hat man schon 'n bisschen mehr zu sagen gehabt. Und nach sieben oder acht Monaten war ich dann zweiter Mann, also saß dann immer vorne neben dem ersten Mann, also der hat die Leitung über den Umzug und macht dann nachher auch das mit dem Geld und so. Zweiter Mann heißt, ich pack den Wagen, das was in den Möbelwagen reinkommt, dafür bin ich zuständig. Das ist natürlich auch schon 'n ziemlicher Fortschritt, acht Monate junkfrei, also nüchtern zu sein, und dann schon 'ne gute Aufgabe zu haben, also dafür verantwortlich zu sein. Weil wir haben auch ab und zu Millionäre und so umgezogen. Also mit richtig teuren Sachen umzugehen und die auch richtig zu verpacken. Das gab schon sehr viel Selbstvertrauen. Also da blüh ich auch echt auf, das hat unwahrscheinlich viel Spaß gemacht.

Denis bekommt durch seine Tätigkeit als Möbelpacker wieder Selbstvertrauen. In Konflikt gerät er aber mit den dortigen Regeln, und als er plötzlich wieder »von vorne anfangen soll« – seine Tätigkeit und damit all das, was ihm dort Spaß machte, aufgeben soll, nimmt er Reißaus.

Das ist so eine Art Spiel. Da kann man 'ne Karte schreiben, die in so 'n Kasten schmeißen und sich die Leute, mit denen man Stress hat, auf das Spiel wünschen. Und dann kann man denen das auf dem Spiel sagen: Hör mal zu, das fand ich Scheiße und das will ich nicht. Und ab und zu, wenn da zehn Leute Frust haben, und du bist gerade dran und einer prügelt verbal auf dich ein, dann quatschen die anderen Leute, die auch Stress haben, auch noch auf dich ein. Und dann sitzt man dann zwei Stunden und kriegt voll eins ab, also man wird voll angeschrieen. Ja, das geht ganz rapide, das war halt einfach nur Frust und dann fiel allen Leuten auch noch eben was ein. Dann sollt ich auch wieder von vorne anfangen, also wieder mit Blaumann, wieder 'n Monat nicht rausdürfen, und da hab ich gesagt, nee, das tu ich mir nicht an. Weil dann alle Leute, denen ich was zu sagen hatte, auch im Umzug, dann natürlich mir hätten was sagen können, weil ich dann ganz unten gewesen wäre wieder. Auf der Leiter bei Punkt eins. Und da hab ich mir gesagt, ihr könnt mich mal, ich geh.

Er kommt zunächst bei einem ehemaligen Klienten der Einrichtung unter, der eine eigene Umzugsfirma betreibt. Denis kann dort mitarbeiten, wird aber nach einiger Zeit wieder rückfällig.

Bin dann aber zum Glück bei jemandem untergetaucht. Das war auch so 'ne WG, das waren auch Leute, die aus der Einrichtung gegangen sind. Hab dann da weiter Transporte gemacht. Aber da waren auch die Regeln, kein Alkohol, keine Drogen, rauchen durfte man. Ich hab das zwei oder drei Monate durchgezogen, hab dann noch meine eigene Wohnung gehabt und bin dann rückfällig geworden. Und dann ging das noch ungefähr 'n halbes Jahr, ich hab dann auch schnell reagiert bin nach Münster gezogen, hab mich wieder auf Methadon setzen lassen. Aber ich wurd dann sofort koks-rückfällig. Ich hab noch nie was mit Koks zu tun gehabt, früher, vielleicht mal 'n Cocktail, das heißt, dass man beides zusammen nimmt. Aber sonst nie. Und da musst ich, weil das Methadon ja nicht kickt, irgendwie 'ne andere Droge nehmen. Ich war halt noch nicht so weit. Hab dann Koks [Kokain] genommen. Das ging ungefähr so 'n Vierteljahr, da hab ich mir gedacht, das will ich nicht mehr. Und dann bin ich in 'ne Entgiftung gegangen und bin jetzt schon seit fast anderthalb Jahren clean.

Nach der Entgiftung bleibt Denis tatsächlich clean und findet auch endlich in Münster ein Zimmer in einer Wohngemeinschaft. Er stabilisiert sich und beginnt eine Ausbildung als Masseur, die ihm Halt gibt und großen Spaß macht.

Ich hab zwischenzeitlich 'ne Ausbildung angefangen zum Masseur und das fand ich auch unwahrscheinlich interessant, weil ich halt Biologie und so auch sehr gerne mag, hab dann da auch gearbeitet 'n halbes Jahr, und das war unwahrscheinlich schön. Das war Freitag, Samstag, Sonntag, jeweils zehn Stunden, alle drei Wochen. Und nach der neunten Woche, dann hat man 'ne Lizenz gekriegt. Da hat man dann 'ne Prüfung gemacht am Sonntag, mündlich, schriftlich und praktisch und da hatte ich in der ersten 'ne zwei und in der zweiten zwei plus und die dritte, da hab ich jetzt erst die erste Hälfte. [...] Muss man Anatomie-Kenntnisse haben, wie man Behandlungspläne aufstellt, wie man dicken Leuten hilft, wie man Leuten hilft, die 'ne krumme Wirbelsäule haben und so, muss man alles wissen. Das macht mir unwahrscheinlich Spaß.

Er finanziert die Ausbildung, indem er stundenweise in diesem Bereich arbeitet. Gleichzeitig sieht er sich mit der festen Adresse neuen Problemen gegenüber: Vor allem Gerichtstermine und Schulden häufen sich.

Weil vorher hat ich ja überhaupt keine Adresse und dann kommen auf einmal vier, fünf, sechs Briefe. Drei vom Gericht, zwei von irgendwelchen Schuldnern und noch ein Liebesbrief von meiner Mutter oder so. Und das ist dann schon ganz schön krass, wenn das alles auf einmal auf einen zu kommt. Und immer wenn man Post im Kasten hat, dann ist das irgendne Rechnung oder irgendne Anhörung oder so.

In der Wohngemeinschaft fühlt er sich immer weniger wohl, trinkt wieder mehr und fängt auch wieder mit Kokain an.

Ich war da in 'ner WG, das war total beschissen mit den beiden Leuten. Der eine war halt 'n Alkoholiker, der 'n ganzen Tag nur im Bett gelegen hat, und der war dementsprechend immer aggressiv und schlecht gelaunt. Der war dann jeden Tag nur eine Stunde weg, hat angeblich gejoggt. Na ja, war dann wahrscheinlich bei der Tanke, hat sich neues Bier geholt. Ich hab mich da unwahrscheinlich unwohl gefühlt. Darum hab ich auch Koks genommen wahrscheinlich, also unter anderem bestimmt auch deshalb so viel Drogen und so viel Alkohol getrunken. Ich hab also zwei, drei Flaschen roten Wodka getrunken am Tag, da sind zwanzig Prozent drin oder so. Auch um vom Koks abends wieder runterzukommen. [...] Das ist halt das Problem mit Koks, da nimmt man was und danach wird man immer gieriger. Und bei Heroin ist es halt so, man nimmt was, und danach ist es halt gut. Dann ist man breit oder halt vom Entzug runter, und dann war's das. Aber beim Koks ist es genau das Gegenteil, man will immer mehr und man dreht auch voll durch. Und da hab ich ja dann so viel Anzeigen gekriegt, dass ich jetzt auch schon wieder dreißig Monate Bewährung habe.

Die Ausbildung macht er zwar zunächst noch weiter, später schafft er es nicht mehr, lässt sich substituieren, geht schließlich freiwillig wieder in die Entgiftung.

Ich bin im Januar in die Entgiftung gegangen, vom Koks und von Methadon. Der Arzt hat gesagt, mach 'ne Beikonsumentgiftung, das heißt also alles außer Methadon und dann kommste wieder. Und ich hab gesagt, nee, ich will nix mehr, ich will kein Scheißzeug mehr in meinen Venen oder in meinem Blut haben. Und bin dann da rein, hab das dann einen Monat super durchgehalten und hab auch jeden Tag, egal wie schlecht's mir ging, Sport gemacht, hab an allen Aktivitäten mitgemacht. Also, bis Februar war ich drin, dann hab ich 'ne Freundin gehabt zum Glück, die mir dann auch noch 'n bisschen geholfen hat.

Nach der Entgiftung findet Denis eine eigene Wohnung und freundet sich mit der 16-jährigen Edith an, die bald darauf von zu Hause ausreißt. Er stabilisiert sich zunächst, erlebt dann aber erneute Rückfälle. Durch einen davon wird er wohnungslos. Zusammen mit Edith lebt er zum Zeitpunkt des Interviews wieder auf der Straße.

Und bin dann jetzt schon seit fast anderthalb Jahren clean. Mit drei Rückfällen. Ja, ein Rückfall war halt einmal, dann bin ich umgekippt, deshalb hab ich auch da die Wohnung am T.-platz, die ich hatte, dann verloren, weil ich dann natürlich mit Krankenwagen abgeholt wurde. Und da hat Edith [derzeitige Freundin] auch 'n richtigen Schaden von erlitten, also da hat sie auch gedacht, boah, das ist wirklich 'n Junkie. Vorher hat sie immer gedacht, ich weiß nicht, was das bedeutet. Und da hat sie halt mitgekriegt, was es heißt, drauf zu sein. Oder an mir gemerkt. Weil sie hat mich ja auch erst nüchtern kennen gelernt. [...] Dann hab ich zwei Wochen wieder Methadon genommen. Hab ich dann noch einen Rückfall gebaut und seitdem schon nicht mehr. Und das ist auch schon ganz gut. Ich hab halt immer noch psychosoziale Betreuung bei Dr. D. [Substitutionsarzt], also, einmal inner Woche haben wir 'n Termin, wo ich dann auch mich auslabern kann, wo wir meine Vergangenheit halt 'n bisschen Revue passieren lassen und 'n bisschen aufarbeiten. Und toitoitoi [klopft dreimal auf Holz], im Moment klappt's ganz gut. Also, außer meine Wohnungssituation. Ich versuch echt alles, aber es klappt nicht.

Mit Edith ist Denis zum Interviewzeitpunkt nun seit einem Jahr zusammen. Er erzählt über die Beziehung:

Also, zusammengeschweißt sind wir eigentlich nach meinem Rückfall. Ich glaub, da war bei ihr so'n Knoten geplatzt, also entweder verlass ich den Typen jetzt oder ich bleib bei dem. Vor drei Monaten, hat sie gesagt, so langsam ist das irgendwie alles scheiße so (mit dem Alkoholkonsum). Und dann haben noch jemand anders und ich angefangen, uns runterzudosieren, aber wir haben das dann halt zusammen gemacht. Ich denke mal, das hat einfach was damit zu tun, weil ich sie behalten will und weil sie mir wichtiger ist als Alkohol. Und deshalb. Ich mein, sie hat ja dann nicht Schluss gemacht. Sagen wir mal, sie hat's mit unterstützt, dass ich aufgehört habe, aber sie hätte auch nicht gesagt, nee, das war's jetzt, wenn ich weitergemacht hätte. Das war schon von mir.

Denis hat sich zwar stabilisiert, aber auch ohne weitere Straftaten zu begehen, steht er mit einem Bein im Gefängnis. Die Bewährungsauflagen wie Wohnung und Arbeit kann er nicht erfüllen, auch wenn er mit großer Anstrengung eine Wohnung sucht und gerne seine Ausbildung weitermachen würde.

Ein halbes Jahr hab ich schon vom Richter geschenkt bekommen, was noch von der Jugendstrafe war. Das hat Richter G. aufgehoben. Und jetzt muss ich einfach toitoitoi so weitermachen. Ich hab jetzt in den letzten vier Monaten keine Anzeige gekriegt, obwohl ich auf der Straße bin. Und der einzigste Grund, warum der Bewährungshelfer mich überhaupt noch aus'm Knast raushalten kann, ist, weil er damit beim Richter auftrumpfen kann, dass ich keinen Scheiß baue, dass ich meinen ersten Punkt auf der Bewährungsliste an Sachen, die ich erfüllen muss, auch erfülle, obwohl ich keine Wohnung habe: Ich bin straffrei. Es gibt ja immer so 'ne Liste mit Punkten, die man erfüllen muss. Hundert Arbeitsstunden, fester Wohnsitz, Screenings abgeben und so weiter. Und das läuft halt alles okay, und darum bin ich auch noch draußen.

Seinen Erfahrungen nach ist es schwierig, auf der Straße zu leben ohne Straftaten zu begehen. Derzeit lebt er in ständiger Angst, dass seine Bewährung wiederrufen wird.

Also in einer Wohnung kann man einfach sitzen, und wenn man dann denkt, man muss jetzt rausgehen, dann kann man trotzdem noch dableiben. Aber wenn man halt so den ganzen Tag unterwegs ist und dann auch dementsprechend ein bisschen mehr trinkt und in der Sonne sitzt und dann auch mit den Leuten, dann ist ja auch so 'ne kleine Euphorie da. Und dann geht man schneller in 'n Laden und steckt was ein. Oder versucht ein bisschen Geld zu machen für alle Leute, damit halt wieder 'ne Palette (Bier) da ist. Dass man noch mal eben, was weiß ich, 'ne CD klaut und dann vertickt oder so was halt.

Seine Ausbildung hat er mit dem Rückfall und der erneuten Wohnungslosigkeit erst einmal unterbrochen. Er lebt wieder von Sozialhilfe, die auf Grund der Schulden kaum zum Leben reicht.

Von Strafverfahren hab ich ja auch Geldschulden und Geldstrafen, und die muss ich halt auch noch bezahlen. Obwohl ich Sozialhilfeempfänger bin, also das ist alles Schwachsinn, als Sozialhilfeempfänger bräuchte man keine Schulden zahlen. Also den Witz, da lach ich nur drüber. Also ich krieg jetzt im Moment hundertfünfzig Mark für zwei Wochen, denn beim Sozi hab ich auch noch Schulden. Und dann geht noch ungefähr hundertfünfzig Mark im Monat ab. Dreißig Mark für das eine, zehn für das andere, zwanzig für das dritte. Und bei der Bank hab ich auch noch 'n bisschen Schulden. Und summa sumarum sind das ungefähr dreieinhalbtausend Mark, die ich da Schulden hatte. Jetzt sind es noch ungefähr zweitausendzweihundert Mark. Und da hab ich dann lieber 'n bisschen weniger Geld und bring die Scheiße hinter mich.

Seit einiger Zeit weiß Denis, dass er HIV-positiv ist.

Ich muss wegen meinem HIV an 'nen Tropf einmal in der Woche. [...] Ich krieg weiße und rote Blutkörperchen, damit die Virusbelastung nicht zu hoch geht, also die T-Helferzellen konstant bleiben. Und das Blöde ist halt, das ich das vertuschen muss, weil ich halt nicht will, dass das so viele Leute erfahren. Und sonst denk ich 'n bisschen mehr drüber nach, weil ich halt jede Woche 'ne Dreiviertelstunde im Sessel sitzen muss und so einen Tropf mit 'ner Nadel kriege. Und da denkt man dann schon viel drüber nach. Und auch, wie das ist, wenn man jetzt mit Edith wirklich noch 'n paar Jahre zusammenbleibt und das vielleicht sich sogar so entwickelt, wie wir uns das wünschen und wir dann vielleicht dann auch Lust haben 'n Baby zu kriegen oder so. Weil ich möchte bestimmt kein Kind auf die Welt setzen, eigentlich sowieso nicht mehr in diese Scheißwelt, aber, nicht unbedingt 'n Kind in die Welt setzen, wo ich gar nicht weiß, ob das die ersten fünf Jahre überlebt. Ich mein, das weiß man vorher nie, das kann immer sein, auch bei anderen Leuten, die in ihrem ganzen Leben noch keine Drogen genommen haben, werden Missbildungen festgestellt. Nur, ich weiß nicht, ob ich 'nem Kind das Leben schenken will, wo das Leben eigentlich auch von Anfang an wieder zum Tode verurteilt ist. Ich glaub nicht. Das versteht Edith zwar noch nicht, sie ist ja kurz vor achtzehn, ist also 'n bisschen auf dem Trip, oh ja, ich will auch 'n Baby. Da gibt's dann ab und zu halt schon Reibungspunkte.

Denis ist zum Interviewzeitpunkt bereits wieder ein Jahr ohne Wohnung auf der Straße. Aber er erlebt die Wohnungslosigkeit und die Szene heute anders. Er vermisst die Gemeinschaftserfahrungen von früher, sieht vieles distanzierter. Denis kommt zusammen mit Edith regelmäßig, zeitweise täglich zur Streetwork, beide nutzen Beratung und niedrigschwellige Angebote intensiv. Er will sich von der Szene distanzieren, was ihm jedoch auf Grund seiner Wohnungslosigkeit nicht gelingt.

Ich hab keinen Bock. Ich seh zu, dass ich nicht schnorre, ich fühl mich die ganze Zeit beobachtet, als würden alle wissen, was mit mir los ist. Ich fühl mich absolut zum Kotzen auf der Straße, ich will da weg, so schnell wie möglich. [...] Das ist nicht mehr die Gemeinschaft, da gibt's keine Punks mehr. Ich war früher auch so drauf, obwohl ich auch immer Skateboard gefahren war, aber auch irgendwie so Punk angehaucht, dass man sich zusammen die Haare gefärbt hat, zusammen auf der Straße gewohnt hat, zusammen irgendwo sich 'ne Platte gesucht hat, wo man wohnen konnte. Das gibt's alles irgendwie nicht mehr. Also, die Leute haben ihre eigenen Wohnungen, wollen das auch für sich behalten, haben überhaupt keine Lust auf andere Leute. Das hat sich so'n bisschen geteilt überall, das ist auf der einen Seite natürlich für jeden besser, aber da hat die Stadt auch ganze Arbeit geleistet, die Leute vom Bahnhof wegzukriegen. [...] Man trifft sich dann halt hier [bei der Streetwork] zum Frühstück oder so und zum gemeinsamen Mittagessen machen, aber es ist halt nicht mehr das, dass man den ganzen Tag zusammenhockt. Man erlebt nix mehr zusammen, man ist halt die ganze Zeit alleine auf sich gestellt – ist man sonst so auch auf der Straße, jeder muss zusehen, dass er alleine klarkommt – nur man hatte so'n bisschen 'n Halt gehabt. [...] Also ich geh mal hin, aber ich kann wieder weg sein. Weil das ist nicht mehr so, dass ich das Gefühl hab, ich muss dazu gehören. Oder ich bin 'n Teil davon. Sondern ich bin halt jetzt mein Teil und ich gehe halt dahin und ich geb dann auch 'n bisschen oder nimm auch 'n bisschen, aber kann dann auch wieder Abstand nehmen davon. Also ich bin nicht mehr so an die Szene gebunden wie früher.

Von der Szene von »heute« ist Denis enttäuscht:

Also nerven tun mich ab und zu die Leute, die dann für 'n Vierteljahr dazukommen, grad von zu Hause abgehauen sind, überhaupt nicht dazu passen, auch nicht die Einstellung haben, und das merkt man ja auch unwahrscheinlich schnell, und dann im September wieder verschwunden sind, wenn's langsam kalt wird. Weil ich wusste, bei mir war's früher noch so, da waren noch unwahrscheinlich alte Punks, und viele alte Punks, die haben mich erst mal überhaupt nicht anerkannt. Die haben mich erst mal weggeschickt. Die wollten erst mal sehen, ob ich einer bin, der nach 'm Vierteljahr wieder abhaut, oder ob ich einer bin, der wirklich nun mal Scheiße am Stecken hat mit seinen Eltern und so und dann auch dazugehöre. Und jetzt sind da halt diese ganzen – ich sag immer – Möchtegern-Straßenkinder, die nach 'm Vierteljahr wieder abhauen oder so. Und die sich dann Hunde anschaffen und die Hunde dann abgeben müssen oder die ins Heim kommen oder dann erst mal zwei Monate bei einem waren und dann zwei Monate beim anderen und dann im ersten Lebensjahr schon vier oder fünf Besitzer haben. Und die mit dem Hund genau das Gleiche machen, was vielleicht mit denen passiert ist. Erst der eine Stiefvater, dann ins Heim, und dann wieder bei Mutter oder so und das Gleiche mit dem Hund machen. Das find ich zum Kotzen. Und dass halt die Leute, wenn se Hartalk [hochprozentiger Alkohol] halt drin haben, so unwahrscheinlich dämlich aggressiv sind. Den ganzen Frust, den se auf sich selber haben oder auf ihre Vergangenheit oder ihr Leben dann auf andere oder auf uns projizieren. Die Gewalt an den Leuten ablassen. Das find ich dämlich. Das ist das Einzige, was mich so stört. Sonst, so unter den alten Leuten, ist ein unwahrscheinlicher Zusammenhalt, unter den jungen nicht so.

Den Kontakt zu seiner Mutter hat er heute fast vollständig abgebrochen. Lediglich wegen seinem Hund, den die Mutter versorgt, nimmt er manchmal Kontakt auf.

Gar nicht. Überhaupt nicht. Also, ich ruf sie an, wenn sie Geburtstag hat oder wenn Ostern ist oder wenn Weihnachten ist und das war's. Der einzige Kontakt, der jetzt noch da ist, ist wegen meinem Hund. Weil ich den nicht wieder mit auf die Straße nehmen wollte, so wie die anderen beiden, die ich vorher hatte, und die ist jetzt halt im Moment bei meiner Ma. Und da soll se auch erst mal bleiben.

Rückblickend betrachtet er seinen Lebensweg mit gemischten Gefühlen. Die Lebenserfahrung möchte er einerseits nicht missen, insbesondere die Erfahrungen mit so vielen unterschiedlichen Menschen. Auch Kompetenzen hat Denis seiner Meinung nach auf der Straße erworben: Erfindungsreichtum, Organisationstalent und die Fähigkeit, mit wenig auszukommen und glücklich zu sein.

Ich weiß nicht, ich denk da nicht so viel drüber nach. Ich weiß selber, dass das einfach so mein Lebensweg jetzt war und ich muss oder will halt jetzt das Beste auch draus machen. Und unter anderem die Vergangenheit 'n bisschen aufarbeiten und dann abhaken. Das mach ich auch und sieht man ja auch, dass ich das will, allein deshalb, weil ich da mit dem Psychologen rede jede Woche. Also das, was ich erfahren habe, erfährt bestimmt kein Normaltyp, der irgendwie mit sechzehn seine Freundin kennen lernt, mit achtzehn heiratet und mit neunzehn seine Ausbildung fertig hat. Und dann 'n Auto hat und dann vielleicht mit zwanzig das erste Kind und dann halt mit fünfzig stirbt. Und da bin ich glaub ich schon besser dran. Die Lebenserfahrung möchte ich auf keinen Fall missen. Ich war halt erst so 'n bisschen punkmäßig drauf und dann so skatemäßig dabei, also ich hab so zu allen Richtungen irgendwie so 'n bisschen Kontakt gehabt und hab unwahrscheinlich viele Leute kennen gelernt. Und unwahrscheinlich viele Städte. Und ganz Europa, und das will ich auf keinen Fall missen. Ich war für 'n paar Wochen sogar in Spanien mit H. [Kumpel] und wir haben da auf'm Boot angeheuert und sind nach Marokko rüber. Ich mein, ich musste zwar das Boot schrubben, aber scheiß was drauf. Hauptsache, ich war mal auf'm anderen Kontinent. Wer kann das schon ohne Geld? Ich bin unwahrscheinlich erfindungsreich, man muss ja auch irgendwie so erfinden können und ich kann halt gut planen. Das ist so das, was ich auf der Straße so unwahrscheinlich gut kennen gelernt hab. Und ich kann halt auch mit wenig glücklich sein. Und ich glaub, das fehlt den meisten Menschen hier in Deutschland.

Im Nachhinein betrachtet er die Zeit im Gefängnis als seine schlimmste Erfahrung, die auch Auslöser für negative Veränderungen war. Die Zeit in der zweiten stationären Therapie nennt er als Auslöser für positive Entwicklungen. Denn trotz der hierarchischen, strengen Regeln und Strukturen hat er sich in dieser Zeit aufgehoben, gebraucht und ein bisschen zu Hause gefühlt. Auch die Beziehung zu Edith beurteilt er als Auslöser für eine positive Veränderung.

> Die Therapie steht für positive, der Knast für negative Veränderungen. Und meine Freundin für positive. Also, die weiß jetzt auch schon unwahrscheinlich viel von mir, und ich bin auch sehr ehrlich geworden, weil ich immer versucht hab, meine Vergangenheit zu vertuschen oder irgendwie nicht so ganz rein darzustellen, wie se eigentlich war. [...] Hilfreich war die Einsicht, dass ich, auch wenn ich nüchtern bin, trotzdem noch süchtig bin. Jeder, der einmal mit Schore [Heroin] angefangen hat und davon Entzug hatte, ist für sein Leben lang drogenabhängig. Ob jetzt nüchtern oder drauf, er ist trotzdem drogenabhängig. Und man sucht sich irgendwas. Und das ist auch okay, man muss sich nur 'ne Sucht suchen, die okay ist. Also entweder Sport treiben, ich hab halt gelernt, dass ich zusehen muss, alles in Maßen zu machen, nicht immer so extrem. Ich bin immer irgendwie so'n Extrem gewesen. Also entweder extrem punkig oder extrem Skateboardfahren, mit zwei Fußbrüchen und einem Handgelenkbruch oder sowas. Also ich musste immer alles ganz extrem machen. Und das hab ich halt gelernt, dass ich das 'n bisschen unter Kontrolle hab. Mit den meisten Sachen, mit paar Sachen noch nicht.

Denis' Freundin hat viel zu seiner Stabilisierung beigetragen. Aber auch er selbst zieht immer wieder Bestätigung und Selbstbewusstsein daraus, anderen weiterzuhelfen.

> Und meine Freundin hat mir auf jeden Fall schon viel geholfen. Ich ihr aber auch. Und was mir unwahrscheinlich viel bedeutet, oder was ich unwahrscheinlich gut finde, dass ich auch so jemandem wie 'ner schwangeren Bekannten dann helfen kann, weil ich halt auch die Erfahrung hab mit'm Sozi, mit den ganzen Ämtern, mit den ganzen Projekten. Und halt auch immer zusehe, dass ich da auf'm Laufenden bin, dass ich halt anderen Leuten helfen kann, das find ich unwahrscheinlich gut. Dass ich Leuten, die hierhin kommen, dann sagen kann, wo welche Stelle ist und so oder wo man halt was zu essen kriegt.

Seine Wünsche für die Zukunft sind konkret: clean bleiben, die Ausbildung beenden, Arbeit finden, zurück in seine Heimatstadt. Wichtig ist ihm heute in erster Linie seine Freundin, und er versucht, die gemeinsamen Zukunftspläne unter einen Hut zu bekommen.

Ich möchte ganz gerne die Ausbildung zum Masseur fertig machen, und dann auch ganz gerne in dem Bereich arbeiten, weil ich halt unwahrscheinlich gerne mit Leuten arbeite. Jeden Tag irgendwie andere Leute um mich rum haben, das war auch das, warum ich gerne Umzüge gemacht habe. [...] Und dann möchte ich wieder zurück nach S. [Heimatstadt] gehen. Weil ich mag Münster eigentlich gar nicht. Und dann back to the nature, ab nach S. Da gibt's ja halt auch so viele Seen und dann sind da auch noch meine Leute da, vor dieser ganzen Scheiße, also. Also, was heißt Scheiße, das war ja auch alles ganz okay, aber es sind jetzt auch schon dreizehn Jahre her, also ich möchte ganz gerne auch wieder dahin. Vielleicht ist das auch 'n bisschen verdrängen oder so, die letzten elf Jahre irgendwie zur Seite schieben und dann wieder bei elf anfangen. Obwohl das nicht geht, die Leute haben sich auch weiterentwickelt. [...] Und Edith möchte halt noch gerne die drei Jahre hier bleiben und ihre Ausbildung machen. Also, ich weiß ja nicht, wie lange das dauert, vielleicht brech ich die dann auch ab und mach die dann in S. weiter. Oder fang dann in S. dann an zu arbeiten, ich weiß auch nicht, wie lange ich noch mit Edith zusammen bleibe. Und sie will halt hier in Münster ihre Ausbildung erst mal anfangen. Vielleicht gehen wir dann zusammen nach S.

Denis nutzt die Angebote der Streetwork, hat aber den Eindruck, dass für die Jüngeren heute mehr gemacht wird. Er selbst sitzt mit seinen 24 Jahren ein wenig zwischen den Stühlen der Jugend- und Wohnungslosenhilfe und fühlt sich wieder alleingelassen, auch wenn er die offenen Angebote rege nutzt und weiterführende Hilfen einfordert, bekommt und annimmt.

Also es muss also auch Projekte geben für Leute zwischen zwanzig und fünfundzwanzig. Weil das ist die Zeit, wo sich echt alles entscheidet. Vorher ist man noch jung, da hat man keinen Bock, aber mit zwanzig bis fünfundzwanzig da muss was passieren, weil sonst ist man abgeschrieben. Also man hängt dann irgendwie so dazwischen, man ist noch kein Penner, irgendwie, aber man ist halt auch kein Kleiner mehr. Also man hängt irgendwie dazwischen und dafür gibt's als Mann nix. Da find ich, müsste auch 'n bisschen Gleichberechtigung sein, weil irgendwie, gibt's halt das Mädchen-Sleep-In, und da wird man auch schneller vermittelt, als die meisten Jungen.

Inzwischen ist es gelungen, für Denis' Freundin Edith eine Jugendhilfemaßnahme in Form von mobiler Betreuung in einer eigenen Wohnung durchzusetzen. Edith geht wieder zur Schule, kommt mit der Betreuung gut zurecht. Denis hat dort zumindest wieder einen sicheren Schlafplatz, obwohl dies keine Dauerlösung sein kann. Die Unterstützung, die Edith heute bekommt, hätte Denis vor 8 oder 10 Jahren auch gebraucht.

> Das hätt ich auch gebraucht. [...] Weil das ist ja auch 'n unwahrscheinlicher Halt, wenn man da zwei, dreimal die Woche mit jemandem reden kann. Auf jeden Fall. Dann hätt ich mir die Scheiße mit der Schore vielleicht einsparen können.

Kommentar

Denis hat, nachdem sein Vater gestorben ist, nie mehr ein richtiges Zuhause gehabt. Zu seiner Mutter hat er nie eine wirkliche Bindung gehabt, den Stiefvater kann er nicht akzeptieren. Zunächst helfen private Ressourcen: Eine Frau aus der Nachbarschaft, die er als »Ziehmutter« bezeichnet, nimmt ihn auf. Durch dieses informelle Pflegeverhältnis kann sich Denis trotz der schlimmen Erfahrungen erst einmal stabilisieren und schafft sogar den Realschulabschluss. Danach beginnt jedoch eine Zeit ohne Rückhalt, Zuhause und Begleitung, in der er kurze Zeit untergebracht, meist jedoch auf der Straße ist. Denis formuliert selbst, was er damals gebraucht hätte: eine Wohngruppe, ein betreutes Projekt, einen Betreuer, mit dem er hätte reden können. Und er macht sich heute sogar Vorwürfe, dass er aus dem Heim, in dem er im Alter von 14 Jahren geschlossen untergebracht wurde, ausgerissen ist, nachdem er dort kein Vertrauen fassen und kein Zuhause finden konnte. Als Denis später mit 16 mit Hilfe des Streetworkers Jugendhilfe beantragen will, wird er abgewiesen, weil die Eltern die Maßnahme ablehnen. Denis ist einer von vielen Jugendlichen, die nicht die letzten Bindungen an die Eltern dadurch verlieren möchten, dass sie vor Gericht ziehen. Für diese Jugendlichen hält das KJHG keine Lösungen bereit.

Denis wird auf der Straße erwachsen. Nachdem die Jugendhilfe abgelehnt wird, nimmt er zwar noch niedrigschwellige Hilfen an, die ihn jedoch nicht vor dem Absturz in die Heroinabhängigkeit bewahren können. Er pendelt zwischen Süddeutschland, Münster und seiner Heimatstadt, so dass im Rahmen von Streetwork keine kontinuierliche Hilfe und Perspektiventwicklung möglich ist. Auch hier hätte Denis verlässliche Hilfe und Unterstützung gebraucht. Denn die vermeintliche Hilfe im Rahmen von BtMG § 35 »Therapie statt Strafe« erweist sich als unzureichend. Denis hätte längerfristigere Begleitung, vielleicht auch im Sinne eines betreuten Wohnens für junge Erwachsene gebraucht – wenn er dies nach all den Enttäuschungen in dieser Zeit überhaupt angenommen hätte. Der Aufenthalt im Gefängnis bewirkt auf jeden Fall das Gegenteil.

Auch die Therapien, in denen Denis versucht, drogenfrei zu werden, sind nur bedingt erfolgreich. Beim ersten Mal reißt Denis sofort wieder aus, weil es für ihn zu viel ist, von der totalen Verdrängung seiner Lebensgeschichte mit Hilfe des Heroins plötzlich umzuschalten auf Öffnung und Beschäftigung mit seinem Leben. In der von Betroffenen getragenen Therapieeinrichtung gewinnt er dagegen durch die Arbeit, die ihm Spaß macht, Selbstvertrauen zurück und das Gefühl, gebraucht zu werden. Gerade diese handfeste gesellschaftlich nützliche Arbeit ist es, die im Gegensatz zu einer »Beschäftigungstherapie« Denis neue Lebensinhalte und eine sinnstiftende Perspektive vermittelt. In Konflikt gerät er aber mit den rigiden Regeln, die ihn dazu zwingen, alles was er sich dort erarbeitet hat, wieder aufzugeben.

Denis steigt aus seiner Heroinabhängigkeit in langsamen Schritten aus. Mehrere Entgiftungen, Therapien, Substitutionsphasen und selbst organisierte Ausstiege, aber auch fast so viele Rückfälle liegen auf seinem Weg. Geradlinig ist seine Entwicklung keineswegs, dennoch ist festzustellen, dass mit der Zeit die Rückfälle seltener und die Cleanphasen länger werden und er sich langsam stabilisiert.

Stabilisierender Faktor ist neben der sinnstiftenden Tätigkeit in der Therapieeinrichtung aber auch die begonnene Ausbildung zum Masseur. Arbeit und körperliche Tätigkeiten machen Denis immer wieder Spaß, er entwickelt Engagement und kann sein Organisationstalent einsetzen. Eine weitere Stabilisierung bekommt er durch die Beziehung zu seiner 8 Jahre jüngeren Freundin, die ihm Halt und Unterstützung gibt und ihn derzeit auch bei sich mitwohnen lässt. Dennoch ist die Beziehung nicht einfach. Unterschiedliche Erfahrungshintergründe und Zukunftsvorstellungen kommen hier zusammen. Für die 16-jährige Edith ist die Beziehung zum HIV-infizierten, ehemals heroinabhängigen Freund sicherlich verbunden mit einer großen Verantwortung und Belastung.

Als heute 24-Jähriger fühlt sich Denis zwischen allen Stühlen. Er ist nun bereit, Hilfen anzunehmen, aber für ihn sind die Angebote begrenzt. Niedrigschwellige Hilfen und Beratungsangebote nimmt er intensiv in Anspruch, sie reichen jedoch nicht aus. Ein Angebot im Rahmen der Wohnhilfen wäre für Denis sicherlich sinnvoll – in die derzeitigen Angebote ist er aber auf Grund seiner Heroin-Vergangenheit nicht integrierbar. Kapazitäten für Einzelprojekte sind momentan nicht vorhanden. Die lange Zeit, die er auf Straße verbracht hat und seine Nähe zur Heroinszene erschweren auch die Vermittlung in Normalwohnraum. In die Angebote für erwachsene Wohnungslose passt er noch nicht hinein, eine Wohnung kann ihm trotz intensiver Suche bislang nicht angeboten werden. Regelmäßig geht er zu den gesprächstherapeutischen Angeboten seines Arztes. Denis ist nun sogar bereit sich zu öffnen, könnte sich sogar vorstellen, eine Betreuung anzunehmen. Aber ein Angebot, das ihm entsprechen würde, gibt es in Münster derzeit nicht.

Denis' Geschichte ist auch ein Beispiel für die wechselnde Dynamik unterschiedlicher Lebenssituationen. Statt der Geradlinigkeit im Sinne einer »Rolltreppe abwärts«, die Straßenkarrieren oftmals unterstellt wird, ist seine Entwicklung eher durch wechselnde Höhen und Tiefen gekennzeichnet. Immer wieder unternimmt er unterschiedliche Versuche, seine Wohnungslosigkeit zu beenden, seine Sucht zu überwinden und durch Ausbildung und Arbeit wieder Fuß zu fassen. Heute holen ihn die Folgen dieser Zeit ein: Durch seine HIV-Infektion hat er eine gesundheitliche Beeinträchtigung, die seine Zukunftsplanung und seine Lebenswünsche drastisch einschränkt. Trotzdem hat Denis sich nicht aufgegeben. Er hat seinen Lebensmut bewahrt, hat Hoffnungen und Wünsche für die Zukunft und hat sogar immer wieder die Kraft und Stärke, nach einem Rückschlag wieder neu anzufangen.

2.3 Fistal: Kontaktfreude und Humor als Bewältigungsstrategie

Fistal ist heute 23 Jahre alt. Er wächst bei seiner Mutter und deren wechselnden Lebenspartnern auf. In der vierten Klasse reißt er bereits zum ersten Mal aus, will später von sich aus ins Heim, kommt dann aber in ein Internat. Mit 17 Jahren verlässt er endgültig die elterliche Wohnung. Fistal ist 2 Jahre wohnungslos ohne feste Unterkunft und lebt nun seit knapp 3 Jahren in einer eigenen Wohnung. Über seine Familie erzählt er:

> Ja, Vater, da hab ich das ganze Leben lang nichts mit zu tun gehabt. Das hab ich von meinen Onkels später mitgekriegt, dass mein richtiger Vater früher meine Mutter durchgelassen [verprügelt] hat, weil sie ein zweites Kind gekriegt hat. Und das war ich halt. Dann hat er sich auch scheiden lassen, weil er keine zwei Kinder haben wollte. Das war so tierisch hart damals. Da haben meine Onkels hinterher meinen Vater aus der Hütte rausgeschmissen und haben den da voll fett vertrieben. Die sind auch gerichtlich gegen den vorgegangen. Mein richtiger Vater muss wohl voll der Asi [Asozialer] gewesen sein und deswegen habe ich mit dem auch nie was zu tun gehabt. Ich habe auch nie das brennende Bedürfnis gehabt, den mal kennen zu lernen. Ich meine, wenn man nur solche Geschichten zu Hause hört... Und da habe ich mir noch die ganzen Gerichtsverhandlungen durchgelesen, die Aussagen von meinem Vater, was der da alles so gemeint hat, ey, da ist mir die Kinnlade auf den Boden geklatscht.

Erinnerungen an zu Hause hat er in erster Linie an Streitereien mit seiner Mutter und Konflikte mit ihren wechselnden Lebenspartnern.

> Ja es kam so dazu, dass ich wenig mit meiner Mutter zu tun hatte. Und schon damals gab es mit meiner Mutter immer Streitereien und hin und

her und tausend Macker [Männer]! [...] Ja, ich hab mich immer mit den neuen Freunden von meiner Mutter angelegt. [...] Diesen neuen Macker, den sie da hatte, den hat sie dann auch nur zwei Jahre gehabt. Diesen B., den hab ich nie vergessen, den hatt ich gefressen. Der hat es gewagt mich durchzulassen, ey, da bin ich voll ausgerastet. Der Spinner, da wollt er am Wochenende immer mit uns zusammen frühstücken. Wir wollten natürlich lange schlafen und dann kam der bei uns ins Zimmer reingestürmt: »Ey, kommt endlich raus! Wir wollen frühstücken!« Der hat immer nur rumgekackt [herumgemeckert]. Er meinte, er kann uns erziehen, hat sich einfach voll in unsere Familie eingemischt. Der hat einen Schaden, der Kerl. Ja, und den hat meine Mutter dann auch nur zwei Jahre gehabt, weil dann hat meine Mutter gemerkt, dass das einfach nur 'nen Scheißelaberhannes ist. Ich mein, im ersten Moment, wo man den kennen gelernt hat, war der wohl tierisch witzig. Aber so im Endeffekt, ey, da war's auch bei seinen zwei, drei Sprüchen geblieben. Voll Kacke.

Fistal reißt bereits im Alter von 10 Jahren zum ersten Mal von zu Hause aus und in der Folgezeit immer wieder, auch wenn er meist einen Tag später wieder zurückkehrt.

Ich bin ja schon öfter von zu Hause abgehauen, das war schon voll witzig, das erste Mal in der vierten Klasse. Für einen Tag. Und dann hinterher, später noch mal ein paar Mal. Und dann hat sich das immer gesteigert, da war ich immer länger von zu Hause weg. Und dann irgendwann war ich in der siebten Klasse und da hat's halt tierisch geknallt.

Mit 13 Jahren bleibt er 2 Wochen weg, nachdem er vom derzeitigen Freund der Mutter verprügelt wird. Heute erinnert er sich noch daran, dass er damals lieber ins Heim wollte als wieder nach Hause.

Und dann hinterher in der siebten Klasse bin ich dann sogar zwei Wochen weggeblieben. Der Auslöser dafür war, dass der neue Macker von meiner Mutter, der eigentlich überhaupt nichts mit mir zu tun hatte, da kam ich 'ne Stunde zu spät nach Hause und da hat der mich durchgelassen. Da hat meine Mutter gesagt: »Ja, mit dem werd ich nicht fertig, lass den mal durch.« Ja, ich meine, ich hab mir dann gedacht, dass hätte sie selber machen können, das hat sie früher auch immer selber getan. Ja und dann bin ich ausgerastet. Bin ich von zu Hause eingeheizt, und dann hab ich gesagt, ich wollt ins Heim. War mir scheißegal, darauf hatt ich keinen Bock mehr. Dann bin ich aber nicht ins Heim gekommen, sondern dann hat sie mich ins Internat gegeben.

Über die Zeit im Internat erzählt er:

> Ja, war voll crazy [verrückt], das war ein katholisches Jungeninternat in Y.
> [Ort im Münsterland], also nur Nönnekes. Das war das riesige Mutterhaus
> von den Franziskanerinnen, boah, schlimm war das, aber ich hab we-
> nigstens meine Ruhe gehabt und war nicht mehr zu Hause, das war voll gut.

Mit 16 beendet er mit dem Realschulabschluss das Internat und zieht wieder
zu Hause ein. Er beginnt eine Lehre als Elektromaschinenbauer. Die Lehre
macht ihm zunächst Spaß, bald bekommt er aber Zweifel, ob das der richtige
Beruf für ihn ist.

> Und dann war Internat zu Ende, und dann hab ich ja meine Lehre ange-
> fangen. Vom Theoretischen war das voll geil eigentlich, das konnt ich noch
> einfach. So mit Mathe und so. Das war das einzige, was ich in der Schule
> gut konnte und das hat mir dann auch noch richtig Spaß gemacht. Es war
> aber dann diese praktische Arbeit, so Elektromotoren, ist ja immer das
> Gleiche, vom Prinzip her. Ob ich jetzt einen kleinen Elektromotor habe
> oder einen Elektromotor, wo man sich reinsetzten kann und Mittagessen
> kann mit zwanzig Leuten. Vom Prinzip her ist das immer das Gleiche und
> es war immer nur die gleiche Arbeit. Bei großen Motoren war es halt
> schwerere Arbeit, aber es war immer das selbe und das hat mich voll an-
> gekotzt. Weil ich irgendwas mit mehr Abwechslung haben und nicht
> immer das Gleiche machen wollte. Weil, da kann ich mich ja gleich ans
> Fließband stellen in eine Fabrik, verdien ich sogar mehr und hab die glei-
> che Arbeit. Und das hat mich dann hinterher voll angekotzt.

Mit seiner Mutter gibt es wieder Konflikte, unter anderem, weil Fistal nie zu
Hause ist. Auch hat sie keinerlei Verständnis dafür, dass ihr Sohn in seiner
Lehre keinen Sinn sieht und nach einem anderen Beruf suchen will.

> Und da hab ich dann wieder zu Hause gewohnt auf einmal, und da wusste
> ich schon vorher: Ohoh, kann nicht lange gut gehen. [...] Ja, das hat meine
> Mutter voll angenervt, dass ich nie zu Hause war. Weil, ich bin morgens
> immer eingeheizt zur Arbeit. Und bin dann nach der Arbeit direkt zu Kum-
> pels gegangen und dann abends so um elf wieder nach Hause gekommen.
> Dann hat meine Mutter sich immer voll aufgeregt, dass ich nie zu Hause bin.
> Ich hab echt keine Lust gehabt, nach Hause, voll keinen Bock gehabt. [...] Ein
> halbes Jahr hab ich da gearbeitet, meine Lehre, und dann habe ich auch
> angefangen, Drogen zu nehmen, und ich hatte auch vorher schon ein biss-
> chen gekifft. Und dann auf einmal hab ich keine Lust mehr gehabt zu arbei-
> ten, kommt ja auf einmal so eine Phase, da fragt man sich: wieso, weshalb,
> warum? Wieso soll ich jetzt arbeiten, ja und dann hab ich das meiner Mut-

ter gesagt, und dann hat sie gesagt, ja, wenn du nicht arbeiten gehst, dann kannst du gehen. Also, wie meinen Bruder früher, den hat sie auch rausgeschmissen. Also hat sie mich wieder vor eine Wahl gestellt, wo sie ganz genau wusste, dass ich abhaue. Also, so 'ne dumme Wahlstellung, wie meine Mutter das gerne manchmal gebracht hat. Ja, und da hab ich dann gesagt: »Alles klar! Wenn du nichts mehr mit mir zu tun haben willst, nur weil ich jetzt eine andere Lehre haben will«, da bin ich halt von zu Hause abgehauen.

Fistal zieht daraufhin im Alter von 17 Jahren von heute auf morgen aus, bricht seine Lehre ab und kommt erst einmal bei Freunden unter.

Da hab ich direkt vor meiner Mutter Tasche rausgeholt, Klamotten reingeschmissen, alles stehen lassen und einfach raus und weg. [...] Erst mal hab ich bei Kollegen geschlafen, obwohl das ging ja auch nicht, irgendwann merkt man das. Man kann ja mal beim Kollegen schlafen, aber man kann ja nicht einfach länger da pennen, das geht ja nicht. Da hab ich erst zwischen mehreren Freunden gewechselt, von einem zum anderen. Aber irgendwann, wenn man schon alle Freunde einmal durchgeklappert hat, dann merkt man, das geht einfach nicht. Ja und dann irgendwann hab ich einfach so draußen geschlafen, Schlafsack geholt, war mir schittegal. Da hab ich halt erst die ganze Zeit auf der Straße gelebt, erst mal so für drei Monate, erst mal da mal da gepennt, da durchgezecht.

Er findet neue Freunde, die in einer großen Wohnung in einem Dorf im Münsterland halb legal wohnen. Dort kann er in die Wohngemeinschaft mit einziehen. In dieser Zeit »schnorrt« er sich »durch«, verdient sich ab und zu bei einem Aushilfsjob ein wenig Geld. Auf die Idee, staatliche Hilfe zu beantragen, kommt er gar nicht.

Und dann irgendwann hab ich dann noch Leute kennen gelernt und die haben so eine riesige WG gehabt. Hundertvierzig Quadratmeter, und die haben ja auch keine Miete bezahlt. Ja, und dann bin ich da einfach mitreingezogen. [...] Das gab auch ein bisschen Stress, haben wir ein bisschen besetzt die Hütte. [...] Zwischendurch, hab ich noch so einen Aushilfsjob als Verputzer angenommen. Das war witzig, da war unsere ganze WG, wir waren alle in einer Putzerkolonne. Sind wir morgens arbeiten gegangen und wenn wir mittags wiederkamen war die ganze Hütte voll. Man kennt ja tausend Leute und wir hatten unsere eigene Wohnung und dann war das Freizeithaus einfach. Da kamen wir mittags wieder, dann war die Hütte schon proppenvoll, mit fünfzig, sechzig Leuten.

Er beschreibt diese Zeit als glückliche Zeit, in der er endlich Ruhe findet und ihm keine Vorschriften mehr gemacht werden.

Ja zum ersten Mal war ich frei, zum ersten Mal hab ich meine Mutter nicht mehr im Kopf gehabt, ihre Macker nicht mehr im Kopf gehabt, sondern endlich Ruhe. Ich konnte bestimmen, was ich mache, und wenn ich halt den ganzen Tag irgendwo liegen bleibe, das ist doch schittegal. Das hab ich dann entschieden und dann war ich glücklich, so nach dem Motto. Das war voll witzig.

Durch einen Brand in dem Wohnhaus wird die ganze Clique wohnungslos. Fistal geht in die nächstgrößere Stadt, nach Münster.

Und dann ist unter uns die Pommesbude abgefackelt, und da mussten wir dann da raus. Also, da war auch die ganze Hütte verqualmt, und voll der Brandschaden und dann hätt's ja auch nichts mehr genützt. Dann haben wir noch 'ne riesige Abbruchparty gestartet.

In Münster schläft er wieder draußen, kann dann aber eine Zeit lang bei einem Kumpel mitwohnen, der in einer betreuten Wohngemeinschaft lebt. In dieser Zeit lernen wir ihn kennen. Fistal ist inzwischen 18 und wir unterstützen ihn beim Beantragen von Sozialhilfe. Bis dahin hatte er vom Schnorren gelebt.

Und dann bin ich nach Münster gekommen irgendwann. Dann hab ich hier noch eine Weile Platte geschoben, dann hab ich ja A. [Freund] kennen gelernt, dann hab ich bei A. gewohnt noch so ein halbes Jahr. [...] Irgendwie am Anfang ist das ja noch tierisch witzig so, aber mit der Zeit, jeden Tag, immer – das ist auf der Straße ja dieser ewige Marsch. Dann stehst du morgens auf, fängst an zu schnorren und gehst dann zu den Fressensstellen [Essensausgaben der Kirchen] und bist immer unterwegs. Dann siehst du zu, dass du da dein Futter herkriegst, dann schnorrst du wieder für irgendwas, was du gerade brauchst, dann schnorrst dir wieder Geld für dein Piece [Stück Haschisch] zusammen, oder sonst was. Wo ich das erste Mal geschnorrt hab, war das noch voll komisch. Da hab ich das noch nicht gerne gemacht, weil die ganzen Leute, die gucken einen ja dann auch immer so an – was ist das denn da für ein Abschaum! Und dann irgendwann wird einem das egal. Und dann hab ich mich dann vorher richtig abgebreitet, voll gepafft, und dann konnte ich auch den ganzen Tag schnorren, da war mir das auch völlig egal, was die Leute über mich gedacht haben. [...] Nee. Sozialhilfe hab ich ja erst rausgekriegt, dass man das machen kann, als ich zum ersten Mal zu euch gekommen bin.

Fistal kommt regelmäßig zum Frühstücksangebot und nimmt ab und zu die Beratungsangebote in Anspruch.

91

Genau, ich hab ja noch ein halbes Jahr im Sleep-In gewohnt! Witzige Sache. Und dann fing das ja erst mal richtig an. Dann brauchte ich wieder eine Anmeldebescheinigung, weil ich ja sonst überhaupt keine Kohle gekriegt hätte, das wusste ich bis dahin ja auch noch nicht. Das habt ihr mir gesagt. Und bei der Abmeldebestätigung hat mir dann der vom Sleep-In geholfen. Der hat dann hinterhertelefoniert. Und dann hab ich noch meinen neuen Personalausweis beantragt, einen vorläufigen, da hat er das Geld vorgestreckt. Und dann konnte ich auch zum Sozialamt. Das war ganz gut, weil wenn mal irgendwelcher Stress wieder ist, und es ist halt Stress, wenn man auf der Straße lebt, mit der Polizei oder so, und wenn man dann natürlich überhaupt keinen Ausweis und gar keine Papiere bei sich hat, dann werden die besonders »freundlich« und nehmen einen immer direkt mit, da werden auch gar keine anderen Fragen mehr gestellt, voll krass.

Im Sleep-In kommt er zum ersten Mal mit Heroinabhängigen in Berührung.

Sleep-In war auch voll witzig. Aber ich hab meine erste Erfahrung da mit Junkies gemacht so. Widerlich, also ich fand das richtig widerlich, wie die da abgegangen sind, ihre ganzen Spritzen unterm Bett, uäh. Und dann liegste so auf Viermannzimmer, und mein Gott, ja klar, ich war selber am kiffen und am Pepp ziehen, aber nix mit Schore [Heroin] zu tun gehabt. Ja, und das kotzt einen dann an, volles Huhn, wenn man da selber nix mit zu tun hat, und die labern einen ja dann auch noch so dumm dicht, wenn die breit sind. Die schnallen ja gar nix mehr, wenn die dann voll auf Sendung sind – blablabla – und dann kriegste so 'ne Frikadelle an den Ohren, und dann finden die auch kein Ende mehr. Die sind richtig krass. Ja, auch Scheiß-Leben für die, aber ich finde, Schore, ey, das sollte man eigentlich wissen, dass Schore absolute Endstation ist.

In dieser Zeit experimentiert er selbst viel mit Drogen, hauptsächlich synthetische Drogen, aber auch Kokain. Er durchlebt eine Zeit exzessiven Konsums, in der er auch körperlich abbaut.

Ja klar, Drogen, sonst hab ich alles eigentlich genommen. Erst mal hab ich ja nur gekifft gehabt und gesoffen, und dann wo ich nach Münster kam, wo ich angefangen hab auf Techno-Partys, kamen noch die ganzen Pillen dazu, Ecstasy und dann noch Speed, paar Nasen gezogen. Und irgendwann mal noch Leute kennen gelernt, die hatten dann auch Kokain, dann Koks gezogen und so, und dann irgendwann hab ich das auch wieder ein bisschen eingestellt. War ziemlich viel zu der Zeit. Das hab ich selber gemerkt. Auf dem Internat hab ich 80 Kilo gewogen. Und dann zu meiner Extremzeit, wo ich dann nur auf Partys war, und mir alles reingeknallt hab, dann auf einmal hab ich nur noch 54 Kilo gewogen, hab ich mich angeguckt: Jo, ich glaub, ich sollt mal kürzer treten.

Die Zeit in Münster auf der Straße beschreibt er einerseits als harte, heftige Zeit, andererseits erlebt er auch viel Zusammenhalt und Unterstützung.

Ja am Anfang fand ich das tierisch krass. Da kam ich mir voll einsam und verlassen vor. Aber irgendwann, wenn man so die ganzen Leute kennen gelernt hat, dass man merkt, man ist doch nicht der Einzige auf der Welt, es gibt noch tausend Leute mehr, die genau das gleiche Problem haben oder noch tausend härtere Probleme haben und viel härtere Schicksale erlebt haben. Und das ist dann auch cool. Und dann der Zusammenhalt auf der Straße. Ich meine, die ganzen Leute auf der Straße, die halten viel mehr zusammen als normale Kumpels, find ich. Die gehen auch anders miteinander um. Das find ich viel lockerer. Das ist überhaupt keine verklemmte Atmosphäre, wenn man halt keinen Tabak hat, dann hat der andere Tabak, und dann schnorrt man wieder für Bier und irgendwie schmeißen immer alle zusammen und man hat irgendwie immer alles. Wenn mal einer nichts hat, dann wird nicht nachgefragt, so wie ich das immer in der Schule mitgekriegt hab: »Ne, ich habe nur noch drei Zigaretten! Damit muss ich heute auskommen!« Ich meine, so einen Spruch habe ich bis jetzt auf der Straße noch nicht gehört. [...] Ja, Freunde habe ich da auch kennen gelernt. Und die Akzeptanz, die ist viel größer, man wird viel eher aufgenommen. Da wird nicht erst geguckt: Hey, du hast ja vielleicht doch nicht so viel Geld, wie die anderen, wie die Normalbevölkerung, aber das ist einfach scheißegal, wer man ist, wie man ist. Da wird einfach kein Wert drauf gelegt. Und das finde ich das Optimale eigentlich auf der Straße.

Er beschreibt diese Zeit aber auch als einsame Zeit, in der er sich nicht vorstellen kann, dass andere, insbesondere Mädchen, die nicht auch auf der Straße leben, an ihm Interesse haben könnten.

Vorher in Z. [Heimatort im Münsterland], da hab ich da noch eine Beziehung gehabt, noch für 'ne längere Zeit eine Freundin gehabt, drei Jahre lang. Aber das ist dann auch irgendwann in die Brüche gegangen. Ja und die ganze Zeit, wo ich auf Straße war, hatte ich überhaupt keine Lust auf eine Freundin, so erst. Weil ich mir gedacht habe: Was soll ich mir großartig eine Freundin suchen. Da war ich noch, ganz am Anfang auf Straße so vorgeprägt, so, was wollen eigentlich andere Menschen von einem, wenn man selber auf der Straße lebt? Man kann denen ja quasi – wird einem ja von klein auf eingetrichtert – man kann den anderen Menschen nichts bieten und dann kommt man sich ja voll blöde vor. Und das ist mir mittlerweile ja auch völlig egal geworden. Ich bin, was ich bin, daran kann ich nichts ändern, und die Scheiße habe ich durchgemacht, das kann jedem passieren. Jetzt ist mir das eigentlich egal. Und da hab ich einfach die meiste Zeit einfach erst gar keine Freundin gehabt und dann irgendwann war mir das egal.

Im Sleep-In leidet er vor allem darunter, tagsüber keine Bleibe zu haben. Auch wenn er dort über Monate hinweg wohnt, verbringt er doch den Tag auf der Straße, denn die Einrichtung schließt zwischen 10 Uhr morgens und 18 Uhr abends. Mit der Zeit dazwischen weiß er wenig anzufangen, hält sich vor allem in der Szene auf.

Das Ätzendste ist, wenn man auf der Straße ist, dass man nicht mal eben kurz nach Hause gehen kann und sich mal kurz fünf Minuten hinlegen kann oder so. Da musste warten bis dann abends endlich das Sleep-In wieder aufmacht und dann bist du den ganzen Tag draußen und weißt ganz genau: Mann, jetzt kannst du den ganzen Tag durch die Straßen laufen. Und dann hat man auch gar keinen Bock, irgendwas zu machen, so, als sich irgendwie, breit zu machen, Bier zu trinken oder sonst was. Und dann rennt man den ganzen Tag durch die Straße und wartet quasi, bis dann endlich abends ist, dass man endlich mal wieder schlafen kann. Das war voll Kacke. Ist ja klar, dass man irgendwie Scheiße baut und sonst was macht. Viele Anzeigen eingehandelt, Widerstand gegen unsere schönen Sheriffs...

Auf der Straße begeht er einige Straftaten, hauptsächlich kleine Delikte. Er macht Erfahrungen mit Polizei, Sicherheitskräften, Gericht und Sozialstunden.

Klar, Polizei. Widerstand gegen die Staatsgewalt, Körperverletzung, Sachbeschädigung, Bahnhofsverbot, Erregung öffentlichen Ärgernisses. Da musste ich auch viele Sozialstunden machen. Aber die meisten Anzeigen habe ich mir eh alle eingehandelt, wo ich auf der Straße war. Weil da war mir auch alles scheißegal. Da bin ich auch in einen Laden reingegangen, wenn ich Hunger hatte und hab mir da einfach meine Hamburger und so einfach kurz in die Jacke gesteckt und bin dann rausgegangen. Da war mir das auch völlig egal. Und wenn dann irgendwelche Passanten mich versucht haben aufzuhalten oder mich dann festhalten wollten, dann haben die kurz 'nen Schwinger [Schlag] gekriegt und dann haben die mich auch freiwillig losgelassen, und dann bin ich eingeheizt. Ja, und manchmal ging das halt nicht, da kamen dann irgendwie zu viele, und dann kam die Polizei. Einmal haben sie mich aus dem Aldi rausgeholt, das war so witzig. Da war ich mit A. [Freund] und allen da. Da habe ich mir zwei Packungen Hamburger und zwei Packungen Cevapcici in die Jacke gesteckt. Da wollte ich gerade rausgehen, bloß, was wir nicht wussten, dass der ganze Aldi voller Bullen war, voller Zivis. Und auf einmal standen da sechs Bullen um mich rum. [...] Dabei hab ich nur auf Straße gelebt und hab nur Hunger gehabt. Aber das hat das Gericht ja eigentlich auch nicht akzeptiert, weil ich hätte ja Sozialhilfe holen können. Aber da ich das da ja noch gar nicht wusste, dass man sich Geld holen kann, und das auch dem Richter gesagt hab, musste ich dann hinterher einfach nur noch Sozialstunden machen. Und dann Sachbeschädigung, mal eine Bierflasche ins Auto geschmissen. [...] Habe ich mich auch hinterher entschuldigt, da musst ich dann auch noch mal Sozialstunden leisten. Ja, das war eigentlich eine Sache, die ich nicht wollte. [...] Ich meine, sonst hatte ich schon Erfahrung mit Ernüchterungszellen gemacht, wo ich dann einfach zu breit auf der Straße war. Und dann so besoffen war, dass die Bullen das auch eingesehen haben, dass ich viel zu breit war. Und dann einfach morgens wieder in superbequemen Ernüchterungszellen aufgewacht bin. Das war auch schon öfter. Aber so richtig Arrest habe ich nicht hinter mir.

Auch Auseinandersetzungen mit der Polizei beschreibt er:

Dann natürlich mit der Polizei geprügelt, wie man das halt macht, wenn die Polizei dann halt asozial wird. Das sind sie halt einfach zu Leuten, die auf der Straße leben. Irgendwann reicht es einem dann auch. Ich meine, man lässt sich einmal von einem Bullen schlagen, man lässt sich vielleicht auch ein zweites Mal schlagen, aber beim dritten Mal, da lässt man sich nicht erst schlagen, sondern schlägt sofort zu. Wenn dann halt ein Bulle ankommt und dann wieder Stress machen will. Und das ist dann einfach eine Kurzschlussreaktion, wenn man breit ist. Man lässt sich ja nicht ewig von den Bullen niederknüppeln. Und die Bullen sind halt asozial zu Leuten, die auf der Straße leben. Die denken sich dann, das ist auch nur Abschaum. Die tun zwar auch ihren Job, es gibt auch coole Bullen, hab ich kennen gelernt. Es gibt immer noch so zwei, die sind schon voll alt, die laufen auch immer durch die Stadt, die sind auch voll nett. Aber wenn man diese ganzen Sternchenjäger noch vor sich hat ...

Über Bekannte lernt er Jugendhilfemaßnahmen kennen, übernachtet auch ab und zu mit bei Jugendlichen, die in betreutem Wohnen sind. Aber für sich selbst kann er sich eine solche Maßnahme nicht vorstellen. Dennoch nimmt er immer wieder die Hilfe der Streetwork an, auch wenn er längere Zeit braucht, um Vertrauen zu fassen. Rückzugsmöglichkeiten und das Gefühl, in Ruhe gelassen zu werden und nicht gedrängt zu werden, sind für ihn in dieser Zeit sehr wichtig.

95

Erst wollte ich gar nicht in so 'ne Betreuungsmaßnahmen rein. Da hab ich überhaupt keine Lust gehabt, weil da hätte ich ja wieder jeden Tag Rede und Antwort stehen müssen. Und der Kontrolle wollte ich mich einfach nicht unterziehen. Ich habe gedacht, das krieg ich eh alles alleine gebacken. Ich meine, man meint, dass man alles gebacken kriegt, aber man braucht trotzdem Hilfe. Das ist eigentlich ein kleiner Selbstbeschiss. [...] Man braucht einfach irgendwelche Leute, mit denen man einfach labern kann. Das ist, glaube ich, das wichtigste. Dass man nicht so ganz einsam und verlassen durch die Welt läuft, weil so kommt man sich ja eh schon mal vor wie der Letzte oder so. Wo man einfach hingehen kann, den Leuten ist das egal, dass man halt auf der Straße ist und mit denen kann man labern, auch über seine Probleme oder private Probleme oder wenn man Stress mit einer Freundin hat oder sonst was. Mit denen man sich einfach wieder stinknormal unterhalten kann. [...] Ich meine, wenn es Streetwork nicht gegeben hätte, oder solche Leute wie euch nicht geben würde, ich weiß nicht, es würde tausendmal mehr Stress in der Straße geben oder sonst wo mit den Leuten, weil die dann ja überhaupt keine Anlaufstelle hätten.

Fistal hält sich zwar in der Bahnhofs- und Innenstadtszene auf, hat aber gleichzeitig viele Bekannte in der Techno- und Skaterszene, die teilweise arbeiten und nicht wohnungslos sind. Durch einen von ihnen bekommt er schließlich eine Wohnung vermittelt, in die er einziehen kann. Zu diesem Zeitpunkt ist er fast 20.

Ja, da hab ich voll Glück gehabt. Da war ich am Sleep-In, die ganze Zeit, und da hab ich noch einen von den Techno-Partys kennen gelernt, so ein Skater. Der ist aus der U.-Straße ausgezogen und hat dann direkt mich gefragt, weil der wusste, dass ich auf Straße war, ob ich nicht Bock hätte, da einzuziehen. Klar, bin ich direkt dahingegangen. Dann hab ich mit der Vermieterin gesprochen, und da waren aber noch paar mehrere Leute, aber da der schon so lange da gewohnt hat und auch mit der Vermieterin relativ gut klarkam, hab ich die Wohnung gekriegt. War gut. [...] Wunderbar. Jetzt habe ich meine eigene Hütte und lass auch immer viele Leute bei mir pennen, wie das halt so ist.

Er stabilisiert sich, hört auf zu betteln, lernt, sein Geld einzuteilen. Auch die Strafanzeigen reduzieren sich.

Und dann irgendwann hab ich aufgehört, komplett zu schnorren wo ich dann meine Wohnung gekriegt habe. Dann hab ich dann einfach nur noch von Sozialhilfe gelebt. Da hab ich dann gemerkt, jetzt hab ich meine eigene Wohnung, kann zu Hause sitzen, einmal im Monat krieg ich halt mein Geld, da muss ich halt zusehen, dass ich damit irgendwie klarkomme.

Fistal geht es eine ganze Weile ziemlich gut. Zwischenzeitlich arbeitet er sogar ein paar Monate in einem niedrigschwelligen Projekt der Jugendberufshilfe mit, bis er mit 21 zur Bundeswehr einberufen wird. Er lässt sich relativ unvorbereitet einziehen, stellt aber bald fest, dass er mit dem hierarchischen System dort nicht zurechtkommt.

> Da hab ich gedacht: Mein Gott, Bundeswehr, auch nicht schlecht. Wird man wenigstens bezahlt und hat auch sein Essen und braucht sich auch keinen Kopf zu machen. Und dann war ich da zwei Monate, hab meine Grundausbildung gemacht und dann hat mich das da voll angekotzt. Ich meine, man braucht sich zwar um nichts zu kümmern, aber diese hundertprozentige, vollkommene Kontrolle vom Staat, die hat man dann ja auf einmal. Ich meine, wenn man auf der Straße gelebt hat, hat man sowieso voll die Abneigung gegen den Scheißstaat, warum der nichts für einen macht.

Als Fistal ein Wochenende auf Heimaturlaub ist, verschläft er und traut sich dann nicht mehr in die Kaserne. Er verbringt mehrere Wochen bei einem Freund, bis er schließlich ziemlich ratlos und verzweifelt zu uns zur Streetwork kommt.

> Eigentlich hatte ich verschlafen. Da habe ich gedacht: Jetzt gibt es Stress, bin schon neulich zu spät gekommen zur Bundeswehr. Und die gingen mir da ja sowieso auf 'n Sack, und da war ich erst mal zwei Wochen fahnenflüchtig. Dann war ich bei H. [Kumpel], hab ich schon gesehen, wie die Feldjäger bei mir vor der Tür standen, und H. hat nur fünfzig Meter quasi so weiter gewohnt. Wie die Feldjäger dann meine Hütte observiert haben. Die ganze Zeit Eimer gepafft und die Feldjäger ausgelacht: Guck mal, die suchen mich, hahaha! Und dann irgendwann konnte ich dann noch nicht mal mehr hier so zum Bahnhof gehen. Und dann habe ich gedacht: Ja, was machst du nun? Ja, dann hatte H. gesagt: Komm, wir gehen zur Streetwork. Und dann habt ihr ja einen von der evangelischen Kirche, der für Wehrdienstleistende der Stressmanager ist. Der hat mich dann quasi da rausgeboxt. Dann musste ich noch zu vier Ärzten, und sonst was machen und dann musste ich denen allen meine Lebensgeschichte noch mal erzählen. Viermal hintereinander, echt wieder typische Bürokratie in der Bundeswehr. Da wurde ich noch verhört und alles Mögliche. Und da war dann ja der Freak von der Kirchengemeinde dabei. Und das war ganz gut. Da habe ich denen von der Bundeswehr einfach nur von meinen Drogen erzählt und was ich in meinem Leben gemacht habe, und der Arzt bei uns in der Staffel, wo ich war, hat gesagt: »Ja, Junge, alles klar. Kannst gehen. Ich schreibe dich sofort krank.« Ich habe noch nicht mal rumgesponnen, weil das fand ich noch tierisch witzig. Sondern einfach nur stumpf das erzählt,

was ich so gemacht habe. Ja, und dann wurde ich ja krankgeschrieben bis Dienstzeitende. Weil die Bundeswehr, die bieten keine Therapieplätze oder sonst was an gegen Drogen. Die werden einfach krankgeschrieben. Das ist dem Staat nämlich tierisch scheißegal, ob die Leute dann drauf sind oder sonst was machen. [...] Ja, da wurde ich dann endlich entlassen.

Nachdem Fistal aus der Bundeswehr entlassen wird, wird es wieder ruhiger um ihn. Langsam beginnt er, Pläne für die Zukunft zu machen. Nach dieser intensiven Hilfe bei der Sache mit der Bundeswehr kommt Fistal viel öfters zur Streetwork, nutzt regelmäßig die Angebote, kommt auch häufig einfach nur zum Reden vorbei.

Also, ich bin tausendmal ruhiger geworden, seitdem ich endlich meine eigene Hütte hab. Ich kann nach Hause gehen, wann ich will, ich hab meine eigene Wohnung. Ich kann mich um viele andere Sachen kümmern, für die ich vorher überhaupt keine Zeit hatte. Weil man da ganz andere Flausen im Kopf hat. Ich kann zu Hause liegen bleiben mal einen ganzen Tag, wenn mir danach ist. Man kriegt wieder eine andere Weltansicht, anstatt wenn man den ganzen Tag auf der Straße ist. Weil, auf der Straße ist einem alles scheißegal, was alle Leute von einem wollen. Ja, geh mal arbeiten, dann fängt man an, die Leute auszulachen, macht sich irgendwie nur lustig. Und jetzt eigentlich geht das ja, jetzt bin ich ja sogar selber wieder auf Arbeitssuche. Ein Wunder! Fistal auf Arbeitssuche!

Seinen Drogenkonsum hat Fistal nach und nach reduziert, ohne fremde oder therapeutische Hilfe anzunehmen, nach einer langen Phase, in der er täglich unterschiedliche Drogen konsumiert hatte.

Erst mal war's der tierische Spaßeffekt, und wir haben uns immer tierisch lustig darüber gemacht, was alles in der Schule darüber gelabert wird, was die uns über Drogen erzählt haben. LSD – Farben sehen und was da alles in den Büchern drinstand. Da haben wir gesehen, dass das völliger Schwachsinn war, was die Schule einem versucht, rüberzubringen über Drogen. Und dementsprechend haben wir auch gedacht: Dann kann das ja gar nicht so schlimm sein. So die ersten Erfahrungen mit Drogen, die waren dann tierisch locker. [...] Ja, erst mal dann war so die Phase des Antestens und Witzigen und nur Kaputtlachens, auch beim ersten Mal kiffen, voll die Lachkicks gefahren. Die ersten Erfahrungen waren tierisch witzig. Und dann irgendwann wird das aber so nach einem gewissen Zeitraum zum Alltag. Dann spult sich so eine Spirale ein, wie so ein Strudel, wo man erst mal ganz am Anfang von außen reinkommt, da kriegt man das noch gar nicht mit. Und irgendwann kommt man in die Mitte des Wirbelsturms, und dann merkt man, jetzt ist das rauskommen eigentlich schon viel schwerer. Man weiß selber, wie schizophren das ist, was für eine Kacke man dauernd macht, aber man hängt da irgendwie drin, in diesem Alltagstrott. Man steht morgens auf, macht sich sein erstes Köpfchen fit, pafft sich einen, macht nichts für sich selber, geht nicht arbeiten oder sonst was, und das ist dann kacke. Aber man will das eigentlich gar nicht wahrhaben. Der erste Kick von den Drogen lässt einen dann wieder den ganzen Alltag scheißegal erscheinen. Irgendwann kommt man in die Phase, da merkt man den riesigen Selbstbeschiss und merkt, wie tief man da drinsteckt. Ganz tief in der Mitte, da merkt man, dass es da dann ganz gefährlich wird.

Als Grund, kürzer zu treten, gibt er die Rückmeldungen seiner Freunde an, die ihn auf seinen übermäßigen Konsum ansprechen.

Ja, kürzer getreten hab ich dann auf jeden Fall. LSD hab ich aufgehört, da hab ich so viel Pappen [LSD] gefressen, da hab ich jeden Tag immer mindestens drei, vier Pappen gefressen. Und dann haben schon die ganzen Leute, die ich kannte, gesagt: »Ey Fistal, willste nicht mal langsam in die Klapse gehen?« Und dann hab ich mir irgendwann so gedacht: Ja, irgendwie mit LSD musste mal aufhören. Ich meine, wenn dir das einer sagt, dann denkt man noch nicht so darüber nach. Aber wenn dann auf einmal jeder ankommt und sagt: »Ey, Junge, Fistal, kommste noch klar, so?« Dann macht man sich allmählich doch Gedanken. Ja und dann hab ich LSD jetzt auch schon seit anderthalb Jahre nicht mehr angerührt. [...] Ja heute, heute kiff ich wohl noch und trink mir mal ein Bierchen. Ab und zu vielleicht mal auf einer Party noch ein paar Nasen oder so – aber das war's dann auch schon. Ich brauch auch nicht mehr so viel wie am Anfang, jedes Wochenende auf Party – oh ich muss auf Party! – nach dem Motto, das ist nicht mehr. Irgendwann merkt man das selber – kann man ja auch gar nicht mehr. Das hab ich bei mir gemerkt, irgendwann kannste nicht mehr.

Die Freunde aus der Zeit auf der Straße sind ihm immer noch sehr wichtig. Er bezeichnet sie quasi als seine Familie.

Der Zusammenhalt – mit denen ist man durch die größte Scheiße gewandert, quasi, so sehe ich das. Hat die härteste Scheiße mit durchgemacht und die sind einem auch voll ans Herz gewachsen. Und die ganzen Leute, wenn ich die heute immer noch sehe, dann trinke ich mir immer noch mit denen einen. Weiß ich nicht, ist einfach cool. Weil, man hat mit den Leuten tierisch viel Scheiße erlebt und viel Stress zusammen durchgemacht und geregelt gekriegt. Ist wie eine neue Familie.

Seit kurzem hat Fistal eine Freundin, mit der es ihm richtig gut geht.

Es kam dann ganz komisch: auf einmal Karneval auf einmal wieder seit drei Jahren eine Frau im Arm gehabt und, naja auf einmal hat der kleine Fistal wieder eine Freundin. Alle Leute so am Gucken: Was? Fistal mit 'ner Frau? Kann ja gar nicht angehen! Habe ich ja noch nie gesehen! War lustig. Weil sonst immer mal kurz für eine Nacht oder so mal, aber keine feste Freundin so in der Beziehung. Auf 'ner Party mal, wenn man da eine Freundin kennen lernt oder so, dann sagt man halt, wenn man ein Mädchen kennen lernt, lass uns erst mal zu dir. Und dann redet man auch nicht großartig von sich. Oder dann halt mit Leuten, denen das auch egal ist, die man nur so auf der Straße kennen lernt, da kannst du das ruhig sagen. Aber wenn man so wildfremde Leute auf einer Party kennen lernt, da will man denen das ja auch nicht gerade vor die Nase binden. [...] Meine Freundin geht noch zur Schule. Die geht aufs Gymnasium. Die macht da gerade ihr Abitur. Und die ist voll witzig. Die ist voll fähig. Und der ist das auch völlig egal, was ich gerade mit meinem Leben gemacht habe. Ich habe mich mit der viel unterhalten und so. Hab ihr das alles gesagt und der ist das auch so tierisch egal. Die findet das sogar noch richtig interessant.

Fistal ist froh um seine Wohnung, die er seit 3 Jahren hält, auch wenn dort immer wieder Freunde und Bekannte übernachten und Partys veranstaltet werden. Die Straßenzeit betrachtet er im Rückblick als schreckliche Zeit, die er aber auf Grund der Erfahrungen auch nicht missen möchte.

Ja, ich würde sagen, die Straßenzeit war, wenn man es so sieht, tierisch scheiße, aber wenn ich jetzt mein Leben zurückdrehen könnte, würde ich es nicht zurückdrehen wollen. Weil einfach, was ich durch meine Scheiße alles an Erfahrung gewonnen hab, das ist so ein großer Erfahrungsschatz, den will ich gar nicht mehr vermissen so einfach. Viel zu coole Sachen erlebt und viel coole Erfahrung. Eine ganz andere Weltansicht einfach gekriegt. Wenn man jetzt so sagt, die Spießer sind ein arrogantes Volk, dann bin ich froh, dass ich nicht so arrogant geworden bin, sondern einfach ein relaxter Mensch geworden bin, durch meine Straße und so. Ein Mensch wächst mit seinen Erfahrungen, würde ich sagen. Und die will ich behalten, ich meine, darauf habe ich ja mein Leben aufgebaut, gezwungenermaßen. Klar, gibt es auf der Straße mal Scheißtage und mal gute Tage, aber das hält sich auch irgendwie so die Waage. Und dass man nicht mehr diesen Konsumgeist pflegt, so von der Gesellschaft, was einem von der oberen Gesellschaft so eingetrichtert wird. Man bräuchte zum Leben einen riesigen Fernseher, ein riesiges Auto, eine riesige Hütte und so. Wenn man durch die Straßen geht, für was für einen Scheiß sich die Leute da ihren

Kopf zerreißen und zermürben! Und nur um Akzeptanz zu finden, ob sie nicht einfach raffen, dass sie einfach so bleiben können, wie sie sind. Erst mal könnte man so glatt sagen: ›back to the roots‹. Man braucht den ganzen Technoscheiß nicht, diesen ganzen Cyberkack und so. Man kann auch locker sein Leben führen. Und seinen Spaß haben und sogar noch viel mehr Spaß haben. Ich meine, das ist das Gute daran: Die Leute auf der Straße, so sehe ich das immer, die haben mehr zu lachen als irgendwelche verklemmten Arbeiter, die sich nie getraut haben, mal völlig aus der Bahn zu preschen oder so. Die immer nur den Kopf nach unten hängen. Fall ich jetzt auch bloß nicht auf? Sag ich jetzt auch nichts falsches? Über solche Leute lach ich mich kaputt. Ich meine lachen tut man viel auf der Straße. Teils verhöhnen, die Leute auslachen, das gehört einfach dazu.

Zu seiner Mutter möchte er keinen Kontakt mehr haben, zu groß waren die Verletzungen.

Ja, meine Mutter, mit der habe ich jetzt schon ganz lange nichts mehr zu tun, eigentlich. [...] Ja, jetzt mittlerweile wohnt sie irgendwie in X. [Ort im Sauerland], hat auch einen neuen Macker kennen gelernt wieder, 'nen neuen Mann. Da sollt ich da auch hin, wollt sie unbedingt, dass ich vorbeikomme. Habe ich mir bis jetzt Zeit gelassen, kein Bock, andauernd von meiner Mutter diese neuen Macker kennen zu lernen, da schieb ich so seinen Hals. Ist mir schittegal, was meine Mutter macht, soll sie sich doch 'nen Freund anschaffen, wie sie lustig ist. Ich hab da keinen Bock, jedes Mal da hinzugehen, und nur weil meine Mutter das will, einen auf lieben Sohn zu machen. Das bin ich halt nicht. So gut versteh ich mich mit meiner Mutter nicht und dann spiel ich der auch nichts vor. [...] Die versucht jetzt eigentlich wieder, mit mir Kontakt aufzunehmen, jetzt schon seit zwei Jahren wieder richtig krass. Schickt mir andauernd Karten und Telefonkarten, ich soll sie doch anrufen. Aber habe ich bis jetzt noch nicht gemacht. Weil, ich habe mir jetzt meine eigenen Lebensgrundregeln gesetzt, so wie ich leben will. Und ich will jetzt einfach meine Ruhe haben. Ich meine, wenn ich mich so zurückerinnere, mit meiner Mutter habe ich nur Scheiße erlebt. Ich meine, wenn man zu oft von irgendwelchen Leuten enttäuscht wird so, dann ist das halt so. Da hat man auf die Leute einfach keinen Bock. Auch wenn es denen hinterher leid tut und es einem selber vielleicht auch, aber ich habe einfach keinen Bock da drauf. Klar, es ist meine Mutter, aber so eine fette Beziehung haben wir nie gehabt oder so. Das ist mir eigentlich tierisch egal.

Seine Wünsche für die Zukunft beziehen sich vor allem auf eine berufliche Perspektive. In welche Richtung die gehen soll, ist für ihn allerdings noch völlig offen.

Ja ich wünsch mir mal wieder Arbeit zu haben. Jetzt allmählich mache ich mir mal wieder Gedanken darum, die ganzen Schulden, die sich während der Straße angehäuft haben, mal wieder alle abzubezahlen. Ich meine, vorher war mir das egal. Auf der Straße hab ich gedacht: Ey, ich leb auf Straße, was wollt ihr von mir? So nach dem Motto. Und jetzt mach ich mir schon allmählich wieder Gedanken drum, dass mein Leben einigermaßen – na ja, kein Gott werden oder so, kein Supermanager oder hastenichtgesehen, aber einfach nur mein ruhiges Leben weiterführen. Die ganzen Leute, die oberen Bürger, die sind mir alle egal. Ich will einfach nur noch mein Ding machen, einfach Ruhe haben. [...] Ja, momentan ist noch alles offen. Lehrstelle – habe ich mir auch schon Gedanken drüber gemacht. Weiß ich aber auch noch nicht eigentlich, was ich machen soll. Hab viele Aushilfsjobs schon angefangen, aber irgendwie noch nicht ganz das Wahre gefunden. Ich weiß auch noch gar nicht, keinen Plan, was ich machen soll.

Fistal beschreibt auch Erfahrungen mit Diskriminierung und möchte schon allein deshalb eine Arbeit finden.

Ja, besser könnte es schon sein, wenn ich einen Job hätte. Ich meine, dann hätte ich endlich mal Geld. Das steigert glaube ich doch so ein bisschen mehr das Selbstwertgefühl, wenn man wenigstens ein bisschen arbeiten geht, man hat sein Geld, man tut einfach nur was. Wird man auch von der Öffentlichkeit in Ruhe gelassen. Ist doch scheißegal, was man macht, Hauptsache, man macht irgendwas, ist nicht mehr auf das Sozialamt angewiesen, schon alleine wegen der Sprüche, die man sich da auf dem Sozialamt anhören muss. Da kommt man sich erst recht vor, wie der letzte Dreck. Hey, ich kann mich noch genau daran erinnern, diese dumme Frau G. am Sozialamt, knallt die mir so'n Spruch: »Ja, meinen sie eigentlich, dass ich sie den ganzen Winter durchfütter?« Und dann überlegt man sich: Moment mal. Sie wollen mich durchfüttern? Kann doch gar nicht angehen. Das sind doch Steuergelder vom Staat. Und solche Sprüche kriegt man dann nur vom Sozialamt gedrückt bei uns. Und: »Gehen Sie mal endlich arbeiten!« und da kommt man sich vor wie das allerletzte beim Sozialamt.

Aber auch von Seiten der »Normalbevölkerung« wünscht er sich mehr Akzeptanz und Toleranz gegenüber Wohnungslosen und Arbeitslosen.

Ja, dass halt mehr die Akzeptanz so an den Bürger reingeschädelt [eingetrichtert] wird. Dass es echt passieren kann, dass die Leute mal echt ein Scheißleben führen und das die nicht sofort asozial sind, nur weil die beim Sozialamt oder mal auf der Straße gelandet sind. Sondern, dass das echt im Leben passieren kann, dass man durch irgendeine dumme Fügung auf einmal wohnungslos wird. Ich habe ja viele Berber kennen gelernt, auch Dreißigjährige, die auf einmal ihren Job und alles verloren haben und auf der Straße gelandet sind. Einige Menschen kommen dann einfach nicht mehr klar, wenn die ihr ganzes Leben lang immer schön verhätschelt worden sind, ihren Job haben. Und auf einmal mit dreißig, vierzig, alles verloren haben und nur noch am spriten [Alkohol trinken] sind. Ich meine, das kann jedem passieren und man ist auch nicht direkt asozial, nur weil man auf der Straße ist. Ich glaube, das ist typisch deutsch, da ist die Bevölkerung viel zu spießig. Ist mehr so ein Wunschdenken. Geht nicht. Aber das wär cool, wenn den Leuten das einfach mehr egal wäre. Und uns leben lassen würden, so wie wir das wollen. Ich meine, wir machen ja nicht viel. Klar, sind wir halt laut, wenn wir im Rudel da auftreten mit den ganzen Hunden. Aber die sollen uns doch einfach in Ruhe lassen, dann passiert auch nicht so viel. Also, man kann nicht sagen, dass wir der Superstressfaktor hier in Münster sind. [...] Schließlich bleibt ihr ja auch immer noch freundlich zu den Leuten, mit denen die meisten Leute nichts mit zu tun haben wollen. Wenn das mal in die Bevölkerung reingehen würde, so einfach nur ein Teil der Akzeptanz von euch zu den Leuten – das wäre schon klasse, wenn die uns noch als Menschen ansehen würden. Wir sind ja immer noch Mensch geblieben. Wir werden zwar nicht so behandelt von der Öffentlichkeit.

Kurz nach dem Interview gelingt es Fistal aus eigener Initiative, eine Lehrstelle als Schlosser in einem kleinen Familienbetrieb zu bekommen. Die familiäre Atmosphäre in dem Betrieb gefällt ihm sehr gut, problematisch ist jedoch, dass mit dem Beginn der Ausbildung die Hilfe zum Lebensunterhalt wegfällt. Vom Ausbildungsgehalt von ca. 600 DM ist er nicht in der Lage, Lebensunterhalt und Miete zu bestreiten. Die Bewilligung ausbildungsbegleitender Hilfen lässt bis heute auf sich warten, da die Mutter ihrer Mitwirkungspflicht nicht nachkommt. Zu seinen bisherigen privaten Schulden kommen somit neue hinzu. Trotz intensiver Unterstützung und Entgegenkommen des Betriebs wird Fistal alles zu viel. Immer öfter bleibt er von der Arbeit fern. Als wir endlich die überbrückende Sozialhilfe für ihn durchgesetzt haben, hat er innerlich schon aufgegeben und bricht die Lehre ab. Er sucht derzeit nach einer neuen beruflichen Perspektive.

Kommentar

Fistal macht schon früh die Erfahrung, allein zu sein, und sich um seine Belange selbst kümmern zu müssen. Seine Mutter ist mit sich selbst beschäftigt, mit den Stiefvätern kommt er nicht zurecht. Er reißt aus, möchte nicht mehr zu Hause leben und lieber ins Heim. Seine Mutter besorgt ihm einen Platz in einem Internat. Hier gelingt es Fistal, seinen Schulabschluss zu machen. Später wirft ihn die Mutter jedoch aus der Wohnung, als er seine Lehre abbrechen will. Von da an ist er völlig auf sich allein gestellt. Aus dieser schmerzhaften Erfahrung entwickelt er aber auch viele Stärken. Er überlebt lange Zeit auf der Straße, zunächst ohne Geld und Hilfen. Später nimmt er die niedrigschwelligen Angebote der Streetwork und des Sleep-Ins an. Fistal findet nach 2 Jahren Wohnungslosigkeit ohne institutionelle Hilfe über Beziehungen eine Wohnung und schafft es, diese Wohnung über 3 Jahre zu behalten. Ohne fremde Hilfe reduziert er seinen Drogenkonsum auf ein verträgliches Maß. Lange Zeit verlässt er sich kaum auf das Hilfesystem, sondern mehr auf den Freundeskreis. Vieles macht er mit sich allein aus.

Abgesehen von der Vermittlung ins Internat bekommt Fistal innerhalb der Familie keine Unterstützung. Er kann aber auf Ressourcen im Freundes- und Bekanntenkreis zurückgreifen – insbesondere auf seine Kontakte außerhalb der Straßenszene – und bekommt letztendlich dadurch auch eine Wohnung. Freunde sind es auch, die ihn auf seinen übermäßigen Drogenkonsum aufmerksam machen und ihn auffordern, kürzer zu treten. Er kann dies als ehrliche Rückmeldungen annehmen und reagiert dementsprechend. Der Zusammenhalt auf der Straße ist für ihn elementar wichtig, auch heute beschreibt er die Szene noch als seine »Familie«. Negatives weiß er nur wenig zu berichten. Er ist nicht mehr mittendrin, grenzt sich aber auch nicht ab. Seine Stärken sind Humor, Witz, Fantasie und Freundlichkeit, die ihm vielfältige Kontakte und dadurch soziale Ressourcen sichern.

Der Bezug der eigenen Wohnung bedeutet für Fistal eine enorme Stabilisierung. Er kommt von der Straße und aus dem Sleep-In weg, kommt zur Ruhe und findet sein eigenes Zuhause. Dadurch reduzieren sich bei ihm Straftaten und letztendlich auch der Drogenkonsum.

Fistal braucht mehrere Jahre, um zur Streetwork Vertrauen zu fassen und auch sensiblere Punkte mit uns zu besprechen. Zwar gibt es von vorne herein einen netten, oberflächlichen Kontakt, wirklich Vertrauen fasst er jedoch erst nach Jahren. Fistals Geschichte zeigt somit, wie lange die Zeit ist, die viele Jugendlichen mit ähnlichen Erfahrungen brauchen, um sich auf Hilfen einzulassen. Eine Hilfemaßnahme, die ihn gedrängt oder gefordert hätte, hätte er nicht freiwillig angenommen. Lange Zeit nimmt er nur niedrigschwellige Angebote und ein wenig Beratung an. Erst bei der Krise mit der Bundeswehr, die ohne professionelle Hilfe nicht zu bewältigen gewesen wäre, vertraut Fistal sich wirklich der Hilfe der Streetwork an, und kann auch zugeben, etwas allein nicht hinzubekommen. Die Erfahrung, Hilfe zu bekommen, auf die er sich verlassen kann, hat ihn seine Bewältigungsstrategie ändern lassen: nicht mehr alles allein regeln, Hilfe annehmen, Vertrauen fassen. Seitdem ist ein intensiver Kontakt entstanden, kommt er regelmäßig vorbei und erzählt, was ihn bewegt. Heute würde Fistal vielleicht eine niedrigschwellige Jugendhilfemaßnahme annehmen, wenn es gelänge, Vertrauen aufzubauen. Aber inzwischen ist er zu alt.

Fistals Bewältigungsstrategie besteht zu einem Großteil darin, alles mit Witz und Lachen zu betrachten. Dies ermöglicht ihm, auch in Notlagen seinen Lebensmut und seine Lebensfreude zu bewahren. Trotz seiner humorvollen Sicht der Dinge zeigt seine Geschichte aber auch, wie Wohnungslosigkeit am Selbstbewusstsein nagt. Zum Beispiel kann er sich während seiner wohnungslosen Zeit nicht vorstellen, dass sich ein Mädchen für ihn als möglichen Partner interessiert. Viele negative Erlebnisse und Erfahrungen verdrängt er mit Hilfe von Witz und Ironie, verliert dadurch aber gleichzeitig den Zugang zu seinen verletzten Gefühlen.

Fistal steht heute an einem Punkt, an dem er sein Zuhause gefunden und sich stabilisiert hat. Er sucht eine berufliche Orientierung und will, nachdem ihm seine erste abgebrochene Lehre zu sinnlos vorkam, etwas Anspruchsvolleres tun. Im Nachhinein denken wir, dass es für Fistal eine Überforderung war, die Ausbildung auf dem »ersten« Arbeitsmarkt mit den dazugehörigen Anforderungen zu beginnen und gleichzeitig die mit der Ausbildung verbundenen finanziellen Probleme zu bewältigen. Eine begleitete Maßnahme im Rahmen der Jugendberufshilfe hätte ihm vielleicht einen geschützten Rahmen bieten können, in dem er frühzeitig Unterstützung bekommen hätte. Das Grundproblem bleibt jedoch bestehen: Junge Erwachsene, die allein wohnen und eine Ausbildung beginnen, stehen auch mit Ausbildungsentgelt und ausbildungsbegleitenden Hilfen finanziell wesentlich schlechter da als mit der – als Existenzminimum geltenden – Sozialhilfe.

2.4 Marco: Diskontinuität als Dauerzustand

Marco ist heute 23 Jahre alt und hat eine eigene Wohnung. Zum Interviewzeitpunkt lebt er in einem der Wohnprojekte der Streetwork. Seine Geschichte ist von Diskontinuität und Wechseln geprägt wie keine andere: Er lebt abwechselnd bei Vater, Mutter oder Verwandten und in unterschiedlichen Heimen und betreuten Wohnformen, bis er mit der Entlassung aus der Jugendhilfe wohnungslos wird. Er erzählt:

> Ja, bei meinen Eltern leb ich schon nicht mehr seit ich acht bin. Dann bin ich ins Heim gekommen. Und danach immer Heim – Opa – Oma – Tante – Onkel und wieder Heim, immer hin und her. Aber nie länger als ein halbes Jahr, irgendwie. Ich glaub, ich hab so fünf-, sechsmal in 'ner betreuten WG gewohnt und dann auch alleine.

Als Marco 2 Jahre alt ist, bekommt seine Mutter einen Schlaganfall und ist infolge dessen schwer behindert. Nach dem zweiten Schlaganfall ist sie gelähmt und Marcos Vater trennt sich von ihr.

Die haben sich getrennt als meine Mutter den zweiten Schlaganfall gekriegt hat. Meine Mutter lag da im Krankenhaus und mein Vater musste
angeblich arbeiten. Der hat sich dann in Kneipen rumgetrieben und sich
dann 'ne neue Frau aufgerissen. Das ist zwar krass, aber so ist es nun mal.
[...] Weil meine Muter schwerbehindert ist. Die kann nicht sprechen, die ist
stumm. Und die hat Motorikstörungen. Durch einen zweiten Schlaganfall
war sie dann gelähmt. Ich hab das alles nicht mitgekriegt. Ich kenn meine
Mutter nur so. Ich kann mit der quatschen so durch Gebärdensprache.

Marco lebt zunächst bei seinem Vater und dessen neuer Partnerin, mit der er
nicht zurechtkommt. Bereits im Alter von etwa 6 Jahren reißt er zum ersten
Mal aus und flüchtet zu Oma und Opa.

Mein Vater, der war am arbeiten. Da hatte ich gewohnt. Der war wieder
verheiratet mit 'ner Frau, die hatte zwei so Zwillinge. Die waren absolut
das Gegenteil von mir. Die waren immer voll ordentlich. Also kein Chaos.
Und da wurd halt immer alles an denen bemessen, und da konnte ich mir
Mühe geben wie ich wollte, das hat einfach nicht funktioniert. Und dann
hab ich mich mit der Frau von dem so doll in den Haaren gehabt. Hab
dann meinen Kram gepackt. Und dann bin ich zu meinem Opa geheizt, irgendwie in 'ner Nacht- und Nebel-Aktion. Und der war da im Krankenhaus und da hat meine Oma gesagt: »Klar nehmen wir den Jungen, und
ihr braucht auch nichts bezahlen.« Und dann kam mein Opa wieder, und
der hat gesagt, »ihr sollt doch was bezahlen«. Und da wollt wieder keiner
zahlen.

Eine Weile lebt er bei den Großeltern. Währenddessen versuchen seine Mutter und seine Tante, das Sorgerecht für ihn zu bekommen. Sie haben zunächst
Erfolg und Marco ist froh, wieder zur Mutter zu kommen, weil er sich bei den
Großeltern auch nicht so wohl fühlt. Das Leben bei der Mutter ist aber nicht
einfach. Auf Grund ihrer Behinderung wird er in der Nachbarschaft diskriminiert und ausgegrenzt.

Ich war dann bei meinem Opa. Und mein Opa ist halt ein Altnazi, so 'n
Hitlerfreak. Und mit dem bin ich echt nicht klargekommen. Eigentlich
schon, aber nicht wirklich. Der hatte halt auch seine Fischzucht und Gän-
se, Schafe und Hühner, und das war alles ganz toll so für ein Kiddie [Kind],
aber ich musste da auch hart mitarbeiten. Mit sechs, sieben ging's noch.
Irgendwie hat meine Tante mal das Sorgerecht zurückgewonnen. Dann
ging's wieder zurück zu meiner Mutter. [...] Mit meiner Mutter war's voll
gut. Da war nur das Problem, die konnte halt nicht reden. Und ich war halt
ein wilder Junge, so mit BMX-Rädern zugange und mit Gewehren, so ganz
normal halt. Und die Eltern von den Nachbarskindern haben denen dann

verboten mit mir zusammen zu sein. Da hatte ich viele ausländische Kumpels, so Italiener, Jugoslawen und Türken. Ja, ein Sohn von 'ner behinderten Mutter, der kann ja nicht normal sein.

Auf Grund andauernder Sorgerechtsprozesse lebt Marco in der Folgezeit abwechselnd bei Vater, Mutter oder den Großeltern. Mit den Ortswechseln sind auch ständige Schulwechsel verbunden. Bald schon kommt Marco in der Schule nicht mehr mit und verpasst den Anschluss. Er kompensiert dies durch Protest und Kritik. Als er wieder einmal gegen seinen Willen beim Vater leben soll, sagt er von sich aus, dass er lieber ins Heim möchte.

Das ging los mit der Grundschule. Halt immer durch die Ortswechsel. Das war nie weit auseinander. Meine Mutter hat 25 km von meinem Ollen weggewohnt und dann mein Oller 25 km von meinem Opa. Und dann immer hin und her. Da war ich halt erst bei meiner Mutter und da wurd ich dann eingeschult. Da fing der krasse Scheiß an, ich hab nie mein Maul gehalten. Wenn mir irgendwas nicht gepasst hat, dann hab ich auch den Lehrern immer so krasse Texte an den Kopf geworfen. Und das ging da nicht an so 'ner konservativen Schule, wo meine Mutter mich hingeschickt hat. Die hat halt dafür gesorgt, dass ich an vernünftige Schulen komme. Die auch angesehen sind. Und ich hab da voll nicht drauf gepasst. Beziehungsweise meine Patentante und mein Patenonkel haben dafür gesorgt, weil das war ja der Vormund von meiner Mutter. Die waren auch andauernd für das Sorgerecht, dass meine Mutter das kriegt, vor Gericht. Und ich war damals zu jung, um da mitzugehen. Mitgekriegt hab ich das erst so mit sieben, acht. Da musste ich auch schon mal selber mit und so 'nem Richter da antworten. [...] Und dann hab ich irgendwann gesagt, als ich wieder bei meinem Vater war, ich will jetzt ins Heim. Weil ich bin ja von mir aus ins Heim gegangen. Das war mir alles so gar nicht bewusst. Das hab ich erst in den letzten drei Jahren gemerkt, was da alles abgegangen sein muss. Da hab ich denen wegen den ganzen Gerichtsverhandlungen einen derben Strich durch ihr Lebenswerk gemacht und war dann halt der letzte Arsch für die.

Mit etwa 10 Jahren erfolgt schließlich Marcos erste Heimunterbringung in einem Großheim in einer Kleinstadt. Doch auch dort kann Marco nicht das erhoffte Zuhause finden. Über die Zeit im Heim erzählt er:

Und dann bin ich ins Heim nach A. [Kleinstadt]. Und da ging dann alles irgendwie bergab. Ja, da fing ich an zu Kiffen und zu Trinken und Heavy-Metal zu hören. Ja, und dann hab ich dann auch ziemlich viel Kacke gebaut. So immer gesoffen und irgendwelche Leute verprügelt. Da ging's drüber und drunter, mit Drogen und so. Ja, ich hab auch so 'n paar Pädagogen mal verprügelt. Um zehn Uhr war dann halt die Tür zu, und dann haben sie abgeschlossen, und wir haben die dann halt voll breit eingetreten. Grenzenloses Chaos war das.

Er kann sich an keine Regeln halten, geht nicht einmal mehr zur Schule.

Schule hab ich nicht gemacht. Man musste zwar, aber ich hab denen immer den Finger gezeigt und bin abgehauen, tagsüber in die Stadt. Das war da 'ne Heimschule. Da waren da dann immer so drei, vier Leutchen vom Heim und es gab da so sechs Wochen Probezeit. Ja und wenn man die besteht kam man auf 'ne öffentliche Schule. Und da ich da nie hingegangen bin, war ich auch nie auf 'ner öffentlichen Schule. Und hab meiner Mutter irgendwann erzählt, ich bin Zweitbester in der Schule und das war auch nicht gelogen. Wir waren da auch nur zu zweit.

Als das Heim auf Grund verschiedener Vorfälle geschlossen wird, zieht Marco mit 14 Jahren in eine betreute Wohngemeinschaft ein, wo er ein bisschen zur Ruhe kommt und zumindest Freunde findet. Doch dann wird die Wohngemeinschaft aufgelöst.

Das war 'ne richtige WG. Die wurde rund um die Uhr betreut. Ja, da hab ich dann den Z. [Freund] kennen gelernt und noch so 'n paar Leutchen. Da ging das dann echt besser. Da bin ich auch zur Schule irgendwann. Da war ich ein halbes Jahr. Und dann wurd die WG umstrukturiert. Und ich und noch einer, wir waren dann nicht ganz fünfzehn und die Mindestaltersgrenze lag bei fünfzehn für betreutes Wohnen. Ja, dann haben die gesagt: »Ja rausschmeißen können wir dich nicht, das ist die letzte Station für dich. Außer auf die Straße kannst du nirgendwo mehr hin. Es sei denn, du fährst irgendwie so für drei Monate nach Griechenland mit so 'ner reisepädagogischen Maßnahme.« Das war auch voll das Chaos.

Auch das Reiseprojekt beschreibt Marco als unstrukturierte Maßnahme, die ihm nicht viel gebracht zu haben scheint. Er kann sich erinnern, damals schon Alkoholprobleme gehabt zu haben:

Es ging darum, dass ich fünfzehn werden musste und halt den Haushalt führen soll. Da waren wir in Griechenland irgendwie mit zwei Pädagogen und zwei Jugendlichen. Die haben ein Haus gemietet. Wir haben da ja den Haushalt geführt und alles selber machen müssen, weil das hat ja sonst keiner gemacht. Ja, und das endete dann auch im Chaos, weil ich dann da Alkprobleme selber auch hatte. Das geht schon echt lange mit mir. So seit zwölf, dreizehn.

Marco bekommt im Anschluss an das Reiseprojekt ein Apartment in einem Vorort von Münster. Bis zum 18. Lebensjahr bleibt er in der mobilen Betreuung, verliert aber immer wieder seine Wohnungen. Ein richtiges Zuhause kann er auch mit Hilfe der Betreuung nicht finden.

Ja, ich hatte alleine ein Apartment in 'nem Mietshaus. Und mein nächstes Apartment war in B. [Vorort von Münster]. Das konnte ich nur für zwei Monate beziehen, weil das ein Apartment von 'ner Betreuerin von mir war. Die ist umgezogen, und die hatte das halt noch für zwei Monate gemietet. Und dann wollte ich das halt übernehmen, aber da kam dann irgendwie die Vermieterin nicht mit klar. Ich war fünfzehn, und dann kam die da rein und hat die ganzen nackten Frauen auf meinen Postern auf den Harleys gesehen, und das fand die voll unprima und meine Möbel vom Sperrmüll. Dann musste ich halt wieder 'ne Wohnung suchen. [...] Ja, und dann bin ich nach C. [Vorort von Münster] gezogen, mit jemanden zusammen, auch von dem Verein [Jugendhilfeträger]. Und das war dann auch voll gut, bis wir dann da so 'n Pärchen bei uns einziehen lassen haben. Die haben dann da angefangen so irgendwie rumzuspinnen und waren ziemlich bescheuert im Kopf. Und da ist dann in der WG irgendwie die Freundschaft zwischen uns beiden draufgegangen, weil ich mich mehr auf deren Seite gestellt hab, und der war voll gegen die. Und dann passte das alles nicht mehr und ich bin dann ausgezogen.

Zwischendurch gibt es immer wieder Notlösungen, Marco wohnt zeitweise sogar bei einer Betreuerin.

Und dann hab ich irgendwie ein halbes Jahr bei 'ner Betreuerin gewohnt. Ging auch gut, so. Wir zwei alleine durften das dann aber nicht mehr. Und mit der wollte ich auch ganz zusammen ziehen, aber das ist alles nix geworden, weil das Jugendamt gesagt hat, das geht nicht. Und dann hat ein Betreuer dafür gesorgt, dass ich halt 'ne Wohnung in D. [Vorort von Münster] krieg. Da hab ich dann auch anderthalb Jahre gewohnt in so 'nem Apartment in so 'ner Russengettosiedlung. Das war immer noch die gleiche Betreuung. Da hab ich dann in D. gewohnt und hab zwei Freunde bei mir einziehen lassen. Und dann haben wir da zu dritt gehaust, auf zwanzig Quadratmetern.

Die Beziehung zu den immer wieder wechselnden BetreuerInnen ist unterschiedlich. Zu manchen hat er ein gutes Verhältnis, zu anderen weniger. Letztendlich nimmt er aber keinen Betreuer mehr richtig ernst und lässt sich vor allem nichts mehr sagen.

Da hatt' ich immer so'n Stress, weil ich da drauf nicht klarkam. Weil, die hatten immer ihre Vorstellungen, wie sie ihre Jugendlichen so zu handhaben hatten. So, ich und W. [Freund] hatten da schon einen komplett eigenen Lebensstil drauf. [...] Ein Pädagoge, der war irgendwie neu und der meinte dann, uns morgens um sechs rausschmeißen zu können, damit wir zur Schule gehen. Ja, und ich sag, wenn ich kein Bock hab, hab ich kein Bock. Da kannste ein Kopfstand machen, und da kam er nicht drauf klar und wollte dann dafür sorgen, dass ich bei der Maßnahme rausfliege. Das war dann immer ganz gut, dass man da mit dem Boss klargekommen ist.

Nach mehreren Schulwechseln versucht er, den Hauptschulabschluss nachzuholen, bricht dies aber wieder ab.

Das war 'ne Abendrealschule. Ja, das erste halbe Jahr hab ich auch noch gebacken gekriegt, von D. [Vorort] aus auf der Schule, war aber stressig. So um sechs Uhr abends musste ich da sein und dann irgendwie zwei Kilometer von da aus bis zum Bahnhof latschen in D. und dann mit dem Zug fahren und dann noch mal zwei Kilometer von hier bis zur Schule. Und da hatte ich dann auch kein Bock mehr drauf, jeden Abend dann erst eins, halb zwei zu Hause. Dann noch was essen und hab dann einen gekifft. So, das übliche, gelesen, Fernsehen geguckt. Und dann war's dann immer drei, halb vier morgens, irgendwann. Und dann geschlafen bis mittags. Und dann kamen irgendwelche Pädagogen vorbei oder irgendwelche Leute.

Mit 18 läuft die mobile Betreuung aus, aber Marco kann das Apartment behalten. Kurz darauf wird er in seiner Wohnung aber von einem älteren Wohnungslosen, den er bei sich übernachten lässt, sexuell belästigt, worauf er ihn in einer körperlichen Auseinandersetzung schwer verletzt. Er erzählt:

Dann halt noch die letzte Wohnung danach gekriegt. In E. [Vorort von Münster]. Und dann ist halt irgendwie so 'n Kack passiert. Da hab ich irgendjemand bei mir pennen lassen. So 'n Penner, und da wollt der mir nachts ans Leder und ich war so derbe besoffen und da hab ich den auf jeden Fall voll platt gemacht, so. Da hab ich auch gedacht, der wär tot. Und da hab ich gar nicht überlegt, in dem Moment, was ich da tue. Und erst hinterher hab ich das gesehen, als der da so lag. Keine Ahnung. Ja, und da ist dann Bewährung bei rausgekommen. Und die Wohnung war natürlich weg, weil das da in der Wohnung und im Treppenhaus passiert ist. Und von da an hab ich irgendwie nicht wirklich mehr 'ne Wohnung gehabt. Weil: nicht mehr in Betreuung – keine Wohnung mehr – kein Job.

Marco wird wohnungslos und kann zunächst bei einem Freund übernachten. Da dieser jedoch sehr viele wohnungslose Kumpels bei sich schlafen lässt, kommt es bald zu Schwierigkeiten mit Nachbarn und Vermieter:

Ja, erst hatte W. [Freund] noch 'ne Wohnung in Münster. Da haben wir dann alle gepennt auf zwanzig Quadratmetern. Da waren wir noch echt viele. So sieben Leute immer. Aber lustig, so Stress gab's nie. Mit den Nachbarn doch, klar. Die waren immer begeistert, wenn da nachts so 'ne ganze Horde einlief mit zwei Hunden und Sack und Pack und dann noch fett Party gemacht und so. Und irgendwann ist W. dann gekündigt worden. Und dann saßen wir alle auf der Straße. Und dann hab ich irgendwann Eva kennen gelernt. Ja, was heißt kennen gelernt. Ich bin mit der halt zusammen gekommen.

Marco schläft in der Folgezeit draußen, mit Freunden am Kanal oder in der Innenstadt. In dieser Zeit lernen wir ihn kennen. Er kommt des Öfteren zum Frühstück und nutzt die niedrigschwelligen Angebote der Streetwork. Er wartet auf die anstehende Gerichtsverhandlung und befürchtet eine Gefängnisstrafe. Die Motivation, eine Wohnung zu suchen, hat er daher nicht.

Ich wusste ja nicht, was das so gibt. Irgendwie, die Bewährung hatte ich da ja noch nicht direkt gekriegt, erst anderthalb Jahre später nach der Gerichtsverhandlung. Ich musste erst zum Psychologen hinrennen, Vorverhandlungen und immer zur Anwältin noch irgendwas regeln. Ich wusste halt nie... ja keiner konnte mir genau sagen, kommt da jetzt irgendwie Knast bei raus, weil die Staatsanwältin mich ein paar Jahre wegstecken wollte, dafür. Und dann hab ich mir gedacht, wenn du jetzt irgendwie 'ne Wohnung suchst und irgendwie was anfängst, dann stecken die dich hinterher weg. Da hab ich das alles erst mal bleiben lassen und erst mal abgewartet. Ja und in der Zeit hab ich dann bei Evas Eltern mitgewohnt. Da hab ich beim Ausbildungszentrum [Projekt der Jugendberufshilfe] mitgemacht.

Die Eltern seiner zu der Zeit 15-jährigen Freundin Eva nehmen ihn auf, weil ihre Tochter sonst nicht mehr nach Hause kommen will. Sie machen aber zur Bedingung, dass Marco etwas arbeitet. Er beginnt eine Maßnahme zur beruflichen Bildung mit dem Ziel, den Hauptschulabschluss nachzumachen.

Das Ausbildungszentrum ist doch keine Arbeit irgendwie! Mal da hingehen mal am Tag, vier, fünf, sechs Stunden am Tag und was rumbasteln, irgendwie mit Metall. Ab und zu haste mal 'nen Auftrag, aber dann war das auch meistens lau. Und ansonsten machste zweieinhalb Tage Schule. Das ist dann halt ganz normal Hauptschule. Also ich hatte hinterher so 'n Sta-

111

pel Schulzeug und so 'n Stapel Zeichnungen. Das waren halt alles Sachen, die hatte ich schon dreimal in der achten Klassen gemacht, und dann da noch mal den Stoff von der achten Klasse. Und dann hast du das schnell gemacht und saßt dann da den Rest der Stunde und hast Langeweile. Und dann war ich zwei, drei Tage beim Roten Kreuz. So 'n Praktikum musstest du dann machen.

Es geht ein halbes Jahr gut, dann werden Marco und seine Freundin Eva von deren Eltern wieder auf die Straße gesetzt.

War ganz o.k. Das hätte ich dann auch geschafft, wenn Evas Eltern uns nicht wieder mal rausgeschmissen hätten. Weil sie meinte, sich tierisch viele Drogen reinknallen zu müssen. Da haben die Eltern dann direkt gemeint: »Raus!« Und das war ja meine Freundin. Ich hätte da ja wohnen bleiben können, aber ich hatte da keinen Bock ohne sie nur bei den Eltern.

Marco ist daraufhin wieder wohnungslos, schläft draußen und versucht, die Prüfungen für den ersten Teil des Hauptschulabschlusses zu bestehen. Aber er schafft es kaum noch, überhaupt im Projekt zu erscheinen.

Bin ich ja die letzten drei Monate da irgendwie vom Kanal aus gestartet. Da sah ich auch immer dementsprechend aus. So in der Schule hat sich da kein Schwein dran gestört, mit den dreckigen Klamotten. Die Leute aus den normalen Familienverhältnissen, für die ist das immer alles cool. Du lebst auf der Straße, du kannst rauchen, die finden das alles immer ganz prima. Wenn die das mal alles mitmachen würden, dann hätte da gar keiner mehr Bock drauf. [...] Das war irgendwie, ja weiß ich nicht, hardcore. Wenn du da abends unter der Brücke pennst, musst du so 'n Pegel an Alkohol erreichen, und dann morgens mit so 'nem dicken Kopf, ich weiß nicht. Ich war da mehr so zur Belustigung der anwesenden Leute da, als irgendwie da ernsthaft mitzumachen. Und die haben dann gesagt, ja komm, wir ziehen dich da schon irgendwie durch. Bin da auch mitgekommen. Na ja, das hat halt irgendwann nicht mehr geklappt. Und dann hab ich's halt sein lassen.

Lieber schläft Marco am Kanal, als das Angebot der betreuten Einrichtungen anzunehmen. Unsere niedrigschwelligen Angebote und die Beratungsangebote nutzt er aber regelmäßig.

Also viele Leute, die im Sleep-In schlafen und im Haus der Wohnungslosenhilfe, das sind nicht nur in meinen Augen die absoluten Oberholis und Spinner, da hab ich keinen Bock drauf. Da kannst du auch nichts liegen lassen. Das weiß ich von einem Bekannten, der hat da mal gepennt und dem haben sie direkt die ganzen Klamotten geklaut. Also das Sleep-In ist ein Asischuppen [Haus für Asoziale]. Der nennt sich auch teilweise Krätzebunker und so'n Zeug. Da hab ich gar kein Bock zu. Und irgendwie auf der Straße zu leben und sich keine Krätze [Skabies; durch Milben verursachte Hautkrankheit] zu fangen, das ist echt ein Kunststück. Du pennst halt wochenlang in den selben Klamotten und in der Penntüte [Schlafsack], und da gibt's halt die Streetwork, da kannst du halt duschen gehen oder frische Unterwäsche kriegen. Das geht alles so, aber trotzdem, deine Hauptklamotten, die sind halt dreckig und du hast halt teils nur eine Hose und die hast du halt wochenlang an. Und ich hatte auch schon mal ziemlich derbe Krätze.

Bei seiner Gerichtsverhandlung kommt Marco noch einmal mit einem »blauen Auge« davon. Er muss für die begangene Körperverletzung nicht ins Gefängnis, bekommt aber eine Freiheitsstrafe auf Bewährung. Bewährungsauflagen sind unter anderem Wohnung und Arbeit – immer wieder droht der Bewährungswiderruf, weil er die Auflagen nicht erfüllen kann. Marco hält sich auch nicht an die Termine, hat von Pädagogik, Hilfe und Kontrolle »die Nase voll«. Nur langsam entwickelt sich ein Vertrauensverhältnis zu uns, und er beginnt, mehr als die niedrigschwelligen Angebote der Streetwork zu nutzen, als er merkt, dass er nichts »erfüllen« und beweisen muss.

Außer dass ich da frühstücken war, zuerst nicht. Weil ich auch eigentlich immer so drauf war. Ich muss meinen Scheiß allein erledigen. Da hab ich auch immer gedacht, die Streetworker, die haben genug Stress da oben, da brauchen die nicht noch meinen dabei. Jetzt mittlerweile, ja klar. Nach der ganzen Betreuungskacke, nach dem ganzen betreuten Wohnen und dem Heim und so hatte ich auf die ganzen Pädagogen und Erzieher kein Bock drauf. Aber jetzt bin ich ja ganz froh, dass es die Streetwork gibt. Sonst wär ich ja schon längst irgendwie, was weiß ich.

Die Beziehung zu Eva geht langsam in die Brüche, und Marco »verarbeitet« dies mit Hilfe des Alkohols. Nachdem endgültig Schluss ist, versucht er kurzzeitig in einer anderen Großstadt Fuß zu fassen, kommt aber nach 3 Monaten wieder zurück nach Münster. Er wird auf der Straße krank, will aber immer noch nicht die Angebote der betreuten Unterkünfte annehmen und schon gar nicht ins Krankenhaus.

Da war ich drei Monate in F. [norddeutsche Großstadt]. Da kam ich gerade wieder, und ich hab dann mit Freunden halt wieder in der Innenstadt gepennt. [...] Im Winter hatte ich 'ne Lungenentzündung. Da war nur ein Pärchen, und die hatten auch nur jeder einen Schlafsack. Da hab ich mich da so zwischen die beiden gelegt und mit Pappkartons und Hunden zugedeckt und da hab ich mir dann 'ne Lungenentzündung geholt. Bin zum Arzt, der hat mir dann Medikamente verschrieben. Der wollte mich dann ins Krankenhaus stecken, aber da hatte ich keinen Bock drauf. Und dann meinte Q. [Freund], du kannst ja bei mir mit in den Bauwagen. Da hab ich dann bei ihm mit im Bauwagen gehaust. Und dann wieder Straße.

Mit unserer Unterstützung findet Marco im Alter von 20 Jahren endlich ein Zimmer in einem Haus, wo bereits andere aus der Szene wohnen. Er stabilisiert sich und fängt in einem niedrigschwelligen Projekt der Jugendberufshilfe an.

Und dann irgendwann über die Streetwork so 'ne Telefonnummer gekriegt. Da hab ich dann in der H.-Straße ein kleines Zimmer in so 'ner WG gekriegt. Das war auch ganz geil und da hab ich mich in dem Zusammenhang damit direkt hier in dem Jugendarbeitsprojekt beworben. Und das lief auch astrein. Da bin ich auch aus dem Bett gekommen, egal wie ich aussah. Auch auf E [Ecstasy] und so. Stand auch schon öfter mal in der Metallwerkstatt und hab mich über die Funken gefreut. Aber das war ja auch irgendwie egal. Hauptsache du bist da. Und wenn du breit gewesen bist, dann sag Bescheid, hast du halt nicht an der Maschine gearbeitet, sonder gehste halt ins Atelier und malst ein Bild. Und das lief auch echt gut. Sieben Monate war ich da. Und dann hat mein Herr Nachbar, Mitbewohner in der WG, der war ein Junkie, der hat in der Nacht da ein Waschbecken von der Wand geholt. Keiner da, der was gemacht hätte und das Wasser lief und lief und lief. Und später komm ich in meine Wohnung und das Wasser stand da so hoch. Das ganze Haus war hin und das Wasser im Mauerwerk und musste renoviert werden. Und deswegen musste ich da raus. Und da hab ich mir gedacht, was willste machen und bin dann da auch ausgezogen. Und dann irgendwie wieder in der Innenstadt gepennt und am Kanal und bei W. [Freund]. Ging aber auch nicht, weil der kein Bock hatte auf so viel Einlauf.

Wieder ist Marco wohnungslos. In den Wohnprojekten der Streetwork wird inzwischen ein Platz frei, und die anderen MitbewohnerInnen können sich gut vorstellen, dass Marco einzieht. So fängt er an, sich mit Hilfe des freien Mitarbeiters einen Bauwagen auszubauen, was ihm zunächst auch großen Spaß macht. Bald kommt es aber zu Konflikten um Hausarbeit, Müll und Partys.

Ja, das Ausbauen war mal was anderes, das hat Spaß gemacht. Weil es ja für mich selbst war. [...] Zuerst hab ich da ja gerne gewohnt. Aber dann kamen da so Probleme auf. Zum Beispiel das Spülen. Zuerst hab ich da ja immer fröhlich gespült und aufgeräumt und hab gedacht, das machen ja auch alle und dann hab ich gesehen, außer T. [Mitbewohnerin] und ich macht da keiner was. T. hat dann auch irgendwann gesagt, ich mach da gar nichts mehr. Da bei U. [Mitbewohner] war immer voll der Einlauf und bei mir am Anfang gar nicht. Und die Leute haben dann hier gebrutzelt und da gekocht und dann saßen die nachts am Lagerfeuer und dann flogen die Bierpullen da rum überall, und ich war dann da mit T. am Hinterher-räumen. Und da hatte ich dann keinen Bock mehr drauf. Und dann wollte ich mit U. reden, und der ist immer weggegangen. Erst hab ich das dann so versucht, und das hat nicht geklappt. Und wenn ich mich dann mal ernsthaft aufrege, dann hab ich ein ziemliches Temperament. Und dann hatte ich keinen Bock mehr, da zu wohnen, so richtig. Ich hab da zwar noch öfters gepennt und auch mal Partys gefeiert. Und hab dann meinen Müll da einfach stumpf liegen lassen. Das war mir dann auch egal.

Marco hat zum Zeitpunkt des Interviews eine neue Freundin, die 16 Jahre alt ist und in einer eigenen Wohnung mit mobiler Betreuung durch die Jugendhil-fe lebt. Er verbringt viel Zeit mit ihr und grenzt sich von der Szene ab. Er er-zählt, dass er die Szene heute anders erlebt als früher.

Früher haben wir alles geteilt und alles zusammen gemacht. War halt wie 'ne Familie, so. Und in letzter Zeit ist irgendwie der Wurm drin. [...] Das sind auch sehr, sehr wenige geworden. Weil die eine Hälfte fing dann an zu koksen, und da steh ich voll nicht drauf. Auch, weil die sich dann unter-einander immer so prügeln und da komm ich nicht drauf klar. [...] Ich hab so seit zwei Jahren alles unter Kontrolle mit den Frauengeschichten und so. Bin auch fest zusammen mit der Frau, schon ziemlich lange. Und ir-gendwie, die ist im Moment so drauf, die macht zurzeit wieder 'ne Schule. Hat ihre Wohnung und will auch echt was gebacken kriegen. Und dann passen halt so Leute nicht, die nur breit sind und auch nur nachts leben. [...] Ich und meine Freundin gelten im Moment als ziemlich arrogant und arschlöchig. Weil, die lässt einfach keinen von denen mehr zu sich nach Hause. Wenn die da klingeln, macht die die Tür auf und sagt: »Nee, auf dich hab ich keinen Bock.«

Marco bekommt Sozialhilfe, geht aber trotzdem zusätzlich betteln, weil er es kaum schafft, sich das Geld für den Monat einzuteilen.

Sozi krieg ich jetzt ein Jahr. Ja, das Geld ist nach drei Tagen wieder weg. Da muss ich dann auch Schnorren. [...] Ja, die hält immer nur zwei, drei Tage. Ich leih mir dann im Laufe des Monats hier mal und da mal was. Und immer am Ersten setz ich mich immer schön zu W. [Freund], weil da kommen immer alle hin, die sich gegenseitig noch was schulden, und das läuft auch schon lange so. Und dann fehlen mir dann schon wieder zwei-hundert Mark oder zweihundertvierzig. Und dann hab ich mal wieder den

Fehler gemacht, da hab ich mir 'ne Kiste Bier gekauft und 'ne Flasche Wein. Und das darf ich eigentlich nicht, wenn ich so viel Geld auf Tasche hab, weil danach will ich mehr. Da hatte ich mir ja noch vier CDs gekauft, die ich ja unbedingt brauchte. Die hatten ja nur Techno da und ich wollte Metall hören und da bin ich halt in den Laden und hab die mir geholt. Und unterwegs noch 'ne Kiste Bier gekauft und 'ne Flasche Wein und 'nen Baileys. Und dann hab ich da fröhlich abgesoffen und da hatte ich nur noch dreizehn Mark.

Zufrieden ist Marco mit seiner Situation nicht. Er würde gerne eine Ausbildung machen, was aber am fehlenden Hauptschulabschluss scheitert. Er überlegt, sich wieder beim Ausbildungszentrum zu bewerben.

Ich hab Bock auf Lehre eigentlich. Das Problem ist, ich hab keinen Hauptschulabschluss. Und das muss ich mit dem Ausbildungszentrum klären. Dass ich da einsteig, wo ich aufgehört hab. Weil ich hab das erste Semester ja schon hinter mir. [...] Schröder ist ja gut [*hält ein SPD-Prospekt »100 000 Jobs« hoch*], der allen unter fünfundzwanzig einen Job besorgt. Ja, her damit. Auch wegen meiner Freundin. Und ich hab keinen Bock mehr zu schnorren. Ich hab einfach keinen Bock mehr da drauf. Ich hab ja auch irgendwelche Träume, die ich nicht vom Schnorren oder von der Sozialhilfe finanzieren kann. So 'ne popelige E-Gitarre, die kostet vierhundert Mark. Da könnte ich jetzt hingehen und meine ganze Sozialhilfe hinblättern. Hätte ich ja beinahe am Ersten gemacht. Hätte ich wohl besser gemacht. Oder du willst ja auch mal irgendwo hingehen am Wochenende und dann kannst du dich da erst mal hinstellen und kannst den ganzen Tag schnorren, um die sechs Mark Eintritt und ein paar Bier zusammen zu kriegen.

Außerdem wünscht sich Marco eine eigene Wohnung. Wohnung und Arbeit sind auch gerichtliche Auflagen, die mit seiner Bewährungsstrafe erteilt wurden. Bisher war die Suche aber erfolglos. Zum Zeitpunkt des Interviews hegt er nicht mehr viele Hoffnungen, noch eine Wohnung zu finden.

Das Wohnprojekt, das ist ja irgendwie so ganz geil so. Also wenn ich jetzt keine Bewährung hätte und all so'n Scheiß und könnte dann wie die andern so lau vor mich hinleben, würde ich da auch wohnen. Aber so irgendwie, ich brauch morgens irgendwie so mein Badezimmer und meine Dusche. Und da sind ja immer Partypeople da im Wohnprojekt und ich will irgendwie 'ne Wohnung für mich alleine. [...] Ich hab die Liste der Wohnungsgesellschaften komplett durch. Die haben mir überall erzählt, was kleines für einen alleine, was das Sozialamt bezahlt, hätten sie im Moment nicht. Wenn ich jemanden finden würde, mit dem ich zusammen ziehe, hätt ich sofort was. [...] Und meine Freundin, da hat die keinen Bock drauf. Da hat die schlechte Erfahrungen mit. Und auf WGs hab ich auch keinen Bock drauf, weil ich bin relativ kontaktscheu. [...] Ich hab letztens drei Besichtigungstermine gehabt. Da kam dann so'n älteres Pärchen rein und gut betucht. Klar, da haben die das gekriegt. Ich mit den alten Klamotten. Hab zwar extra die Schuhe geputzt. Und dann hab ich mir eine auf der X-straße angeguckt und da war nur ich und 'ne Studentin da, und da hat die die natürlich gekriegt. Die Größe ist mir echt egal irgendwie. Das können meinetwegen nur fünfzehn Quadratmeter sein. Also bei meiner Freundin, das geht echt gut, aber eben nicht mehr so lange.

Abgesehen davon lebt Marco zurzeit in den Tag hinein. Drogen und Alkohol gehören für ihn zum Alltag. In seinen stabilen Phasen kifft er nur und trinkt niedrigprozentigen Alkohol. Wenn es ihm schlecht geht, ist vor allem der hochprozentige Alkohol sein Problem. Aber auch härtere illegale Drogen kommen dann ins Spiel.

Die meisten von den alten Leuten hängen meistens nur noch in den Buden rum. Die haben richtig schlechte Laune, wenn es mal einen Tag kein Bier und nichts zu Kiffen gibt. Mir geht das genau so. Ich häng hier nur noch mit R. [Freund] rum. Und dann mit W. [Freund], ich und meine Freundin und deren Freundin, die haben da keinen Bock drauf, irgendwie. Die setzen sich dahin und rauchen sich acht Eimer [Cannabis], sitzen da die ganze Zeit und schweigen sich an. Meistens rauch ich mir dann einen mit. [...] Ich trink ja auch echt weniger, viel weniger. Ich trink zum Beispiel kein Hardstoff mehr. So, auf Straße, da ging das so ab: Jeder trinkt sein Bier und da geht das los, Teile, Pillen, Pep und noch einen kiffen. [...] Ich bin eh meistens mit R. unterwegs. Ja, entweder sind wir zusammen besoffen oder nicht. Und dann landen wir immer bei R. zum Schluss und schlaf dann da oder geh rüber zu meiner Freundin. [...] Dann trink ich mal wieder ein halbes Jahr nicht, und dann wieder ein halbes Jahr volle Kanne. Und dann wieder ein halbes Jahr nicht. Also nicht so, dass ich dann Probleme mit Aufhören hatte. Dann geht's mir dann halt 'ne Woche schlecht wenn ich aufhöre und dann ist auch gut gewesen.

Marco ist dennoch froh, wenigstens den Bauwagen zu haben. Wohnungslosigkeit und das Leben auf der Straße, was er früher teilweise noch spannend fand, möchte er nicht noch einmal erleben.

Am Anfang war das echt gut. Voll geil. Dadurch dass mehr Leute in meinem Alter obdachlos waren, da ging das alles noch. Also jetzt noch mal obdachlos sein, ich glaub, da würd ich eingehen. Weil, früher haste geschnorrt, wenn da mir früher einer erzählt hat, ich geh mir mal eben einen

Zwanni schnorren, kein Thema, nach zehn Minuten war der wieder da und hatte 'nen Zwanni. Heute steh ich da manchmal so für zehn Mark, steh ich da sechs, sieben Stunden rum und quatsch Tausende von Leuten an. Wenn ich meine Freundin behalten will, dann kann das so nicht weiter gehen.

Obwohl er immer wieder in Auseinandersetzungen mit Polizei, Punks und Chaostagen verwickelt ist, schafft er es bis zum Interview, dass seine Bewährung nicht widerrufen wird. Vielleicht, weil es ihm gelingt, in Auseinandersetzungen mit Polizei, Sicherheitskräften und Richtern ruhig und freundlich zu bleiben.

Also so von den Bullen in Münster ist das echt ein laues Leben. In größeren Städten sind die Bullen schon mal schnell dabei, einen mitzunehmen und 'ne Nacht da zu lassen. Und da gibt's dann auch schon mal was auf die Fresse. [...] Hausverbot im Bahnhof hab ich nie gekriegt. Warum auch? Wenn die Bullen da gekommen sind, ist man halt rausgegangen und hat gewartet, bis die weg waren und dann bin ich wieder reingegangen. Man kann mit Bullen diskutieren. Und dann gibt's aber auch Leute hier bei uns, mit denen hab ich mich schon derbe in die Köppe gekriegt. Auch so 'ne Sache. Wenn man den Bullen mit Argumenten rüberkommt ist das o.k. und die nicht einfach dumpf beleidigt und stumpf anmacht. Weil, die kommen ja zu uns echt freundlich. Und dann kann man ja freundlich mit denen labern, was das soll.

Dennoch ist Marco immer wieder an körperlichen Auseinandersetzungen beteiligt und nimmt auch für sich in Anspruch, in der Szene mit Hilfe von körperlicher Gewalt für Gerechtigkeit und »Ordnung« zu sorgen.

Da kamen die (Punks) aus J. [Stadt in Niedersachsen]. Die haben halt gedacht die können machen was die wollen. Und wir haben halt den Platz. Da sind wir geduldet. Und das ist auch nicht von heute auf morgen passiert, dass man da geduldet wird. Sondern echt mit viel reden. So mit Streetwork und Ordnungsamt. Da kam da irgendwie so 'ne Horde Idioten und die haben da an einem Tag wieder Scheiße gebaut. Und da sind wir alle in den Park gegangen. Ich und zwei Freude. Und da haben wir die alle verprügelt. Aber frag nicht nach Sonnenschein. Ja und jetzt heißt es, in Münster, da sind die Punkers ausländerfeindlich.

Den Kontakt zu seinen Eltern hat er bereits seit 7 Jahren abgebrochen. Mit seinem Vater möchte er nichts mehr zu tun haben, vor seiner Mutter schämt er sich, weil aus ihm »noch nichts geworden« ist.

Nee, ich hab den abgebrochen. Schon sieben Jahre. Hab ich auch kein Bock drauf, irgendwie. Ja meine Mutter, die ist halt so 'ne Frau, ihr Sohn der muss ja was werden. Wenn ich da jetzt hinkomm und ihr sage, ich hab unter der Brücke gepennt. »Ja was machste denn?« Kein Hauptschulabschluss, kein gar nix. Ich bin eigentlich ein Rohrkrepierer in den Augen von meiner Mutter. Und wenn ich sag, gar nix, dann kriegt die wahrscheinlich ihren dritten Schlaganfall und dann hab ich mir das dann gleich eingespart. Ich treff auch ab und zu meine alten Pädagogen. Und die ruft da öfter mal an und fragt, und denen hab ich dann gesagt, die wissen halt nichts, fertig.

Dennoch hat Marco Träume. Einer davon ist zum Beispiel, Musik zu machen. Zurzeit macht er bei einem Bandprojekt der Streetwork mit, möchte aber gerne noch öfter proben und spielen können.

Na, ja, so'n Musikprojekt, das wär's noch. Ein Proberaum muss her. Nur die drei Stunden in der Woche, das bringt's ja nicht. Das ist auch ein Grund für mich, warum ich arbeiten will. Ein Hauptgrund sogar. Meine Exfreundin hat ja mal meine Gitarre verscherbelt.

Kurz nach dem Interview meldet sich Marco wieder einmal beim Ausbildungszentrum an. Die Maßnahme, die er nun zum wiederholten Mal beginnt, bricht er wenige Wochen später wieder ab. Aber der Traum mit der eigenen Wohnung geht in Erfüllung. Nach 2 Jahren, in denen er auf dem Bauwagenplatz endlich ein kleines Stück Zuhause findet, schafft er es, eine Wohnung in einem Vorort von Münster zu finden. Doch dann geht die langjährige Beziehung mit seiner Freundin in die Brüche und er begeht in Phasen exzessiven Alkoholkonsums erneut schwere Körperverletzungen. Ein freiwilliger dreiwöchiger Aufenthalt in der Psychiatrie ist als Versuch zu sehen, seine Probleme, die er mit Alkohol und Gewalt hat, in den Griff zu bekommen. Doch der Bewährungswiderruf ist abzusehen. Abzusehen ist aber auch, dass er im Gefängnis sicherlich keine andere Konfliktlösungsstrategie lernen wird als die der Gewalt.

Kommentar

Marcos Geschichte ist von Wechseln und Diskontinuität geprägt wie keine andere. Nirgends kann er für längere Zeit bleiben, an ein Zuhause und vertrauensvolle Beziehungen ist kaum zu denken. Seiner behinderten Mutter, zu der er einen liebevollen Kontakt hat, gelingt es auch mit Unterstützung ihrer Verwandten nicht, dauerhaft das Sorgerecht für ihren Sohn zu erlangen. Weder beim Vater noch bei den Großeltern findet er ein Zuhause. Lebensortwechsel und Umzüge gehören zu seinem Alltag. Die gerichtlichen und außergerichtlichen Auseinandersetzungen um Sorgerecht und Unterhaltszahlungen werden letztendlich auf seinem Rücken ausgetragen.

Später ergeht es ihm in den Jugendhilfemaßnahmen nicht anders: Immer wieder werden Maßnahmen umstrukturiert, beendet, neue Versuche gestartet, so dass Marco nie länger als 2 Jahre an einem Ort lebt und nie Fuß fassen kann. Neben unprofessionellen Maßnahmen und Notlösungen wirken die Maßnahmen im Rückblick wie hilflose Versuche, Marco irgendwie bis zum 18. Geburtstag »über die Runden zu bringen«. Dabei hört er schon bald auf, von seinen Betreuern noch etwas anderes zu erwarten, als dass sie ihn in Ruhe lassen. Regeln kann er nicht mehr akzeptieren, die Schule besucht er nur noch sporadisch. Seine spätere Wohnungslosigkeit ist ein äußerlicher Ausdruck dieses innerlichen Zustandes, kein Zuhause zu haben.

Durch diese Diskontinuität kann Marco auch keinerlei berufliche Perspektive entwickeln. Er versucht zwar immer wieder, im Rahmen der Jugendberufshilfe einen Hauptschulabschluss zu erlangen, aber es gelingt ihm nicht. Gründe dafür sind die Diskontinuität seiner Lebenssituation wie zum Beispiel der Verlust einer Mitwohnmöglichkeit, aber auch die Unterforderung vom Stoff der siebten und achten Klasse bei gleichzeitiger Überforderung bezüglich des Aufstehens und Einhaltens eines geregelten Schul- und Arbeitsalltags.

Deutlich wird auch, dass es in seinem Leben groteske Wartephasen gibt. So wartet er ein ganzes Jahr auf seine Gerichtsverhandlung und die damit eventuell verbundene Inhaftierung. In dieser Zeit ist er nicht in der Lage, für irgendetwas Motivation aufzubringen, nicht einmal zur Suche einer Wohnung.

In extremer Weise wechseln bei Marco Phasen der Stabilisierung mit Phasen, in denen er exzessiv Drogen und Alkohol konsumiert und immer wieder in Schlägereien gerät. In stabilen Phasen konsumiert er nur mäßig Drogen und Alkohol, hält sich an den Beziehungen zu seinen stets minderjährigen Partnerinnen fest und versucht immer wieder, seinen Schulabschluss nachzuholen. Letztendlich tragen Beziehungen bei ihm zur Stabilisierung bei, mit Trennungssituationen gehen jedoch Rückschläge und Phasen massiven Drogenkonsums einher. Die Beendigung der akuten Wohnungslosigkeit führt stets zu einer Stabilisierung. Seit der Entlassung aus der Jugendhilfe landet Marco dreimal wieder ohne Wohnung auf der Straße, dazwischen liegen Notlösungen wie dauerhaftes Mitwohnen und ein WG-Zimmer. Der Bauwagen ist – obwohl Marco sich auch hier nicht wirklich zu Hause fühlt und sich immer wieder distanziert – sein erster eigener Raum, der ihm so lange erhalten bleibt, bis er ihn nicht mehr braucht. Die 2 Jahre, die Marco auf dem Platz bleibt, stellen für ihn eine lange Zeit dar. Selten hat er so lange an einem Ort gelebt.

Inszenierung von Stärke war für Marco eine Überlebensstrategie. Insbesondere in den verschiedenen Jugendhilfemaßnahmen konnte er dadurch »unangreifbar« werden. Gleichzeitig musste er dabei jedoch viele seiner Gefühle zurückdrängen. So erleben wir Marco heute immer wieder in extremer Weise auf Identitätssuche, auf der Suche nach Orientierung, zum Beispiel in Szenen oder Partnerschaften. Er sieht sich gerne in einer Rolle als informeller Anführer in der Szene, sorgt immer wieder für vermeintliche Gerechtigkeit und Ordnung, bestraft andere in der Szene durch Prügel und wählt insbesondere unter Alkoholeinfluss Gewalt als Konfliktlösung, was seine Bewährung immer wieder gefährdet. Inzwischen sieht es so aus, dass Marco – dem Alter des Jugendstrafrechtes endgültig entwachsen – in naher Zukunft wohl mit einer Gefängnisstrafe zu rechnen hat. Dies wird die Stabilisierung wahrscheinlich zunichte machen: Die Wohnung wird er jedenfalls wieder verlieren, wenn nicht noch mehr.

In Marcos Geschichte hat die Jugendhilfe eindeutig versagt. Als der Kontakt mit der Streetwork entsteht, ist er bereits volljährig. Niedrigschwellige Hilfen werden von ihm angenommen, nach einiger Zeit auch Beratung und Begleitung, schließlich der Platz in dem begleiteten Wohnprojekt. Dennoch kann die Streetwork ihn nicht vor dem Gefängnis bewahren, ihm nicht zu einem Schulabschluss verhelfen, nicht seine Alkohol- und Drogenprobleme lösen. Was Marco als Kind von der Jugendhilfe gebraucht hätte – eine frühere Beendigung des ewigen Hin und Her, einen Platz, an dem er ein Zuhause finden kann, eine ihm gerechte Unterbringung – ist als junger Erwachsener nicht mehr so ohne weiteres aufzuholen. Die Arbeit der Streetwork gleicht in dieser Geschichte einer Schadensbegrenzung. Der Versuch, ihm durch Wohnhilfen einen Platz, ein kleines eigenes Zuhause zu schaffen, ist sicherlich gelungen – eingeholt und überholt wird diese Stabilisierung heute jedoch durch das immer länger werdende Strafregister und die drohende Inhaftierung.

Was an Beratungsarbeit und Stabilisierung notwendig war, wurde im Rahmen der Streetwork sicherlich geleistet. Dennoch werden gerade bei Marcos Geschichte auch die Grenzen von Streetwork spürbar. Ein therapeutisches Angebot wäre für Marco sicherlich hilfreich. Was er außerdem gebrauchen könnte, sind kreative und unkonventionelle Projekte, die an seinen Fähigkeiten anknüpfen, zum Beispiel am Musik-Machen. Die Verbindung kreativer, an den Stärken ansetzender Tätigkeiten mit therapeutischen Elementen – wie zum Beispiel in der Musik-Sozialtherapie – könnte einem jungen Erwachsenen wie Marco vielleicht zu weiterführenden Veränderungsprozessen verhelfen, insbesondere andere Überlebens- und Konfliktlösungsstrategien zu entwickeln.

2.5 Sid: Anpassungsversuche an eine fremde Kultur

Sid ist heute 23 Jahre alt und lebt in einer eigenen Wohnung. Seine Kindheit verbringt er in Asien, von dort aus gelangt er im Alter von 8 Jahren mit seinen Eltern und zwei älteren Brüdern als Flüchtling nach Deutschland. Zwei weitere Brüder und eine Schwester, die zunächst in die USA flüchten, kommen später im Zuge der Familienzusammenführung nach. An diese Zeit hat er nur noch wenig Erinnerungen.

Aufgewachsen bin ich da, ja. In der Schule hab ich da nur das erste und zweite Schuljahr gemacht, da war eigentlich alles ganz o.k. Ich wollte da nicht weg, hatte auch keine Vorstellung von Deutschland. Aber über die Hälfte meines Lebens bin ich jetzt hier. Ich habe auch nicht gerade deutsche Fachkenntnisse, deutsche Sprache, die ich nicht unbedingt absolut beherrsche.

In Deutschland kommt er zunächst in ein nordrhein-westfälisches »Auffanglager«, danach lebt er mit seiner Familie in einer Kleinstadt im Münsterland. Die Situation in der Familie beschreibt er als gespannt. Sid lernt auf einem Flüchtlingsinternat die deutsche Sprache, während seine Eltern nur wenig deutsch sprechen. Er erzählt, dass er sich als »schwarzes Schaf« gefühlt habe.

Deutsch habe ich auf dem Internat gelernt. Da bin ich nach kurzer Zeit runter geflogen, ich kam dann auf 'ne deutsche Schule. Da habe ich ja noch in V. [Kleinstadt im Münsterland] gewohnt. Und eigentlich, wie soll ich das beschreiben, das hat bei uns in der Familie schon immer ziemlich viel gekriselt, also mit mir selber so. Ich als schwarzes Schaf. Und ich habe mich eigentlich immer dagegen gewehrt. Ich wollte immer mein eigenen Dickkopf durchsetzen. Ich wollte eigentlich immer das machen, was ich will.

Die Konflikte in der Familie nehmen mit der Zeit zu, auch in der Schule tauchen Probleme auf, obwohl Sid bis dahin ein guter Schüler ist. Schließlich fängt er an, die Schule zu schwänzen.

Am Anfang war ich eigentlich ein ziemlich guter Schüler gewesen, mit Nachhilfekurs von 'ner ehemaligen Lehrerin. Nur der hat mich irgendwie nach 'ner Zeit einfach angekotzt, dreimal die Woche da runter zu fahren, Hausaufgaben zu machen. Und andere machen da schön Freizeit nach der Schule. Und dann bin auch öfter schon mal durch Überredung von Kollegen und Freunden auch nachts weggeblieben, habe keinen Bock gehabt, habe Schule geschwänzt. Und dadurch kamen auch die kleineren Konflikte zwischen mir und meinen Eltern.

Gemeinsam mit einer Clique begeht er immer wieder Straftaten, woraufhin es zu Auseinandersetzungen mit den Eltern kommt. In dieser Zeit reißt er auch ab und zu von zu Hause aus, kehrt jedoch stets kurz darauf wieder zurück.

Das erste Mal, das war mit vierzehn, eigentlich mehr oder weniger. Und dann gab es auch in der Zeit auch schon Auseinandersetzungen zwischen mir und meinen Eltern wegen halt straftatenmäßig, so kleineren Straftaten wie kleine Diebstähle, Fahrraddiebstähle, überhaupt Ladendiebstähle und kleine Einbrüche. Mit Freunden zusammen, durch Cliquen, mit zehn Leuten aus V. Die erste große Krise kam natürlich auf, wo mehrere Briefe von der Polizei kamen und ich zur Ladung eingeladen wurde.

Die Eltern sind überfordert und reagieren mit Gewalt.

Meine Eltern kamen auf meine Erziehung nicht gerade besonders klar und wissen auch nicht, wie die mich erziehen sollen, wie sie mich eigentlich richtig behandeln sollen. [...] Da gab es auch schon private krasse Sachen zu Hause. Es ist auch so, dass ich geschlagen worden bin, und wir uns auch schlagen lassen müssen.

Sid orientiert sich an seiner Clique, für die Straftaten und Alkoholkonsum zum Alltag gehören. Er bekommt erste Konsequenzen zu spüren, muss Sozialstunden ableisten.

Und ich habe zu der Zeit auch noch ein bisschen gesoffen, habe ich auch ein bisschen harten Alkohol getrunken. Aber auch nicht viel. Ich konnte gar nicht viel Alkohol vertragen. Aber bei mir war das so, dass ich mich von Kollegen, von Kumpels und Cliquen beeinflussen lasse und auch mit dabei sein möchte. Mit fünfzehn, da habe ich das erste Mal Sozialstunden machen müssen. Mit drei Verhandlungen in allem. Da habe ich achtzig Stunden gekriegt. Dann hab ich noch mal drei verschiedene Straftaten begangen, mit Urkundenfälschung. Das kam dazu auf hundert Sozialstunden.

Die Eltern, die kaum deutsch sprechen, wenden sich mit Hilfe des ältesten Sohnes als Übersetzer an das Jugendamt und suchen Unterstützung. Sid erinnert sich, dass daraufhin für ihn eine ambulante Therapie in der Kinder- und Jugendpsychiatrie eingerichtet wird.

(Meine Eltern) haben sich an das Jugendamt gewendet. Mein Bruder, der älteste Bruder von mir, hatte deutsche Sprachkenntnisse und ist mit meinen Eltern mitgekommen, die so gut wie kaum Deutsch konnten, also hat der sich auch mit dem Jugendamt in Verbindung gesetzt. Dann war das so, dass wir öfter stationäre Behandlungen hatten, einmal im Monat nach G. [Stadt im Münsterland] zur Psychiatrie zu Frau Dr. K. [leitende Ärztin]. Hatten wir stationäre Behandlungen gehabt, Gespräche.

Gegen seinen Willen wird er ein halbes Jahr später stationär in die Klinik eingewiesen. Für Sid ist das ein schockierendes Erlebnis, wodurch er seinen letzten Halt im sozialen Umfeld verliert und auch die Schule abbrechen muss.

Und nach einem halben Jahr war es dann so, dass ich stationär aufgenommen wurde. Ich war halt zufällig bei Frau Dr. K. in der geschlossenen Psychiatrie, da kommen alle möglichen hin. Das ist nicht nur für Geistesgestörte, sondern es kommen Verschiedene vor, die zu Hause nicht klar kommen, die in der Schule nicht klar kommen oder die keinen Bock haben darauf. Es gibt natürlich auch krassere Fälle, die wirklich geistesgestört sind. Oder es gibt auch welche, die auch wegen Gewaltverbrechen dahin kommen. [...] Und das war aber eigentlich gegen meinen Willen gewesen. Das Gespräch mit denen, da konnte ich mich mit abfinden, aber das Stationäre war gegen meinen Willen gewesen. Nur das war schon alles entschieden gewesen. Meine Eltern hatten es machen lassen, weil die selber nicht wissen, wie die mit mir umgehen sollen. Mein Bruder hatte zugestimmt und das Jugendamt hatte zugesagt. Bin ich in die Psychiatrie gekommen, musste von der Schule aus nach der neunten Klasse die Schule abbrechen und da dahin. Habe dort die Schule weitergemacht, erst auf dem Hof von der Klinik.

Sid hat nicht den Eindruck, dass er in der Psychiatrie Hilfe bekommen kann. Er findet sich schließlich mit der Situation ab, versucht, sich anzupassen und verschließt sich.

Ich habe mich damals eigentlich mit Frau Dr. K. ganz normal oberflächlich verstehen können. Ich habe die weder an mich rangelassen, noch dass ich versucht hätte, an die irgendwie ranzukommen. Sondern ich habe immer auf Distanz gelebt. So konnte ich mich mit jedem Menschen verstehen, wenn sie es wollen. Aber engere Beziehung will ich mit denen nicht, mit gar keinem.

Nach 7 Monaten steht seine Entlassung an. In seine Familie, die ihn mit der Zwangseinweisung quasi »verstoßen« hat, will er nicht zurück. Er entscheidet sich für ein Heim.

Danach wegen guter Führung durfte ich in die Außenschule, wie man das so nennt, halt eine normale Schule. Ich konnte mich da eigentlich ganz gut anpassen. Habe keine Probleme gehabt mit dem Betreuer selber und mit den anderen auch nicht, und wurde nach sieben Monaten entlassen. Meine Eltern haben mich auch besucht in der Zeit, aber Weihnachten konnte ich nicht zu Hause feiern, deshalb war ich auch ein bisschen sauer auf die (Eltern). Die Betreuer haben mir die Möglichkeit gegeben: Entweder ich ziehe zurück zu meinen Eltern oder ich könnte in ein Heim gehen. Und ich habe mich dann mehr für das Heim entschieden.

So kommt er mit 16 Jahren in ein Heim im ländlichen Münsterland.

> Nach der Entlassung kam ich zum Z.-Heim. Da bin ich untergebracht worden, da war ich sechzehn. Es waren nur zwei, drei Heimmöglichkeiten zur Auswahl. Einige Bekannte von mir, die schon entlassen worden sind, waren auch in dem Heim, oder denen war das Heim bekannt. Habe ich auch gesagt, Z.-Heim. Ich habe auch Prospekte davon gelesen. So ein großes Haus mit mehreren Zimmern, so wie eine WG. Wir wohnten in einem Haus mit drei Leuten, ein eigenes Haus. Und das fand ich also ganz gut. Mit Betreuung kam ich da auch ganz gut klar am Anfang. [...] Ich hab im Z.-Heim meine Schule fertig gemacht, Hauptschulabschluss. Aber ich habe mich da nicht lange aufgehalten, drei Monate oder so.

In dem Vierteljahr schafft es Sid sogar, seinen Hauptschulabschluss zu machen und spricht davon, dort gut zurechtgekommen zu sein. Aber es gibt auch Konflikte.

> Angeblich war das so, dass sie gesagt haben: Eigentlich wär ich ein ruhiger Typ, nur irgendwie die ganzen Mitbewohner, die hätten angeblich Angst vor mir gehabt, weil ich mit meinem Kung-Fu herumgeprahlt habe. Dabei stimmt das nicht, ich hab auch niemanden geschlagen, ab und zu mit jemandem ein bisschen trainiert. Das war's aber auch, aber irgendwie haben die erzählt, die hätten alle Angst vor mir gehabt. Ich weiß auch nicht, warum.

Mit Freunden begeht er jedoch bald wieder Straftaten und wird schließlich bei einem abenteuerlichen und gefährlichen LKW-Diebstahl erwischt.

> Da gab's einen Kollegen von mir, A. [Freund]. Der ist vorübergehend in unsere Gruppe gekommen. Die ersten drei Abende habe ich dann mit dem zusammen Scheiße gebaut: LKW geklaut. Also, er hat einen Zentralschlüssel gehabt für Siebeneinhalbtonner LKW. Das erste Mal hat er mich überredet. Die ersten beiden Tage ging es gut. Wir wollten eigentlich nur LKWs fahren und wieder zurückstellen. Am dritten Tag habe ich ein schlechtes Gefühl gehabt. Ich habe gesagt, warte mal. Er hat aber mehr oder weniger darauf bestanden. Dann sind wir losgezogen, haben noch mal einen LKW genommen und sind damit gefahren. [...] Da ist aber so'n Typ rausgekommen und wollte uns mit 'ner Gaspistole aufhalten. Da haben wir darauf verzichtet, anzuhalten. Wir sind weitergefahren und der musste zur Seite springen. Ich saß da als Beifahrer. Dann wurde die Polizei benachrichtigt und wir hatten keine Möglichkeit, das noch mal rückgängig zu machen. Und sind dann mit dem Kopf durch die Wand weitergefahren, eingeheizt, durch die Stadt. Und in der Situation, in dieser Angstsituation, haben wir

nur noch eine Möglichkeit gesehen, so schnell wie möglich nach G. zu fahren, zu Frau Dr. K. Das war eigentlich auch seine Idee, weil er hatte ein besseres Verhältnis zu Frau Dr. K. Wir wussten nicht, wer uns helfen konnte.

Die Situation eskaliert, ein großes Polizeiaufgebot ist im Einsatz und es entstehen Sach- und Personenschäden.

Nur da kam schon der erste Polizeiwagen, der zweite, der dritte, vierte. Also es kamen Polizeiwagen aus dem ganzen Umland. Es waren insgesamt so zwölf Polizeiwagen hinter uns her. Und A. war halt der Fahrer und wir hatten panische Angst gehabt. Wir wollten auf die Autobahn, wir kannten uns auch nicht aus und wussten auch gar nicht, wo die Autobahneinfahrt ist, und sind immer nur geradeaus gefahren. Und halt die Polizei hinter uns. Wir sind über Rot gefahren, die erste Straßensperre haben wir überfahren, mehr oder weniger. [...] Die ersten sechs Polizeiwagen sind hinter uns her und die anderen sind dann stehen geblieben und haben versucht, noch mal eine Straßensperre zu stellen. Da hat ein Polizist mit einer scharfen Knarre auf uns gezielt, also auf den Wagen gezielt, und wollte uns gewaltsam irgendwie stoppen. Nur, der A. hat das Auto einfach gerammt und der (Polizist) hat sich dabei den Rücken verletzt. Eine Zugschranke, die kurz danach vor uns schon längst unten war, haben wir auch überfahren, mit dem Sachschaden von siebeneinhalb tausend Mark. Das war die einzige Möglichkeit. Wir wären auch beinahe überfahren worden vom Zug. Wir sind darüber gefahren und die Polizeiwagen konnten nicht mehr rüberfahren. Ansonsten wären die vom Zug überfahren worden. Sind wir fünfhundert Meter weitergefahren. Da war so Wald. Da sind wir abgestiegen und haben schnell noch versucht, so gut wie möglich unsere Fingerabdrücke und so wegzumachen. Sind kurz in den Wald, da geht so ein Abhang herunter und da waren auch Häuser und Müllcontainer. Und wir haben uns im Müllcontainer versteckt. Die Polizei war mit Hunden da gewesen, die waren auch bis vor dem Müllcontainer, nur sie konnten glücklicherweise uns nicht finden. Wir haben uns ruhig verhalten, und sind auch ein bisschen eingeschlafen, da drinne, bis wir irgendwann so um fünf, sechs Uhr morgens wach waren. Und dann haben wir erst mal geguckt, keine Polizei mehr, sind wir ausgestiegen und wollten zurück. A. musste normalerweise noch arbeiten und ich musste eigentlich noch zur Schule, und wir wussten auch gar nicht, wo wir sind. Sind wir erst mal zu Fuß gelaufen, erst über Ackerland. Dann haben wir versucht, nach Hause zu trampen. Irgendwann hat uns ein Polizeibulli gesehen, dreckige Klamotten, haben uns angehalten, hat uns erst mal gefragt, wo wir hin wollen. Wir haben versucht zu lügen und rauszureden. [...] Mehr oder weniger hat uns die Polizei unter Druck gesetzt und wir haben irgendwann zugegeben, dass wir das waren und sind halt deshalb sofort in Arrest gekommen.

Sid und sein Freund A. werden festgenommen und kommen direkt in Untersuchungshaft. Er nimmt mit dem Heim Kontakt auf, möchte wieder dorthin zurück, was jedoch von Seiten der Einrichtung abgelehnt wird.

Ja, und da war ich dann das erste Mal im Knast. Zweieinhalb Monate war ich das erste Mal in U-Haft. Dann habe ich von da aus versucht, das Heim anzuschreiben, mich entschuldigt und so. Nur, das stand auch fett in der Zeitung angeblich, was für Verbrecher hinter solchen Mauern stecken, im Z.-Heim. Für den Gruppenleiter war das peinlich, da haben die gesagt, wir können euch nicht mehr aufnehmen. Tut uns leid, aber das können wir nicht verantworten.

Nachdem Sid keine Möglichkeit bekommt, erneut in einer Jugendhilfemaßnahme zu leben, sucht er wieder Kontakt zu seinen Eltern.

Dann hab ich mich doch mit meinen Eltern in Verbindung gesetzt und wir haben ein bisschen gesprochen. Zu der Zeit verstanden wir uns zwar auch nicht gerade besonders, aber die haben gesagt, die nehmen mich wieder auf. Lieber, als dass ich irgendwie im Knast sitze. Meine Eltern haben mich in der Zeit auch einmal besucht. Wir hatten einen Pflichtverteidiger eingeschaltet. A. hat irgendwie mehrere Vorstrafenregister gehabt. Also, der hat mehrere Einbrüche mit solchen Sachen wie Auto und LKW gehabt und hat zwei einhalb Jahre gekriegt. Ich hatte das Glück gehabt und hab dann nur Arrest gekriegt. Arrest wurde angerechnet, auch wegen der U-Haft und bin dann halt so raus gekommen und bin erst mal nach Hause gezogen.

Sids Eltern stellen die Bedingung, dass er arbeiten soll. Er bewirbt sich, findet aber keine dauerhafte Stelle. Die Konflikte nehmen wieder zu.

Da war es so, dass meine Eltern gesagt haben, ich soll mich um Arbeit kümmern. Habe ich auch getan. Aber hatte ich meist auch nicht die Chance, die Möglichkeit gehabt. Nur irgendwie hab ich auch das Gefühl, dass ich ein schwarzes Schaf bin. Auch die Bewerbungen, die ich abgeschickt habe, waren negativ verlaufen. Absage, Absage ... und irgendwann habe ich auch keinen Bock mehr gehabt. Hab mal hier und da gearbeitet als Verputzer. Nur ich hab's dann nicht lange zu Hause ausgehalten.

Bald kommt es wieder zu Auseinandersetzungen. Sid erzählt:

> Da ging es schon wieder los, von vorne. Kurz danach war das dann so, dass ich von einem Bekannten ein Mofa ausgeliehen habe. Bin gefahren und damit habe ich auch nicht gerechnet, Einbahnstraße. Normal fahren da kaum Autos runter. Wollte gerade hochfahren, da kam ein Golf runter, ist bei mir reingefahren. Das Mofa war Totalschaden. Das Auto hatte Frontschäden gehabt, im Wert von über zweitausend Mark. Mir ist nichts passiert. Ich wollte meinen Eltern das verheimlichen, später haben die das rausgekriegt, rausgefunden, wegen dem Schadensersatz. Nur ab da ging es das ganze Hin und Her wieder los. Irgendwie war das auch so, dass mein Vater mich – wie soll ich das sagen – mich schlagen wollte. Nur diesmal hab ich gedacht, ich lasse mich nicht mehr schlagen. Der wollte mich dann boxen, schlagen, habe ich aus Reflex halt zurückgeschlagen. Dann ist er irgendwann aufgestanden, meine Mutter ist dazwischen gegangen und mein Vater hat dann gesagt: »Pack deine Klamotten, verschwinde!« und seitdem bin ich dann endgültig von zu Hause raus. Ich hätte eine Maurerausbildung anfangen können, genau zwei Tage danach.

Im Alter von 17 Jahren steht Sid mittel- und wohnungslos auf der Straße.

> Da gab es Phasen, wo ich bei Kollegen mit zwanzig Leuten in einem Zimmer geschlafen habe. Das sind Erlebnisse, die waren unter der Gürtellinie, und ich habe auch nicht gerade Lust, die zu erzählen. Das waren auch Häuser, wie bei den Punkers – runtergekommen. Damit komme ich auch nicht klar. Ich bin eigentlich mehr ein ordentlicher Mensch. [...] Dann bin ich wieder ausgezogen, bin dann mehr oder weniger bei einem Freund untergekommen, mal hier, mal da. Dann hab ich den M. [Freund] kennen gelernt und bei dem bin ich dann erst mal in die WG eingezogen. Erst mal ohne Mietvertrag. M. war zu der Zeit auch fünfundzwanzig, der musste arbeiten. Die anderen waren schon alle älter, über dreißig. Ich hab damals übernachtet bei denen. [...] Irgendwann sind die drei dann ausgezogen. Dann bin ich in die WG eingezogen. Dann hab ich auch offiziell da gewohnt. Da hat sich das auch schon langsam ein bisschen beruhigt mit mir und meiner Familie.

Zu seiner Mutter hält Sid in dieser Zeit noch Kontakt und geht manchmal zum Essen nach Hause, wenn der Vater nicht da ist.

> Meine Mutter war immer noch auf meiner Seite. Gelegentlich konnte ich noch nach Hause gehen, also, wenn mein Vater nicht da ist. Hat sie mir was zu Essen gegeben oder Geld, halt heimlich. Meine Mutter hat auch

gesagt: »Entschuldige Dich bei ihm!« Nur, ich bin einer, der sich ganz ungern entschuldigt für irgendwas, was ich gemacht habe. Bin auch dementsprechend ausgezogen, mehr oder weniger für immer.

In dieser Zeit gibt es noch Kontakte zum Jugendamt, von denen sich Sid aber nicht viel verspricht. Schließlich geht er einfach nicht mehr zu den Terminen und versucht, allein zurechtzukommen.

Das Jugendamt hat gesagt, ich soll zum Termin kommen. Aber, wie gesagt, ich bin ein eigener Dickkopf, der keinen Bock hat, dass sich jemand in mein Leben einmischt, und bin meist auch nicht hingegangen. Und irgendwann hat Herr B. [Jugendamtsmitarbeiter] auch keinen Bock mehr auf mich gehabt. Ich mein, das war mir auch egal gewesen. Mir war zu der Zeit auch alles scheißegal gewesen. Ich wollte sowieso alleine sein.

Sid versucht, sich seinen Lebensunterhalt als Verputzer zu verdienen. Doch dort bekommt er den vereinbarten Lohn nicht ausbezahlt und kann die Miete nicht mehr bezahlen.

Ich habe dann anfangen, beim Subunternehmer zu arbeiten, als Verputzer. Deswegen haben wir auch damit gerechnet, dass wir die Miete irgendwie bezahlen können. Nur die haben uns halt auch abgezogen. Die haben uns immer schön einen erzählt, gelegentliche Ratenzahlungen von zweihundert Mark, und zweitausend Mark für alle vier. Weil nachher haben wir alle vier da gearbeitet und uns von dem Subunternehmer abziehen lassen. Wir haben gearbeitet und gearbeitet bis in die Nacht und haben so gut wie gar kein Geld gesehen. Und das von fünf Uhr bis elf Uhr abends. Konnten wir die Miete auch nicht bezahlen und irgendwann haben wir auch die Kündigung gekriegt von der Vermieterin.

Nach der Kündigung ist Sid wieder wohnungslos und zieht erneut bei seinen Eltern ein, jedoch nur für kurze Zeit.

Zu der Zeit haben wir auch anfangen, Münster kennen zu lernen, die Techno-Szene. Ja, da kam das halt mit der ganzen Techno-Szene. Da wir dann aus der WG raus sind, bin ich auch wieder kurzzeitig nach Hause gezogen, weil ich in der Zeit auch wieder öfter mit denen Kontakt hatte, mit meinen Eltern. Mein Vater hatte (sich) auch wieder beruhigt. Nur bei mir ist das so, es beruhigt sich immer, wenn ich weg wohne. Da verstehen wir uns gut. Wenn ich zu Hause wohne, dann kriselts immer. Ein Grund ist auch, dass ich nicht gerade für unsere Religion bin. Das war auch einer der größten Gründe gewesen – meine Freiheit. Das ist auch ziemlich streng, auch so beziehungsmäßig, Freundin haben und so. Das wollte ich nicht, deswegen fühlte ich mich nicht frei. Deshalb habe ich mich auch mehr oder weniger gegen meine Familie aufgelehnt. Weil die ihre Mentalität durchgesetzt haben gegen meinen Willen, also nicht das, was ich will. Und hat mich halt 'n bisschen angekotzt. Ich wollte auch nur vorübergehend zu Hause wohnen. Irgendwann bin ich dann nach Münster gezogen. Durch die Techno-Szene haben wir den D. [Freund] kennen gelernt. Erst mal bin ich bei D. untergekommen.

Sid bekommt Kontakt mit der Bahnhofsszene und mit Drogen.

Wo ich nach Münster kam, da habe ich auch am Bahnhof abgehangen. Ich fand das damals gar nicht gut. Da wo ich gestanden habe damals, da war ich mir selber peinlich. Nur, ich kam nach Münster und kannte niemanden. Ich habe eine Gruppe gefunden. Das war nur Sauferei. Saufen tue ich nicht, passe ich auch nicht dazu. Okay, gekifft habe ich wohl. [...] Drogen, hab ich, wo ich angefangen habe mit Party, dann auch die drei Jahre lang geschmissen. Ecstasy, LSD und Speed genommen. Aber auch damals habe ich schon meine Grenzen gewusst und wusste, wie viel ich nehmen kann und wann ich übertreibe. [...] Die Leute denken jeden Tag entweder nur an irgendwelche Drogen. Ich weiß nicht, in solchen Sachen habe ich 'n bisschen stärkeres Selbstbewusstsein.

Sid übernachtet wieder bei Bekannten. Später lernt er das Sleep-In kennen und wohnt dort insgesamt fast ein Jahr. Mit dieser Einrichtung kommt er gut zurecht – vor allem, weil er in Ruhe gelassen und nicht als »hilfebedürftig« betrachtet wird. In der Zwischenzeit wird er volljährig und beantragt mit Hilfe der Sozialarbeiter Sozialhilfe.

Hab dann bei verschiedenen Bekannten gepennt. Irgendwann haben wir das Sleep-In kennen gelernt. Beim Sleep-In habe ich über ein halbes Jahr gewohnt oder fast ein Jahr sogar. Das lief ja alles ganz normal, hatte keine Probleme. Im Sleep-In habe ich zu der Zeit auch angefangen, Wohnung zu suchen. Die Betreuer waren alle supernett. Ich verstehe mich heute immer noch gut mit denen, und fahre auch noch darunter, Wäsche waschen. Sleep-In hat mir auch ein paar Tipps gegeben. Aber es ist auch nicht so, dass die im Sleep-In 'ne Einzelbetreuung gemacht haben. Es ist schon so, dass wir uns selber kümmern müssen. Die Menschen, die da arbeiten, die haben Distanz gehalten und nicht versucht, in mein Leben einzugreifen, einzumischen. Die haben mir Tipps und Rat gegeben und entweder höre ich darauf oder höre ich nicht. Und das fand ich so besser, als wenn sich jemand in mein Leben einmischt. Ich hasse das auch, unter Druck gesetzt zu werden.

In dieser Zeit lernen wir ihn kennen. Sid nutzt sporadisch die niedrigschwelligen Angebote, es entwickeln sich oberflächliche Gespräche. Ansonsten signalisiert er, dass er in Ruhe gelassen werden will. Wir lassen ihm die Zeit.

Da hat mir jemand gesagt, beim Streetwork kannst du Wäsche waschen. Dann bin ich auch zu Euch gekommen und habe ich erst mal gesehen boah, so viele Punkers. Und das erste Mal mit den Punkers Kontakt gehabt. Hat mich am Anfang echt 'n bisschen gewidert, mit solchen dreckigen Menschen zu leben. Da habt Ihr mir angeboten, ihr könnt frühstücken und Wäsche waschen. Ich finde eigentlich, Streetwork ist 'ne supergute Einrichtung. Man kann hier seine Freizeit gut vertreiben, es wird einem auch ein bisschen zugehört. Aber, wie gesagt, enge Beziehungen habe ich hier aber auch noch nicht aufgebaut, mit den ganzen Leuten.

Sid versucht vom Sleep-In aus, noch einmal in eine Jugendhilfemaßnahme zu kommen. Er kennt eine betreute Wohngemeinschaft, in die er gerne einziehen würde. Aber seinem Wunsch wird nicht entgegengekommen.

Ich hab in der Zeit auch versucht in U. [Jugendhilfeeinrichtung] reinzukommen. Das Betreute, das kannte ich ja schon. Wurde aber abgelehnt.

Sid fängt an, mit Drogen zu handeln, und begeht auch andere Straftaten. Schließlich wird er bei einem Handtaschenraub erwischt.

Damals haben wir auch Drogen genommen und verkauft. Im Sleep-In waren mehrere, die Hasch konsumiert haben, wie der E. und der F. [Freunde]. Eines morgens sind wir drei losgezogen und wollten Geld haben, weil wir was zum Paffen haben wollten. Da haben wir die Idee gehabt, jemanden zu überfallen, ältere Damen. [...] Aber ich habe auch die ganze Zeit ein schlechtes Gewissen, so 'n Grummeln im Magen gehabt. Und irgendwann in einer kleinen Gasse, da wollte ich das erst gemacht haben. Da bin ich erst hingerannt, und habe mich doch wieder zurückgezogen, weil ich ein schlechtes Gewissen hatte. Da haben wir wieder gewartet. Auf der anderen Seite geht dann noch mal so 'ne Gasse rein, da habe ich das dann erst durchgezogen. Bin ich losgerannt und habe erst drauf geachtet, da ist kein Mensch. Die hat 'ne Tasche gehabt und ziehe das durch. Was haben die anderen gemacht, die ziehen den Schwanz ein und laufen in die andere Richtung. Aber da war es zu spät für mich. Ich rannte die Treppe runter, da war ein Ehepaar mit Kinderwagen, die gerade die Treppe hoch gingen und die alte Oma. Ich habe auch extra noch umgeguckt, ob die Oma nicht hingefallen ist. Wenn sie hingefallen wär, hätte ich auch nicht gewusst, was ich machen sollte. Aber ist nicht, also renne ich weiter und die hatte geschrien: »Hilfe, Hilfe! Bin überfallen worden!« Und der Mann, der gera-

de hoch kam, hatte das mitgekriegt, hat den Kinderwagen seiner Frau gegeben und ist hinter mir hergerannt. Er hat mich dann von hinten festgehalten. Dann kamen noch mehr Passanten dazu in der Zeit, und dann auch
die Polizei und hat mich mitgenommen. So bin ich halt verhaftet worden.

Da Sid noch andere Straftaten offen stehen hat, wird er im Alter von 18 Jahren zu 15 Monaten Freiheitsstrafe ohne Bewährung verurteilt. Er kommt ins
Jugendgefängnis, wo er einen Maurerlehrgang absolviert. Wieder versucht er,
sich anzupassen.

Durch die ganzen Strafregister habe ich dann fünfzehn Monate gekriegt.
Dreieinhalb Monate habe ich in U-Haft gesessen. Dann bin ich dann verurteilt worden, bin in Strafhaft gekommen. Dann habe ich da drüben meine Lehre gemacht, meine Maurerlehre ging genau ein halbes Jahr. Das
passte genau, dass ich die Lehre durchgezogen habe, und ich habe mich
auch ganz normal da anpassen können. Wir haben uns vor dem Chef ordentlich verhalten. Mitte Oktober bin ich dann entlassen worden, auf zwei
Drittel halt, neuneinhalb Monate.

Noch einmal versucht er, in eine Einrichtung der Jugendhilfe zu kommen, die
speziell betreutes Wohnen für straffällig gewordene Jugendliche anbietet. Aber
er wird wieder abgelehnt. Wieder weiß er nicht wohin und es bleiben ihm als
letzte Anlaufstelle seine Eltern.

Danach kam ich dann raus. In der Zeit habe ich auch an U. [Jugendhilfe-
einrichtung] geschrieben, aber U. hat mich auch abgelehnt. Dann war ich
vorläufig wieder zu Hause. Zu Hause ging's am Anfang wieder ganz normal. Danach ging's dann wieder los.

Sid kann auf das Angebot seines Bruders zurückgreifen, der ihn bei sich mitwohnen lässt, und zieht wieder aus dem Elternhaus aus. Er umgeht somit die
Wohnungslosigkeit, bezieht Arbeitslosenhilfe und kann sich ein wenig stabilisieren. Allerdings merkt er bald, dass er den Realitäten der im Gefängnis begonnenen Ausbildung als Maurer nicht gewachsen ist.

Dann bin ich nach Münster gezogen, zu meinem Bruder. Also ich hab da
bei ihm gewohnt, offiziell gemeldet war ich dem Krankenhaus-Wohnheim,
da wo mein Bruder gearbeitet hat. Ein Priester war so nett gewesen und
hat das auch mitgemacht. Halt, dass ich 'ne offizielle Adresse habe. Ich
wollte dann Maurer weitermachen, habe mich dann erst beim Bauhof beworben. Hätte ich auch machen können, nur ich habe nachher gemerkt,
dass ich nicht schwindelfrei bin, dass ich nicht 'n paar Meter höher im
Freien stehen kann, dass ich dann schwindelig werde. Dann brauchste

auch kein Maurer machen, dann kannste Tiefbau machen, aber Tiefbau wollte ich nicht.

Für Sid beginnt nun eine Phase der beruflichen Orientierung und der Suche. Er beginnt in einer Einrichtung der Jugendberufshilfe eine Qualifizierungs- maßnahme als Tischler, schafft es aber nicht, regelmäßig zu erscheinen. Prak- tika schließen sich an. Schließlich kann er eine überbetriebliche Ausbildung als Tischler beginnen, die ihm auch Spaß macht.

> Deswegen bin ich dann zum S. [Einrichtung der Jugendberufshilfe] gekom-
> men. Tischler. Vom Arbeitsamt. Ich hab mich vom Arbeitsamt vermitteln
> lassen. Dann habe ich ein halbes Jahr im S. gemacht. Das war auch nicht
> so regelmäßig. Da bin ich gerade mal die Hälfte da gewesen, die halbe Zeit.
> Nach dem S. konnte ich dann auch nicht mehr weitermachen, hab keine
> neue Stelle gefunden. Habe ich dann erst Maler gemacht, Praktikum in ei-
> nem Betrieb. Dann habe ich dann irgendwann Praktikum in einem Maler-
> geschäft gemacht. Hätte da auch meine Lehre machen können, nur ich
> hatte nachher als Maler und Lackierer doch keine Lust mehr gehabt. Hab
> abgebrochen. Bin noch mal zum Arbeitsamt gelaufen, Berufsberater, sa-
> gen wir mal so, und der hat mir (die Ausbildung im) T. [Ausbildungsträger]
> angeboten. Dann bin ich halt zum T. rüber gegangen und bin da jetzt
> immer noch am arbeiten.

Dennoch gibt es Konflikte mit den Ausbildungsleitern. Sid fühlt sich ungerecht behandelt.

> Da hat es am Anfang noch gekriselt, heute auch noch mit der Schule. Ent-
> weder schmeißen sie mich oder sie schmeißen mich nicht. [...] Mein Leh-
> rer hat die ganze Zeit Kieker auf mich gehabt, weil ich am Anfang auch
> immer gefehlt habe. Schon seit zwei Monaten bin ich regelmäßig bei der
> Arbeit und wenn ich krank bin, habe ich mich abgemeldet. Ich war regel-
> mäßig in der Schule. Nur er hat immer noch 'nen Kieker auf mich. Ich bin
> echt dabei, bei meiner Arbeitsfirma mich anzustrengen, bei der Schule
> mich anzustrengen, regelmäßig zu sein und er tritt mir immer noch in
> Arsch, macht mich zum Idiot, und das seh ich einfach nicht mehr ein. [...]
> Deswegen bin ich auch dabei Konsequenzen zu ziehen. Ich meine, wenn
> sie mir nicht die Möglichkeit geben, habe ich auch keinen Bock drauf.
> Wenn die das nicht merken, dass ich mich bessern oder ändern will und
> mich immer noch zum Idioten machen, dann werde ich halt sauer.

In dieser Zeit nutzt Sid wieder verstärkt die Angebote der Streetwork, insbesondere die Möglichkeiten der Freizeitgestaltung. Ab und zu nimmt er auch Beratung an und das Angebot der selbstständigen Wohnungssuche. Aber er erzählt nur wenig von sich, grenzt sich von vielen anderen ab und sucht sich wenige Freunde gezielt aus.

> Es sind oberflächliche Kontakte. Ich habe einfach mitgekriegt: Die Musik, die mag ich nicht, was die hier hören. Weil da sind auch viel zu viele rechtsradikale Wörter, die versteckt sind. Das mag ich auch nicht. Sagen wir mal so – ich fühle mich eigentlich nirgends so richtig wohl. Weder bei mir zu Hause noch irgendwo. Außer in meinen eigenen vier Wänden. Aber in meinen eigenen vier Wänden ist es langweilig, deswegen bin ich auch ganz gerne mal draußen, so in der Stadt. Ich meine, so wie Freitag, in Gemeinschaft zusammen kochen und Kickern spielen. Das macht Spaß halt. Freitag hab ich nur kurz Zeit. Bis halb zwölf muss ich nur arbeiten. Und da seid Ihr hier. Ich gucke mir ganz gerne an, was hier so los ist. Mit P. [Freund] habe ich eigentlich superguten Kontakt. Eigentlich um jemanden zu treffen, mit jemandem zu reden, zu labern, wie's denn geht und dies und das. Zu erfahren, was los ist, aber sonst mehr auch nicht. Ich weiß auch nicht, was die meisten Leute bei Euch im Büro reinkommen und mit Euch reden. Für mich war das sowieso Tinnef. Ich telefoniere nur manchmal, wenn es so wichtige Sachen sind wie Wohnungssuche oder arbeitsmäßig. Die machen da nur Privatgespräche, stundenlang. Das finde ich manchmal zum Kotzen. Was die mit Euch bereden, weiß ich ja nicht. Die machen noch nicht einmal einen Versuch, mal selber was geregelt zu kriegen. Sondern die kommen gleich zu irgendeinem an und sagen: »Ach, der hilft mir ja schon.« Und das sind einfach für mich Asoziale.

In der Zwischenzeit zieht sein Bruder aus und Sid kann die Wohnung übernehmen, die er jedoch bald auf Grund von Mietschulden wieder verliert. In der Folgezeit zieht er noch ein paar Mal um, aber es gelingt ihm, erneute Wohnungslosigkeit zu umgehen.

> Mein Bruder ist dann ausgezogen, ich wohne jetzt alleine. Mein Bruder ist verheiratet jetzt, ist zu seiner Frau gezogen. Ich habe nach der Wohnung L.-Straße eine Wohnung in N. [Vorort von Münster] gehabt. L.-Straße habe ich meine anderen Mietschulden von dreitausend Mark. Dann bin ich nach N. gezogen. In N. habe ich dann auch erst gewohnt, auch erst die Miete bezahlt. Dann habe ich Stress mit meinen Nachbarn gehabt. Ich habe die Kündigung gekriegt und dann habe ich auch keinen Bock gehabt die Miete zu bezahlen. Hatte ich auch wieder zweitausend Mark Schulden. Jetzt bin ich halt hinterm Bahnhof seit über ein halbes Jahr im Zimmer in 'ner WG. Aber ist mir zu eng. Ist zwar wohl zentral, aber will ich auch wieder ausziehen.

Sid wünscht sich zum einen eine größere Wohnung, aber auch mehr Selbstbewusstsein. Von den InterviewpartnerInnen ist er der einzige, der bei der
Frage nach Wünschen eigene Verhaltensänderungen nennt.

> Ja, was Größeres. Das wäre dann irgendwie 'ne Zweieinhalb-Zimmer-
> Wohnung. Dann ziehen wir mit zwei Leuten rein. Aber so die ganze Situa-
> tion hier hat sich selber ganz viel verändert. Ich bin immer noch innerlich
> mit mir am Kämpfen, immer noch. Also, um selbstbewusster zu werden
> oder um meinen Verpflichtungen nachzugehen. Ich bin eigentlich immer
> noch der Mensch, der frei leben möchte, aber irgendwie wird das nicht so
> akzeptiert, wie ich das haben will. [...] Meine Zukunft bin ich schon am
> Planen. Ich will singen demnächst, ich will anfangen zu singen, Musik zu
> machen. Ich meine, ich mache das erst mal für mich selber. Habe versucht
> einen Song in Deutsch zu schreiben, irgendwas, balladenmäßig, aber kei-
> nen Rap. [...] Ich habe eigentlich vor, auf jeden Fall meine Tischlerlehre
> zuende zu machen, was in der Tasche zu haben und danach was anderes
> zu machen. Aber wie gesagt, das steht noch in den Sternen.

Ein derzeitiges Problem von Sid sind die Schulden, die sich mit der Zeit angehäuft haben.

> Ich bin selber dabei, meine Probleme zurecht zu stellen, meine Schulden
> zu bezahlen. Die über zehntausend Mark Schulden, die plagen mir im
> Kopf, ich fühle mich nicht frei, wie ich mit meinem Geld umgehen kann.
> Ich habe meine Pfändung, Kontopfändung. Ich kann über mein Konto
> noch nicht mal frei verfügen.

Von der Szene, die für ihn ohnehin nur eine reine Notgemeinschaft war, hat er
sich zurückgezogen.

> In der Bahnhofsszene wird man von anderen Menschen so schief ange-
> guckt. Da ist mir einfach zu viel Drogenszene, auch keinen Bock mehr auf
> Drogen. Jetzt, wo ich am Arbeiten bin, sehe ich das. Unser ein geht arbei-
> ten und andere schnorren die Kohle und haben manchmal mehr Geld als
> ich. Manchmal, wo ich wirklich keine Kohle habe, keinen Pfennig habe,
> habe ich versucht, so durchzukommen. Andere sagen selber, die haben
> keinen Bock zu arbeiten. Ich bin eigentlich einer, der will eigentlich immer
> arbeiten. Ein bisschen ablenken, weil das besser ist. Auf diese Einstellung
> habe ich einfach keine Lust drauf. Ich will was aus mir machen und nicht
> so absacken. Ich kenne mittlerweile viel zu viele Bekannte von mir, die
> abgesackt sind, die runter gekommen sind. Die auf Shore dann irgend-
> wann gelandet sind. Bahnhof ist einfach keine gute Szene. Klar, ich bin
> zwar immer noch gelegentlich da mit Leuten, die noch einigermaßen ver-

nünftig sind. [...] Ich rede oberflächlich mit den meisten, aber persönliche Sachen rede ich nicht mehr mit denen. Ich habe mich von dem ganzen Haufen zurückgezogen.

Derzeit fühlt Sid sich recht einsam. Er beschreibt, trotz seiner Versuche, Anerkennung zu finden, immer wieder »anzuecken«:

Momentan ist keiner in meinem Leben, der wichtig ist. Ich habe 'ne Beziehung gehabt zu 'ner Türkin, aber die ist auch in die Krise gegangen, weil sie ist auch 'ne Komische. Weiß nicht, mich kotzt das Ganze an. Ich habe auch kein Bock mehr. Ich habe auf niemanden mehr so richtig Bock. [...] Weil ich auch vielleicht immer auf die Schnauze gefallen bin, in Sachen beziehungsmäßig. Ich versuche, meinen Freunden was Gutes zu bieten. Entweder sehen die das nicht ein oder nicht. Ich bin von der ganzen Gesellschaft so ein bisschen enttäuscht und wie sie hier so leben. [...] Aber wie gesagt, es hat auch mit mir innerlich Konflikte. Eigentlich bin ich ein Mensch, der versucht, zu jedem Menschen nett zu sein, um akzeptiert zu werden. Aber irgendwie ist Gesellschaft so scheiße. Die sind alle so arrogant und denken nur an sich. [...] Die Menschen, die sind falsch. Die belügen sich gegenseitig, die ziehen sich gegenseitig ab. Wie gesagt, für mich einfach ist die Gesellschaft einfach falsch. Manchmal bin ich auch falsch, so ist das nicht. Aber nur wenn es nur darum geht, mich und meine eigene Haut zu retten. Eigentlich bin ich selber ein Mensch, der nicht großartig anderen auf irgendeine Art und Weise verletzen will oder mit Absicht denen was zu Leide tun will. Irgendwie ist man selber immer der Gearschte, wenn man versucht, was Gutes für andere zu machen. Fällt man nachher selber auf die Schnauze. Deswegen habe ich auch keinen Bock mehr, für irgendjemand was zu tun.

Mit seinen Eltern steht er dagegen wieder in gutem Kontakt. Er wird sogar von ihnen unterstützt.

Mittlerweile verstehe ich mich sogar gut mit denen. Wie ich nicht mehr zu Hause wohnte, verstehe ich mich gut. Mein Vater will für mich auch den Führerschein bezahlen. Und ich habe mir gelegentlich auch schon Geld von denen geliehen. Mittlerweile freuen die sich, wenn ich nach Hause komme. Für's Wochenende halte ich es aus, aber mehr auch nicht. Die haben auch schon mal versucht... in der Zeit, wo ich nach Münster gezogen bin, wo ich ausgezogen bin, hat meine Mutter auch gesagt: »Komm, zieh wieder nach Hause.« Nur, ich kann's nicht mehr.

Sid nimmt heute keine Drogen mehr.

Nachdem ich in Knast gegangen bin, habe ich absolut keine Chemie [synthetische Drogen] mehr genommen, gelegentlich noch Pilze [psychoaktive Psilocybinpilze] genommen, auch gekifft. Habe gelegentlich auch Koks genommen, Shore [Heroin] noch nie probiert und werde es auch nicht. Jetzt habe ich komplett ganz aufgegeben. Ich habe letztens auch noch den (HIV)-Test gemacht. Ich habe 'nen reinen Körper, alles negativ. Und bin ganz zufrieden.

Zur Zeit des Interviews steht er noch unter Bewährung. Über sein Verhältnis zur Bewährungshilfe erzählt er:

Bewährung habe ich ja jetzt auch noch, bis Oktober dieses Jahres. Bewährungshilfe – am Anfang war das auch ein bisschen bockig. Okay, da habe ich noch gekifft und ist mir auch scheißegal gewesen, was der (Bewährungshelfer) mir erzählt hat. In der Zeit habe ich auch so 'nen kleinen Diebstahl begangen. Habe dadurch erst mal zweihundert Stunden gekriegt und musste nicht den Rest der Zeit absitzen. Da hat er mir klar gemacht, was Sache ist, was Realität ist. Er war direkt zu mir gewesen. Ihm konnte ich erzählen und er fand es auch gut, dass ich mich jetzt ein bisschen gebessert habe. Aber mittlerweile verstehe ich mich mit ihm auch ganz gut und erzähl auch das, was ich gemacht habe, was ich vorhabe. Aber persönlich, intime Sachen erzähle ich ihm auch nicht.

Auslöser für positive oder negative Entwicklungen kann Sid nicht benennen, vielleicht, weil er im Grunde alles so genommen hat, wie es gekommen ist, und dabei versucht hat, sich der Situation anzupassen. Dabei schiebt er jedoch nicht die Verantwortung für sein Leben auf andere ab, sondern ist bereit, sie zu tragen.

Schwierige Frage, was sich verändert hat. Ich kann dazu eigentlich gar nicht antworten, weil bis jetzt hat sich gar nicht viel verändert. Es geht immer noch auf und ab bei mir. Das ist mehr von Zufällen abhängig. Ich glaube, es liegt vielleicht daran, dass ich erst mal mit mir selber klar kommen muss. Mit mir und der Gesellschaft selber. [...] Ich habe bis jetzt auch mich irgendwie durchschlagen können, egal wie. Mit sechzehn bin ich schon von zu Hause raus. Ich kriege meine Wohnung geregelt und alles andere auch. Alles zwar nicht hundertprozentig geschafft, aber ich habe auf jeden Fall einen Versuch angesetzt, und wenn das irgendwie misslungen ist, habe ich woanders wieder neu angesetzt. Aber ich habe mich auch nie so ganz aufgegeben. Dass ich für mich selber verantwortlich bin und nicht andere für mich.

Sid versucht stets sich selbst zu helfen. Hilfe in Anspruch zu nehmen ist ihm unangenehm und peinlich.

> Bis jetzt habe ich Wohnungssuche selber gemacht. Habe ich mich auf niemanden verlassen müssen. Ich habe bis jetzt immer selber geschafft, 'ne Wohnung zu suchen. [...] Ich würde mich schämen, im Haus der Wohnungslosenhilfe einzuziehen und es nicht selber geregelt zu kriegen, eine eigene Wohnung zu suchen. Ich bin einer, der selber was für mich macht. Wie gesagt, es ist mir einfach zu peinlich. [...] Meine Arbeit – habe ich auch auf niemanden verlassen. Ja okay, Berufsberatung. Berufsberatung ist auch nur oberflächlich, die machen auch nur ihren Job. Was mein Beruf ist, das ist immer noch mein eigenes Ding. Mir ist es auch selber peinlich, wenn ich zu jemandem hingehen muss und sagen: »Ich bitte dich um Rat«. Ich bin einer, der versucht, immer selber was geregelt zu kriegen. Kriege ich das nicht geregelt, bin ich auch nicht zufrieden. Auf Hilfe anderer möchte ich nicht gerade unbedingt angewiesen sein. Wenn es wirklich Not ist, dann ist mir das zwar schon selber peinlich. Bis jetzt, richtige Hilfe, richtige Unterstützung habe ich auch von niemandem bekommen, verlange ich auch nicht von jemandem.

Letztendlich sind es der gescheiterte Versuch einer Anpassung an die deutsche Gesellschaft, das mangelnde Entgegenkommen dieser Gesellschaft und die vielen erlebten Enttäuschungen, die Sid dazu bewegen, sich zurückzuziehen. Er träumt auch davon, aus Deutschland wieder wegzugehen.

> Ich habe versucht, immer in der Gesellschaft was Positives zu sehen. Nur schlechte Erfahrungen gemacht. Vielleicht liegt es da dran, dass ich damit nicht klar komme. Ich komme damit nicht klar, über die deutsche Gesellschaft. Die meinen, tolerant zu sein, sind sie aber nicht. Die Mentalität von denen gefällt mir auch nicht. Das ist Lügen und Betrügen. Die bescheißen sich gegenseitig. Ich bin einfach menschenmisstrauisch geworden. Ich habe erst mal selber Probleme, mit der Sprache klar zu kommen. Ich habe Probleme erst mal mit mir selber klar zu kommen. Und ich habe ein Problem, mit Mitmenschen umzugehen. Wie gesagt, ich versuche immer das Positive in denen zu sehen und meistens kommt es andersrum wieder raus. Ich wollte irgendwann nach USA ziehen. Es gibt da mit Sicherheit mehr verrückte Menschen. Aber ich komme da vielleicht besser klar als hier.

Einige Monate nach dem Interview bricht Sid seine Ausbildung auf Grund der beschriebenen Konflikte mit dem Ausbildungsträger ab. Aber er hängt nicht durch, versucht weiter eine Perspektive zu entwickeln. Im Bereich Wohnen erfolgt eine Stabilisierung. Er schafft es, nicht wieder neue Mietschulden anzuhäufen und seine derzeitige Wohnung bereits seit einiger Zeit zu behalten.

Kommentar

Sid wird als 8-Jähriger aus seiner bisherigen Umgebung herausgerissen und in eine »andere Welt« gebracht. Er muss mit einer völlig anderen Kultur zurechtkommen, eine neue Sprache, fremde Normen und Werte lernen. Im Nachhinein kann sich kaum mehr an seine Heimat erinnern. Er wirkt »entwurzelt«.

Die erste Zeit in Deutschland ist geprägt durch den Versuch, mit den Ansprüchen und Widersprüchen unterschiedlicher Kulturen zurechtzukommen. Sids Eltern sprechen fast kein Deutsch und vermitteln konservative religiöse Wertmaßstäbe. Daneben versucht er selbst, sich an seine deutsche Umgebung anzupassen, die er als übergroßzügig und gleichzeitig als verlogen wahrnimmt. Eigene Wertmaßstäbe kann er kaum entwickeln. In dieser Zeit ist die Familie für ihn keine Stütze. Er beschreibt den Kontakt als oberflächlich. Gleichzeitig berichtet er von erfahrener körperlicher Gewalt und dass er sich schlagen lassen *musste*. Das bedeutet, dass er die erfahrene Gewalt nicht einmal als Unrecht empfinden durfte.

Sid versucht immer wieder, in der deutschen Umgebung dadurch Anerkennung zu finden, dass er sich anpasst. Diese Anpassung, die ihm zwar vordergründig Freunde sichert, wird ihm jedoch immer wieder zum Verhängnis. Um bei seinen Freunden akzeptiert zu werden, begeht er mit ihnen gemeinsam Straftaten. Es gelingt ihm dennoch nicht, tiefere Beziehungen aufzubauen und er beschreibt alle Kontakte als »oberflächlich«. Dies trifft sowohl auf Freunde und Familie zu als auch auf den Bereich der professionellen Hilfe. Weder bei der ambulanten Therapie noch bei der stationären Aufnahme in die Psychiatrie, die er als Gewalt erlebt, kann Sid sich öffnen. Vielmehr versucht er, durch Anpassung unauffällig zu sein, was ihm immer wieder misslingt. Auch im Heim, wo er ebenfalls versucht, sich anzupassen, findet er letztendlich weder Unterstützung noch Anerkennung, und es wird ihm mit Angst begegnet. Er bleibt ein Fremder in einer für ihn fremden Welt.

Sids Straftaten wirken auf den ersten Blick unvermittelt und unbegründet. Insbesondere die Straftaten, die er als Jugendlicher begeht, wie zum Beispiel der Lkw-Diebstahl, der mit einem massiven Polizeieinsatz und der Körperverletzung eines Beamten endet. Er selbst kann dafür kaum Begründungen liefern. Alle Straftaten stehen jedoch im Zusammenhang mit Gruppenerlebnissen. Es scheint als träfe er dabei kaum eigene Entscheidungen. Im Kontext des gesamten Interviews wird deutlich, dass es hier wie in seinem übrigen Leben um »Anpassung« geht. Sid, der als 8-Jähriger in eine völlig andere Welt transportiert wird und zwischen zwei Kulturen aufwächst, kann kaum ein Gespür für Normen und Werte entwickeln. Nach außen hin versucht er, sich durch Oberflächlichkeit und Freundlichkeit anzupassen, nach innen ist er ein absolut verunsichertes Kind. Gerade diese oberflächliche Freundlichkeit ist es jedoch, die verbunden mit dem Wissen um die begangenen Taten in der Erwachsenenwelt Angst auslöst. So »nett«, wie Sid sich gibt, würde man ihm einen Handtaschenraub oder LKW-Diebstahl zunächst kaum zutrauen. Zwischen Sids Selbst- und Fremdwahrnehmung liegen dabei ebenfalls »Welten«. Während er sich als hilfsbereit und gutwillig beschreibt und immer wieder bemüht ist, es anderen recht zu machen, berichtet er gleichzeitig, dass andere Angst vor ihm haben. Weil er keinem einen Zugang zu seiner Gefühlswelt gewährt, wird er im Zusammenhang mit den Straftaten als gefühllos gewalttätig eingeschätzt. Die scheinbar grundlos und emotionslos begangenen Vergehen erscheinen seiner Umwelt gefühlskalt, er selbst wirkt unberechenbar.

Wenn von »kriminellen Jugendlichen« die Rede ist, dann sind oft Jungen wie Sid gemeint, die ohne augenscheinlichen Grund schlimme Straftaten begehen und denen mit »pädagogischen Mitteln« nicht beizukommen sei. Die Diskussion um die für solche »Fälle« oft geforderte geschlossene Unterbringung zeigt an dieser Stelle jedoch ihre volle Absurdität, denn das Heim will Sid gar nicht mehr haben, und auch später misslingen seine Versuche, in eine Jugendhilfemaßnahme zu kommen. Sid wird aus seinem Heimatland vertrieben, von seinen Eltern erst in die Psychiatrie »gesteckt« und dann ausgegrenzt und von der Jugendhilfe allein gelassen. Abgesehen von kleinen Fluchten im Alter von 14 reißt Sid nie wirklich aus, sondern ist ständig auf der Suche nach einem Zuhause. An Stelle von »geschlossener Unterbringung« wäre es die Aufgabe der Jugendhilfe gewesen, ihm dieses dauerhafte Zuhause zu bieten und ihn nicht abzulehnen und weiterzureichen.

»Geschlossen untergebracht« wird Sid schließlich im Gefängnis, wo er eine Freiheitsstrafe von 9½ Monaten absitzen muss. Im Gegensatz zu anderen jungen Erwachsenen, die die Inhaftierung als traumatisches, furchtbares Erlebnis beschreiben, nimmt Sid auch diese Erfahrung hin, wie er bislang alles in seinem Leben hingenommen hat. Er versucht, sich anzupassen, diesmal »gelingt« es einigermaßen, und er wird nach zwei Dritteln der Strafzeit auf Bewährung entlassen. Der innerhalb der Gefängnismauern begonnene Lehrgang als Maurer erweist sich in »Freiheit« aber als unbrauchbar, weil Sid nicht schwindelfrei ist.

Sid hat die Wohnungslosigkeit absolut nicht frei gewählt. Für ihn ist sie eine schlimme Zeit, in der er auf die Hilfe anderer angewiesen ist, was ihm peinlich ist. Dennoch kann er in dieser Zeit auf Ressourcen zurückgreifen: Er übernachtet meist bei Bekannten, oft auch über längere Zeit hinweg, und kann auch familiäre Ressourcen nutzen. Sein Bruder bietet mehrmals Übernachtungsmöglichkeiten, seine Mutter kocht ihm heimlich Essen, wenn der Vater nicht im Haus ist. Das Sleep-In ist eine weitere Ressource, auf die Sid gerne zurückgreift, vor allem, weil er dort unverbindlich wohnen kann und dabei »in Ruhe gelassen« wird. Hier kann er sich stabilisieren und findet von dort aus selbstständig die erste Wohnung.

Die Szene stellt für Sid eine reine Notgemeinschaft dar. Der Aufenthalt am Bahnhof ist ihm peinlich, bei den Punks fühlt er sich auf Grund deren Lebenseinstellung und mangelnder Sauberkeit unwohl. Er möchte nicht mit ihnen in Verbindung gebracht werden. Zwar begegnet er ihnen nett und hilfsbereit, hält jedoch nur oberflächlich Kontakt und geht nur ganz wenige engere Beziehungen ein. Selbst die Beziehungen zu Partnerinnen beschreibt er letztendlich als oberflächlich und frustrierend.

So oberflächlich wie alle anderen Beziehungen ist auch Sids Kontakt zur Streetwork. Mit den Punks – einem Großteil der Zielgruppe – möchte er wenig zu tun haben, nutzt aber dennoch über Jahre hinweg die niedrigschwelligen Angebote, kommt regelmäßig in die Einrichtung und nimmt ab und zu Beratung an. Er bleibt jedoch letztendlich auch uns gegenüber immer verschlossen. Erst im Interview erfahren wir viele Dinge über ihn, die er vorher nie erzählt hat – völlig anders als bei allen anderen InterviewpartnerInnen, bei denen wir an den Stationen ihres Lebens teilhaben, sobald wir im Kontakt stehen. Sid scheint immer irgendwo untergekommen zu sein, sagt lieber »mir geht's gut«, als den Anschein zu erwecken, Hilfe zu benötigen. So berichtet er auch erst im Interview, wie unangenehm es ihm ist, Hilfebedarf zu zeigen. Wenn ein junger Erwachsener, der so wenig wie Sid von seinen Problemen zeigt, wirklich Hilfe braucht, wird das im Rahmen der Arbeit der Streetwork leicht übersehen, weil gleichzeitig viele andere ihre Bedürfnisse lauthals einfordern. Für einen jungen Mann wie Sid, der sich von der Gruppe zurückzieht, bräuchten die MitarbeiterInnen der Streetwork noch viel mehr Zeit und freie Kapazitäten.

Letztendlich gelingt es zwar, Sid immer wieder bei der Wohnungssuche, bei Mietschulden und kleinen Alltagsproblemen konstruktiv zu unterstützen, die dahinter zu Grunde liegende Problematik kann jedoch weder besprochen noch angegangen werden. In der Zeit, als Sid noch auf der Suche nach einer Jugendhilfemaßnahme ist, bekommen wir das zum Beispiel gar nicht mit – trotz mehrfacher Nachfragen und Angebote.

Aufgrund seiner hohen Selbstständigkeit und der Fähigkeit, sich immer wieder Ressourcen zu organisieren, gelingt Sid schließlich weitgehend ohne professionelle Hilfe eine langsame Stabilisierung. Er findet Wohnungen, schafft es nach und nach, diese zu behalten und sich nicht sofort eine Kündigung einzuhandeln. Mit der Zeit lernt er, mit Geld umzugehen und seine Schuldenprobleme aus eigener Kraft ein wenig in den Griff zu bekommen. Er beginnt nach 4 Jahren ohne geregelten Tagesablauf sogar eine Lehre, deren Anforderungen er allerdings nicht genügen kann. Wieder sind es die von Misstrauen geprägten Beziehungen, die die Konflikte verschärfen. Er fühlt sich ungerecht behandelt, sein Versuch, sich anzupassen, wird nicht als solcher gesehen und anerkannt. Immerhin hält er ein ganzes Jahr durch, obwohl er mit dem Ausbildungsbeginn weniger Geld zur Verfügung hat als vorher im Sozialhilfebezug. Ein geeignetes, ihm entsprechendes Angebot, das ihm die Chance geben würde, sich zu öffnen und zu entfalten, kann ihm die Jugendberufshilfe trotz seiner vergleichsweise hohen Motivation nicht bieten. Letztendlich erlebt er das,

141

was er immer erlebt hat: das Gefühl, ungerecht behandelt zu werden, ausgegrenzt und betrogen.

Sid hat heute jedoch die Wohnungslosigkeit überwunden und seinen Drogenkonsum eingestellt. Er ist seit einiger Zeit »straffrei« und hat es geschafft, ein Jahr lang einen geregelten Arbeitsalltag durchzuhalten. Zu seinen Eltern hat er wieder ein gutes Verhältnis, familiäre Beziehung hält er aufrecht. Was ihm jedoch fehlt, sind neben den familiären Bindungen verlässliche, vertrauensvolle, von Achtung und Toleranz geprägte Beziehungen, in denen er lernen könnte, sich zu öffnen und zu zeigen.

2.6 Birgit: Wende durch Schwangerschaft

Birgit ist heute 22 Jahre alt und Mutter einer einjährigen Tochter. Das Interview mit ihr liegt bereits länger zurück, zum Interviewzeitpunkt ist sie 20 Jahre alt und im vierten Monat schwanger. Sie kommt aus einer Kleinstadt in den neuen Bundesländern, reißt mit 14 zum ersten Mal aus und zieht mit 16 in ein besetztes Haus. Über das Leben in ihrer Familie will sie nur wenig erzählen, zu viele unverarbeitete Enttäuschungen hat sie erlebt.

> Ich komme aus einer 35 000 Mann – Stadt, ja, mit meinen Eltern hab ich da gewohnt. Und bei meiner Familie gab's halt nur Stress. Mein Vater war halt so Kacke, ziemlich intolerant.

Bereits mit 14 reißt sie zum ersten Mal aus, in der Folgezeit immer wieder, und übernachtet bei Freunden.

> Ja, so mit vierzehn, wenn ich 'n Freund hatte, hab ich da gewohnt. Und halt immer wenn es ging. Und meine Alten haben halt immer Stress gemacht, so mit Polizei und Vermisstenanzeige und so. Die haben mich dann immer auf Zwang zurück geholt. Als ich auf 'm Jugendamt war, die einzigste Alternative, die sie mir angeboten haben, war irgendwie in 'n Kinderheim zu gehen. So betreutes Wohnen und so was, das gab's bei uns ja nicht. Dann musste ich auf Zwang wieder zurück, bis zum nächsten Stress und dann war ich wieder weg.

Ihre Versuche, mit Hilfe des Jugendamtes ein neues Zuhause zu finden, bleiben erfolglos.

> Das Heim war die einzigste Alternative, die das Jugendamt anbieten konnte. Und die Jugendamtsmitarbeiterin, das war unsere Nachbarin, die sich ja mit meiner Mutter eh gut verstanden hat. Und das hat eh nicht viel gebracht.

Birgit bleibt immer öfter und länger von zu Hause weg, geht aber weiterhin zur Schule und schafft mit 16 ihren Realschulabschluss.

> Und so das Ende von der zehnten Klasse, da war ich auch gar nicht mehr zu Hause. Da hatte ich eigentlich auch kein Bock mehr auf Schule. Aber meine Schule war halt recht gut so und hat mir immer wieder neue Chancen gegeben. Die haben gesagt, probier's doch noch mal und du bist doch bald fertig. Ja dann hab ich die Schule fertig gemacht. Hab halt die ganze Zeit bei irgendwelchen Freunden gepennt.

Sie beginnt danach eine Ausbildung als Krankenschwester, in erster Linie, weil sie dadurch einen Platz in einem Ausbildungswohnheim bekommen kann. Birgit lernt dort Freundinnen kennen, die Cannabis konsumieren und macht mit. Daraufhin kommt es zu Konflikten:

> Ja, zu meinen Eltern konnte ich schon, aber wollte ich nicht. Ja, irgendwann hab ich dann den Platz in dem Wohnheim bekommen. Da war ich halt die Woche über in dem Wohnheim und am Wochenende bin ich ab und zu zu meinen Eltern gefahren. Da gab's dann jedes Mal eh nur Stress. [...] Und in dem Wohnheim, wo ich war, gab's halt auch voll viel Stress. Das ganze Wohnheim hat gekifft. Und ich kam da halt rein, bunte Haare und so. Und ich war dann halt die Schuldige dafür. Alle waren am Kiffen, aber alle haben halt bei mir gekifft. Und dann gab's Stress. Der Hausmeister hat meine Eltern informiert, der hat die Polizei informiert. Die wollten dann 'ne Drogenrazzia bei mir machen.

Ein weiteres Problem ist, dass Birgit mit dem wenigen Geld nicht zurechtkommt. Ihre Eltern wollen nichts dazufinanzieren. Auch von der Ausbildung hatte sie sich mehr versprochen. Schließlich bricht sie nach einem halben Jahr ab, verliert dadurch auch das Wohnheimzimmer und wird wohnungslos.

> Ich hatte irgendwie voll wenig Kohle. Ich hab Bafög bekommen. Zweihundertfünfzig Mark. Hundertfünfzig hab ich davon allein schon fürs Fahrgeld gebraucht, jeden Monat, und meine Alten wollten mir nichts dazu geben und so hat's halt eh nie gereicht. Ja, dann hatte ich irgendwann keinen Bock mehr und bin da weg. [...] Davon versprochen hab ich mir eh nix. Ich hab halt gehofft, dass es nicht mehr so viel Stress gibt, kein Bock mehr auf Eltern.

Sie verlässt daraufhin die Kleinstadt, geht zunächst in eine ostdeutsche Großstadt. Zu diesem Zeitpunkt ist sie 17.

Ja, in W. [ostdeutsche Großstadt] war ich, glaub ich, ein knappes Jahr. Und hab da eigentlich nur in besetzten Häusern gewohnt. Bin früh aufgestanden, schnorren gegangen, ja und hab viel getrunken. (Gelebt hab ich) nur vom Schnorren. So an den U-Bahnhöfen und so. [...] Ja, so zwei Stunden oder so, da hatte ich so dreißig, vierzig, Mark. Und dann meistens entweder was zu Saufen geholt, oder 'ne Pappe [LSD] und dann den ganzen Tag eigentlich ziemlich breit verbracht, so. Und so ging das eigentlich jeden Tag. [...] Ach, am Anfang war das cool. Da war ich auch noch ein bisschen anders drauf halt. Viel getrunken und Leute hab ich viele kennen gelernt. Ich bin halt aus meinem Heimatort mit 'nem Freund nach W. Haben da sofort Leute getroffen und so. Irgendwie ständig Häuser besetzt. Hier Demos und da Demos und Häuser räumen und richtig Action.

Über das Leben in den besetzten Häusern erzählt sie:

Eigentlich ist das voll die Schrottbude, aber das ist halt schon seit Generationen irgendwie besetzt. Wenn du da über den Dachboden läufst, brichst du schon ein, in die oberste Etage. Und da waren wir halt als erstes drin, so zu dritt. Und ein Monat später waren das bestimmt schon so fufzig Leute. Ja und da haben sie uns da raus geräumt. Das war eigentlich ganz lustig. Und dann sind wir in der X-straße auf 'n Bauernhof gegangen. Das ist 'ne autonome Straße gewesen und da stand ein Bauernhof leer. Da sind wir dann mit den ganzen Punkers rein. Dann haben sie uns da raus geräumt und dann haben wir alle verteilt bei den Autonomen gewohnt. [...] Das war halt Freiheit. Keine Vorschriften irgendwie. Machen, wozu man Bock hat.

Durch Hausbesetzungen und Demonstrationen erlebt sie ihre ersten Auseinandersetzungen mit der Polizei.

Also, in W. ist jeden Tag 'ne Demo. So meistens gegen Sozialabbau. Und Stress gibt's da ständig. Gerade mit den besetzten Häusern und so. [...] Zum Beispiel, wo wir an der X-straße gewohnt haben. Als sie uns geräumt haben, an dem Tag war irgendwie Party. Wir sind zu dritt losgegangen. Wollten Alkoholnachschub holen. Als wir wieder kamen, war nur noch einer da. Sonst das ganze Haus leer. Alle Leute weg. Meinte einer so, hö, die haben gerade ein Bett zum Fenster raus geschmissen auf die Straße. Die Nachbarn, die haben gerade die Bullen gerufen. Die kommen gleich. Wir wollten gerade schnell raus. Auf einmal leuchten voll die Scheinwerfer zum Fenster rein. Wir saßen da: Scheiße, was machen wir jetzt? Gucken zum Fenster raus, da standen da zweihundert Bullen. Alle Helme auf, Knüppel in der Hand, bewaffnet. Und wir saßen da zu viert. Stockbesoffen. Scheiße, was machen wir jetzt? Wo verstecken wir uns? Durchs ganze

Haus gerannt. Wo kann man sich verstecken? Dann sind wir stockbesoffen auf die Dachkanzel gegangen. Haben uns aufs Dach gelegt. Voll breit. Ich voll Höhenangst. Lagen wir da oben auf'm Dach. Die Bullen 's ganze Haus durchforstet. Überall rumgeleuchtet. Sogar noch auf'n Dachboden geleuchtet, haben uns aber nicht gesehen. Und dann haben sie unten das ganze Haus zugemauert. So 'ne Riesenmauer außenrum gezogen. Und wir noch drin. Ja, und am nächsten Tag, da mussten wir dann aus 'm vierten Stock so 'ne Leiterkonstruktion bis nach ganz unten bauen und dann irgendwie mit den Hunden rauskommen.

Immer wieder wird sie bei Hausbesetzungsräumungen und Personenkontrollen von der Polizei in den Kinder- und Jugendnotdienst gebracht.

Ja und auf 'm Bauernhof, als sie uns da geräumt haben. So in meinem Zimmer, da ging so der Geheimgang durch. So'n Loch in der Mauer. Irgendwie früh, ich werd wach. Meine Tür stand offen. Auf einmal voll die Bullen an meiner Tür vorbei und keiner guckt rein. Erst der Letzte, guckt in mein Zimmer rein: »Aufstehen, raus hier, raus hier!« Ja toll, nur in kurzen Hosen und T-Shirt, barfuß. Draußen ging's voll ab. Da standen ein paar Leute oben auf 'm Dach, haben mit Steinen geworfen und so. Die Bullen haben überall voll Rauchbomben reingeworfen und so. Ja, dann haben sie den ganzen Bauernhof geräumt. Dann durften wir noch ein paar Sachen wenigstens rausholen. Ja und zu der Zeit war ich halt auch noch minderjährig und hatte halt rein rechtlich gesehen meine Vermisstenanzeige draußen und musste eh immer zu den Bullen. Sobald die Ausweise kontrolliert haben, haben die mich mitgenommen und so. Haben dann meine Eltern angerufen. Meine Eltern haben mich dann gefragt: »Willst du nach Hause kommen?« Ich immer: »nein!« Ja, und dann haben sie mich in den Notdienst gefahren. Dann konnte ich da essen und duschen und dann konnte ich wieder gehen.

Die Szene gibt ihr eine Geborgenheit, die ihr die Eltern nie geben konnten.

Das war gut! Ja, es gibt einem halt irgendwo ein Geborgenheitsgefühl. Weil da kannst du halt immer ankommen bei den Leuten und die sind immer da und die labern halt immer mit dir vernünftig. Ja auf jeden Fall besser als zu Hause war das.

In der Großstadt kommt sie aber auch mit anderen Drogen als Cannabisprodukten in Berührung.

Und dann in W., da ging das eigentlich erst richtig los. Das erste Mal LSD und so. Und das war dann eigentlich echt lustig. Und das hat dann auch

meinen Tag so ziemlich bestimmt. Früh aufgestanden und schnorren gegangen, 'ne Pappe geholt und den ganzen Tag durch W. geheizt. Ja, und
halt auch noch viel getrunken.

Nach der zweiten Räumung kommt Birgit in einem Haus der autonomen Szene unter. Hier wohnen viele Leute und Hunde auf engem Raum, und sie leidet
unter den unhygienischen Verhältnissen.

Zu der Zeit war's ganz schön krass. Da haben voll viele Leute Krätze [Ska-
bies; durch Milben verursachte Hautkrankheit] oder so was. Da waren wir
irgendwie in 'nem Fünfzehn-Quadratmeter-Zimmer und der ganze Boden
war voll Matratzen und wir haben dann da so – ja weiß ich nicht – zu
zwanzigst oder so gepennt. Und massig Hunde, die da den ganzen Flur
zugeschissen haben. Also voll unhygienisch. Da hat's mich dann doch
schon angekotzt. Also vorher, da hatte ich wenigstens immer noch mein
eigenes Reich. Es gab auch viele Leute, die Scheiße drauf waren, und anderen voll viel Stress gemacht haben. Aber so die, mit denen ich zusammen gewohnt habe, die waren echt gute Freunde.

Sie nutzt in der Großstadt nur sporadisch die Angebote des Jugendnotdienstes
und der Streetwork.

Also, wenn du richtig auf der Straße hängst, keine Ahnung. Nicht so wie
hier (in Münster), hier mal pennen, da mal pennen. Also, wenn du da richtig draußen bist, dann hast du da keine Perspektive, gerade in W. W. ist
halt so groß, da gibt's halt ein paar Sozialarbeiter, die können sich dann
nicht mit jedem Einzelnen befassen, wie das hier ist. Klar hast du
zwischendurch mal 'nen Streetworker getroffen, der mit dir gequatscht
hat. Jetzt aber nicht wie hier, so, dass sich die Leute richtig um einen kümmern. Die können halt so Gespräche führen. Aber so 'ne richtige Anlaufstelle hatte ich nicht.

Nach einem knappen Jahr kommt sie zufällig nach Münster und lernt hier einen etwa 10 Jahre älteren Freund aus der Heroinszene kennen. Sie holt sich
aus dem Tierheim einen Hund und bleibt. Mit ihrem Freund und anderen Jugendlichen und jungen Erwachsenen übernachtet sie einen Sommer lang
draußen in der Innenstadt.

Dann bin ich nach Münster gekommen. Weil zwei Freunde nach W. kamen
und gemeint haben, ich solle mal 'ne Woche mit auf Urlaub kommen. [...]
Und dann wollte ich eigentlich nur für 'ne Woche mitfahren, aber das ist
ja jetzt wohl schon ein bisschen länger.

Wir kommen schnell mit Birgit in Kontakt, sie nutzt die Angebote der Street-work regelmäßig und fragt immer wieder nach Unterkunftsmöglichkeiten. Wir führen ausführliche Gespräche, Birgit kommt zeitweise täglich. Sie ist das »Platte machen« leid und möchte ihre eigenen vier Wände haben. Auch be-treutes Wohnen kann sie sich vorstellen und wir nehmen Kontakt zum Amt für soziale Dienste auf. Der Sachbearbeiter verweist aber auf das zuständige Ju-gendamt am Heimatort. Also treten wir mit dem Heimatjugendamt in Verbin-dung, dort wird jedoch weiterhin keinerlei Bedarf für eine Jugendhilfemaßnah-me gesehen. Mittlerweile wird Birgit 18, so dass sie mit unserer Unterstützung Hilfe zum Lebensunterhalt beim Sozialamt beantragt. Zum ersten Mal, seit sie wohnungslos ist, hat sie nun eigene geregelte Einkünfte.

> Bei der Streetwork war ich schon 'ne ganze Zeit. So wegen Duschen und auch Wäsche waschen und Frühstücken und so was. Also C. [Freundin] und ich, wir haben die Streetworker dann angequatscht, ob die irgendwie nicht gucken können, ob die nicht einen Platz kriegen können, wo wir ein paar Bauwagen draufstellen können.

Birgit sucht nur halbherzig nach einer Wohnung. Immer wieder fragt sie uns, ob wir einen Platz für Bauwagen organisieren können. Zu dieser Zeit laufen bereits Verhandlungen mit der Stadt. Mit dem Freund kriselt es und Birgit möchte gerne zusammen mit einer Freundin auf einen Bauwagenplatz.

> Die Idee, die kam ja von uns. Und das hat sich halt voll lange hingezogen. Da war kein Platz und kein Geld und hier nicht und da nicht. Und letztendlich haben die ja den Platz bekommen, und da haben die uns auch als erstes gefragt, ob wir dahin wollen.

Nach langen Verhandlungen gelingt es, einen Bauwagenplatz und eine ehema-lige Tankstelle für zwei Wohnprojekte für insgesamt 6 Personen zu bekommen. Birgit zieht mit ein. Sie berichtet, was sie sich davon erhofft hat:

> Ja, vielleicht mal wieder ein bisschen geregelter zu leben und nicht immer nur draußen. Hier in Münster hab ich ja die ganze Zeit draußen in der In-nenstadt gepennt. Eigene vier Wände haben.

Birgit wohnt insgesamt 2 Jahre in den Wohnprojekten der Streetwork. Zu-nächst ist sie voll Engagement auf dem Bauwagenplatz dabei. Sie renoviert mit ihrer Freundin zusammen unter Anleitung der Streetwork die Wohnwagen, die wir für den Übergang über den Winter bereitstellen. Sie ist froh um ihre eigenen vier Wände und fängt sogar kurz nach dem Einzug an, in einem niedrigschwelligen Projekt der Jugendberufshilfe zu arbeiten. Dort hält sie einige Monate durch, bis sie im Projekt einen neuen Freund kennen lernt. Über das Projekt erzählt sie:

> Aber so im Vergleich zu manch anderer Arbeit ist das echt noch ziemlich locker. Jetzt, so teilweise machen die ja echt abgefahrene Sachen. Die Zeit wo ich da war, da waren da immer irgendwelche Aufträge da, von irgendjemand. Du musst echt irgendwie voll stumpf irgendwie tagelang hintereinander irgendwelche Karteikästen ausbauen, wo du schon voll blöde im Kopf bist, wenn du die ganze Zeit das Gleiche machst. Und halt so sinnlose Sachen, was mir überhaupt keinen Spaß macht, so Holzarbeiten oder so. Ich bin halt mehr so für Kreativarbeit. Ja, könnte interessanter sein. Das Arbeitsprojekt abgebrochen hab ich, weil ich meinen Freund getroffen hab. Ja, keine Ahnung. Seitdem haben wir immer lange geschlafen. Der war ja erst auch noch in dem Projekt.

Sie zieht nach und nach immer mehr zum Freund, der im anderen Wohnprojekt der Streetwork lebt. Während wir sie anfangs als sehr motiviert erleben, baut sie in dieser Zeit immer mehr ab, ihr Drogenkonsum steigert sich und gesundheitlich geht es ihr schlechter. Ständig ist Besuch in der Wohnung. Zeitweise leben sie zu viert mit 4 Hunden in der Zweizimmerwohnung, hinzu kommen regelmäßig Übernachtungsgäste. Wir erhalten Birgit noch ein Jahr lang die Option, in ihren Bauwagen zurückzuziehen und sprechen dies immer wieder an. Wenn es gerade wieder kriselt, will sie das Angebot annehmen – dazu kommt es aber nicht. Uns bleibt nicht viel anderes übrig, als zuzuschauen, wie es ihr immer schlechter geht, trotz vieler Gesprächs- und Kontaktangebote.

> Ja, an der V.-Straße war halt voll der Einlauf jeden Tag. Voll die action, so. Der Einlauf, der wurde ja eigentlich durch meinen Freund verursacht die ganze Zeit. Das war halt voll der enge Raum. Und dann so viele Leute auf einem Raum. Und dann Party gemacht. Das ganze Zimmer versifft, alles dreckig.

Birgit geht es gesundheitlich zusehends schlechter, nur noch selten kommt sie zur Streetwork, wir besuchen sie einmal sogar im Krankenhaus, als ihr Immunsystem zusammenbricht. Als immer mehr Bekannte auf härtere Drogen umsteigen, zieht Birgit jedoch nicht mehr mit.

> Irgendwie, weil irgendwie die Leute teilweise echt komisch geworden sind, mit den ganzen Drogen. Ich hab da einfach kein Bock mehr drauf. Als dann Koks aufkam und alle nur noch voll gierig waren, alle paar Minuten 'ne neue Nase und so. Das fand ich dann irgendwann so ekelig. Ich hab mittlerweile schon so 'ne Abneigung größtenteils so dagegen, so wenn

man das so unkontrolliert in sich rein schmeißt. Ich mein, ich hab's ja selber lange genug gemacht. Aber jetzt so mittlerweile hab ich auch kein Problem, auch nein zu sagen.

Birgit ist gerade 20, als sie erfährt, dass sie schwanger ist. Dies gibt ihrem Leben eine entscheidende Wende, sie stellt ihren Drogenkonsum vollständig ein, wirkt wieder aufgeweckter, und sucht mit ihrem Freund gemeinsam eine Wohnung. Ihre Schwangerschaft sieht sie daher auch als Chance für sich an.

Ja, jetzt ist meine Schuppenflechte fast weg. Also ja klar, das merkt man schon, so. Also, so fit ist mein Immunsystem auch nicht. Aber auf jeden Fall nicht mehr so anfällig wie vorher. Da war ja alles Mögliche. [...] Ich mein, ich seh das auch ein bisschen als meine Chance an, so jetzt endlich mal was gebacken zu kriegen. Weil, jetzt muss ich ja. Wenn die drei Jahre irgendwie vorbei sind, Mutterschaftsdingsbums-Urlaub, dann muss ich halt ranschaffen. Ich hab kein' Bock, so irgendwie, dass das Kind schon von Anfang an vom Sozialamt lebt. Dann mach ich halt 'ne Ausbildung und dann seh ich zu, dass Geld reinkommt.

Bei der Wohnungssuche haben beide Glück und finden zunächst tolerante Vermieter. Sie zieht mit ihrem Freund und 3 Hunden in eine Wohnung in einem Münsteraner Vorort.

Also, das war gar nicht schwierig. Das ging eigentlich relativ schnell. Das Problem sind halt immer die Hunde. Jetzt bei den ganzen Wohnungsgesellschaften und so. Die meisten, die hören »Hunde«, dann ist schon Ende. Und bei der hier, da haben wir wohl ziemlich Glück gehabt.

Seit sie in der abgelegeneren Wohnung leben, haben sich auch die Besucherzahlen verringert. Es wird ruhiger in Birgits Leben. Sie beschreibt, nur noch wenige Freunde unter den Leuten aus der Szene zu haben.

Ja, mit meinem Freund häng ich ja auch hier fast die ganze Zeit. Und ansonsten so, die breite Masse ist es nicht. Also ein großen Teil seh ich auch nur so als Bekannte an. Gute Freunde sind das nicht so viel. Also mit denen ich mich auch echt auf tiefsinnigere Gespräche vielleicht einlassen würde oder so. Größtenteils ist das schon ziemlich oberflächlich. Bis auf so 'n paar einzelne Leute, zu denen ich auch echt Vertrauen hab.

Dagegen beschreibt sie ihre Hunde als äußerst wichtig in ihrem Leben.

Aber meine Hunde gehen mir schon über alles, so. Irgendwie, die sind schließlich immer da, wenn's mir Kacke geht. Deshalb. [...] Also ich würd die nicht einfach so weggeben. Da würd ich lieber auf meine Wohnung verzichten und gucke, dass ich irgendwie was anderes find, als das ich meine Hunde weggeb.

Finanziell sieht es jedoch nicht so gut aus. Birgit hat Schulden und offene Rechnungen zu begleichen und möchte diese Dinge noch vor der Geburt des Kindes abgeschlossen haben.

Ich hab so viele Rechnungen immer offen. Ich will jetzt probieren, die ganze Kohle irgendwie noch zu bezahlen, bevor das Kind da ist. Damit ich dann schuldenfrei bin. Das ist ja hier ein bisschen und da ein bisschen und so. Ich war natürlich auch so dumm und hab die Hunde angemeldet. Und jetzt komme ich mit dem Zahlen gar nicht mehr hinterher. [...] Und 'ne gemeinsame Telefonrechnung von T. [Freund] und mir von tausendfünfhundert Mark mit Vertrag auf meinem Namen, weil T. ja in der Schufa steht, und dann krieg ich halt immer die netten Briefe. Und dann halt die Hundesteuer. Ich muss alle drei Monate siebzig Mark bezahlen. Und normalerweise ist das so, ich muss einfach den Sozibescheid wohin schicken und dann muss ich nur die Hälfte bezahlen. Ich hab halt voll die hohe Rechnung noch, was ich im Rückstand bin. Ja, das ist voll Kacke. Wenn ich mein Geld krieg, das geht dann alles nur für solche blöden Rechnungen drauf.

Im Nachhinein bereut sie manchmal, ihre Ausbildung abgebrochen zu haben. Eine abgeschlossene Ausbildung ist ihr trotz Schwangerschaft noch ein wichtiges Ziel. Ansonsten zieht es sie aufs Land.

Ja, danach auf jeden Fall 'ne Ausbildung. Ist zwar dann ein bisschen schlecht, so zwischen Leuten zu sitzen, die gerade aus der Schule kommen. Aber auf jeden Fall 'ne Ausbildung. Hab kein Bock irgendwie später nur putzen gehen zu können oder so. Im Nachhinein denk ich mir, es wär vielleicht besser gewesen, die Ausbildung fertig zu machen, die ich angefangen hab. Bereue ich schon.[...] Ja, was ist mir denn wichtig? Dass ich irgendwann mal auf 'nem Kotten wohne, wo ich ein großes Grundstück hab und wo man die Tür aufmachen kann, damit ich meine Hunde rauslassen kann.

Seit kurzer Zeit versucht sie, mit ihren Eltern wieder Kontakt aufzunehmen. Aber es kommt nichts zurück.

Nee. Ich hab ja meiner Mutter eine Geburtstagskarte geschickt mit 'nem Ultraschallbild. Die war gut, da war vorne ein Hase drauf mit so 'ner Luftmatratze in der Hand, und da stand: »Früher war es das auf und ab, was dich müde machte.« Und wenn du die aufgeschlagen hast, dann stand da drin: »Und jetzt ist es das hin und her von deinem Schaukelstuhl.« Und dann hab ich daneben geschrieben: »Denn schon in einem halben Jahr bist du Oma.« Hab dann ein Ultraschallbild da drunter geklebt. »Alles Gute zum Geburtstag«. Aber bis jetzt hat sich noch keiner gemeldet. Also denk ich mal, das war nicht so einschlagend.

Birgit bringt 5 Monate nach dem Interview eine gesunde Tochter zur Welt. Sie bekommt viel Unterstützung von einer Freundin, die sie noch aus der Szene kennt und die selbst zwei Kinder hat. Ihr Freund zieht sich jedoch mehr und mehr von ihr und dem Kind zurück und verbringt viel Zeit in der Szene. Meistens ist Birgit den Tag über mit dem Kind und den Hunden allein. Nach einem weiteren halben Jahr wird dem jungen Paar dann die Wohnung gekündigt. Die Beziehung geht immer mehr in die Brüche. Birgits Freund ist oft tagelang nicht zu Hause. Während er schließlich bei Bekannten unterkommt, wohnt Birgit mit ihrer Tochter noch einige Zeit in der gekündigten Wohnung, in der bereits der Strom abgestellt ist. Wir versuchen, sie bei der Wohnungssuche und bei der Schuldenregulierung zu unterstützen. Wir sprechen mit ihr über Jugendhilfe und sozialpädagogische Familienhilfe. Aber dann findet sie aus eigener Kraft zusammen mit einer anderen Freundin, die mit der Szene nichts zu tun hat, eine kleine Wohnung in einem Vorort von Münster, wo sie gemeinsam einziehen und bis heute leben. Die Trennung vom Freund wird endgültig. Birgit hat heute kaum mehr etwas mit der Szene zu tun.

Kommentar

Birgit ist eine von den jungen Frauen, die kaum etwas über ihre Familiensituation erzählen, weil sie so viele psychische Enttäuschungen und Verletzungen erlebt und nicht verarbeitet haben. Sie verlässt ihr Elternhaus, wo es immer wieder »Stress« gibt – wie sie sagt – endgültig im Alter von 16 und sucht Kontakt und Anschluss in der Punkszene. Nachdem der Versuch, durch ein Zimmer in einem Wohnheim Abstand von den Eltern zu bekommen, vor allem am finanziellen Rahmen scheitert, gibt sie nicht nur ihre Ausbildung auf, sondern auch die Kleinstadt. Daraufhin ist sie wohnungslos und lebt in einer ostdeutschen Großstadt in besetzten Häusern. Aus dieser Zeit erzählt sie viel und lebendig, als sei sie zum ersten Mal »aufgetaut«.

Birgit macht immer wieder Versuche, Unterstützung durch die Jugendhilfe zu bekommen. In der ostdeutschen Kleinstadt gibt es zu dieser Zeit jedoch keine angemessenen Angebote. Auf Grund der nachbarschaftlichen Beziehungen zwischen Eltern und zuständiger Sachbearbeiterin werden ihre Wünsche auch nicht berücksichtigt, als sie später in der Großstadt und in Münster lebt, wo es alternative Angebote zum Heim gegeben hätte. Mit knapp 18 ist sie das Warten und Kämpfen leid, und auch uns erscheint es nach erfolglosen Versuchen einfacher, mit ihr beim Sozialamt die Hilfe zum Lebensunterhalt einzufordern. Birgit hätte mit Hilfe einer niedrigschwelligen Jugendhilfemaßnahme einiges erspart werden können. Ihre Offenheit für eine Betreuung war da, das zeigt die Intensität, mit der sie Beratung und Begleitung bei der Streetwork suchte.

Mit Birgit kommen wir schnell in Kontakt, sie sucht vor allem eine weibliche Ansprechpartnerin für ihre Probleme und signalisiert einen hohen Bedarf an Begleitung und Betreuung, den die Streetwork kaum bieten kann. In uns sucht sie auch AnsprechpartnerInnen, die sie in ihren Eltern nie hatte. Die Vermittlung in das begleitete Wohnprojekt ist zunächst eine Möglichkeit, Birgit mehr Begleitung und Unterstützung zukommen zu lassen als es in einer eigenen Wohnung möglich gewesen wäre. Vermutlich ist dies für sie aber dennoch zu wenig. Zunächst wirkt sich für Birgit der Einzug in die Wohnprojekte stabilisierend aus. Sie beginnt daraufhin von sich aus in einem Projekt der Jugendberufshilfe. Das handwerklich ausgerichtete Projekt entspricht jedoch nicht so sehr ihren Interessen und Fähigkeiten. Letztendlich lernt sie dort ihren späteren Freund kennen, mit dem sie kurze Zeit später zusammenzieht. Diese Beziehung wirkt sich auf sie eher destabilisierend aus. Sie bricht das Projekt ab, erlebt eine Phase exzessiven Drogenkonsums, in der sie auch gesundheitlich abbaut.

Die Beziehung zum Freund ist für Birgit nicht einfach, ebenso die Lebenssituation im Wohnprojekt, wo sie zu viert mit 3 bis 4 Hunden in einer Wohnung leben, die für zwei Personen vorgesehen ist. In dieser Zeit zieht sich Birgit von der Streetwork zurück, kommt nur noch sporadisch zu den Angeboten. Für uns ist dies auch eine Phase der Hilflosigkeit – zusehen zu müssen, wie sie immer weiter abrutscht. Denn letztendlich ist die Begleitung in den niedrigschwelligen Wohnprojekten trotz intensiver Bemühungen für Birgit zu wenig.

Die Wende in Birgits Leben tritt schließlich durch ein unerwartetes Lebensereignis, eine ungeplante Schwangerschaft, ein. Als Birgit erfährt, dass sie schwanger ist, entscheidet sie sich für das Kind und stellt ihren Drogenkonsum ohne professionelle Hilfe von heute auf morgen vollständig ein. Sie kommt wieder öfter zur Streetwork und nimmt Beratungs- und Unterstützungsangebote in Anspruch. In der Zeit der Schwangerschaft entwickelt sie Kraft, Stärke und die Verantwortung, für sich und ihr Kind zu sorgen.

Stabilisierend wirken in dieser Zeit Freundinnen, die nichts (mehr) mit der Szene zu tun haben. Insbesondere von einer jungen Frau, die vormals in der Szene war, nun mit zwei Kindern und ihrem Freund zusammenlebt, bekommt Birgit viel Unterstützung. Auch als ihre Beziehung in die Brüche geht und ihr Freund sich »davonstiehlt« kann sie letztendlich auf die Unterstützung einer Freundin zurückgreifen, die mit ihr zusammen nach einer Wohnung sucht und mit ihr einzieht.

Hier hätte es noch einmal die Chance für eine Jugendhilfemaßnahme gegeben, aber Birgit will nicht mehr. Zu oft ist sie vom Jugendamt zurückgewiesen worden. Eine paradoxe Situation: Mit dem Kind hätte Birgit ohne weiteres eine Jugendhilfemaßnahme bekommen, aber sie ist darüber hinausgewachsen. Heute will sie die erlangte Selbstständigkeit und Stärke nicht mehr aufgeben und die Verantwortung für ihr Leben nicht mehr abgeben, auch wenn es für sie nicht einfach ist.

2.7 Bernd: Stabilisierung in kleinen Schritten

Bernd ist heute 22 Jahre alt und lebt in einem der Wohnprojekte der Streetwork. Seine Familie stammt aus den neuen Bundesländern und hat die letzten Jahre im Münsterland gelebt. Bernds Kindheit ist einerseits geprägt durch eine Vielzahl von Umzügen, Übergangslösungen und Abschieden, andererseits durch Alkoholprobleme von Vater und Stiefvater und durch Gewalt. Er erzählt:

> Also, geboren bin ich in einer ostdeutschen Stadt. Da hab ich, glaub ich, anderthalb Jahre gewohnt. Ja, und dann sind wir auf 'n Dorf gezogen, weil mein richtiger Vater ja unbedingt auf 'nem Dorf wohnen wollte. Da hab ich dann acht Jahre lang gelebt. Und nie mehr so lange irgendwo gelebt wie in dem einen Haus. Dann sind wir wieder nach A. [ostdeutsche Stadt] gezogen. Wieder für eineinhalb Jahre.

Schon früh wird er mit den Alkoholproblemen des Vaters und mit Gewalt konfrontiert. Als 6-Jähriger bekommt er bereits von seinem Vater Bier angeboten.

> Ja, ich mein, solange er nüchtern war, war alles immer voll o.k. Ich war an sich auch immer so sein Lieblingskind. Nur wenn er besoffen war, dann hat er nur noch auf mich eingeprügelt. Und bei meiner Mutter auch, aber bei der hat er halt nicht so viel Chancen gehabt, weil er da viel selber einstecken musste. Die haben sich manchmal übelst geprügelt. Meine Mutter ist halt auch 'ne kleine Kante. Ja sonst hat er eigentlich nur Scheiße gebaut, wenn er besoffen war. Die haben sich auch immer einmal in der Woche getroffen, immer bei uns wenn meine Mutter zum Sport war. Dann haben die aber gesoffen. Ja und ich als kleiner sechsjähriger Koten immer dazwischen. Hier trink mal 'nen Schluck Bier. Bis ich dann immer irgendwo in der Ecke lag.

Als Bernd 11 Jahre alt ist, trennen sich die Eltern, und seine Mutter zieht kurz darauf mit Bernd und seinen beiden Schwestern in den Westen. Sie leben zunächst in verschiedenen Übergangslösungen.

> Ja dann sind wir auch weggegangen. Meine Mutter hat sich damals von meinem Vater geschieden. Ja, dann sind wir rüber. Meine zwei Schwes-

153

tern und meine Mutter. Dann haben wir erst in irgend 'nem Auffanglager gewohnt. Das war so 1989/90 um den Dreh rum. Dann nach B. [Dorf im Münsterland] gezogen für ein halbes Jahr. Dann nach C. [Kleinstadt im Münsterland]. Ah ich glaub vorher, noch vor C. haben wir ein halbes Jahr in der Kaserne gewohnt. [...] Und dann haben wir irgendwie erst in so 'ner Baracke gewohnt. In 'nem großen Zimmer. Dann haben wir später irgendwie 'ne kleine Wohnung gehabt. Anderthalb Zimmer mit Küche. Mit Bad auf 'm Flur. Draußen. Dann hat meine Mutter meinen Stiefvater kennen gelernt. Dann haben die zusammen irgendwie sich 'ne Wohnung gekauft. 'Ne große, so hundertzwanzig Quadratmeter. Ja, und dann, ja dann haben sie mich raus geschmissen. Und dann hab ich überall gewohnt. Aber meistens gar nicht.

Beide Elternteile arbeiten den ganzen Tag, um sich die Wohnung leisten zu können. Dennoch bleibt wenig Geld zum Leben übrig. Bernd fängt an zu klauen, um sich die Dinge zu besorgen, die die Klassenkameraden auch haben. Die familiäre Situation stabilisiert sich zwar äußerlich, aber Bernd kommt mit dem Stiefvater nicht zurecht. Einzig an gemeinsamen Alkoholkonsum kann Bernd sich positiv erinnern.

Ich fing halt an irgendwann, aus der Sicht meiner Mutter eigentlich, ziemlich viel Scheiße zu bauen. Ich hab ja auch damals meine Eltern bestohlen und so. Und irgendwann hab ich angefangen, nur noch vom Klauen zu leben und das nicht mal schlecht. Immer irgendwie los gegangen, und Leute haben sich bei mir irgendwie Sachen bestellt, so, und ich hab das dann halt geklaut. Ich hab ja auch immer viel Geld gebraucht, irgendwie wollte ich halt immer dafür sorgen, dass die Leute mich auch toll finden oder so. [...] Und hab immer so meine hundert bis hundertfünfzig Mark am Tag gehabt. Wo ich da noch bei meinen Eltern gewohnt hab. Da wurd meine Mutter schon immer spitz, weil ich immer die tollsten Sachen im Zimmer stehen hatte, wo es uns finanziell eigentlich total scheiße ging. Uns ging's eigentlich immer finanziell echt scheiße. Das fing erst an, besser zu werden, als ich nicht mehr zu Hause gewohnt hab. Ja weiß nicht, meine Mutter ist da glaub ich mit den ganzen Problemen mit mir nicht fertig geworden. War wohl 'n bisschen zu viel. Ja mit meinem Stiefvater hab ich mich eigentlich eh noch nie so richtig verstanden. Also ich mein, der fand mich halt immer gut, wenn ich Sachen gemacht hab, die ihm gefallen. Und ansonsten war ich scheiße. Dadurch konnt ich auch eigentlich von Glück reden, dass er manchmal auch ganz gerne säuft. Da findet er es gut, dass jemand mit säuft. Aber meistens waren wir halt immer völlig verschiedener Meinung.

In der Schule sackt Bernd in dieser Zeit immer mehr ab und geht nur noch selten hin. Mit Müh und Not schafft er nach der zehnten Klasse den Hauptschulabschluss.

Ich bin also die ganze Zeit zur Hauptschule gegangen. Ja was heißt zur Schule gegangen. Ich mein, das neunte Schuljahr war ich nicht mehr so viel da. Und im zehnten eigentlich fast gar nicht mehr. Das war Schulrekord mit 372 Fehlstunden, das sind aber nur die Unentschuldigten. Weil meine Mutter das anfangs eigentlich immer noch entschuldigt hat. Ein Abschlusszeugnis hab ich nur mit brechen und würgen, weil ich war ja wirklich fast nie da. Normal müssten eigentlich alle Fächer fünf oder sechs stehen. Aber mit den Arbeiten ging das bei manchen Fächern doch noch ganz gut hin. Ich hatte da gar kein Bock mehr drauf. Auf eigentlich überhaupt nix mehr. Weiß nicht. Für mich waren da damals irgendwie keinerlei Perspektiven. Alles ist Scheiße und Mist.

Bernd erinnert sich, in dieser Zeit große Einsamkeit verspürt zu haben. Durch die vielen Umzüge war es auch unmöglich, dauerhaft Freundschaften aufzubauen. Er sucht und findet nun endlich Kontakt in der ländlichen Punkszene der Kleinstadt.

Bevor ich so in die Punkszene reingerutscht bin, hatte ich auch nie Freunde oder so Bekannte. Ich war eigentlich immer voll alleine. Ja, dann bin ich da irgendwie reingerutscht. [...] Ja zum Punk überhaupt geraten bin ich durch meinen Onkel. Da war ich zehn, elf, so. Da hat der mich schon mit lauter Kasis [Musikkassetten] versorgt und Platten und so was alles. Ich war damals schon voll drauf abgefahren, bis ich halt selber irgendwie Kontakt mit den Leuten gekriegt hab. Da hab ich irgendwie angefangen nur noch mit denen abzugammeln. [...] Da haben wir noch am Bahnhof abgehangen. Oder abends am Jugendklub. Das ging so von zehn bis dreißig Mann. [...] Und ich hab endlich mal zu Leuten irgendwie voll Kontakt gehabt. Und die haben sich auch voll für meine Probleme interessiert und die haben eigentlich sogar noch irgendwie immer auf mich eingeschimpft. Ich solle endlich mal mit meiner Ausbildung anfangen und es richtig gebacken kriegen und so. Aber für mich war damals das Herrlichste, irgendwie einfach mit denen zu sitzen und mal 'n bisschen Spaß zu haben. Weil Spaß mit anderen Leuten zusammen hab ich ja vorher nie gehabt.

Nachdem er die Schule nach der 10. Klasse beendet hat, beginnt er mehrere Lehren, die seine Mutter ihm vermittelt.

Meine Mutter hat immer geguckt, dass sie Lehrstellen für mich kriegt. Und dann hat das auch immer geklappt, so. [...] Ich hab auch schon angefangen mal 'ne Lehre als Schreiner zu machen. Wie lange hab ich durchgehalten? Ich glaub, so knapp drei Wochen. Dann hat er mich geschmissen. Ja ich war nur zweimal unpünktlich. Das hat ihm wohl gereicht. [...] Und dann hab ich 'ne Lehrstelle als Koch gekriegt. Da hab ich dann nur 'ne ganze Woche gewesen und dann haben se mich geschmissen. Und dann hatte ich irgendwie noch 'ne Stelle als Koch in 'nem Restaurant. Die haben mich dann direkt nach 'nem Wochenende geschmissen. Da war so'n Typ, der Sohn vom Chefkoch. Immer wenn sein Vater nicht da war, meinte er alle rumkommandieren zu können. Der war halt auch Lehrling im ersten Lehrjahr. Und das gefiel mir voll nicht, dass er mich irgendwie stumpf rumkommandiert. Und irgendwie kam auch mal 'ne Streiterei. Da hab ich nach Essen gegriffen. Hab den dann stumpf voll beworfen. Und was macht der Kerl dann? Anstatt sich zu wehren, rennt der direkt zu seinem Vater, kommt mit seinem Vater wieder. Vater drückt mir hundert Mark in die Hand und sagt, ja, du kannst gehen.

Mit 16 eskalieren die häuslichen Konflikte und Bernd wird von seinen Eltern aus der Wohnung geworfen. Er erzählt:

Ich glaub, das erste Mal wo meine Mutter mich rausgeschmissen hat, bin ich mit ein paar Kollegen so durchs Dorf gegangen. Und irgendwie kam meine Mutter mit dem Fahrrad vorbei gefahren. Ich hab sie gegrüßt und irgendwie hat irgendwer was Lustiges erzählt und alles war am Lachen. Haben immer viel gelacht, wenn wir durch die Gegend gegangen sind. Und das hat meine Mutter in den falschen Hals gekriegt so, und da hat sie mich das erste Mal rausgeschmissen: »So geht das nicht weiter mit deinen Kumpels. Die lachen mich da auf der Straße aus«, und so. Ich bin dann aber nach 'ner Woche wieder nach Hause gekommen. Und dann nach 'ner Woche, irgendwie, ja war ich wieder zu Hause und da hab ich irgendwie wieder Scheiße gebaut. Ich weiß aber nicht mehr was. Und dann hat mein Stiefvater gesagt, entweder ich oder du, und ich nicht. Und da war der Fall erledigt. Da konnte ich meine Sachen packen.

Bernd verlässt die elterliche Wohnung und zieht in der Folgezeit zunächst ein halbes Jahr lang durch mehrere norddeutsche Großstädte. Unter anderem kommt er für kurze Zeit nach Münster und übernachtet dort bei einem Bekannten. Tagsüber hält er sich am Bahnhof und in der Innenstadt auf, und wir knüpfen den ersten vorsichtigen Kontakt. An Jugendhilfe oder betreuten Übergangseinrichtungen ist er zunächst nicht interessiert. Bevor es zu einem intensiveren Kontakt kommen kann, verlässt er Münster wieder.

Ja, dann bin ich ja erst mal irgendwie heftigst viel durch die Gegend gereist und hatte kaum noch Kontakt zu denen. [...] Also erst mal bin ich direkt nach D. [norddeutsche Großstadt] gefahren, weil größere Stadt, so. Und dann hab ich hier erst mal bei einem Bekannten gewohnt. Ein paar Wochen. [...] Und dann bin ich danach irgendwie nach Münster gekommen. In der Zeit hab ich auch die Streetwork kennen gelernt. Weil ich bin direkt am ersten Tag mit denen hin. Viel weiterhelfen konnten die mir dann auch nicht. Außer irgendwie mir zu erzählen, dass ich im Sleep-In pennen könnte. Aber musste dann halt meinen Lebensunterhalt weiter schnorren.

Er übernachtet oft bei Bekannten, manchmal auch draußen. Sein Tagesablauf ist geprägt von der Geldbeschaffung und von Alkohol- und Drogenkonsum.

Also ich mein, wenn ich so zurückdenke, morgens aufgewacht, erst mal gekuckt, wo meine Ratte ist. Dann irgendwie raus aus der Penntüte, Zigarette geraucht, so. Ja dann irgendwie geguckt, ob noch irgendwie 'ne Flasche Bier da ist oder so. Und dann bin ich eigentlich direkt angefangen aufzustehen und zu schnorren. Flasche Korn. Geld war mir eigentlich meist noch zu schade um mir noch 'ne Mischung [Cannabis] zu holen. Hab ich mir immer Reibekuchen und 'ne Flasche Korn zusammen geschnorrt, morgens. Und das ging dann eigentlich den ganzen Tag. Mal hier Bier. Oder ich wurd dann auch irgendwie zum Kiffen eingeladen oder so. Bis abends. Dann halt gucken, wo man pennt. Noch irgendwie Alk besorgt, ordentlich für abends, und dann absaufen. Sonst kannst du draußen nicht pennen.

Bernd zieht von Stadt zu Stadt, landet schließlich in einer ostdeutschen Großstadt, wo er zum ersten Mal das Angebot eines Sleep-In in Anspruch nimmt und längere Zeit bleibt.

Und dann bin ich nach K. [norddeutsche Großstadt] gekommen. Da hab ich so erst mal auf 'm Bauwagenplatz gewohnt. Dann bin ich nach E. [andere Großstadt]. Da hab ich ganz viele Städte hinter mir. Dann wieder nach W. [ostdeutsche Großstadt]. Da hab ich dann fast ein ganzes Jahr gelebt. Auf 'm Bauwagenplatz oder im Sleep-In dort. Das war voll geil. Kommt man sich halt vor wie 'n Hotel so, weil ich hatte halt 'ne Badewanne, auf meinem Zimmer 'n Bad. Zimmer war groß genug, alles da. Und Fressen halt unten.

Er lebt hauptsächlich vom Betteln, obwohl es ihm anfangs sehr schwer fällt, fremde Menschen nach Geld zu fragen. Diese Scheu überwunden zu haben, sieht er aber heute als Stärke an.

Ja das war, ziemlich heftig, weil, also irgendwie fremde Leuten so ansprechen oder so, da hatte ich's damals also überhaupt nicht mit, also voll nicht. Da hat mir das Schnorren in dem Sinn auch voll eigentlich weiter geholfen, weil heute hab ich nicht mehr so die Probleme. Irgendwie auf irgendwelche Leute zuzugehen und das und das klar zu machen. Also ich hab eigentlich immer meistens so viel gebraucht wie ich geschnorrt gekriegt habe. Man kann mal 'nen ganzen Tag von fünf Mark leben oder auch mal von dreißig, vierzig.

Die Zeit in den Großstädten ist für Bernd spannend, aber er beschreibt sie auch als harte Zeit mit exzessiven Drogenerfahrungen, massiven Essstörungen und Selbstmordversuchen. Er berichtet außerdem, als jüngerer Punk von den älteren nicht immer akzeptiert worden zu sein.

Viel Ärger hab ich da eigentlich nie gehabt. Was ich schon an Ärger hatte, war, dass man in K. [Großstadt] auf dem Platz irgendwie runter getreten wurde. Von wegen Kidipunk oder so. Was ich gar nicht verstehen konnte, weil da gleichzeitig auch Leute dort irgendwie abhingen, die zwei, drei Jahre jünger waren wie ich, und die voll akzeptiert wurden. [...] Erfahrungen hab ich mit eigentlich fast allen Drogen gemacht. Außer mit Schore [Heroin] und Koks [Kokain]. Pappen [LSD] können ziemlich heftig sein. Schon gute Horrors [Horror-Trips] gefahren. Weiß nicht. Das sind so Sachen, die würde ich eigentlich jedem abraten. Die ganzen chemischen Sachen, ist alles Kacke. So zu meiner Großstadtzeit habe ich halt alles konsumiert was ich kriegen konnte. Dass ich da nie auf Schore oder Koks gelandet bin, ist echt ja Glück. Ja heute, mach ich gar nichts mehr außer Kiffen und Saufen. Ja vielleicht ab und zu mal alle paar Monate mal Pilze [psychoaktive Psilocybinpilze].

Bernd baut in dieser Zeit auch körperlich völlig ab und sieht für sich keinerlei Perspektiven. Er erzählt:

Ja weiß nicht, hab aber jeden Tag gekotzt. Weil die meistens eigentlich nicht drinne blieben, wenn ich größere Mahlzeiten zu mir genommen hab. Ich hab's mir dann irgendwann dann angewöhnt, irgendwie das Zeug, wenn's schon ganz oben ist, alles schnell wieder runter zu schlucken irgendwie. Ja das ist Scheiße, wenn man am essen ist, und dann kotzt man das alles wieder aus. Nach ein paar Monaten sieht man echt tierisch dünn aus. Na ja. Viel spielt halt auch mit, wenn man am Saufen ist und die Ernährung voll schlecht ist und man manchmal irgendwie tagelang gar nichts frisst. Und das fällt dir nicht mal auf, weil du halt ständig besoffen bist. Ja ist schon Kacke.

In dieser Zeit begeht er auch Selbstmordversuche. Beim zweiten Mal rettet ihm ein Freund das Leben:

> Hab auch zwei Selbstmordversuche in K. [Großstadt] hinter mir. Ja weiß nicht. Ich habe damals eigentlich kaum noch was gebacken gekriegt. Hab halt überhaupt keine Perspektive mehr gesehen. Kam auch wohl kaum zurecht damit, völlig auf mich gestellt zu sein und auf der Straße und so. Ja so mit sechzehn. Hat ein ganzes Jahr gebraucht, bis ich mich dann wieder halbwegs gefangen hab. Irgendwie mit 'nem Kollegen Russisch-Roulett gespielt mit 'ner scharfen Knarre. Ja, und dann war der letzte Drücker und ich saß da. Und ein anderer Kollege kommt rein, sieht das und das nächste was ich sehe ist irgendwie so 'n Stiefel und dann bin ich im Krankenhaus wach geworden. Da saß der gleiche Typ wieder neben mir. Ja und dann ist der fast immer den ganzen Tag bei mir im Krankenhaus gewesen und nur unterhalten und nur unterhalten und ja. Danach ging's mir viel besser so, weil der hat mir dann voll geholfen.

Aber es gibt auch Phasen der Stabilisierung. Zwischendurch kümmert Bernd sich um eine Wohnung, erhält eine Zusage eines Vermieters und bekommt sogar von Freunden aus der Szene die Kaution vorgestreckt.

> Ich hätt' auch schon fast eine Wohnung gekriegt. Aber ich brauchte bloß noch die Kaution und dann, wo ich auf dem Bauwagenplatz gewohnt hab, haben alle zusammen geschmissen. Weil das Sozi nicht die Kaution bezahlen wollte. Das waren fünfhundert Mark. Und dann hab ich die fünfhundert Mark gehabt. Und dann wollte ich hingehen zum Vermieter und mich mit dem treffen. Bin am Bahnhof vorbei gekommen, und dann kamen fünf Junkies, haben mich zusammengeprügelt, mir die fünfhundert Mark abgenommen und sind weg. Ja, nur komisch, dass die direkt wussten, wo sie mein Geld finden. Irgendwer muss geplaudert haben.

Bernd nimmt schließlich Kontakt mit Hilfeorganisationen auf, später auch mit den Eltern und dem heimatlichen Jugendamt. Es folgt eine Heimeinweisung in eine Heimgruppe mit jüngeren Jugendlichen, die ihm als Übergangslösung angepriesen wird. An der Wahl der Unterbringung wird er aber nicht beteiligt.

> Ja die haben mich ja damals irgendwie mit siebzehn ins Heim gesteckt. Fällt mir gerade jetzt erst ein. Da war ich irgendwie mit siebzehn noch im Heim. Da ging's mir eigentlich auch erst recht gut. Hab mir gedacht, ja mal gucken, was die dir helfen können. Vielleicht kriegst du dein Leben doch noch richtig gut in Griff. Viel weiter helfen konnten die mir ja auch nicht. Die haben mir gesagt so, wir stecken dich jetzt erst mal hier ins Heim so

in die Kindergruppen da rein. Und dann sehen wir mal zu, dass wir direkt einen betreuten Wohnplatz für dich kriegen. Und das war dann auch ganz o.k. Aber irgendwie haben die sich überhaupt gar nicht darum gekümmert. Die wollten mich, weiß nicht bis wann, da noch drinne halten. Die Ältesten, die da im Heim waren, die waren fünfzehn. Ja, und ich bin dann in Haus eins gelandet. Und das war noch das spießigste Haus überhaupt so. Ja vor Ostern mussten wir fasten und all' so komische Sachen. Musste jeden Tag unter die Dusche. Wir hatten 'ne Betreuerin, die kam dann manchmal bei mir ins Zimmer rein: »Du hast nicht geduscht!« Das hat die sofort gerochen. Nur so 'ne Kacke.

In der Heimgruppe fühlt er sich eingesperrt, das Leben in der katholischen Einrichtung erscheint ihm weltfremd, und er ist nicht in der Lage, sich an deren Regeln zu halten.

Das kam mir ja vor, fast wie im Jugendknast. Lauter Bekloppte, und irgendwie weiß ich nicht. Da waren die übelsten Schlägertypen und nur Bescheuerte. Fast auch nur Sonderschüler und alle (waren) voll am Rad drehen [durchgedreht]. Und wir mussten immer abends um neun schon im Haus sein. Um zehn durfte keiner mehr auf 'm Flur rumrennen und striktes Alkoholverbot, und dann haben wir halt irgendwann angefangen so viel Scheiße zu bauen, damit die uns ja schmeißen. Da haben wir nur noch Kacke gebaut. Bei uns im Flur, da gab's ein Abstellraum, da waren die gesamten Pokale von dem Chef von dem Heim drin. Die haben wir alle aus dem Fenster geschmissen. Bevor wir die aber aus dem Fenster geschmissen haben, haben wir einen Stuhl durchs Fenster geschmissen. Aber ohne das Fenster auf zu machen. Nur solche Sachen. Und alles zerstört. Und gesoffen, jeden Abend. [...] Also ich bin ja meistens zu Haus fünf rüber. Ja die waren halt alle so zwei Jahre jünger wie ich. Aber mit denen konnte man so ganz gut feiern. Die haben auch alle tierisch viel gesoffen. Da war's wirklich recht lustig, in Haus fünf.

Bernd hat keine Geduld und auch kein Vertrauen, auf den versprochenen betreuten Wohnplatz zu warten. Nachdem sein Plan, rausgeschmissen zu werden, fehl schlägt, reißt er nach etwa 2 Monaten Heimunterbringung wieder aus.

Zwei Monate. Und dann musste ich freitags einkaufen, weil freitags war ich immer mit Einkaufen dran. Und weil die nicht mehr so viel da hatten, haben die mir 'nen Hunni in die Hand gedrückt. Ich hab meine Penntüte [Schlafsack] unter'n Arm genommen und hab gesagt, ich geh' einkaufen. Mein Rucksack hinten war voll mit meinen Sachen zum Anziehen. So haben die mich ziehen lassen.

160

Bernd fährt wieder in eine norddeutsche Großstadt. Die dortige Treberhilfe versucht zu vermitteln, aber sein ehemaliges Heim lehnt es ab, Bernd wieder aufzunehmen.

Ich bin dann in der Treberhilfe gelandet. Die haben nix gemacht, was ich nicht wollte. Die haben sich immer voll eingesetzt, irgendwie. Und da haben die dann noch angerufen, ob ich nicht wieder hinkommen könnte. Aber die wollten mich auf keinen Fall wieder haben. Ja, weil ich da halt Scheiße gebaut hab. Die haben wohl danach auch meinen Schrank ausgeräumt, und da waren irgendwie lauter alte Pullen drinne. Ganz viele. [...] Die bei der Treberhilfe haben sich dann voll darum gekümmert, so mit Jugendamt und all so was, dass ich doch noch mal zu Hause wohnen kann.

So zieht Bernd schließlich wieder bei seinen Eltern ein. Er geht zunächst zur Handelsschule, aber nach einem halben Jahr bricht er diese Ausbildung ab.

Handelsschule war auch lustig. Waren nur Chaoten in der Klasse. Ich war bei meinem Drogendealer in der Klasse. Mitten im Unterricht Pappen gekauft und so. Fing dann irgendwie wieder an, nach fast 'nem halben Jahr auch wieder zu fehlen, bis ich gar nicht mehr da war. Ja, irgendwie, weiß ich nicht. Weil mein Wille war nicht stark genug und so. Die haben mich dann auch irgendwie wieder raus geschmissen.

Über eine ambulante Therapie, die er in der Folgezeit auf Initiative seiner Mutter hin besucht, erzählt er:

So zu der Zeit war ich auch in Therapie beim Psychologen. Ja durch meine ganzen Probleme halt. An sich hab ich mich eigentlich voll gut mit dem verstanden. Der war auch wohl recht lustig und konnte mir auch in vielen Sachen weiterhelfen. Lange Haare, stand auf Motorräder und Tigerenten. Ich hab auch bei dem mal gearbeitet. Da hat mein Psychologe gesagt, ja, weil du ja keine Arbeit hast und bevor du wieder mit irgendwelchem Klauen anfängst, kommst du zu mir, arbeitest einen Tag. Und dann gucken wir mal. Und dann hab ich 'nen ganzen Tag da gearbeitet. Irgendwie Rohre verlegt, im Garten. Ja, und dann abends noch zusammen gesoffen und gekifft. Ja, was hat der gemacht? Ich bin da so ein-, zweimal in der Woche da gewesen. Da haben wir irgendwie über dies oder das gelabert, so und über meine Vergangenheit und so. Und dann hat er (versucht), mir ständig irgendwie in den Arsch zu treten. Der hat mir ständig irgendwelche Aufgaben gegeben und dann dafür gesorgt, dass ich die auch irgendwie hin krieg. Die meisten sind ja gescheitert. Zum Beispiel sollte ich anfangen bei 'ner Computerfirma. Fast zweitausend Mark hätt ich da verdient so. Ja, und dann sollte ich dann irgendwie am Bahnhof sein, und da war ich nicht. Weil mich da halt sein Bruder abholen sollte, um sich drum zu kümmern. Ich hab's da nicht hin geschafft so, weil mein Wille war nicht stark genug. War irgendwo in C. [Kleinstadt] und war wieder besoffen.

Die Probleme zu Hause nehmen wieder zu, zumal Bernd die Schule abgebrochen hat und keine Arbeitsstelle annimmt. Er gibt dem Druck nach, verlässt das Elternhaus, landet wieder auf der Straße. Letztendlich bleibt er in Münster, weil er hier Freunde findet.

Also erst bin ich ja direkt irgendwie an dem Tag, wo ich auf Straße war, nach Münster. Was hab ich da gemacht? Hab ich mehr oder weniger halt irgendwie überlebt. Ja mal hier ein paar Mark geschnorrt und dazu gebraucht zum Saufen oder so, mehr nicht. [...] Also ich hab unter den Leuten, die ich dann halt auf der Straße kennen gelernt hab, das erste mal Leute kennen gelernt, die man wirklich als Freunde bezeichnen kann. Die einem wirklich aus aller Scheiße helfen, so.

Immer wieder gibt es Ärger mit Polizei und Ordnungskräften. Bernd kommt jedoch glimpflich davon, es bleibt bei kleineren Delikten, Polizeigewahrsam und Geldstrafen.

Ich hab eigentlich was Bullen anbetrifft immer mehr Glück. Wenn andere Leute gleichzeitig irgendwie neben mir zusammen geprügelt werden, komme ich immer voll glimpflich bei ab. Wenn sie uns so erwischen, irgendwie, bei Fahrraddiebstahl oder auf Chaostagen. Ja, so was wie Straßenschlachten oder so, habe ich auch alles schon hinter mir. Kontakt mit Bullen habe ich seitdem ich auf der Straße bin eigentlich ziemlich häufig. Und auch öfter schon mal richtig üblen. In K. [Großstadt] die Bullen, die gehen auch krass ab. Wenn man am Platz irgendwie zu zweit sitzt mit bunten Haaren und die kommen vorbei, dann schnappen die sich dich direkt, packen dich in die Wanne rein, fahren dich in irgend so'n Stadtteil. Ja, und in PG [Polizeigewahrsam] gesessen hab ich auch schon öfters. Manchmal Kombi [Gemeinschaftszelle] oder so. Allein durch deren Anwesenheit und wie die schon dann meistens rüberkommen, so, alle mit ihren Kampfanzügen und mit Helm. Ist schon recht provozierend. Ich mein, dadurch kommt's auch oft genug erst überhaupt zur Eskalation. Weil, was ich festgestellt hab, wenn irgendwie 'ne größere Gruppe von Punks irgendwie am Saufen ist, und dann kommen zwei Streifenbullen vorbei, dann können die meistens viel mehr ausrichten als wenn da gleich 'ne Hundertschaft kommt.

Bernd nimmt nun regelmäßig die Angebote der Streetwork in Anspruch. Jugendhilfe kann er sich jedoch nicht mehr vorstellen. Inzwischen hat er sich ei-

162

nen Hund angeschafft, was die Inanspruchnahme betreuter Angebote erschwert. Ein Jahr lang lebt er wieder auf der Straße, wird inzwischen volljährig. Sozialhilfe möchte er nicht beantragen, auch wenn wir ihm immer wieder deutlich machen, dass er seinen Rechtsanspruch darauf hat.

Ja weiß nicht. Ich bin da zur Streetwork zum Duschen und Wäsche waschen gegangen. Das ist halt so die einzige Institution wo ich das halt so konnte. Irgendwie, mit denen zusammen gesetzt, was lässt sich machen so? Mit Bude oder so. Ich mein' das mit dem Sleep-In ist hier voll scheiße. Kannst du nicht mal Hund mit rein nehmen. Ich bin hier in Münster nie im Sleep-In gewesen. Hatte da keine Lust zu.

Bernd ist bereits wieder ein knappes Jahr auf der Straße, als wir den Bauwagenplatz bekommen. Er zeigt direkt großes Interesse an dem Projekt.

Und dann kam halt irgendwie rüber so, dass dann da halt noch ein kleiner Bauwagenplatz ist. Und ich hatte sofort eigentlich Bock drauf, weil ich so 'ne Betreuung auch nicht mehr wollte. Und ruckzuck kam dann auf einmal die Konstellation hier zusammen. Und das hat halt auch solange Bestand gehalten, bis wir hier eingezogen sind. [...] Erst mal viel erhofft hab ich mir davon eigentlich nicht. Erst mal einfach nur ein Pennplatz. Kann ich meine Sachen ablegen, da weiß ich wo ich pennen kann, da hab ich's warm.

Bernd zieht in das Bauwagenprojekt ein und hat Freude daran, einen Bauwagen auszubauen. Er entdeckt, dass ihm handwerkliche Arbeiten mit Holz großen Spaß machen. In seinem Leben wird es dadurch nach und nach um vieles ruhiger. Bald nennt er den Bauwagen sein »Zuhause«.

Das war immer lustig, und ich hab noch 'ne ganze Menge wieder weiter gelernt. Ich mache so was eh voll gerne, mit Holz arbeiten. Und jetzt ist mein Rucksack doch um einiges größer geworden. Ich mein, ich hab hier viele Sachen. Ich kann mich mit allem möglichen Kram beschäftigen und all so was. Ich hab 'ne warme Bude. Ist für mich halt wie 'ne kleine Wohnung, so. Ein richtiges Zuhause. Und das hatt' ich halt vorher nicht. Ich fühl mich hier eigentlich so ganz wohl.

Er träumt allerdings von Selbstverwaltung und einem selbstbestimmten Bauwagen-Projekt.

An sich ist das hier eigentlich voll geil, so. Aber was ich Scheiße find, der WC-Container ist da hinten. Man könnte einfach alle zusammen schieben. Aber dann müsste man ja Leitungen verlegen. Na ja, also was ich schon immer voll Scheiße fand so, dass alles hier irgendwie so tierisch kontrolliert ist. Und dass wir nur das und das dürfen und dies und das und jenes nicht, so. Irgendwie unter Selbstverwaltung mit Hilfe von Streetwork oder so, fänd ich viel besser. Weil ich hab schon auf einigen Bauwagenplätzen gewohnt. Und die Leute kriegen das meistens auch selber voll gut hin. Die setzen sich einmal in der Woche halt immer zusammen. Diskutieren über Probleme, oder dies oder jenes. Wie ich es in K. [Großstadt] erlebt hab, saßen se eigentlich fast jeden Abend zusammen und haben halt geguckt, was anliegt. Aber ich finde das an sich nicht so verkehrt, das weiterhin zu betreuen. Und solchen Leuten zu helfen. Aber Selbstverwaltung an sich fänd ich da schon besser.

Sein Tagesablauf ist geprägt durch das Leben am Platz und er entwickelt vielfältige Interessen und Hobbys. Zentral ist für ihn auch sein Hund, den er als »besten Kollegen« bezeichnet.

Also ich stehe morgens auf, rauch mir eine. Ja dann gucke ich, frühstücken, Hund versorgen. Und mal gucken, was machen wir heute? Bleiben wir hier, fahren wir in die Stadt schnorren? Machen wir, was weiß ich was? Mal gucken was anliegt. Der Tagesablauf ist also so schon um einiges vielseitiger. Jetzt hier doch öfter mal was anderes. Ich gehe halt mit dem Hund spazieren ins Dorf oder weiß ich was, oder bastele hier am Bauwagen rum. Oder bin am Zeichnen, am Schreiben irgendwie. Nur so Fernsehen gucken oder einfach nur so stumpf rumsitzen, das mach' ich eigentlich meistens erst abends. Ich meine, ich hab hier halt immer mein Essen. Das ist überhaupt das wichtigste, was zu fressen für mich und meinen Hund. Und danach kommen erst die ganzen anderen Sachen. Den Hund hab ich jetzt seit anderthalb Jahren. Das ist mein bester Kollege. Mit dem lebe ich zusammen. Mit dem teile ich mir eigentlich so gut wie alles. Will ich auch gar nicht mehr ohne.

Bernd hat nun die Möglichkeit, seinen vielseitigen Interessen und Freizeitbeschäftigung nachzugehen. Wir lernen auf einmal eine ganz andere Seite von ihm kennen, die, als er auf der Straße lebte, gar nicht zum Vorschein kam: Kreativität, handwerkliches Geschick, Gestaltungstalent. Er entwirft und gestaltet eine eigene Fanzine [Szenezeitschrift], die er in der Szene verteilt, baut seinen Bauwagen immer wieder aufs Neue um und spielt Gitarre.

Ja, direkt wo ich hier hingezogen bin, hab ich angefangen mit Fanzine, weil so was wollte ich eigentlich schon immer machen, aber ich hatte halt nie die Möglichkeit. Und Gitarre mach' ich jetzt seit 'nem Jahr. Mal mehr, mal weniger.

Inzwischen hat er auch mehr Kontakt zur überregionalen Punkszene. In der Stadt ist er zwar täglich zum Schnorren, weniger wegen der Kontakte. Er beschreibt es als zwei unterschiedliche Punk-Szenen, in denen er sich bewegt.

Ich mein, ich würd mich ja an sich nicht unbedingt als Punk bezeichnen, aber für mich sind Punk halt so Sachen wie, sich selber zu sein, genau das Ding zu ziehen, was man will. Und halt auch noch andere Sachen wie zum Beispiel Zusammenhalt oder so was. Weiß nicht, ich mein', das ist nicht unbedingt *der* Punk, den ich hier ziehe, aber ist für mich schon halt *mein* Punk. Ja, an sich sind das schon zwei verschiedene Szenen. Eigentlich innerhalb von einer. So die Leute, die viel gebacken kriegen. Das sind auch meistens so Leute, die haben auch eigentlich 'ne Bude oder wohnen halt vielleicht sogar noch bei ihren Eltern. Ich find das auch wichtig, dass irgendwie innerhalb der Szene die Leute so alle irgendwie was machen. Der eine, der startet ständig irgendwelche lustigen Aktionen. Der andere der macht Konzerte. Der andere spielt in 'ner Band. Der nächste macht irgendwie 'n Fanzine und wieder ein anderer, der hat 'ne Mailorderliste. Und dann gibt's wieder welche, die machen dies, das und das und jenes. Und die in der Innenstadt sitzen da nur rum und saufen jeden Tag. Die gammeln immer nur blöd rum, immer, ständig, machen gar nix, saufen immer nur. Ja, und deswegen haben die wahrscheinlich auch keine Buden oder so was. Ich find, wer wirklich irgendwie 'ne Bude haben will oder wirklich was machen will, der schafft das auch. Ich mach den Leuten kein Vorwurf so. Ich mein, von mir aus sollen die sich da doch dumm und dämlich saufen.

Drogen und Alkohol spielen für Bernd zwar heute noch eine Rolle, aber er hat seinen Konsum inzwischen beachtlich reduziert. Meist konsumiert er Cannabis und Bier, regelmäßig aber in kleinen Mengen. Harte und halluzinogene Drogen nimmt er nur noch selten.

Bei mir ist das auch mit dem Saufen so. Das sind immer so Phasen. Manchmal saufe ich ein paar Monate jeden Tag. Und dann auf mal wieder ein paar Monate dann irgendwie fast nichts. Das kommt immer so drauf an. Momentan bin ich halt in 'ner Phase, da kiffe ich ziemlich viel. [...] Kiffen spielt schon 'ne recht wichtige Rolle. Also ich glaub, 'ne zu wichtige. Wenn ich abends hier bin und ich hab nix zu kiffen, das ist immer Scheiße. Am besten ich bin alleine und hab meine Ruhe, und dann geht das irgendwie. Aber wenn dann irgendwie noch Leute hier rumsitzen und ich hab nix zu kiffen, bin ich immer so genervt. Krieg ich immer so übel schlechte Laune. Und dann fliegen hier auch immer irgendwelche Sachen durch die Gegend.

165

Bernd lebt lieber vom Schnorren als von der Sozialhilfe. Auch nach dem Einzug in den Bauwagen geht Bernd manchmal monatelang lieber Betteln als sich beim Sozialamt anzustellen. Immer wieder »drängen« wir ihn zum Sozialhilfebezug, weil er sonst keinen Krankenversicherungsschutz hat.

> Ja letzten Sommer hab ich Sozi gekriegt, drei Monate lang. Und dann musste ich ja wieder zum Arbeitsamt hin. Aber das hab ich dann erst nach 'nem Jahr wieder geschafft. Also wenn wir zu zweit immer Schnorren gehen, machen wir jeden Tag hier Münster so fünfzig, sechzig Mark so. Kann man sich das ja ungefähr ausrechnen. Ja, wenn, wenn ich nicht so gerne kiffen würde oder so, dann würde das mit der Sozialhilfe auch nicht unbedingt das Problem sein. Ja, ich mein, die kamen mir die ganze Zeit mit irgendwas rüber. Du musst da hingehen und musst hier was machen und da.

Auch der Ärger mit der Polizei hat sich gelegt.

> Eigentlich mit den städtischen Bullen hier komm ich ganz gut aus. An sich hab ich weniger Ärger so mit denen. Weil ich störe die anscheinend auch nicht mehr so, weil ich auch nicht mehr sonst wo rumpenne oder weiß ich was. Ich meine, die haben mich hier schon zum Kreiswehrersatzamt morgens gebracht oder so. Aber die waren auch voll nett. Die haben dann auch gemeint im Kreiswehrersatzamt: »Geht bloß gut mit dem um!« Und zu mir dann irgendwie noch, so: »Wenn die Scheiße bauen, beschwerst du dich bei uns!«

Der Kontakt zu seiner Familie ist inzwischen völlig abgebrochen.

> Nee, überhaupt nicht mehr. Seit 'nem Jahr. Ich hab auch keine Ahnung, wo die wohnen. Das letzte Mal war irgendwann Anfang letzten Sommer, so. Da sollte ich denen beim Umzug helfen. Hab ich aber nicht geschafft, weil ich den Hund nicht untergebracht gekriegt hab. Und mit 'nem Hund kann ich da nicht hin. Da sind die einfach umgezogen und haben mir nicht gesagt wohin.

Zum Zeitpunkt des Interviews plant Bernd, in einem handwerklichen Beschäftigungsprojekt anzufangen.

> Also was ich vor hab, also jetzt demnächst halt in so 'nem Beschäftigungsprogramm anzufangen. Wenn ich arbeiten gehe oder so, brauche ich ja nicht viel mehr wie sechshundert Mark. Und dann weiß ich noch nicht. Mal gucken. Das müsste ein kleiner Betrieb sein. Irgendwas mit Handwerk. So am besten mit Holz. Mit dem früh Aufstehen hab ich keine Pro-

bleme. Aber erst mal in dem Beschäftigungsprogramm anfangen. Mal gucken. Wenn das richtig läuft, danach vielleicht 'ne Lehre.

Inhalte seiner Träume sind aber immer wieder selbstständige Tätigkeiten mit den Dingen, die ihm wirklich Spaß machen: Musik, die Gestaltung der Fanzine, Internet. Zum Leben wünscht er sich ein Häuschen mit Garten.

Ja weiß nicht. Am liebsten würde ich eigentlich so was wie so 'n Garten besitzen. Vorne lauter Gemüsekram auf der einen Seite, auf der anderen 'ne Wiese. Dann irgendwie 'n Schuppen mit Werkzeugscheiße drin, irgendwie 'n dicken Hühnerstall und ein kleines Häuschen, wo ich drinne wohne mit 'nem Klo und 'ner kleinen Küche.[...] Und langfristig dass ich so halt Sachen machen wie die Fanzine. Ich habe ja irgendwie vor, mit dem Fanzine mal richtig was gebacken zu kriegen. Mailorderliste, so Bestell-Kram. Vielleicht kann man ja irgendwie davon mal später leben. Oder irgendwie, endlich mal mit unserer Band was auf die Beine gestellt zu kriegen. Wir haben ja jetzt Gott sei Dank endlich 'n Schlagzeuger. Wir haben sogar zwei. Einer kann was und einer kann nix. Ja. Ich mein' ich hab auch schon gesagt, zur Not spiele ich halt auch Gitarre und zusammen halt Gesang. Obwohl ich halt lieber auch nur eins von beiden machen würde. Wenn man nur eins macht, kann man auch lustig über die Bühne hüpfen.

Drei Beschäftigungsmaßnahmen hat Bernd seit dem Interview angefangen und wieder abgebrochen. In einem niedrigschwelligen Projekt hält er ein halbes Jahr durch, zwei weitere Maßnahmen bricht er nach kurzer Zeit wieder ab. Dabei liegt das Scheitern der Maßnahmen keineswegs an seinen Fähigkeiten. Handwerkliche und kreative Tätigkeiten machen ihm großen Spaß, aber es ist ihm nicht möglich, auf Dauer einen geregelten Arbeitsalltag durchzuhalten. Seine berufliche Perspektive ist derzeit noch immer unklar. 4 Jahre lebt er nun auf dem Bauwagenplatz, in seinem Zuhause. Inzwischen hat er eine Freundin, mit der er viel gemeinsam macht. Zusammen suchen sie derzeit mit 3 Hunden nach einer Wohnung.

Kommentar

Bernd wächst in einer familiären Atmosphäre auf, die geprägt ist von Gewalt, Vernachlässigung und Alkoholkonsum von Vater und Stiefvater. Bereits als Kind wird er von Vater und Stiefvater zum Alkoholkonsum gedrängt. Er wächst in der DDR auf, die Familie zieht aber schon kurz nach dem Mauerfall in den Westen. Er erlebt Übergangslösungen, Umzüge, Diskontinuität und vor allem Einsamkeit. Die finanzielle Situation der Eltern ist durch Armut geprägt, bereits in der DDR-Zeit, verstärkt aber auch nach dem Umzug in die Bundesrepublik. Die Hoffnung, dass es ihnen in Westdeutschland finanziell besser gehe, erfüllt sich zunächst in keinster Weise. Bernds Mutter stürzt sich in Arbeit, um den Mangel zu kompensieren. Bernd kommt mit der Armut ebenfalls nicht zurecht. Er fängt an zu stehlen, um die materiellen Entbehrungen zu überwinden und vor allem, um sich aus seiner Einsamkeit zu befreien, indem er sich mit gestohlenen Waren Freundschaften erkauft.

Bernds Situation als Jugendlicher ist gekennzeichnet von Perspektiv- und Orientierungslosigkeit. Alle Versuche seiner Mutter, mit Hilfe von Lehrstellen für ihn eine »geregelte Zukunft« zu organisieren, scheitern letztendlich daran, dass Bernd keinen Sinn in all dem sieht und sich daher auch nicht an die Regeln im Betriebsalltag halten kann. Denn bis dahin besteht sein Leben aus der Suche nach Liebe und Anerkennung, die er erst später ein bisschen in der kleinstädtischen Punkszene findet. Seine Eltern sind von dieser Situation überfordert und letztendlich vor allem mit sich und der finanziellen Lage beschäftigt. Während zunächst noch Bemühungen Bernd zu integrieren im Vordergrund stehen, wollen sie irgendwann nur noch das Problem »loswerden« und werfen ihn hinaus.

Der »Rauschmiss« durch die Eltern stellt für Bernd einen endgültigen Bruch dar. Nun sind alle bislang vorhandenen Ressourcen verloren, sowohl die Bemühungen seiner Mutter, als auch die Freunde aus der Kleinstadt. Er verlässt die Kleinstadt, in der er auf der Straße nicht überleben kann, und zieht wohnungslos durch Deutschland, lebt in verschiedenen Städten, immer zu kurz, um irgendwo Fuß zu fassen und Hilfe zu bekommen.

Bernd erlebt eine schwere, harte Zeit, in der er nicht nur körperlich ziemlich verelendet. Neben exzessivem Drogen- und Alkoholkonsum leidet er unter massiven Essstörungen und begeht zwei Selbstmordversuche. In dieser Zeit geht es nur noch ums »nackte« Überleben, nicht einmal das ist für Bernd gewährleistet. Aber Bernd überlebt. Und er beschreibt auch, was er auf der Straße gelernt hat: seine Kontaktschwierigkeiten zu überwinden und fremde Menschen um Hilfe zu bitten.

Zu Anfang hat Bernd es in der Szene schwer, als jüngerer Punk Anschluss zu bekommen. Später gelingt es ihm jedoch, Beziehungen aufzubauen und Anerkennung zu finden. So kann er bald auf Ressourcen in seinem Freundeskreis zurückgreifen. Freunde aus der Szene legen beispielsweise einmal ihr Geld zusammen, um ihm eine Wohnungskaution zu finanzieren. Freunde sind es schließlich auch, die seinem Leben eine weitere Wende geben. Bei Bernds zweitem Selbstmordversuch rettet ihm ein Freund das Leben und kümmert sich in der Folgezeit um ihn. Professionelle Hilfen nimmt er nur sporadisch in Anspruch. Jugendhilfe kann er sich zunächst nicht vorstellen, lässt sich aber doch im Alter von 17 auf eine Heimeinweisung ein. An der Wahl der Unterbringung wird er nicht beteiligt, die Maßnahme entspricht ihm in keinster Weise, und nach 2 Monaten reißt er wieder aus. Eine verschenkte Chance der Jugendhilfe. Bernd hätte hier vermutlich Hilfen angenommen, wenn sie ihm auch nur annähernd entsprochen hätten. Aber im Lebensalltag des behüteten katholischen Heimes haben die Erfahrungen, die er auf der Straße gemacht hat, keinen Platz.

Danach ist er bereit, die Unterstützung der Treberhilfe anzunehmen, die mit seinen Eltern in Kontakt tritt. Daraufhin nehmen Bernds Eltern ihn versuchsweise wieder bei sich auf. Obwohl seine Mutter ihn mehrmals hinauswirft – bzw. den »Rausschmiss« ihres Sohnes durch den Stiefvater akzeptiert – macht sie immer wieder Versuche, Bernd zu stabilisieren und ihn zum Beispiel nach der missglückten Jugendhilfemaßnahme wieder zu Hause aufzunehmen. Letztendlich ist sie jedoch mit dem Zusammenleben mit ihrem Sohn und vor allem dessen Perspektiv- und Orientierungslosigkeit vollkommen überfordert. In dieser Situation hätte auch die Familie Unterstützung gebraucht. Professionelle Beratung und Begleitung der Eltern hätte hier vielleicht den endgültigen Bruch verhindern können.

Bernd arrangiert sich schließlich mit dem Leben auf der Straße, hat seine Schlafplätze und seine Betteleinnahmen, so dass er, als er 18 wird, nicht einmal zum Sozialamt gehen will. Vorsichtig und zurückhaltend ist er im Kontakt mit der Streetwork, taut aber langsam auf, nachdem er die niedrigschwelligen Angebote zu schätzen weiß. Schließlich kann er sich für das Bauwagenprojekt begeistern, zieht dort ein und bleibt 4 Jahre.

Für Bernd ist der Bauwagen sein Zuhause geworden. Während er anfangs noch kaum in der Lage ist, die notwendigsten Haushaltsarbeiten zu erledigen, und den Ärger der MitbewohnerInnen zu spüren bekommt, weil er sich nicht an ihren Sauberkeitsstandard halten will und kann, so gehört er mittlerweile zu denen, denen der Dreck der anderen zu viel wird. Er lebt dort seine Kreativität aus, setzt sein handwerkliches Geschick ein, verwirklicht Ideen und spielt Musik. Er kommt zur Ruhe und stabilisiert sich. Seinen Drogenkonsum schränkt er immer weiter ein – in Anbetracht seiner Geschichte ist das beachtlich. Wenn man bedenkt, was er erlebt hat und wie er in seinen härtesten Zeiten gerade einmal *über*-lebt hat, ist das auf jeden Fall als sehr positive Entwicklung zu werten. Die Unterstützung der Streetwork ist ihm bei seiner Stabilisierung eine große Hilfe. Niedrigschwellige Angebote und vor allem die dauerhafte Begleitung haben neben dem konkreten Angebot des Bauwagens dazu beigetragen, dass aus Bernd kein dauerhaft wohnungsloser Erwachsener geworden ist.

Einen wesentlichen Beitrag zur Stabilisierung leistet in jüngster Zeit auch seine Freundin, durch die er auch ein wenig aus seiner Einsamkeit herausfindet. Denn trotz seiner Beliebtheit in der Szene erleben wir Bernd als eher zurückhaltend und zurückgezogen. Engster Begleiter ist ihm, wie er selbst sagt, tatsächlich über lange Zeit hinweg sein Hund.

Dennoch scheint Bernd den Sprung ins Arbeits- und Berufsleben nicht zu schaffen. Nicht mangelnde Fähigkeiten oder Desinteresse sind es, warum er alle begonnenen Maßnahmen abbricht – er ist schlicht und einfach nicht in der Lage, einen geregelten Achtstundentag durchzuhalten bzw. pünktlich zu erscheinen. Dem gegenüber steht sein Traum vom selbstständigen Arbeiten an einer Fanzine oder in einem Musikprojekt. Wie könnten im Rahmen der Jugendberufshilfe Bernds Talente gefördert werden, ohne dass solch ein Projekt an diesem »geregelten Arbeitsalltag« scheitern muss? Für die Förderung selbstständiger, künstlerischer Fähigkeiten und Arbeitsformen gibt es im Rahmen der Jugendberufshilfe bislang leider kaum Konzepte.

2.8 Julia: gelungene niedrigschwellige Jugendhilfemaßnahme

Julia ist heute 20 Jahre alt, lebt mit einer Freundin und ihrem Hund in einer kleinen Wohnung und steht zum Zeitpunkt des Interviews vor dem Abschluss der Fachoberschule. Sie kommt aus einer vollständigen und wohlhabenden Akademikerfamilie. Mit 16 reißt sie aus und lebt ein halbes Jahr auf der Straße. Über ihre Eltern und die Familiensituation erzählt sie:

Ja, also meine Eltern sind erzkonservativ und schon beide über sechzig. Mein Vater ist Rektor an einer Schule und halt sehr streng. [...] Wir sind vier Mädels zu Hause, meine Schwestern sind halt sehr viel älter als ich. Und die haben es ganz schön heftig abgekriegt von ihm, also er hat die sehr tyrannisiert, tierischen Leistungsdruck. Also, meine Schwester sagt, der hat denen die Jugend geklaut oder so. Bei mir war das dann nicht mehr so schlimm, ich bin halt auch irgendwie sehr viel später gekommen. [...] Und mein Vater hat also auch oft irgendwie ziemlich den Tyrannen raushängen lassen. [...] Er ist ein unheimlich intelligenter Mensch. Auch sogar in sozialen Angelegenheiten und zwischenmenschlichen Dingen, wenn es objektiv um andere geht. Sobald es um seine eigenen Gefühle und um seine eigenen Leute geht, dann sieht der schwarz und kriegt 'n Blackout oder so. Und handelt auch nicht mehr so rational, sondern ist dann eher total emotional. [...] Ja und meine Mutter ist so 'ne Hausfrau halt. Und ist halt im Gegensatz zu meinem Vater, der ein sehr gebildeter Mensch ist, ziemlich ungebildet und war immer so die Frau so im Schatten irgendwie. Und hatte auch zu Hause wirklich nicht so viel zu sagen wie er. [...] Also mein Vater hat mir auch irgendwie die Lateinbücher um die Ohren gehauen mit dem harten Einband, und ich saß da zwei Stunden neben dem heulend am Tisch, und er wollte mir irgendwas beibringen. Und solche Sachen sind da auch schon gelaufen. Also, und ich hatte zu meinem Vater auch nie ... wie zu meiner Mutter, wo ich ein sehr gutes Verhältnis hab, die ich auch irgendwie sehr liebe, und das ist auch ziemlich innig und die kann ich auch in 'n Arm nehmen. Also von meinem Vater hab ich überhaupt keine Wärme erfahren. Ich kann ihn also nicht in den Arm nehmen, ohne mich irgendwie anzuspannen.

170

Bereits im Alter von 13/14 Jahren interessiert sie sich für die »Freaks« aus der Stadt, hält sich immer wieder dort auf, findet aber noch keinen direkten Anschluss.

Also die Punks, aus der Stadt – Punks kann man ja gar nicht irgendwie sagen. Also, die Freaks, die hab ich kennen gelernt schon, da war ich dreizehn oder vierzehn. Und da war ich aber irgendwie so 'n kleines Mädel und die großen coolen Typen haben nicht mit mir geredet. Und ich fand das halt nur superinteressant und hab mich irgendwie voll frei gefühlt. Den ganzen Tag da zu sitzen und zu saufen und so. Aber das war nur auch nur 'n Sommer lang. Und im Winter haben sich die Leute dann auch nicht mehr draußen getroffen und da hab ich auch nicht mehr mit denen Kontakt gehabt, also mit den meisten nicht mehr.

Mit 16 lernt sie in der Szene ihren späteren Freund Kai kennen. Kai ist zu diesem Zeitpunkt 28 Jahre alt, seit längerer Zeit wohnungslos, hepatitiskrank und wird nach mehrjähriger Heroinabhängigkeit mit Polamidon substituiert.

Und in dem Sommer vor drei Jahren hab ich da aus Zufall wieder 'n paar Bekannte getroffen, hab mich dahingesetzt. Und dann hab ich Kai kennen gelernt. Dann haben wir zusammen getrunken, den Tag, und dann hab ich irgendwie direkt die erste Nacht mit ihm verbracht, bin nicht nach Hause gegangen. Ja und ab da bin ich da wieder richtig reingekommen. Was soll ich dazu sagen? Ich hab da total viel Spaß gehabt mit den Leuten, das war für mich Freiheit. Spaß haben, nicht nach Hause fahren, mit den Leuten einheizen, auf Partys gehen, in andere Städte fahren – keine Ahnung. Viele Leute treffen. [...] Da war ich sechzehn einhalb. Im April war das.

Die Eltern missbilligen die Beziehung zu dem 12 Jahre älteren Freund und so kommt es immer mehr zu Auseinandersetzungen.

Ich hatte vorher schon Differenzen zu Hause, aber ich würde mal sagen, dass das eher so Differenzen sind, die jeder hat mit sechzehn. Sprich wie lange rausgehen, keine Ahnung, so ganz normale Sachen. [...] Aber das lag schon auch an Kai, dass die Differenzen mit meinen Eltern immer schlimmer wurden. Also, weil sie ihn abgelehnt haben und dann wahnsinnige Sorge um mich hatten. [...] Die wollten die Beziehung nicht. Die haben mich tierisch unter Druck gesetzt, was ich auch im Nachhinein voll gut verstehen kann, dass die Angst hatten. Weil ich halt an anderen Beispielen gesehen habe, dass irgendwelche Mädels mit Ex-Junkies einheizen und wirklich dann der Weg anders verläuft. Nicht, dass sie ihn dann beeinflusst haben zum besseren, sondern umgekehrt, dass die dann hinterher irgendwie total am Ende waren. [...] Und dann bin ich halt länger weggeblieben und wollte dann halt auch so gewisse Sachen durchsetzen, und wollte irgendwie selbstständiger sein. Und dadurch, dass ich Kai kennen gelernt habe, hatte ich halt dann 'nen Rückhalt. Also, er hat mir dann quasi die Kraft gegeben, mich da so ein bisschen rauszumanövrieren.

Die Schwierigkeiten mit den Eltern nehmen zu, es kommt zu Eskalationen und Gewaltanwendung. In einer dieser Situationen beschließt Julia, tatsächlich abzuhauen und flüchtet zu ihrem wohnungslosen Freund auf die Straße.

Ich hab mich da eigentlich mehr so rausgeschlichen zu Hause, also ich bin nicht auf einmal irgendwie abgehauen. Obwohl's da schon ein Schlüsselerlebnis gab, wo mein Vater mich eingeschlossen hat, weil er dachte, wenn ich jetzt gehe nach so 'nem Streit, dass ich dann nie wiederkommen würde. Und deswegen hat er mich eingeschlossen. Da bin ich aus dem Fenster gesprungen und bin dann abgehauen. Und das war halt so die Schlüsselaktion. Vorher hab ich's auch geschafft wegzulaufen, das war am selben Morgen. Und dann hat er mich irgendwie auf der Straße wieder eingefangen und hat mir fast den Arm ausgerenkt. Und das war also schon 'ne richtige handgreifliche Auseinandersetzung, was wir vorher eigentlich nie hatten. Also sonst ging das immer mehr durch psychischen Druck. Ja, und da bin ich da aus'm Fenster gesprungen, hab aber direkt 'ne Viertelstunde später angerufen, dass sie sich keine Sorgen machen brauchen. Aber irgendwie in der Zeit bin ich dann auch Nächte weggeblieben und irgendwann war ich nur noch weg. Und da hab ich halt draußen geschlafen. Mit Kai.

Im Nachhinein sieht sie die Beziehung zu Kai durchaus als Auslöser für ihr Weglaufen an.

Ja, ich würd mal sagen, wenn ich Kai nicht kennen gelernt hätte, dann wär ich wahrscheinlich nicht von zu Hause abgehauen. Also, dann hätt ich wahrscheinlich auch tierische Probleme gehabt, vielleicht auch mehr als normalerweise. [...] Also ich war immer schon 'n total freiheitsliebender Mensch. [...] Auf jeden Fall hab ich mich immer total eingeengt gefühlt von meinen Eltern. Wenn die mich eingesperrt haben, Hausarrest, dann ist für mich die Decke auf'n Kopf gekommen zu Hause. Aber ich denke mal, wenn ich Kai nicht kennen gelernt hätte, hätt ich diesen letzten Anstoß, wirklich da wegzugehen, nicht gehabt. Also, wenn nicht die Probleme total krass sind, dann läuft man ja auch nicht einfach so ins Ungewisse. Also, da wusst ich, ich geh von zu Hause weg und lauf bei jemand anders in die Arme, sozusagen. Da hat ich so 'ne Sicherheit, irgendwie, dass ich nicht alleine bin.

Julia beschreibt die erste Zeit mit Kai als aufregend und romantisch. Den ganzen Sommer lang übernachten die beiden zusammen in einem städtischen Park, erst unter freiem Himmel, dann im Zelt, zusammen mit den zwei Hunden, die sie sich angeschafft haben. In dieser Zeit lernen wir Julia kennen. Gemeinsam mit Kai, der schon seit Jahren mit uns Kontakt hält, nutzt sie ab und zu die niedrigschwelligen Angebote der Streetwork. Eine Veränderung der Situation möchte sie in dieser ersten Zeit nicht.

> Dann war ja Frühling, Sommer, wir waren frisch verliebt und haben bei Bekannten geschlafen, haben viel gefeiert und viel Spaß gehabt. Und dann hab ich uns irgendwie 'n Zelt gekauft. Und dann haben wir halt den ganzen Sommer lang in dem Zelt gewohnt, im Schlosspark. [...] Also für mich irgendwie persönlich – im Gegensatz zu Kai, der ja jetzt schon jahrelang auf der Straße gewohnt hat – war das für mich irgendwie sonnenklar, was mein Leben sein soll, und dass es das nicht ist, so dauerhaft obdachlos. Das ist mir nie bewusst geworden, in dem Sinne, dass ich jetzt obdachlos bin oder so, als ich da 'n halbes Jahr irgendwie im Zelt gewohnt hab. Das hat mir sogar viel Spaß gemacht, im Sommer, als es warm war. Und das war für mich 'ne total schöne Erfahrung, irgendwie früh morgens aus'm Zelt aufzustehen und dann der Nebel auf der Wiese, und weiß ich nicht, das hatte für mich auch irgendwie echt was Mystisches da im Park.

Zunächst geht es den beiden gut, sie erleben einen schönen Sommer im Park und Kai nimmt im Gegensatz zu vorher kaum noch Drogen.

> Ich hab ihn unbewusst von den Drogen weggeholt, weil durch mich, dann hatte er ja 'ne Freundin und war auch superverliebt, und da hat er gar nicht mehr die Zeit gehabt und gar nicht mehr daran gedacht. Als ich ihn kennen lernte, da war er schon auf Methadon und hat aber Koks jeden Tag gedrückt auch. Aber seit dem Tag, wo wir uns kennen gelernt haben – wir haben ja direkt die erste Nacht zusammen verbracht – hat er nichts mehr angerührt. Kein Koks, kein gar nichts. Und er hat auch keine andern Drogen genommen, außer Haschisch halt.

Erstaunlicherweise schafft sie es, trotz des ungeregelten Lebens nach den Sommerferien wieder jeden Tag zur Schule zu gehen.

> Da war irgendwie so ein Kaltwasserbrunnen in der Nähe, das war an so 'nem alten Friedhof, wo so 'ne Wasseranlage war. Und da hatten wir so 'nen Kombischlüssel für und dann haben wir halt immer Flaschen voll Wasser gehabt. Morgens hab ich mir mit kaltem Wasser die Zähne geputzt. Und ich hatte so 'n kleinen Spiegel sogar im Baum hängen. Aber ich muss sagen, ich hatte zu der Zeit auch oft dreckige Fingernägel und so. Bin

173

trotzdem zur Schule gegangen, und das haben die Lehrer auch gemerkt. Ich hab mich alle drei Tage irgendwo geduscht, das war kein Ding, ich hab mich auch schon immer selber ekelig gefühlt, wenn ich länger als drei Tage mich nicht geduscht habe. Ich hab auch zu der Zeit viel Party gemacht, hab viel gesoffen und war oft in der Schule total verkatert und bin eingeschlafen. In der Zeit bin ich auch in der Schule total abgesackt. Aber ich bin halt noch hingegangen und das war die Hauptsache. Ich hab sogar gelernt im Zelt und hab da Hausaufgaben gemacht, also ganz witzig irgendwie. So, was sich eigentlich keiner so vorstellen kann, dass das echt hinhaut. Aber ich wollte das ja so. Also, also ich wusste, unabhängig jetzt, ob ich noch zu Hause wohne oder was ich jetzt mache, das mit der Schule, das ist mein Ding. Das ist für mich und das mach ich ja nicht für meine Eltern.

Als es auf den Herbst zugeht, wird es im Park aber immer ungemütlicher. Julia geht zwar noch regelmäßig zur Schule, sackt aber immer mehr ab.

Also fast 'n halbes Jahr, fünf Monate waren das bis zum Herbst, wo es anfing zu stürmen und dunkel zu werden früh, und die Blätter sind von den Bäumen gefallen. Und wir sind dann nassgeregnet im Zelt, also es war schon zum Schluss nicht mehr so angenehm. […] Also wenn ich jetzt gezwungen wär, den Winter auch noch draußen zu schlafen, ich weiß nicht, ich wär bestimmt allein aus Stolz nicht wieder nach Hause gegangen. Dann hätt ich mein eigenes Verhalten irgendwie total inkonsequent gefunden und wär da voll nicht mit klargekommen. Also, ich weiß nicht, was ich gemacht hätte. Vielleicht hätt ich bei Freunden geschlafen, aber ich war mir eigentlich sehr sicher, dass irgendwas passieren muss. Und das ist ja auch so gekommen.

Eine aufmerksame Lehrerin erkennt, dass Julia Probleme hat, und stellt in dieser Zeit den Kontakt zum Amt für soziale Dienste her, noch bevor Julia bei uns den Wunsch nach Veränderungen äußert.

Also, ich bin während wir da im Zelt wohnten immer noch zur Schule gegangen, aufs Gymnasium. Und da waren auch so 'n paar engagierte Lehrer, die das auch mitgekriegt haben, dass es mir nicht so gut geht, dass ich nicht mehr zu Hause wohne. Und da war 'ne Chemielehrerin von mir, Frau C., die mich angesprochen hat, ob sie nicht mal mit mir zum ASD [Amt für soziale Dienste] gehen soll. Weil sie meine Situation kannte. Auch, weil ich ihr viel erzählt habe, weil sie war halt 'ne echte Vertrauensperson für mich. Und sie hat sich auch mit meiner Mutter mal getroffen und mit ihr Kaffee getrunken. Da ging's dann nicht nur um mich, aber die haben auch über mich geredet. Und das war an demselben Tag, wo ich auch daran dachte, mal zu meinen Eltern zu gehen und die zu fragen, ob die nicht irgendwie bereit wären, 'ne Wohnung für mich zu zahlen. Ich hab halt bis zu dem Zeitpunkt gedacht, die würden das niemals machen, ich soll wieder nach Hause kommen. Ich hab auch die ganze Zeit gehofft, dass Kai 'ne Wohnung findet. Hat er nur nicht geschafft. Hat sich auch, muss ich sagen, nicht wirklich drum gekümmert. Und mit den Hunden 'ne Wohnung zu finden ist natürlich auch immer sehr schwierig. Und dann bin ich nach Hause gegangen an dem Tag und hab meinen Eltern das gesagt. Und ganz überraschend hat mein Vater dann superpositiv reagiert und gesagt, er hätte da auch schon drüber nachgedacht. So ist das dann ange-laufen. Dann bin ich irgendwann mit dieser Frau C. zusammen zum Amt für Soziale Dienste gegangen. Meine Eltern waren da erst mal außen vor. Ja und dann hatte ich mit denen einige Gespräche über meine Situation. Darüber, dass ich im Zelt wohne und gleichzeitig zur Schule gehe, ich glaub, das haben die da am wichtigsten in dem Moment empfunden, dass ich halt vom Zelt aus zur Schule gehe. Also, das fanden die irgendwie so krass, dass die dachten, da muss ganz schnell irgendwie 'ne Wohnung her.

Julia hat Glück, beim Amt für Soziale Dienste auf offene Ohren zu stoßen. So sind von unserer Seite diesmal keine Vermittlungstätigkeiten notwendig, kei-nerlei Überzeugungsarbeit. Der Sozialarbeiter im ASD ist wie wir der Meinung, dass Julias Wunsch nach einem gemeinsamen Zuhause mit dem Freund und den Hunden entsprochen werden sollte, damit Julia nicht weiter auf der Stra-ße leben muss. Julia ist damit einverstanden, eine stundenweise Betreuung zu bekommen und auch die Eltern freunden sich nach einigen Gesprächen lang-sam mit der Lösung an. Gemeinsam mit dem Sozialarbeiter des ASD verdeutli-chen wir beim Sozialamt die Dringlichkeit des Falls und können so recht schnell für Julia und Kai ein kleines, zentrales Apartment bekommen.

Und dann hat der Herr D. vom ASD mir gesagt: »Julia, wir haben 'ne Woh-nung für dich.« So total super, irgendwie. »Triff dich heute Nachmittag mit den Streetworkern und dann guckt ihr euch die Wohnung an.« Ja und das war's dann irgendwie und dann bin ich da hingegangen und das war dann 'n supercooles Apartment hier in der Z.-Straße. Ja, wo Kai heute auch immer noch wohnt. Auch mit den Hunden, das war halt da möglich in der Wohnung.

Unbürokratisch und schnell wird eine stundenweise Betreuung für Julia instal-liert, mit der sie gut zurechtkommt. Julia kann ihre Betreuerin als Vertrauens-person annehmen und mit ihr viele anstehende Probleme klären.

Also ich hatte dann 'ne mobile Betreuung vom ASD aus. Fast anderthalb Jahre, und mit F. [Betreuerin] hab ich dann erst mal so 'n paar Sachen geplant. Erst mal, dass ich von der Schule runtergeh und nach der elf auf 'ne Fachoberschule geh, um da das Fachabi zu machen. [...] Und mit der F., die ich anderthalb Jahre hatte, das ist auch zu 'ner echt guten Beziehung herangereift mit der Zeit. Wir waren echt so ... Freundinnen kann ich nicht sagen, weil das hat man während der ganzen Betreuung gespürt, das es für sie 'n Beruf ist. Also, sie hat diese Distanz, die man ja haben soll auch zu seinen Klienten, die hat sie absolut gewahrt irgendwo. Sie hat nichts von sich selbst preisgegeben, beziehungsweise nur gute Sachen aus ihrem Leben. Also, sie hat sich als richtiges Ideal für mich dargestellt. So, schöne Wohnung, zwei Kätzchen, netten Freund und hat mir halt selber ihrerseits nie Probleme erzählt, während ich immer stundenlang ihr meine Probleme erzählt hab. Deswegen war das natürlich wie so 'ne Betreuung. So 'ne einseitige Beziehung. Aber es soll ja auch einseitig sein, eigentlich.

Eineinhalb Jahre lang wohnt Julia mit ihrem Freund Kai zusammen in dem Ein-Zimmer-Apartment. Da die Wohnung zentral liegt, ist ständig Besuch da, auch immer wieder wohnungslose Übernachtungsgäste. Der Umgang mit dem eigenen Drogenkonsum und dem ihres Freundes ist für Julia nicht einfach. Sie bekommt Unterstützung von ihrer Betreuerin, erlebt diese Zeit aber doch als schwere und harte Zeit. Einerseits versucht sie, die Schule zu schaffen, andererseits kommt sie in der Wohnung nicht zur Ruhe und zum Lernen. Mit 18 trifft sie den Entschluss, auszuziehen, obwohl sie sich nicht von Kai trennen will. Aber sie braucht Abstand.

Also ich war da auch schon sehr am kiffen, irgendwie seit dreizehn kiff ich halt, und hab ihn [Kai] halt eher so zum Kiffen gebracht. Und da hat er sich halt darauf gestürzt und nur noch gekifft, irgendwas braucht er halt. Halt so 'n Suchtmensch. Wer einmal 'n Suchtmensch ist, der braucht immer irgendwas, ist egal, was. Dann hat er irgendwie total viel gekifft, und dann hab ich damit angefangen, Speed zu ziehen. Und das hat er dann gemerkt, oder ich hab 's ihm gesagt. Und dann war das für ihn die Legitimation, das auch zu machen. Und er hat 's natürlich direkt wieder total übertrieben, weil er halt kein Maß hat. [...] Die Belastungen, denen ich ausgesetzt war, die waren schon oft ziemlich heftig. Als ich da 'n Jahr arbeiten gegangen bin im Reha-Zentrum, da bin ich oft morgens weinend dahin gefahren, musste dann da, sobald ich die Tür aufgemacht hab, ein lächelndes Gesicht machen: »Guten Morgen, Frau Soundso, wie geht's ihnen denn heut?« und auf die kranken Menschen eingehen. Und auf 'm Nachhauseweg hab ich wieder angefangen zu heulen, bei dem Gedanken, welche Situation mich erwartet, wenn ich jetzt wieder nach Hause komme. Die Situation war echt so krass, deswegen bin ich da auch ausgezogen. [...] Ja, das musste einfach sein, weil ich nicht mehr klarkam, mit einerseits Schule und Lernen und dass ich meine Ruhe brauche, und andererseits irgendwie mit Kai zusammen und total viel Einlauf in der Wohnung. Also jeden Tag immer tausend Leute da und halligalli. Jeden Tag irgendwie Party und saufen, und ich kam da nicht mehr mit klar. Und deswegen dachte ich, es wär besser, wenn ich alleine wohne. Ja, und dann hab ich 'ne Wohnung gesucht.

In der Zeit kommt Julia wieder öfters zur Streetwork und nutzt das Angebot der gemeinsamen Wohnungssuche. Selbstständig findet sie kurze Zeit später ein Apartment, in dem sie sich aber nicht richtig wohlfühlt und auch nur ein halbes Jahr wohnt.

Das war so ein Apartment war in so 'ner Apartment-Anlage. Total isoliert, jedes Apartment, und ich kam mir oft tierisch alleine vor. Dann hab ich total viel geheult, jeden Tag, und war total unglücklich. Und dann hat sich das so entwickelt, dass ich trotzdem immer öfter wieder bei Kai war. Also, ich hab mich ja auch nicht von ihm direkt getrennt, sondern nur räumlich und war dann trotzdem irgendwie wieder total oft bei ihm. Und hab dann den Hund auch oft bei ihm gelassen, weil der Hund in der Wohnung halt nicht erlaubt war. Und dann war das eigentlich eher so, dass da irgendwann nur noch meine Sachen standen und ich eigentlich doch wieder bei Kai gewohnt hab. Weil ich halt nicht alleine sein konnte. Oder dann bin ich nur noch dahin gegangen, wenn ich mich mit ihm gestritten hatte, und dann hatte die Wohnung sowieso immer so 'nen negativen Touch. Immer wenn ich unglücklich war, war ich da sozusagen, und da hab ich mich absolut nicht mehr wohl gefühlt. [...] Und wegen dem Hund bin ich ja auch 'n halbes Jahr später da wieder rausgeflogen.

Zu dieser Zeit wird die Betreuung im Einvernehmen mit Eltern, ASD, Julia und der Betreuerin eingestellt. Julia will und kann weiterhin ohne Betreuung zurechtkommen, erlebt aber das Ende der Maßnahme als sehr enttäuschend.

Das war 'ne sehr schlechte Erfahrung, sie hat sich total ekelhaft aus dieser Betreuung rausgezogen. Sie ist in Urlaub gefahren, und da hat ich 'n großes Problem. Und sie sagte: »Ach, da wirste schon alleine mit fertig. Ich fahr jetzt in Urlaub für ein paar Wochen. Danach treffen wir uns noch mal. Essen noch mal schön Eis, machen ein Abschiedsgespräch.« [...] Ich hätte nicht unbedingt Hilfe gebraucht. Ich bin da dann auch total gut alleine mit klargekommen, mit diesem Problem. Aber als sie dann aus 'm Urlaub nach Hause kam, lag nur irgendwann 'n Kärtchen bei mir im Briefkasten: »Julia, das war 'ne schöne Zeit mit dir, alles Gute für dein Leben, das war's. Ein Abschiedsgespräch ist von Seiten des ASD nicht mehr nötig.« Die hat sich da total ekelhaft rausgezogen. Wir haben uns gar nicht richtig verabschiedet quasi voneinander. Also, das hat mich irgendwie so enttäuscht.

177

Ich hab mir nur gedacht, wenn du irgendwann mal Sozialarbeiter wirst oder Sozialpädagoge, dann machste so was nie im Leben. Also das war echt ziemlich kalt und gefühllos und eklig. Was mir eigentlich gezeigt hat, dass sie im Grunde gar nicht an mir interessiert war.

Julia wohnt noch einmal ein halbes Jahr mit Kai in dem Apartment. Sie ist aber weiterhin auf Wohnungssuche und freundet sich mit einer jungen Frau an, mit der sie gemeinsam eine Wohnung sucht und auch findet. In der neuen Wohnung fühlt sich Julia nun auch endlich wohl und zu Hause.

Ja, und jetzt vor 'nem halben Jahr hab ich mich sehr gut mit G. befreundet, das ist 'n Mädel, die ich kennen gelernt hab, so 'ne Tänzerin. Ganz fitte Person irgendwie. Ja und ich kannte die eigentlich schon viel länger, wir haben uns dann halt gut kennen gelernt. Und sie suchte 'ne Wohnung, ich suchte ja auch dann 'ne Wohnung. Und dann haben wir uns überlegt, dass wir zusammen 'ne Wohnung suchen. Und das hat 'n paar Monate gedauert wieder mal, wie vorher auch, und dann sind wir hier zu so einer Wohnungsgenossenschaft, und hier direkt in der Y.-Straße haben wir dann direkt 'ne total coole Wohnung gekriegt. Ja, 67 Quadratmeter und der Hund ist erlaubt, ist total super. Und da fühl ich mich jetzt auch richtig wohl. Also, da wohnen wir jetzt auch immer noch. Soll auch 'n bisschen länger halten noch.

Julia ist heute noch mit Kai zusammen, aber sie sieht vieles distanzierter.

Also ich bin noch mit Kai zusammen, auf jeden Fall, und unsere Lebensweisen sind halt total unterschiedlich. Und je länger ich mit ihm zusammen bin, merk ich, dass die immer mehr auseinander gehen. Also, ich orientier mich jetzt schon an ganz anderen Dingen. Ich mein, ich hab noch Perspektiven und ich bin noch total jung und hab eigentlich noch alles vor mir. Und wir haben auch 'n sehr großen Altersunterschied, der ist zwölf Jahre älter als ich. Und er hat irgendwie alles schon gelebt. Oder nicht. Er hat nicht schon alles gelebt, aber er hat halt jetzt nicht mehr so wahnsinnig das vor sich. Das, was er jetzt macht, so wird er 's weitermachen, wie er kann. Party machen, noch 'n bisschen Spaß haben. Früher hat mich das aufgeregt, ich hab nicht verstanden, wie ein Mensch so leben kann, ohne Ziele. Aber mittlerweile versteh ich ihn sehr gut, also für ihn ist es so wirklich das Beste. Er könnte auch jetzt nicht mehr großartig was auf die Beine stellen, würd er nicht schaffen von seinem inneren Antrieb. Ja es ist schon sehr, sehr unterschiedlich, so wie wir beide leben. [...] Obwohl jetzt im Moment kann ich mir nicht vorstellen, alleine zu sein. Also, ich denke, wenn man so jung ist, wie ich es war, als wir zusammenkamen, dann wird so 'ne Beziehung total tief und total eng. Deswegen bedeutet er mir wahrscheinlich so unheimlich viel. Der ist halt total wichtig für mich. Weil das ist einfach so 'ne Grundlage von meinem Leben, ich wach morgens auf und weiß, wir gehören zusammen. Auf der anderen Seite sind das total zwiespältige Gefühle, die ich auch zu ihm habe irgendwie. Aber es sind halt total tiefgehende Gefühle.

Auch die Szene betrachtet sie heute kritischer:

Auch wenn das oft für mich zu destruktiv ist, alles zu ausgelutscht schon, immer wieder dasselbe und immer wieder dasselbe Gelaber. Also es geht mir auch schon echt oft auf die Nerven. Also, ich orientier mich jetzt auch auf jeden Fall schon auch oft bei anderen Leuten. Zwar auch Leute, die freakig drauf sind, aber irgendwie 'n bisschen produktiver im Kopf – keine Ahnung. Das wird irgendwann auch langweilig, das gibt einem nix mehr so. Haste Spaß mit denen, säufst dir einen, aber es ist immer wieder dasselbe. Kommt nix neues irgendwie. Also ich empfinde das jetzt total anders als mit vierzehn oder so. Also mit vierzehn war das für mich so der Himmel und die Freiheit, Ausgelassensein, Spaß haben und so, aber das hat sich jetzt auf jeden Fall ein bisschen geändert.

Der Kontakt zu ihren Eltern ist viel entspannter geworden.

Der Kontakt zu meinen Eltern ist eigentlich supergut. Also, die haben im Laufe der Zeit natürlich gemerkt, dass ich alleine klarkomme. Für mich war's eigentlich die ganze Zeit über klar, dass ich meinen Weg mache, dass ich nicht drogenabhängig werde, dass ich nicht total abkacke. Ich mein, wenn einem selber das total klar ist, dann kann 's auch gar nicht so passieren. Weil man das nicht macht. Aber meine Eltern wussten das halt nicht, konnten sie ja auch nicht, und man sagt ja auch viel irgendwie mit sechzehn und macht dann was anderes. Aber ich hab sie auf jeden Fall versucht, immer zu beruhigen. Dann hab ich die Schule gewechselt und hab da erst nur Zweien geschrieben und Einsen. Also die haben gemerkt, dass ich echt alleine gut klarkomme. Also mein Vater hatte Angst, dass er mir noch nicht genug mitgegeben hat fürs Leben oder so. Und hat aber wohl gemerkt, dass es doch wohl ausreicht, und dass ich mir alles andere auch so 'n bisschen selbst aneignen kann. [...] Also ich denke, mittlerweile sind die auch wirklich stolz auf mich. Dass ich schon so jung irgendwie so selbstständig war. Ich hab 'n total gutes Verhältnis eigentlich, ich telefonier total oft mit meiner Mama, die wäscht auch meine Wäsche. Mein Vater hat mich sogar schon wieder in den Arm genommen und steht manchmal vor mir und freut sich einfach nur, mich zu sehen.

179

Über die Entwicklung, die ihr Vater in dieser Zeit durchgemacht hat, erzählt sie:

> Also, ich muss sagen, in der ganzen Zeit hat mein Vater für sich selbst auch 'ne total krasse Entwicklung durchgemacht. Ich glaube, er hat viel begriffen, was er in seinem Leben falsch gemacht hat in der Erziehung, nicht nur bei mir sondern auch bei meinen Schwestern. Er ist viel liberaler geworden, er merkt, es gibt auch andere Möglichkeiten, so 'n Weg zu gehen, als nur den ganz straighten geradeaus nach vorne, irgendwie Karriere. Er hat glaube ich auch für sich selber viel gelernt. Meine Eltern haben sich nicht gut verstanden, jahrelang nicht, und haben auch so nichts mehr miteinander geteilt. Mein Vater war also in der Schule und meine Mutter zu Hause, und sie haben in getrennten Zimmern geschlafen. Und durch das Problem mit mir haben die wieder so ein bisschen zusammengefunden, glaub ich. Also das war eigentlich auch ein ganz positiver Aspekt von der ganzen Sache. Meine Eltern haben da halt zusammengesessen und geheult, so schlimm es auch ist, die hatten wahnsinnige Angst um mich und haben halt oft abends zusammengesessen und diskutiert, und dabei sind meinem Vater auch ziemlich viele Sachen aufgegangen. Und die beiden haben jetzt wieder 'ne richtige Beziehung, also lieben sich wieder.

Ihren Umgang mit Drogen beurteilt Julia auch heute noch als problematisch, vor allem in der jüngsten Zeit.

> Aber ich muss sagen, dass ich also jetzt gerade jetzt in dieser Zeit 'n bisschen Scheiße baue so mit mir. Das hab ich selber gemerkt, dass ich so in dem letzten halben Jahr total viele chemische Drogen genommen habe und deswegen in der Schule ja nicht unbedingt schlechter geworden, aber nicht mehr hingegangen bin. Das sind dann alles so die Folgen davon. Dann wird man krank, weil das Immunsystem so total am Boden ist, weil man sich drei Tage lang irgendwie nur Speed einlegt oder so. Ich leg mir einfach zu viel ein. Aber jetzt so die letzten zwei Wochen hab ich mir auch gar nichts mehr eingelegt. Aber ich merke das, dass ich mich auch selber veränder. In meinem Umfeld, bei meinen Freunden und Bekannten sind diese Drogen halt irgendwie erst seit einem Jahr so populär geworden. Also vorher war das gar nicht so. Als ich vierzehn war, da haben sich die Leute vielleicht ein-, zweimal irgendwie 'ne Pappe eingelegt, im Sommer mal. Aber so extrem, irgendwie alle paar Tage und dann ohne Ende 'n paar Tage lang durchmachen und dann vier Tage erholen und dann weiter geht's – also so 'n Wechselspiel zwischen sich erholen und schlafen und nur total extrem Party machen, das war vorher gar nicht so. Und da hab ich mich auch ziemlich mitreißen lassen. Aber was mich dabei traurig macht, ist einfach, dass ich denke, man verliert irgendwann die Fähigkeit,

auch ohne solche Drogen voll viel Spaß zu haben auf Partys. Und ich merk halt, dass ich auch psychisch, wenn ich mir das eingestehe eigentlich schon 'n bisschen davon abhängig bin. Obwohl ich denke halt, weil ich darüber selber für mich viel nachdenke und es mich auch irgendwo selber erschrickt, bin ich dann noch ein bisschen gefeit vor der Gefahr, ich weiß nicht. Also bei anderen, also zum Beispiel bei Kai, find ich das echt schon superheftig. Also ich hab manchmal echt 'n bisschen Schiss, so, keine Ahnung, kriegt er mal 'n Herzkasper und dann liegt er da!

Rückblickend sieht sie, dass sie doch einen schweren Weg gegangen ist.

Oh, die Frage stell ich mir oft, was ich noch mal machen würde, wenn ich jetzt noch mal fünfzehn wär oder so, ob ich den selben Weg gehen würde. Kann ich gar nicht sagen. Manchmal denk ich sogar, es wär besser, wenn ich nicht diesen Weg gegangen wär, aber das ist jetzt nur aus dem Grund heraus, weil ich denke, dass ich nicht hätte so früh so 'ne enge Bindung mit so 'nem Mann eingehen hätte sollen. Das hätt ich nicht machen sollen, würd ich jetzt sagen im Nachhinein. Weil meine Psyche doch so 'n bisschen vorbelastet ist für alles, was noch kommt.

Zum Interviewzeitpunkt hat Julia ihre Fachoberschulreife so gut wie geschafft, weiß aber noch nicht, wie es nun weitergehen soll. Sie spricht von ihrer Angst vor der Zukunft und der Verantwortung, die sie übernommen hat, indem sie den Hund angeschafft hat und nun für ihn sorgen will.

Ja, also ich hab heute die letzte Klausur meines Lebens geschrieben, in Englisch. Und in zwei Wochen sind meine Prüfungen. Und dann mach ich das Fachabitur. Und danach hab ich erst mal frei. Ich schaff das auch wohl, also ich bin ganz gut auf dieser Schule gewesen, 'n Durchschnitt von 2,5 werd ich wohl kriegen. Im Moment hab ich eher nicht so das Gefühl, dass ich mich jetzt freu, das geschafft zu haben, oder dass ich das jetzt schaffe, und dass dann was Neues kommt, sondern ich hab eher so 'n bisschen Angst davor. So vor dem ganzen Neuen und was ich jetzt machen will, weil ich mir auch echt noch nicht sicher bin, was ich mache. Also die meisten aus meiner Klasse, die haben jetzt schon irgendwelche Praktikumsplätze, schreiben schon die ZVS-Papiere aus. Und ich bin mir halt total unsicher, ob ich jetzt wirklich Sozialpädagogik studieren soll oder ob ich in 'nen andern Bereich gehe oder ob ich überhaupt studieren will. Ich hab 'n bisschen Angst davor. Ich seh jetzt für mich so keine konkrete Perspektive, irgendwie. Keine Ahnung, was dann kommt. Ich hab auch den Hund so, für den hab ich mich entschieden, den werd ich auch nicht abgeben. Also, sonst hätt ich mir wahrscheinlich schon irgendwie was überlegt, wie 'n Jahr mal ins Ausland zu gehen und dann vielleicht 'n freiwilliges soziales Jahr zu machen oder so. Aber das ist mit dem Hund irgendwie alles nicht so möglich. Und ich bin jetzt auch nicht der Typ, dass ich jetzt echt sage, ich geb die ab, weil's für mich das Beste ist. Wir gehören jetzt irgendwie zusammen. Muss ich schon Rücksicht drauf nehmen irgendwie. Als ich sechzehn war und die Kleine geholt hab, da war mir das ja klar, dass die mich die nächsten fünfzehn Jahre begleitet. Dann hätt ich mir das eher überlegen müssen. [...] Was hab ich für Wünsche? Es ist schwierig. Ich glaub, ich würde gerne in 'ne größere Stadt ziehen. In 'ne große Stadt ziehen, vielleicht da wirklich studieren. Ich glaub, ich würd gern aus Münster raus, erst mal so, als nächstes großes Ziel. Was ich so für Wünsche für mein Leben hab so, kann ich nicht sagen. Kinder möcht ich auf jeden Fall auch mal haben, Tiere am liebsten – keine Ahnung.

Julia bewirbt sich schließlich für das folgende Semester an der Fachhochschule und studiert heute Heil- und Sonderpädagogik.

Kommentar

Julia wächst in einer vollständigen, wohlhabenden und auf den ersten Blick intakten Familie auf. Dennoch beschreibt sie die Atmosphäre als geprägt von Leistungsdruck, Einschränkungen und Kontrolle. Als sie sich für die Punksze-ne interessiert, kommt es immer mehr zu Auseinandersetzungen. Letztendlich ist es wohl die Beziehung zu dem 12 Jahre älteren Freund, die die Eltern nicht akzeptieren und die die Situation in Julias Elternhaus immer mehr eskalieren lässt. Für Julias Eltern ist ihre Entwicklung schockierend, der Vater reagiert mit Hilflosigkeit, Einsperren und Gewalt. Julias Flucht ist eine klare Entschei-dung für ihren Freund, den sie nicht aufgeben will. Sie zieht mit ihm in die Wohnungslosigkeit, unterstützt ihn, von seiner Drogenabhängigkeit loszukom-men. Bereits als 16-Jährige übernimmt sie eine große Verantwortung – nicht nur für ihr Leben, sondern auch für das ihres Freundes und eines Hundes, für den sie sorgen will.

In Julias Geschichte gibt es Ressourcen, auf die andere Jugendliche nicht zurückgreifen können: eine mitfühlende Lehrerin, Verständnis und Engage-ment seitens des Amtes für soziale Dienste und schließlich Eltern, die sich Ge-danken machen, keine brutalen Zwangsmaßnahmen ergreifen, den Hilfepro-zess nicht blockieren, sondern zum Einlenken bereit sind. Dadurch, dass Ju-lias Freund akzeptiert wird, kann eine Lösung gefunden werden, die von allen Beteiligten toleriert und getragen wird. Während in ähnlichen Fällen oft ein monatelanges Diskutieren über die geeignete Maßnahme und Versuche, das Mädchen vom Szene-Freund zu trennen und in einer Mädchenwohngruppe unterzubringen, rasche Handlungen blockieren, wird hier die Lebenssituation des Mädchens akzeptiert und einvernehmlich eine Lösung gefunden, die Ju-lias Bedürfnissen gerecht wird. Eine intensive Einzelhilfe durch die Streetwork ist somit gar nicht nötig. Es reicht aus, Beratung, niedrigschwellige Angebote und Unterstützung zur Selbsthilfe zu bieten und den Prozess ein wenig zu begleiten.

Julia bezieht zusammen mit ihrem Freund ein von Streetwork und ASD vermitteltes Apartment und bekommt über eineinhalb Jahre hinweg eine mobile Betreuung, mit der sie gut zurechtkommt. Sie kann mit ihr Probleme besprechen ohne sich kontrolliert zu fühlen und mit ihr gemeinsam berufliche Perspektiven entwickeln. Die Betreuerin ist für Julia auch in der Zeit, als sie sich in der gemeinsamen Wohnung nicht mehr wohlfühlt, ein großer Halt. Zwar einvernehmlich, dennoch abrupt und für Julia enttäuschend endet das Betreuungsverhältnis, doch auch darüber scheint Julia relativ problemlos hinwegzukommen. Sie hat in dieser Zeit sehr viel Selbstständigkeit entwickelt, und auch der Kontakt zu ihren Eltern ist wieder wesentlich besser geworden.

Julias Geschichte ist ein Beispiel dafür, wie rasch positive Veränderungen eintreten können, wenn den Wünschen der Jugendlichen entsprochen wird, und sie nicht übergangen werden. Die Achtung der Beziehung zu dem 12 Jahre älteren Freund, die Bereitstellung einer gemeinsamen Wohnung und das Angebot einer mobilen »niedrigschwelligen« Betreuung, deren Inhalte vor allem beratend und nicht kontrollierend sind, führen dazu, dass Julia nicht in die Szene »abrutscht«, heute ein Fachabitur, einen Studienplatz und eine Wohnung hat, kurzum dass Julia heute dort ist, wo sie jetzt steht. Aber auch ihre eigene Stärke, ihr tiefes Gefühl für ihre Bedürfnisse, zum Beispiel weiterhin zur Schule gehen zu wollen, und ihr inneres »Wissen«, nicht als dauerhaft Wohnungslose zu enden, haben ihr geholfen, ihren Weg zu finden.

Julia übernimmt bereits sehr früh viel Verantwortung, für ihr eigenes Leben, für ihren Hund, sogar mit für das Leben ihres Freundes. Sie stabilisiert ihn und bringt ihn – wie sie selbst sagt – von den Drogen herunter. Dies zeigt viel von ihrer Stärke und Selbstständigkeit. Dennoch ist es für sie nicht leicht, ihre Grenzen zu ziehen und ihre Bedürfnisse zu achten. Von der ersten Zeit in der gemeinsamen Wohnung mit Kai spricht sie als schwerer Zeit, in der sie auch oft geweint habe. Sie schafft es schließlich auszuziehen und ihren eigenen Weg zu gehen.

Auch wenn sie sich dadurch etwas Distanz geschaffen hat, beschreibt sie die Beziehung zum 12 Jahre älteren hepatitiskranken, ehemals heroinabhängigen Freund als nicht einfach und für sie immer wieder belastend. Gleichzeitig berichtet sie von eigenen Drogenerfahrungen und macht sich viele Gedanken über mögliche eigene Abhängigkeitsmuster. Zwar probiert sie nie Heroin und Kokain, beurteilt aber ihren Umgang mit Partydrogen derzeit als problematisch. Aber es gelingt ihr, darüber den Sinn für die Realität nicht zu verlieren und den Anforderungen von Schule und Beruf weiterhin gerecht zu werden.

Zum Interviewzeitpunkt steht Julia vor dem entscheidenden Schritt, wie ihre berufliche Zukunft weitergehen soll. Aus der Szene hat sie sich weitgehend verabschiedet, kommt daher auch nur noch selten zur Streetwork. Julia geht ihren Weg allein weiter und ist in der Lage, auftretende Probleme zu bewältigen. Sie kann auch auf ihre Familie wieder als Ressource zurückgreifen. Dennoch gibt es immer wieder junge Frauen und Männer, die an dieser Schwelle scheitern: wenn eine Betreuung zu Ende ist und eine Berufsperspektive gefunden werden muss, wenn in Zeiten der Individualisierung und Massenarbeitslosigkeit zwar endlich die ersehnte Volljährigkeit erreicht ist, aber damit auch tatsächlich die alleinige Verantwortung für das eigene Leben übernommen werden muss. Eine verantwortungsvolle »Nachsorge« der Jugendhilfe – nicht unbedingt hilfeplanorientiert, vielleicht auch in Form offener Angebote – könnte diese Lücke schließen.

2.9 Andrea: Akzeptanz als Basis für Veränderungen

Andrea ist heute 20 Jahre alt und kommt aus einem Dorf in Norddeutschland. Dort wächst sie bei ihren leiblichen Eltern auf, gemeinsam mit zwei wesentlich älteren Halbbrüdern, die jedoch schon bald das Elternhaus verlassen. Mit 16 reißt sie aus und lebt 9 Monate auf der Straße. Seit mittlerweile 4 Jahren lebt sie nun in einem der Wohnprojekte der Streetwork. Über ihre Familie erzählt sie:

> Mein Vater, – wie sich das genau nennt weiß ich auch nicht – der ist halt den ganzen Tag rumgefahren, irgendwie, für seine Firma und zu den kleineren Außenstellen und so. Vertreter in größerem Maßstab oder so. Der ist zu den Firmen gefahren und hat da halt das Zeug von seiner Firma irgendwie verhandelt, oder was weiß ich. Keine Ahnung. Das hat mich auch eigentlich nie interessiert. Ich fand das immer schon langweilig. Und meine Mutter war halt Hausfrau. Wollte eigentlich auch 'nen Job haben. Also fing sie halt an, sich zu bewerben. Und hat alles nicht geklappt. Heute kann ich das als Außenstehende betrachten. Heute kann ich das echt voll verstehen, warum die irgendwie ihren Putzfimmel hat. Warum die nur noch im Haus abhängt, total gereizt ist, wenn mal irgendwas nicht genauso aussieht, wie es aussehen soll und so. Wenn man da lebt und das dann die ganze Zeit ertragen muss und sich das auf einen direkt auswirkt, ist das echt ziemlich krass. Weil, das war nicht nur irgendwie so ein einfacher Putzfimmel. Da musste echt alles stimmen, alles sauber, alles schön, alles gerade. Aber zufrieden war sie trotzdem nicht. Die einzige Beschäftigung die sie hatte, um wenigstens mal ein bisschen ausgefüllt zu sein.

Andrea leidet unter dem Sauberkeitsanspruch der Mutter und fühlt sich eingeschränkt, weil sie nicht einmal ihr Zimmer so gestalten kann, wie sie will. Sie fühlt sich von ihren Eltern kaum beachtet und nicht verstanden.

Also das war nicht so, dass ich in meinem Zimmer machen konnte, was ich will. Es musste auch immer alles aufgeräumt sein. Wenn dann mal zu viel in einer Ecke lag oder wenn mal was auf dem Boden lag, direkt weg. Und dann war das so, als ich vielleicht dreizehn, vierzehn wurde, dass ich noch nicht mal selber dafür sorgen konnte, dass alles wenigstens o.k. ist, dass ich das wenigstens mir einteilen konnte, wie ich's wollte. Das hat meine Mutter dann noch gemacht, weil sie dachte, ich mach das eh nicht richtig. Und selbst, wo ich das dann machen durfte, sag ich mal, da musste das dann zu 'ner genau bestimmten Zeit passieren. Damit sie dann sagen konnte, jetzt ist wieder sauber im Haus. Das war schon echt krass. [...] Und dann halt Abendbrot zusammen gegessen. Und dann haben meine Eltern sich vor den Fernseher gesetzt, und das war's. Und das wirklich jeden Tag. Also, es gab 'ne Zeit lang so, mit dreizehn, vierzehn, so, da wollt ich echt noch was irgendwie unternehmen, auch mit meinen Eltern. Da hatten meine Eltern keine Zeit. Zu gestresst, hatten was anderes vor oder so. Was natürlich auch mit dem Haus zusammen hing.

Andrea fühlt sich allein, erzählt von Langeweile.

Ich hab mit meinen Eltern in so 'nem Kaff in Norddeutschland gewohnt. Da halt in der Stadt, und da halt in 'nem kleinen Kaff nebenan. [...] Aber da konnte man ja in der Stadt auch nix machen. Da gab's ein paar Discos. Aber da war ich dann auch nicht dran interessiert, und das war eigentlich schon so das einzige, was angeboten war. [...] Konnte man nicht viel machen. So mit 'ner Freundin den ganzen Tag vor der Glotze hocken. [...] Ich hab zwei Halbbrüder. Aber mit beiden nix mehr zu tun. Zu dem Zeitpunkt auch nur mal telefoniert oder so. Die sind halt beide schon ziemlich viel älter.

In der Schule bekommt sie gute Noten, fängt aber bald an, am Sinn der schulischen Ausbildung zu zweifeln. Mit ihrer Kritik wird sie allein gelassen.

Ich war auf der Gesamtschule im gymnasialen Zweig. Bis zur Mitte des zweiten Halbjahres des letzten Schuljahres. [...] Ich war mal ziemlich gut in der Schule. So zum Schluss hin hatte ich echt keine Lust mehr so, viel Stress mit irgendwelchen Lehrern gehabt. So ganz simple Sachen, zum Beispiel weil ich in Physik nicht verstanden hab, warum ich das jetzt unbedingt wissen muss, wenn ich das im praktischen Leben sowieso niemals anwenden werde. Und ich hab dann versucht, das vernünftig zu sagen. Meistens ist das dann ziemlich motzig geworden. Weil, selbst wenn ich das normal diskutieren wollte, wurde das dann halt gleich im Keim erstickt.

Mit 14 Jahren fängt Andrea an, sich für Punk zu interessieren, was zu kleineren und größeren Krisen mit den Eltern führt.

Das war halt so, als ich noch zu Hause war, so mit vierzehn so, fing das an. Halt erst nur die Musik. Der typische Anfang halt, Tote Hosen und der ganze Kram. Und da dachte ich mir halt, das ist echt cool. Und am Anfang hab ich halt auch nur mit den Leuten abgehangen. Weil, die hat man halt immer irgendwie getroffen. [...] Ich schätze so ungefähr, da kam ich halt auf den Punktrip. Da fing das an, so 'n bisschen zu kriseln mit meinen Eltern. Mal Ärger, Klamotten, Frisur. Und ich hatte auch Stress mit meinen Eltern wegen allem möglichen Kleinscheiß. Ja, und dass du da halt nix machen konntest. Hm, Langeweile pur. Irgendwann hab ich mir dann gesagt: Bevor du hier vergammelst, gehste lieber.

Mit 16 entschließt sie sich, von zu Hause wegzugehen, nachdem die Differenzen mit den Eltern immer größer werden. Sie beschreibt es als überlegten Entschluss, weil sie in ihrem Heimatdorf einfach nicht mehr bleiben will, auch wenn sie noch nicht weiß, wohin sie gehen soll.

Ja, ich hatte eigentlich vor, nach V. [norddeutsche Großstadt] zu fahren, weil mein Bruder da gewohnt hat in der Nähe, und mal gucken. Na ja. Ich bin halt einfach dann drauflos gefahren. Ohne eigentlich Plan zu haben, was ich dann abends mache oder so. Einfach die Sachen gepackt und los. Dann bin ich aber nicht in V. gelandet, sondern vorher ausgestiegen aus dem Zug. Auch ein paar Leute getroffen und dann da erst mal abgehangen, 'ne Zeit lang. Auch so in 'nem kleinen Kaff, genauso groß.

Ihre Eltern finden bald heraus, wo Andrea sich aufhält, hoffen aber, dass sie von allein wieder nach Hause kommen wird. Andrea verbringt zwei Nächte in einer Jugendschutzstelle, nachdem sie von der Polizei aufgegriffen wird. Sie erzählt:

Ganz am Anfang, wo ich da in dem kleinen Kaff war, wo meine Eltern mich da nach zwei Wochen oder so ausfindig gemacht haben, haben die halt erst mal gesagt, ja bleib erst mal. Die wollten mich halt auch erst mal nicht zwingen, nach Hause zu kommen. Die dachten halt, ich entschließ mich von selbst dazu. [...] Die Bullen haben mich mal aufgegriffen, haben meine Eltern angerufen. Die kamen dann irgendwann nachts noch. So, und die haben dann halt den Kerl da angerufen von der (Jugendschutz-) Stelle. Der kam dann und hat mich dann mitgenommen. [...] Dann hab ich so zwei Nächte in so 'nem komischen Unterbringungsding gepennt. Da hatt ich aber gar nichts mit den Leuten zu tun. Da bin ich abends hingegangen, hab mich hingelegt und morgens wieder weg. Das hat meine Eltern dann irgendwie tierisch viel Kohle gekostet.

Nach einiger Zeit suchen die Eltern ihre Tochter, finden sie und nehmen sie noch einmal mit nach Hause.

Dann hatten meine Eltern mich auch irgendwann wieder gefunden. Und dann bin ich mit denen nach Hause gefahren, weil ich gemerkt habe, die holen die Bullen, wenn ich nicht mitfahre und so. War einen Tag zu Hause und hab mit denen ausgemacht, dass ich am nächsten Tag zu meinem Bruder fahre. Erst mal für 'ne Woche. Bin zu meinem Bruder gefahren. Bin dann gleich in V. [norddeutsche Großstadt] geblieben, so bei den Leuten da am Bahnhof und so abgehangen.

Nach einiger Zeit beginnt sie, sich auch in anderen Städten umzuschauen und immer wieder weiterzureisen. Sie fährt auf Chaostage, lebt zeitweise in besetzten Häusern.

Am Anfang war ich vielleicht zwei, drei Wochen in V. und dann bin ich angefangen in verschiedene Städte zu fahren. War mal 'ne Woche weg und dann wieder 'ne Woche in V. Das ging dann so ein halbes Jahr ungefähr. [...] Ich bin also eigentlich nie alleine gefahren. Immer mit Leuten, die halt dahin wollten oder daher kamen. In V. gab's 'ne besetzte Fabrik, wo die ganzen Leute halt gepennt haben. Da hab ich dann halt auch gepennt. Hat man sich dann irgendeine Ecke gesucht oder im Park.

Dennoch schafft sie es, nie ernsthaft mit Polizei und Gesetz in Konflikt zu geraten.

Mit der Polizei war's von Stadt zu Stadt, wo ich halt war, verschieden. Weil ich halt auch oft auf Chaostagen war. Da gab's dann halt schon mal Stress. Aber so großartig hatte ich nie Stress. Ich hab halt auch keine großartige Scheiße gebaut, und wenn, hat mich keiner erwischt. Ich hab nie Stress gemacht so, weil ich erst mal auch überhaupt keine Lust auf Streitereien hatte. Kein Grund dafür.

Zu ihren Eltern hält sie noch einen losen Kontakt, und sie sind immerhin bereit, ihr 100 DM im Monat zu bezahlen, wenn sie sich regelmäßig beim Jugendamt in V. meldet. Es finden ein paar gemeinsame Beratungstermine im Jugendamt statt, bei denen auch Hilfe zur Erziehung in betreutem Wohnen im Gespräch ist.

Ich hab geschnorrt und ich hab noch jeden Monat hundert Mark von meinen Eltern gekriegt. Ja, also am Anfang hab ich mich nicht gemeldet, als ich in V. [Großstadt] war, und irgendwann hab ich sie dann angerufen und denen das gesagt. Die wussten ja aus irgendwelchen unerklärlichen Quellen auch schon wieder, dass ich da bin. Und dann hatte ich so losen Kontakt mit denen, hab die ab und zu mal angerufen. [...] Zu der Zeit war's ziemlich stressig, weil, die sind dann auch ein, zweimal dahin gekommen. Es gab nur Zoff ohne Ende. [...] In V., da war ich bei einer Angestellten vom Jugendamt. Da hab ich mir halt meine fünfzig Mark alle zwei Wochen von meinen Eltern abgeholt. Dann kurz mal geredet. Einmal waren meine Eltern auch da, oder zweimal, und dann zusammen geredet. Dann wollten die wohl, dass ich in V. in ein betreutes Wohnen gehe. Ja, meine Eltern und die Frau da. Die haben das halt angesprochen gehabt. Die dachten dann halt, weil ich da so lange war, dass ich da vielleicht bleiben möchte, was ich aber zu dem Zeitpunkt schon nicht mehr vor hatte. Also schon, wo die das angesprochen haben, da hab ich gesagt: »Nee, läuft nicht.« Grad zu dem Zeitpunkt, wo ich die ganze Zeit machen konnte, was ich wollte, wenn's natürlich auch durch manche Faktoren eingeschränkt war. Aber, so in 'ner Einrichtung zu wohnen mit irgendwelchen anderen Jugendlichen und dann noch mit 'nem Kerl oder 'ner Frau, die den ganzen Tag da ist, nee. Und irgendwelche Regeln, nach Hause kommen und dann ist das und dann ist das. Absolut nicht.

Andrea lernt in V. einen Freund kennen und kommt durch ihn zum ersten Mal nach Münster. Sie will eigentlich wieder weg, bleibt aber schließlich doch.

Ich hab in V. jemanden getroffen. Der wohnte in der Nähe von Münster und war auch öfter da. Und dann bin ich halt so mit ihm hingefahren. Also ich bin erst allein nach Münster gekommen und wollte mich mit dem Bekannten hier treffen, weil der noch was anderes erledigen wollte. Ja, und dann war ich 'ne Woche hier und wollte dann eigentlich wieder fahren. Bin dann aber noch 'ne Woche geblieben, und noch 'ne Woche.

In diesem Sommer lernen wir sie kennen. Sie nutzt die niedrigschwelligen Angebote der Streetwork, möchte aber sonst keine weiterführenden Hilfen. Auch die Eltern wissen bald, dass Andrea sich in Münster aufhält und nehmen mit uns telefonisch Kontakt auf. Aber dabei bleibt es zunächst.

Ja, zur Streetwork bin ich halt wegen Frühstück, was immer einmal in der Woche war. Da ist man halt immer einmal hingegangen. Da konnte man sich drauf freuen. Einmal richtig schön essen. Mit den ganzen Leuten, die sich treffen. Duschen, Wäsche waschen. Meine Eltern haben mir manchmal Pakete geschickt. Die kamen dann halt dahin. Mit so »sinnvollen« Sachen wie Nudeln, die ich eh nicht mochte. [...] Aber die Streetwork in Münster ist auf jeden Fall voll gut gewesen. Allein schon dadurch, dass man halt einfach mal einmal in der Woche oder zweimal zum Kaffeetrinken dahin gehen konnte. Sich dahin setzen konnte. Sich mal locker unterhalten konnte mit den Leuten. Die einem dann auch zuhörten. Vielleicht auch weil sie's wegen ihrem Beruf mussten. Vielleicht auch, weil sie es wirklich interessiert. Ich denk, einmal kommt's drauf an, wie das Angebot halt ist, was die Leute halt für Möglichkeit haben, die Sozialpädagogen, da ein Angebot zu machen. Und auch die Leute auch selbst, wie die drauf sind. Weil, da gibt's ja genug, die da echt fehl am Platz sind. Wie beim Jugendamt zum Beispiel Das ist mehr, sag ich mal für normale Jugendliche, die normale Probleme haben, wie zum Beispiel, dass die von zu Hause weggehen möchten, aber nicht wissen wie. Da kommen halt so nicht die Leute hin, die auf der Straße leben, denk ich mal. Weil's halt erst mal 'ne bessere Möglichkeit, die Streetwork und so gibt. Ja das ist halt alles lockerer. Die Leute erzählen dir einfach, was du für Möglichkeiten hast, und du sagst dann, was du davon nutzen möchtest, und dann geben sie sich halt Mühe, dass du das dann nutzen kannst. Die sagen ja jetzt nicht zu dir, du musst jetzt das und das machen. Die zählen dir halt die Möglichkeiten auf.

In diesem Sommer übernachtet Andrea zusammen mit den anderen meistens draußen, in der Innenstadt oder im Park. In dieser Zeit probiert sie auch ein paar Mal LSD.

Ne, also der Sommer, wo ich nach Münster gekommen bin, echt, so, war die beste Zeit. So, coole Leute, man hat sich halt auch verstanden. Musste man halt auch, aber es hat halt auch geklappt, so. Es gab keinen großartigen Stress. [...] Also zu der Zeit, als ich mir mal Pappen geschmissen hab, hat man sich überhaupt keinen Gedanken gemacht, dass da vielleicht auch mal was passieren kann. Dass man doch vielleicht mal 'nen schlechten Film hat, oder so. Und gerade deswegen hatte man halt auch einfach keine schlechten Filme. Als ich die erste Pappe geschmissen hatte, wusste ich noch nicht mal, dass das LSD ist. Ich kannte nur den Ausdruck Pappe. Als ich das kleine Ding dann gesehen hab, hab ich mich auch echt gewundert. Und irgendwann sieht man halt, dass manche halt total breit da abhängen.

Im Herbst fährt Andrea bei einer erlebnispädagogischen Kanutour der Streetwork mit, wo wir sie besser kennen lernen und langsam ein Vertrauensverhältnis wächst. Ein gemeinsamer Termin beim Amt für soziale Dienste folgt. Andrea kann sich aber keinerlei betreute Wohnformen für sich vorstellen. Das einzige, an dem sie Interesse zeigt, sind unsere geplanten niedrigschwelligen

189

Wohnprojekte für junge Erwachsene. Andrea ist aber zu diesem Zeitpunkt noch nicht einmal 17.

Ich war erst beim Jugendamt, weil meine Eltern haben irgendwann wieder Druck gemacht oder so. Ich wollte auch was haben. Zum Wohnen halt. Weil das mit dem Bauwagenplatz stand da noch in der Schwebe. Ich bin da mehr oder weniger erst mal hingegangen, um meine Eltern zu beruhigen, dass ich was mache, dass ich mich ja bemühe und so. War erst beim Jugendamt. Ich hab da gefragt, an wen ich mich wenden muss. Die waren dann auch ziemlich seltsam. Vielleicht, weil ich mit meinem Hund und meiner Ratte da aufgelaufen kam. Ja ich hab nur gefragt, wo ich hingehen muss, wenn ich 'ne Wohnung haben will. Und die haben gleich gesagt, 'ne Wohnung hätten sie nicht. Das waren die ersten zwei Sätze, die ich da gehört hab. Die haben mich dann halt weitergeschickt. Da kam ich zu Herrn X., das war schon ein bisschen besser. Mit dem konnte man sich halt unterhalten. Der saß da nicht irgendwie: »Oh Gott, wer kommt denn da rein?« Der hat gemeint, er hört sich mal um. Hat dann auch mit den Streetworkern Kontakt gehabt hier. Weil das hat ja danach auch nicht mehr lang gedauert, bis das klar war, dass wir den Platz hier haben konnten.

Etwa gleichzeitig werden in der Szene junge Hundewelpen verschenkt und Andrea nimmt einen davon. Der Hund ist dann auch der Grund, warum sie bereit ist, das – gerade neu eröffnete – Mädchen-Sleep-In als Schlafplatz anzunehmen.

Also, zum dem Zeitpunkt war das auf jeden Fall echt gut. Ich bin dann mit C. [Freundin] dahin gegangen. Und wir waren die ersten, die da waren. Vor uns nur mal für eine Nacht jeweils ein, zwei Leute. Und da gab's noch lockere Regeln. Man konnte halt die Hunde mitnehmen, was du sonst nirgendwo konntest, in den ganzen Einrichtungen. [...] Erst war ich nur für 'ne Woche da, weil der Hund auch krank war, dass er das mal auskurieren konnte. Dann war ich wieder draußen, ein bisschen. Und dann bin ich mit C. noch mal die ganze Zeit, bis wir dann hier den Platz gekriegt haben, da geblieben. Als ich erst mal 'ne Zeit lang da war, wollte ich dann auch nicht mehr in der Innenstadt pennen. Ja man hat ein schönes weiches Bett, man hatte 'ne Duschgelegenheit, die man jeden Tag nutzen konnte. Man konnte sich was kochen, was sonst ja überhaupt nicht möglich war.

Andrea nimmt zwar das Angebot des Mädchen-Sleep-Ins wahr, kann sich aber noch immer keine Jugendhilfemaßnahme vorstellen. Nach langen Überlegungen kommen wir zu dem Schluss, dass Andrea, obwohl sie noch minderjährig ist, sehr gut in das geplante Wohnprojekt passen würde, da die anderen InteressentInnen sich gut mit ihr verstehen und auch nicht wesentlich älter sind. Auch die Eltern und das Heimatjugendamt können sich auf den Gedanken einlassen – sie signalisieren, froh zu sein, wenn überhaupt eine Bleibe für Andrea gefunden wird. Als wir den Platz sicher haben, setzt sich auch der Sozialarbeiter vom Amt für soziale Dienste zusammen mit uns dafür ein, dass Andrea in das Projekt kann. Aber innerhalb der Verwaltung des Münsteraner Jugendamtes gibt es noch Schwierigkeiten. Die »Verantwortung«, eine 16-Jährige im Bauwagen wohnen zu lassen, will dort keiner tragen.

> Die waren irgendwie schon am Planen, die Streetworker. Hatten halt noch keinen geeigneten Platz dafür und das war auch noch gar nicht klar, welche Leute dahin kamen. Und als ich dann so drei Monate hier war, ungefähr, hatten die halt dann den Platz. Da waren dann halt noch drei andere Leute, so in meinem Alter. Wir haben uns halt gut verstanden und so. Und deswegen kam das dann halt so.

In langen Beratungen und Diskussionen bis in höchste Ebenen der Verwaltung machen wir zusammen mit dem ASD deutlich, dass für Andrea das Bauwagenprojekt mehr positive Entwicklungschancen bietet als die Straße. Schließlich kann Andrea mit in das Wohnprojekt einziehen. Vereinbart wird, dass sie sich – zusätzlich zur Begleitung der Projekte durch einen Mitarbeiter der Streetwork – regelmäßig bei ihrem zuständigen Sachbearbeiter des Amtes für soziale Dienste meldet, der ihr den Unterhalt von ihren Eltern ausbezahlt. Damit ist sie einverstanden. Zunächst geht sie nur hin, um ihr Geld abzuholen. Mit der Zeit entwickelt sich aber ein Vertrauensverhältnis, und Andrea nimmt nun auch Beratung vom Mitarbeiter des ASD an. Über die erste Zeit im Projekt erzählt sie Folgendes:

> Zu dem Zeitpunkt hab ich mir über so was noch nicht großartig die Gedanken gemacht. Weil, da kam es halt wie es kam. Ich wollt schon weg von der Straße, weil es wird Winter und es wird kalt. Und man wollt halt auch einen Platz haben, wo man seine Ruhe hat. Das war eigentlich das Ausschlaggebende dafür. [...] Wir haben dann erst zu viert in einem Wohnwagen gewohnt und ich bin dann nach zwei Tagen in den Duschcontainer umgezogen, weil mir das zu eng war. Bis C. [Freundin] und ich unseren Wohnwagen fertig gemacht hatten und dann da drin waren. Das war eigentlich gar nicht so mir bewusst, dass das so 'n krasser Unterschied ist, weil ich hab halt da gepennt. Aber ich war immer noch den ganzen Tag in der Innenstadt, mit den ganzen Leuten und so. Aber ansonsten, klar war das gut, mal was für sich zu haben.

Als das Frühjahr beginnt, suchen wir geeignete Bauwagen, die die jungen Erwachsenen mit Hilfe von freien Mitarbeitern zu ihrem eigenen Wohnraum ausbauen. Andrea ist mit großem Elan beim Ausbau dabei. Sie ist immer seltener in der Innenstadtszene anzutreffen und verbringt viel Zeit auf dem Platz.

Erst mal haben wir lang gepennt. Ging ja vorher auch nicht. Weder im Mädchen-Sleep-In, noch in der Innenstadt. Erst mal hier ein bisschen abgehangen. Am Anfang waren wir dann ja noch am Ausbauen. Ach, das war cool. Auf jeden Fall. Gerade die passende Zeit im Sommer so gewesen. Man hatte was zu tun, was Spaß machte. War auf jeden Fall gut. Mehr Platz und erst mal das alles fertig machen und so. Hat echt Spaß gebracht, wenn man sich selbst mal richtig schön einrichten kann. Das war ja das erste, was ich für mich hatte, seit ich weg war von zu Hause. Und überhaupt, wo ich mal selbst sagen konnte, wie ich's haben wollte. [...] Aber kurz davor ist C. dann schon ausgezogen. Das war dann ein bisschen Kacke. Die ganze Zeit zusammen gehangen und dann nicht mehr. Also irgendwie, ich weiß auch nicht. Paar Monate nachdem ich dann hier war, war ich dann auch nicht mehr so oft in der Innenstadt. Ja weil, waren komische Leute da. Die ganzen guten Leute waren nicht mehr da. Ein paar sind weggezogen, und dann auch in andere Wohnprojekte. Dann fing halt die große Sauferei an, also echt Hardcoresaufen [Konsum hochprozentigen Alkohols] und nur noch Prollerei und Stress und Zank. Das wollte ich mir dann auch nicht mehr antun.

Nachdem Andrea sich offiziell an ihrer neuen Adresse angemeldet hat, liegt auch bald schon ein Schreiben des Schulamtes im Briefkasten, da sie noch schulpflichtig ist. Sie beginnt widerwillig an der Abendrealschule.

Ich musste diese Schule machen. Ich wollte eigentlich nicht. Und irgendwann musste ich halt was machen. Ich saß da halt rum, in diesem Klassenraum und hab mich so krass zurückversetzt gefühlt in meine Schulzeit vorher, als ich noch zu Hause, bei meinen Eltern gewohnt hab. Keine Ahnung, es war einfach zu viel auf einmal. Eineinhalbstunden, dann bin ich gegangen. Das ging nicht mehr. [...] Da waren außer mir ja alles Leute da, die halt aus eigener Motivation mehr oder weniger da waren. Halt um eine bestimmte Ausbildung machen zu können. Was weiß ich. Ich saß dann da als einzige, die da echt nicht so den Bock drauf hatte. Und auch alles Leute aus echt anderen Lebensumständen. Wie auch immer. War alles recht seltsam. Ja, zu dem Zeitpunkt konnte ich mir das echt nicht vorstellen. Da war ich erst mal froh, meine Ruhe zu haben von so was.

Zusammen mit Andrea und dem Sozialarbeiter des ASD überlegen wir, was für sie in Frage kommen könnte. Da Bekannte in einem niedrigschwelligen Jugendberufshilfeprojekt sind, ist sie bereit, sich das Projekt anzuschauen. Sie bewirbt sich und wird aufgenommen.

Und das war dann die einzige Alternative, von der ich wusste, die ich mir dann noch vorstellen konnte. Auf jeden Fall war's schon mal besser als in der Schule. Die Leute, die am Anfang da waren, das war auch nicht so das Pralle, aber mit denen konnte man halt auskommen.

Langsam fängt Andrea an, Spaß an den handwerklichen Arbeiten im Jugendberufshilfeprojekt zu bekommen, obwohl sie zunächst mit gemischten Gefühlen anfängt. Sie verbringt viel Zeit in der Holzwerkstatt, entwickelt Ideen, versucht später sogar, Holzprodukte für den selbstständigen Verkauf herzustellen. Sie bleibt.

Ein Teil Gewohnheit. Ein Teil, dass dann Leute kamen, mit denen ich mich dann auch gut verstanden hab. Teils auch, weil, wenn ich jetzt irgendwann gar nix mehr zu tun hätte, den ganzen Tag, würde ich wahrscheinlich auch ziemlich durchdrehen. Würde ich gar nicht mehr wissen, was ich noch machen soll. Inzwischen brauche ich das echt, dass ich irgendwas tun kann. Ja, ich schätz mal, das liegt auch so an dem Alter so. Als ich hier hin kam war ich sechzehn, glaube ich. Das hat sich halt alles irgendwie entwickelt. Man verändert sich halt ein bisschen, lebt nicht mehr einfach nur in den Tag rein. Man macht sich auch schon mal ein bisschen Gedanken über die nächsten paar Wochen.

Andrea bleibt ein Jahr in dem Jugendberufshilfeprojekt. In dem Jahr ändert sich für sie einiges, sie hat wieder Spaß daran, etwas zu tun, sucht nach einer Perspektive. Auch auf dem Bauwagenplatz gibt es Veränderungen, nach der ersten Euphorie kommt es auch zu Konflikten und Auseinandersetzungen, in erster Linie um haushalts- und platztechnische Belange.

Aber na, ja, du weißt ja, wie es in der Küche aussieht, wie es im Duschcontainer aussieht. Und inzwischen hab ich auch echt keinen Bock mehr, daran noch was zu verändern, weil, das bringt eh nix. Liegt an T. [Mitbewohner] größtenteils. Das Problem hatten wir hier ja schon. Ein paar Wochen, nachdem wir hier waren, ging das dann los. Und dann die Gemeinschaftsräume, die Küche, Abwaschen, Saubermachen. [...] Ja, ich könnte mir hier einige Veränderungen vorstellen. Also erst mal, für mich selber hätte ich gerne ein bisschen mehr Platz. Aber damit kann ich noch leben, wenn die ganze Situation hier mal etwas schöner wäre, dass man sich den Platz vielleicht mal herrichten könnte, ein bisschen. Hier sind sicher einige Sachen nicht gut, aber es ist – denk ich – nicht mehr das Problem der Streetwork. Ich mein, wir sind alt genug, eigentlich, um selbst damit klar zu kommen. Aber anscheinend nicht, weil es klappt ja nicht. Ich denk, das ist eigentlich mehr unser Problem. Also, die sind ja nicht dafür verantwortlich, wie es hier aussieht. Die können ja nicht jeden Tag vorbeikommen und sagen, macht mal sauber.

Von der Szene in der Innenstadt hat sich Andrea inzwischen weitgehend distanziert, hält sich im Grunde gar nicht mehr dort auf. Es sind wenige einzelne Leute, zu denen sie noch Kontakt hält. Auch Punk sieht sie kritischer:

Punk, ja, dieses Ganze, Scheiß auf alles, Scheiß auf den Staat, Scheiß auf die Leute. Na ja, und trotzdem Party machen. Das war halt zu der Zeit so ganz okay für mich so, fand ich echt gut. Heute könnt ich Stunden damit verbringen, über die Punks zu lästern. Ja weiß nicht, ist schwer zu sagen. Es gibt so unterschiedliche Leute. Das hängt doch nicht damit zusammen, ob die jetzt sagen, ich bin Punk oder nicht. Heute find ich das auch relativ lächerlich, sich als Punk oder was weiß ich, als Metall, als Grufti und so zu bezeichnen. So sich da irgendwie einzuordnen. Der typische Punk, was man halt noch mitkriegt, ist Saufen ohne Ende. Das kann ich mir echt nicht mehr reinziehen. Mit den Leuten hab ich eigentlich gar nichts mehr am Hut. Die Leute früher in der Innenstadt, mit denen hat man Party gemacht und war lustig zusammen. Das distanziert sich dann halt alles. Einfach dadurch, dass man, wenn man nicht dazu gezwungen ist, auf einem Fleck den ganzen Tag zu sein, dann entwickelt sich das halt nur zu den Leuten, mit denen man gerne zusammen ist.

Andrea verbringt viel Zeit allein auf dem Platz, mit ihren Hunden oder ihren zwei Freundinnen. Sie hat inzwischen zwei Hunde, die einen wichtigen Platz in ihrem Leben einnehmen.

Also, ich glaub, ohne die Hunde würde ich gar nicht klarkommen. Halt keine Ahnung. Ich hab halt, wie gesagt, nur mit zwei Leuten viel zu tun. Ich glaub, ohne die wäre ich ziemlich einsam. Manchmal auf jeden Fall.

Ihren Drogenkonsum hat sie weitgehend reduziert. Sie trinkt nicht einmal mehr Alkohol.

So, das fing schon zu der Zeit an, dass alles ein bisschen ruhiger wurde. Ich bin auch aufgehört zu Saufen, so zu dem Zeitpunkt. Nur gekifft. Das ist halt ein riesengroßer Unterschied zum Saufen. Wenn du säufst, dann machst du Party und willst feiern. Und wenn Du kiffst, dann kannst du auch mal da sitzen, mit ein paar Leuten, ganz ruhig einfach, abends. Einfach nur dasitzen und gucken was abgeht. Heute (bedeuten mir Drogen) eigentlich gar nichts mehr. Ich hab vor kurzem auch mit Kiffen aufgehört, ziemlich. Schlechte Einschläge von irgendwelchen früheren Pilzfilmen [Psilocybin-Räusche]. Also ich hab irgendwie mal ein paar Pappen [LSD] geschmissen, vier Stück oder so. Ab und zu mal 'n bisschen Pep [Amphetamin]. Auch zu dem Zeitpunkt wo ich hier gewohnt hab. Aber seit Winter letztes Jahr außer Kiffen nix mehr.

Zum Zeitpunkt des Interviews bastelt sie zusammen mit den MitarbeiterInnen des Jugendberufshilfeprojektes an einer beruflichen Perspektive. Andrea beginnt ein Praktikum in einem Handwerksbetrieb, fühlt sich dort aber zu eingeschränkt. Auf Grund dieser Erfahrungen kann sie sich nicht mehr vorstellen, mit einer Ausbildung zurechtzukommen, und ihre Gedanken gehen nun doch wieder in Richtung Schule. Diesmal aber ohne den Druck von außen.

Ich muss irgendwas machen. Dass ich halt den halben Tag beschäftigt bin, aber auch nicht länger, weil ich sonst zu gestresst bin, um noch mit dem Rest des Tages irgendwas anzufangen. Auch wegen den Hunden, weil ich die nicht 'nen dreiviertel Tag lang nicht sehen will, und dass die hier abhängen. Weil ich nicht irgendwelche Hunde haben möchte, mit denen man einmal am Tag rausgeht und ansonsten nur faul rumhängt. [...] Ich hatte ja ein paar Mal die Pläne irgendwie selbstständig mit Holz was zu machen oder so, was ja dann in die Hose gegangen ist. Ich möchte halt auch irgendwie so beruflich nie angestellt sein oder so. Ich möcht am liebsten selbstständig irgendwas machen. Aber ich weiß halt auch nicht genau was eigentlich. So. zum Beispiel zu dem Zeitpunkt, wo ich noch dachte, so mit Holz irgendwie 'ne Lehre oder Ausbildung zu machen. Das kann ich mir echt nicht reinziehen, da irgendwie einen Kerl als Vorgesetzten zu haben, der einem dann erzählt, was Sache ist, weil das Verhältnis schon von vornherein meistens so begründet ist. Meister – Lehrling und so. Und du musst halt machen, was der dir sagt. Sonst schmeißt der dich raus. Auf so was hab ich keine Lust. Also es kommt nicht auf die Dinge drauf an, die ich dann machen soll. Das macht mir nichts aus. Aber halt dieses, »du musst das jetzt machen!« kann ich nicht. Will ich auch nicht.

Der Kontakt zu ihren Eltern wird langsam wieder freundlicher und entspannter. Andrea beschreibt ihn sogar als besser denn je zuvor, spricht von gegenseitiger Rücksicht, die gewachsen ist. Ab und zu kommen die Eltern sie auf dem Bauwagenplatz besuchen.

Am Anfang, als meine Eltern das erste Mal hier waren, das weiß ich noch ganz genau. Da war ich noch im Wohnwagen und die haben Sachen von mir mitgebracht. Fernseher und so, was ich haben wollte. So das erste. Sie sind ausgestiegen und meine Mutter hat gesagt: »In den Siff sollen wir deinen Fernseher stellen?« Das weiß ich noch genau. Also, da war das auch noch alles nicht so prall. Die waren wohl schon froh, dass ich jetzt was hatte, aber die hatten sich wohl auch eher 'ne Wohnung vorgestellt. [...]

Das wurd dann langsam immer ein bisschen besser. Meine Eltern haben sich halt irgendwann an den Gedanken gewöhnt, dass ich nicht mehr zurück nach Hause komme. Dass sie halt mit der Situation, so wie sie war, fertig werden mussten. Ja, so zu dem Zeitpunkt, wo ich dann in das Projekt (der Jugendberufshilfe) kam, da war das schon echt ganz gut. Das hat die dann auch ziemlich gefreut, nach der Enttäuschung mit der Schule. [...] Das Verhältnis zu meinen Eltern ist jetzt im Grunde besser als es jemals irgendwann war. Die Situation ist schon ein bisschen gezwungen, aber ich nehm halt inzwischen auch echt Rücksicht auf meine Eltern. Wenn ich halt weiß, die sind das alles nicht so gewohnt. Und meine Eltern, die gehen auch mehr darauf ein. Ein wirklich inniges Verhältnis ist es nicht. Aber man kommt halt gut klar, ohne sich anzustressen. So durch den ganzen Abstand und so.

Ihre Wünsche für die Zukunft beschreibt Andrea folgendermaßen:

Im großen und ganzen, längerfristig möchte ich echt gerne was eigenes für mich haben zum Wohnen. Später, 'ne riesengroße Wiese mit ganz vielen Bauwagen. Schön, irgendwo am Waldrand, ohne große Straße. Mit viel Natur. Also 'ne Wohnung kann ich mir überhaupt nicht reinziehen. Also erstens mit den Hunden, die sind gewohnt, ich mach die Tür auf und die können raus, wann sie wollen. Und ich will die auch nicht den ganzen Tag in der Wohnung lassen. Abgesehen davon, dass man mit zwei Hunden eh keine Wohnung so schnell findet. Gerade, wenn einer dabei ist, der den ganzen Tag bellt. Ich möcht auch die Tür aufmachen und draußen sein. Also, selbst wenn die Wohnung groß wär, käm ich mir wahrscheinlich beengter vor als hier.

Einige Wochen nach dem Interview beginnt Andrea ein zweites Mal auf der Abendrealschule und besucht dort die Vormittagskurse. Sie erzählt dazu kurz ergänzend an einem weiteren Termin, warum sie sich erneut dort angemeldet hat:

Seit letzter Woche stehe ich um acht Uhr auf. Fahre, so dass ich um neun Uhr da bin, mit dem Fahrrad da hin. Ja, bis um zwei Uhr sind wir denn halt da. Und zurück, gehe ich mit dem Hund spazieren. Fahre vielleicht zu Freunden oder auch nicht oder bleib den ganzen Tag hier. Das war's eigentlich schon. Also nichts besonders aufregendes. Ich mach das, weil ich sowieso nix anderes gekriegt hätte. Ja, nicht nur deswegen. Weil ich kein Bock auf Ausbildung hab. Das ist ja nicht dasselbe wie 'ne Ausbildung, wo ich mich direkt auf drei Jahre festlegen muss, was ich machen will. Danach kann ich ja vielleicht Abi nachmachen. Muss mal schauen.

Inzwischen hat Andrea an der Abendrealschule ihren Realschulabschluss geschafft. Immer noch wünscht sie sich ein eigenes Stück Land mit Bauwagen und Tieren, sucht derzeit aber, weil es ihr einfacher erscheint, zusammen mit ihrem Freund, mit dem sie seit mehr als einem Jahr zusammen ist, nach einer Wohnung auf dem Land. Ein Grund dafür ist allerdings auch, dass sie sich wegen der Verhaltensweisen der anderen Bauwagenplatzbewohner nicht mehr wohlfühlt. Müll, laute Musik, Punk und Randale gehen ihr heute eher auf die Nerven. Mit der Szene hat sie so gut wie gar nichts mehr zu tun.

Kommentar

Andrea beschreibt die Lebenssituation in ihrer Familie als geprägt von Einsamkeit und Einschränkungen. Auch wenn sie nicht direkte Gewalt erlebt, leidet sie doch sehr darunter, keine wirkliche Privatsphäre zu besitzen, kaum Freunde zu haben und von den Eltern Desinteresse zu spüren zu bekommen. Während sie anfangs noch versucht, den Kontakt mit ihren Eltern zu intensivieren, fängt sie mit der Zeit an, sich anderweitig zu interessieren. Durch ihr Interesse an Punk gerät sie verstärkt mit den Eltern in Konflikt. Andrea distanziert sich mehr und mehr und reißt schließlich aus. Dennoch geben die Eltern Andrea nie ganz auf und machen immer wieder vorsichtige Versuche, den Kontakt wieder aufzunehmen. Sie zeigen Gesprächsbereitschaft, bezahlen ihr ein geringes Taschengeld und versuchen, den Kontakt zu halten. Gleichzeitig signalisieren sie beim Jugendamt Hilfebedarf, so dass es immer wieder zu Gesprächen kommt.

Andrea lebt in der Punkszene, schläft in besetzen Häusern, macht Chaostage mit – stürzt aber nie völlig ab. Sie kifft, probiert LSD, ansonsten hält sie sich mit Drogen zurück. Sie hat eine innere Stabilität und ein klares Gefühl für ihre Grenzen. Andrea – als Beispiel für Jugendliche, die ausdrücklich keinerlei Jugendhilfemaßnahmen wollen – kann sich nicht vorstellen, ihre gerade erkämpfte Freiheit für ein warmes Bett wieder aufzugeben. Erst als ihr junger Hund krank ist, ist sie bereit, ein niedrigschwelliges Übernachtungsangebot anzunehmen, dessen Qualitäten sie nach und nach zu schätzen lernt.

Wir haben Andrea als sehr freiheitsliebend und auch als »Einzelgängerin« erlebt. Die in der Familie erlebte Einsamkeit scheint auch später in ihrem Leben immer wieder Thema zu sein. Sie beschreibt ihre Hunde als »lebenswichtig«, im Interview erzählt sie, zurzeit nur zwei Freundinnen zu haben. Dies mag positive und negative Seiten haben. Im Gegensatz zu anderen Mädchen hat sie ein klares Gefühl für ihre Grenzen, sucht sich ihre Bekanntschaften gezielt aus, setzt sich für ihre Bedürfnisse ein, lässt sich nicht überfahren. Andererseits hat sie ein hohes Misstrauen und knüpft nur langsam dauerhafte Kontakte. Die Punkszene beurteilt sie nach kürzester Zeit sehr differenziert und kritisch. Bereits mit dem Bezug des ersten Wohnwagens distanziert sie sich und hält sich kaum mehr in der Szene auf. Lediglich mit ausgewählten Freunden und Freundinnen pflegt sie noch nähere Kontakte.

Andrea hat konkrete Vorstellungen von ihrer Lebensführung – vor allem davon, was sie nicht will. Ihre Geschichte ist ein Beispiel dafür, dass Akzeptanz und Freiräume nicht dazu führen müssen, dass Jugendliche abstürzen und orientierungslos werden, sondern sie befähigen können, ihren eigenen zu Weg gehen – mit Unterstützung, Begleitung und Orientierungshilfen, aber ohne Druck, Kontrolle und engen Rahmen. Ihre Angst vor Einschränkungen führt dazu, dass sie immer wieder Maßnahmen ablehnt oder abbricht. So lehnt sie nicht nur Jugendhilfe kategorisch ab, auch die Abendrealschule, die sie unter Druck des Schulamtes beginnt, verlässt sie zunächst wieder. Erst die Akzeptanz ihrer Bedürfnisse führt dazu, dass sie bereit ist, sich auf eine Hilfemaßnahme einzulassen. So nimmt sie die akzeptierenden Angebote der Streetwork an, schließlich auch das niedrigschwellige Mädchen-Sleep-In. In dem Projekt der Jugendberufshilfe bleibt sie sogar ein Jahr und beginnt danach freiwillig noch einmal bei der Abendrealschule.

Im Nachhinein ist das »Experiment« gelungen, Andrea als knapp 17-Jährige in ein sehr niedrigschwelliges Projekt für junge Erwachsene aufzunehmen. Die Befürchtungen des Jugendamtes, dass sie »abstürzen« und verwahrlosen könnte, haben sich keineswegs bestätigt – im Gegenteil. Dadurch, dass ihren Wünschen entsprochen wurde und sie sich etwas eigenes aufbauen konnte, war es ihr möglich, ihren eigenen Weg finden. Die freiheitsliebende 16-jährige Andrea wäre nicht bereit gewesen, eine Betreuung im Rahmen der Jugendhilfe anzunehmen. Die Alternative wäre die Straße gewesen.

3 Entwicklungsverläufe im Überblick – eine quantitative Auswertung

Die 9 Lebensgeschichten zeigen ein breites Spektrum möglicher Straßenkarrieren und ihrer Weiterentwicklung. Dennoch stellen sie eine Auswahl dar. In unserer Arbeit als StreetworkerInnen sind uns viele Jugendliche mit ähnlichen Verläufen begegnet. Jedes Jahr lernen wir im Durchschnitt 100 neue Jugendliche und junge Erwachsene kennen, die ihren Lebensmittelpunkt zeitweise auf die Straße verlegen. Die Geschichten der 9 InterviewpartnerInnen stehen dabei exemplarisch für viele andere. Immer wieder haben wir uns die Frage gestellt, welche Weiterentwicklungen typischer oder häufiger sind. Bleibt ein Großteil der Jugendlichen und jungen Erwachsenen in der Szene verhaftet wie Marco oder gar über Jahre hinweg wohnungslos wie Denis? Oder trifft dies nur auf einen kleinen Teil zu, und der Großteil der Jugendlichen wächst aus dieser Notlage heraus in eine stabile, gesicherte Lebenssituation – wie es bei Julia, Ela oder Fistal der Fall ist?

Um auf diese Fragen Antworten zu finden, werfen wir im Folgenden einen Blick auf die Lebensgeschichten von 373 Jugendlichen und jungen Erwachsenen aus der Szene, die wir in der Zeit zwischen 1991 und 1997 im Rahmen unserer Streetwork-Tätigkeit näher kennen lernen konnten. Von diesen Jugendlichen und jungen Erwachsenen haben wir nicht nur biografische Daten gesammelt, sondern auch für jeden Monat die Lebenssituation – soweit sie uns bekannt war – festgehalten. Dieser Datensatz bietet die Grundlage einer quantitativen Längsschnittuntersuchung, mit deren Ergebnissen wir die Erkenntnisse aus den Interviews ergänzen wollen.[1]

3.1 Die Datenerhebung

Streetwork knüpft ihre Kontakte in der Lebenswelt der Jugendlichen und jungen Erwachsenen. Während in Ämtern und Beratungsstellen den Beratungsgesprächen meist eine Erhebung von lebensgeschichtlichen und persönlichen Daten vorangeht, ist im Rahmen der aufsuchenden Arbeit zunächst oft nur ein Spitzname bekannt. Später erfahren und erfragen StreetworkerInnen dann in der Regel lediglich und auch bewusst nur die Daten, die die Jugendlichen für erzählenswert halten oder die für die konkrete Einzelhilfe von

> Datenerhebung ist im Arbeitsfeld Streetwork weder üblich noch einfach

---

1 Eine ergänzende Beschreibung unseres methodischen Vorgehens im Rahmen der quantitativen Untersuchung findet sich im Anhang.

unmittelbarer Notwendigkeit sind[2]. Das bedeutet, dass die Informationen, die über die einzelnen Jugendlichen vorhanden sind, bruchstückhaft und partiell sind. Den Beruf des Vaters oder die Anzahl der Geschwister erfahren Street-workerInnen beispielsweise nur von den Jugendlichen, bei denen diese Informationen für die weiterführenden Hilfen gebraucht werden – oder eben zufällig im Gespräch. Während andere Einrichtungen vollständige Biografien auswerten und analysieren können, muss Streetwork auf Fragmente und Bruchstücke zurückgreifen.

Anonyme Auswertung unserer Notizen aus der Begleitung der Jugendlichen und jungen Erwachsenen

Dennoch haben wir im Rahmen unserer Tätigkeit bei der Streetwork des Amtes für Kinder, Jugendliche und Familien der Stadt Münster Jugendliche und junge Erwachsene über einen langen Zeitraum begleitet – von vielen haben wir eine Menge über ihr Leben erfahren – einzelne Geschichten und Erlebnisberichte könnten ganze Bücher füllen. Um die vielen Geschichten nicht zu verwechseln, wichtige Dinge zu behalten und nicht aus dem Blick zu verlieren, haben wir relativ früh angefangen, wesentliche biografische Daten und Notizen über die aktuelle Lebenssituation schriftlich festzuhalten. Nicht, um sie möglicherweise an andere weiterzugeben, sondern in erster Linie als Gedächtnisstütze für uns. Eine minimale Statistik half uns überhaupt festzustellen, wie groß die Zielgruppe der Streetwork ist, wie die Alters- und Geschlechterverteilung aussieht und welche Veränderungen es im jeweiligen Jahr gegeben hat.

Mit der Zeit sammelten sich eine Menge Notizen an, ein zwar auf den ersten Blick unübersichtliches, aber wertvolles Material, wenn man den langen Zeitraum betrachtet, über den wir Jugendliche begleitet haben. Ausgewertet haben wir den Zeitraum zwischen 1991 und 1998. Hier wollen wir einen Teil der biografischen Aufzeichnungen öffentlich machen, zusammengefasst und anonym.

Zum Teil waren die Jugendlichen und jungen Erwachsenen uns seit Jahren bekannt. Einige von ihnen sind heute bereits über 30 Jahre alt, manche von ihnen halten noch Kontakt zur Szene – andere haben sich völlig distanziert. Bei vielen ist der Kontakt abgebrochen und wir wissen nichts über ihre heutige Situation. Einige melden sich aber immer noch, bei anderen wissen Bekannte aus der Szene oder Kolleginnen und Kollegen aus der Jugend- und Wohnungslosenhilfe, wo und wie sie heute leben.

3.2 Das Profil der Zielgruppe

In die vorliegende Auswertung fließen die Daten aller Jugendlichen und jungen Erwachsenen ein, die wir bis zum Dezember 1997 kennen gelernt haben

---

2 Im Arbeitsfeld Streetwork wird generell auf eine personenbezogene Aktenführung verzichtet. Beratungen können anonym stattfinden (vgl. z.B. Landesarbeitsgemeinschaft Streetwork/Mobile Jugendarbeit Bayern e.V. 2000: 6).

und von denen uns der Name und über mindestens 5 Monate hinweg die Lebens- und Wohnsituation bekannt ist. Mit allen haben wir mindestens ein längeres Beratungsgespräch auf der Straße oder in der Einrichtung geführt.

Daten von 373 Jugendlichen und jungen Erwachsenen im Auswertungszeitraum von 1991 bis 1998

Insgesamt besitzen wir somit Daten von 373 Jugendlichen und jungen Erwachsenen, deren erster Kontakt mit der Streetwork am Ende der Datenerhebung – im Dezember 1998 – mindestens ein Jahr zurückliegt, was die Auswertung von Entwicklungen ermöglicht.

Neben Daten wie Alter, Geschlecht, Kinderzahl und Herkunft werten wir die jeweilige monatliche Lebenssituation der Jugendlichen und jungen Erwachsenen über den Zeitraum von November 1991 bis Dezember 1998

Im Durchschnitt ist die Lebenssituation der Personen über 3,2 Jahre bekannt

aus, so dass sich für jede Person ein mehr oder weniger vollständiges Bild der Veränderungen ihrer Lebenssituation in dieser Zeit abzeichnet. Über die Phase des direkten Kontaktes mit der Streetwork hinaus können wir teilweise durch ergänzende Informationen auch die Lebenssituation in der Zeit vorher und nachher auswerten. So ergibt sich für jede Person eine unterschiedliche Anzahl verwertbarer Monate, die zwischen 5 und 86 Monaten liegt. Im Durchschnitt ergeben sich pro Person 3,2 Jahre an durchgehenden Informationen über ihre Lebenssituation[3]. Der Gesamtzeitraum der Untersuchung beträgt 7 Jahre und 2 Monate.

Folgende Basisvariablen werden ausgewertet:

Variablen	Einheit bzw. Kategorie
Geschlecht	männlich / weiblich
Erstkontakt	Datumsangabe
Alter (beim Erstkontakt)	in Jahren
Lebenssituation in den Monaten November 1991 bis Dezember 1998 (ab Alter von 12 Jahren)	Kategorien im Anhang
Verbleib in der Szene im Dezember 1998	Kategorien im Anhang
Wohnort bzw. letzte Meldeadresse beim Erstkontakt	Kategorien im Anhang
letzter bekannter Wohnort	Kategorien im Anhang
Staatsangehörigkeit	Kategorien im Anhang
Freiheitsstrafen	Kategorien im Anhang
leibliche Kinder	Anzahl
leibliche Kinder im eigenen Haushalt	Anzahl

Tabelle 1: Basisvariablen

---

3 Ausgewertet wird nur die Zeit ab dem Alter von 12 Jahren. Die Anzahl der ausgewerteten Monate ist aufgrund der großen Spannweite von 5 Monaten bis 7,2 Jahren sehr unterschiedlich. Die Standardabweichung beträgt 28,4 Monate. Von 82% sind mehr als 12 Monate bekannt, von 67% sind mehr als 2 Jahre bekannt, von 54% sind mehr als 3 Jahre bekannt.

3.2.1 Alters- und Geschlechterverteilung

42% sind weiblich; 39% sind beim Erstkontakt minderjährig

Die 373 Jugendlichen und jungen Erwachsenen sind beim Erstkontakt mit der Streetwork zwischen 13 und 26 Jahre alt. 42% davon sind Mädchen und junge Frauen. Beim Erstkontakt sind 93 Mädchen und 54 Jungen unter 18 Jahre alt. Bei den restlichen handelt es sich um junge Volljährige. Dies bestätigt, wie unzutreffend der Begriff »Straßenkinder« für diese Gruppe ist.

Die Mädchen und Frauen sind in der Regel jünger

Deutlich zeigt sich an dieser Stelle der bereits im ersten Kapitel beschriebene geschlechtsspezifische Altersunterschied. Fast 60% der weiblichen Personen, aber nur 25% der männlichen Personen sind beim Erstkontakt unter 18 Jahre alt. Im Durchschnitt sind die Mädchen und Frauen beim ersten Kontakt mit der Streetwork 2½ Jahre jünger als die Jungen und Männer.

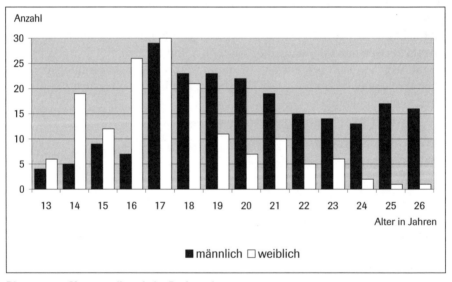

Diagramm 1: Altersverteilung beim Erstkontakt

Auffällig ist der hohe Anteil an 17-Jährigen zum Zeitpunkt des Erstkontakts, der sowohl bei den weiblichen als auch bei den männlichen Personen den höchsten Wert (Modalwert) bildet. Der Mittelwert liegt bei den Mädchen/Frauen bei 17,4 Jahren, bei den Jungen/Männern bei 20,2 Jahren.

Heute sind 85% volljährig

Am Ende des Erhebungszeitraums, im Dezember 1998, ist ein Großteil der Personen erwachsen. 93% der Männer und 76% der Frauen sind volljährig. Die überwiegende Mehrheit (73%) ist zu diesem Zeitpunkt zwischen 18 und 26 Jahren alt.

3.2.2 Staatsangehörigkeit und regionale Herkunft

In der Münsteraner Straßenszene stellen deutsche Jugendliche mit knapp 90% den weitaus größten Anteil. Sowohl bei den männlichen als auch bei den weiblichen
Personen liegt der AusländerInnenanteil unter 10%. Dies

**90% deutsche
Jugendliche und
junge Erwachsene**

verwundert insofern nicht, dass im gesamten Stadtgebiet der Anteil an Aus-
länderInnen bei den 14- bis 26-Jährigen zwischen 8,8 und 10% liegt (vgl. Stadt
Münster, Amt für Stadtentwicklung und Statistik: 2000). Im Gegensatz zu den
Erfahrungen von StreetworkerInnen anderer Städte und Stadtteile kann für
die Münsteraner Innenstadtszene also kein erhöhter AusländerInnenanteil
festgestellt werden. Ausländische Jugendliche und insbesondere Jugendliche
aus Spätaussiedlerfamilien halten sich in Münster verstärkt in den Stadtteilen
und weniger in der Innenstadt auf und sind somit eher Zielgruppen der Jugendzentren oder mobiler Jugendarbeit im Stadtteil.

Aber auch innerhalb von Deutschland kommen die Jugendlichen und jungen Erwachsenen aus unterschiedlichen Regionen. Entscheidend ist für uns bei dieser Aus-

**Regionale Herkunft
und Verbleib**

wertung zum einen, wo die Jugendlichen beim Erstkontakt gemeldet sind bzw.
die Wohnungslosen zuletzt gemeldet waren. Des Weiteren wird der letzte uns
bekannte Aufenthaltsort festgehalten und ausgewertet.

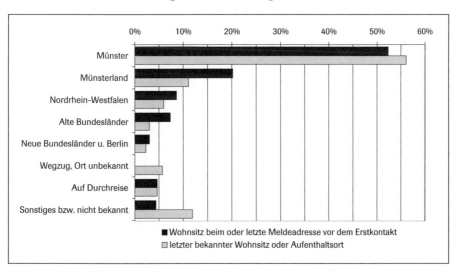

Diagramm 2: Wohnsitz beim ersten und letzten Kontakt

Entgegen oft geäußerter Vermutungen, dass Münster Jugendliche aus ganz
Deutschland anziehe, ist hier festzustellen, dass der überwiegende Teil der Jugendlichen und jungen Erwachsenen aus der Szene tatsächlich aus Münster
und dem Umland kommt. 54% kommen direkt aus Münster. 58% aller Jugend-

203

75% kommen aus Münster und dem Münsterland

lichen und jungen Erwachsenen, also nur unwesentlich mehr leben am Ende des Untersuchungszeitraums in Münster. Den zweitgrößten Anteil stellen Jugendliche und junge Erwachsene aus der direkten Umgebung. 21% kommen aus dem Münsterland, jedoch lediglich 11% ziehen oder gehen dorthin zurück. Die Zuzüge aus der restlichen Bundesrepublik halten sich mit den Wegzügen etwa die Waage. Insgesamt gibt es wenig geschlechtsspezifische Unterschiede. Einzig ist bei den Mädchen/Frauen der Anteil derer, die aus dem Münsterland kommen, mit 27% deutlich höher als bei den Jungen/Männern (17%). Dies könnte mit der erhöhten Kontrolle und den vermehrten Einschränkungen von Mädchen in ländlichen Regionen zusammenhängen.

Von den 195 Jugendlichen und jungen Erwachsenen, die aus Münster kommen, bleibt der überwiegende Teil von 80% auch in Münster. Demgegenüber bleiben von den 178 Zugezogenen lediglich 37% in Münster. Die Zugezogenen ziehen demnach eher wieder aus Münster weg.

Nur wenige Durchreisende

Lediglich 6 junge Frauen und 11 junge Männer sind Wohnungslose auf Durchreise, die kurz in Münster weilen, die Stadt aber innerhalb der nächsten Wochen wieder verlassen. Von diesen Durchreisenden sind 6 minderjährig und 11 volljährig. Der jüngste ist 13 Jahre alt, stellt aber eher eine Ausnahme dar. Die anderen sind alle mindestens 16 Jahre alt. Sicherlich haben wir viele Durchreisende nicht kennen gelernt bzw. nicht erfasst. Von den Jugendlichen und jungen Erwachsenen, mit denen wir engeren Kontakt hatten, wählt aber der überwiegende Teil Münster als mittel- bis langfristigen Wohn- und Lebensort aus.

3.2.3 Vorerfahrungen

Von 338 Jugendlichen und jungen Erwachsenen ist uns etwas über die Zeit vor dem Erstkontakt bekannt. Davon leben 17% (19 Jungen und 39 Mädchen) die gesamte Zeit bis zum Erstkontakt bei Eltern (oder Pflege-/Adoptiveltern). Die übrigen haben vor dem Erstkontakt bereits andere Lebenssituationen durchlaufen.

Die Mehrheit lebt bereits vor dem Erstkontakt auf der Straße

29% der Mädchen/Frauen und 44% der Jungen/Männer machen bereits vor dem Erstkontakt Erfahrungen mit Jugendhilfemaßnahmen.[4] 11% der Jungen/Männer und eine Frau sind bereits im Gefängnis gewesen. Sowohl 22% der Mädchen/Frauen als auch der Jungen/Männer sind bereits in einer Psychiatrie/stationären Therapie gewesen. Die Mehrzahl (51% der Mädchen/Frauen und 66% der Jungen/Männer) leben bereits vor dem Erstkontakt auf der Straße.

---

4 Als Gesamtzahl werden hier die Jugendlichen und jungen Erwachsenen genommen, von denen bekannt ist, ob sie die Erfahrungen mit der jeweiligen Einrichtung/Lebenssituation gemacht haben oder nicht. Diejenigen, von denen nicht mit Sicherheit gesagt werden kann, ob sie diese Erfahrungen gemacht haben, werden nicht einbezogen.

Bei den Jungen/Männern ist sowohl der Anteil derer, die bereits in Jugendhilfe und im Gefängnis waren, als auch derer, die bereits auf der Straße gelebt
haben, höher als bei den Mädchen/Frauen. Dabei muss jedoch der Altersunterschied berücksichtigt werden. Die Jungen/Männer sind durchschnittlich 2,5
Jahre älter und hatten somit mehr Zeit, entsprechende Erfahrungen zu machen. Lediglich im Bereich der Psychiatrieerfahrung gibt es keine geschlechtsspezifische Häufung von Vorerfahrungen.

Bereits **vor** dem Erstkontakt sind ...	männlich		weiblich		gesamt		Gesamtzahl gültiger Fälle[5]
... in Jugendhilfe	53	44%	34	29%	87	36%	239
... in Haft	17	11%	1	0,7%	18	6%	312
... in der Psychiatrie	13,0	22%	14	22%	27	22%	122
... manifest wohnungs-los »auf der Straße«	117	66%	60	51%	177	60%	295

Tabelle 2: Vorerfahrungen vor dem Erstkontakt

Dies mag nur ein erster Hinweis darauf sein, mit welchen Belastungen und
Vorerfahrungen Jugendliche und junge Erwachsene zum ersten Mal mit der
Streetwork in Kontakt treten. Eine genauere Betrachtung dieser Stationen folgt
in den nächsten Abschnitten.

3.2.4 Wohnsituation

Nicht alle Jugendlichen und jungen Erwachsenen, mit
denen die Streetwork in Kontakt kommt, leben auf der
Straße. In der Münsteraner Szene halten sich neben wohnungslosen Jugendlichen und jungen Erwachsenen auch

> **23 Jugendliche blei-
> ben trotz Aufenthalt
> in der Straßenszene
> im Familiensystem**

Mädchen und Jungen auf, die bei den Eltern leben, eventuell tageweise von zu
Hause ausreißen, innerhalb weniger Tage wieder zurückkehren oder sich
zwar in der Szene aufhalten, aber weiterhin zu Hause wohnen und zur Schule
gehen. 11% der Mädchen/Frauen, aber nur 2% der Jungen/Männer leben
durchgehend im Familiensystem, halten aber Kontakt zur Straßenszene, so
dass wir daraus schließen, dass der bloße Aufenthalt in einer Straßenszene
nicht unbedingt oder notwendigerweise zur Flucht dorthin führen muss.
Ebenso weilen in der Szene junge Erwachsene, die eine Wohnung haben, sowie Jugendliche, die in Jugendhilfemaßnahmen leben. Insgesamt sind 20% der
Jugendlichen und jungen Erwachsene im Kontaktzeitraum nie von akuter
Wohnungslosigkeit betroffen, obwohl sie sich regelmäßig in der Szene aufhalten.

---

5 Siehe vorherige Fußnote

80% sind von Wohnungslosigkeit betroffen

297 von den 373 Jugendlichen und jungen Erwachsenen (das sind 80%) sind innerhalb des Kontaktzeitraums mindestens einen Monat lang von Wohnungslosigkeit betroffen. Von den Jungen und Männern sind dabei 86% im Untersuchungszeitraum mindestens einen Monat lang wohnungslos, von den Mädchen und Frauen 71%.

3.3 Wohnungslosigkeit – Dauer, Verlauf, Charakter

Wohnungslosigkeit (und auch ihre Vermeidung) ist eindeutig die vorrangige Problematik in der Zielgruppe. Dabei geht es nicht nur um die schlichte Suche nach einer Wohnung, sondern vielmehr um die Frage, wie die Jugendlichen und jungen Erwachsenen ein Zuhause finden, ihr Leben gestalten und im Erwachsenenleben zurechtkommen können.

Grundgesamtheit: 280 von Wohnungslosigkeit betroffene Personen, davon 38% weiblich

In diesem Kapitel stützt sich die Auswertung auf die 280 Personen, die im untersuchten Zeitraum mindestens einmal wohnungslos sind, wovon 38% weiblich sind. Die 17 Personen, die lediglich wohnungslos auf Durchreise sind, werden nicht einbezogen, da über sie zu wenig bekannt ist.

Unterscheidung verschiedener wohnungsloser Lebenssituationen

Um die Lebenssituation in Wohnungslosigkeit zu konkretisieren, unterscheiden wir unterschiedliche Formen von Wohnungslosigkeit:

- manifest wohnungslos / auf der Straße, d.h. das Leben ohne feste Unterkunft, das Übernachten unter freiem Himmel, in Abbruchhäusern oder die Inanspruchnahme von kurzfristigen Übernachtungsmöglichkeiten bei wechselnden Bekannten oder Freiern;
- wohnungslos mit Unterkunft in betreuten Übergangseinrichtungen (alle Einrichtungen, in denen pädagogisches / sozialarbeiterisches Personal beschäftigt wird) wie zum Beispiel Einrichtungen der Wohnungslosenhilfe oder Sleep-Ins;
- wohnungslos in unbetreuten Übergangseinrichtungen (alle übrigen Notunterkünfte, wie zum Beispiel städtische Notschlafstellen oder Hotelzimmer);
- die Unterkunft in Einrichtungen der Inobhutnahme (nur für Minderjährige möglich);
- das dauerhafte Mitwohnen bei FreundInnen oder Bekannten, d.h. wenn Personen mindestens einen Monat lang durchgehend bei anderen aufgenommen werden, ohne damit ein Mietverhältnis einzugehen.

Je nach Fragestellung werden diese 5 verschiedenen Formen von Wohnungslosigkeit im Folgenden unterschieden oder entsprechend zusammengefasst.

Ein Großteil der Wohnungslosen erlebt unterschiedliche Formen der Wohnungslosigkeit. 88% der wohnungslosen Jungen/Männer und 82% der Mädchen/Frauen leben zeitweise ohne Unterkunft auf der Straße. Das bedeutet, dass nur knapp 15% der Personen die gesamte

86% der Wohnungslosen leben zeitweise oder ständig ohne Unterkunft auf der Straße

wohnungslose Zeit durch Übergangslösungen mit einem »Dach über dem Kopf« überbrücken können.

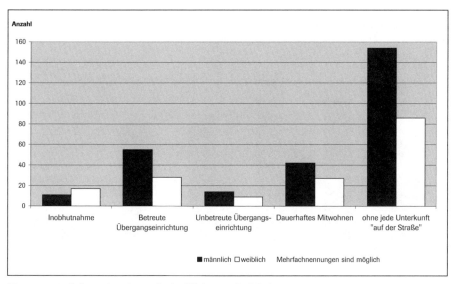

Diagramm 3: Lebenssituationen in der Wohnungslosigkeit

Nur etwa die Hälfte der wohnungslosen Personen (55% der Jungen/Männer und 58% der Mädchen/Frauen) greifen überhaupt auf eine der offiziellen Übergangseinrichtungen zurück. Die übrigen nehmen dagegen im unter-

Gut die Hälfte nutzen mindestens einmal offizielle Übergangseinrichtungen

suchten Zeitraum nie eine Hilfeeinrichtung in Anspruch. Die Frequentierung der Einrichtungen ist unterschiedlich hoch: 31% der Jungen/Männer und 27% der Mädchen/Frauen nutzen betreute Übergangseinrichtungen wie Sleep-Ins oder Einrichtungen der Wohnungslosenhilfe. Einrichtungen der Inobhutnahme und unbetreute Übergangseinrichtungen werden von weitaus weniger Personen in Anspruch genommen. Zu berücksichtigen ist jedoch, dass Einrichtungen der Inobhutnahme nur für Minderjährige zur Verfügung stehen.

Immerhin ein Viertel der Personen (24% der Jungen/ Männer und 26% der Mädchen/Frauen) können auf private Ressourcen zurückgreifen und zeitweise oder sogar während der gesamten wohnungslosen Zeit bei Bekannten oder FreundInnen dauerhaft mitwohnen.

Etwa ein Viertel kann zeitweise oder ständig dauerhaft mitwohnen

207

3.3.1 Alter bei der ersten Wohnungslosigkeit

Bei der ersten Wohnungslosigkeit sind die Mädchen/Frauen im Durchschnitt 3 Jahre jünger als die Jungen/Männer

Das Durchschnittsalter, in dem die Betroffenen zum ersten Mal wohnungslos werden, liegt bei den Mädchen/Frauen bei 16,4 Jahren, bei den Jungen/Männern bei 19,5 Jahren. 69% der weiblichen und 34% der männlichen Personen sind zu dem Zeitpunkt, als sie das erste Mal wohnungslos werden, minderjährig.

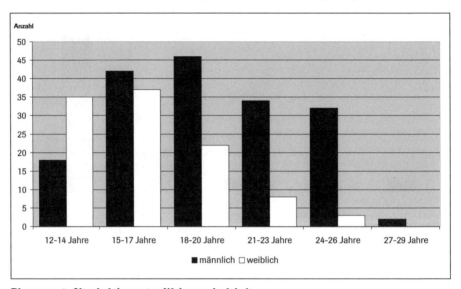

Diagramm 4: Alter bei der ersten Wohnungslosigkeit

3.3.2 Dauer und Häufigkeit der Wohnungslosigkeit

Die Begriffe »der/die Wohnungslose« bzw. »das Straßenkind« suggerieren eine Dauerhaftigkeit von Wohnungslosigkeit, die wir in der Praxis selten erleben. Daher liegt es in unserem Interesse, die tatsächliche Dauer wohnungsloser Phasen bzw. der gesamten wohnungslosen Zeit zu untersuchen. Zunächst findet eine Auswertung der gesamten wohnungslosen Zeit statt. Dabei werden aus der Auswertung der Lebenssituation über die einzelnen Monate hinweg alle wohnungslosen Phasen addiert, um die gesamte Dauer der Wohnungslosigkeit der Betroffenen zu ermitteln.

Bei 68% ist die Gesamtzeit der Wohnungslosigkeit kürzer als ein Jahr

Während bei 41% der Personen die Gesamtzeit der Wohnungslosigkeit nicht einmal ein halbes Jahr ergibt, sind 33% länger als ein Jahr wohnungslos. Länger als 2 Jahre sind jedoch nur 13% wohnungslos.

208

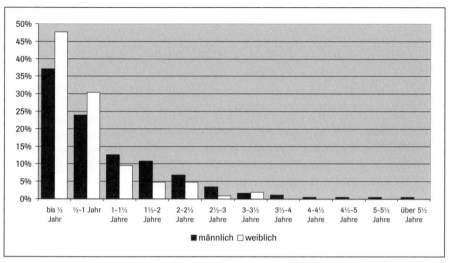

Diagramm 5: Dauer der gesamten wohnungslosen Zeit

Die durchschnittliche Dauer der Wohnungslosigkeit beträgt bei den Jungen und Männern 13,7 und bei den Mädchen und Frauen 9,5 Monate, was einen Gesamtdurchschnitt von 12,1 Monaten ergibt. Länger als 3½ Jahre sind nur Männer wohnungslos.

> **Im Durchschnitt dauert die Wohnungslosigkeit etwa ein Jahr**

Demgegenüber steht eine wesentlich längere Zeit von durchschnittlich mehr als 3 Jahren (40 Monate bei den Mädchen/Frauen und 36 Monate bei den Jungen/Männern), in der die Betroffenen eine feste Adresse haben –

> **Die wohnungslose Zeit ist kürzer als die Zeit mit »fester Adresse«**

zum Beispiel bei den Eltern, in Jugendhilfe, in einer eigenen Wohnung oder anderes. Wird lediglich der Zeitraum *nach* der ersten Wohnungslosigkeit betrachtet, so verbleiben immer noch durchschnittlich 17 Monate bei den Jungen/Männern und 15 Monate bei den Mädchen/Frauen, in denen sie nicht mehr wohnungslos sind. Damit ist die durchschnittliche Zeitspanne der Wohnungslosigkeit auch hier kürzer als die Zeit mit fester Meldeadresse.

Am Ende des untersuchten Zeitraums sind noch 105 Personen wohnungslos, 175 nicht mehr. Die durchschnittliche Dauer der Wohnungslosigkeit unterscheidet sich dabei jedoch kaum, bei den Noch-Wohnungslosen ist sie mit 11,7 Monaten knapp einen Monat kürzer als bei denen, die nicht mehr wohnungslos sind.

Von den Personen mit sehr langen wohnungslosen Zeiten von insgesamt mehr als 2 Jahren sind am Ende des Untersuchungszeitraums noch 31% wohnungslos, die übrigen nicht mehr. Das bedeutet, dass auch lange Phasen

> **Auch Langzeitwohnungslosigkeit kann überwunden werden**

der Wohnungslosigkeit letztendlich überwunden werden können.

Lediglich 10% der Noch-Wohnungslosen und 14% der Nicht-mehr-Wohnungslosen haben länger als 2 Jahre in Wohnungslosigkeit gelebt. Damit steht einer großen Mehrheit von über 85%, deren Wohnungslosigkeit nach maximal 2 Jahren beendet ist bzw. die noch in der »akuten Phase« stecken, eine Minderheit gegenüber, bei der sich Langzeitwohnungslosigkeit zu verfestigen scheint.

Knapp die Hälfte wird mehrmals wohnungslos

Bei vielen Personen setzt sich die gesamte wohnungslose Zeit aus mehreren Phasen der Wohnungslosigkeit zusammen, zwischen denen zum Teil wieder Phasen liegen, in denen die Jugendlichen/jungen Erwachsenen beispielsweise zu den Eltern zurückgehen, in Jugendhilfemaßnahmen vermittelt werden oder eine Wohnung finden. Bei 42% der Mädchen/Frauen und bei 54% der Jungen/Männer sind mehrfache Wohnungslosigkeiten zu verzeichnen. 11% werden 3-mal wohnungslos, 8% erleben 4 bis 9 wohnungslose Phasen.

Die wohnungslosen Phasen dauern im Durchschnitt 6,8 Monate – die erste Wohnungslosigkeit ist die längste

Die einzelnen wohnungslosen Phasen dauern im Durchschnitt 6,8 Monate. Die erste Wohnungslosigkeit ist durchschnittlich nach 7,6 Monaten beendet und ist länger als die folgenden Phasen. Dies könnte darauf hindeuten, dass bei wiederholter Wohnungslosigkeit Ressourcen und Bewältigungsstrategien zur Verfügung stehen, auf die die Jugendlichen und jungen Erwachsenen dann zurückgreifen können. Größtenteils haben sie bereits Erfahrungen mit dem Hilfesystem gemacht und wissen, wohin sie sich wenden können. Hinzu kommt, dass die erste Wohnungslosigkeit für manche anfangs noch spannend ist, das wiederholte Wohnungslos-Werden aber für die meisten eine Krisensituation darstellt, die sie rascher zu beenden suchen.

	Mittelwert	Median (50% der Fälle)[6]	Anzahl der Fälle
1. Wohnungslosigkeit	7,7 Monate	6 Monate	280
2. Wohnungslosigkeit	5,8 Monate	4 Monate	124
3. Wohnungslosigkeit	5,9 Monate	4 Monate	54
4. Wohnungslosigkeit	4,7 Monate	4 Monate	23
5. Wohnungslosigkeit	3,4 Monate	2 Monate	11
Alle wohnungslosen Phasen (1.–9.)	6,8 Monate	5 Monate	498

Tabelle 3: Durchschnittliche Dauer der einzelnen wohnungslosen Phasen

Bei der Betrachtung der insgesamt 498 wohnungslosen Phasen gibt es geringe geschlechtsspezifische und altersspezifische Unterschiede. Durchschnittlich sind die wohnungslosen Phasen bei den Mädchen/Frauen 2 Monate kürzer als

---

6 Weil es Einzelfälle mit besonders langen Wohnungslosigkeiten gibt, die den Durchschnitt verzerren (so genannte »Ausreißerwerte«), wird hier zusätzlich der Median angegeben, der die Gruppe in zwei gleich große Hälften teilt.

bei den Jungen/Männern. Bei den Jugendlichen zwischen 12 und 17 Jahren dauern die wohnungslosen Phasen im Mittel nicht einmal ein halbes Jahr (5,4 Monate), bei den Erwachsenen liegen die Durchschnittswerte der Woh-

> **Die Jüngeren sind im Durchschnitt kürzer wohnungslos**

nungslosigkeit dagegen bei 7,6 Monaten. Bei den über 24-Jährigen dauern die wohnungslosen Phasen durchschnittlich sogar fast 9 Monate. Je höher das Alter, desto länger werden in der Regel die Phasen der Wohnungslosigkeit, auch wenn – wie oben gezeigt – die wiederholte Wohnungslosigkeit vielfach schneller überwunden wird als die erste.

Insgesamt sind in 65% der Fälle die wohnungslosen Phasen kürzer als ein halbes Jahr und in 87% der Fälle kürzer als ein Jahr. Das heißt, dass sich in der überwie-

> **87% der wohnungslosen Phasen sind kürzer als ein Jahr**

genden Mehrheit der Fälle nach spätestens einem Jahr Wohnungslosigkeit eine andere Lebenssituation anschließt. Auf die Personen bezogen bedeutet dies: 87% der Mädchen/Frauen und 77% der Jungen/Männer sind im Untersuchungszeitraum nie länger als ein Jahr am Stück wohnungslos.

13 Mädchen/Frauen und 44 Jungen/Männer sind länger als ein Jahr ohne Unterbrechung wohnungslos. Damit sind 12% der Mädchen/Frauen und 25% der Jungen/Männer aus unserer Personengruppe von Langzeitwoh-

> **Von Langzeitwohnungslosigkeit sind vor allem junge erwachsene Männer betroffen**

nungslosigkeit von über einem Jahr ohne Unterbrechung betroffen. Da von ihnen 3 Männer und eine Frau sogar mehrmals länger als ein Jahr wohnungslos sind, ergeben sich 62 Fälle von Langzeitwohnungslosigkeit von über einem Jahr am Stück. In 9 Fällen (14%) sind dies Jugendliche,

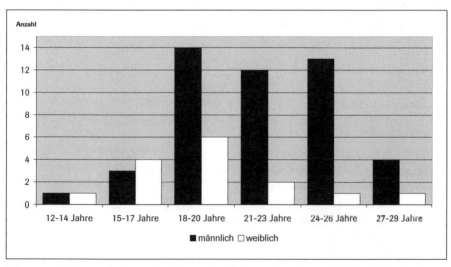

Diagramm 6: Phasen der Langzeitwohnungslosigkeit von über einem Jahr ohne Unterbrechung

211

die überwiegende Mehrheit sind aber junge Erwachsene[7]. Von 63% der langzeitwohnungslosen Phasen sind männliche junge Erwachsene zwischen 18 und
26 Jahren betroffen, die somit die Hauptproblemgruppe in diesem Bereich
darstellen.

Von extrem langer Wohnungslosigkeit sind vor allem Männer betroffen.
Während bei den Mädchen/Frauen keine länger als 2,5 Jahre durchgehend
wohnungslos ist, sind 7 Männer sogar länger als 3 Jahre ohne Unterbrechung
wohnungslos.

**Zwischen den woh-
nungslosen Phasen
liegen im Durch-
schnitt 9 Monate**

Bei den Personen mit mehrmaligen Wohnungslosigkeiten
liegen zwischen den Phasen der Wohnungslosigkeit unterschiedlich lange Phasen, in denen sie entweder eine feste
Meldeadresse haben oder sich in abhängigen Unterkünf-
ten wie Gefängnis oder Psychiatrie befinden. Gut die Hälfte dieser Zwischenphasen (53%) ist kürzer als ein halbes Jahr, nur in 21% der Fälle liegt zwischen
den wohnungslosen Phasen ein Zeitraum, der länger ist als ein Jahr. Im Durchschnitt dauern die Zwischenphasen 8,8 Monate. Dabei gibt es keine nennens-
werten geschlechtsspezifischen Unterschiede. Zu berücksichtigen ist allerdings,
dass es durchaus Fälle gibt, in denen nach einer langen Phase, in der Wohnungslosigkeit vermieden wurde, wieder erneute Wohnungslosigkeit eintritt.

**Durchschnittlich
verbringen die Perso-
nen zwei Drittel ihrer
wohnungslosen Zeit
ohne Unterkunft auf
der Straße**

Auch die wohnungslose Zeit unterteilt sich bei den meisten Personen in verschiedene Phasen unterschiedlicher
Lebenssituationen. Wie oben beschrieben, unterscheiden
wir hier zwischen unterschiedlichen wohnungslosen Lebensformen. Im Durchschnitt dauert die manifeste Wohnungslosigkeit etwa doppelt so lang wie die Zeit, die die
Personen in Übergangslösungen verbringen. Die Dauer der gesamten manifesten Wohnungslosigkeit beträgt bei den Mädchen und Frauen im Durchschnitt
6,3 Monate, bei den Jungen und Männern 9,2 Monate. Demgegenüber steht
eine durchschnittliche Gesamtzeit der Nutzung von Übergangslösungen von
3,2 Monaten bei den Mädchen/Frauen und 4,5 Monaten bei den Jungen/Män-
nern. Das bedeutet, dass sowohl die männlichen als auch die weiblichen Personen im Durchschnitt ein Drittel der wohnungslosen Zeit in Einrichtungen
verbringen oder bei Bekannten dauerhaft mitwohnen, während sie zwei Drittel der wohnungslosen Zeit ohne Unterkunft auf der Straße leben.

**29% verbringen
die gesamte
wohnungslose Zeit
auf der Straße**

42% der Mädchen/Frauen und 45% der Jungen/Männer
suchen während ihrer Wohnungslosigkeit nie eine der
Übernachtungseinrichtungen auf bzw. verlassen die Einrichtung nach ein paar Tagen des Ausprobierens wieder.
Sowohl 29% der Mädchen/Frauen als auch der Jungen/Männer verbringt die
gesamte wohnungslose Zeit auf der Straße.

---

7 Zur Berechnung des Alters wurde der mittlere Zeitpunkt in der jeweiligen wohnungslosen Phase genommen.

Die mittlere Aufenthaltsdauer liegt in Einrichtungen der Inobhutnahme[8] und betreuten Übergangseinrichtungen unter 4 Monaten, während sie beim dauerhaften Mitwohnen, in unbetreuten Einrichtungen und auf der Straße über 4 Monaten liegt. Dies könnte ein Hinweis darauf sein, dass sich durch die Betreuung die Lebenssituationen schneller wandeln – sei es, dass es den Jugendlichen/jungen Erwachsenen zu »eng« wird und sie diese Übergangslösung wieder verlassen, oder aber mit Hilfe der Begleitung eine dauerhafte Perspektive entwickeln und finden können.

Die Häufigkeit und Dauer unterschiedlicher wohnungsloser Lebenssituationen – teilweise wieder durchbrochen von festen Meldeadressen, die dann unter Umständen doch nicht von Dauer sind – lässt darauf schließen, dass häufige Wechsel von Lebensort und Lebenssituation für viele junge Wohnungslose zum Alltag gehören.

3.3.3 Wechsel der Lebenssituation

Zwischen Erstkontakt und dem Zeitpunkt des letzten bekannten Aufenthaltsortes liegen bei vielen Personen eine Vielzahl von Stationen und Lebensorten. Gerade mit dem Verlust des festen Zuhauses geht bei vielen ein reger Wechsel von Lebenssituationen einher. Phasen der Wohnungslosigkeit wechseln sich mit Phasen der Stabilisierung ab, es werden Einrichtungen aufgesucht, oft aber auch nach kurzer Zeit wieder verlassen. Viele werden mehrmals wohnungslos und erleben eine Reihe unterschiedlicher Stationen[9]. Wir untersuchen an dieser Stelle die uns bekannte Zeitspanne ab dem Erstkontakt auf diese Wechsel und Brüche hin und errechnen die durchschnittliche Anzahl der Wechsel pro Jahr.[10] Dabei ergeben sich geringe, aber signifikante Unterschiede bezüglich der Altersgruppe: Die 12- bis 14-Jährigen ma-

> **Wechsel der Lebenssituation: oft mehrmals im Jahr**

Altersgruppe beim Erstkontakt	Durchschnittliche Anzahl an Wechseln pro Jahr	Gesamtzahl der Personen in dieser Altersgruppe
12–14	3,3	19
15–17	2,4	73
18–20	2,0	71
21–23	2,1	42
24–26	1,6	32
Gesamt	2,2	237

Tabelle 4· Durchschnittliche Wechsel der Lebenssituation pro Jahr in verschiedenen Altersgruppen

---

8 In Münster soll der Aufenthalt in Einrichtungen der Inobhutnahme nach 3 Monaten beendet sein.

9 Eine Auflistung der einzelnen ausgewerteten Stationen findet sich im Anhang.

10 Die Auswertung beschränkt sich an dieser Stelle auf die 237 Personen, deren Lebenssituation mindestens 4 Monate *nach* dem Erstkontakt bekannt ist.

chen im Durchschnitt 3,3 Wechsel pro Jahr mit, während die 24- bis 26-Jährigen nur 1,5 Wechsel pro Jahr erleben[11].

Für 30% der Jugendlichen wechselt mehr als 3-mal jährlich die Lebenssituation

Bei der Anzahl der Wechsel pro Jahr gibt es allerdings eine große Spannweite. Während für 17% der Personen im Durchschnitt seltener als einmal pro Jahr die Lebenssituation wechselt, machen 30% der Jugendlichen und 16% der jungen Erwachsenen durchschnittlich mehr als 3 Lebenssituationswechsel pro Jahr durch. Für viele insbesondere junge Betroffene ist somit die Lebenssituation gekennzeichnet durch Heterogenität, Veränderungen und Brüche.

3.3.4 Der Wohnungslosigkeit vorangegangene Lebenssituation

Bevor die Jugendlichen und jungen Erwachsenen wohnungslos werden, haben sie meist in »gesicherten« Verhältnissen gelebt. An welche Lebenssituationen sich wohnungslose Phasen anschließen, werten wir in diesem Abschnitt aus. Dabei berücksichtigen wir auch Unterschiede zwischen den verschiedenen möglichen Lebenssituationen in Wohnungslosigkeit. Viele werden mehrmals und aus unterschiedlichen Lebenssituationen heraus wohnungslos. Deshalb betrachten wir jeden Wechsel als einen Fall, der Eingang in die Statistik findet.

37% gehen aus dem Familiensystem in die Wohnungslosigkeit, 23% aus einer eigenen Wohnung

Die Betrachtung der Lebenssituationen, die der Wohnungslosigkeit vorangegangen sind, lässt Rückschlüsse auf Verursachungszusammenhänge zu. So leben in 37% der Fälle die Personen unmittelbar vor der Wohnungslosigkeit im Familiensystem und flüchten von dort aus in die Wohnungslosigkeit bzw. werden hinausgeworfen. 23% leben in eigener Wohnung und werden im Anschluss daran wohnungslos. 19% werden aus BSHG- oder Jugendhilfemaßnahmen ausgegrenzt bzw. beenden diese durch Ausreißen. 21% leben in abhängigen[12] Unterkünften und werden nach der Entlassung aus Psychiatrie oder Gefängnis, bzw. nach der Beendigung eines Arbeitsverhältnisses mit arbeitsabhängiger Unterkunft wohnungslos.

Hier sind deutliche geschlechtsspezifische Unterschiede festzustellen. Während bei den Mädchen/Frauen vermutlich auch auf Grund des Alters das Familiensystem die mit Abstand häufigste vorangegangene Station ist – gefolgt

---

11 Es besteht eine geringe, aber signifikante Korrelation von $-0,232$. Nach Errechnung einer partiellen Korrelation ergibt sich, dass zustande kommende geschlechtsspezifische Unterschiede in der durchschnittlichen Anzahl von Wechseln pro Jahr auf diesen Zusammenhang zurückzuführen sein könnten.

12 Als abhängige Unterkünfte fassen wir diejenigen Unterbringungen zusammen, bei denen Menschen aufgrund von Arbeit oder Einweisung eine Unterkunft oder Wohnmöglichkeit erhalten, die jedoch mit der Entlassung wieder verloren geht. Im einzelnen sind das hier: Gefängnis, Psychiatrie/stationäre Therapie, arbeitsabhängige Unterkünfte (wie zum Beispiel in Drückerkolonnen) und Wehrdienstzeiten.

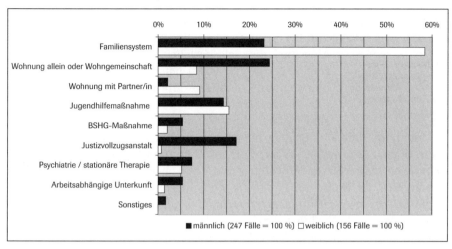

Diagramm 7: Der Wohnungslosigkeit vorangegangene Lebenssituation

von Jugendhilfemaßnahmen – ist bei den Jungen/Männern die eigene Wohnung die häufigste vorangegangene Station, gefolgt von Familiensystem, Gefängnis und Jugendhilfe. Interessant ist, dass bei den männlichen Personen die allein oder mit Freunden bewohnte Wohnung die häufigste vorangegangene Station ist, die Wohnung mit Partnerin aber nur eine untergeordnete Rolle spielt. Der Anteil der Frauen, die aus einer Wohnung mit Partner wohnungslos werden, ist dagegen 4-mal so hoch wie der der Männer. Dies kann als Hinweis angesehen werden, dass für Frauen Partnerschaftskonflikte als Verursachungszusammenhang für Wohnungslosigkeit eine bedeutsamere Rolle spielen als bei Männern. Eine genauere Betrachtung dieses Zusammenhangs findet sich in Abschnitt 3.4.5 (Die eigene Wohnung).

> **Geschlechtsspezifische Unterschiede: Für Mädchen/Frauen ist das Familiensystem, für Jungen/Männer die eigene Wohnung die häufigste der Wohnungslosigkeit vorausgehende Station**

Des Weiteren ergeben sich Unterschiede bezüglich der Lebenssituation in der Wohnungslosigkeit. Nach dem Verlassen des bisherigen Bezugssystems schließen sich unterschiedliche wohnungslose Lebensformen an.

Von denen, die im Laufe des Untersuchungszeitraums ein Familiensystem verlassen, gehen lediglich ein Viertel in eine Lebenssituation mit Meldeadresse, 75% werden wohnungslos. Von ihnen nutzen nur 9% die Inobhutnahme und 8% betreute Übergangseinrichtungen, 51% gehen direkt auf die Straße. Von denen, die eine Wohnung

> **Das Verlassen von »gesicherten« Lebensverhältnissen führt bei einem Großteil direkt auf die Straße**

verlassen oder verlieren, werden 53% wohnungslos. 40% von ihnen sind ohne Unterkunft. In den Fällen, in denen Jugendliche und junge Erwachsene Jugendhilfemaßnahmen verlassen, wechseln nur 34% in eine nicht-wohnungslose Lebenssituation. 66% werden wohnungslos, darunter leben mehr als die

215

Hälfte zunächst ohne Unterkunft.[13] Das Verlassen von »gesicherten« Lebensverhältnissen führt somit bei einem Großteil direkt auf die Straße.

An betreute Übergangseinrichtungen schließt sich seltener erneute Wohnungslosigkeit an

Aber auch die nicht-gesicherten Lebensverhältnisse verzeichnen teilweise einen hohen Anteil an Fällen, in denen sich eine manifeste Wohnungslosigkeit anschließt. 67% derer, die aus dem Gefängnis entlassen werden, sind danach ohne Wohnung (44% auf der Straße). Aus der Inobhutnahme – einer eher eng strukturierten Maßnahme – gehen 58% in die Wohnungslosigkeit (35% auf die Straße). An unbetreute Übergangseinrichtungen, dauerhaftes Mitwohnen und das Leben auf der Straße schließt sich in etwa der Hälfte der Fälle eine wohnungslose Lebenssituation an. Betreute Übergangseinrichtungen verzeichnen dagegen mit 30% den geringsten Anteil an Wechseln in eine wohnungslose Lebenssituation. Nur 16% gehen im Anschluss an eine betreute Übergangseinrichtung auf die Straße. Diese Einrichtungen scheinen also für die Zielgruppe am ehesten eine Unterbringung mit Perspektiventwicklung in eine nicht-wohnungslose Lebenssituation zu bieten.

3.3.5 Die Lebenssituation nach der Wohnungslosigkeit

Bei der Betrachtung von Wohnungslosigkeit als veränderbarer Lebenssituation ist die sich an die Wohnungslosigkeit anschließende Lebenssituation von Bedeutung. Dabei betrachten wir die Lebenssituation, die unmittelbar auf jede wohnungslose Phase folgt. Hier wird zwischen den verschiedenen möglichen Lebenssituationen in Wohnungslosigkeit unterschieden. Wie oben betrachten wir jeden Wechsel als einen Fall, der Eingang in die Statistik findet.

Geschlechtsspezifische Unterschiede: Für Mädchen/Frauen schließen sich an die Wohnungslosigkeit meist Familie oder betreute Lösungen an, für Jungen/Männer Wohnungen oder Inhaftierung

Bei der Überwindung der Wohnungslosigkeit gibt es deutliche geschlechtsspezifische Unterschiede. So können 35% der Mädchen/Frauen in dauerhaft betreutes Wohnen (Jugendhilfe-, BSHG oder Wohnhilfen) vermittelt werden, bei den Jungen/Männern ist dies lediglich in 22% der Fälle möglich. 29% der weiblichen, aber nur 11% der männlichen Personen kehren ins Familiensystem zurück. Eine Wohnung finden dagegen 24% der Frauen und 37% der Männer. Bei 21% der Jungen/Männer folgt auf die Wohnungslosigkeit eine Inhaftierung. Insgesamt scheinen für Jungen/Männer private Lösungen eine größere Rolle zu spielen, während sich für Mädchen/Frauen öfter Lösungen im Rahmen des Hilfesystems anbieten. Diese Unterschiede sind jedoch teilweise auch auf den Altersunterschied zurückzuführen.

---

13 Hier sei daran erinnert, dass diese Zahlen nichts über Jugendhilfemaßnahmen oder Familiensysteme an sich aussagen. Es ist zu beachten, dass es hier ja speziell um Jugendliche geht, die letztendlich alle irgendwann wohnungslos werden.

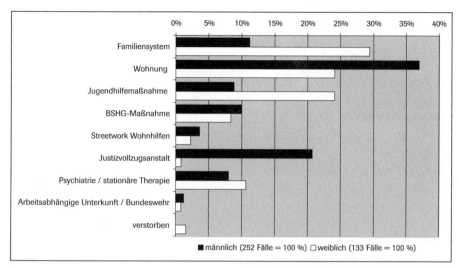

Diagramm 8: Lebenssituation unmittelbar nach der Wohnungslosigkeit

Zu beachten ist hier jedoch, dass die anschließende Lebenssituation nicht immer von Dauer ist. Von den 67 Jugendlichen, die wohnungslos werden und anschließend wieder ins Familiensystem zurückkehren, werden 63% im Laufe des Untersuchungszeitraums noch einmal wohnungslos.

Bei der genaueren Betrachtung der einzelnen wohnungslosen Lebenssituationen im Vergleich ergeben sich weitere Unterschiede. Naheliegend ist, dass die Einrichtungen der Inobhutnahme mit 27% den höchsten Anteil an Rückzügen ins Familiensystem haben. Allerdings verzeichnet dieses Angebot nur 16% Vermittlungen in betreute Wohnformen. Aus betreuten und unbetreuten Einrichtungen heraus können dagegen fast ein Viertel in dauerhafte betreute Wohnformen vermittelt werden. Von der Straße aus gelingt dies nur in 13% der Fälle.

> **Übergangseinrichtungen verzeichnen den höchsten Anteil an Vermittlung in betreute Wohnformen**

Der Anteil derer, die eine Wohnung finden, ist beim dauerhaften Mitwohnen mit 27% am höchsten, wogegen dort der Anteil derer, die in betreutes Wohnen ziehen, am geringsten ist. Dauerhaftes Mitwohnen scheint somit den Bezug einer eigenen Wohnung zu fördern, während Vermittlungen in betreutes Wohnen seltener sind. Dies liegt vermutlich daran, dass im Gegensatz zum Leben auf der Straße eine gewisse Stabilisierung stattfindet und eine »unauffällige« Adresse vorhanden ist, die bei der Wohnungssuche an Vermieter weitergegeben werden kann. Personen, die dauerhaft mitwohnen, müssen sich bei der Wohnungssuche im Gegensatz zu Betroffenen auf der Straße oder in Einrichtungen nicht als Wohnungslose zu erkennen geben und können daher die Diskriminierung auf dem Wohnungsmarkt reduzieren. Gleichzeitig sind Personen, die dauerhaft mitwohnen, für das Hilfesystem nicht in gleicher Wei-

> **Aus dauerhaftem Mitwohnen wird häufiger eine eigene Wohnung gefunden**

217

se erreichbar wie Personen, die in Einrichtungen oder auf der Straße leben. Die meist beratungs- und begleitungsintensive Vermittlung in betreutes Wohnen ist vermutlich daher seltener.

Der Weg von der Straße führt in 45% der Fälle in eine der Übergangslösungen

Der Weg von der Straße führt in 45% der Fälle zunächst in eine Übergangslösung. 15% gehen von der Straße aus in dauerhaftes Mitwohnen, 30% in betreute und unbetreute Übergangseinrichtungen. Lediglich 18% finden eine Wohnung, 10% kehren ins Familiensystem zurück.

Es scheint also, dass ein Großteil nach dem Verlust der Wohnung oder der Flucht aus Elternhäusern und Einrichtungen zunächst auf die Straße geht, um dann später Unterkünfte und Einrichtungen zu nutzen. Umgekehrt gehen dagegen weniger Personen aus den Übergangseinrichtungen auf die Straße zurück. Insbesondere aus betreuten Übergangseinrichtungen wie Sleep-Ins ist der Anteil derer, die (erneut) manifest wohnungslos werden mit 16% sehr gering. Hochschwelligere Einrichtungen wie die Inobhutnahme verzeichnen dagegen einen höheren Anteil an (erneuter) manifester Wohnungslosigkeit (von 35%). Der Anteil derer, die nach dem dauerhaften Mitwohnen manifest wohnungslos werden, liegt dagegen bei 37%. Dies könnte daran liegen, dass die Lebenssituation des dauerhaften Mitwohnens entgegen dem Leben in Einrichtungen meist unberechenbar und von unbestimmter Dauer ist. Zum Beispiel stehen nach einem Streit mit den SchlafplatzgeberInnen die Betroffenen oft von heute auf morgen (wieder) ohne Unterkunft auf der Straße.

3.3.6 Wohnungslosigkeit als veränderbare Lebensphase

Wohnungslosigkeit – eine meist zeitlich begrenzte, sich teilweise wiederholende, aber auch veränderbare Lebensphase

Wohnungslosigkeit ist keineswegs ein Dauerzustand oder gar ein Persönlichkeitsmerkmal, wie die Begriffe »der/die Wohnungslose« bzw. »die Straßenkinder« suggerieren. Vielmehr zeigt sich, dass die Wohnungslosigkeit für die meisten Jugendlichen und jungen Erwachsenen eine begrenzte – wenn auch nicht unbedingt einmalige – Lebensphase ist. Etwa die Hälfte wird im Untersuchungszeitraum wiederholt wohnungslos. Beim überwiegenden Teil der Jugendlichen und jungen Erwachsenen liegen die wohnungslosen Phasen deutlich unter einem Jahr. Nur wenige bleiben längerfristig ohne Wohnung. Wohnungslosigkeit zeichnet sich also eher als heterogenes, durchbrochenes Phänomen ab, in vielen Fällen gekennzeichnet durch unterschiedliche Phasen der Stabilisierung, des Wiederabrutschens, des Aufbaus einer Perspektive und ihrer unerwarteten Veränderung. Die Entwicklungen verlaufen nicht unbedingt geradlinig. Häufige Veränderungen der Lebenssituation und wiederkehrende wohnungslose Phasen sind typisch. Rückschritte verleiten dazu, vom »ewigen Kreislauf« oder »Teufelskreis der Wohnungslosigkeit« zu sprechen – was darüber hinwegtäuscht, dass viele auch nach mehrmaliger Wohnungslosigkeit eine Wohnung behalten. Im Anschluss an die Auswertung der Wohnungslosig-keit wollen wir daher einen Blick auf die Zwischenphasen werfen – die Zeiten, in denen die Betroffenen nicht wohnungslos sind.

3.4 Weitere Stationen und Lebenssituationen

In diesem Kapitel geht es um Lebenssituationen, in denen Jugendliche und junge Erwachsene nicht wohnungslos sind, die jedoch oft in enger Verbindung zur Wohnungslosigkeit stehen. Jugendhilfemaßnahmen, betreute Wohnformen nach BSHG, Gefängnisaufenthalte, Einweisungen in Psychiatrien und der Bezug einer eigenen Wohnung sind häufige Stationen vor oder nach der Wohnungslosigkeit bzw. unterbrechen die wohnungslosen Phasen. Von diesen Lebenssituationen aus gehen Jugendliche und junge Erwachsene einerseits in die Wohnungslosigkeit – andererseits stellen diese Stationen eine Möglichkeit dar, Wohnungslosigkeit zu überwinden. Daher betrachten wir diese Lebensabschnitte im Folgenden genauer.

Eine weitere einschneidende Veränderung der Lebenssituation ist für viele Jugendliche und junge Erwachsene die Gründung einer Familie bzw. die Geburt eines Kindes. Einige von ihnen leben heute noch mit ihren Kindern zusammen, einige nicht mehr. Auch ihre Lebenssituation wird in diesem Kapitel untersucht.

3.4.1 Jugendhilfemaßnahmen

Jugendhilfemaßnahmen bzw. Hilfen zur Erziehung nach KJHG §§ 27, 34, 35 und 41 können eine Alternative darstellen für Jugendliche und junge Volljährige, die nicht mehr in ihren Familien leben können oder wollen. Die **Mindestens 33% machen Erfahrungen mit Jugendhilfemaßnahmen** Spannbreite reicht hier für Jugendliche in der Regel von der klassischen Heimunterbringung bis hin zu mobilen, flexiblen Einzelbetreuungsmaßnahmen in eigenen Wohnungen oder intensiv- und erlebnispädagogischen Reiseprojekten. In vielen Fällen verläuft die Einleitung einer Maßnahme geradlinig: Aus der Familie heraus wird die Notwendigkeit nach Hilfe zur Erziehung deutlich, das Jugendamt wird eingeschaltet und eine Maßnahme zur Hilfe zur Erziehung installiert. In manchen Fällen liegt dazwischen noch eine Zeit der Inobhutnahme. Die Gruppe der wohnungslosen Jugendlichen zeichnet sich dagegen häufig dadurch aus, dass diese Geradlinigkeit in den meisten Fällen nicht gegeben ist. Sie werden vor, zwischen oder nach Maßnahmen der Hilfe zur Erziehung wohnungslos – eigentlich etwas, das Jugendhilfe vermeiden sollte. So leben lediglich 5 Mädchen und 3 Jungen über den gesamten uns bekannt gewordenen Zeitraum hinweg in einer Jugendhilfemaßnahme. Von allen anderen, die Jugendhilfe in Anspruch nehmen, sind uns auch Zeiten in Wohnungen, Familiensystemen oder der Wohnungslosigkeit bekannt. Von unseren 373 Jugendlichen und jungen Erwachsenen machen 33% im Untersuchungszeitraum oder davor Erfahrungen mit Maßnahmen der Erziehungshilfe. 31% leben nie in einer Jugendhilfemaßnahme. Bei den restlichen 36% ist nichts über eventuelle Jugendhilfemaßnahmen bekannt.

In den Monaten zwischen November 1991 und Dezember 1998 leben aus der untersuchten Zielgruppe stets 6 bis 25% der Jugendlichen und 2 bis 18% der jungen Volljährigen unter 21 Jahren in einer Jugendhilfemaßnahme. Dies liegt deutlich über dem nordrhein-westfälischen Durchschnitt, wonach 1995 0,35% der Jugendlichen und 0,53% der jungen Volljährigen in einer stationären Erziehungshilfe nach § 34 leben. Die Zahlen von Münster sind etwas höher als der nordrhein-westfälische Durchschnitt, hier leben 1995 0,43% der Jugendlichen und 0,8% der jungen Erwachsenen in einer Jugendhilfemaßnahme (vgl. Ministerium für Frauen, Familie und Gesundheit des Landes Nordrhein-Westfalen 2000: A14). Bei unserer Zielgruppe handelt es sich somit um Jugendliche und junge Erwachsene, die verstärkt Hilfen zur Erziehung in Anspruch nehmen.

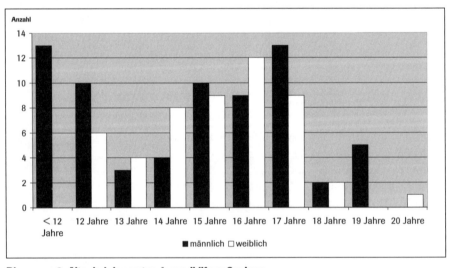

Diagramm 9: Alter bei der ersten Jugendhilfemaßnahme

Bei der ersten Jugendhilfe sind die Jungen im Durchschnitt ein Jahr jünger als die Mädchen

Das Durchschnittsalter bei der ersten Jugendhilfemaßnahme liegt bei den Mädchen bei 14,9 Jahren und bei den Jungen mit 13,9 Jahren genau ein Jahr darunter. Ein Drittel der Jungen sind bei der ersten Jugendhilfemaßnahme jünger als 13 Jahre, was aber nur bei 12% der Mädchen der Fall ist. Von den Mädchen wird keine vor dem 12. Lebensjahr in eine Jugendhilfemaßnahme vermittelt. Dagegen verbringen nicht wenige Jungen und Männer bereits einen Teil ihrer Kindheit in Jugendhilfemaßnahmen.

220

Von den 51 Mädchen und Frauen, die Erfahrungen mit Jugendhilfemaßnahmen machen, leben 67% bereits vor dem Erstkontakt in einer Jugendhilfemaßnahme. Von den 69 Jungen und Männern mit Jugendhilfeerfahrung nehmen 79% schon vor dem Erstkontakt Hilfe zur Erziehung in Anspruch. 47% dieser Mädchen und 22% dieser Jungen leben beim letzten bekannten Zeitpunkt noch in einer Jugendhilfemaßnahme.

> **39 Jugendliche leben zum letzten bekannten Zeitpunkt noch in einer Jugendhilfemaßnahme**

In 83 Fällen ist uns die Lebenssituation unmittelbar vor der Maßnahme bekannt, in 88 Fällen die anschließende Lebenssituation. Ihrer Auswertung zufolge ist die Wohnungslosigkeit in zwei Dritteln aller Fälle sowohl die vorangegangene und auch die nachfolgende Lebenssituation. Vor der Jugendhilfemaßnahme sind 31% der Jugendlichen auf der Straße, 8% halten sich in Einrichtungen der Inobhutnahme auf, 25% in anderen Übergangslösungen.

> **Vor einer Jugendhilfemaßnahme sind 65% wohnungslos**

Im unmittelbaren Anschluss an eine Jugendhilfemaßnahme sind jedoch 66% der Jugendlichen (wieder) wohnungslos. 51% der Jugendlichen leben ohne Unterkunft auf der Straße. Nur 3% nutzen Inobhutnahme, 11% die übrigen Übergangslösungen. Alle gesicherten Lebenssituationen sind weitaus seltener als die Wohnungslosigkeit. Lediglich 13% der Mädchen/Frauen und 6% der Jungen/Männer, die Jugendhilfemaßnahmen verlassen, ziehen in eigene Wohnungen um. Unter denen, die nach einer Jugendhilfemaßnahme wieder wohnungslos werden, sind neben jungen Erwachsenen, die aus der Jugendhilfe in die Wohnungslosigkeit entlassen werden, auch ein großer Teil Jugendlicher, die aus Hilfeeinrichtungen ausreißen und von denen ein Teil eventuell später wieder zurückkehrt. Dennoch ist der Anteil derer, für die im Anschluss an die Jugendhilfe eine gesicherte Perspektive gefunden wird, gering.

> **66% sind nach einer Jugendhilfemaßnahme wohnungslos**

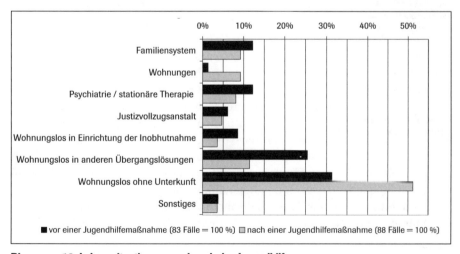

Diagramm 10: Lebenssituation vor und nach der Jugendhilfe

Bei den Mädchen ist der Anteil derer, die im Anschluss an eine Jugendhilfemaßnahme die Möglichkeit der Inobhutnahme nutzen etwas höher als bei den Jungen. Bei den Jungen ist der Anteil derer, die ohne Unterkunft auf der Straße leben, höher. Insgesamt spielt die Inobhutnahme hier eher eine eher untergeordnete Rolle.

Weitere geschlechtsspezifische Unterschiede gibt es in Bezug auf Psychiatrieeinweisungen und Inhaftierung. Während bei Mädchen die Inhaftierung kaum eine Rolle spielt, leben 13% der Jungen vor der Jugendhilfe im Jugendstrafvollzug, bei 8% folgt auf die Jugendhilfemaßnahme eine Inhaftierung. 16% der Mädchen, aber nur 6% der Jungen sind vor der Jugendhilfemaßnahme in einer Psychiatrie untergebracht, und für 16% der Mädchen (2% der Jungen) schließt sich an die Jugendhilfemaßnahme Psychiatrieunterbringung an.

23% sind mehrmals in Jugendhilfe

Bei 10% der Jungen und 29% der Mädchen verzeichnen wir mehrmalige Jugendhilfeaufenthalte. Dabei leben die Jugendlichen und jungen Erwachsenen bis zu 5-mal in verschiedenen Maßnahmen. Zwischen den Jugendhilfeaufenthalten liegen unterschiedlich lange Zeiträume zwischen einem Monat und 2 Jahren, im Durchschnitt knapp 8 Monate. Unterbrochen wird die Jugendhilfemaßnahme in den meisten Fällen zunächst durch Flucht oder Entlassung der Jugendlichen auf die Straße. Psychiatrieaufenthalte, Inhaftierung in Jugendstrafanstalten und Rückkehr ins Familiensystem sind weitere Zwischenstationen. Insgesamt sind die Pausen zwischen den Jugendhilfemaßnahmen von Unsicherheiten und ständigem Wechsel geprägt. Bis zu 6 verschiedene Lebenssituationen machen einzelne Jugendliche im untersuchten Zeitraum durch, bis eine erneute Maßnahme folgt.

Bisherige Dauer der Jugendhilfe: im Durchschnitt knapp 2 Jahre

Auch die Dauer der Jugendhilfe ist unterschiedlich. Im Durchschnitt beträgt die Zeit, die die Jugendlichen insgesamt in Maßnahmen der Jugendhilfe verbringen[14], bislang 20 Monate. Bei den Jungen/Männern ist sie mit 22 Monaten knapp ein halbes Jahr länger als bei den Mädchen/Frauen (17 Monate). Hierbei ist jedoch zu berücksichtigen, dass von den Mädchen/Frauen 32% noch in einer laufenden Maßnahme untergebracht sind, bei den Jungen/Männern jedoch 90% die Maßnahme beendet haben.

Viele Maßnahmen werden nach sehr kurzer Zeit beendet

Von den beendeten Maßnahmen sind 39% kürzer als ein Jahr, 23% dauern nicht einmal ein halbes Jahr. Es ist fraglich, ob hier von »geglückten« Maßnahmen gesprochen werden kann, oder ob es hier nicht hauptsächlich um gescheiterte Hilfen zur Erziehung geht. In dieser kurzen Zeit besteht wohl kaum die Möglichkeit, durch die Jugendhilfemaßnahme ein dauerhaftes Zuhause zu finden. Der hohe Anteil an Wohnungslosigkeit unter den anschließenden Stationen bestätigt, dass es in vielen Fällen eher um abgebrochene Maß-

---

14 Die einzelnen Phasen der Jugendhilfemaßnahmen werden an dieser Stelle zusammengezählt.

nahmen geht, als dass Maßnahmen erfolgreich und mit einer neuen Perspektive beendet werden. Die Jugendhilfe scheint also in vielen Fällen den Jugendlichen aus den Straßenszenen noch immer kein dauerhaftes Zuhause bieten zu können.

Wie hoch der tatsächliche Bedarf an Jugendhilfemaßnahmen in der Zielgruppe ist, lässt sich nicht so einfach ermitteln. Zu diesem Zweck werfen wir zum Schluss noch einen Blick auf die 147 Personen, die zum Zeitpunkt des **Bedarf an Jugendhilfemaßnahmen ist schwer zu schätzen** Kontakts mit der Streetwork noch jugendlich sind, so dass Jugendhilfemaßnahmen prinzipiell in Frage gekommen wären. Davon sind 53% der Mädchen und 33% der Jungen nie in einer Jugendhilfemaßnahme gewesen, einige davon waren allerdings durchgehend bei Eltern, Verwandten oder in Pflegefamilien. 37% der Mädchen und 54% der Jungen leben zumindest zeitweise in einer Maßnahme der Jugendhilfe. Bei den restlichen ist nicht bekannt, ob sie bereits einmal in einer Jugendhilfemaßnahme waren.

Nicht für alle dieser Jugendlichen wäre Jugendhilfe prinzipiell notwendig gewesen. Bei den Jugendlichen, die im untersuchten Zeitraum zumindest zeitweise in Jugendhilfe sind und auch bei denen, die mindestens einen Monat wohnungslos sind, kann jedoch ein grundsätzlicher Bedarf an Jugendhilfemaßnahmen angenommen werden.[15] Dies ist bei 44 Jungen und bei 62 Mädchen der Fall. Werden hiervon jene abgezogen, die während der Kontaktzeit

	männlich		weiblich		gesamt	
Gesamtzahl von Jugendlichen, bei denen ein Bedarf an Vermittlung in Jugendhilfe vermutet wird	37	100%	57	100%	94	100%
nie in Jugendhilfemaßnahmen	15	41%	29	51%	44	47%
nur vor dem Erstkontakt in Jugendhilfemaßnahme	8	22%	5	9%	13	14%
ergibt Gesamtzahl nicht vermittelte Jugendliche	23	62%	34	60%	57	61%
nur nach dem Erstkontakt in Jugendhilfemaßnahme	10	27%	16	28%	26	28%
vor und nach dem Erstkontakt in Jugendhilfemaßnahme, beim Erstkontakt nicht	4	11%	7	12%	11	12%
ergibt Gesamtzahl vermittelte Jugendliche	14	38%	23	40%	37	39%

Tabelle 5: In Jugendhilfemaßnahmen vermittelte und nicht vermittelte Jugendliche

---

15 Dies ist jedoch nur als Annäherung zu verstehen, da beispielsweise unter den Jugendlichen, die nicht (mehr) in Jugendhilfemaßnahmen sind, auch einige beim Erstkontakt bereits fast volljährig sind, sich ausdrücklich lieber eine eigene Wohnung wünschen und daher keinen Bedarf an Jugendhilfe äußern. Ebenso kehren Jugendliche nach Wohnungslosigkeit zurück zu den Eltern, ohne einen weiteren Bedarf an Jugendhilfemaßnahmen zu äußern. Andere wiederum reißen aus installierten Maßnahmen wieder aus und gehen zurück auf die Straße, so dass diese Vermittlungen kaum als »erfolgreich« angesehen werden können.

längerfristig in einer Jugendhilfemaßnahme sind, so dass eventuell Klärung und Problembearbeitung, aber keine Vermittlung in Hilfen zur Erziehung notwendig ist, auch wenn sie sich in der Szene aufhalten, so verbleiben 37 Jungen und 57 Mädchen, bei denen ein Vermittlungsbedarf vermutet wird.

Fast 40% der Jugendlichen, für die »grundsätzlich« ein Bedarf vermutet wird, können in Jugendhilfemaßnahmen vermittelt werden

Wie Tabelle 5 zeigt, können 39% der Jugendlichen, bei denen ein prinzipieller Bedarf angenommen wird, in Jugendhilfe vermittelt werden. Dieser Anteil ist bei Jungen und Mädchen etwa gleich hoch. Geschlechtsspezifische Unterschiede gibt es bei den nicht vermittelten Jugendlichen: Bei den Jungen ist der Anteil derer größer, die bereits in einer Jugendhilfemaßnahme waren, später aber nicht mehr vermittelt werden. Dagegen ist bei den Mädchen der Anteil derer, die nie in einer Jugendhilfemaßnahme waren, höher.

Eine »Vermittlungsquote« von knapp 40% ist in Anbetracht der Tatsache, dass die Zielgruppe der wohnungslosen Jugendlichen teilweise als »hilferesistent« bezeichnet wird, eine beträchtliche Größe. Zu beachten ist dabei allerdings, dass es unter den wohnungslosen Jugendlichen viele gibt, die Jugendhilfe rigoros ablehnen, oder die beim Erstkontakt kurz vor dem 18. Geburtstag stehen und auf eine eigene Wohnung hoffen. Darüber hinaus sind Jugendämter häufig nicht (mehr) bereit, für wohnungslose Jugendliche – insbesondere mit Drogenproblematik oder einem Hund – Hilfen zur Erziehung zu installieren, des Weiteren wehren sich gerade wohlhabende Eltern oft gegen die Installierung von Maßnahmen. Für einen weiteren Teil der Jugendlichen werden andere Lösungen gefunden, wie zum Beispiel das Leben bei Verwandten oder der Einzug in die Wohnhilfen der Streetwork. Dennoch lässt die Zahl von 61% nicht vermittelten Jugendlichen einen weit höheren Bedarf an Jugendhilfemaßnahmen vermuten. Die Gründe, warum Jugendliche Jugendhilfemaßnahmen ablehnen bzw. warum sie nicht vermittelt werden, obwohl sie den Wunsch nach Hilfen zur Erziehung formuliert hatten, und wie bedürfnisgerechte Jugendhilfemaßnahmen aussehen könnten, zeigen die beschriebenen Lebensgeschichten der Jugendlichen.

3.4.2 Andere Angebote des betreuten Wohnens

BSHG-Maßnahmen werden selten genutzt

Für junge Erwachsene kommen Jugendhilfemaßnahmen nur noch in Ausnahmefällen in Frage. Doch eine Vermittlung auf den freien Wohnungsmarkt ist nicht immer möglich. Gleichzeitig wünschen manche junge Erwachsene noch Unterstützung und Begleitung. Hier bietet das Bundessozialhilfegesetz (BSHG) mit dem § 72 die Möglichkeit, betreutes Wohnen für Wohnungslose bereitzustellen. Die Angebote sind aber meist auf Erwachsene zugeschnitten und werden daher von den Heranwachsenden häufig nicht angenommen. Im Untersuchungszeitraum nutzen nur 29 Männer und 15 Frauen eine BSHG-Maßnahme in Form eines betreuten Wohnens nach § 72, ob in einer Einrichtung, in Wohngemeinschaften oder in einer eigenen Wohnung. Das sind 14% der Männer und 13% der Frauen, die im Untersuchungszeitraum erwachsen sind.

Die betreuten Maßnahmen nach BSHG sind in der Regel von kurzer Dauer. Im Durchschnitt dauern sie sowohl bei den Männern wie auch bei den Frauen 9 Monate und damit durchschnittlich nicht einmal halb so lang wie die **Dauer der BSHG-Maßnahmen im Durchschnitt 9 Monate** Jugendhilfemaßnahmen. 59% der Männer und 40% der Frauen, die BSHG-Angebote nutzen, bleiben dort höchstens ein halbes Jahr. Nur jeweils 20% der Männer und Frauen bleiben länger als ein Jahr in der betreuten Maßnahme.

Zum letzten uns bekannten Zeitpunkt leben noch 11 Männer und 5 Frauen in einer BSHG-Maßnahme. Im Dezember 1998, am Ende des untersuchten Zeitraums, können wir allerdings nur noch von 2 Männern und einer Frau sagen, dass sie noch in der BSHG-Maßnahme leben. Bei den anderen 13 Personen ist der weitere Verlauf nicht bekannt.

Im untersuchten Zeitraum verlässt ein Großteil der Personen die betreuten Maßnahmen nach BSHG wieder. In 36 Fällen, in denen Maßnahmen verlassen werden, ist uns der anschließende Aufenthaltsort bekannt. Hier ge- **44% gehen aus BSHG-Maßnahmen wieder in die Wohnungslosigkeit** hen 44% direkt wieder in die Wohnungslosigkeit. Lediglich 25% der männlichen und 17% der weiblichen Personen können in eine Wohnung vermittelt werden. Dies legt zusammen mit der kurzen Verbleibdauer nahe, dass die Maßnahmen nach BSHG § 72, zugeschnitten für erwachsene Wohnungslose, oftmals ohne Perspektive abgebrochen werden und somit für viele junge Erwachsene keine angemessene Maßnahme sind. Insbesondere die stationären Einrichtungen sind zu sehr auf Erwachsene ausgerichtet, die jahrelang auf der Straße gelebt haben, für die dies sicherlich auch geeignete Angebote sind. Für junge Erwachsene sind sie jedoch häufig ungeeignet. In vielen Einrichtungen werden die haushaltstechnischen Dinge für die BewohnerInnen erledigt, so dass sie in ihrer Selbstständigkeit beschnitten werden. Insbesondere, wenn die Sozialhilfe einbehalten und lediglich ein Taschengeld bezahlt wird, fühlen sich die jungen Erwachsenen erfahrungsgemäß schnell in ihrer Selbstständigkeit eingeschränkt und brechen die Maßnahme bald wieder ab. Auch fällt es ihnen meist schwer, die Regeln in den Einrichtungen einzuhalten. Probleme im Zusammenleben mit den älteren Wohnungslosen kommen als weitere Verschärfung hinzu. Betreute Wohngemeinschaften, in denen nur junge Erwachsene zusammenleben und betreutes Einzelwohnen nach BSHG können schon eher den Bedürfnissen junger Erwachsener gerecht werden. Lebensweltakzeptierende Konzepte gibt es jedoch auch hier noch zu wenig.

An dieser Lücke setzen die 1996 installierten Wohnhilfen der Streetwork Münster an, die eine lebensweltgerechte, aber möglichst normalitätsorientierte Wohnmög- **Streetwork-Wohnhilfen als lebensweltorientierte Alternative** lichkeit für junge Erwachsene darstellen. Bereits 1992 startete das erste Experiment, 2 junge erwachsene Punks zunächst in Wohnwagen unterzubringen und später Bauwagen als Wohnraum auszubauen. In einem Fall musste jedoch der Stellplatz wieder abgegeben werden.

Wohnhilfen bieten weiterführende Perspektiven

Mit den beiden 1996 hinzugekommenen Projekten, einer ehemaligen Tankstelle, die zu Wohnraum umgebaut wurde, und einem Bauwagenplatz für 4 Personen, bieten die Wohnhilfen der Streetwork seit 1996 durchgehend 7 Plätze an, die alle durchgängig belegt sind. Insgesamt leben im untersuchten Zeitraum 9 junge Männer und 3 junge Frauen zeitweise in den Wohnhilfen. Der Verbleib in den Wohnhilfen dauert im Durchschnitt 22 Monate, also fast 2 Jahre. Dabei ist eine hohe Standardabweichung bei kleiner Fallzahl zu beachten. Von den 4 Personen, die die Wohnhilfen bis Ende 1998 verlassen, gehen 3 in eine eigene Wohnung, einer in eine betreute Übergangseinrichtung[16]. Ein junger Mann aus den Wohnhilfen starb durch einen Verkehrsunfall.

Die Wohnhilfen stellen für diese jungen Erwachsenen eine Möglichkeit dar, längerfristig ein Zuhause zu finden, sich zu stabilisieren und Perspektiven zu entwickeln, wie die Aufnahme einer Beschäftigung und den Bezug einer eigenen Wohnung auf dem freien Wohnungsmarkt. Aus den seit 1996 begleiteten Projekten wird keine Person in die Wohnungslosigkeit entlassen. Insbesondere für junge Erwachsene, die auf dem freien Wohnungsmarkt chancenlos sind, wie zum Beispiel Punks oder HundebesitzerInnen, oder für die die BSHG-Angebote nicht in Frage kommen, stellen die Wohnhilfen eine sinnvolle Alternative dar.

3.4.3 Freiheitsstrafen

25% der Männer und 1% der Frauen sind im Gefängnis gewesen

Von 15% der 373 Personen ist uns ein Aufenthalt im Gefängnis bekannt[17]. Hier gibt es eindeutig geschlechtsspezifische Unterschiede: Von den Mädchen und Frauen werden lediglich 2 inhaftiert (das entspricht 1%), 93% der Frauen sind sicher noch nie im Gefängnis gewesen. Von den Männern haben dagegen 55 Erfahrungen mit dem Gefängnis, was 25% entspricht. 44% der Männer sind sicher noch nie im Gefängnis gewesen. 6% der Männer und 1% der Frauen erhalten Freiheitsstrafen auf Bewährung. Bei 24% der Männer und 6% der Frauen wissen wir nichts über mögliche frühere Haftstrafen.

Dass wesentlich mehr Männer als Frauen im Zusammenhang mit entsprechenden Delikten zu Freiheitsstrafen verurteilt werden, entspricht den bundesweiten Zahlen. So kommen auf eine im Gefängnis sitzende Frau knapp 25 inhaftierte Männer (vgl. Statistisches Bundesamt Wiesbaden 1996: 372).

---

16 In diesem Fall musste der Stellplatz abgegeben werden.
17 Beachtung finden nur Inhaftierungen, die länger als einen Monat dauern, also kein Polizeigewahrsam, Wochenendarrest oder kürzeres »Absitzen« von Geldstrafen.

Im Durchschnitt sitzen aus der von uns untersuchten Gruppe bei den männlichen Jugendlichen stets knapp 3% im Gefängnis, bei den jungen erwachsenen Männern zwischen 18 und 21 Jahren 7% und bei den männlichen Erwachsenen zwischen 22 und 30 Jahren sogar 13%. Im Vergleich dazu sind bezogen auf die Gesamtheit der

Von den jungen Männern ab 21 Jahren halten sich im Verlauf der Untersuchung stets 13% im Gefängnis auf

männlichen Bundesbürger in den jeweiligen Altersgruppen jeweils weniger als 1% in Strafhaft (vgl. Statistisches Bundesamt Wiesbaden 1996: 63; 372). Bei den Jungen und Männern aus der Zielgruppe handelt es sich somit um eine Gruppe, die verstärkt von Inhaftierungen betroffen ist.

Bei der ersten Inhaftierung sind 18% der Personen minderjährig. 2 Jungen bekommen bereits im Alter von 14 Jahren Jugendstrafen. Der Mittelwert des Alters beim ersten Gefängnisaufenthalt von 20,7 Jahren wie auch der häufigste Wert (Modalwert) von 21 Jahren treffen mit dem Zeitpunkt zusammen, an dem das Jugendstrafrecht nicht mehr angewendet wird und Straftaten nach dem Erwachsenenstrafrecht in der Regel härter bestraft werden.

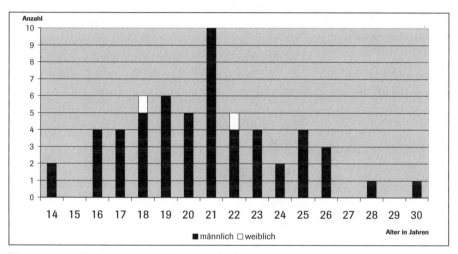

Diagramm 11: Alter beim ersten Gefängnisaufenthalt

Es ist naheliegend, dass die Gruppe der Männer, die bereits im Gefängnis waren, durchschnittlich etwas älter ist, als die Gruppe derer, die noch keine Freiheitsstrafe abgesessen hat. Bei denen, die am Ende des Untersu-

Von den Männern ab 23 Jahren waren 40% schon einmal im Gefängnis

chungszeitraums jünger als 21 sind, stehen 8 Personen mit Hafterfahrung 44 Personen gegenüber, die sicher noch nie im Gefängnis waren. Im Gegensatz dazu haben bei den Männern, die 23 oder älter sind, 35 schon eine Freiheitsstrafe verbüßt und nur 33 definitiv noch keine.

Bei 61% derer, die Hafterfahrung machen, handelt es sich bisher um eine einmalige Inhaftierung. Die übrigen sind bis zu 5-mal im Gefängnis gewesen.

39% der inhaftierten Männer waren mehr als einmal im Gefängnis

Mehrere (kürzere) Gefängnisaufenthalte kommen teilweise durch Flucht der Inhaftierten zustande, ebenso werden insbesondere bei Straftaten gegen das Betäubungsmittelgesetz Gefängnisstrafen durch Therapieaufenthalte unterbrochen. Bricht in einem solchen Fall die Person die Therapie ab, so tritt der Haftbefehl in der Regel wieder in Kraft, und es folgt eine erneute Inhaftierung. Ähnlich ist es mit zur Bewährung ausgesetzten Reststrafen: Viele werden nach zwei Dritteln der Zeit auf Bewährung in die Wohnungslosigkeit entlassen, können dann aber die Bewährungsauflagen, Wohnung und Arbeit zu finden, nicht erfüllen, so dass schon weitere kleine Vergehen wie Schwarzfahren, Diebstahl oder die Übertretung eines Bahnhofsverbotes zum Bewährungswiderruf führen können, auf den eine erneute Inhaftierung folgt. Es handelt sich bei den 22 Männern, die bereits mehrmals im Gefängnis waren, nicht immer um »Wiederholungstäter« – viele von ihnen sitzen für ein und dieselbe Tat mehrmals im Gefängnis.

Die Dauer der bisherigen Inhaftierung beträgt im Durchschnitt etwas mehr als ein Jahr

72% der von Inhaftierung betroffenen Personen haben zum Ende des Untersuchungszeitraums ihre Haftstrafe bereits abgebüßt und sind wieder frei. 16 Männer sind noch inhaftiert. Die Dauer der Gefängnisaufenthalte ist recht unterschiedlich. Sie liegt zwischen 1 und 47 Monaten und beträgt im Mittelwert 13,5 Monate.[18] Kurze Gefängnisaufenthalte kommen dabei oft durch Untersuchungshaft zustande, zum Beispiel auf Grund der

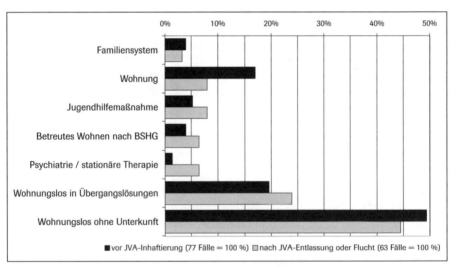

Diagramm 12: Lebenssituation vor und nach dem Gefängnisaufenthalt

---

18   Dabei ist zu beachten, dass es sich hier um eine Mindest-Dauer handelt. 16 Personen haben noch längere Haftstrafen zu verbüßen. Bei 5 Personen ist nur bekannt, dass bereits vor 1991 eine Haftstrafe verbüßt wurde, jedoch nichts über die Länge. Daher beschränkt sich die folgende Auswertung auf 52 Personen.

gängigen Praxis, wohnungslose Personen für die Dauer eines Ermittlungsverfahrens wegen fehlender Meldeadresse und Nichterreichbarkeit in Haft zu nehmen.

Perspektiven gibt es nach dem Haftaufenthalt nur für wenige. Bei der Betrachtung der Lebensorte unmittelbar vor und nach dem Gefängnisaufenthalt[19] ergibt sich folgendes Bild:

Während vor der Inhaftierung noch in 17% der Fälle eine feste Wohnung vorhanden ist, ziehen nur 8% nach der Haft in eine Wohnung ein. In der überwiegenden Mehrzahl der Fälle sind die Personen vor der Inhaftierung bereits wohnungslos auf Trebe oder in einer Übergangsunterkunft. Dies hat sich bei der Entlassung nicht verändert. Zwei Drittel der Personen werden in die Wohnungslosigkeit entlassen, nur in 25% der Fälle gibt es danach eine Hilfemaßnahme oder Wohnung.

Bei der Betrachtung der Lebenssituation der Männer, die am Ende des Auswertungszeitraums mindestens 20 Jahre alt sind[20], ergibt sich Folgendes[21]: Aus der Gruppe der Männer mit Hafterfahrung, die nicht mehr im Ge-

> **Von den Personen mit Hafterfahrung sind heute mehr wohnungslos**

fängnis sind, sind zum letzten bekannten Zeitpunkt 36% wohnungslos. Über die Hälfte davon lebt ohne jede Unterkunft auf der Straße. Im Gegensatz dazu sind von denjenigen, die sicherlich nie im Gefängnis waren, nur 24% wohnungslos, gut ein Drittel davon ohne Unterkunft auf der Straße. Der Anteil derer, die in einer Wohnung leben, liegt bei den Personen mit Hafterfahrung bei 41%, von denen, die nie im Gefängnis waren, leben 50% in einer Wohnung. Dies könnte ein Hinweis darauf sein, dass sich Haftaufenthalte eher negativ auf die Stabilisierung auswirken bzw. die Personen, die nie inhaftiert waren, sich eher stabilisieren können. Dabei ist jedoch zu berücksichtigen, dass Problemlagen, die zur Inhaftierung führen, auch bei der Wohnungssuche und beim selbstständigen Wohnen hinderlich sein können.

3.4.4 Psychiatrie und stationäre Therapie

Unter Psychiatrie- und Therapieerfahrungen haben wir sowohl freiwillige als auch erzwungene Einweisungen in psychiatrische und therapeutische Kliniken zusammengefasst. Über Psychiatrie- und Klinikaufenthalte wird weniger erzählt. Während Zeit und Abenteuer im Knast oft für Geschichten herhalten, wird über Psychiatrieaufenthalte eher geschwiegen. In längeren Einzelgesprä-

---

19 Weil manche mehr als einmal im Gefängnis waren, ergibt sich eine Zahl von 85 JVA-Aufenthalten.

20 Da sich für Jugendliche per se andere Lebenssituationen (zum Beispiel Jugendhilfemaßnahmen oder Rückkehr zu den Eltern) ergeben, was die Vergleichbarkeit einschränkt, beschränkt sich die Auswertung hier auf die Personen, die am Ende des Untersuchungszeitraums mindestens 20 Jahre alt sind.

21 Gesamtzahlen der Männer in dieser Altersgruppe: 66 haben definitiv keinerlei Gefängniserfahrung, 62 haben Hafterfahrung, wovon 18 noch inhaftiert sind. Die Prozentzahlen beziehen sich auf die 44 Personen, die nicht mehr inhaftiert sind. Bewährungsstrafen bleiben unberücksichtigt.

**Psychiatrieaufent-
halte – auch in der
Szene ein Tabuthema**

chen kommen Erfahrungen mit der Psychiatrie eher zufällig ans Licht, so dass wir nur bei ganz wenigen Jugendlichen und jungen Erwachsenen sagen können, dass sie
mit Sicherheit nie in der Psychiatrie waren. Das bedeutet, dass uns von 31 Jungen/Männern und von 26 Mädchen/Frauen Psychia-
trie- bzw. Therapieaufenthalte bekannt sind. Demgegenüber steht eine nicht
wesentlich größere Gruppe von 29 Jungen/Männern und 37 Mädchen/Frauen,
von denen wir wissen, dass sie sicherlich nie in der Psychiatrie waren. Auf
Grund der geringen Fallzahlen können hier sicher nur schwer Schlüsse gezogen werden. Dass wir von mehr Mädchen als Jungen wissen, dass sie nie in
der Psychiatrie gewesen sind, liegt unter anderem daran, dass sie beim Erstkontakt durchschnittlich jünger sind und daher manchmal sogar ihre komplette Vorgeschichte bekannt ist.

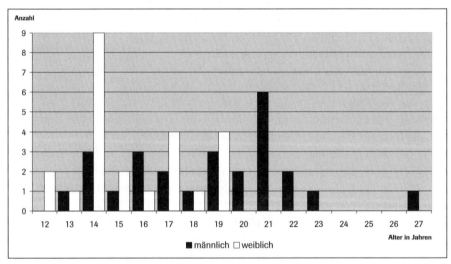

Diagramm 13: Alter beim ersten Aufenthalt in Psychiatrie oder stationärer Therapie

**Bei der ersten Psy-
chiatrieeinweisung
sind 79% der weib-
lichen, aber nur 38%
der männlichen Per-
sonen minderjährig**

Aufschlussreich ist das Alter beim ersten Aufenthalt in
der Psychiatrie oder einer stationären Therapieeinrichtung. Hier ist ein besonders großer geschlechtsspezifischer Altersunterschied festzustellen. Die Hälfte der
Mädchen/Frauen sind bei der ersten Psychiatrieeinweisung unter 15 Jahre alt, mehr als drei Viertel sind minderjährig. Dies lässt auf unfreiwillige Einweisungen durch die Eltern bzw. Ärz-
te der Eltern schließen, was auch unsere praktischen Erfahrungen bestätigen.
Alle Frauen sind bei ihrem ersten Psychiatrieaufenthalt jünger als 20 Jahre.
Demgegenüber sind bei den Jungen/Männern lediglich 38% minderjährig. Das
Durchschnittsalter beim ersten Psychiatrieaufenthalt liegt bei den Mädchen/
Frauen mit 15,5 Jahren mehr als 3 Jahre unter dem der Jungen/Männer (18,7

Jahre), der Median ist bei den Jungen/Männern sogar 4,5 Jahre höher[22]. Vermutlich handelt es sich bei den Erwachsenen eher um stationäre Drogentherapien auf freiwilliger Basis, um Einweisungen nach »Therapie statt Strafe« (BtmG § 35) oder Maßregelvollzug (StGB §§ 63, 64).

7 Jungen/Männer und 6 Mädchen/Frauen sind mehrmals in einer psychiatrischen oder stationären Therapieeinrichtung. Die Dauer der einzelnen Psychiatrie-/Therapieaufenthalte liegt zwischen einem Monat und 2 Jahren. Im Durchschnitt dauern sie knapp 4 Monate, wobei die Klinikaufenthalte bei den Mädchen/Frauen mit durchschnittlich 2,6 Monaten kürzer sind als bei den Jungen/Männern (durchschnittlich 4,9 Monate). Dies mag daran liegen, dass es sich bei den jungen erwachsenen Männern häufiger um stationäre Langzeittherapien handelt, während es bei den Mädchen/Frauen eher um kurzfristige Zwangseinweisungen in psychiatrische Kliniken geht.

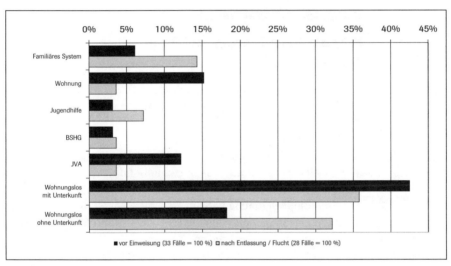

Diagramm 14: Lebenssituation vor und nach Psychiatrie/stationärer Therapie bei den Jungen/ Männern

Bei den Jungen/Männern ist die Wohnungslosigkeit mit weitem Abstand die häufigste Lebenssituation sowohl vor als auch nach Aufenthalten in psychiatrischen/stationären Therapieeinrichtungen (jeweils in über 60% der Fälle). 15% leben vor dem Klinikaufenthalt in einer

Für 66% der Jungen/ Männer schließt sich an den Klinikaufenthalt Wohnungslosigkeit an

eigenen Wohnung, 12% kommen aus der Justizvollzugsanstalt dort hin, was auf Einweisungen in Einrichtungen der Drogentherapie nach BtmG § 35 (»Therapie statt Strafe«) schließen lässt. Nach der Psychiatrie kehren 14%

---

22 Der Median für das Alter beim ersten Aufenthalt in einer Psychiatrie/stationären Therapie liegt bei den Jungen/Männern bei 19 Jahren und bei den Mädchen/Frauen bei 14,5 Jahren.

231

ins familiäre System zurück, nur noch 4% in eine Wohnung. 7% leben anschließend in einer Jugendhilfemaßnahme. Daraus kann geschlossen werden, dass sich die Lebenssituation durch den Klinikaufenthalt nur für wenige verbessert.

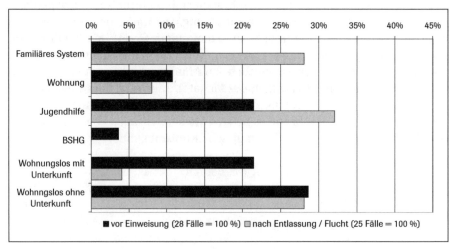

Diagramm 15: Lebenssituation vor und nach Psychiatrie/stationärer Therapie bei den Mädchen/Frauen

Für Mädchen ist Wohnungslosigkeit ein möglicher Einweisungsgrund Bei den Mädchen/Frauen sind vor dem Psychiatrieaufenthalt 50% wohnungslos, anschließend noch 32%. Aus dem Elternhaus in die Psychiatrie kommen 14%, im Anschluss an die Psychiatrie kehren 28% ins Elternhaus zurück. Für 32% schließt sich an die Psychiatrieeinweisung eine Jugendhilfemaßnahme an, 21% werden aus einer Jugendhilfemaßnahme heraus in die Psychiatrie eingewiesen. Unmittelbar nach der Psychiatrie leben also mehr Mädchen in scheinbar »gesicherten« Lebensverhältnissen. Da auf Grund des Alters zumeist von unfreiwilligen Einweisungen auszugehen ist, ist aber zu vermuten, dass Wohnungslosigkeit bzw. das Leben in der Szene bei Mädchen ein Grund für die Einweisung in die Psychiatrie sein könnte. Dies deckt sich mit unseren praktischen Erfahrungen. Im Anschluss an die Psychiatrieeinweisung wird in der Regel nach Lösungen wie Rückkehr in die Familie oder Jugendhilfemaßnahmen gesucht – wenn die Mädchen nicht bereits vorher aus der Klinik ausgerissen sind.

3.4.5 Die eigene Wohnung

Der Bezug einer eigenen Wohnung kommt in der Regel nur für Volljährige in Frage. Lediglich in Ausnahmefällen können Minderjährige eigene Wohnungen anmieten, wenn die Erziehungsberechtigten einverstanden sind und den Mietvertrag abschließen. Von den 319 Personen, die am Ende des Untersuchungszeitraums volljährig sind, haben 53% der Männer und 47% der Frauen bereits in einer eigenen Wohnung gelebt. 11% von ihnen leben in der gesamten uns bekannten Zeit in einer Wohnung bzw. wechseln ihren Lebensort, ohne wohnungslos zu werden. 89% sind mindestens einen Monat lang wohnungslos.

53% der volljährigen Männer und 47% der volljährigen Frauen leben in einer Wohnung

Beim Leben in einer Wohnung unterscheiden wir in unserer Untersuchung unterschiedliche Wohnsituationen. 37% leben mindestens einmal allein in einer Wohnung. 14% leben mindestens einmal mit dem Partner / der Partnerin zusammen in einer Wohnung, 13% in Wohngemeinschaften.

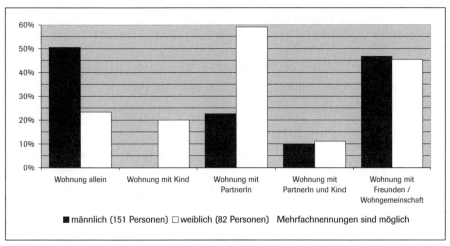

Diagramm 16: Wohnformen bei Personen in eigener Wohnung

Diagramm 16 zeigt deutliche geschlechtsspezifische Unterschiede. So ist der Anteil derer, die mindestens einmal allein leben, bei den Männern mehr als doppelt so hoch wie bei den Frauen. Bei den Frauen ist dagegen der Anteil

Männer leben eher allein, Frauen eher mit Partner/Familie

derer, die mit PartnerIn leben, deutlich höher. Ohne PartnerIn mit Kind/ern leben nur Frauen. Dabei ist zu beachten, dass zwei Drittel der Personen im untersuchten Zeitraum nur in einer der Wohnformen leben.

Von den 280 von Wohnungslosigkeit betroffenen Personen haben 45% bereits in Wohnungen gelebt (91 Männer und 36 Frauen). Im Folgenden beschränkt sich die Auswertung auf diese Gruppe. Von ihnen leben 57% der Männer und 72% der Frauen zum letzten bekannten Zeitpunkt noch in einer Wohnung. Der Anteil derer, die

Von den ehemals Wohnungslosen, die eine Wohnung beziehen, leben zuletzt noch 57% der Männer und 72% der Frauen in einer Wohnung

es geschafft haben, eine Wohnung bis zum letzten Kontakt zu behalten, liegt somit bei den Frauen um 15% höher. 38% der Männer und 36% Frauen leben mehrmals in Wohnungen, d.h. nach Unterbrechungen

– beispielsweise wohnungslosen Phasen, Inhaftierungen, Psychiatrieaufenthalten oder dem Leben in dauerhaft betreuten Maßnahmen – mieten sie anschließend wieder eine Wohnung an.

Die Hälfte der ehemals Wohnungslosen lebt bereits länger als ein Jahr in einer Wohnung

Die ehemals Wohnungslosen, die zum letzten bekannten Zeitpunkt noch in einer Wohnung leben, leben dort bereits unterschiedlich lang. 54% der Frauen und 48% der Männer leben bereits mindestens ein Jahr lang in einer Wohnung, so dass auf jeden Fall von einer Stabilisierung gesprochen werden kann. 31% der Frauen und 23% der Männer leben sogar bereits mindestens seit 2 Jahren in einer Wohnung. Die durchschnittliche Dauer des Verbleibs in einer Wohnung beträgt bei den Männern bislang 15 Monate, bei den Frauen bislang 19 Monate.

Insgesamt kommt es im Anschluss an das Leben in einer Wohnung im Untersuchungszeitraum 177-mal zu einem Wohnungsverlust bzw. Wechsel der Lebenssituation. Für 57% der Männer und für 44% der Frauen schließt sich an das Leben in einer Wohnung Wohnungslosigkeit an. Drei Viertel von ihnen sind zunächst ohne jede Unterkunft.

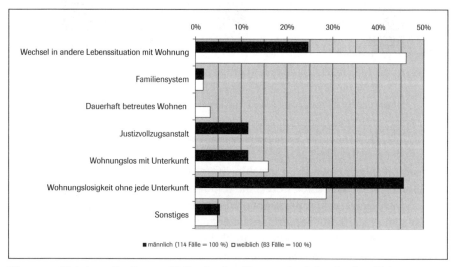

Diagramm 17: Lebenssituation unmittelbar im Anschluss an das Leben in einer Wohnung

Das bedeutet, dass selbst ein scheinbar relativ sicheres Zuhause wie eine eigene Wohnung nicht vor (erneuter) Wohnungslosigkeit schützt. Wohnungsverlust stellt somit nicht nur für erwachsene Wohnungslose, sondern auch für die hier beschriebenen jungen Erwachsenen eine häufige Ursache für Wohnungslosigkeit dar. Wenn Männer oder Frauen ihre Wohnungen verlieren und wohnungslos werden, so haben sie oft keine Ressourcen, auf die sie zurückgreifen können. Vor allem Männer leben in vielen Fällen zunächst häufig ohne jede Unterkunft auf der Straße.

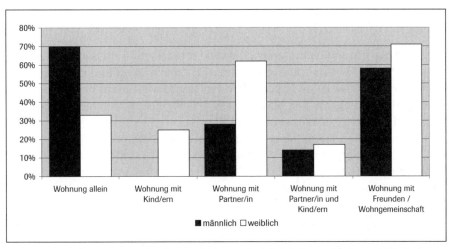

Diagramm 18: Häufigkeit anschließender Wohnungslosigkeit bei verschiedenen Wohnformen

Die Häufigkeit, mit der erneute Wohnungslosigkeit auftritt, ist bei den verschiedenen Wohnformen sehr unterschiedlich. Für 71% der Frauen und 58% der Männer schließt sich an das Wohnen in einer Wohngemeinschaft (erneute) Wohnungslosigkeit an, womit sich diese Wohnform als besonders instabil erweist. Bei den übrigen Wohnformen zeigen sich deutliche geschlechtsspezifische Unterschiede. So ist das Risiko für Frauen, wohnungslos zu werden, wesentlich höher, wenn sie mit einem Partner zusammenleben. 62% der Frauen, die mit ihrem Partner ohne Kinder zusammenziehen, werden (wieder) wohnungslos. Von den Frauen, die allein wohnen, werden dagegen nur 33% (wieder) wohnungslos. Demgegenüber verlieren im Untersuchungszeitraum 70% der Männer, die allein wohnen, ihre Wohnung (wieder). Von den Männern, die mit Partnerin ohne Kinder zusammenwohnen, werden dagegen nur 28% wohnungslos.

> Frauen werden eher wohnungslos, wenn sie mit ihrem Partner zusammenwohnen – Männer dagegen, wenn sie allein wohnen

Das Zusammenleben mit einem Partner birgt demnach für Frauen ein hohes Risiko, (erneut) wohnungslos zu werden. Dies deckt sich mit unseren praktischen Erfahrungen, wonach im Fall von Partnerschaftskonflikten Frauen häufiger die gemeinsame Wohnung verlassen und in die Wohnungslosigkeit flüchten. Männer haben dagegen größere Probleme, eine allein bewohnte Wohnung zu behalten. Mietschulden, regelmäßige Übernachtungen von Bekannten, Konflikte mit Nachbarn und Vermietern und darauffolgende Kündigungen sind meist die Anlässe, wenn Menschen, die allein wohnen, wohnungslos werden. Hiervon sind offensichtlich wesentlich mehr Männer betroffen. Es scheint also, dass Frauen eher in der Lage sind, eine einmal angemietete und allein bezogene Wohnung zu behalten. Insbesondere für junge Männer, die vorher auf der Straße gelebt haben, werden die selbstständige Haushaltsführung, die Abgrenzung von der Szene und das Einhalten der Hausregeln in einem Mietshaus oft zum Problem.

235

3.4.6 Kinder

Am Ende des Untersuchungszeitraums sind mindestens 12% der Frauen Mutter und 9% der Männer Vater geworden. 71% der Frauen und 44% der Männer haben definitiv keine Kinder, bei den übrigen ist nicht bekannt, ob sie bereits Eltern sind. 2% der Männer und 1% der Frauen sind zum Ende des Untersuchungszeitraums »werdende« Eltern.

Allerdings leben längst nicht mehr alle mit ihren Kindern zusammen. Von den 20 Vätern leben am Ende des Untersuchungszeitraums nur noch 15% mit ihren Kindern zusammen, von den 19 Müttern leben noch 68% mit mindestens einem ihrer Kinder zusammen.

Die Wohnsituation der Eltern, die mit Kindern zusammenleben, ist heute gesichert

Die Lebenssituation der Personen, die mit Kindern zusammenleben ist zum letzten bekannten Zeitpunkt bei allen eine gesicherte Lebenssituation. 7 Frauen leben mit Kind(ern) in einer Wohnung, 5 weitere mit ihrem Partner und Kind(ern) zusammen in einer Wohnung. Eine Frau lebt mit ihrem Kind in einer Jugendhilfemaßnahme. Die 3 Männer, die beim letzten Kontakt noch mit Kind(ern) zusammenleben, leben gemeinsam mit der Partnerin und Kind(ern) in einer Wohnung. Alleinerziehende Väter treten hier nicht in Erscheinung. Bei den Müttern sind allerdings mehr als die Hälfte alleinerziehend.

Zum Zeitpunkt der Geburt ist die Lebenssituation nicht in allen Fällen gesichert

Von denen, die zuletzt noch mit Kind(ern) zusammenwohnen, leben 77% der Frauen und alle Männer bereits seit der Geburt des Kindes in einer »gesicherten« Lebenssituation (Wohnung, Jugendhilfe- oder BSHG-Maßnahme). 3 Frauen leben jedoch zum Zeitpunkt der Geburt wohnungslos in Übergangslösungen. Sie können aber nach kurzer Zeit (maximal 3 Monate) eine Wohnung finden. Gerade diese ungesicherten Lebenssituationen in Wohnungslosigkeit führen oft dazu, dass Mütter aus Überforderung oder auf Druck des Jugendamtes ihr Kind abgeben oder ein Sorgerechtsentzug stattfindet. Dabei hat in unserer Untersuchung keine einzige der Frauen im Erhebungszeitraum wirklich mit ihrem Kind auf der Straße gelebt.

Bei den 23 Elternteilen, die nicht (mehr) mit ihren Kindern zusammenleben, ist die Lebenssituation zum letzten bekannten Zeitpunkt dagegen nicht so gesichert. 48% leben in einer gesicherten Lebenssituation (Wohnung oder Familiensystem), 43% (7 Männer und 3 Frauen) sind wohnungslos. Die Frauen haben alle bereits längere oder kürzere Zeit mit ihren Kindern zusammengelebt. Hier kommt es entweder zu einem Sorgerechtsentzug oder zur freiwilligen auswärtigen Unterbringung der Kinder, zum Beispiel in einer Pflegefamilie. In manchen Fällen geben sehr junge Mütter ihre Kinder an die eigene Mutter ab. Von den Männern lebt etwa die Hälfte eine Zeit lang mit Kind und Partnerin zusammen. Die übrigen leben nie mit eigenen Kindern zusammen.

Trotz der teilweise unabgesicherten Lebenssituation werden stationäre Angebote für Eltern mit Kindern nur äußerst selten angenommen. Im gesamten Untersuchungszeitraum lebt keine einzige Frau in einer »klassischen« Mutter-Kind-Einrichtung. 4 Frauen leben zeitweise mit Kind(ern) in einer Jugendhilfemaßnahme, eine nimmt zusammen mit dem Kind eine BSHG-Maßnahme in Anspruch. Keiner der Väter wird in eine stationäre Maßnahme einbezogen.

> **Stationäre Eltern-Kind-Maßnahmen werden nur selten in Anspruch genommen**

3.5 Entwicklungen und Veränderungen – die Lebenssituation im Wandel

Die Auswertung der monatlichen Lebenssituation ermöglicht die Beobachtung von Veränderungen im Laufe der Zeit. Da jede Person zu einem anderen Zeitpunkt ein bestimmtes Lebensalter hat, müssen wir, um zum Beispiel Aussagen wie »der Anteil der Wohnungslosen im Alter von 17 Jahren« treffen zu können, bei jeder Person einen anderen Zeitpunkt betrachten. Diagramm 19 zeigt die Anteile der jeweiligen Lebenssituation in einer bestimmten Altersgruppe. So sind beispielsweise in der Spalte »17 Jahre« sowohl Personen enthalten, die 1995 17 Jahre alt sind, als auch Personen, die erst 1999 dieses Alter erreichen.[23]

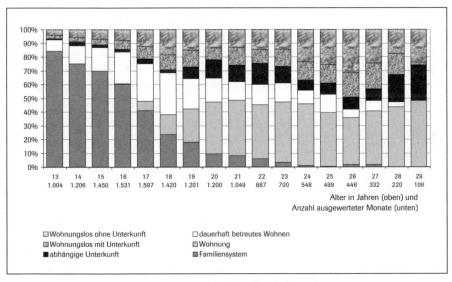

Diagramm 19: Lebenssituation bezogen auf das jeweilige Lebensalter

---

23 Die Anzahl der für jede Spalte zur Verfügung stehenden Personen-Monate ist dabei unterschiedlich groß, daher haben wir sie im Diagramm zusätzlich verzeichnet.

237

Es liegt auf der Hand, dass mit zunehmendem Alter der Anteil derer, die im Familiensystem leben, kontinuierlich abnimmt. Im Alter von knapp 16 Jahren ist der erste Bezug einer eigenen Wohnung zu beobachten. Der Anteil derer, die in eigenen Wohnungen leben, nimmt zunächst zu, bleibt dann aber auf einem Niveau von 35 bis 40% stabil. Ebenso nimmt der Anteil derer, die in dauerhaft betreutem Wohnen leben, zunächst zu, erreicht im Alter von 17 bis 18 Jahren einen Höhepunkt (um 30%), nimmt dann aber wieder kontinuierlich ab. Abhängige Unterkünfte[24] machen bei den Jugendlichen unter 5% aus (hier geht es meist um Psychiatrieeinweisungen), vom 19. bis zum 27. Lebensjahr liegt ihr Anteil zwischen 8% und 13% (größtenteils Gefängnisaufenthalte), bei den 28- und 29-Jährigen leben jedoch mehr als ein Viertel in einer abhängigen Unterkunft. Hier sind allerdings die kleinen Fallzahlen zu beachten. Daher kann nicht unbedingt von einer Tendenz gesprochen werden. Der Anteil der Wohnungslosen liegt mit 13 Jahren bereits bei 8% und steigt dann an im Alter von 18 und 19 Jahren auf über 30%. Bis zum Alter von 23 liegt er zwischen 22 und 27%, ab dem 24. Lebensjahr verzeichnen wir allerdings über 40% Wohnungslose.

Geringe Inanspruchnahme von Übergangshilfen und betreutem Wohnen

Insgesamt ist trotz des in Münster gut ausgebauten Hilfesystems nur eine relativ geringe Inanspruchnahme bzw. Bewilligung von entsprechenden Hilfen gegeben. Im Durchschnitt verbringen die wohnungslosen Jugendlichen und jungen Erwachsenen nur ein Drittel ihrer wohnungslosen Zeit in Unterkünften – teils durch das Hilfesystem bereitgestellt, teils selbstorganisiert durch das Mitwohnen bei Bekannten. Der Anteil derer, die in dauerhaft betreutem Wohnen leben, ist bis zum Alter von 17 Jahren genauso hoch wie der Anteil der Wohnungslosen, bei den Älteren liegt er stets darunter. Betreute Wohnformen werden im Erwachsenenalter also noch seltener angeboten, genutzt und bewilligt als vergleichbare Maßnahmen für Jugendliche.

Geschlechtsspezifische Unterschiede: mehr Mädchen/ Frauen leben im Familiensystem und in eigenen Wohnungen

Darüber hinaus liegen deutliche geschlechtsspezifische Unterschiede vor. So leben im Alter von 13 Jahren fast 90% der Mädchen, aber nur gut 70% der Jungen noch im Familiensystem. Der Anteil der Erwachsenen, die eine eigene Wohnung bewohnen, liegt bei den Frauen stets um mindestens 12% höher als bei den Männern. Ab dem Alter von 23 Jahren leben stets mehr als 60% der Frauen in einer Wohnung.

Der Anteil derer, die in dauerhaft betreutem Wohnen leben, ist im Jugendalter bei den Jungen meist etwa doppelt so hoch wie bei den Mädchen. Zwischen 19 und 22 Jahren verzeichnen wir bei den Frauen einen größeren An-

---

24 Als abhängige Unterkünfte fassen wir diejenigen Unterbringungen zusammen, bei denen Menschen auf Grund von Arbeit oder Einweisung eine Unterkunft oder Wohnmöglichkeit erhalten, die jedoch mit der Entlassung wieder verloren geht. Im einzelnen sind das hier: Gefängnis, Psychiatrie/stationäre Therapie, arbeitsabhängige Unterkünfte (wie zum Beispiel in Drückerkolonnen) und Wehrdienstzeiten.

teil an Lebenssituationen in dauerhaft betreutem Wohnen. Ab dem Alter von 24 Jahren ist der Anteil derer, die dauerhaft betreute Wohnformen nutzen, bei den Männern wieder höher.

Während der Anteil der Mädchen/Frauen in abhängigen Unterkünften nie mehr als 6% beträgt, verzeichnen wir bei den Jungen/Männern einen kontinuierlich steigenden Anteil an Unterbringung in abhängigen Unterkünften, der ab dem Alter von 19 Jahren über 10% liegt, bis hin zu 26% bei 29-Jährigen. Dies ist auf die hohe Anzahl an jungen inhaftierten Männern in dieser Altersspanne zurückzuführen.

Der Anteil der Wohnungslosen erreicht bei den Mädchen/Frauen bei den 17-/18-Jährigen eine Spitze, wo er erstmals die 20% übersteigt. Bei den jungen erwachsenen Frauen bis 25 Jahren liegt er zwischen 12% und 28%. Bei den Jungen/Männern verzeichnen wir stets ei-

Der Anteil der Wohnungslosen ist bei den Jungen/ Männern in allen Altersgruppen höher

nen höheren Anteil von Wohnungslosen. Bei den 18-/19-Jährigen ist die erste Spitze zu erkennen (jeweils 32%), ab dem Alter von 23 Jahren übersteigt der Anteil der Wohnungslosen stets 30%. Eine weitere Spitze verzeichnen wir im Alter von 26 mit über 50%.

3.5.1 Szeneverbleib am Ende des Untersuchungszeitraums

Bei der Auswertung des Aufenthalts in der Szene handelt es sich im Gegensatz zur Erhebung der monatlichen Lebenssituation um eine reine Querschnittsuntersuchung. Sie bezieht sich auf den Endpunkt des Untersuchungszeitraums. Im Dezember 1998 haben wir festgehalten, wer sich in den letzten Wochen noch in der Szene aufhielt. Der Erstkontakt liegt also zu diesem Zeitpunkt bei allen mindestens ein Jahr zurück.

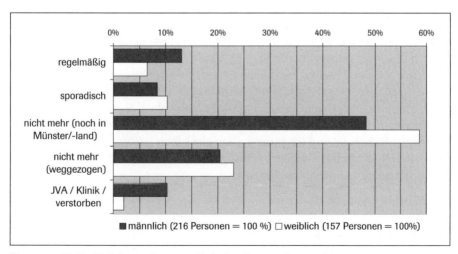

Diagramm 20: Verbleib in der Szene am Ende des Untersuchungszeitraums

239

Am Ende des Erhebungszeitraums sind noch 10% regelmäßig und 9% sporadisch in der Szene

Zum Zeitpunkt des Erstkontaktes halten sich quasi alle in der Straßenszene auf – Bedingung, um mit der Streetwork in Kontakt zu kommen. Im Dezember 1998 hat sich dagegen bereits ein Großteil von der Szene verabschiedet. Nur noch für 38 Personen stellt die Szene den Lebensmittelpunkt dar. Das sind 10%. Weitere 9% sind dort noch sporadisch anzutreffen. 74% halten sich überhaupt nicht mehr in der Münsteraner Szene auf, wobei zu berücksichtigen ist, dass 22% nicht mehr in Münster oder im Münsterland leben.

Dabei ergeben sich deutliche geschlechtsspezifische Unterschiede. Bei den Jungen/Männern ist der Anteil derer, die sich im Dezember 1998 noch regelmäßig in der Szene aufhalten, doppelt so hoch wie bei den Mädchen/Frauen. 82% der Mädchen/Frauen und 68% der Jungen/Männer sind zu diesem Zeitpunkt bereits nicht mehr in der Szene anzutreffen.

Noch regelmäßig in der Szene sind vor allem Männer zwischen 18 und 23 Jahren

Die Personen, die sich im Dezember 1998 noch regelmäßig in der Szene aufhalten, sind damit zu drei Vierteln Männer. 68% sind volljährig. Das Durchschnittsalter der Männer, die noch in der Szene sind, liegt bei 22 Jahren, das der Frauen bei 16½ Jahren. Dies bestätigt unsere Wahrnehmung aus der Praxis, dass diejenigen, die längerfristig in der Szene bleiben, in erster Linie junge erwachsene Männer sind. Mädchen und Frauen scheinen sich schneller zu verabschieden. Dieses Phänomen hat unserer Einschätzung nach Auswirkungen auf die Szenestruktur: Junge erwachsene Männer stehen mit ihrem »Vorsprung« an Erfahrungen im Szeneleben eher im Mittelpunkt und geben den Ton in der Szene an.

4 Jahre oder länger in der Szene sind nur erwachsene Männer

Es ist naheliegend, dass der Verbleib in der Szene mit dem Jahr des Erstkontaktes zusammenhängt. Tendenziell ist der Anteil derer, die sich noch in der Szene aufhalten, umso geringer, je länger der Erstkontakt zurückliegt.[25] Im Gegensatz zu der großen Anzahl derer, die nicht mehr in der Szene anzutreffen sind, gibt es aber auch eine kleine Gruppe, die schon sehr lange in der Szene ist. Bei 21% der Personen, die noch regelmäßig oder sporadisch die Szene aufsuchen, liegen zwischen Erstkontakt und Stichtag mehr als 4 Jahre[26]. Diese Personen, bei denen der Erstkontakt mehr als 4 Jahre zurückliegt und die dennoch regelmäßig in der Szene sind, sind ausschließlich erwachsene Männer zwischen 19 und 33 Jahren. Dies gibt einen weiteren Hinweis darauf, dass von einer längerfristigen Verfestigung des Lebensmittelpunktes in der Szene vor allem Männer betroffen sind.

---

25 Während von den Erstkontakten aus dem Jahr 1997 noch 14% regelmäßig und 13% sporadisch in der Szene sind, sind das von den Erstkontakten aus 1996 nur noch jeweils knapp 9%.

26 Die Erstkontakte fanden zwischen 1991 und 1994 statt.

Insgesamt steht damit einer sehr großen Gruppe von 80 bis 90%, die nach 1 bis 2 Jahren bereits nicht mehr in der Szene anzutreffen sind, eine kleine Gruppe gegenüber, deren Aufenthalt in der Szene eher von längerfristigem Charakter ist.

Berücksichtigt werden muss hier aber auch, dass ein nicht geringer Teil weggezogen ist, von denen sich sicherlich einige in Szenen anderer Städte aufhalten. Des Weiteren ist zu beachten, dass lediglich die Information, dass diese Personen sich nicht mehr in der Szene aufhalten, noch lange nichts darüber aussagt, wie und in welcher Situation sie heute leben. Durch die Konzentration auf einen Zeitpunkt kann weiterhin nicht berücksichtigt werden, ob zum Beispiel Jugendliche nach erfolglosen Maßnahmen wieder in die Szene zurückkehren. In erster Linie wird dadurch deutlich, wie hoch die Fluktuation in der Szene insgesamt ist, und dass es eben dennoch eine kleine Gruppe langjähriger »Stammszeneangehörige« gibt, die dort dauerhaft ihren Lebensmittelpunkt haben.

3.5.2 Wohnsituation am Ende des Untersuchungszeitraums

Beim Vergleich der Lebenssituation zum Zeitpunkt des Erstkontaktes mit der letzten uns bekannten Situation – ebenfalls einer Querschnittsuntersuchung[27] – wird deutlich, dass beim letzten Kontakt wesentlich weniger Personen wohnungslos sind, als beim Erstkontakt. Sind beim ersten Kontakt 73%

Beim letzten Kontakt sind nur noch halb so viele wohnungslos

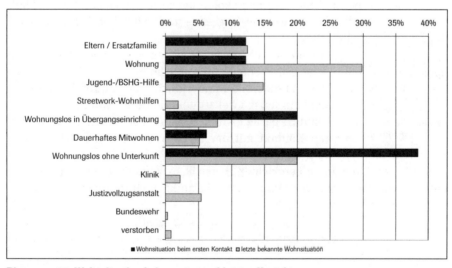

Diagramm 21: Wohnsituation beim ersten und letzten Kontakt

---

27 Hierbei ist zu berücksichtigen, dass die Länge der Zeit zwischen Erstkontakt und der letzten bekannten Lebenssituation bei den einzelnen Personen sehr unterschiedlich ist.

der Jungen/Männer und 53% der Mädchen/Frauen wohnungslos, so sind dies beim letzten Kontakt nur noch 35% der Jungen/Männer und 29% der Mädchen/Frauen. Dabei halbiert sich in etwa sowohl die Zahl derer, die wohnungslos in Übergangseinrichtungen leben, als auch die Anzahl derer, die ohne jede Unterkunft auf der Straße leben. Etwa gleich viele leben zu beiden Zeitpunkten in dauerhaftem Mitwohnen.

Mehr als doppelt so viele haben heute eine Wohnung

Die Zahl derer, die eine eigene Wohnung haben ist beim letzten Kontakt mehr als doppelt so hoch wie beim Erstkontakt. Der Anteil derer, die in Jugendhilfe- oder BSHG-Maßnahmen leben, steigt geringfügig. Dies alles deutet ganz allgemein auf eine Tendenz zur Stabilisierung hin.

Über die Hälfte der Wohnungslosen leben zum letzten bekannten Zeitpunkt in »gesicherten« Wohnverhältnissen mit Meldeadresse

Von den 277 Personen, die heute noch leben und mindestens einen Monat lang von Wohnungslosigkeit betroffen sind, sind zum letzten uns bekannten Zeitpunkt noch 38% wohnungslos. 10% leben in abhängigen Unterkünften (die Mehrzahl davon im Gefängnis), die restlichen 52% befinden sich in prinzipiell abgesicherten Lebensverhältnissen. Während der Anteil der Wohnungslosen bei beiden Geschlechtern etwa gleich ist, leben zum letzten bekannten Zeitpunkt 59% der Mädchen/Frauen, aber nur 48% der Jungen/Männer in »gesicherten« Lebensverhältnissen (Familie, Wohnung oder dauerhaft betreute Wohnformen). Von den Mädchen/Frauen leben 14% wieder in der Familie, von den Jungen/Männern lediglich 5%. 30% der Jungen/Männer und 25% der Mädchen/Frauen leben in einer eigenen Wohnung. In dauerhaft betreuten Maßnahmen leben 14% der männlichen und 20% der weiblichen Personen. 10% der Männer sind inhaftiert.

Bei den Personen, die beim Erstkontakt noch Jugendliche waren, ist der Anteil derer, die beim letzten Kontakt wohnungslos sind deutlich geringer

Neben geschlechtsspezifischen sind auch altersspezifische Unterschiede festzustellen. Von den Personen, die beim Erstkontakt minderjährig sind, ist der Anteil derer, die zum letzten bekannten Zeitpunkt wohnungslos sind, deutlich geringer (um 30%) als bei denen, die beim ersten Kontakt mit der Streetwork bereits volljährig sind (um 40%).[28]

Um Entwicklungen zu beobachten, braucht es Zeit. Viele Jugendliche und junge Erwachsene stecken beim letzten Kontakt noch in einer Phase voller

---

28 Diese Zahlen sind aber nur bedingt miteinander vergleichbar. Die Personen, die beim ersten Kontakt minderjährig sind, haben beim letzten Kontakt im Mittel ein anderes Alter als die, die schon beim Erstkontakt volljährig sind. Mit anderen Worten: Das Alter bei der letzten bekannten Situation unterscheidet sich bei den verglichenen Gruppen systematisch. Um entscheiden zu können, ob es tatsächlich einen Unterschied macht, mit welchem Alter der erste Kontakt zur Streetwork stattfand, wurde zunächst das Alter beim letzten bekannten Aufenthaltsort berechnet. Dieses Alter wurde als Kontrollvariable für eine Partialkorrelation benutzt. Auf diesem Wege kann gezeigt werden, dass unabhängig vom Alter bei der letzten bekannten Situation diejenigen, die beim Erstkontakt mit der Streetwork jünger sind, beim letzten bekannten Zeitpunkt seltener wohnungslos sind.

Dynamik und Umbrüche. Viele haben wir auch relativ bald aus den Augen verloren, so dass der letzte uns bekannte Aufenthaltsort wenig über ihre heutige Situation aussagt. Bei einigen können wir eine komplette Vorgeschichte mit in die Auswertung einbeziehen – ein halbes Jahr nach dem Erstkontakt sind sie aber aus unserem Blickfeld verschwunden. Um eine gewisse Entwicklungs-

> **Von denjenigen, deren Aufenthaltsort nach dem Erstkontakt noch mindestens ein Jahr lang bekannt ist, sind nur noch 20% wohnungslos**

zeit berücksichtigen zu können, werten wir die Lebenssituation beim letzten Kontakt an dieser Stelle nur für diejenigen aus, die wir nach dem Erstkontakt noch mindestens ein Jahr lang begleitet haben oder »beobachten« konnten. So kommen wir zu stark veränderten Ergebnissen. Bei den 190 Personen, deren Lebenssituation noch mindestens 12 Monate nach dem Erstkontakt bekannt ist, sind zum letzten bekannten Zeitpunkt nur noch 23% der Jungen/ Männer und 16% der Mädchen/Frauen wohnungslos. 58% der Jungen/Männer und 81% der Mädchen/Frauen leben in prinzipiell gesicherten Wohnverhältnissen. 14% der Jungen/Männer sind im Gefängnis.

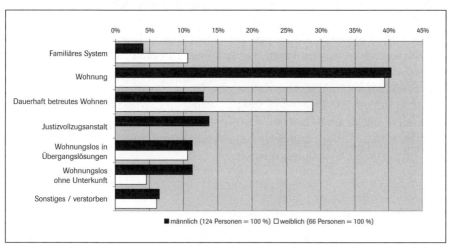

Diagramm 22: Letzte bekannte Wohnsituation vormals wohnungsloser Personen, deren Lebenssituation noch mindestens ein Jahr nach dem Erstkontakt bekannt ist

Langzeitwohnungslosigkeit erschwert die Integration in gesicherte Lebensverhältnisse. So sind von den Personen, die nie länger als ein Jahr ohne Unterbrechung wohnungslos sind, zum letzten bekannten Zeitpunkt nur noch 14% wohnungslos, von den Langzeitwohnungslosen mit

> **Von den Langzeitwohnungslosen sind heute noch 35% wohnungslos – aber 45% haben eine Wohnung**

wohnungslosen Phasen von über einem Jahr am Stück allerdings noch 35%. Nur 7% der Langzeitwohnungslosen leben in betreuten Maßnahmen, während dies bei denen, die kürzere Zeit wohnungslos sind, 23% sind. Dennoch leben von den Langzeitwohnungslosen zum letzten bekannten Zeitpunkt fast die

Hälfte (45%) in einer Wohnung, von denen, die kürzer wohnungslos sind, 38%. Langzeitwohnungslosigkeit muss also nicht dazu führen, dass die Personen für immer wohnungslos bleiben.

Wohnungslosigkeit als veränderbar begreifen

Insgesamt lässt sich eine Tendenz zur Stabilisierung feststellen: Von den ehemals Wohnungslosen leben zum letzten bekannten Zeitpunkt über die Hälfte in gesicherten Lebensverhältnissen. Nur noch gut ein Drittel ist wohnungslos, bei den Jüngeren sind es noch weniger. Bei den Jugendlichen und jungen Erwachsenen, deren Lebenssituation wir nach dem Erstkontakt noch mindestens ein Jahr verfolgen können, liegt der Anteil der Wohnungslosen nur noch bei 20%. Dennoch werden immer wieder neue Mädchen und Jungen, junge Männer und Frauen wohnungslos werden. Von denen, die am Ende des Untersuchungszeitraums in gesicherten Wohnverhältnissen leben, werden sicherlich auch einige noch einmal wohnungslos werden. Und von den Wohnungslosen werden vermutlich noch viele ihre Wohnungslosigkeit überwinden. Die Zahl der Wohnungslosen mag sich dabei kaum verändern – was nicht heißt, dass nicht gute Chancen für jeden einzelnen bestehen, wieder in eine gesicherte Lebenssituation zu gelangen.

Der Begriff »der/die Wohnungslose« täuscht eine Dauerhaftigkeit vor, die der Kürze und Sprunghaftigkeit dieser Lebenssituation zumindest bei jungen Menschen kaum entspricht. Dies darf nicht dazu verführen, Wohnungslose ihrem Schicksal zu überlassen, da sie ohnehin »irgendwann« den »Ausstieg« schaffen. Um die stattfindenden Stabilisierungs- und Ausstiegsprozesse zu fördern, sind Hilfen und Unterstützung notwenig. Dadurch können Stabilisierungsprozesse initiiert und begleitet, Perspektiven entwickelt und erneuter Wohnungsverlust vermieden werden.

4 Zusammenfassende Einschätzung
– förderliche und hinderliche Faktoren für Stabilisierung und Weiterentwicklung

Die empirische Untersuchung wie auch die Lebensgeschichten zeigen, dass es eine Vielzahl unterschiedlicher Straßenkarrieren gibt und nicht *die* »Straßenkinder«, die gleich einer Rolltreppe abwärts automatisch immer stärker in Wohnungslosigkeit und Verelendung abrutschen. Im Gegenteil ist festzustellen, dass das Verhaften in dauerhafter Wohnungslosigkeit keineswegs typisch ist, sondern nur auf einen kleinen Teil der Zielgruppe zutrifft. Die quantitative Auswertung der biografischen Verläufe zeichnet Wohnungslosigkeit als krisenhafte Lebensphase, aus der die meisten wieder hinausfinden. Die einzelnen wohnungslosen Phasen dauern selten länger als ein Jahr, und mehrmalige Wohnungslosigkeit ist durchaus nicht untypisch. Dabei sind Ausstiegs- und Stabilisierungsprozesse selten geradlinig, sondern oftmals längere Prozesse mit Rückschlägen und »Warteschleifen«. Die Abschiede aus der Straßenszene sind nur manchmal bruchhafte, plötzliche Lebenswendungen und gleichen meist eher einem Herauswachsen, wo sich Versuche der Stabilisierung mit Phasen der Resignation abwechseln. Auch die InterviewpartnerInnen machen unterschiedliche Prozesse der Stabilisierung und des Wiederabrutschens durch. Heute ist nur noch Denis wohnungslos, Andrea und Bernd leben in den Wohnhilfen der Streetwork, alle anderen in einer eigenen Wohnung. Die Kontaktintensität zur Straßenszene ist unterschiedlich – Lebensmittelpunkt ist sie jedoch für keinen der jungen Erwachsenen mehr.

Im nun folgenden Teil geht es darum, vergleichende Schlüsse zu ziehen, um Faktoren herauszufinden, die diese Prozesse von Abrutschen, Stabilisierung und Herauswachsen in die eine oder andere Richtung begünstigen. Dabei bringen wir die Ergebnisse der quantitativen Untersuchung mit den Lebensgeschichten in Verbindung und kommen zu inhaltlichen Aussagen: Welche Faktoren beeinflussen die weiteren Verläufe, was sind Verstärker und Förderer negativer oder positiver Entwicklungen? Auf welche Ressourcen können Jugendliche und junge Erwachsene zurückgreifen? Welche Rolle spielen neben den professionellen Hilfeangeboten Partnerschaften, Beziehungen, Szenekontakte, Arbeits- und Ausbildungszusammenhänge? Und wie kann sich das Hilfesystem qualifizieren, um die förderlichen Faktoren in der Entwicklung dieser Jugendlichen und jungen Erwachsenen zu stärken?

Wo immer möglich setzen wir das Material aus den Lebensgeschichten mit den Ergebnissen der empirischen Untersuchung in Beziehung. Des Weiteren fließen unsere praktischen Erfahrungen als StreetworkerInnen ein.

4.1 Soziale Kontakte und Beziehungen

»Straßenkinder« werden oft als EinzelkämpferInnen dargestellt: Sie werden als »beziehungslos« (vgl. z.B. Seidel 1994: 355) beschrieben – ohne soziale Kontakte beziehungsweise lediglich mit den als negativ bewerteten der Straßenszene. Auch wenn viele ihr bisheriges soziales Umfeld verloren oder verlassen haben, Brüche und Entwurzelungen erlebt haben, so sind für sie – wie für alle anderen Menschen – Beziehungen, Freundschaften und Partnerschaften von großer Bedeutung.

Auch wenn die Bedeutung von Familie und Ehe heutzutage immer mehr in den Hintergrund zu treten scheint, spielen Bezugspersonen, Partnerschaften und Freundschaften eine wesentliche Rolle in der Entwicklung von Menschen. Zwar werden familiäre und verwandtschaftliche Ressourcen heute mehr und mehr durch professionelle Angebote ersetzt, dennoch ist das soziale Umfeld nach wie vor bedeutend. Beziehungen sind spontaner und kurzlebiger, trotzdem sind sie nicht selten wichtige Ressourcen oder stellen gar die Weichen für eine weitere Entwicklung. Die Bedeutung von Partnerschaften, Freundschaften oder die Kraft von Verliebtheit darf nicht unterschätzt werden. So wirken Freundschaften und Beziehungen manchmal wirklich »Wunder«, andererseits steckt in ihnen unter Umständen auch ein großes destruktives Potenzial.

In diesem Kapitel geht es um die Bedeutung von Beziehungen im Leben der ehemals wohnungslosen Jugendlichen. Welche Kontakte bestehen in der Zeit vor bzw. auf der Straße und danach, und welche Ressourcen können Beziehungen vermitteln? Inwiefern wirken sich soziale Kontakte stabilisierend und hilfreich oder destabilisierend auf die Entwicklung der Jugendlichen und jungen Erwachsenen aus?

4.1.1 Reaktionen und Umgehensweisen der Familie

Massive Probleme im Familiensystem liegen fast immer zugrunde, wenn Jugendliche nicht nur von zu Hause ausreißen, sondern sich lieber dauerhaft wohnungslos in der Straßenszene aufhalten, als nach Hause zurückzukehren. Die Ursachen, die als Problemlagen in den Familien zugrunde liegen, sind jedoch an dieser Stelle nicht Thema – waren sie doch schon oft Gegenstand von Auswertungen lebensgeschichtlicher Interviews (vgl. Permien/Zink 1998; Pfennig 1996; Institut für soziale Arbeit e.V. 1996; Bodenmüller 1995; Elger u.a. 1984). Uns interessiert vielmehr, was *nach* dem Ausreißen im Familiensystem passiert. Denn es ist von Bedeutung, ob Jugendliche auf Ressourcen im Familiensystem zurückgreifen können oder nicht, wenn sie auf der Straße leben oder später wieder den Anschluss an ein »geregeltes« Leben suchen.

Immer wieder kehren wohnungslose Jugendliche in das Familiensystem zurück. Auch wenn es sich zunächst positiv anhört, dass im untersuchten Zeitraum 67 Jugendliche aus der Wohnungslosigkeit ins Familiensystem zurückkehren, so zeigt die weitere Beobachtung dieser Entwicklungen, dass 63% von ihnen im Untersuchungszeitraum noch einmal wohnungslos werden. Die Lebensgeschichten machen ebenfalls deutlich, dass eine Rückkehr in die

Rückkehr ins Familiensystem ist oft nicht von Dauer

Familie in vielen Fällen lediglich ein hilfloser Versuch ist, es noch einmal »miteinander zu versuchen« – mit wenig Perspektive. So zieht Bernd nach einer missglückten Heimunterbringung wieder zu Hause ein, reißt jedoch einige Monate später erneut aus. Denis versucht mehrmals wieder bei seinen Eltern zu leben, was jedoch nie lange gut geht. Auch Sid zieht immer wieder bei seinen Eltern ein, um Wohnungslosigkeit zu vermeiden, er bleibt aber nie lange dort.

Die Familiensysteme reagieren ganz unterschiedlich auf das Ausreißen der Jugendlichen. Die Reaktionen reichen von rigiden oder sensibleren Versuchen, die Jungen und Mädchen wieder nach Hause zu bringen, bis hin zu

Die Reaktionen der Familiensysteme sind sehr unterschiedlich

völligem Desinteresse. Und wieder andere wie Fistal, Sid und Bernd werden bereits als Minderjährige von den Eltern hinausgeworfen. Eine große Rolle spielt dabei unserer Ansicht nach, ob im familiären System dennoch positive Beziehungen zumindest zu einem Elternteil vorhanden sind oder ob die Familiensituation – wie zum Beispiel im Fall von Birgit – völlig von Desinteresse geprägt ist.

Deutlich wird, dass es in den Fällen, in denen Eltern – wie die von Andrea und Julia – bereit und in der Lage sind, mit an konstruktiven Lösungen zu arbeiten, schneller zu Maßnahmen kommt, die den Interessen der Jugendlichen entsprechen. Wenn Eltern zum Einlenken und

Auch wenn Rückkehr nicht möglich ist – zur Mitarbeit bereite Eltern sind eine wichtige Ressource

Umdenken bereit sind, wenn sie Interesse haben, sich mit den professionellen HelferInnen an einen Tisch zu setzen und gegebenenfalls Maßnahmen (auch finanziell) zu unterstützen, trägt dies wesentlich dazu bei, Lösungen zu finden, die wie im Fall von Andrea und Julia eine positive Weiterentwicklung fördern. Ähnlich ist es bei Ela, wo es zwar nicht zu einer betreuten Maßnahme kommt, die Eltern aber den Wunsch der Tochter, allein zu wohnen, unterstützen. Ela kann zudem auf Ressourcen im weiteren Familienkreis bauen, die in der Folgezeit sehr wertvoll für sie sind: Ihre Oma besorgt ihr zweimal ein Apartment, zwischendurch kann sie bei einem Onkel ein Zimmer beziehen.

Sid und Bernd werden dagegen von den Eltern hinausgeworfen, was einerseits Desinteresse, aber auch Überforderung zeigt. Dennoch gibt es zwischendurch Versuche der Eltern, sich für ihre Söhne einzusetzen. Bernds

Hinter Desinteresse steht oft Überforderung und Hilflosigkeit

Mutter besorgt ihrem Sohn über Beziehungen drei Lehrstellen, später sucht sie Hilfe für ihn, indem sie ihn bei einem Psychotherapeuten in Behandlung schickt. Nach der missglückten Heimunterbringung nimmt Bernds Mutter ihn wieder zu Hause auf, auch wenn das nicht lange gut geht. Sids Eltern sind der

247

deutschen Sprache nicht mächtig und müssen zu Gesprächen mit dem Jugendamt seinen älteren Bruder als Übersetzer mitnehmen. Sie geben ihre Überforderung zu, entschließen sich dann aber zur Psychiatrieeinweisung ihres Sohnes, die Sids Vertrauen in sie schwinden lässt. Als er aus der Untersuchungshaft entlassen und im Heim nicht mehr aufgenommen wird, lassen sie ihn wieder zu Hause einziehen – kurze Zeit später wird er jedoch vom Vater hinausgeworfen. Sid bekommt in der wohnungslosen Zeit Unterstützung durch seinen älteren Bruder und kann zeitweise bei ihm mitwohnen. Hier wird deutlich, dass die Eltern mit den Problemen ihrer Söhne überfordert sind und letztendlich allein gelassen werden. Die »Rauswürfe« zeugen weniger von Desinteresse als von Hilflosigkeit. Eine Beratung oder professionelle Begleitung der Eltern ist in beiden Fällen nicht gegeben.

Desinteresse der Eltern und blockierte Hilfen

Ein durchgehendes Desinteresse seitens der Eltern ist nicht nur für die Jugendlichen eine schmerzhafte Erfahrung, sondern blockiert zudem weitere Hilfen wie die Einleitung von Jugendhilfemaßnahmen. So ist es im Fall von Denis und Birgit, wo die Eltern Jugendhilfemaßnahmen ablehnen und blockieren. Im Fall von Fistal ist die Haltung der Eltern ebenso durch Desinteresse geprägt, wenn es auch Phasen gibt, in denen Fistals Mutter ihren Sohn wieder bei sich aufnimmt und eine Beziehung aufzubauen versucht. Immerhin blockiert sie weiterführende Maßnahmen nicht, sondern sucht für Fistal ein Internat, in dem er bis zum Schulabschluss bleibt. Später wirft sie ihn jedoch aus der Wohnung wieder hinaus, als er seine Ausbildung abbrechen will.

Kampf um das Sorgerecht – oft gegen das Wohl des Kindes

Noch anders gestaltet sich die Situation bei Marco, dessen Eltern und Großeltern sich jahrelang darum streiten, bei wem Marco nun aufwachsen soll. Marcos Wünsche werden hier kaum berücksichtigt, und als er mit 8 Jahren lieber in ein Heim will, bedeutet dies für die gesamte Familie einen Bruch. Unterstützung bekommt er fortan von der Familie keine mehr.

Nach dem Verlassen des Elternhauses gelingen manchmal wieder Annäherungen

In der Phase der Entwicklung selbstständiger Perspektiven bekommen Andrea, Ela, Sid und Julia von den Eltern Unterstützung. Sie beschreiben, dass langsame Annäherungen zwischen ihnen und den Eltern möglich sind und das Verhältnis heute »besser denn je« sei. Diese erneute Annäherung bietet eine Chance für die Weiterentwicklung der Beziehung, und die Jugendlichen können mit der Zeit doch wieder auf Unterstützung zurückgreifen, auch wenn oder gerade weil sie ausgezogen sind.

Dagegen haben Bernd, Fistal, Birgit und Marco keinen Kontakt zur Herkunftsfamilie mehr, Denis hält nur noch sporadisch Kontakt zu seiner Mutter. Sie alle können diesbezüglich auf keinerlei Ressourcen zurückgreifen, sind auf sich allein gestellt. Eine erneute Annäherung ist nicht abzusehen.

4.1.2 Beziehungen und Ressourcen im sozialen Umfeld

Beziehungen und soziale Kontakte spielen eine wesentliche Rolle bei der Entwicklung der Jugendlichen. Eine wichtige Ressource können unterstützende Erwachsene aus dem Umfeld sein oder gleichaltrige Freundinnen und Freunde, die auch aus der Szene sein können.

Mitfühlende Erwachsene im sozialen Umfeld können zwischen Eltern und Kindern vermitteln und für die Jugendlichen AnsprechpartnerInnen und eine Stütze sein, wenn die Eltern diese Funktion nicht mehr erfüllen. Bei

> **Mitfühlende und unterstützende Erwachsene im sozialen Umfeld als Ressource**

Ela übernehmen Verwandte diese Rolle, bei Denis kommt eine Nachbarin ins Spiel, die er als Ziehmutter bezeichnet und die ihn aufnimmt, als er ausreißt. Julia kann auf die Unterstützung einer mitfühlenden Lehrerin zurückgreifen. Solche Ressourcen können viel zur Stabilisierung beitragen und Jugendlichen in kritischen Situationen weiterhelfen.

Aber auch Gleichaltrige können für die Jugendlichen eine wichtige Ressource darstellen. Freunde und Freundinnen sind oft diejenigen, denen die Jugendlichen

> **Bedeutung von Gleichaltrigen**

zuallererst ihre Probleme erzählen. Es sind die, die manchmal ähnliches erlebt haben, die Zeit für sie haben, die sie unterstützen, mit ihnen gute und schwierige Zeiten durchleben – nicht selten aber überfordert sind, wenn die Probleme zu massiv werden.

Insbesondere bei den Mädchen ist festzustellen, dass Freundinnen oft eine wichtige Rolle bei der Stabilisierung spielen. Birgit und Julia ziehen beide mit einer Freundin zusammen, die nichts mit der Szene zu tun hat, worauf sich ihre Lebenssituation stabilisiert. Insbesondere Birgit

> **Vor allem bei Mädchen haben Freundinnen oft eine wichtige und stabilisierende Funktion**

kann während der Schwangerschaft und in der Zeit danach auf die Unterstützung ihrer Freundinnen zählen. Ela kann, als sie wieder wohnungslos wird, bei einer befreundeten Kollegin unterkommen und auf diese Weise ihre Ausbildung doch noch zu Ende bringen.

Doch auch für die jungen Männer sind Freundschaften von großer Bedeutung. Fistal kann seine Kontakte und Beziehungen in verschiedenen Szenen nutzen, um Übernachtungsplätze und später eine Wohnung zu bekommen. Bernd beschreibt die große Hilfe und Unterstützung durch einen Freund nach seinem zweiten Selbstmordversuch.

Marco kann immer wieder bei Freunden aus der Szene übernachten und nimmt in den Zeiten, in denen er selbst über eine Wohnung verfügt, regelmäßig Freunde und Bekannte auf. Diese Lösungen sind jedoch nie von

> **Ressource »Dauerhaftes Mitwohnen« unter Freunden**

Dauer, teilweise verliert er, als er noch durch die Jugendhilfe betreut wird, im Zusammenhang mit Übernachtungsgästen seine Wohnungen wieder. Dies zeigt, dass gegenseitige Hilfe und Unterstützung bei knappen Ressourcen oft schwierig ist und die eigene Stabilisierung in Gefahr bringen kann. Auch Birgit und Julia beschreiben, dass sie letztendlich darunter leiden und ihr eigenes Leben nicht mehr »geregelt« bekommen, als ständig wohnungslose Freunde und Bekannte in den Wohnungen ein- und ausgehen. Dauerhaftes Mitwohnen wird von Fistal, Ela, Marco, Sid und Denis genutzt und stellt für sie in Zeiten der Wohnungslosigkeit eine große Unterstützung dar. Diese Ressource ist jedoch von begrenzter Dauer – abhängig von der Lebenssituation der Person, die den Wohnplatz anbietet, und dem Verhältnis der Personen untereinander. So ist bei einem Streit von heute auf morgen der Wohnplatz wieder verloren, was in Einrichtungen seltener passiert. Wie die statistische Auswertung zeigt, stehen im Anschluss an dauerhaftes Mitwohnen deutlich mehr Jugendliche und junge Erwachsene wieder ohne Wohnung auf der Straße als aus den Übergangslösungen des Hilfesystems. Allerdings finden 27% aus dem dauerhaften Mitwohnen heraus eine Wohnung, was dessen Bedeutung als wichtige Ressource unterstreicht.

Freundinnen und Freunde in der gleichen Notlage haben trotz Hilfsbereitschaft nur begrenzte Ressourcen

Freundschaften sind wichtig, egal ob es dabei um Kontakte mit Jugendlichen aus der Szene oder außerhalb der Szene geht. Letztere verfügen jedoch häufiger über weiter reichende Ressourcen und können daher manchmal eher weiterhelfen. Denn die Jugendlichen aus der Szene sind letztendlich alle in vergleichbaren Notlagen und gefährden durch Hilfen wie das Mitwohnen-Lassen oft ihre eigene Stabilisierung. Gleichzeitig ist es für Jugendliche in der Regel schwierig, alte Freundschaften und Beziehungen aufrecht zu erhalten, wenn sie ausreißen und auf der Straße leben. Viele bisherige FreundInnen sind überfordert, lediglich Denis berichtet von Freundschaften, die vor der Szene-Zeit entstanden sind und noch weiter andauern. Häufiger entstehen wie bei Birgit und Julia erst nach und nach Kontakte außerhalb der Szene, in die sie dann mehr Energie stecken, weil sie sich dort besser aufgehoben fühlen.

4.1.3 Partnerschaften

Szene-Partnerschaften tragen für Mädchen oft mit zur Eskalation in der Familie bei

Partnerschaften haben für viele Jugendliche und junge Erwachsene in ihrer Entwicklung eine große Bedeutung. Sie können sich sowohl stabilisierend als auch destruktiv auswirken. Bereits bei der Entwicklung der Krisen im Familiensystem spielen Partnerschaften insbesondere für Mädchen immer wieder eine Rolle. So verschärfen sich in Julias Geschichte die Konflikte mit den Eltern durch den ehemals heroinabhängigen Freund, schließlich flüchtet sie zu ihm auf die Straße. Bei Birgit und Ela mögen die »Szene-Freunde« ebenfalls mit ein Auslöser für das Ausreißen gewesen sein.

Bei der Betrachtung der Lebensgeschichten fällt der geschlechtsspezifische Altersunterschied auf, den die meisten Partnerschaften aufweisen. Häufig sind die männlichen Beziehungspartner mehrere Jahre älter. Julias Freund ist 12 Jahre älter, Ela hat als 17-Jährige einen wesentlich älteren Freund, später aber eher gleichaltrige Beziehungen. Birgit ist die erste Zeit in Münster

mit einem 9 Jahre älteren Mann zusammen, ihr späterer Freund ist 5 Jahre älter. Marco hat durchweg jüngere Freundinnen, meist sind sie noch minderjährig. Denis hat eine 8 Jahre jüngere Freundin, die damit in einer ähnlichen Situation steckt wie Julia.

Auch die Auswirkung der Beziehungen auf die InterviewpartnerInnen weist geschlechtsspezifische Unterschiede auf. So erfahren die männlichen Interviewpartner Denis und Marco eine große Stabilisierung durch ihre

Stabilisierung durch Partnerschaften erfahren vor allem junge Männer

Freundinnen, obwohl diese wesentlich jünger sind. Marco wird sogar einmal von den Eltern seiner Freundin über ein halbes Jahr lang mit aufgenommen und nimmt in dieser Zeit wieder an einer Maßnahme der Jugendberufshilfe teil. Trennungen sind für ihn dagegen Phasen, in denen es ihm wieder schlechter geht.

Anders ist es bei den Mädchen. Julia nennt die Beziehung zum 12 Jahre älteren Freund als Grund für ihr Ausreißen. Sie berichtet davon, ihn stabilisiert zu haben und zur Reduzierung seines Drogenkonsums beigetragen zu

Für Mädchen sind die Szene-Beziehungen oft eine zusätzliche Belastung

haben. Für sie ist das Zusammenleben mit dem Freund nicht einfach, ihrem Bedürfnis, die Schule zu schaffen, wird sie in der gemeinsamen Wohnung kaum gerecht. Wirklich gut geht es ihr erst, als sie mit einer Freundin zusammenzieht.

Ela lebt zweimal mit einem Beziehungspartner zusammen. Die Beziehungen beschreibt sie als Abhängigkeitsbeziehungen, in denen sie sich eingeschränkt und bevormundet fühlt. In der Beziehung zum heroinabhängigen Freund, mit dem sie mehrere Jahre zusammenlebt, schafft sie es zwar zunächst, weiterhin ihrer Ausbildung nachzugehen, wird jedoch auf Dauer selbst drogenabhängig. Durch die Trennung wird sie wohnungslos. In ihre nächste Wohnung lässt sie ihren neuen Freund mit einziehen und flüchtet, als die Beziehung in die Brüche geht, wieder in die Wohnungslosigkeit.

Birgit nennt die Beziehung zu ihrem Freund als Auslöser, dass sie die niedrigschwellige Maßnahme der Jugendberufshilfe, die sie begonnen hatte, wieder abbricht. In der Zeit des Zusammenlebens mit dem Freund baut sie

Trennungen haben für viele Mädchen letztendlich positive Effekte

immer mehr ab, nimmt exzessiv Drogen und leidet unter gesundheitlichen Problemen. Erst durch die Schwangerschaft stabilisiert sie sich wieder. Das Ende der Beziehung wirkt sich bei Birgit schließlich positiv aus, sie zieht mit einer Freundin zusammen und verabschiedet sich ganz aus der Szene.

Auch die statistische Auswertung zeigt, dass Frauen wesentlich eher (wieder) wohnungslos werden, wenn sie mit einem Partner zusammenleben, als

251

Das Zusammenleben mit einem Partner führt bei Frauen eher zur erneuten Wohnungslosigkeit

dies bei Männern der Fall ist, die mit ihrer Freundin zusammenziehen. So werden 62% der Frauen, die mit ihrem Partner zusammenziehen, wohnungslos, aber nur 33% der Alleinlebenden. Bei den Männern ist dies in etwa umgekehrt.

Bedeutung der Partnerschaften für das »Herauswachsen« aus der Szene

Im Prozess des Herauswachsens aus der Szene spielen Partnerbeziehungen oft eine entscheidende Rolle. Sind die PartnerInnen fest in der Szene verankert, so fällt es schwer, sich anderweitig zu orientieren. Dies ist zum Beispiel bei Birgit und Julia der Fall, denen der ständige Besuch von Leuten aus der Szene in der eigenen Wohnung bald zu viel wird. Beide Freunde sind langjährige Szenemitglieder. Anders ist es, wenn Beziehungen zu PartnerInnen eingegangen werden, die selbst nur am Rande der Szene stehen oder damit gar nichts zu tun haben. So distanziert sich zum Beispiel Marco von der Szene, als er eine Freundin hat, die damit nichts mehr zu tun haben möchte. Als die Beziehung in die Brüche geht, steigt er jedoch wieder »voll ein«.

»Singles«

Während einige Jugendliche und junge Erwachsene sich recht früh relativ fest binden, spielen für andere wiederum Partnerschaften nur eine untergeordnete Rolle. Sid erlebt nur kurze Beziehungen, die er alle als »gescheitert« betrachtet und auf die er im Interview nicht näher eingeht. Wir lernen nie eine seiner Freundinnen kennen. Fistal, Bernd und Andrea gehen lange Zeit gar keine festen Partnerbeziehungen ein und berichten von Phasen der Einsamkeit. Zeitweise ziehen sie sich in sich selbst zurück. Fistal spricht zum Beispiel davon, dass er sich in der Zeit auf der Straße gar nicht vorstellen kann, dass sich eine Frau für ihn interessiert. Ein Zeichen dafür, dass auch in Bezug auf Partnerschaften das Straßenleben am Selbstbewusstsein nagen kann.

4.1.4 Die Straßenszene

Abgesehen von Fistal sehen alle InterviewpartnerInnen die Straßenszene im Nachhinein sehr kritisch. Gleichzeitig betonen alle außer Sid aber den Zusammenhalt, den sie dort gefunden haben, mit dem Hinweis, dass er heute weniger geworden sei. Da die jungen Erwachsenen zu unterschiedlichen Zeiten wohnungslos sind, wird es sich dabei wohl weniger um eine objektiv messbare Abnahme des Szenezusammenhaltes über die Jahre handeln, sondern mehr damit zu tun haben, dass sie sich selbst mehr distanziert haben und viele der Personen, mit denen sie die akute Phase ihrer Straßenexistenz verbracht haben, sich ebenfalls abgrenzen.

Zunächst gibt die Szene allen Halt, einen Orientierungspunkt, ein vorläufiges Zuhause, wenn nicht gar eine Ersatzfamilie. Die Szene ist als Ressource wichtig zum Überleben. Einkünfte werden geteilt, Schlafplätze werden vermittelt, Informationen über Hilfeeinrichtungen werden untereinander ausge-

tauscht. Oft werden neu in die Szene kommende Jugendliche von den älteren zu den Hilfeeinrichtungen mitgenommen. Das Leben in der Gruppe und insbesondere das
gemeinsame Übernachten unter freiem Himmel schützt
auch vor gewalttätigen Übergriffen und Überfällen. In

Zusammenhalt und gegenseitige Unterstützung in der »Ersatzfamilie Szene« als Ressource

der Regel werden allein nächtigende Wohnungslose eher Opfer von Gewalttaten als Jugendliche und junge Erwachsene, die die Nacht zu mehreren
draußen verbringen.

In Bezug auf die Akzeptanz gibt es jedoch geschlecht-
spezifische Unterschiede, insbesondere für die Jüngeren,
die neu hinzukommen. Während Mädchen häufig bereitwillig aufgenommen und von älteren Szeneangehörigen

Der Szene-Zugang ist für Mädchen oft leichter

sogar freiwillig mitversorgt werden, ist es für jüngere Jungen oft schwieriger,
Zugang zu Straßenszenen zu finden. In den Interviews erzählen Denis und
Bernd von ihren Schwierigkeiten, von den älteren Punks akzeptiert zu werden.

In der Straßenszene ist die Verfügbarkeit an Drogen
hoch, es gibt praktisch alles zu kaufen. Gleichzeitig verfügen wohnungslose Jugendliche kaum über eigenes
Geld und sind daher darauf angewiesen, sich einladen zu

Die Szene hat in puncto Drogen eine Verstärkungsfunktion

lassen. Auf diese Weise können sie aber kaum kontrollieren, was sie konsumieren, Safer-use-Praktiken sind nahezu ausgeschlossen. Dies birgt ein erhöh-
tes Risiko insbesondere für negative gesundheitliche Folgen. Drogenkonsum
spielt in der Szene generell eine nicht unwichtige Rolle. Dabei kann die Szene
selbst jedoch kaum als Verursacher ausgemacht werden, vielleicht eher als
Verstärker. Viele Jugendliche sind schon vor dem Leben in der Straßenszene
mit Alkohol und oder Drogen vertraut. Bernd wird von seinem Vater und Stiefvater zum Alkoholkonsum genötigt, Marco erzählt vom Drogen- und Alkoholkonsum in den Jugendhilfeeinrichtungen. Birgit berichtet vom Cannabiskon-
sum im Wohnheim. Fistal kommt durch Freunde mit Drogen in Berührung.
Der Konsum von Drogen und Alkohol wird durch das Leben auf der Straße
vielfach erst offenkundig.

Gruppenprozesse spielen beim Konsum von Drogen natürlich ebenfalls eine
Rolle. Zunächst geht es um Spaß, Gruppenerlebnisse und um das Überleben
der krisenhaften Lebenssituation Wohnungslosigkeit. Was andere aus der
Gruppe konsumieren, kann dabei ganz entscheidend sein. So berichtet Denis,
über seine Bekannten in der süddeutschen Universitätsstadt auf Heroin um-
gestiegen zu sein. Auch die anderen beschreiben den Drogenkonsum oft als
bedeutsames Gruppenerlebnis. So verleitet die Szene häufig zum Konsum, er-
leichtert das Ausprobieren unbekannter Drogen und erhöht die Verfügbarkeit.
Dies ist jedoch nicht als Determinismus zu verstehen. Immer wieder sind Jugendliche wie Andrea darunter, die den Drogenkonsum nach mehrmaligem
Probieren wieder einstellen, oder junge Erwachsene wie Birgit oder Sid, die
sogar nach mehrjährigen Konsumphasen irgendwann aus freien Stücken auf-

hören, Drogen zu gebrauchen. Berücksichtigt werden muss gleichzeitig, dass in den Szenen nicht nur gemeinsam konsumiert wird, sondern in der Gruppe auch Prozesse der Reduktion, des gemeinsamen Entzuges und der Beratung bezüglich Safer-use-Strategien stattfinden (vgl. auch Gerdes 1995: 29). So berichtet zum Beispiel Denis, sich gemeinsam mit einem Kumpel »herunterdosiert« zu haben. Fistal erzählt, dass seine Szenefreunde ihn auf seinen übermäßigen Drogenkonsum aufmerksam gemacht und ihn zur Reduktion aufgefordert haben.

Gruppenzugehörigkeit bietet auch Schutz

Die Zugehörigkeit zu einer bestimmten Gruppe kann vor weiterem Abrutschen bewahren. Indem sich beispielsweise die Punks von Heroinabhängigen abgrenzen und diese Droge verurteilen, üben sie einen gewissen »Schutz« aus. Dieser wirkt natürlich nur so lange, wie sich Jugendliche mit dieser Szene identifizieren und dort Akzeptanz und Freundschaften finden. Steigt beispielsweise in einer Partnerbeziehung der junge Mann auf Heroin um, so folgt ihm nicht selten seine Freundin.

Die Szene wird im Rückblick kritischer betrachtet

Außer Fistal, der sich in vielen verschiedenen Jugendszenen bewegt und niemals nur die Straßenszene als Bezugspunkt hat, sehen alle InterviewpartnerInnen die Szene heute unter einem viel kritischeren Blickwinkel. Mit der eigenen Stabilisierung wird der gemeinsame »Überlebenskampf« im Alltag unwichtiger, und dies öffnet die Augen für die anderen Seiten des Szenelebens: exzessiver Drogenkonsum, Passivität, Verelendung. Bei allen kommt der Punkt, an dem sie sich weiterentwickeln und eigene Bedürfnisse wahrnehmen, die die Szene nicht befriedigen kann. Der Prozess des Distanzierens ist eng verbunden mit der eigenen Entwicklung und Alternativangeboten. Für die jungen Erwachsenen, die wie zum Beispiel Julia über Ausbildung oder Arbeit neue Bezüge knüpfen, wird die Szene immer unwichtiger, und irgendwann bleiben sie ganz weg, weil die neuen Kontakte befriedigender sind. Andere wie Andrea oder Bernd fühlen sich in der Szene zwar nicht mehr wohl, schaffen es jedoch nicht so schnell, neue Freundschaften zu schließen. Für sie schließt sich an die Zeit des Loslassens der Szenebezüge eine eher einsame Zeit an, in der sie sich mit Hunden und wenigen verbliebenen Freundschaften zurückziehen, bis sich für sie neue Bezüge öffnen.

Das Verabschieden von der Szene ist nicht geradlinig, sondern eher ein »Nebeneffekt« der Stabilisierung

Der Prozess des Verabschiedens von der Szene ist nicht unbedingt geradlinig. Und er ist vielmehr ein Nebeneffekt der Stabilisierung als eine bewusst gewählte Entscheidung. So beschreibt zum Beispiel Denis, dass er im Grunde kein Interesse mehr an der Szene hat, durch seine Wohnungslosigkeit jedoch auf die Ressourcen der Szene angewiesen ist. Teilweise distanzieren sich die Jugendlichen von selbst, gleichzeitig übt die Szene immer wieder eine gewisse Anziehungskraft aus. So wechseln sich für viele die Phasen, in denen sie sich distanzieren und anderweitig orientieren mit Phasen ab, in denen sie die Szenekontakte wieder verstärkt suchen – je nach aktueller Bedürfnislage, Lebenssituation und dem Angebot an Alternativen.

Wer die Ressourcen der Szene annimmt, fühlt sich oft in einer »moralischen« Verpflichtung, anderen weiter zu helfen, wenn sich die eigene Situation stabilisiert hat. So nehmen Julia und Birgit immer wieder wohnungslose Freunde bei sich auf, auch wenn sie dadurch in ihrem Bedürfnis nach Ruhe eingeschränkt werden. Für Jugendliche wie Marco, dem die Szenezugehörigkeit eine Mittelpunkts-Position sichert, ist ein Abschied aus der Szene trotz gesicherter Wohnsituation besonders schwierig, weil er aus seiner Rolle als »informeller Führer« recht viel Selbstvertrauen bezieht.

> Für viele ist die Abgrenzung schwierig

Die statistische Auswertung zeigt, dass für die meisten Jugendlichen die Zeit in der Szene eine begrenzte Zeit ist, und sie sich über kurz oder lang anderweitig orientieren. Im Dezember 1998, dem Endpunkt der statistischen Datenerhebung, halten sich nur noch 10% der Jugendlichen und jungen Erwachsenen regelmäßig in der Szene auf, 9% noch sporadisch. Die restlichen 81% sind nicht mehr in der Münsteraner Straßenszene präsent. Ähnlich ist es für die InterviewpartnerInnen, von denen sich Birgit, Andrea und Sid gar nicht mehr in der Szene aufhalten, Fistal, Bernd und Ela noch gelegentlich. Lange Jahre in der Szene verbleiben hauptsächlich junge erwachsene Männer – Langzeitwohnungslose wie Denis und junge Erwachsene wie Marco, die durch die Szene Aufmerksamkeit und Anerkennung erfahren, die ihnen in anderen Bezügen kaum zuteil wird.

> »Informelle Führer« bleiben oft jahrelang in der Szene

Abschließend noch ein paar Gedankengänge zum Konstrukt *Szene*. Bei der Betrachtung eines einzelnen Jugendlichen wird die Szene häufig als schädlich angesehen, und oft versucht das vereinte Hilfesystem die Jugendlichen aus diesem als negativ bewerteten Umfeld wegzubringen. Abgesehen davon, dass dies in den seltensten Fällen gelingt, ist es notwendig, eine andere Sichtweise zu entwickeln. Zunächst muss die Bedeutung der Szene für die einzelnen Jugendlichen gesehen werden. Neben negativen Einflüssen bietet die Szene auch Ressourcen. Es darf außerdem nicht vergessen werden, dass die als schädlich betrachtete Szene im Grunde aus lauter einzelnen Jugendlichen und jungen Erwachsenen mit ähnlichen Einzelschicksalen besteht (bei denen vielleicht hinter so manchem ein Netz von SozialarbeiterInnen steht, das sie dort »wegholen« will).

> Die »Szene« besteht letztendlich aus lauter »Einzelnen«

Freundschaften in der Szene sind oft tiefgehende Beziehungen zwischen Jugendlichen bzw. jungen Erwachsenen, die mehr verbindet als die ähnliche Lebenssituation. Sie ziehen sich nicht immer gegenseitig herunter, sondern sind auch in der Lage, sich zu stützen und zu stabilisieren. Viele Ju-

> Ausstiegsforderungen der Jugendhilfe missachten die Ressourcen der Szene

255

gendliche, wie zum Beispiel Andrea oder Birgit, verabschieden sich zwar aus der Szene, halten aber zu einigen Freundinnen und Freunden aus der Szene-Zeit noch engen Kontakt. Solche Beziehungen sind als Ressource anzusehen, die es zu fördern gilt. Sie sollten nicht per se als Szene-Einfluss abgelehnt oder gar unterbunden werden.

4.2 Erwachsenwerden und Normalitätsorientierung

Wohnungslosigkeit ist insbesondere für Jugendliche ein Ausnahmezustand auf allen Ebenen. Nicht nur das Zuhause verbunden mit Privatsphäre und Sicherheit bricht weg, sondern auch die schulische und berufliche Einbindung und finanzielle Absicherung. Teile davon wiederherzustellen kann schon viel bewirken, es bedeutet in der Regel Stabilisierung und die Wiederherstellung eines Lebens unter »menschenwürdigen« Bedingungen.

4.2.1 Die eigene Wohnung

Eine Wohnung bringt fast immer eine Stabilisierung

Der Einzug in eine Wohnung stellt fast immer eine Stabilisierung dar. Über eine eigene Wohnung zu verfügen, bedeutet endlich wieder ein Zuhause zu haben, eine Privatsphäre und einen selbstbestimmten Tagesablauf. Krankheiten und Straftaten nehmen ab, der Drogenkonsum reduziert sich bei den meisten. Auch die Zeit, die sie zwangsläufig in der Szene verbringen, verringert sich. Das Leben wird selbstbestimmter, es bieten sich Wahlmöglichkeiten. Dies zeigt sich ganz deutlich bei Fistal, der durch die eigene Wohnung endlich zur Ruhe kommt, keine Straftaten mehr begeht, seinen Drogenkonsum einschränkt und anfängt, über berufliche Perspektiven nachzudenken. Ebenso reduzieren sich bei Sid mit dem Bezug der eigenen Wohnung die Straftaten, und er beginnt schließlich mit einer Ausbildung als Tischler.

Auch kurze Phasen in einer Wohnung sind stabilisierend

Für Denis und Marco sind die Phasen, in denen sie Wohnungen haben, ebenfalls stets mit einer Stabilisierung verbunden. Auch wenn beide nicht lange in den Wohnungen leben, so ist dennoch diese kurze Stabilisierungsphase wertvoll. Sie bewahrt von dem Draußen-Schlafen, der Anfälligkeit für Krankheiten, ist eine Phase der Erholung von Straße, Szene und Drogenkonsum und bietet die Möglichkeit, zumindest gedanklich Zukunftsperspektiven zu entwickeln.

Für viele Frauen ist das Zusammenleben mit dem Partner eher eine Belastung

Bei Ela sind Phasen des Alleinwohnens mit einer Stabilisierung verbunden. Obwohl sie als gerade Volljährige immer wieder Wohnungen verliert, bieten diese ihr doch eine Stütze und Rückzugsmöglichkeit, die sie nicht mehr hat, als sie mit ihrem Freund zusammenzieht und in dieser Lebenssituation drogenabhängig wird. Später wird sie noch einmal auf Grund der Trennung von ihrem Freund wohnungslos. Ihre Situation stabilisiert sich schließlich durch das erneute Finden einer Wohnung, in die sie dann keinen Freund mehr mit einziehen lässt. Ähnlich ist es bei Birgit, die während der Zeit des Zusammenwohnens mit ihrem Freund immer mehr abbaut, sich mit der ungeplanten Schwangerschaft jedoch weiterentwickelt, deren Lebenssituation sich aber erst wirklich stabilisiert, als sich der Freund von ihr trennt, und sie mit ihrer Tochter und einer Freundin zusammenzieht. Dass das Zusammenleben mit dem Freund eine für Frauen eine eher instabile Konstellation ist, zeigt auch die statistische Auswertung, wonach 62% der Frauen, die mit ihrem Partner zusammenleben, wohnungslos werden.

Im untersuchten Zeitraum werden 43% der jungen Männer und 34% der jungen Frauen, die allein oder zusammen mit anderen Personen eine Wohnung anmieten, anschließend wohnungslos. Von den InterviewpartnerInnen verlieren Denis, Sid, Marco, Birgit, Julia und Ela angemietete Wohnungen wieder, teilweise sogar mehrmals. Wenn junge Erwachsene es nicht schaffen, Wohnungen über längere Zeit zu behalten, werden sie von den Wohnungsbaugesellschaften und auch vom Hilfesystem oft als »nicht wohnfähig« eingestuft. Sei es, weil sie andere Wohnungslose mit übernachten lassen, nicht gelernt haben, selbstständig einen Haushalt zu führen, trotz Verbotes Hunde halten, ihren Pflichten als Mieter wie zum Beispiel den regelmäßigen Mietzahlungen nicht nachkommen oder auf Grund von Problemen mit Nachbarschaft und Vermietern. Immer wieder werden jungen Erwachsenen aus diesen Gründen Wohnungen vorenthalten, und sie werden an die Notunterkünfte und Heimeinrichtungen der Wohnungslosenhilfe verwiesen, die sie oftmals ohnehin nicht annehmen (vgl. auch BAG Wohnungslosenhilfe 2000: 158ff). Aber auch für diesen Personenkreis kann eine Wohnung – selbst wenn sie ein halbes Jahr später wieder verloren wird – den Prozess der Verelendung aufhalten, Rückzugsmöglichkeiten und Chancen bieten. Eine Wohnung stellt immer eine deutliche Verbesserung dar, sie ist stets ein Schritt aus der Verelendung heraus, auch wenn diese Verelendung in der Wohnung manchmal sichtbarer wird als auf der Straße.

Dennoch wird an dieser Stelle deutlich, dass das selbstständige Wohnen in einer Wohnung für viele junge Erwachsene schwierig ist. Denis, Sid und Birgit beschreiben, mit welchen Problemen sie sich beim Bezug der Wohnung konfrontiert sehen: Die jungen Erwachsenen haben eine feste Meldeadresse, und plötzlich melden sich Gläubiger, Gerichtspost wird zugestellt, Verpflichtungen müssen eingehalten werden. Sid verliert mehrere Wohnungen wieder, weil sich Mietrückstände angesammelt haben. Nach unseren Erfahrungen haben insbesondere junge erwachsene Männer mit dem Alleinwohnen oft Probleme, was sich mit den Zahlen deckt, dass 70% der jungen Män-

> **Stigma »nicht-wohnfähig« erschwert die Stabilisierung**

> **Selbstständiges Wohnen ist für viele junge Erwachsene nicht einfach**

257

ner, aber nur 33% der jungen Frauen, die allein wohnen, anschließend (wieder) wohnungslos werden.

Prekäre und konfliktträchtige Mietverhältnisse

Aber auch prekäre Wohnverhältnisse, beispielsweise Mietverhältnisse mit problematischen bis hin zu unzulässigen Mietvereinbarungen wie im Fall von Ela das Verbot von Herrenbesuch, führen nicht selten zu einer Kündigung und erneuter Wohnungslosigkeit. Gerade junge Erwachsene, die ohnehin Schwierigkeiten haben, auf dem Wohnungsmarkt eine Wohnung zu finden, geraten oft an skrupellose Vermieter oder ziehen wie Marco in baufällige Häuser, wo sie, wenn renoviert werden soll, wieder gekündigt werden. Meist haben sie wenig Erfahrung in mietrechtlichen Dingen und sind kaum in der Lage, sich auf dem Rechtsweg gegen Anschuldigungen, unzulässige Klauseln oder Mieterhöhungen zu wehren. Im Konfliktfall ziehen sie lieber aus – wenn es sein muss auf die Straße.

Niedrigschwellige Begleitung des selbstständigen Wohnens ist hilfreich

Eine niedrigschwellige Begleitung des selbstständigen Wohnens und eine Beratung in Konfliktfällen können viele junge Erwachsene gebrauchen, dies zeigen auch die Erfahrungen der Streetwork. Wie die statistische Auswertung ergibt, bieten die Angebote der Wohnungslosenhilfe wie betreutes Wohnen nach BSHG § 72 für die Zielgruppe der jungen Wohnungslosen nicht die passende Alternative. Sie sind häufig nicht auf die Lebensrealität und das Bedürfnis nach Selbstständigkeit der jungen Erwachsenen zugeschnitten. Die meisten jungen Erwachsenen wünschen sich eine Wohnung – eine niedrigschwellige Betreuung in einer eigenen Wohnung wird als Maßnahme nach BSHG § 72 viel zu selten angeboten. Wenn die jungen Erwachsenen auf dem freien Markt eine Wohnung finden, so bedeutet das für die Streetwork aber, dass mit der Wohnungsvermittlung die Arbeit noch längst nicht beendet ist, da ein hoher Beratungsbedarf weiterbesteht. Gleichzeitig stehen schon wieder neue Jugendliche auf der Straße. Die Zielgruppe wächst somit ständig, die Zahl der MitarbeiterInnen in der Regel nicht.

»Wohnhilfen« erweisen sich als wertvolle Ressource

Für die jungen Erwachsenen, die auf dem Wohnungsmarkt nahezu chancenlos sind und auf Grund von Aussehen und Hundehaltung oft als »nicht wohnfähig« eingestuft werden, haben wir 1996 die Wohnhilfen installiert – niedrigschwellige Wohn- und Arbeitsprojekte, die selbstständiges, normalitätsorientiertes Wohnen mit einer Begleitung ermöglichen. Andrea, Bernd, Birgit und Marco haben in diesen Wohnprojekten gelebt und berichten in den Interviews von ihren Erfahrungen. Eine deutliche Stabilisierung zeichnet sich bei Andrea und Bernd ab, die bereits 4 Jahre in den Wohnprojekten leben. Ebenso kann sich Marco in den 2 Jahren, in denen er im Bauwagen wohnt, stabilisieren und findet anschließend eine Wohnung. Bei Birgit kann der Einzug in die Wohnhilfen zwar zunächst die Verelendung auf der Straße stoppen, nach einer kurzen Stabilisierungsphase kommt es bei ihr jedoch im

Zusammenhang mit dem Zusammenwohnen mit ihrem Freund zu einer Phase exzessiven Drogenkonsums mit gesundheitlichen Folgeproblemen. Birgit, deren Wunsch nach Jugendhilfe abgelehnt wird, hätte aber in dieser Zeit oder bereits vorher eine intensivere Betreuung gebraucht – weit mehr als die Begleitung der Streetwork leisten konnte.

Die Wohnhilfen stellen keine Alternative zur Jugendhilfe dar, sondern sind ein zusätzliches Angebot für junge Erwachsene, die keine Betreuung brauchen und wünschen, für die aber eine niedrigschwellige Begleitung des Wohnens und Beratung in Konfliktfällen sinnvoll ist. Das selbstständige Ausbauen von Wohnraum ist – wie aus den Interviews ersichtlich – für die InterviewpartnerInnen eine Bereicherung und erhöht die Identifikation mit dem bereitgestellten Wohnraum. Jedoch kann dies kein Maßstab für alle Jugendlichen sein. Für handwerklich desinteressiertere und normalitätsorientiertere junge Erwachsene wäre ein Konzept denkbar und sinnvoll, das ihnen eine entsprechende niedrigschwellige Begleitung in einer Mietwohnung bietet.

> **Wohnhilfen als zusätzliches Angebot im Hilfesystem für junge Erwachsene**

4.2.2 Finanzielle Absicherung

Alle InterviewpartnerInnen stehen beim ersten Ausreißen zunächst ohne Geld auf der Straße. Sie sind zum Zeitpunkt der ersten Wohnungslosigkeit minderjährig und erhalten daher nicht einmal den Tagessatz für wohnungslose SozialhilfeempfängerInnen.[1] Lediglich Andrea bekommt von ihren Eltern noch regelmäßig ein wenig Taschengeld, mit der Auflage, sich regelmäßig beim Jugendamt zu melden. Denis berichtet, ab und zu materielle Güter wie Schuhe zu erhalten. Im Alter von 17 Jahren gelingt es ihm, in einer süddeutschen Stadt Hilfe zum Lebensunterhalt zu erhalten. Alle anderen sind bis zum 18. Geburtstag bzw. bis zur Installierung einer Jugendhilfemaßnahme völlig mittellos und damit gezwungen, auf Überlebensstrategien wie Betteln, Stehlen oder Prostitution zurückzugreifen, um an Geld zu gelangen.

> **Minderjährige auf der Straße sind meist völlig mittellos**

Dabei trägt das Verfügen über ein eigenes, regelmäßiges Einkommen – wie zum Beispiel der Bezug von Sozialhilfe – in der Regel zur Stabilisierung bei. Es kommt eigentlich nicht vor, dass sich das legale Erhalten eigener Geldbeträge negativ auswirkt. In der Regel ist das Gegenteil der Fall, wie zum Beispiel bei Fistal, der durch den Bezug von Sozialhilfe das Stehlen einschränken kann. Schon allein durch eine finanzielle Absicherung wohnungsloser Ju-

> **Finanzielle Absicherung trägt zur Stabilisierung bei**

---

1 Erst 1998 wurde in Münster ämterübergreifend eine Vereinbarung getroffen, dass Minderjährige, die auf der Straße leben und zunächst keine Unterstützung durch die Jugendhilfe wünschen, den Tagessatz der Sozialhilfe ausgezahlt bekommen können. In den meisten anderen Städten wird Sozialhilfe erst ab dem Alter von 18 Jahren bewilligt, auch wenn nach SGB 1 § 36 gesetzlich ab dem 15. Lebensjahr eine elternunabhängige Auszahlung von Sozialhilfe möglich ist.

gendlicher können Überlebens-Kriminalität, Prostitution und Abhängigkeits-strukturen reduziert werden.

Der »Tagessatz« reicht für Wohnungs-lose kaum aus

Aber auch junge Erwachsene, die den Sozialhilfe-Tages-satz bekommen, leben in großer Armut, da der finanziel-le Bedarf für den Lebensunterhalt auf der Straße wesent-lich höher ist als der ausbezahlte Sozialhilfesatz. Es gibt keine Möglichkeit zu kochen, Vorräte zu lagern und sparsam zu wirtschaften. Ebenso ist es fast unmöglich, Eigentum aufzubewahren und zu behalten. Ein gekaufter Walkman oder ein Rucksack sind schnell geklaut oder werden im Schließfach aufbewahrt und können später aus Geldmangel nicht mehr aus-gelöst werden. Das Leben auf der Straße psychisch zu bewältigen, gelingt vie-len nur mit Hilfe von Drogen und Alkohol, wofür sie viel Geld ausgeben. In der Regel werden auf der Straße die Einkünfte geteilt. So ist die komplette Sozial-hilfe manchmal bereits nach einem Tag verbraucht, weil noch viele andere mitversorgt werden. Die finanzielle Unterstützung durch Sozialhilfe deckt also in den meisten Fällen nur einen Teil des tatsächlichen Bedarfs.

Schulden behindern die Stabilisierung

Viele junge Erwachsene haben hohe Schulden. Diese stammen teilweise aus Zeiten, in denen sie noch nicht wohnungslos waren, wie zum Beispiel Mietschulden. Zum anderen Teil entstehen Schulden im Zusammenhang mit Bußgeldern oder Strafverfahren. In Zeiten der Wohnungslosigkeit ist an ein Abzahlen der Schulden nicht zu denken, oft sind die Betroffenen schlecht erreichbar und werden daher vorerst nicht belangt. Besteht aber durch den Bezug einer Woh-nung wieder eine feste Meldeadresse, so fangen Gläubiger verstärkt an, ihre Forderungen zu stellen. Hiervon berichten Denis, Birgit, Sid und Ela. Sie wer-den mit dem Einzug in eine Wohnung mit der Abzahlung von Schulden belas-tet, was ohne professionelle Beratung für viele nicht zu bewältigen ist. Für hoch verschuldete junge Erwachsene lohnt sich dann die Aufnahme einer Ar-beit subjektiv kaum, weil ihnen ohnehin fast alles, was über den Sozialhilfe-satz hinausgeht, wieder abgezogen wird. Schulden behindern somit die Stabi-lisierung wesentlich. Hinzu kommt, dass das Schuldenproblem von vielen ver-drängt und erst dann angesprochen wird, wenn existentielle Folgen drohen. So wenden sich viele junge Erwachsene mit ihrer Schuldenlast erst dann an die Streetwork, wenn der Gerichtsvollzieher vor der Tür steht, sie bereits mit Mietzahlungen weit im Rückstand stehen, vielleicht sogar eine Wohnungskün-digung erfolgt ist oder Inhaftierung droht.

4.2.3 Schule, Arbeit, Ausbildung

Wohnungslose Jugendliche und junge Erwachsene sind zumeist von Schule, Ausbildung oder Arbeit ausgeschlossen. Nur wenigen gelingt es, ihre schulischen und beruflichen Bezüge aufrechtzuerhalten, wenn sie wohnungslos

> **Schul- und Ausbildungsabbrüche gehen meist mit Wohnungslosigkeit einher**

werden. Wenn Jugendliche wie Julia es schaffen, vom Zelt aus zur Schule zu gehen, ist dies eine Stärke, die nicht als Maßstab für andere angelegt werden kann. Für die meisten ist die Lebenssituation der Wohnungslosigkeit gleichbedeutend mit einem Bruch mit den gesamten bisherigen Lebenszusammenhängen, so dass sie wie Andrea und Marco Schule oder Ausbildung abbrechen, wenn sie auf die Straße flüchten bzw. wohnungslos werden. Ela geht es zunächst auch so, aber als sie zum zweiten Mal kurz vor Ausbildungsabschluss ihre Wohnung verliert, kann sie sich eine Mitwohngelegenheit bei einer Kollegin organisieren und somit ihre Ausbildung doch noch beenden.

Gleichzeitig gibt es bei vielen Jugendlichen bereits vor der Wohnungslosigkeit Schwierigkeiten mit Schule und Ausbildung, die unserer Erfahrung nach insbesondere bei Jungen die Probleme im Elternhaus eskalieren lassen.

> **Konflikte mit Schule und Ausbildung sind für viele bereits vorher vorhanden**

Fistal wird, als er seine Ausbildung abbricht, aus dem Elternhaus verwiesen, ähnlich geht es Bernd, der 3 Lehrstellen verliert, bevor er endgültig zu Hause hinausgeworfen wird.

Letztendlich scheint es die subjektiv empfundene Sinnhaftigkeit zu sein, die oftmals darüber entscheidet, ob Jugendliche Ausbildungen und Schulabschlüsse trotz widriger Umstände zu erlangen suchen. So beschreiben

> **Entscheidend ist oft die subjektiv empfundene Sinnhaftigkeit von Schule und Beruf**

Andrea, Bernd, Fistal und Birgit, keinen Sinn gesehen zu haben in den begonnenen Ausbildungen und nehmen deshalb die Beendigung in Kauf. Ein anderer Fall ist Marco, der zwar die Notwendigkeit eines Hauptschulabschlusses sieht, jedoch durch die ständigen Lebensort- und damit verbundenen Schulwechsel bereits als Kind zum Schulverweigerer wird, so dass es ihm später selbst im Rahmen der Jugendberufshilfe größte Schwierigkeiten bereitet, sich noch einmal in das Schul- und Ausbildungssystem einzufinden. Demgegenüber sehen Julia, Ela und Denis Schule, Arbeit und Ausbildung für ihr persönliches Selbstkonzept als wichtig an und unternehmen daher große Anstrengungen, trotz Wohnungslosigkeit ihren Schul- bzw. Ausbildungsabschluss zu erlangen, auch wenn es ihnen nicht durchweg gelingt.

Für Jugendliche wie Ela, Julia und Denis können Schule, Arbeit und Ausbildung Ziele vermitteln und daher als Ressource und stabilisierender Faktor wirken. Neben einer sinnstiftenden Tätigkeit und der Stärkung des Selbst-

> **Sinnstiftende Aspekte von Schule und Beruf als Motivationsfaktor und Ressource**

bewusstseins (ganz plastisch beschreibt dies Denis für seine Arbeit in der von Betroffenen getragenen Therapieeinrichtung) bieten Schule, Ausbildung und

261

Arbeit auch einen geregelten Tagesablauf und Beziehungen außerhalb der Szene und damit verbundene Ressourcen. Julia bekommt Hilfe von einer Lehrerin, Ela kann bei einer Kollegin übernachten. Darüber hinaus vermitteln berufliche Pläne und Wünsche Hoffnungen, Ziele und Perspektiven, wie Denis anschaulich beschreibt, den seine beruflichen Pläne in seiner desolaten Lebenssituation stärken, selbst wenn er seine begonnene Ausbildung auf Grund der erneuten Wohnungslosigkeit wieder unterbricht.

Der Druck, Schule und Beruf schaffen zu müssen, kann sich auch destabilisierend auswirken Dies kann jedoch nicht für alle Jugendlichen gelten. Für Jugendliche, die bereits Schwierigkeiten mit Schule und Ausbildung haben, ist die Anforderung des Schul- oder Ausbildungsbesuches – die oft mit dem Einzug in eine Jugendhilfemaßnahme gestellt wird – eine Überforderung. Schule und Ausbildung wirken sich gerade für sie nicht stabilisierend aus: Der Druck wird verstärkt, Ansprüche werden gestellt, alte Verletzungen wieder erlebt, der für viele notwendige Prozess des Zur-Ruhe-Kommens wird gestört. Diese Jugendlichen brauchen ihre Zeit, häufig eine tatsächliche Auszeit, und meist andere Zugänge wie zum Beispiel niedrigschwellige Maßnahmen der Jugendberufshilfe. Ein anschauliches Beispiel ist Andrea: Die Abendrealschule, die sie auf Druck des Schulamtes besuchen soll, bricht sie nach wenigen Wochen wieder ab. Nachdem es uns aber gelingt, sie für ein niedrigschwelliges Projekt der Jugendberufshilfe mit geringer Stundenzahl und handwerklicher Ausrichtung zu motivieren, bleibt sie dort tatsächlich ein Jahr und fängt anschließend noch einmal freiwillig bei der Abendrealschule an. Heute hat sie den Realschulabschluss.

Ehemals wohnungslose Jugendliche erleben auch Ausgrenzung durch Schule und Betriebe Oft tragen Schule und Ausbildungsbetriebe aber auch ihren Teil dazu bei, dass Maßnahmen scheitern. Nicht nur auf dem freien Arbeitsmarkt sind junge Erwachsene aus der Szene eher unerwünscht. Konflikte gibt es immer wieder zum Beispiel auf Grund von Aussehen, oder wenn LehrerInnen oder ArbeitgeberInnen die SchülerInnen bzw. Lehrlinge beim Aufenthalt in der Szene »erwischen«. Ela beschreibt zum Beispiel, dass ihre Piercings und Tätowierungen Konfliktanlässe in Betrieben waren. Sid fühlt sich in seiner Ausbildung ungerecht behandelt und missverstanden. Darüber hinaus erleben wir immer wieder, dass Jugendliche und junge Erwachsene auf Grund von Szenezugehörigkeit und Outfit in Schule und Ausbildung ausgegrenzt und diskriminiert werden. Leider ist es nur selten so wie bei Julia, wo eine Lehrerin die Veränderungen der Schülerin als Zeichen für familiäre Probleme erkennt und Hilfe anbietet. In den meisten Fällen werden nur Fehlzeiten, vergessene Hausaufgaben und schlechte Zensuren gesehen, es werden weitere Anforderungen gestellt, die für die Jugendlichen nicht einhaltbar sind, was oftmals so weit eskaliert, dass Jugendliche einfach nicht mehr hingehen oder von der Schule verwiesen werden.

Doch noch eine berufliche Ausbildung zu machen ist ein Wunsch, den neben Fistal, Birgit, Denis, Marco und Sid viele der ehemals wohnungslosen Jugendlichen äußern. In der Realität ist es jedoch mit ihrem Lebenslauf und den darin enthaltenen »Lücken« äußerst schwierig, einen Ausbildungsplatz zu finden, der ihren Wünschen, Neigungen und Fähigkeiten entspricht.

Einen Ausbildungsplatz zu finden ist schwierig und problematisiert die finanzielle Situation

Meist bleibt nur das (vielerorts karge) Angebot der Jugendberufshilfe. Eine Ausbildung in einem Beruf zu beginnen, obwohl man eigentlich gerne einen anderen erlernt hätte, reduziert die Motivation, was gerade für diese Jugendlichen zum Problem wird, da sie auf Grund ihrer häufig langen Auszeiten größte Motivation benötigen, um einen geregelten Arbeitsalltag durchzuhalten. Für Jugendliche, die wie Fistal bislang Sozialhilfe bekommen haben, problematisiert sich die finanzielle Situation durch die Ausbildungsaufnahme oft drastisch. Die Ausbildungsvergütungen sind in der Regel weit geringer als die Hilfe zum Lebensunterhalt und mit der möglicherweise bewilligten Berufsausbildungsbeihilfe, die unter dem Sozialhilfesatz liegt, ist der tatsächliche Bedarf meist nicht gedeckt. Von der Möglichkeit, »in besonderen Härtefällen« ergänzend Sozialhilfe zu beziehen (vgl. BSHG § 26), vom Gesetzgeber als Kann-Bestimmung formuliert, wissen nur die wenigsten. Oftmals ist es auch dann noch ein langwieriger Prozess, der viel Durchhaltevermögen erfordert, diesen Anspruch beim Sozialhilfeträger einzufordern und durchzusetzen.

Maßnahmen der Jugendberufshilfe durchlaufen Andrea, Birgit, Fistal, Marco, Bernd und Sid – mit unterschiedlichem Ergebnis. Für Andrea erweist sich eine niedrigschwellige, handwerklich orientierte Teilzeitmaß-

Maßnahmen der Jugendberufshilfe sind oft noch zu hochschwellig

nahme als optimal, Birgit bricht dieselbe Maßnahme auf Grund mangelnden Interesses und wegen ihres Freundes wieder ab. Fistal verbringt nur kurze Zeit in einem niedrigschwelligen Jugendberufshilfeprojekt, weil die Maßnahme mit seiner Einberufung zur Bundeswehr abgebrochen wird. Marco und Bernd beginnen beide mehrere Maßnahmen, die sie immer wieder abbrechen, weil es ihnen nicht möglich ist, eine geregelte Arbeitswoche durchzuhalten. Sid durchläuft verschiedene Orientierungsmaßnahmen und beginnt schließlich eine überbetriebliche Ausbildung als Tischler. Aber auch hier ist es für ihn nicht einfach durchzuhalten, und schließlich bricht er die Maßnahme ab. Durch die Diskontinuität der bisherigen Lebensweise fällt es den jungen Erwachsenen schwer, Regelmäßigkeiten einzuhalten. Der »geschützte« Rahmen der Jugendberufshilfe ist für sie im Grunde noch nicht entgegenkommend genug.

An dieser Stelle wird bereits deutlich, dass sich die Angebote der Jugendberufshilfe noch weiter ausdifferenzieren müssen, wenn sie auch den Lebensrealitäten und Fähigkeiten ehemals wohnungsloser Jugendlicher ge-

Ausdifferenzierung der Jugendberufshilfe ist notwendig

recht werden wollen. Denn wie das Beispiel von Andrea zeigt, sind ehemals wohnungslose Jugendliche für die Jugendberufshilfe keineswegs unerreichbar. An die Situation der Jugendlichen angepasste Maßnahmen und Projekte können ihnen Chancen eröffnen und somit perspektivisch vielleicht eine dauerhafte gesellschaftliche Integration über Arbeit ermöglichen. Hierzu bedarf es einerseits eines Ansetzens an den kreativen Fähigkeiten und Stärken der Jugendlichen, andererseits aber auch des Verabschiedens von der Anforderung, eine 38,5-Stunden-Woche durchzuhalten. Denis und Sid könnten über Musik-Projekte wieder erreicht werden, an Bernds literarische und satirische Qualitäten, die er im Rahmen seiner privaten Fanzine präsentiert, könnte angeknüpft werden. Für junge alleinerziehende Frauen wie Birgit sollte es im Rahmen der Jugendberufshilfe Möglichkeiten geben, Kindererziehung und berufliche Tätigkeiten oder Ausbildung zu vereinbaren.

Hohe Arbeitslosigkeit vernichtet Chancen

Insgesamt ist jedoch festzustellen, dass – auch wenn die Integration in Schule und Jugendberufshilfe teilweise gelingen mag – der erste Arbeitsmarkt für die meisten noch in weiter Ferne liegt. KeineR der InterviewpartnerInnen hat es bislang geschafft, dauerhaft eine Arbeitsstelle zu behalten. Auch wenn einige der InterviewpartnerInnen dies noch gar nicht probiert haben, so zeigen die Erfahrungen der Streetwork, dass die dauerhafte Vermittlung in ein Arbeitsverhältnis für viele eine Illusion bleibt. Bei der über Jahre hinweg andauernden hohen Arbeitslosigkeit bestehen für junge Erwachsene mit lückenhaften Biografien und/oder ohne Berufsausbildung kaum Chancen auf einen dauerhaften Arbeitsplatz. Dies ist ein arbeitsmarktpolitisches Problem, das von dieser Seite gelöst werden muss. Denn letztendlich reduziert diese Hoffnungslosigkeit am Arbeitsmarkt für viele junge Erwachsene auch die Motivation, an einer Perspektiventwicklung zu arbeiten.

4.2.4 Familiengründung

Für einen nicht unerheblichen Teil der Zielgruppe spielt das Thema Kinder und Familiengründung eine wichtige Rolle. Aus der empirischen Untersuchung ergibt sich, dass mindestens 13% der Mädchen/Frauen und 11% der Jungen/ Männer bereits Eltern sind oder am Ende des Untersuchungszeitraums Eltern werden. Darüber hinaus wünschen sich nicht wenige junge Mädchen eine eigene Familie. Andere werden ungewollt schwanger, entschließen sich gegen eine Abtreibung und bekommen das Kind.

Kinderwunsch als »Wiedergutmachung« der erlebten Verletzungen

Der Wunsch vieler Mädchen nach einem eigenen Kind und einer eigenen Familie ist oft verknüpft mit der Sehnsucht danach, die in der Herkunftsfamilie erlebten Verletzungen wieder »gut« zu machen und einem Kind all das zu bieten, was die Mädchen selbst nicht bekommen haben. Gleichzeitig ist damit die Hoffnung verbunden, dass sie als Mutter endlich einen anerkannten gesellschaftlichen Status bekommen, auf den sie – ohne Schulabschluss und Ausbildung – anderweitig nur eine geringe Chance haben. Viele Mädchen wie

264

zum Beispiel Denis' Freundin Edith verspüren und äußern diesen Kinderwunsch in einem Alter, in dem an ökonomische Selbstständigkeit noch lange nicht zu denken ist, und in einer Lebenssituation, die nicht einmal für ihr eigenes Leben die nötige Sicherheit bietet, geschweige denn, dass sie die Verantwortung für ein Kind übernehmen können.

Neben »Wunschkindern« kommt es aber durch das Leben auf der Straße und die begrenzte Verwendung und Verfügbarkeit von Verhütungsmitteln nicht selten zu ungeplanten Schwangerschaften. Einige Mädchen und junge Frauen entschließen sich auf Grund ihrer ungesicherten Lebenssituation zu einer Abtreibung, wobei viele diesen Schritt allein und ohne entsprechende Unterstützung durchstehen. Manche von ihnen können diese Erfahrung und die damit verbundenen Schuldgefühle nach unseren Erfahrungen nur schwer verkraften, so dass sich daraus wiederum ein intensiver Kinderwunsch entwickelt.

Ungeplante Schwangerschaften

Für junge Schwangere wie Birgit, die sich entschließen, das Kind zu bekommen, verändert sich durch die Schwangerschaft und Geburt das gesamte Leben. Nach unseren Erfahrungen sind die Entwicklungen, die die jungen Frauen in der Zeit der Schwangerschaft durchmachen, sehr unterschiedlich. Bei vielen ist es ähnlich wie bei Birgit, die sich auf die Veränderung einstellt und die Schwangerschaft als Chance nutzt, ihrem Leben eine andere Wendung zu geben. Immer wieder erleben wir junge Frauen, die in dieser Zeit eine enorme Entwicklung durchmachen und mit der Geburt des Kindes tatsächlich in der Lage sind, Verantwortung für einen anderen Menschen zu übernehmen, nachdem sie vorher nur schwerlich für sich selbst zu sorgen konnten. Nicht selten sind diese jungen Frauen mit all ihren Problematiken, vielleicht auch Strafanzeigen und Psychiatrieeinweisungen beim Jugendamt bekannt, so dass ihnen dort in den seltensten Fällen zugetraut wird, für ein Kind zu sorgen. Für diese Frauen gilt es, zusätzlich zu den Anforderungen ihrer neuen Lebenssituation, vor dem Jugendamt ihre Fähigkeiten zu beweisen – in viel stärkerem Maße als junge Mütter im gleichen Alter, die noch nie »auffällig« geworden sind.

Schwangerschaft als Chance zur Veränderung der Lebenssituation

Gleichzeitig erleben wir immer wieder junge Frauen, die von der Kinderbetreuung überfordert sind und für die geeignete Maßnahmen gefunden werden müssen, was nicht immer einfach ist. Hier steht das Bedürfnis des Jugendamtes nach Kontrolle meist dem der Mutter nach Hilfe und Unterstützung entgegen. In vielen Fällen wird die Vermittlung in eine Mutter-Kind-Einrichtung entweder vorgeschlagen oder sogar zur Bedingung gemacht, wozu sich während unserer Tätigkeit als StreetworkerInnen keine einzige Frau aus der Zielgruppe entschließen konnte. Diese Einrichtungen praktizieren ein hohes Maß an Kontrolle und verlangen häufig die Aufgabe bisheriger sozialer Beziehungen, so dass sie für junge Frauen aus der Szene, die sich besonders schwer

Die Suche nach geeigneten Hilfe- und Wohnformen ist nicht einfach

auf von außen gesetzte Regeln und Einschränkungen einlassen können, nicht in Frage kommen (vgl. auch Kluge 1994: 4f). Ein Zusammenleben mit dem Partner ist dann nicht mehr möglich. Häufig wird mit der Aufnahme in eine Mutter-Kind-Einrichtung auch der Wegzug in eine andere Stadt notwendig. Nicht in allen Fällen gelingt es, eine Maßnahme zu finden, die Mutter und Kind gerecht wird. Lehnt die Mutter die vom Jugendamt vorgeschlagene Maßnahme ab und kann kein Kompromiss gefunden werden, so kommt es meist zum Entzug des Aufenthaltsbestimmungsrechts und zur Vermittlung des Kindes in eine Pflegefamilie. Diese Lösung, die dem Kind zwar eher gerecht zu werden scheint, ist für die Mutter – die in dieser Situation kaum Unterstützung erfährt – jedoch eine schmerzliche Erfahrung, die oft zu »Absturz«, erneutem Drogenkonsum und Depressionen führt und letztendlich manchmal wieder durch eine erneute Schwangerschaft kompensiert wird. Auch wenn der Entzug des Aufenthaltsbestimmungsrechtes in machen Fällen unumgänglich ist, so bedarf es dennoch begleitender und nachsorgender sozialtherapeutischer Hilfen und Angebote für die junge Mutter, die in manchen Fällen ja selbst fast noch »Kind« ist.

Lebensweltnahe Unterstützung als adäquates Angebot

Individuelle lebensweltnahe Lösungen der Jugendhilfe sind hier eine Möglichkeit, Mutter und Kind zu unterstützen und eine gemeinsame Perspektive zu entwickeln. Gute Erfahrungen haben wir in den Fällen gemacht, in denen das Jugendamt ein betreutes Einzelwohnen mit Kind befürwortet und auch die junge Frau sich zu dieser Lösung entschließen konnte. Im Gegensatz zum Leben in einem Mutter-Kind-Heim ermöglicht diese Betreuungsform eine individuelle Begleitung am Wohnort, eine Aufrechterhaltung der sozialen Bezüge und der damit verbundenen Ressourcen.

Viele wollen ihre Eigenständigkeit nicht aufgeben und befürchten Kontrolle

So manchen jungen Frauen wie Birgit, denen bislang für ihr eigenes Leben eine Unterstützung durch die Jugendhilfe verwehrt wurde, erleben nun die paradoxe Situation, dass durch die Geburt ihres Kindes ihnen eine Jugendhilfemaßnahme angeraten oder gar aufgedrängt wird. Sie selbst stehen jedoch an einem Punkt, wo sie die Suche nach professioneller Unterstützung aufgegeben haben, gelernt haben, sich allein »durchzuschlagen« und nun endlich auf »eigene Faust« den Erwachsenenstatus erreicht haben. Sie erleben es so, dass ihnen einerseits zunächst nicht geholfen wird, andererseits nun versucht wird, ihnen die »Kontrolle« über ihr Leben wieder wegzunehmen. Wir machen hier die Erfahrung, dass junge Frauen, die im Rahmen von Jugendhilfemaßnahmen Mütter werden, sich eher für eine Anschlussmaßnahme entscheiden können, als die, die bislang ohnehin allein zurechtkommen mussten und die nun erlangte Eigenständigkeit auf keinen Fall wieder abgeben wollen – schon gar nicht zu Gunsten von erhöhter Kontrolle.

Am Ende unseres Untersuchungszeitraums leben immerhin zwei Drittel der Mütter noch mit ihren Kindern zusammen, aber nur 15% der Väter. Nach un-

seren Erfahrungen haben Kinderwunsch und Familiengründung für viele junge Männer aus der Szene eher eine
negative Bedeutung. Für die Väter ist mit der Geburt eines Kindes auch keine »Aufwertung« ihres gesellschaftli-

Die Väter sind und werden zu wenig beteiligt

chen Status verbunden, eher werden Verpflichtungen als Bedrohung der eigenen Freiheit empfunden und finanzielle Forderungen spätestens bei der Aufnahme einer Beschäftigung befürchtet. Während sich die Frauen allein durch
die Schwangerschaft und die damit verbundenen Veränderungen meist von der
Szene distanzieren, fällt es den jungen Männern oft schwer, das Szeneleben für
die Vaterrolle zu reduzieren oder aufzugeben. Nach unseren Erfahrungen zer-
brechen viele Beziehungen bereits während der Schwangerschaft der Frau
oder kurz danach. Häufig sind die Väter in noch größerem Maße überfordert
als die Mütter, ziehen sich völlig zurück oder reagieren mit Eifersucht darauf,
dass die Partnerin sich mehr um das Kind kümmert als um sie. Aber wir erleben durchaus auch andere Fälle, in denen die Väter Interesse an dem Kind zeigen, Verantwortung übernehmen und ihre Partnerin unterstützen.

Von Seiten der Jugendhilfe wird der Partner – insbesondere wenn es sich um einen Mann aus der Szene handelt – nach unseren Erfahrungen oft generell als »Störfaktor« angesehen, und von der jungen Frau wird die

Jugendhilfe betrachtet Väter aus der Szene häufig als »Störfaktor«

Trennung erwartet. Kommt sie dem nicht nach, so wird dies als weiterer »Be-
leg« betrachtet, dass die junge Mutter keine ausreichende Verantwortungsbe-
reitschaft besitzt. Auch wenn sich später zeigt, dass einige der jungen Mütter
wie Birgit nach der Trennung vom Vater besser zurechtkommen, so kann dies
nicht erzwungen werden. Begleitende Konzepte sind notwendig, die gegebenenfalls den Vater mit einbeziehen und ihm die Chance zur Veränderung und
zum Hineinwachsen in die neue Aufgabe geben.

4.3 Professionelle Hilfen

Professionelle Hilfen kamen in den vorherigen Abschnitten bereits teilweise
zur Sprache. Beispielsweise wurden Wohnhilfen und Angebote der Jugendberufshilfe thematisiert. In diesem Abschnitt geht es konkret um psychosoziale
Hilfen, die für wohnungslose oder von Wohnungslosigkeit bedrohte Jugendliche und junge Erwachsene zur Verfügung stehen oder stehen sollten: Beratung, Unterstützungsangebote, Streetwork und nicht zuletzt die Jugendhilfemaßnahmen. Auch die Auswirkungen psychiatrischer und psychotherapeuti-
scher Angebote sollen zum Thema werden.

4.3.1 Streetwork und Überlebenshilfen

Sind Streetwork und niedrigschwellige Überlebenshilfen erst einmal installiert, so werden sie auch von einem Großteil der Jugendlichen und jungen Erwachsenen angenommen. Ihre Angebote sind nicht nur wichtig zum Überleben, sondern eröffnen darüber hinaus die Möglichkeit, langsam Kontakt zu knüpfen, vertrauensvolle Beziehungen aufzubauen und Misstrauen gegenüber Erwachsenen und Hilfeeinrichtungen abzubauen.

Kontinuierliche Angebote als fester Bezugspunkt
Für viele sind die kontinuierlichen Angebote der Streetwork ein fester Bezugspunkt. So bestätigen die Aussagen der jungen Erwachsenen, wie wichtig eine Anlaufstelle mit Gruppenangeboten und niedrigschwelligen Hilfen ist. Viele nehmen die Angebote als regelmäßigen Termin mit der Möglichkeit der Tagesstrukturierung und Zeitgestaltung wahr. Sie schätzen das Spektrum an praktischen Überlebenshilfen. Die Angebote sind ein Treffpunkt, gleichzeitig kann unverbindlich zu den MitarbeiterInnen der Streetwork Kontakt geknüpft werden. Eine Basiseinrichtung in Form einer Anlaufstelle ist für Streetwork im Feld der Wohnungslosenhilfe unverzichtbar.

Der Prozess des Aufbaus vertrauensvoller Beziehungen ist sehr unterschiedlich
Gleichzeitig unterstreichen die jungen Erwachsenen aber auch die Bedeutung der persönlichen Beziehungen und Kontakte. Unverbindlich »quatschen« zu können, angehört zu werden, Vorschläge zu bekommen, ohne dass ihnen Vorschriften gemacht werden, wissen sie sehr zu schätzen. Dabei ist es ganz unterschiedlich, wie viel Zeit sie brauchen, um Vertrauen zu fassen und das Angebot einer stabilen Beziehung anzunehmen. Während sich zu Ela, Birgit und Denis recht schnell ein Vertrauensverhältnis entwickelt, dauert dies bei den anderen länger. Auch mit Julia kommen wir schnell in Kontakt, aber der Bedarf nach einer intensiven Beziehung ist bei ihr, die auf viele andere Ressourcen zurückgreifen kann, nicht gegeben. Andrea taut bei einer erlebnispädagogischen Kanutour mehr und mehr auf, zu Bernd bekommen wir erst richtig Kontakt, als er das zweite Mal länger in Münster ist. Marco ist zwar schnell recht offen, hält sich aber mit dem Einfordern von Beratungsgesprächen lange Zeit sehr zurück. Mehrere Jahre brauchen Fistal und Sid. Fistal nimmt lange Zeit nur die niedrigschwelligen Angebote in Anspruch, durch die intensive Unterstützung im Zusammenhang mit der Krise mit der Bundeswehr ist aber das »Eis gebrochen« und er nutzt fortan viele Gelegenheiten, Probleme zu besprechen und Beratung zu bekommen. Sid hat vielleicht niemals richtig Vertrauen gefasst und will sich nicht als hilfebedürftig wahrnehmen. Nach dem Interview mit ihm wird uns deutlich, wie viel wir trotz langjährigem Kontakt nicht von ihm wussten. Einerseits ist es notwendig, den Jugendlichen, die längere Zeit brauchen, diese Zeit zu lassen. Dies zeigen die Entwicklungen von Fistal, Bernd und Andrea. Andererseits fallen Jugendliche wie Sid, die nie Hilfe einfordern, auch nicht so auf, sie werden als weniger

problembelastet wahrgenommen, obwohl sie vielleicht mit größeren Schwierigkeiten zu kämpfen haben als die, die »lauter schreien«. So erzählt Sid bis zum Interview selbst auf Nachfrage hin nie von seinen Wünschen und Versuchen, in betreutes Wohnen zu kommen. Hier hätte die Streetwork ihn zumindest parteilich unterstützen können. Sid hätte wie viele andere vielleicht noch mehr gezielte und sensible Zuwendung gebraucht. Dies ist jedoch bei der Anzahl von 200 bis 250 namentlich bekannten hilfesuchenden Jugendlichen und jungen Erwachsenen pro Jahr mit zwei StreetworkerInnen kaum zu leisten.

Wie die Lebensgeschichten zeigen, wirken sich die niedrigschwelligen, freiwilligen Hilfen der Streetwork nie negativ aus. Sie helfen, unterstützen und werden von den Befragten durchweg positiv wahrgenommen. Sie tragen zu Stabilisierung bei und können teilweise Prozesse des Abrutschens und der Verelendung aufhalten. Bei Andrea, Ela, Bernd und Fistal kann mit Hilfe der Streetwork eine langsame, erfolgreiche Stabilisierung erreicht werden.

Stabilisierung durch Streetwork

Julia braucht dagegen die Hilfen der Streetwork nicht in dieser Intensität, da andere Ressourcen vorhanden sind. Bei ihr erweist sich die Zusammenarbeit mit dem Amt für soziale Dienste als erfolgreich. Da der dortige Sozialarbeiter sich parteilich für sie einsetzt, ist eine Hilfe durch Streetwork nicht so dringlich. Dennoch kann die Streetwork Julia weiterhin unterstützen, wie zum Beispiel bei der späteren Wohnungssuche.

Andere Ressourcen und Hilfen können Streetwork entlasten und ergänzen

Für einige sind die Angebote der Streetwork, denen enge Grenzen gesetzt sind, jedoch nicht ausreichend. Streetwork und niedrigschwellige Hilfen genügen nicht, wenn sich Jugendliche wie Denis und Birgit eigentlich eine betreute Jugendhilfemaßnahme wünschen. Die Streetwork versucht in ihren Fällen zwar, eine Vermittlung einzuleiten, was jedoch nicht gelingt. Zum Problem wird hier, dass die StreetworkerInnen als die Fachkräfte, die die Jugendlichen oft am besten kennen, nur eine beratende Funktion und keinerlei Entscheidungsbefugnis haben. Wenn wie im Fall von Birgit von Seiten des Jugendamtes eine Maßnahme strikt abgelehnt wird oder wenn wie im Fall von Denis die Eltern die Hilfemaßnahme blockieren, bleibt nur noch der Weg über die Gerichte, der für die meisten Jugendlichen keine umsetzbare Lösung ist.

Die Angebote der Streetwork reichen nicht immer aus

Auch die Geschichte von Marco macht die Grenzen von Streetwork deutlich. In diesem Fall, in dem wir den jungen Erwachsenen im Alter von 18 Jahren nach einer chaotischen Jugendhilfekarriere kennen lernen, gleicht die Arbeit einer Schadensbegrenzung. Zu tief sitzen angelernte Verhaltensmuster und Überlebensstrategien, als dass Streetwork allein durch das Aufzeigen von Wahlmöglichkeiten Veränderungen hervorrufen könnte. Marcos erlangte Stabilisierung wird von den Folgen seiner Handlungsstrategien überholt. Hier

Manchmal ist nur »Schadensbegrenzung« möglich

269

wäre eine Ergänzung der Streetwork-Angebote durch freiwillige ambulante psycho- oder sozialtherapeutische Hilfen sinnvoll.

Keiner »richtet sich auf der Straße ein«

Eine Gefahr der Stagnation durch das Anbieten von Streetwork und niedrigschwelligen Hilfen sehen wir jedoch nicht. Die Erfahrungen und Lebensgeschichten zeigen, dass sich auf Dauer keiner der Jugendlichen und jungen Erwachsenen mit niedrigschwelligen Angeboten zufrieden gibt und »sich auf der Straße einrichtet«. Diese Hilfen sind also keineswegs für eine Verfestigung in der Szene verantwortlich, sondern bewahren vor Verelendung und schaffen Zugänge zu anderen Hilfeangeboten.

Streetwork als »Frühwarnsystem«

Streetwork ist aber auch ein »Frühwarnsystem«. Wie die statistische Auswertung zeigt, leben längst nicht alle Jugendlichen beim Erstkontakt auf der Straße. Manche leben noch im Elternhaus oder in einer eigenen Wohnung und können durch Beratung und Begleitung Hilfestellungen bekommen, so dass ihnen die Wohnungslosigkeit erspart bleibt. Diese präventive Funktion kann Streetwork natürlich nur erfüllen, wenn genug freie Kapazitäten da sind, so dass neben Notfällen, Kriseninterventionen und der langfristigen Begleitung der wohnungslosen Jugendlichen überhaupt Zeit bleibt, Jugendliche am Rande der Szene frühzeitig kennen zu lernen und adäquate Angebote zu machen.

Niedrigschwellige Übernachtungseinrichtungen werden genutzt – aber nicht von allen

Andere niedrigschwellige Einrichtungen werden von den Jugendlichen und jungen Erwachsenen ebenfalls genutzt. In Münster existiert seit 1992 ein Sleep-In für Jungen und junge Männer und seit 1996 eines für Mädchen und junge Frauen – beides niedrigschwellige Übernachtungseinrichtungen. Diese Einrichtungen werden von den InterviewpartnerInnen nur teilweise genutzt. So übernachten Fistal und Sid im Jungen-Sleep-In und beschreiben diese Einrichtung als wertvolle Ressource. Demgegenüber lehnen Marco und Denis diese Einrichtung kategorisch ab, Bernd hat mit seinem Hund keine Möglichkeit, dort unterzukommen. Andrea und Birgit nutzen das Mädchen-Sleep-In, wo sie Hunde mitbringen dürfen. Julia hat dagegen kein Interesse an dieser Einrichtung, da sie mit ihrem wohnungslosen Freund zusammen übernachten möchte. Ela lebt, als das Sleep-In eröffnet wird, längst in einer eigenen Wohnung. Dies deckt sich mit den Zahlen der statistischen Auswertung, die besagen, dass durchschnittlich nicht einmal ein Drittel der wohnungslosen Zeit in betreuten oder unbetreuten Übergangseinrichtungen verbracht wird.

Niedrigschwellige Hilfen müssen auch für die nutzbar sein, die nicht in den Einrichtungen übernachten wollen

Das bedeutet einerseits, dass diese Einrichtungen genutzt werden, jedoch nicht von allen und nicht in jeder Lebensphase. Immer noch gibt es Situationen, in denen die »Platte« den niedrigschwelligen Übernachtungseinrichtungen vorgezogen wird, zum Beispiel weil der Partner oder der Hund nicht mit übernachten darf. Wie die statistische Auswertung zeigt, bietet aber gerade die Unterstützung in den niedrigschwelligen Übernachtungseinrichtungen die Chance, weiterführende Hilfen zu bekommen, was zum Beispiel durch die erhöhte Quote von Vermittlungen in betreute Wohnformen belegt wird. Eine Ausdifferenzierung der Angebote und eine noch bessere Anpassung an die Bedürfnisse wohnungsloser Jugendlicher und junger Erwachsener könnten mehr Jugendliche und junge Erwachsene Alternativen zur Straße bieten. Gleichzeitig ist es wichtig, die Vorzüge der begleiteten Einrichtungen offensiv gegenüber den Jugendlichen darzustellen. Dennoch werden nie alle Jugendlichen und jungen Erwachsenen in die Übernachtungsangebote integrierbar sein. Für die, die weiterhin auf der Straße oder bei Bekannten leben, sind ambulante, niedrigschwellige Hilfen notwenig, die auch unabhängig von der Übernachtung in den Einrichtungen angenommen werden können.

Die Übernachtungseinrichtungen der Wohnungslosenhilfe werden nur von Denis genutzt, der in einer Zeit wohnungslos wird, als in Münster noch kein Sleep-In existiert. Nach unseren Erfahrung stellen sie aber für viele junge Erwachsene eine wichtige Ressource dar. Angenommen werden hier in erster Linie ebenfalls solche Angebote, die niedrigschwelligen Charakter haben. Als Vorteil gegenüber den Sleep-Ins wird erlebt, dass die Einrichtungen auch tagsüber geöffnet sind, und die jungen Erwachsenen somit nicht gezwungen sind, die Zwischenzeit auf der Straße zu verbringen.

> **Niedrigschwellige Einrichtungen der Wohnungslosenhilfe als Ressource für junge Erwachsene**

Auch die Essensstellen und Kleiderkammern der Wohnungslosenhilfe werden von den meisten Jugendlichen und jungen Erwachsenen immer wieder genutzt. Sie stellen für sie aber eher eine materielle Ressource und Überlebenshilfe dar und bieten kaum eine weiterführende Hilfe. Viele Jugendliche und junge Erwachsene grenzen sich bewusst von den erwachsenen Wohnungslosen bzw. der Berber-Szene ab und suchen daher andere Aufenthaltsorte. Die Tagesstätten der Wohnungslosen werden daher nur selten besucht. Hilfen wie Beratung oder ambulante Gesundheitsfürsorge werden jedoch immer wieder in Anspruch genommen.

Den Bedarf an niedrigschwelligen tagesstrukturierenden Maßnahmen benennen vor allem Denis und Fistal. Sie erzählen, dass sie durch die Notwendigkeit, sich den ganzen Tag am Bahnhof aufzuhalten, mehr Straftaten begehen und vermehrt Drogen konsumieren. Die Tagesstätten der Wohnungslosenhilfe sind für sie nicht attraktiv. Ihnen geht es nicht darum, im Warmen »abzuhängen«, sondern um sinnvolle Zeitgestaltung. Pädagogisch begleitete Angebote, die den Jugendlichen und jungen Erwachsenen die Möglichkeit geben, selbst aktiv zu werden und ihre Kompetenzen zu erweitern, sind sinnvoll.

> **Bedarf an tagesstrukturierenden Maßnahmen**

271

4.3.2 Die Jugendhilfe

Die Lebensgeschichten zeigen ein breites Spektrum an unterschiedlichen Angeboten und Interventionen der Jugendhilfe. Bis auf Fistal und Ela kommen alle InterviewpartnerInnen mit den MitarbeiterInnen im Jugendamt in Kontakt. Denis, Birgit und Andrea nehmen kurzzeitig die Inobhutnahme in einer Jugendschutzstelle in Anspruch. Bei Denis, Marco, Bernd, Sid und Julia kommt es zur Einrichtung einer Jugendhilfemaßnahme. Die Einrichtung und Ausgestaltung einer Maßnahme ist dabei unmittelbar an die Entscheidungen im Jugendamt gekoppelt. Bei der Einschätzung einer Maßnahme als gelungen oder gescheitert muss das Zusammenspiel von Jugendamt, Jugendhilfeträger, Eltern und Jugendlichen betrachtet werden. In diesem Abschnitt erfolgt daher eine Gesamteinschätzung.

Zu selten parteiliche Unterstützung durch ASD und Jugendamt

Außer Fistal und Ela berichten alle InterviewpartnerInnen von Gesprächen und Beratungsterminen mit MitarbeiterInnen eines Jugendamtes. Denis, Birgit und Sid beschreiben die Erfahrungen mit den zuständigen Fachkräften durchweg als enttäuschend. Parteiliche Hilfe und Unterstützung erfahren nur Julia und Andrea. Es entsteht der Eindruck, dass die MitarbeiterInnen in den Gesprächsterminen am Schreibtisch kaum die komplexe Lebenssituation der Jugendlichen erfassen können, teilweise ist auch Überforderung oder eine Tendenz zur Bagatellisierung zu vermuten. Die Veranlassung einer Einweisung in ein klassisches oder gar geschlossenes Heim, wie Denis, Bernd und Sid dies erleben, legt den Schluss nahe, dass sich die zuständigen Fachkräfte nicht um eine bedürfnisgerechte Unterbringung bemüht haben.

Das stadtteilorientierte Konzept bringt für wohnungslose Jugendliche keine Vorteile

Als problematisch beurteilen wir in diesem Zusammenhang die für andere Betroffene sicherlich sinnvolle Stadtteilorientierung des Amtes für soziale Dienste in Münster und anderen Städten. Für wohnungslose Jugendliche bringt sie keine Vorteile, da sie sich meist völlig aus dem Stadtteil verabschiedet haben oder aus anderen Städten kommen. Ihr »Stadtteil« oder Bezugssystem ist längst die Szene geworden. Das Stärken von Ressourcen im Stadtteil – präventiv eine sehr sinnvolle Sache – kann bei diesen Jugendlichen nicht mehr greifen. Eine stadtteilorientierte Sachbearbeitung kommt hier de facto einer Buchstabenorientierung gleich. Sie birgt die Gefahr, dass MitarbeiterInnen für die Problematik wohnungsloser junger Menschen nicht entsprechend qualifiziert oder sensibilisiert sind. Für diese Zielgruppe müssten alternative Konzepte entwickelt werden.

Einrichtungen der Inobhutnahme sind für die Zielgruppe meist zu hochschwellig

Denis, Birgit und Andrea nutzen Angebote der Inobhutnahme, allerdings nur für wenige Nächte. Während Andrea nicht ganz freiwillig in der Einrichtung übernachtet, bewerten Denis und Birgit das Angebot an Überlebenshilfen durchaus als positiv. Unterstützung im Hinblick auf die Perspektiventwicklung wird ihnen jedoch nicht geboten. Für alle drei schließt sich an die Nächte in der Schutzstelle wieder das Leben auf der Straße an. Zur im Rahmen der Inobhutnahme üblichen Krisenklärung und Perspektiventwicklung kommt es nicht. Auch die statistische Auswertung zeigt, dass 35% der Jugendlichen im Anschluss an die Inobhutnahme wieder auf der Straße leben. Lediglich 16% werden in eine Jugendhilfemaßnahme vermittelt. Nach unseren Erfahrungen ist das Angebot der Inobhutnahme insbesondere für die Jugendlichen, die bereits Erfahrungen mit dem Leben auf der Straße gemacht haben, zu hochschwellig. Vor allem die enge pädagogische Betreuung, das Einhalten der Hausregeln und Ausgangszeiten bereitet ihnen Schwierigkeiten. Jugendliche, die auf Grund von Einschränkungen und Kontrolle das Elternhaus verlassen, halten es nicht lange in Einrichtungen aus, in denen sie sich erneut engen Reglementierungen ausgesetzt sehen.

Denis, Marco, Bernd, Sid und Julia machen unterschiedliche Erfahrungen mit Jugendhilfemaßnahmen. Für Denis und Bernd ist der Kontakt mit Einrichtungen der Jugendhilfe dabei vergleichsweise kurz. Beide werden in Heimen untergebracht und nicht an der Wahl ihrer Unterbringung beteiligt. Denis wird zunächst in ein

Maßnahmen, die sich nicht den Wünschen und Bedürfnissen der Jugendlichen orientieren, bleiben fast immer erfolglos

geschlossenes Heim eingesperrt – als sich die Bedingungen für ihn lockern, reißt er aus. Bernd bleibt nur 2 Monate in einer katholischen Einrichtung, die seiner Lebensrealität in keiner Weise entspricht. 2 Beispiele dafür, dass Maßnahmen, die über die Köpfe der Jugendlichen hinweg oder sogar gegen ihren Willen installiert werden, letztendlich keinen Erfolg haben.

Sid entscheidet sich für die Heimunterbringung im Anschluss an die gegen seinen Willen eingeleitete Psychiatrieeinweisung. »Immerhin« kann er zwischen 2 oder 3

Ausgrenzung aus Jugendhilfemaßnahmen

Heimen wählen und nimmt schließlich das, von dem er durch Bekannte schon gehört hat. Allerdings bleibt er nur 3 Monate dort. Zwar erlangt er in dieser Zeit den Hauptschulabschluss, bevor er dort jedoch richtig Fuß fassen und ein Zuhause finden kann, wird er straffällig und daraufhin inhaftiert. Die Einrichtung möchte ihn danach nicht wieder aufnehmen, es werden ihm von Seiten der Jugendhilfe keinerlei Alternativen angeboten. Als mehrfach straffällig gewordenem Jugendlichen wird ihm die Hilfe verweigert, so dass ihm nichts anderes übrig bleibt, als wieder zurück zu seinen Eltern zu ziehen. Auch aus den weiteren Gesprächen mit dem Jugendamt ergeben sich für ihn keine Alternativen, so dass er schließlich den Kontakt abbricht.

Marco lernt eine Vielzahl unterschiedlicher Jugendhilfemaßnahmen kennen. Im Gegensatz zu Denis und Bernd geht hier die Initiative von ihm selbst aus. Bis er ins Heim kommt, hat er bereits eine lange Geschichte von Umzü-

Weiterreichen und Diskontinuität haben fatale Auswirkungen

gen und Lebensortwechseln hinter sich. Die Integration in das klassisch strukturierte Heim misslingt, und Marco wird weitergereicht: in eine Wohngruppe, in eine reisepädagogische Maßnahme, schließlich in betreutes Einzelwohnen. Marco, der bis zur Heimunterbringung unter dem ständigen Wechsel seiner Bezugspersonen zu leiden hat, durchlebt dies in der Heimerziehung noch einmal in verstärktem Maße. Der Junge, der letztendlich ein verlässliches Zuhause und feste Vertrauenspersonen gebraucht hätte, verschließt sich und nutzt von der Jugendhilfe bald nur noch die Bereitstellung von Apartments und die finanzielle Absicherung. Jugendhilfe kann in der Regel Familienstrukturen nicht ersetzen und auch nicht deren Kontinuität bieten. Marco wird aber in extremer Weise von Maßnahme zu Maßnahme gereicht – daraus entstehen Defizite (nicht nur der fehlende Schulabschluss), die er später nicht mehr aufholen kann.

Miteinbeziehung der Jugendlichen und Akzeptanz ihrer Bedürfnisse als Basis für gelingende Maßnahmen

Als gelungen kann wirklich nur die Jugendhilfemaßnahme von Julia bezeichnet werden. Julia wird in den Hilfeplanungsprozess aktiv miteinbezogen. Der Wunsch, mit dem Freund zusammenzuleben, wird von Seiten des Amtes für Soziale Dienste akzeptiert, und so können sich auch die Eltern langsam damit anfreunden. Dies ist unserer Erfahrung nach nur äußerst selten der Fall, meist steht die Angst vor der Verantwortung im Vordergrund. Oft wird in ähnlichen Fällen monatelang versucht, Mädchen, die einen wohnungslosen Freund haben, in einer Wohngruppe unterzubringen, in der es dann – falls die Mädchen sich schließlich dazu überreden lassen – bald darauf wegen des Freundes zu Konflikten kommt. Oder die Mädchen weigern sich, kommen mit den Regeln in der Wohngruppe nicht zurecht und flüchten schließlich wieder zu dem wohnungslosen Freund auf die Straße, wo sicher mehr »Gefahren« lauern als in einer mit dem Freund gemeinsam bewohnten und durch die Jugendhilfe begleiteten Wohnung.

Verweigerte Jugendhilfe

Auch Fistal und Birgit äußern von sich aus den Wunsch nach Jugendhilfe, weil sie das Leben in ihrer Familie nicht mehr aushalten. Aber es kommt nicht dazu. Bei Fistal reagiert die Mutter auf den Wunsch des Sohnes nach Abstand, indem sie ihn in einem Internat anmeldet. Dies scheint für ihn nicht die glücklichste Lösung zu sein, aber er kann sich mit dem Leben dort immerhin arrangieren und schafft seinen Schulabschluss. Eine angemessene pädagogische Begleitung, die ihm vielleicht hätte helfen können, seine Erfahrungen aufzuarbeiten, erfährt er im Internat allerdings nicht.

Birgit wendet sich ans Jugendamt, weil sie nicht mehr in ihrer Familie zurechtkommt. Ihr wird in der ostdeutschen Kleinstadt ein klassisches Heim vorgeschlagen, was sie jedoch ablehnt. Als sie später in der Großstadt und in Münster andere Jugendhilfemaßnahmen kennen lernt, versucht sie noch einmal, eine derartige Hilfe zu bekommen. Ihr Anliegen wird aber zurückgewiesen, die zuständige Jugendamtsmitarbeiterin ist als Nachbarin der Eltern partout nicht bereit, für Birgit etwas zu unternehmen. Birgit möchte keinesfalls gegen ihre Eltern klagen, so verzichtet sie trotz ihres Bedarfs auf Jugendhilfe.

Ähnlich geht es Denis, der ebenfalls nur auf die Klagemöglichkeit gegen seine Eltern verwiesen wird, was er nicht möchte. Dieser Schritt ist für die meisten Jugendlichen gleichbedeutend mit dem endgültigen Bruch und daher für sie unvorstellbar.

Selbst mit sozialpädagogischer Unterstützung ist das gerichtliche Vorgehen gegen die Eltern für die meisten undenkbar und nicht zu bewältigen. Während unserer Tätigkeit als StreetworkerInnen ist es einer einzigen Jugendlichen gelungen, diesen Schritt bis zum Ende durchzustehen. Im Kinder- und Jugendhilfegesetz fehlt eine Regelung, nach der Jugendhilfemaßnahmen installiert werden können, wenn Jugendliche und Jugendamt dies als notwendig erachten – ohne vorher über das Gericht einen Sorgerechtsentzug einleiten und durchführen zu müssen.

> Jugendhilfe einzuklagen ist für die meisten Jugendlichen eine unüberwindbare Hürde

Auch in Elas Fall wollen die Eltern die Installierung einer Jugendhilfemaßnahme verhindern. Sie machen jedoch den Alternativvorschlag, dass ihre Tochter mit 17 Jahren allein eine Wohnung beziehen kann – für Ela ein verlockendes Angebot. Danach steht es für sie nicht mehr zur Diskussion, sich für eine Jugendhilfemaßnahme einzusetzen. In der eigenen Wohnung stellt sie aber fest, dass sie nun völlig auf sich allein gestellt ist, und beschreibt dies als sehr schwere Zeit. Zweimal verliert sie Apartments wieder und zieht schließlich zu ihrem Freund, über den sie zum Kokain kommt. Ela steigt auch aus dieser Beziehung wieder aus eigener Kraft aus, dennoch macht sie schwere und krisenhafte Zeiten durch. Eine niedrigschwellige Begleitung im Rahmen der Jugendhilfe, wie bei Julia, hätte sie sicherlich zusätzlich zum Alleinwohnen angenommen. Vielleicht hätte ihr das eine Unterstützung im Alltag bieten und einige Schwierigkeiten ersparen können.

> Unbetreute Alternativen scheinen oft zunächst verlockender

Sid versucht später noch mehrmals, über die Jugendhilfe in betreutes Wohnen zu kommen. Aber sein Anliegen wird sowohl vom Jugendamt als auch von der Einrichtung, die er sich ausgesucht hat, abgelehnt. Für Sid hätte betreutes Wohnen eine Möglichkeit darstellen können, eine erwachsene Vertrauensperson zu finden, die er in seinen Eltern nie hatte. Selbst als er sich aus dem Gefängnis heraus an eine Einrichtung wendet, die sich konzeptionell auf straffällige Jugendliche ausgerichtet ist, wird er zurückgewiesen. Er, den es stets starke Überwindung kostet, um Hilfe zu bitten, findet sich damit ab und versucht, sich allein »durchzuschlagen«. Unsere Erfahrungen zeigen, dass diese Zurückweisung nicht untypisch ist. Mehrfach straffällig gewordene Jugendliche wie Sid, aber auch drogenabhängige und drogenkonsumierende Jugendliche werden oft kategorisch von Jugendhilfeträgern abgelehnt, mit der Begründung, dass sie keine entsprechenden Maßnahmen anzubieten hätten. Die Verantwortung für sie zu übernehmen ist vielen Trägern zu groß. So fallen gerade diese Jugendli-

> Mehrfach straffällig gewordene und drogenabhängige Jugendliche werden auch von der Jugendhilfe abgelehnt

275

chen, die die Hilfe so nötig brauchen, durch das System der Jugendhilfe durch und landen letztendlich dort, wo keiner die Verantwortung für sie übernehmen muss – auf der Straße.

Begleitete Alternativen sind sinnvoll

Andrea ist die einzige, die sich ausdrücklich gegen eine Jugendhilfemaßnahme ausspricht. Dennoch gelingt es, sie in ein begleitetes Wohnprojekt aufzunehmen, wo sie in den MitarbeiterInnen von Streetwork und ASD AnsprechpartnerInnen hat, was sie positiv nutzen kann. Dadurch, dass ihren Wünschen entsprochen wird, ist sie schließlich auch in der Lage, sich zu öffnen und die angebotene Hilfe anzunehmen.

Zukunftsvorstellungen der Jugendlichen als aktiven Anteil zur Lebensgestaltung und nicht als Forderung begreifen

Als »hilferesistent« kann somit keineR der Jugendlichen und jungen Erwachsenen bezeichnet werden. Alle nehmen niedrigschwellige Hilfen und Beratung an, bei fast allen gibt es zeitweise den Wunsch nach einer Jugendhilfemaßnahme. Alle haben darüber hinaus konkrete Vorstellungen und Wünsche, wie sie leben wollen und wie diese Maßnahmen aussehen sollen. Das Äußern konkreter Lebensentwürfe wird vom Hilfesystem oft als Forderung missverstanden. Dabei ist es unserer Ansicht nach eine Fähigkeit, wenn Jugendliche in der Lage sind, sich konkrete Vorstellungen über ihre Zukunft zu machen, an die angeknüpft werden kann. Wenn Jugendliche sich mit ihren Zukunftsvorstellungen ernst genommen fühlen, sind sie in der Regel bereit, Kompromisse hinsichtlich der Realisierbarkeit zu machen. Fühlen sie sich übergangen und nicht verstanden, so ist dies kein guter Ausgangspunkt für das Gelingen einer Hilfemaßnahme.

Akzeptanz, Bedürfnisorientierung und tragfähige Beziehungen tragen zum Gelingen von Jugendhilfemaßnahmen bei

Jugendhilfemaßnahmen gelingen nach unseren Erfahrungen meistens dann, wenn sie sich an den Wünschen, Lebensvorstellungen und Bedürfnissen der Jugendlichen orientieren und wenn es den BetreuerInnen gelingt, eine vertrauensvolle, tragfähige Beziehung aufzubauen. Dies ist meist eher bei niedrigschwelligen, lebensweltnahen und akzeptierenden Maßnahmen der Fall, wie zum Beispiel bei betreutem Einzelwohnen, und nicht bei streng kontrollierenden, aus der Szene »herausreißenden« Angeboten. Hilfreich ist außerdem, wenn die Zahl der Betreuungspersonen begrenzt ist und BetreuerInnenwechsel vermieden werden, da es den Jugendlichen in der Regel schwer fällt, zu mehreren Erwachsenen Vertrauensverhältnisse aufzubauen. Mit individuellen Betreuungen mit einer Bezugsperson wie zum Beispiel im Fall von Julia kommen nach unseren Erfahrungen die meisten der Jugendlichen aus der Zielgruppe besser zurecht als mit einem Betreuungsteam. Darüber hinaus lässt die Forderung nach Ausstieg aus der Szene viele Jugendhilfemaßnahmen scheitern. Denn für die Mädchen und Jungen bedeutet das, ihre »Ersatzfamilie« Szene aufgeben zu müssen, d.h. einen Großteil oder manchmal sogar alle sozialen Beziehungen, die sie zu diesem Zeitpunkt haben.

4.3.3 Psychiatrische und psychotherapeutische Interventionen

Ein Teil der Jugendlichen und jungen Erwachsenen kommt mit psychiatrischen und psychotherapeutischen Hilfen in Kontakt. Dies können ambulante Therapien, stationäre, oft unfreiwillige Psychiatrieaufenthalte oder stationäre Drogentherapien sein. Häufig wissen die Jugendlichen und jungen Erwachsenen nicht einmal, mit welchem psychotherapeutischen Konzept, nach welchen Methoden und mit welchen Zielen sie behandelt werden. In der statistischen Untersuchung werden nur stationäre Aufenthalte berücksichtigt. Demnach werden 31 Jungen und Männer und 26 Mädchen und Frauen in psychiatrischen Kliniken behandelt – bei einer vermutlich hohen Dunkelziffer. Von den InterviewpartnerInnen machen Bernd, Sid und Denis entsprechende Erfahrungen. Während es bei Bernd um eine ambulante Gesprächstherapie geht, wird Sid zwangsweise in die Kinder- und Jugendpsychiatrie eingewiesen, nachdem er Erfahrung mit ambulanter Therapie gemacht hat. Denis unterzieht sich zweimal stationären Drogentherapien, die nach BtmG § 35 eine Alternative zur Freiheitsstrafe darstellen. Später nimmt er eine ambulante Gesprächstherapie in der Praxis seines substituierenden Arztes an.

Für Sid ist die zwangsweise Einweisung in die Psychiatrie ein Schock mit weit reichenden Folgen. Während er sich mit der ambulanten Therapie in der Psychiatrie noch anfreunden kann, reißt ihn die stationäre Unterbringung völlig aus seinen bisherigen Bezügen. Er muss die Schule

Zwangseinweisungen in Psychiatrien sind fast immer schlimme, traumatische Erlebnisse

unterbrechen und wird aus der Familie entfernt. Das restliche Vertrauen in seine Eltern wird zerstört, seine Entwurzelung wird noch verstärkt. Sid versucht, dies zu bewältigen, in dem er sich den Anforderungen so gut er kann anpasst. Er öffnet sich nicht, sondern verschließt sich, um baldmöglichst wieder entlassen zu werden. An seinen Problemen und Handlungsmustern ändern die 7 Monate stationärer Behandlung wenig. Nach 3 Monaten im Heim macht er weiter wie vorher – wieder versucht er Anerkennung und Freundschaften zu gewinnen, indem er gemeinsam mit anderen Straftaten begeht. Die »Therapie« kann ihm offensichtlich keine Wahlmöglichkeiten und keine alternativen Verhaltensmuster vermitteln.

Wie die Statistik zeigt, sind es vor allem Mädchen, die ähnlich wie Sid als Minderjährige eine Psychiatrieeinweisung gegen ihren Willen erleben. 79% der weiblichen, aber nur 38% der männlichen Personen sind bei der ersten Psychiatrieeinweisung minderjährig. Nach unseren

Von Zwangseinweisungen als Minderjährige sind wesentlich mehr Mädchen betroffen

Erfahrungen werden Mädchen für »abweichende« Verhaltensweisen schneller als psychisch krank eingestuft, während Normverstöße von Jungen eher als »kriminell« bewertet werden. Auch der Aufenthalt in der Szene und der Konsum von Drogen wird unserer Einschätzung nach bei Mädchen eher unter dem

Selbstgefährdungsaspekt gesehen, mit dessen Begründung eine Psychiatrieeinweisung erwirkt wird.

Die Jugendlichen werden als »krank« abgestempelt ohne das Herkunftssystem einzubeziehen

Unsere Erfahrung zeigt weiterhin, dass die Einweisung von Minderjährigen in den allermeisten Fällen auf Veranlassung der Eltern hin und gegen den Willen der Mädchen und Jungen geschieht. Psychiatrieeinweisung scheint oft der letzte »Ausweg« zu sein, wenn Eltern (oder auch die Heimerziehung) nicht mehr weiter wissen. Weil sie sich nicht mehr in der Lage sehen, die Jugendlichen und ihr Verhalten zu verstehen, versuchen sie, sie als krank einzustufen. Damit wird jedoch das Lebensumfeld außer Acht gelassen und die »Störung« wird an den Jugendlichen festgemacht, die nun »therapiert« werden sollen (vgl. auch Permien/Zink 1998: 134f). Die Jugendlichen werden damit als psychisch Kranke abgestempelt. Für viele ist es ein Schock, in eine Einrichtung eingewiesen zu werden, wo sich offensichtlich »Verrückte« aufhalten. Für die meisten ist die Einlieferung in die Psychiatrie wie für Sid ein traumatisches Erlebnis. Sie haben das Gefühl, dass sie dort lediglich selbst »verrückt« werden – im wahrsten Sinne des Wortes und mit zunehmender Aufenthaltsdauer.

Psychiatrische Diagnosen haben negative Auswirkungen auf das Selbstkonzept

Einige Mädchen und Jungen besitzen die enorme Stärke, entgegen der psychiatrischen Diagnose sich selbst als »normal« anzusehen und somit ihr Selbstkonzept in Abgrenzung zu dieser Institution zu erhalten. Andere übernehmen die psychiatrische Diagnose in ihr Selbstbild und brauchen zum Teil Jahre, um dieses Stigma wieder loszuwerden. Hinzu kommt, dass durch eine Einweisung gegen den Willen der Jugendlichen das Verhältnis zu den Eltern bzw. der Jugendhilfeeinrichtung vollends gestört wird.

Flucht aus der Psychiatrie verschärft die Lebenssituation auf der Straße

Die statistische Auswertung zeigt, dass sich für 32% der Mädchen an die Psychiatrie Wohnungslosigkeit anschließt. Viele von ihnen haben es geschafft, trotz massiver Sicherheitsvorkehrungen aus diesen Einrichtungen auszureißen. Danach werden sie (mit dem Argument der drohenden Selbstgefährdung) meist verstärkt gesucht. Sie sind daher zum Teil weder bereit, ihren vollständigen Namen anzugeben, noch damit einverstanden, dass die Eltern oder das Jugendamt informiert werden. Dies schließt die Inobhutnahme in Schutzstellen oder Mädchenkrisenhäusern meist von vorne herein aus. Oft entwickeln die Mädchen, aber auch Jungen wie Sid ein generelles Misstrauen gegen die Erwachsenenwelt. Viele wenden sich endgültig der Straßenszene zu.

Wesentlich weniger Schaden richtet die ambulante Gesprächstherapie an, der sich Bernd unterzieht. Immerhin erzählt er, dass der Psychologe ihm geholfen habe und er sich mit ihm gut verstanden hätte. Dennoch muss hier nicht nur am Nutzen, sondern auch an der Professionalität gezweifelt werden. Gemeinsamer abendlicher Alkohol- und Drogenkonsum sollte in einer professionellen Therapie nicht vorkommen. Aus der Erzählung Bernds erscheint der Psychologe als weitere Figur, die wie die Mutter versucht, Bernd eine Arbeitsstelle zu vermitteln. Einerseits berichtet Bernd, dass ihm die Gespräche über die Vergangenheit gut getan hätten. Andererseits gibt der Psychologe ihm Aufgaben und vermittelt ihm Stellen. Dass er diesen Anforderungen nicht gewachsen ist, wird ihm wieder als persönliches Versagen vermittelt.

Ambulante Gesprächstherapien können helfen, wenn nicht wieder neue Forderungen gestellt werden

Wie Bernd geht es vielen Jugendlichen. Es tut ihnen gut, jemanden zu finden, der zuhört und mit dem sie erlebte Verletzungen besprechen können. Dies birgt Entwicklungschancen, die Möglichkeit, Verletzungen auszusprechen und damit ihre Heilung zu fördern. Darüber hinaus können Verhaltensmuster erkannt und überprüft werden und Wahlmöglichkeiten entdeckt werden. Die Grundlagen einer therapeutischen Beziehung zumindest im Sinne der humanistischen Psychologie sollten jedoch Akzeptanz, Wertschätzung und Empathie des Therapeuten sein (vgl. z.B. Quitmann 1985: 137ff). Empathie war bei Bernds Therapeuten vermutlich gegeben, aber er war nicht in der Lage, Bernds Antriebslosigkeit zu akzeptieren. Indem er ihm Aufgaben und Anforderungen auferlegte, verschenkte er eine Chance, dass Bernd von sich aus Aktivität entwickeln hätte können.

Akzeptanz, Wertschätzung und Empathie als Grundlagen gelingender Therapie

Gerade gegenüber Jugendlichen werden in Therapien immer wieder Anforderungen gestellt. Manchmal werden in der Therapie direkt Ziele wie zum Beispiel Schulbesuch vereinbart. Jugendliche, die so viele Erlebnisse aufzuarbeiten haben, brauchen unserer Erfahrung nach aber erst einmal einen Ort, wo sie dies aussprechen und verarbeiten können. Sie brauchen Zeit, sich zu öffnen, das Gefühl, akzeptiert und wertgeschätzt zu werden. Wenn dies nicht gegeben ist, brechen die meisten eine Therapie wieder ab.

Daran, dass ihm keine Zeit gelassen wurde, scheitert Denis' erste stationäre Therapie. Denis entscheidet sich für die Therapie nur als Alternative zum Strafvollzug, ohne genau zu wissen, was auf ihn zukommt. Als er sich dort von heute auf morgen öffnen, unbekannten Menschen seine Lebensgeschichte erzählen und dies auch noch aufschreiben soll, ist ihm das zu viel. Diese Anforderungen kann er nicht erfüllen. Er reißt aus und nimmt damit die Inhaftierung in Kauf.

Jugendliche und junge Erwachsene brauchen Zeit, sich zu öffnen

Wie Denis geht es vielen Jugendlichen und jungen Erwachsenen mit unterschiedlichen Therapieformen. Viele von ihnen haben jahrelang Verletzungen verdrängt oder eigenständig mit Drogen »behandelt«. Für sie müssen niedrigschwelligere Therapieformen entwickelt werden. Sozialtherapeutische und kreativtherapeutische Konzepte, die eher an den Ressourcen und Stärken ansetzen wären für viele angemessener.

Kreativ-sozialtherapeutische Ansätze könnten eine Ressource sein

279

Erfolgserlebnisse stärken das Selbstbewusstsein und sind förderlich

Für Denis ist die Drogentherapie in der von Betroffenen getragenen therapeutischen Einrichtung wesentlich hilfreicher als die vorher begonnene stationäre Psychotherapie. Er beschreibt diese Zeit als positiv, in erster Linie, weil ihm die konkrete, gesellschaftlich nützliche Tätigkeit Erfolgserlebnisse und Selbstbewusstsein vermittelt. Im Gegensatz zu einer Beschäftigungstherapie ist es gerade die »ganz normale« Arbeit im realen Alltag, die Denis weiterhilft. Im Grunde könnten Projekte und Konzepte mit konkreten Tätigkeitsbereichen eine wirksame Hilfe im therapeutischen Rahmen darstellen, insbesondere für Jugendliche und junge Erwachsene, die wie Denis Zeit brauchen, um sich zu öffnen. Problematisch ist jedoch für Denis das mit der Therapieeinrichtung verbundene Regelwerk, mit dem er schließlich in Konflikt gerät. Die Konsequenzen daraus stellen alles, was er sich dort erarbeitet hat, wieder in Frage. In der Tat wirken die von ihm beschriebenen Regeln wirklichkeitsfremd. In Denis' Fall und vermutlich in vielen anderen Fällen wirken sie sich kontraproduktiv aus. Denis verlässt schließlich die Einrichtung, die ihm sonst so viel Halt gegeben hat.

Eine Einbindung der therapeutischen Angebote in den Alltag ist hilfreich

Denis nimmt heute therapeutische Gespräche in seiner Substitutionspraxis an. Dieses Angebot beschreibt er als hilfreich. Wie Bernd tut es ihm gut, über seine Vergangenheit zu sprechen. Voraussetzung ist aber, dass es in seinem Tempo geschieht. Die Anbindung der therapeutischen Hilfe an eine substituierende Arztpraxis erweist sich dabei als sinnvoll. Für viele Jugendliche und junge Erwachsene, die therapeutische Hilfe wollen, ist es undenkbar, sich vom Hausarzt an einen fremden Therapeuten vermitteln lassen zu müssen, dem sie dann nach einem kurzen Vorgespräch alles anvertrauen sollen. Die Anbindung therapeutischer Hilfeangebote an eine Einrichtung, die ohnehin von der Zielgruppe genutzt wird, bietet die Möglichkeit, langsam Vertrauen zu fassen.

Immer wieder zeigen und äußern Jugendliche, dass sie eigentlich mehr als Beratung brauchen. Wir spüren, dass eine therapeutische Begleitung, die Aufarbeitung von Erlebtem, die sensible Thematisierung und Bearbeitung von Gewalterfahrung und praktizierter Gewalt, ihnen gut tun könnte. Hier ist aber eindeutig eine Grenze von Streetwork erreicht – der Weg zu einem niedergelassenen Psychotherapeuten über den Hausarzt ist jedoch zu weit, die Überleitung ist schwierig. Eine Anbindung freiwilliger therapeutischer Angebote an Streetwork und niedrigschwellige Einrichtungen könnte eine sinnvolle Kombination sein.

4.4 Kritische Überlebensstrategien

Auf der Straße sind Überlebensstrategien notwendig, die für die Umsetzung von Zukunftsperspektiven oft hinderlich sind und zum Teil weitreichende Folgen nach sich ziehen. Exzessiver Drogenkonsum als Bewältigungsstrategie kann Sucht und gesundheitliche Beeinträchtigungen zur Folge haben, Diebstahl und Beschaffungskriminalität enden häufig mit Strafverfolgung und möglicherweise Haft. Wie entwickeln sich diese Überlebensstrategien? Werden sie zum Selbstläufer, der die weitere Entwicklung behindert, oder verschwinden sie von allein, wenn eine Stabilisierung erfolgt? Was bleibt davon zurück, vielleicht auch als »Altlast« über Jahre?

4.4.1 Drogengebrauch und Alkoholkonsum

Von Drogen- und Alkoholkonsum berichten alle InterviewpartnerInnen. Tatsächlich gehören »Rauschmittel« zum Leben auf der Straße und in der Szene fast unmittelbar dazu – sie sind ein Teil des Lebensstils, Ausdruck von Gemeinschaft, vermitteln Spaß, dienen als Bewältigungsstrategie des Lebens ohne Wohnung und zur Verdrängung der schmerzlichen Erfahrungen. Diesbezüglich ist der Konsum von Drogen und Alkohol für wohnungslose Jugendliche und junge Erwachsene zunächst funktional.

Drogenkonsum als Bewältigungsstrategie

Dabei gehen die InterviewpartnerInnen sehr unterschiedlich mit Drogen und Alkohol um. Für die meisten gibt es Zeiten exzessiven, unkontrollierten Konsums, die oft mit der Wohnungslosigkeit zusammenfallen. Heute haben fast alle ihren Drogen- und Alkoholkonsum reduziert, größtenteils aus eigenem Antrieb heraus. Ihre Zugänge und Ausstiegsprozesse sind recht unterschiedlich.

Für Andrea und Sid konzentriert sich die Phase des Drogenkonsums tatsächlich auf die wohnungslose Zeit in der Szene. Vorher kommen beide kaum mit Drogen in Berührung. Beide lehnen Alkohol ab. Sie beschreiben und betonen den Spaß-Effekt und Experimentiercharakter. Darüber hinaus finanziert Sid teilweise seinen Lebensunterhalt durch den Verkauf illegaler Drogen. Andreas Drogenkonsum beschränkt sich heute auf Cannabisprodukte, Sid hat den Gebrauch von Drogen vollständig eingestellt. Für beide ist der Drogenkonsum in ihrem Leben mehr eine Begleiterscheinung der Wohnungslosigkeit als ein ernsthaftes Problem. Im Zusammenhang mit der Stabilisierung werden Drogen unbedeutender.

Drogenkonsum als Begleiterscheinung am Rande

Eine größere Rolle spielen Drogen und Alkohol für Fistal, Birgit und Julia. Sie berichten, bereits vor dem Aufenthalt in der Straßenszene mit Drogen (in erster Linie Cannabis) experimentiert zu haben. Die Zeit auf der Straße ist jedoch für sie

Exzessive Phasen und ihre Reduzierung

eine Phase, in der sie ihren Konsum steigern und neue Drogen, insbesondere chemische Drogen wie Ecstasy oder Amphetamine, aber auch Kokain ausprobieren. Für Fistal ist die wohnungslose Zeit geprägt von exzessivem Konsum verschiedener Drogen. Er beschreibt unter anderem körperliche Folgen wie die Gewichtsabnahme. Er reduziert seinen Konsum, als er schließlich eine Wohnung hat und als Freunde ihn vermehrt darauf ansprechen. Bei Julia und Birgit verstärkt sich der Drogenkonsum über die wohnungslose Zeit hinaus. Für beide wirkt sich das Zusammenleben mit Freunden, die langjährige Drogenerfahrungen haben, destabilisierend aus. Beide berichten von negativen Folgen des übermäßigen Konsums, bei beiden gibt es zwischenzeitlich den Wunsch nach Reduzierung. Julia ist zum Zeitpunkt des Interviews an einem Punkt, wo sie versucht, ihren Drogenkonsum einzuschränken. Bei Birgit ist es die Schwangerschaft, die ihr dazu verhilft, von heute auf morgen den Konsum völlig aufzugeben. Bei allen dreien kann im Grunde nicht von einer Abhängigkeit gesprochen werden.

Alkohol als »Dauerproblem« Abhängigkeitsstrukturen bestehen dagegen bei Marco und Bernd, für die jedoch in erster Linie Alkohol zum Problem wird, auch wenn sie wie Fistal, Birgit und Julia zwischenzeitlich viel mit chemischen Stoffen und pflanzlichen Drogen wie Psilocybinpilzen experimentieren. Beide machen als Kinder schon ihre ersten Alkoholerfahrungen – Bernd durch Vater und Stiefvater, Marco in der Einrichtung der Jugendhilfe. Die Zeiten der Wohnungslosigkeit sind geprägt von Drogenexperimenten aller Art, die mit täglichem hohen Alkoholkonsum einhergehen. Insbesondere Bernd berichtet von massiven gesundheitlichen Folgeproblemen. Bernd gelingt es aber durch die langsame Stabilisierung im Wohnprojekt, den Drogen- und Alkoholkonsum nach und nach einzuschränken. Inzwischen kann bei ihm kaum mehr von einem problematischen Konsum gesprochen werden. Dagegen wechseln bei Marco auch nach der erfolgten Stabilisierung Phasen reduzierten Konsums mit Phasen, in denen er exzessiv hochprozentigen Alkohol trinkt und in diesem Zusammenhang immer wieder Straftaten begeht, die seine Stabilisierung gefährden. Alkohol gehört für ihn nach wie vor zum Alltag.

Selbstgesetzte Tabus und »Stoppschilder« Gleichzeitig berichten die meisten InterviewpartnerInnen aber auch von selbstgesetzten Tabus bezüglich bestimmter Drogen, wie zum Beispiel kein Heroin anzurühren. Damit verbunden ist oft eine Abgrenzung gegen »Junkies« und die Heroinszene. Permien/Zink bezeichnen solche Strategien als »persönliche Stoppschilder« (1998: 264), die sie bei nahezu allen von ihnen befragten Jugendlichen feststellen. Solche »Stoppschilder« sind als persönliche und teilweise als gruppenbezogene Ressourcen anzusehen, die es zu stärken gilt.

Von einer manifesten, auch körperlichen Drogenabhängigkeit berichten Ela und Denis. Ela gelangt durch ihren heroinabhängigen Freund an Heroin und Kokain und wird nach kurzer Zeit selbst kokainabhängig. Etwa ein gutes Jahr dauert bei ihr die Phase, in der sie täglich Kokain zu sich nimmt. Ausgelöst durch ein schockierendes Schlüsselerlebnis beendet sie jedoch eigenständig den Kokainkonsum. Die Entzugssymptome mildert sie durch vermehrten Alkoholkonsum. Anschließend gibt es Phasen, in denen sie viel Alkohol und chemische Drogen zu sich nimmt, inzwischen hat sich der Drogengebrauch bei ihr ebenfalls auf ein kontrolliertes Maß eingependelt.

Spontaner Ausstieg aus Abhängigkeit durch Schlüsselerlebnisse

Denis' Ausstieg aus seiner langjährigen Heroinabhängigkeit ist dagegen eher wellenförmig. Immer wieder macht er Anläufe, unter anderem mit Hilfe von Ersatzdrogen vom Heroin herunterzukommen. Zwei Therapien bricht er ab, Phasen der Substitution wechseln mit Cleanphasen und Rückfällen. Dabei kann von einer ganz langsamen Stabilisierung gesprochen werden: Die Cleanphasen werden länger, die Rückfälle werden seltener. Denis ist von den InterviewpartnerInnen der Einzige, der über längere Zeiträume hinweg Heroin konsumiert. Gleichzeitig ist er der Einzige, der speziell zum Thema Drogen professionelle Hilfe in Anspruch nimmt, die ihm teilweise weiterhilft, wie zum Beispiel die psychotherapeutische Begleitung im Rahmen des Substitutionsangebotes. Für die anderen InterviewpartnerInnen scheinen die Angebote der Drogenhilfe keine Bedeutung zu haben.

Langsames, wellenförmiges »Herauslösen« aus der Abhängigkeit

Das breite Spektrum des Drogenkonsumverhaltens der InterviewpartnerInnen spiegelt unseren Erfahrungen nach auch die Bandbreite an Konsum- und Abhängigkeitsmustern in der Szene wieder. Von Jugendlichen und jungen Erwachsenen, die wie Andrea recht zurückhaltend mit Drogen umgehen, bis hin zu Personen, die eine manifeste körperliche Abhängigkeit entwickeln, sind alle Konsummuster vertreten. Dabei ist für einen Großteil der Jugendlichen und jungen Erwachsenen der Drogengebrauch eine Begleiterscheinung und Bewältigungsstrategie, die an Bedeutung verliert, wenn eine Stabilisierung erfolgt ist. Findet jedoch keine Stabilisierung statt und ziehen sich Wohnungslosigkeit, krisenhafte Lebenssituation und exzessiver Drogenkonsum über Jahre hin, so bilden sich wie bei Denis und Marco nicht selten Konsumgewohnheiten und Abhängigkeitsstrukturen heraus, die oft nicht mehr so ohne weiteres überwunden werden können. Hier spielt nach unserer Einschätzung auch das Alter eine große Rolle. Es grenzt manchmal an ein Wunder, wie schnell sich Jugendliche, die vorher massiv mit Drogen und sogar mit Heroin experimentiert haben, plötzlich vom problematischen Konsum verabschieden können, wenn sich ihre Lebenssituation ändert. Für Erwachsene ist dagegen die Aufgabe oder Reduzierung des gewohnten Konsums meist ein viel größeres Problem.

Drogenkonsum als Bewältigungsstrategie, die mit erfolgter Stabilisierung an Bedeutung verliert

Abgesehen von der Abhängigkeitsgefahr bleiben aber die negativen Folgen, die insbesondere der Drogenkonsum auf der Straße nach sich zieht. Wohnungslosigkeit als Situation extremer Armut verschärft auch hier die Bedin-

Für Wohnungslose ist regelmäßiger Drogenkonsum schwer finanzierbar und riskant

gungen. Insbesondere illegale Drogen sind teuer. Wer sie sich verschaffen will, muss entweder größere Geldbeträge aufbringen, was nur, wenn wie bei Ela eine Wohnung und Arbeit vorhanden sind, eine Zeit lang legal bewerkstelligt werden kann. Wohnungslose Jugendliche ohne eigene Einnahmen und SozialhilfeempfängerInnen sind dagegen auf andere Strategien angewiesen. Am wenigsten »kriminell« ist hier die Mitversorgung und der Rückgriff auf das, was gerade verschenkt, geteilt oder billig angeboten wird. Auch durch erzielte Betteleinnahmen können kleinere Mengen billigerer Drogen finanziert werden. Das zwingt jedoch, das zu konsumieren, was auf dem Markt ist – oft billige, gestreckte Ware, die hohe gesundheitliche Gefahren birgt. Häufig werden Substanzen gemischt oder zusätzlich zu Alkohol konsumiert, was sich als besonders riskant erweist (vgl. Scheerer/Vogt 1989: 17ff). Mehrmals haben wir Jugendliche im Krankenhaus besucht, deren Nierensystem auf Grund des Konsums von minderwertigen Drogen oder »Cocktails« zusammengebrochen war. Safer-use-Praktiken sind so kaum möglich, Wahlmöglichkeiten bestehen nicht. Ein Grund, warum sich in Wohnungslosenszenen auf Dauer meist die billigste Droge »durchsetzt«: der Alkohol. In großen Mengen konsumiert birgt er jedoch weit höhere gesundheitliche Gefahren als so manche illegale Droge (vgl. ebd.).

Beschaffungskriminalität ist für Abhängige kaum vermeidbar

Wer wie Denis eine manifeste Abhängigkeit entwickelt, dem bleibt kaum anderes übrig, als sich den täglichen Drogenbedarf durch Prostitution oder illegale Mittel zu sichern. Da die Einnahmen kaum kalkulierbar sind, gibt es aber auch hier oft Versorgungsengpässe, in denen dann minderwertige Ware konsumiert werden muss. Werden Straftaten begangen, so besteht ständig die Gefahr, dabei gefasst und angezeigt zu werden. Wird dies auf Dauer praktiziert, landet ein Großteil schließlich über kurz oder lang im Gefängnis. Eine Möglichkeit, selbst ein Stückchen Kontrolle über die Qualität des konsumierten Stoffes zu erlangen, ist das Dealen. Außerdem können dadurch kalkulierbarere Einnahmen erzielt werden. Gleichzeitig wird Dealen aber hart bestraft und birgt ebenso die Gefahr der folgenden Inhaftierung.

4.4.2 Kriminalisierung und Straftaten

Straftaten – vorrangig ein »männliches Problem«

In den Lebensgeschichten zeigt sich wie im empirischen Teil die deutliche geschlechtsspezifische Ausprägung: Mit Straftaten haben Mädchen wenig zu tun, mit Strafanzeigen noch weniger, und eine Haftstrafe hat kaum eine abzubüßen. Dies ist insoweit nicht verwunderlich, als dass sich diese Ausprägung auch mit dem Rest der Gesellschaft deckt – nicht einmal 5% der verurteilten StraftäterInnen sind weiblich (vgl. Statistisches Bundesamt Wiesbaden 1996: 367), wohl aber vielleicht insofern, als dass Straßenmädchen Kriminalität oft

284

stillschweigend mit unterstellt wird. Mit diesbezüglicher Diskriminierung und Kriminalisierung haben nicht nur Jungen zu kämpfen. In den letzten Jahren gibt es beispielsweise immer wieder Fälle, in denen Mädchen aus der Straßenszene auf Grund von »Herumlungern« ein Hausverbot im Bahnhof erhalten und infolgedessen die Benutzung der Bahnhofstoilette oder der Besuch der im Bahnhof ansässigen Bahnhofsmission bereits als Hausfriedensbruch verfolgt wird.

Straftaten in der Szene sind meist Überlebensstrategien (wie zum Beispiel Diebstahl und Hehlerei), die im Zusammenhang mit Armut begangen werden. Auf Grund der Mittellosigkeit können verhängte Bußgelder in der

Armut und Wohnungslosigkeit begünstigen Strafverfolgung

Regel nicht entrichtet werden, was dazu führt, dass Ordnungswidrigkeiten als Straftaten verfolgt werden. So kostet beispielsweise das Schwarzfahren in der Regel 60 DM. Wenn diese Summe an Ort und Stelle beglichen wird, wird von einer Strafanzeige abgesehen. Wer aber ohne Fahrschein unterwegs ist, weil er das Geld hierfür nicht aufbringen kann, wird in der Regel der Polizei übergeben, es wird Anzeige erstattet. Mehrmalige Verstöße werden in diesen Fällen registriert, im Extremfall kommt es zu Gerichtsverhandlungen, die die Betroffenen wiederum mit Geldstrafen oder Arbeitsauflagen belasten. Hinzu kommt Beschaffungskriminalität, insbesondere für die Jugendlichen und jungen Erwachsenen, bei denen ein exzessiver Drogenkonsum oder eine manifeste Abhängigkeit besteht. Neben Verstößen gegen das Betäubungsmittelgesetz werden Straftaten wie Diebstahl, Raub und Hehlerei begangen um den Drogenkonsum zu finanzieren. Konfliktbewältigung erfolgt innerhalb der Szene oft durch körperliche Gewalt. Auf Grund der vermehrten Überwachung der Szenen durch kommunale oder private Sicherheitskräfte kommen diese Szene-Prügeleien immer häufiger zur Anzeige, auch wenn alle Betroffenen keine Strafverfolgung wünschen.

Die Straftaten von Fistal können eindeutig als Überlebensstrategien in der Wohnungslosigkeit interpretiert werden, zumal er die erste Zeit nicht einmal Hilfe zum Lebensunterhalt bezieht. Als er später von Sozialhilfe

Straftaten als konkrete Überlebensstrategien

lebt, seine Wohnung bezieht und sich nicht mehr am Bahnhof aufhalten muss, gibt es für ihn keine Veranlassung mehr, illegale Handlungen zu begehen. Die Straftaten von Bernd sind in gewisser Hinsicht eine psychische Überlebensstrategie, denn er erkauft sich die nie bekommene Anerkennung und Akzeptanz mit gestohlenen Waren. Auf der Straße wechselt er jedoch die Überlebensstrategie und lebt vor allem vom Betteln. Auch Bernd stabilisiert sich mit dem Einzug in das Wohnprojekt.

Denis ist als Heroinabhängiger darauf angewiesen, täglich eine große Summe Geld für den Kauf der Droge herbeizuschaffen, was er durch Diebstahl und Einbruch bewerkstelligt. In Phasen der Substitution und mit dem Bezug einer Wohnung nehmen die Straftaten ab, Wohnungslosigkeit und akute Abhängigkeitsphasen führen zu vermehrten Straftaten. Auch hier sind die Straftaten

Inhaftierung steht der »Resozialisierung« kontraproduktiv im Weg

schließlich als Folge der Lebensumstände zu sehen, haben jedoch für sein Weiterleben verheerende Folgen. Denis wird verurteilt und sitzt eine einjährige Freiheitsstrafe im Gefängnis ab. Diese Zeit beschreibt er als traumatische Erfahrung. Von einer Resozialisierung – einem in StVollzG § 2 und JGG § 91.1 ausdrücklich formulierten Ziel des Strafvollzugs (vgl. auch Krüger 1977: 230) – kann keine Rede sein. Denis steht nach dem Gefängnis genauso mittel- und wohnungslos da wie vorher. Er berichtet, »nur noch härter« geworden zu sein, und weiß sich nicht anders zu helfen, als die nicht überwundene Drogenabhängigkeit wieder durch erneute Straftaten zu finanzieren.

Gewalt als gängige Lösungsstrategie für Auseinandersetzungen

Die Straftaten, die Marco begeht, sind neben Überlebensstrategien aus finanzieller Notwendigkeit insbesondere Körperverletzungen. Eine Notwehrsituation unter Alkohol, in der er aber die Grenzen der Notwehr drastisch überschreitet, führt dazu, dass er ein Jahr lang auf eine Gerichtsverhandlung wartet, bei der er Inhaftierung befürchtet. Dieses Warten wirkt sich extrem destabilisierend und motivationshemmend aus, Marco ist kaum in der Lage, Perspektiven zu entwickeln. Die Bewährungsstrafe, zu der er schließlich verurteilt wird, setzt er immer wieder aufs Spiel, weil er kaum in der Lage ist, sich an die Bewährungsauflagen zu halten. Insbesondere in Kombination mit hartem Alkohol begeht er mehrmals Körperverletzungen. Im Rahmen der Bewährungshilfe erhält er jedoch kein Angebot zu lernen, Konflikte anders zu lösen als mit Gewalt.

Gewalttaten im Zusammenhang mit Alkohol

Insbesondere in den letzten Jahren beobachten wir in der Szene eine Zunahme von Konfliktlösungsstrategien mittels körperlicher Gewalt, vor allem im Zusammenhang mit Alkoholkonsum. Diese Körperverletzungen finden allerdings in erster Linie innerhalb der Szene statt. Auffällig ist, dass besonders häufig junge, scheinbar perspektivlose Männer Gewalt als Konfliktlösungsstrategie wählen. Oft sind es Langzeitwohnungslose oder junge Menschen wie Marco, denen Inhaftierung droht oder bevorsteht und die daher keine Zukunftsperspektive für sich sehen. Körperverletzungen werden in der Regel hart bestraft und lassen die Entwicklung eigenständiger Lebenspläne immer weiter in die Ferne rücken.

Insbesondere Straftaten, die zunächst »sinnlos« erscheinen, lösen Unverständnis und Angst aus

Sids Straftaten wirken auf den ersten Blick unvermittelt und unbegründet und werden erst vor dem Hintergrund der erlebten Entwurzelung, dem Fehlen von Wertmaßstäben und der verzweifelten Suche nach Anpassung und Anerkennung verständlich. Alle Straftaten stehen im Zusammenhang mit Gruppen, in denen er versucht, sich »anzupassen«. Mit dem Stigma des straffälligen Jugendlichen gezeichnet, will ihn keine Einrichtung mehr aufnehmen. Anstelle von Unterstützung wird ihm mit Angst und Ablehnung begegnet.

Angst und Hilflosigkeit lösen Handlungsmuster wie Sid sie verfolgt in der Regel im Hilfesystem aus. Während Beschaffungskriminalität als Überlebensstrategie begriffen werden kann, stoßen solche als »sinnlos« erscheinenden Vergehen meist auf völliges Unverständnis. In den Medien wird Jugendlichen direkt Kaltblütigkeit und Gewissenlosigkeit unterstellt, einhergehend mit der Forderung, das Jugendstrafrecht zu verschärfen, abzuschaffen oder zumindest die geschlossene Unterbringung wieder zu beleben. Sids Geschichte zeigt aber auch, wie sinnlos und absurd in vielen dieser Fälle die Forderung nach geschlossener Unterbringung ist. Denn Sid wäre freiwillig ins Heim zurückgekehrt, wenn er wieder aufgenommen worden wäre. Als mehrfach straffällig gewordenen Jugendlichen will ihn jedoch keine Einrichtung mehr haben.

Forderung nach geschlossener Unterbringung ist absurd, wenn gleichzeitig straffälligen Jugendlichen Jugendhilfemaßnahmen verwehrt werden

Sid wird schließlich zu einer 15-monatigen Jugendstrafe ohne Bewährung verurteilt. Im Gefängnis versucht er wieder, sich anzupassen und wird nach 9 Monaten wegen guter Führung vorzeitig auf Bewährung entlassen – jedoch wieder ohne Perspektive. Nicht einmal der im Gefängnis begonnene Maurerlehrgang hilft ihm weiter, denn draußen stellt sich heraus, dass er nicht schwindelfrei ist. An die Haft schließt sich erneute Orientierungslosigkeit an.

Gefängnisstrafen vermitteln meist keinerlei Perspektive

Erfahrung mit Haftstrafen hat ein Großteil der männlichen jungen Erwachsenen, die mit der Streetwork im Untersuchungszeitraum in Kontakt stehen. 25% der Jungen und Männer haben schon einmal im Gefängnis gesessen, von den Männern ab 23 Jahren sogar 40%. Nach der Haftentlassung verschlechtert sich in der Regel die Lebenssituation, der Anteil der Wohnungslosen nimmt zu. Die meisten erleben die Zeit im Gefängnis wie Denis als schlimme, furchtbare Zeit. Für viele brechen dort die letzten Beziehungen weg. Als MitarbeiterInnen der Streetwork sind wir manchmal die einzigen, die die jungen Gefangenen noch besuchen oder Briefe schreiben. Wer nicht wie Denis Solidarität der Mithäftlinge sondern Ausgrenzung und Diskriminierung erlebt, macht eine traumatische Zeit durch, geprägt von Gewalt und Einsamkeit. Nur die allerwenigsten werden wie Sid noch von ihren Eltern oder Familienangehörigen besucht. Bei den meisten wenden sich die Eltern vollständig ab, wenn sie von Straftaten und der Inhaftierung ihres Sohnes erfahren.

Im Gefängnis brechen oft die letzten Ressourcen und sozialen Bezüge weg

Nur wenigen gelingt es daher, in der Zeit der Inhaftierung Perspektiven zu entwickeln. Sie werden in Wohnungslosigkeit und Orientierungslosigkeit entlassen, und nur selten können sie alternative Handlungsmuster und Zukunftspläne entwerfen. Vielen geht es daher wie Denis: Sie entwickeln gute Vorsätze, für die sie aber keine Möglichkeit zur Umsetzung sehen. Also knüpfen sie an das an, was vorher war, womit weitere Straftaten

Haftstrafen destabilisieren zusätzlich und manifestieren abweichende Handlungsmuster

verbunden sind. Das Ziel der Resozialisierung wird bei der Zielgruppe durch die Inhaftierung nur selten erreicht – eher steht sie dem diametral entgegen. Wenn ein Stück Resozialisierung erfolgt, dann noch am ehesten in den seltenen Fällen, in denen Jugendlichen im Gefängnis noch andere Ressourcen zur Verfügung stehen – seien es professionelle Hilfen von außerhalb oder Freundinnen und Familie, die trotz der Haft weiterhin zu den Gefangenen stehen und für eine anschließende Perspektive sorgen.

4.4.3 Betteln, Schnorren und Mitversorgung

Schnorren wird als »Arbeit« empfunden

Betteln und Schnorren[2] sind zunächst die ungefährlichsten, unriskantesten Überlebensstrategien. »Lieber betteln als Stehlen« schreiben manche Punks demonstrativ auf ihre Schilder bei sogenannten Sitzungen. Dabei wird das Betteln von ihnen in der Regel als »Arbeit« wahrgenommen. Wie Bernd beschreibt, kostet es die meisten zumindest anfangs auch Überwindung, fremde Menschen nach Geld zu fragen. Für viele ist dies unter Alkohol- oder Drogeneinfluss leichter.

Drohende Kriminalisierung des Bettelns

Obwohl das aus dem Jahre 1871 stammende Bettelverbot 1974 aus dem StGB gestrichen wurde (vgl. Hammel 1998: 54) und Betteln seither generell legal ist, versuchen in jüngster Zeit viele Kommunen wieder Bettelverbote einzuführen, indem sie mit Hilfe kommunaler Verordnungen Betteln oder bestimmte Formen des Bettelns wie aktives oder »aggressives« Betteln mit Bußgeld belegen (vgl. auch Behrendes 1998: 43). Als »aggressives Betteln« wird dabei mancherorts schon die Tatsache bewertet, dass ein Hund mitgeführt wird. Sollte diese Praxis sich durchsetzen, so führt dies dazu, dass die bislang »legalste« und sozial verträglichste Möglichkeit, auf der Straße an Geld zu kommen, ordnungsrechtlich verfolgt und damit kriminalisiert wird.

Mitversorgung hat auch problematische Folgen

Betteleinnahmen oder Sozialhilfeauszahlungen werden in der Szene oft geteilt. Wer Geld hat, versorgt andere mit. Dieses informelle Hilfesystem hat neben seinen positiven auch seine negativen Aspekte. Nicht selten reicht die ausgezahlte Sozialhilfe dadurch nur für einen Tag. Am nächsten Tag muss dann wieder gebettelt werden. Somit ist es kaum möglich, mit dem erhaltenen Geld zu wirtschaften. Obwohl beim Betteln ab und zu größere Summen eingenommen werden, ist dieses Geld schnell verbraucht. Reserven anzulegen ist nicht möglich, so dass es immer wieder zu existentiellen Notlagen kommen kann – insbesondere am Wochenende, wenn die Betteleinnahmen generell geringer sind und das Angebot der Hilfeeinrichtungen eingeschränkt ist. Sich aus

---

2 Unter Schnorren wird eine aktive Form des Bettelns verstanden, bei der Passanten direkt angesprochen und um Kleingeld gebeten werden.

dem Mitversorgungssystem zurückzuziehen ist auf der Straße kaum möglich. Häufig gelingt es erst, wenn junge Erwachsene wieder ein festes Zuhause haben. Aber selbst dann kommen viele mit der Hilfe zum Lebensunterhalt nicht über die Runden und überbrücken die Zeit bis zur nächsten Auszahlung durch Betteln. Wie zum Beispiel Fistal anschaulich beschreibt, reduzieren sich in der Regel die Bettelaktivitäten mit dem Bezug einer Wohnung, die meisten geben das Betteln mit der Zeit ganz auf, wenn sie sich in einer Wohnung stabilisiert haben.

Insbesondere für Mädchen zieht die Mitversorgung durch die Szene oft negative Folgen nach sich. Zunächst werden sie im Gegensatz zu jüngeren Jungen von älteren Szeneangehörigen bereitwillig mitversorgt, wobei mit der **Mädchen geraten leicht in Abhängigkeitsverhältnisse** Zeit nicht selten Abhängigkeitsbeziehungen entstehen. Selbst wenn die vier Interviewpartnerinnen dies umgehen können, so zeigt doch die Praxis der Streetwork, dass es immer wieder Fälle gibt, in denen Mädchen von den männlichen Szeneangehörigen zunächst mitversorgt werden und dadurch in Abhängigkeitsverhältnisse geraten, so dass z.B. sexuelle Gegenleistungen erwartet werden oder sogar von den ehemaligen »Gönnern« Geldbeträge mit Nachdruck zurückgefordert werden, wenn die Mädchen schließlich zum Beispiel im Rahmen einer Jugendhilfemaßnahme über eigenes Geld verfügen (vgl. auch Degen 1995: 32; Britten 1995: 50; Pfennig 1996: 110).

4.4.4 Hundehaltung

Von den InterviewpartnerInnen haben abgesehen von Fistal und Ela alle bereits einen Hund gehabt. Denis hat einen Hund, den er bei seiner Mutter untergebracht hat, Marco hält immer wieder für kürzere Zeit einen Hund, auch wenn er ihn im Interview nicht erwähnt. Julia, Andrea, Birgit und Bernd schaffen sich auf der Straße einen Hund an, Sid hat mittlerweile ebenfalls einen. Andrea und Birgit haben inzwischen sogar beide je zwei Hunde.

Dass sich Menschen, die auf der Straße leben, auch noch ein Tier »zulegen«, mag zunächst unverständlich erscheinen. Insbesondere Hunde erschweren die Wohnungssuche, machen eine Unterbringung in Einrichtungen fast unmöglich und kosten zusätzlich knappes Geld. **Hunde sind teuer und erschweren die Integration in Einrichtungen, Wohnungs- und Arbeitsmarkt** Neben der alltäglichen Versorgung des Tieres müssen Tierarztrechnungen beglichen und Hundesteuern entrichtet werden. Wenn der Hund einen Unfall verursacht oder einen Menschen verletzt, entstehen weitere Kosten, sofern keine Haftpflichtversicherung besteht, die nur die wenigsten abschließen. Können die Rechnungen nicht bezahlt werden, so entstehen Schulden, und wer seinen Hund nicht anmeldet, riskiert Bußgelder. Wenn schließlich mit dem Hund doch noch eine Wohnung gefunden wird, verhindert die Aufgabe, sich um den Hund kümmern zu müssen, häufig die Aufnahme einer Beschäftigung.

Hunde bieten Schutz und sind »Gefährten«

Mit einem Hund wohnungslos zu sein, bedeutet fast immer, auf der Straße zu leben. Eine Ausnahme stellt das Münsteraner Mädchen-Sleep-In dar, in das Hunde nach Absprache mitgenommen werden können. Wer ohnehin draußen schläft, fühlt sich durch einen Hund als »Beschützer« oft wesentlich sicherer. Insbesondere für Mädchen üben Hunde hier eine wichtige Schutzfunktion aus. Darüber hinaus können mit kleinen Hunden häufig höhere Betteleinnahmen erzielt werden.

Die Verantwortung für ein Tier kann hilfreich sein

Wie für die meisten HundehalterInnen ist auch für Wohnungslose ein Hund vor allem ein Freund oder Gefährte. Mit ihren Erfahrungen des Enttäuscht-Werdens von Menschen suchen sich viele lieber ein Tier als »verlässlichen Partner«. Die Beziehung zu einem Tier kann Trost spenden und so ein wenig über Verletzungen hinweghelfen. Mit dem Hund wird eine neue »kleinen Familie« geschaffen, er ermöglicht, Verantwortung zu übernehmen – auch für das eigene Leben. So nimmt zum Beispiel Andrea wegen des kranken Hundes das Angebot des Mädchen-Sleep-Ins an, anstatt weiterhin draußen zu schlafen.

Ein Tier ist in einsamen Phasen oft eine wichtige Stütze

Letztendlich kann ein Hund über einsame und depressive Phasen hinweg helfen. Und gerade wenn Jugendliche und junge Erwachsene sich aus der Szene zurückziehen wollen, aber kaum alternative soziale Bezüge haben, wie dies bei Bernd und Andrea der Fall ist, kann ein Hund über diese Zeit der Einsamkeit hinweghelfen. Weiterführende Angebote der Jugendhilfe und Hilfen nach BSHG sollten dies berücksichtigen, anstatt grundsätzlich junge Erwachsene, die Tiere halten, auszugrenzen. Die Wohnhilfen der Streetwork sind beispielsweise von vorne herein so konzipiert, dass junge Erwachsene mit Hunden aufgenommen werden können.

4.5 Schlüsselerlebnisse und Wendepunkte

Negative Folgen kritischer Lebensereignisse sind naheliegend

Dass kritische und traumatische Lebensereignisse sich negativ auf eine (jugendliche) Weiterentwicklung auswirken können, erscheint logisch und wird auch durch die Lebensgeschichten hinreichend belegt. In Denis' Leben bricht durch den Tod des Vaters sein Zuhause weg, Bernd verkraftet den Umzug von der DDR in die Bundesrepublik und die damit verbundene Umstellung auf ein anderes Gesellschaftssystem nur schwer, Sid muss plötzlich mit einer völlig anderen Kultur zurechtkommen und verliert seine Heimat. Einen weiteren Bruch stellt für ihn die Psychiatrieeinweisung dar, insbesondere die Tatsache, dass er dadurch Weihnachten nicht bei den Eltern verbringen kann. Denis verliert später durch einen Rückfall seine Wohnung, Marcos Herkunftsfamilie bricht nach dem Schlaganfall seiner Mutter auseinander. Marco verliert nach einem sexuellen Übergriff und seiner darauffolgenden übersteigerten Notwehr seine Wohnung. Es könnten noch unzählige weitere Beispiele genannt werden.

Dennoch gibt es auch Fälle, in denen sich kritische, zunächst schwer zu bewältigende Lebensereignisse schließlich doch positiv auswirken oder gar eine Wende zum Positiven im Leben der Betroffenen darstellen kön- **Kritische Lebensereignisse als Auslöser für positive Veränderungen** nen. So wird beispielsweise in Forschungen zum selbstinitiierten Ausstieg aus Heroinabhängigkeit von »Wendepunktereignissen« oder »kritischen Lebensereignissen« berichtet, denen im Prozess des Herauswachsens aus der Sucht manchmal eine entscheidende Bedeutung zukommt, ohne dass parallel dazu Reifungs- oder Stabilisierungsprozesse stattfinden (vgl. Weber/Schneider 1992: 53ff). Im Folgenden werfen wir einen Blick auf solche Phänomene in den Lebensgeschichten der jungen Erwachsenen.

Für Ela ist der Selbstmordversuch des Freundes ein solches Schlüsselerlebnis. Dieses schockierende Ereignis führt dazu, dass sie ihr Leben überdenkt und tiefgreifende Änderungen beschließt. Sie hört von heute auf morgen mit dem Kokainkonsum auf, verlässt den Freund und nimmt dabei sogar die Wohnungslosigkeit in Kauf. Dieser Ausbruch aus der Beziehung und die Beendigung der Kokainabhängigkeit stürzen sie zwar in eine weitere problematische Situation – sie kann sich jedoch mit Hilfe von Freundschaften aus der Szene und der Unterstützung der Streetwork wieder stabilisieren und findet schließlich eine Wohnung.

Birgits ungewollte Schwangerschaft stellt ebenso einen drastischen Wendepunkt in ihrem Leben dar. Zunächst ist es für sie schockierend, in ihrer Lebenssituation auch noch für ein Kind sorgen zu sollen, dennoch gibt ihr die Schwangerschaft den Anstoß, mehr Verantwortung für ihr eigenes Leben zu übernehmen. Sie hört mit dem Drogenkonsum auf und sucht zusammen mit dem Freund nach einer Wohnung. Sie bekommt in dieser Situation Unterstützung durch Freundinnen und die Streetwork und kann diese Unterstützungsangebote, die sie vorher kaum mehr beachtete, als solche annehmen.

Ein kritisches Lebensereignis ist auch der Selbstmordversuch von Bernd. In einer Lebenssituation, in der er selbst kaum mehr weiter weiß, gibt es bei ihm einen spontanen Selbsttötungsentschluss. Sein Suizidversuch kann dabei nicht als geplant angesehen werden, sondern eher als Ausdruck einer tiefen Lebenskrise. Ein Freund rettet ihm spontan das Leben und kümmert sich in der Folgezeit um ihn, was ihn ein wenig Hoffnung schöpfen lässt.

Bei Fistal führt die Flucht aus der Bundeswehr und die darauffolgende Auseinandersetzung dazu, dass er seine Hilfsbedürftigkeit eingestehen kann und sich erstmals wirklich für Hilfe öffnet. Dadurch kann er Vertrauen zur Streetwork fassen und viel tiefgreifendere, persönliche Unterstützung erfahren als vorher.

291

**Jeder Krise wohnt
eine Chance inne**

Diese Beispiele lassen sich bestimmt nicht verallgemeinern. Sie machen jedoch deutlich, dass es im Leben der Jugendlichen und jungen Erwachsenen viele Brüche, Wendungen und Krisen gibt, die auf ganz unterschiedliche Art bewältigt und überwunden werden können. Jeder Krise wohnt eine Chance inne. Die Entwicklungen der Jugendlichen und jungen Erwachsenen sind nicht determiniert. Sowohl durch langsame, sensible Unterstützung und Stabilisierung als auch durch die Bewältigung kritischer und traumatischer Lebensereignisse können positive Entwicklungen folgen. Dabei versteht sich von selbst, dass nicht der Umkehrschluss gezogen werden kann, der bedeuten würde, die Entstehung von Krisen zu forcieren, um damit positive Wendepunkte herbeizuschaffen. Denn um krisenhafte Lebenssituationen positiv zu bewältigen, ist Unterstützung und Begleitung notwendig – sei es professionell durch Streetwork bzw. Jugendhilfe oder wie im Fall von Bernd durch einen Freund.

**Unterstützung ist
wichtig, damit sich
Krisen in Chancen
wandeln können**

Krisen können sich negativ oder positiv auswirken. Wenn es dann – wie so oft – keine angemessene Unterstützung gibt, bleiben sie für viele Jugendliche schwer zu überwindende Lebensphasen, die teilweise tiefe Wunden reißen. Aber Krisen bieten auch die Chance zum Aufbruch und zur Erneuerung. Diese Chance kann wahrgenommen werden, wenn es Ressourcen gibt, mit deren Hilfe die Krise überwunden werden kann

5 Integrationsprozesse fördern – sozialpädagogische und gesellschaftspolitische Handlungsanforderungen

Die zusammenfassende Auswertung zeigt, dass es meist viele verschiedene Faktoren sind, die die Entwicklung der Jugendlichen und jungen Erwachsenen in Richtung Stabilisierung oder Destabilisierung beeinflussen. Neben den professionellen Hilfeangeboten haben unterschiedliche Ressourcen eine große Bedeutung. Dies können soziale Kontakte sein, aber auch die Herstellung von »Normalität« im Sinne von Wohnen oder finanzieller Absicherung. Ebenso kann die Szene in mancher Hinsicht eine Ressource darstellen, die beim Überleben hilft. Was für den einen eine Stabilisierung bedeutet, kann für den anderen eine Überforderung darstellen – wie zum Beispiel der Schulbesuch. Bei dem, was Jugendliche auf der Straße brauchen, geht es also einerseits darum, eine Vielzahl von Ressourcen zu reaktivieren und nutzbar zu machen, andererseits auch darum, individuell Perspektiven zu entwickeln, die in ganz unterschiedliche Richtungen gehen können.

Streetwork und Überlebenshilfen können wohnungslose Jugendliche und junge Erwachsene unterstützen und begleiten, stoßen aber, wie die Lebensgeschichten zeigen, immer wieder an ihre Grenzen.

Um den Bedürfnissen von Jugendlichen auf der Straße gerecht zu werden, reicht es nicht aus, Streetwork und niedrigschwellige Angebote quasi als »Feuerwehrprojekte« zu installieren, die dann für die »problematischen« Jugendlichen zuständig sind. Eine Reduzierung auf Überlebenshilfen beinhaltet auch immer die Gefahr, Wohnungslosigkeit zu manifestieren. Wohnungslose Jugendliche werden dann in diese Einrichtungen »abgeschoben«, was bedeutet, dass andere Stellen sich nicht mehr für Jugendliche zuständig fühlen, wenn diese wohnungslos geworden sind oder die Straßenszene zu ihrem Lebensmittelpunkt geworden ist. Ihr Überleben wird zwar gesichert, der Anschluss an gesellschaftliches Leben bleibt ihnen jedoch vorenthalten. Die Jugendhilfe darf sich nicht darauf beschränken, immer mehr Spezialdienste für Jugendliche mit speziellen Problemlagen zu entwickeln – vielmehr muss darauf hingearbeitet werden, die an den Rand gedrängten Jugendlichen wieder zu integrieren. Das bedeutet, im gesamten Hilfesystem darüber nachzudenken, welche Angebote für wohnungslose Jugendliche gemacht werden können. Dies beginnt bei einer veränderten pädagogischen Haltung – weg vom Veränderungsanspruch hin zu Akzeptanz – und mündet in der Entwicklung und Bereitstellung konkreter Hilfeangebote, die nicht nur – aber eben auch – für wohnungslose Jugendliche und junge Erwachsene sinnvoll und erreichbar sind.

Gleichzeitig ist eine gesamtgesellschaftliche Sichtweise notwendig, die mit dem Ziel der Integration auf die ausgegrenzten Jugendlichen und jungen Erwachsenen zugeht. Die Gesellschaft ist als *Ganzes* gefragt, ihre Sicht- und Herangehensweise zu ändern, wohnungslose Jugendliche nicht als »StörerInnen der öffentlichen Ordnung« zu sehen, sondern als gleichberechtigte Gesellschaftsmitglieder, die allerdings Unterstützung brauchen. In der existenziellen Notlage der Wohnungslosigkeit brauchen die Jugendlichen zuerst ein Zuhause, einen Ort, wo sie akzeptiert und angenommen werden, bevor an die Einhaltung von Forderungen und Regeln zu denken ist.

Eine ganzheitliche Sicht der Problematik kann nicht bei Forderungen an die Jugendhilfe stehen bleiben. Sie geht über die Jugend- und Drogenpolitik hinaus und verlangt gesamtgesellschaftlich eine veränderte Sichtweise von Jugend, Ausgrenzung und Integration. Auch wenn wir dies hier nicht umfassend leisten können, so wollen wir dennoch Denkanstöße geben, Vorschläge machen und Handlungsanforderungen entwickeln. Einerseits geht es dabei um bestehende erfolgversprechende Ansätze und Konzepte, die aber noch nicht allgemeinen Einzug in die sozialen Handlungsfelder gefunden haben, andererseits um Konzepte und Ansätze, die es noch zu entwickeln gilt.

5.1 Pädagogische Grundhaltungen überdenken

In diesem Abschnitt steht die Grundhaltung der pädagogischen HelferInnen im Mittelpunkt, die mit wohnungslosen Jugendlichen und jungen Erwachsenen in Kontakt kommen. Dabei geht es uns nicht darum, anderen KollegInnen »Patentrezepte« zu liefern. Vielmehr möchten wir sie teilhaben lassen an unseren Erfahrungen im Umgang mit diesen jungen Menschen, um ihnen Zugänge zu erleichtern bzw. zu ermöglichen. Für wen welche »Bausteine« hiervon zu verwirklichen sind, wird sicherlich sehr unterschiedlich sein. Eine parteiliche Haltung, die Forderungen und Ansprüche vermeidet, wird für viele StreetworkerInnen selbstverständlich sein – für die meisten LehrerInnen ist sie vermutlich gar nicht durchführbar. Wir wollen daher hier keine unterschiedlichen »Handlungsanleitungen« für StreetworkerInnen, JugendamtsmitarbeiterInnen, LehrerInnen, BewährungshelferInnen oder BetreuerInnen formulieren. Es geht uns vielmehr darum, eine pädagogische Grundhaltung zu skizzieren, die aus unserer Sicht am ehesten geeignet ist, wohnungslose Jugendliche und junge Erwachsenen zu unterstützen. In den jeweiligen Arbeitsfeldern werden vielleicht nur einzelne Aspekte daraus zu verwirklichen sein. Aber auch dies halten wir bereits für einen Gewinn.

Empowerment Für vieles, was wir aus unseren Erfahrungen und den Lebensgeschichten der Jugendlichen an Anforderungen für professionelle pädagogische Haltungen gegenüber wohnungslosen Jugendlichen und jungen Erwachsenen herausgearbeitet haben, fanden wir am ehesten Entsprechungen im Menschenbild und in den Konzepten des Empowerment (vgl. Herringer 1995: 155–162; 1996: 290–301; Stark 1993: 41–44). Dieses Konzept respektiert den Menschen in seiner Selbstbestimmung und mit seinem »Eigen-Sinn« und verzichtet auf Entmündigung und bevormundende Hilfen. Es beinhaltet einen festen Glauben an die Fähigkeit des Individuums, sich selbst zu helfen und zu verwirklichen, und sieht die Aufgabe der Helfer in erster Linie darin, diese Kräfte zu stärken.

Die Lebensgeschichten zeigen, dass Jugendliche mit ihren Problemen längst nicht immer ernst genommen werden. Wenn Jugendliche wie Birgit sich selbstständig an das Jugendamt wenden, kommt es durchaus vor, dass ihre Probleme heruntergespielt und bagatellisiert werden. Gerade das Jugendamt als dem Kindeswohl verpflichtete Institution, aber auch andere Erwachsene und Institutionen, an die sich Jugendliche wenden, sollten deren Probleme ernst nehmen und sich ihrer annehmen, selbst wenn die Probleme noch nicht so weit eskaliert sind, dass Jugendliche auf der Straße leben. Wichtig ist, nicht die »objektiven Daten« in den Vordergrund zu stellen, sondern die subjektive Sicht der Jugendlichen (vgl. auch Permien/Zink 1998: 372). Was objektiv den Anschein »geordneter« Familienverhältnisse mit kleinen Defiziten macht, kann für manchen Jugendlichen eine unerträgliche Lebenssituation darstellen. Ein frühzeitiges Ernstnehmen der Jugendlichen mit ihrer subjektiven Problemwahrnehmung würde vielleicht so manche Straßenkarriere gar nicht erst entstehen lassen.

Jugendliche mit ihren Problemen und ihrer subjektiven Sicht ernst nehmen

Parteiliche Unterstützung ihrer Belange und Bedürfnisse erfahren Jugendliche noch immer zu selten. Für viele steht aus ihrer Sicht insbesondere das Jugendamt eher auf der Seite der Eltern. Sicherlich sind erwachsenen MitarbeiterInnen die Sorgen und Nöte der gleichaltrigen Eltern oft näher als die der auf der Straße lebenden Kinder. Einfühlungsvermögen und Sensibilität sind gefragt, um sich tatsächlich in die Situation und die Nöte der Kinder einzufühlen. Dazu gehört auch der Abschied einer symptomorientierten Perspektive zu Gunsten einer Orientierung an der Person und ihrer Biografie (vgl. auch Permien/Zink 1998: 353).

Einfühlung und parteiliche Unterstützung

Zuhören und Akzeptieren sind erste Schritte, den Zugang zur Lebenswelt wohnungsloser Jugendlicher zu erlangen und somit vielleicht ihre Gründe, Motivationen und Verhaltensweisen zu verstehen. Akzeptanz heißt die Anerkennung und Respektierung sowohl der Person als auch ihres unter Umständen konflikthaften Lebensentwurfs. Dies bedeutet nicht, alles, was die Jugendlichen und jungen Erwachsenen machen, bedingungslos gutzuheißen – es bedeutet vielmehr, ihre Lebensstile und Sichtweisen zu akzeptieren und keinen Veränderungsanspruch zu stellen. Akzeptanz ist dabei jedoch keine gleichgültige, abwartende Haltung, sondern sollte mit Empathie und Wertschätzung verbunden sein. Akzeptanz und Verstehen sind Grundlagen für tragfähige Beziehungen, auf denen eine weitere Perspektiventwicklung aufgebaut werden kann.

Akzeptieren und Verstehen von Person und Lebenswelt

**Interesse und
Verständnis für die
Lebensbedingungen
in der Szene**

Ein Beispiel dafür, wie der Einblick in Szenestrukturen und den Alltag der Wohnungslosigkeit »Verstehen« ermöglichen kann, ist das Problem der Termineinhaltung. Nach unseren Erfahrungen wird Jugendlichen von Seiten des Jugendamtes oft Motivationslosigkeit vorgeworfen, wenn sie zum Beispiel einen oder mehrere Termine verpassen. Mit Blick auf den Lebensalltag wohnungsloser Jugendlicher, die abends nicht wissen, wo sie am nächsten Tag aufwachen, und die weder Terminkalender führen noch sonst in verlässliche Tagesstrukturen eingebunden sind, wird jedoch verständlich, warum das Einhalten von Terminen für viele eine schwierige Aufgabe ist. Interesse für Alltag und Lebensweise der Szene und Akzeptanz des Lebensstils verhelfen zu einem differenzierteren Blickwinkel. Damit einhergehen sollte auch die Einsicht, dass die Szene für die Jugendlichen Ressourcen und Halt bietet.

**Abschied von der
Ausstiegs-Forderung**

Auch die Forderung vom Ausstieg aus der Szene lässt unserer Erfahrung nach vielfach Jugendhilfemaßnahmen scheitern oder blockiert die Zusammenarbeit von MitarbeiterInnen im Jugendamt und den Jugendlichen selbst. Aus der Erkenntnis, dass ausgegrenzte Jugendliche nicht die oftmals einzige »Welt«, in der sie noch Integration erfahren, aufgeben wollen oder können, folgt, dass dies kein direktes Ziel und keine Forderung sein darf.

**Die Stabilisierung
begleiten und Res-
sourcen eröffnen**

Vielmehr geht es darum, Jugendliche und junge Erwachsene in ihrer Lebenssituation zu stabilisieren, Ressourcen zu eröffnen und den Entwicklungsprozess zu begleiten. In den Konzepten des Empowerment geht es insbesondere darum, Prozesse von Selbsthilfe und Vernetzung dort zu initiieren und zu unterstützen, wo sie auf der Basis der vorhandenen Ressourcen des Einzelnen nicht von selbst entstehen können. Diese Ressourcen werden dabei jedoch nicht aufgezwungen, sondern bereitgestellt und nutzbar gemacht (vgl. Herringer 1995: 158f). Wie die Lebensgeschichten zeigen, verabschieden sich die Jugendlichen meist selbst von der Szene, wenn es für sie Zeit ist. Es gilt, ihnen für ihr Leben diese Zeit zu lassen.

**Keine Anforderung an
Entwicklungserfolge**

Wird Stabilisierung zum vorrangigen Ziel, so kann es nicht darum gehen, »Entwicklungserfolge« vorzuweisen. Jugendliche, die auf der Straße gelebt haben, benötigen zunächst vertrauensvolle AnsprechpartnerInnen, das Gefühl angenommen zu werden und möglichst bald ein neues Zuhause. Jugendhilfemaßnahmen scheitern oft daran, dass diese Jugendlichen Anforderungen wie zum Beispiel regelmäßigen Schulbesuch erfüllen müssen. Wie die Lebensgeschichten zeigen, ist dabei für einige Jugendliche der Schulbesuch ein stabilisierender Faktor, für andere ist er jedoch eine Überforderung. Im Hilfeplan wird er in den meisten Fällen als verpflichtend vereinbart – Jugendliche, die dies (noch) nicht leisten können, laufen Gefahr, die Maßnahme dadurch wieder zu verlieren und erneut auf der Straße zu stehen. BetreuerInnen geraten in die absurde Rolle,

296

den Schulbesuch durchsetzen zu müssen, um dem Jugendlichen die Maßnahme zu erhalten. In Hilfeplänen festgelegte Auflagen tragen somit unserer Ansicht nach bei vormals wohnungslosen Jugendlichen nicht unbedingt zum Gelingen der Maßnahme bei, sondern sind nicht selten am Scheitern von Maßnahmen mit beteiligt.

Gerade wohnungslose Jugendliche brauchen aber Begleitung, ein Zuhause, das Gefühl angenommen zu werden, ohne Entwicklungserfolge vorweisen zu müssen. Sie brauchen ihre Zeit für ihre eigenständige Entwicklung, die ihnen auch zugestanden werden sollte. Mit dem Zugestehen des eigenen Weges und der eigenen Zeit »entzieht sich der institutionalisierte Hilfeprozess einer bündigen Kalkulation des erforderlichen Zeit- und Arbeitsinvestments und wird damit für die Institutionen im wahren Wortsinn zu einer ›unkalkulierbaren Größe‹« (Herringer 1995: 16). Eigenständige Entwicklungsprozesse sind eben selten zielgerichtet und planbar. Dies heißt konkret, auf eng strukturierte Hilfepläne und dicht gefasste Zeithorizonte zu verzichten zu Gunsten einer gemeinsamen, flexibel gehaltenen Perspektiventwicklung.

> **Gemeinsame Perspektiventwicklung statt starrer Hilfe-»planung«**

Hilfesuchende laufen in der sozialen Arbeit häufig Gefahr, aus einer Defizit-Perspektive betrachtet zu werden. Mangel, Schwächen und Unfähigkeiten stehen häufig im Vordergrund. Die Handlungen wohnungsloser Jugendlicher (beispielsweise das problembelastete Elternhaus zu verlassen) werden nicht als funktional angesehen, sondern als Fehlverhalten. Jungen werden, insbesondere wenn sie Straftaten begangen haben, oft auf die Rolle des Täters festgelegt, Mädchen auf die Rolle des zu schützenden Opfers. Diese Sichtweise verengt den Blick und macht blind für Fähigkeiten und Kompetenzen der Jugendlichen und jungen Erwachsenen. Es gilt, sie als handelnde Subjekte wahrzunehmen, die etwas für ihr Überleben getan haben und für ihre Verhaltensweisen einen Grund haben. Im Konzept des Empowerment liegt der Fokus nicht auf den individuellen Defiziten und der Hilfsbedürftigkeit, sondern es rücken Stärken und Fähigkeiten der Menschen in den Mittelpunkt, die gerade in Situationen des Mangels zu entdecken und zu fördern sind (vgl. Stark 1993: 41). Es gilt, die Kompetenzen der Jugendlichen und jungen Erwachsenen in den Blick zu nehmen, als solche zu respektieren und bewusst als Ressourcen für den weiteren Weg nutzbar zu machen.

> **Abschied von der Defizit-Perspektive**

Jugendliche und junge Erwachsene, die auf der Straße leben, haben in ihren Herkunftsfamilien oftmals wenig lebendigen, authentischen Kontakt erfahren. Wie die Lebensgeschichten zeigen, beschreiben viele eine Sehnsucht nach Echtheit und Wertschätzung. Pädagogische Beziehungen können hier eine wertvolle Ressource sein, wenn sie nicht bevormundend sind, sondern die Jugendlichen und jungen Erwachsenen als vollwertige Menschen annehmen. Baer (1999: 428ff) formuliert »Nahrung«, »Spiegel« und »Gegen-

> **Lebendiger, authentischer Kontakt als Boden für Wachstumsprozesse**

297

über« als drei Grundhaltungen, die die Identitätsentwicklung von Menschen beeinflussen. Im lebendigen Kontakt mit wohnungslosen Jugendlichen können Erwachsene als nährende, d.h. wohlwollende, gebende, wärmende Personen präsent sein, sie können einen Spiegel bieten, um den Jugendlichen und jungen Erwachsenen eine Möglichkeit zu geben, sich selbst wahrzunehmen, oder auch ein Gegenüber, das zuhört, seine Wahrnehmung und seine Gefühle mitteilt, ohne die des Jugendlichen dabei abzuwerten. Dies sind Qualitäten einer lebendigen Beziehung, die Wachstums- und Veränderungsprozesse in Gang bringen können. Denn nur in einem Klima, in dem ausgegrenzte Jugendliche und Erwachsene anfangen können, sich akzeptiert und wertgeschätzt zu fühlen, können sie beginnen, Verhaltensweisen zu überprüfen, gegebenenfalls zu revidieren und neue Wege auszuprobieren.

Selbstständigkeit und eigenständige Entwicklung achten und fördern

Insbesondere in Bezug auf Jugendliche scheinen Erwachsene oft noch immer »besser« zu wissen, was für die Betroffenen »gut« ist. Nach unseren Erfahrungen fühlen sich Jugendliche in solchen Situationen schnell entmündigt und überfahren. Jugendliche, die auf der Straße gelebt haben und sich den Normen der Erwachsenenwelt entzogen haben, haben in der Regel ihre eigenen Perspektiven und Lebensvorstellungen entwickelt. Es gilt, ihre Selbstständigkeit als solche zu achten und ihre eigenständige Entwicklung zu fördern. Dies beinhaltet teilweise auch das Akzeptieren und Aushalten von Rückschlägen, Stillständen oder »Fehlern«. Der »Verzicht auf vorschnelle Expertenurteile über die Standards des ›richtigen Lebens‹« (Herringer 1995: 160) – im Konzept des Empowerment eine zentrale Kategorie – ist dabei Voraussetzung.

Konkrete Lebensentwürfe aufgreifen und damit weiterarbeiten

Das Äußern konkreter Lebensentwürfe wird von den MitarbeiterInnen im Jugendamt oft als Forderung missverstanden. Dabei ist es unserer Ansicht nach eine Fähigkeit, wenn Jugendliche in der Lage sind, sich genaue Vorstellungen über ihre Zukunft zu machen, an die dann angeknüpft werden kann. Sobald sich die Jugendlichen mit ihren Zukunftsvorstellungen ernst genommen fühlen, sind sie in der Regel bereit, Zugeständnisse hinsichtlich der Realisierbarkeit zu machen. Gemeinsam können dann auf Basis dieser Zukunftspläne konkrete Hilfen entwickelt werden.

Mut zu unkonventionellen Lösungen

Die Lebensentwürfe wohnungsloser Jugendlicher entsprechen häufig nicht einer linearen »Normalbiografie«. Anstatt zu versuchen, sie an diese anzupassen, was ohnehin kaum gelingen wird, gilt es, unkonventionelle Lebensentwürfe und »Eigen-Sinn« zu respektieren (vgl. auch Herringer 1995: 158). Das bedeutet, andersartige Lebensentwürfe zu akzeptieren und gemeinsam in einen Prozess der Realisierbarkeit einzusteigen. Flexibilität und Mut zu unkonventionellen Lösungen sind hier gefragt. Dies bedeutet, auch einmal Wagnisse einzugehen, wie zum Beispiel das Experiment, eine 17-Jährige wie Andrea in ein Bauwagenprojekt einziehen zu lassen, weil dies für sie die einzige vorstellbare Perspektive ist.

Flexibilität und Akzeptanz beinhalten des Weiteren, Partnerschaften der Jugendlichen nicht per se als schädlich abzuurteilen, sondern gegebenenfalls in den Prozess einzubeziehen. Insbesondere bei Mädchen wird oft ver- **Partnerschaften akzeptieren und eventuell mit einbeziehen** sucht, sie vom Szene-Freund wegzubringen. Partnerschaften gehören aber zum Leben der Jugendlichen hinzu, eine Trennung kann nicht von außen verordnet werden. Auch hier sind Maßnahmen zum Scheitern verurteilt, wenn damit »wohlgemeinte« Trennungen vom Partner verbunden sind. Demgegenüber kann die Akzeptanz und Einbeziehung des Partners wie im Fall von Julia zum Gelingen von Jugendhilfemaßnahmen beitragen. Wenn die Jugendlichen Abstand brauchen oder Trennung wünschen, können sie dies von sich aus formulieren, und sie können dann in diesem Prozess ebenso unterstützt werden.

Immer wieder werden Jugendliche auf Grund von »Untragbarkeit« aus Jugendhilfeeinrichtungen ausge- **Ausgrenzung vermeiden** schlossen. Wie beispielsweise die Geschichte von Sid zeigt, wäre dieser gerne wieder zurück in die Einrichtung gegangen, wurde jedoch nicht wieder aufgenommen. Auch Bernd hätte es sogar noch einmal in der Heimeinrichtung versucht, wurde aber entlassen. »Schwierige« Jugendliche, die bereit sind, Jugendhilfemaßnahmen anzunehmen, dürfen nicht ausgegrenzt werden. Hier gilt es, nach Möglichkeiten anderer, weiterführender Angebote zu suchen. Wenn Jugendliche in einer Wohngruppe nicht mehr »tragbar« scheinen, müssen Alternativen gefunden werden, anstatt sie auf die Straße zu entlassen. Ein Weiterreichen sollte wenn möglich vermieden werden. Kommt es zu Brüchen, ist es für viele Jugendliche hilfreich, wenn wenigstens eine der Betreuungspersonen bleibt oder sie zumindest am gleichen Ort weiterbetreut und nicht immer weitergereicht werden.

Aber auch wenn Jugendliche von sich aus aus Jugendhilfeeinrichtungen ausreißen, darf dies noch kein Grund **Beim Scheitern von Maßnahmen Jugendliche nicht aufgeben** sein, ihnen weitere Maßnahmen zu verwehren oder die Jugendlichen aufzugeben. Hier muss nach Gründen des Scheiterns gefragt werden. Gemeinsam mit den Jugendlichen sollte nach Alternativen gesucht werden. Krisen sollten als Chancen gesehen werden, in denen Jugendliche Unterstützung brauchen und nicht allein gelassen werden dürfen.

Viele Jugendliche erleben ein Hin- und Herschieben der Zuständigkeiten zwischen Ämtern oder Kommunen. **Verantwortung und Zuständigkeit übernehmen** Sei es, dass wie im Fall von Birgit das Jugendamt am tatsächlichen Aufenthaltsort auf die Zuständigkeit des Heimatjugendamtes verweist, sei es, dass schwierige Jugendliche aus Jugendhilfeeinrichtungen in Psychiatrien weitervermittelt werden. Ein anderes Beispiel ist Marco, der immer wieder in neue Jugendhilfemaßnahmen »weitergeschoben« wird. Junge Erwachsene werden oft zwischen den Zuständigkeiten von Jugendhilfe und Wohnungslosenhilfe hin- und hergeschoben. Auch wenn in vielen Fällen die Zuständigkeit nicht einfach zu klären sein mag, so ist doch eine generelle Haltungsänderung angezeigt: weg vom Sich-Berufen auf die fehlende Zuständigkeit, hin zu der Frage, welchen sinnvollen Beitrag jede einzelne am Prozess beteiligte Fachkraft leisten kann, um die Notlage der Jugendlichen abzuwenden.

Zusammenarbeit über fachliche Grenzen hinweg

In vielen Fällen sind mehrere Fachkräfte unterschiedlicher Dienste an einem Fall beteiligt. Dies setzt eine Bereitschaft zur gemeinsamen Perspektiventwicklung mit anderen Hilfeorganisationen voraus. Häufig erleben wir, dass Auseinandersetzungen zwischen verschiedenen Fachdiensten um die »geeignete« Maßnahme letztendlich dazu führen, dass ein Kompromiss gefunden wird, der jedoch für den Jugendlichen nicht die optimale Lösung darstellt. Aber auch Eltern sind oft in diesen Prozess involviert. Im beschriebenen Fall von Marco führen andauernde Sorgerechtsprozesse dazu, dass er immer wieder seinen Lebensort wechseln muss, so dass er kein dauerhaftes Zuhause finden kann. In der Zusammenarbeit zwischen Fachdiensten sollte immer die Parteilichkeit für die Jugendlichen im Vordergrund stehen – nicht Konkurrenz oder administrative Vorgaben.

Weiterlernen und Reflexion

Außerdem muss berücksichtigt werden, dass Lebenswelt und Hilfebedarf von wohnungslosen Jugendlichen und jungen Erwachsenen einem ständigen Wandel unterworfen sind. Hier reichen die im Studium erworbenen Kenntnisse nicht aus – vielmehr ist es unerlässlich, von den Jugendlichen und jungen Erwachsenen zu lernen. Gleichzeitig ist eine Bereitschaft zur fortlaufenden Reflexion und Fortbildung erforderlich. Es gilt, Werturteile, die eigene Rolle und eigene Handlungsmuster beispielsweise mittels Supervision immer wieder erneut zu klären und zu hinterfragen.

5.2 Streetwork und Überlebenshilfen bereitstellen

Streetwork und Einrichtungen wie Sleep-Ins oder Szene-Anlaufstellen, die Überlebenshilfen und Begleitung anbieten, werden, wie die Lebensgeschichten zeigen, von den Jugendlichen und jungen Erwachsenen genutzt. Sie arbeiten an der Schnittstelle zwischen Jugendhilfe und Wohnungslosenhilfe und bieten in erster Linie Begleitung an, ohne den Anspruch einer Verhaltensänderung zu stellen. Mit ihrem Konzept der Lebensweltorientierung können sie die Jugendlichen und jungen Erwachsenen dort »abholen«, wo diese stehen, und ein Beziehungsangebot machen. Daneben gibt es noch andere Stellen, die von wohnungslosen Jugendlichen und jungen Erwachsenen genutzt werden, wie zum Beispiel Einrichtungen der Inobhutnahme oder der Wohnungslosenhilfe. In diesem Abschnitt geht es um eine Qualifizierung der Angebote, die Kontaktaufbau mit wohnungslosen Jugendlichen und jungen Erwachsenen und Überlebenshilfen zum Ziel haben. Des Weiteren geht es um strukturelle Veränderungen im Hilfesystem, um das Überleben auf der Straße zu entkriminalisieren und leichter zu machen.

Streetwork-Projekte bedürfen einer langfristigen Absicherung unter Berücksichtigung der fachlichen Standards (vgl. z.B. Arbeitskreis Streetwork/Mobile Jugendarbeit Westfalen-Lippe 1996: 125–134). Hierzu gehört vor allem Kontinuität und professionelle Besetzung. Im Mittelpunkt der Streetwork steht eine fachlich kompetente Beratungs- und Beziehungsarbeit. Hierfür werden Fachkräfte mit qualifizierter Ausbildung und Berufserfahrung benötigt. Häufig werden Streetwork-Projekte als »Feuerwehrprojekte« installiert und lediglich mit befristeten ABM-Stellen oder gar mit Honorarkräften besetzt. Dies ist in Anbetracht der Tatsache, dass Jugendliche teilweise sehr lange brauchen, um Vertrauen zu fassen, fatal. Die überdurchschnittlich lange Einarbeitungszeit in diesem komplexen Arbeitsfeld macht darüber hinaus die Ausstattung mit befristeten Stellen problematisch. Insbesondere neu installierte Projekte benötigen kompetente Fachberatung, ausreichend Fortbildung, Supervision und Austausch mit MitarbeiterInnen anderer Projekte.

> **Streetwork braucht Kontinuität und Absicherung durch fachliche Standards**

Noch immer werden Streetwork-Modellprojekte realisiert und nur mit einem einzigen männlichen Mitarbeiter besetzt, wie zum Beispiel die Besetzung eines neuen Streetwork-Projekts für 250 wohnungslose StraßenzeitungsverkäuferInnen mit einem einzigen männlichen Mitarbeiter in Düsseldorf zeigt (vgl. Ministerium für Arbeit und Soziales, Qualifikation und Technologie des Landes Nordrhein-Westfalen 2000: 46). Viele Mädchen und Frauen haben aber Hemmungen, sich einem Mann anzuvertrauen. Streetwork ist in erster Linie Beziehungsarbeit – die Geschlechtszugehörigkeit der Fachkräfte ist daher insbesondere für Mädchen, die zahlreiche Negativerfahrungen mit Männern hinter sich haben, von großer Bedeutung. Vor allem bei Themen wie Missbrauch, Verhütung und Schwangerschaft oder Beziehungsproblemen wenden sich viele Mädchen lieber an eine Frau. Es reicht nicht aus, wenn Mädchen- und Frauenarbeit wie in einigen Städten auf ehrenamtlicher oder Honorarbasis stattfindet. Um von der Zielgruppe, Ämtern, anderen sozialpädagogischen Diensten und der Öffentlichkeit ernst genommen zu werden, muss sie ein fest verankerter konzeptioneller Bestandteil aufsuchender Arbeit sein. Sinnvoll ist eine paritätische Besetzung sowohl bei den Hauptamtlichen als auch bei Honorarkräften, die einzelne Angebote machen, um den Jugendlichen Wahlmöglichkeiten zu bieten.

> **Paritätische Besetzung**

Permien/Zink bezweifeln, ob Streetwork und niedrigschwellige Arbeitsansätze geeignet sind, auch jenen Jugendlichen zu helfen, die nicht offensiv und selbstbewusst Hilfe einfordern, sondern in ihren Wünschen eher unklar sind und/oder sich diesbezüglich gar nicht äußern (vgl. 1998: 337). Die Lebensgeschichten und die Erfahrungen der Streetwork zeigen, dass es immer das

> **Ausreichende personelle Ausstattung von Streetwork**

301

Zusammenspiel von aktivem Äußern der Wünsche der Jugendlichen einerseits und Nachfrage, Heraushören und Zugehen der Streetwork andererseits ist, das den Prozess von Vertrauen, Unterstützung und Perspektiventwicklung in Gang bringt. Eine akzeptierende und niedrigschwellige Haltung darf nicht als passiv oder gleichgültig verstanden werden, sie bedeutet vielmehr, eine Sensibilität für die Bedürfnisse der Jugendlichen zu entwickeln, Ansprechbarkeit auszuloten und stetig Angebote zu machen, ohne sie jedoch den Jugendlichen aufzudrängen. Dennoch gibt es bei über 200 namentlich bekannten, hilfsbedürftigen Jugendlichen und jungen Erwachsenen pro Jahr in Münster, denen nur zwei StreetworkerInnen zur Verfügung stehen, immer wieder Jugendliche wie Sid, deren Hilfebedarf zu wenig auffällt und denen bei entsprechend besserer personeller Besetzung intensiver geholfen werden könnte. Das Problem, dass Jugendliche, die nicht offensiv ihre Interessen bekunden, zu kurz kommen, führen wir daher in erster Linie auf die dauerhafte Unterbesetzung von Streetwork-Projekten zurück und weniger auf den akzeptierenden Ansatz als solchen. Daraus folgt die Forderung, Streetwork-Einrichtungen personell ausreichend auszustatten, insbesondere wenn jahrelang aufgezeichnete hohe Fallzahlen den Bedarf deutlich machen.

Streetwork darf nicht für ordnungspolitische Ziele vereinnahmt werden

Streetwork darf nicht zum »Handlanger« der Ordnungspolitik werden. Die in vielen Städten geforderte Zusammenarbeit von Streetwork, Polizei und Ordnungspolitik, die zum Beispiel im Rahmen kriminalpräventiver Räte oder Ordnungspartnerschaften realisiert wird (vgl. auch Arbeitskreis Streetwork / Mobile Jugendarbeit 1998: 117f), führt häufig dazu, dass StreetworkerInnen insgeheim mit zur Wahrung ordnungspolitischer Ziele wie zum Beispiel der Sauberhaltung von Plätzen herangezogen werden. Auch bei der Installierung neuer Streetwork-Projekte wird von politischer Seite aus oft die »Befriedung« der Innenstadt als Ziel anvisiert (vgl. z.B. Reis 1997: 53). Hier sollte nicht vergessen werden, dass Streetwork als Angebot der Jugendhilfe dem »Wohl des Jugendlichen« verpflichtet ist und die Erhaltung der öffentlichen Ordnung kein Ziel der Streetwork sein kann. Anwaltschaft, Szeneinteressenvertretung und die Eröffnung und Erhaltung von Räumen sind Ziele und Aufgaben von Streetwork, die zu denen der Ordnungspolitik durchaus konträr sind. Streetwork sollte sich als Interessenvertretung der Zielgruppe dieser Herausforderung stellen und sich gegebenenfalls auch einmal »konfrontativ« verhalten (vgl. Koppes 2000: 40). Wenn die Differenz in den Zielen deutlich gemacht wird, kann innerhalb dieser Grenzen eine Zusammenarbeit stattfinden. Dabei müssen jedoch die Parteilichkeit und der Vertrauensschutz von Streetwork gewahrt bleiben. Eine Informationsweitergabe kann nur von Polizei bzw. Ordnungsamt zur Streetwork erfolgen, niemals umgekehrt (vgl. auch Arbeitskreis Streetwork / Mobile Jugendarbeit 1998: 119).

Auch wenn die Einrichtungen der Inobhutnahme für die meisten Jugendlichen, die schon Erfahrungen mit dem Leben auf der Straße gemacht haben, zu hochschwellig sind, gibt es doch eine gewisse Anzahl wohnungsloser Mädchen und Jungen, die diese Einrichtungen nutzen und für die sie ein adäquates Angebot darstellen.

Inobhutnahme zugänglich machen

Insbesondere in Fällen, in denen Jugendliche auf der Straße krank werden oder Mädchen sich von der Szene bedroht fühlen oder traumatische Erlebnisse wie eine Vergewaltigung erfahren, greifen sie nach unseren Erfahrungen gerne auf den Schutz, den diese Einrichtungen bieten, zurück. Wichtig ist, dass die Einrichtungen der Inobhutnahme in diesen Notfällen für die betroffenen Jugendlichen zugänglich sind. Nach unseren Erfahrungen wird die Aufnahme von Jugendlichen aus anderen Städten in der Regel abgelehnt, weil hier die Kosten nicht übernommen werden. Insbesondere für Mädchen, die auf Grund von Gewalterfahrung den Heimatort verlassen haben, ist es undenkbar, die Schutzstelle am Heimatort aufzusuchen, weil sie sich dort weiterhin bedroht fühlen. Hier müssen Lösungen gefunden werden, die eine unbürokratische Hilfe ermöglichen.

Speziell für Mädchen mit Missbrauchserfahrung oder für Mädchen, die innerhalb der Szene (sexuelle) Gewalterfahrung machen, ist eine mädchenspezifische Unterbringung wichtig.

Schutz für Mädchen durch geschlechtsgetrennte Inobhutnahme

Gemischtgeschlechtliche Jugendnotdienste sind insbesondere für Mädchen in Krisensituationen, die sich unter Umständen nicht adäquat gegen Angriffe von Jungen schützen können, nicht die geeigneten Aufenthaltsorte (vgl. auch Kavemann 1991: 167f). In den meisten größeren Städten gibt es inzwischen zwar geschlechtsgetrennte Schutzstellen; in kleineren Städten, in denen beispielsweise eine Krisenwohngruppe eines größeren Heimes der Inobhutnahme dient, bekommen Mädchen diesen Schutzraum jedoch nicht.

Starre Aufnahmekriterien wie zum Beispiel die pauschale Ausgrenzung drogenkonsumierender, als psychisch krank eingestufter Jugendlicher oder solcher, die

Flexibilität statt starrer Aufnahmekriterien

nur »Urlaub von der Szene« machen wollen (vgl. z.B. Keller u.a. 1991: 114), sollten vermieden werden, wenn Mädchen und Jungen aus der Szene in Einrichtungen der Inobhutnahme Schutz suchen. Vielmehr sollte flexibel reagiert werden, mit dem Ziel, auch Jugendliche aus der Szene zu integrieren. Dies wird zwar nicht immer möglich sein, unseren Erfahrungen nach gibt es aber Fälle, in denen gerade eine solche Flexibilität den Jugendlichen ermöglicht hat, die Angebote der Schutzstellen anzunehmen.

Wie die empirische Auswertung zeigt, werden die Einrichtungen der Inobhutnahme nur von einem kleinen Teil der wohnungslosen Jugendlichen genutzt. Pädagogisch begleitete Übergangseinrichtungen wie Sleep-Ins finden

Pauschalfinanzierte Notschlafstellen mit Möglichkeit anonymer Übernachtung

in der Szene eine größere Akzeptanz. Solche Angebote, die – wie zum Beispiel das Münsteraner »Masy« (vgl. Burkhardt u.a. 1996: 21–24) oder das Hamburger Café Sperrgebiet (vgl. Schrank 1996: 16–18) – ein niedrigschwelliges Konzept verfolgen, sollten in allen größeren Städten für Jugendliche und junge Erwachsene zur Verfügung stehen. Für diese Einrichtungen ist eine Pauschalfinanzierung notwendig, damit Jugendliche nicht Gefahr laufen, auf Grund nicht übernommener Kosten abgewiesen zu werden, zum Beispiel weil sie aus einer anderen Stadt kommen oder weil die Eltern den Aufenthalt in der Einrichtung nicht akzeptieren. Eine Pauschalfinanzierung könnte auch die Möglichkeit der anonymen Übernachtung insbesondere für Mädchen und Jungen bieten, die zunächst einen Vertrauensvorschuss brauchen, um ein betreutes Übernachtungsangebot anzunehmen, wie zum Beispiel viele AusreißerInnen aus Psychiatrien.

Niedrigschwellige Übernachtungseinrichtungen werden im Untersuchungszeitraum unserer Längsschnittanalyse mehr als alle anderen Notunterkünfte genutzt, dennoch leben die Jugendlichen und jungen Erwachsenen im Durchschnitt zwei Drittel der wohnungslosen Zeit ohne Unterkunft auf der Straße. Einige Gründe hierfür werden aus den Interviews deutlich: Bernd kann seinen Hund im Sleep-In nicht mit unterbringen, Marco fürchtet Diebstahl und ansteckende Krankheiten auf Grund des Bildes, das er sich von den Mitnutzern macht. Julia möchte lieber mit ihrem Freund zelten – ein gemeinsames Angebot für das Paar ist nicht vorhanden. Auch Jugendliche wie Fistal, die zeitweise das Sleep-In nutzen, greifen zwischendurch lieber auf die Möglichkeit des dauerhaften Mitwohnens zurück, wenn sie sich bietet. Fistal und Sid, die ihre erste wohnungslose Zeit bei Bekannten verbringen, erfahren erst relativ spät vom Angebot des Sleep-Ins.

Bekanntheitsgrad der Sleep-Ins erhöhen und Kontakt zur Szene intensivieren

Zwar wird es immer wieder Jugendliche geben, die lieber zelten oder bei Bekannten übernachten, als die betreuten Angebote anzunehmen, dennoch ergeben sich aus den Aussagen der Jugendlichen Ansatzpunkte für Verbesserungen. So sind die Einrichtungen zwar in der Szene mehr oder weniger bekannt, für Jugendliche wie Fistal oder Sid, die sich zunächst im privaten Bereich aufhalten, wäre es jedoch sinnvoll, den Bekanntheitsgrad der Einrichtungen auch außerhalb der Szene zu erhöhen. Die Vorteile, die die Einrichtungen gegenüber dem dauerhaften Mitwohnen bieten (zum Beispiel die Möglichkeit einer gezielten Suche nach Perspektiven), sollten offen benannt und in die Szene transportiert werden. Kritikpunkte der Jugendlichen sollten ernst genommen werden, und es sollte versucht werden, das Angebot darauf abzustimmen. Wie die Interviews zeigen, nehmen die InterviewpartnerInnen die angebotenen Hilfen unterschiedlich wahr, und das Bewertungsspektrum reicht von positiven Erfahrungen bis hin zu völliger Ablehnung. So ist es nicht nur für StreetworkerInnen, sondern auch für die MitarbeiterInnen niedrigschwelliger Einrichtungen notwendig, Kontakt zur Szene zu halten – insbesondere zu den Jugendlichen, die die Einrichtung nicht nutzen und die nach den Gründen dafür gefragt werden sollten – offen für Anregungen zu sein und das Angebot an den Bedürfnissen der Jugendlichen auszurichten. In der Szene kursierende Fehlinformationen oder Vorurteile über die Einrichtung lassen sich so »aus der Welt schaffen«. Auch die enge Zusammenarbeit mit StreetworkerInnen und die Berücksichtigung ihrer Anregungen ist notwenig.

Im Rahmen der Übernachtungseinrichtungen sollten Möglichkeiten der unverbindlichen Kontaktaufnahme bestehen und Beratung und Begleitung angeboten werden. Dies ist nur möglich, wenn in den Sleep-Ins pädagogische

Beratung und Begleitung durch pädagogische Fachkräfte

Fachkräfte arbeiten, die mit einem Zeit-Budget ausgestattet sind, das intensive Einzelhilfen zulässt. Weiterführende Hilfen sollten nicht aufgedrängt, aber angeboten werden. Eine knappe personelle Ausstattung, die vor allem auf ungeschultem Personal aufbaut, kommt einem »Sparen am falschen Ende« gleich. Wie die empirische Untersuchung zeigt, können aus betreuten Übergangseinrichtungen mehr Jugendliche und junge Erwachsene in betreute Wohnformen vermittelt werden als aus allen anderen wohnungslosen Lebenssituationen. Diese Einrichtungen sind also besonders geeignet, mit den Jugendlichen und jungen Erwachsenen eine dauerhafte Perspektive zu entwickeln. Diese Chance sollte genutzt und nicht durch Einsparungsgedanken vertan werden.

Neben der Möglichkeit zu übernachten, sind für wohnungslose Jugendliche und junge Erwachsene weitere niedrigschwellige Überlebenshilfen von großer Bedeu-

Bedürfnisgerechte Überlebenshilfen

tung. Eine Sicherung der Grundversorgung sollte gewährleistet sein. Dies muss nicht allein von Streetwork oder Sleep-Ins getragen werden, sinnvoll ist es, wenn mehrere Einrichtungen zu unterschiedlichen Tageszeiten entsprechende Angebote machen, so dass ein möglichst dichtes Netz an Hilfen vorhanden ist. Zu den elementaren niedrigschwelligen Überlebenshilfen gehören insbesondere Angebote der Essensversorgung, die Möglichkeiten der Körperpflege (Badewanne oder Dusche), die Möglichkeiten, Wäsche zu waschen, Kleiderkammern, die Vergabe von Kondomen, die Abgabe von sterilem Spritzbesteck in Szenen heroinabhängiger Jugendlicher und junger Erwachsener und die Möglichkeit der Nutzung von Schließfächern. Wenn diese Angebote an Sleep-Ins angegliedert sind, sollten sie nicht nur für die Übernachtungsgäste, sondern auch für Jugendliche, die auf der Straße leben oder bei Bekannten übernachten, nutzbar sein.

In Einzelfällen sind auf der Straße direkte finanzielle Hilfen als Überlebenshilfen notwendig. Diese sind nicht immer quittierbar oder abrechenbar. Hier ist die Bereit-

Finanzielle Überlebenshilfen

stellung eines abrechnungsfreien Handgeldes (eine monatliche Pauschalsumme) für StreetworkerInnen eine praktikable Lösung.

Damit wohnungslose Jugendliche nicht auf Überlebensstrategien wie Prostitution und Diebstahl angewiesen sind, ist eine wirtschaftliche Absicherung unerlässlich. Im Rahmen der Hilfen zur Erziehung des KJHG oder der Sozialhilfe sollte auch an Jugendliche auf der Straße, die (noch) nicht bereit sind eine

Wirtschaftliche Absicherung wohnungsloser Jugendlicher

Jugendhilfemaßnahme anzunehmen, wirtschaftliche Jugendhilfe oder zumindest Hilfe zum Lebensunterhalt ausgezahlt werden, die nicht an Betreuung und Zustimmung der Eltern gekoppelt ist. Die Grundlage hierfür bietet SGB 1 § 36.

Die finanzielle Absicherung junger erwachsener Wohnungsloser ist durch die Sozialhilfegesetzgebung gegeben. Dennoch gibt es trotz des Rechtsanspruches immer wieder Fälle, in denen junge Erwachsene an ihre Eltern verwiesen werden oder in ihre »Heimatstadt« zurückgeschickt werden. Hier sollte die Hilfebedürftigkeit immer im Vordergrund stehen und Hilfe dort geleistet werden, wo sie eingefordert wird, wie es in BSHG § 97 verankert ist.

Informationen über Hilfesystem und Gefahrenreduzierung

Informationen über das Hilfesystem oder über Gefahrenreduzierung beim Drogenkonsum werden vielfach durch die Szene weitergegeben. Hier wird aber auch viel »Halbwissen« vermittelt, teilweise werden aus Unwissen falsche Informationen weitergegeben. Im Rahmen von Streetwork und Überlebenshilfen ist daher die Versorgung mit notwendigen Informationen eine wichtige Aufgabe. So gibt zum Beispiel die Streetwork Münster bereits seit Jahren ein immer wieder aktualisiertes »Szene-Info« heraus – eine Broschüre im Kalenderformat, die über alle wichtigen Anlaufstellen informiert und erste Schritte zur Stabilisierung und Wohnungssuche beschreibt (vgl. Amt für Kinder, Jugendliche und Familien der Stadt Münster 2000). Die Garmisch-Partenkirchener Einrichtung »Condrops« gibt einen kleinformatigen Rechts- und Verhaltensratgeber für Konfliktsituationen heraus (vgl. Condrops 2000). Je nach Zielgruppe sind unterschiedliche Informationen zur Risikominderung bei Drogengebrauch sinnvoll. Wichtig ist jedoch, dass Informationen keinesfalls ein persönliches Beratungsgespräch ersetzen können. Sie sind als Ergänzung gedacht und sollten daher durch die pädagogischen Fachkräfte verteilt werden, die sich somit gleich als AnsprechpartnerInnen für das Thema zur Verfügung stellen können.

Angebote zur Tagesstrukturierung

Viele Sleep-Ins sind nur von abends bis morgens geöffnet. Den Tag müssen die Übernachtungsgäste draußen verbringen. Von Fistal und Denis wird dies bemängelt, sie sehen den Tagesaufenthalt am Bahnhof als Belastung und als Anlass für Straftaten an. Unsere Erfahrungen zeigen, dass über die reine Übernachtung hinaus Angebote notwendig sind, die den Jugendlichen und jungen Erwachsenen auch tagsüber einen geschützten Aufenthalt ermöglichen. Insbesondere wenn Jugendliche krank sind oder zur Schule gehen und Hausaufgaben machen wollen, ist es für sie unzumutbar, den ganzen Tag draußen bzw. in der Szene zu verbringen. Die Tagesstätten der Wohnungslosenhilfe werden nur von den wenigsten genutzt, da die meisten Jugendlichen und jungen Erwachsenen sich von der »Berber-Szene« abgrenzen. Sinnvoll ist es daher, eigene Angebote vorzuhalten, die an Streetwork und Sleep-Ins angebunden sind. Hier sollten sich die Einrichtungen absprechen, so dass sich die Angebote ergänzen. Darüber hinaus wäre eine Anbindung an offene Angebote der Jugendberufshilfe denkbar.

Dabei sind bloße »Abhänge«-Angebote nicht sinnvoll. Nach unseren Erfahrungen schätzen die meisten Jugendlichen und jungen Erwachsenen Angebote der sinnvollen, aber selbstbestimmten Zeitgestaltung. Die Möglichkeit, am Computer zu arbeiten, Medien zur Job- oder Wohnungssuche zu nutzen und sich über Angebote des Hilfesystems zu informieren, wird von vielen angenommen. Auch pädagogisch begleitete Angebote, die den Jugendlichen und jungen Erwachsenen die Möglichkeit geben, selbst aktiv zu werden und ihre Kompetenzen zu erweitern, wie zum Beispiel das Kochangebot oder der Musik-Band-Workshop der Streetwork Münster (vgl. Amt für Kinder, Jugendliche und Familien der Stadt Münster 2001: 12), stoßen auf große Resonanz. Solche Angebote bieten gleichzeitig die Möglichkeit, Kontakt zu knüpfen und zu intensivieren.

> **Aktivitäten und Kompetenzen fördern**

Ein Tages- und Übernachtungsangebot, das Selbsthilfe fördert, ist die für wohnungslose Frauen entwickelte Idee der »Frauenpension«, die ihnen Rückzugsmöglichkeiten, Schutz, die Möglichkeit zur Selbstversorgung und Arbeitsräume bereitstellt, damit sie ungestört Bewerbungen schreiben oder Anträge formulieren können (vgl. Rosenke 1995: 66). Dieses Konzept, das für erwachsene wohnungslose Frauen entwickelt wurde, liefert wertvolle Impulse für die Ausgestaltung ähnlicher Angebote für ältere Jugendliche und junge Erwachsene, die weitgehende Selbstständigkeit erlangt haben: Der »Klientenstatus« wird gering gehalten, und Selbstständigkeit wird als vorhandene Stärke genutzt und gefördert.

> **Selbsthilfe fördern**

Darüber hinaus ist es sinnvoll, in Anbindung an die Einrichtungen, die niedrigschwellige Hilfen vorhalten, spezielle Beratungsdienste anzubieten. Wie die Lebensgeschichten zeigen, gibt es einen hohen Bedarf an Beratung bezüglich Schulden, Gesundheits- und Rechtsproblemen bei gleichzeitig großer Scheu, zur Beratung offizielle Stellen zu nutzen. Eine Rechts-, Miet- oder Schuldenberatung, die stundenweise Sprechstunden in den Einrichtungen, die die wohnungslosen Jugendlichen und jungen Erwachsenen ohnehin nutzen, anbietet, wäre hier eine sinnvolle Ergänzung. Auch Beratung zu schulischen Fragen oder beruflicher Perspektive wäre sinnvoll.

> **Weiterführende Beratung zugänglich machen**

Da es einerseits Mädchen (und teilweise auch Jungen) gibt, die geschützte Angebote suchen, andererseits Jugendliche und insbesondere Paare, die gemischtgeschlechtliche Angebote präferieren oder gar die geschlechtsgetrennten meiden, ist es sinnvoll, unterschiedlich konzipierte Angebote vorzuhalten. Sowohl geschlechtsgetrennte als auch geschlechtsgemischte Konzepte sind unseres Erachtens sinnvoll und haben ihre Berechtigung. Auf Wunsch sind die PartnerInnen in die Hilfen einzube-

> **Sowohl partnerschaftseinbeziehende als auch geschützte geschlechtsgetrennte Angebote machen**

ziehen und adäquate Angebote für Paare zu machen. Auf eine Trennung oder Aufteilung von Paaren, die zusammen bleiben wollen, sollte verzichtet werden – in der Regel nehmen diese Paare solche getrennten Angebote ohnehin nicht an. Problematisch ist sowohl, wenn es in einer Stadt keinerlei geschütztes geschlechtsspezifisches Angebot gibt, als auch, wenn es lediglich geschlechtsgetrennte Angebote gibt und keinerlei Möglichkeit, als Paar oder gemischtgeschlechtliche Gruppe ein Angebot wahrzunehmen. Ideal ist, wenn sich beide Angebote ergänzen. So bieten in Münster die geschlechtsgetrennten Sleep-Ins geschützte Übernachtungs- und teilweise Tagesaufenthaltsmöglichkeiten an, während die Streetwork gemischtgeschlechtliche Tagesaufenthaltsmöglichkeiten bietet. Eine gemeinsame Übernachtung für Paare kann allerdings nur in Ausnahmefällen über eine Hoteleinweisung erfolgen.

Geschlechtsspezifische Bedürfnislagen berücksichtigen

Eine Berücksichtigung und Einbeziehung unterschiedlicher geschlechtsspezifischer Realitäten und Lebenssituationen ist in jedem Fall unerlässlich. Beachtet werden müssen Szenestrukturen, auch die Thematisierung von sexueller Gewalt in der Szene muss möglich sein. Es gilt, bei der Konzipierung von Angeboten die unterschiedlichen Bedürfnislagen von Mädchen und Jungen im Blick zu haben und adäquate Räume zu schaffen. Dies beinhaltet im Bedarfsfall das Zur-Verfügung-Stellen geschützter geschlechtsspezifischer Räumlichkeiten, aber auch die Schaffung einer Atmosphäre, die die unterschiedlichen Bedürfnislagen berücksichtigt. Das bedeutet, Diskriminierungen zu thematisieren, gegebenenfalls aktiv Stellung zu beziehen und auf Gleichberechtigung hinzuarbeiten. Geschlechtsgemischte Angebote sollten so gestaltet werden, dass sie für Mädchen und Jungen gleichermaßen attraktiv sind.

Suche nach Ressourcen und Erhalt positiver Beziehungen

Bereits im Prozess der Beratung durch MitarbeiterInnen von Streetwork und Überlebenshilfen ist es sinnvoll, nach Ressourcen Ausschau zu halten, auf die die Jugendlichen und jungen Erwachsenen gegebenenfalls zurückgreifen können. Das bedeutet, mit den Jugendlichen und jungen Erwachsenen gemeinsam nach Personen mit positiver biografischer Bedeutung zu schauen, von denen die Jugendlichen und jungen Erwachsenen gegebenenfalls Hilfe und Unterstützung erhalten können. Hier können niedrigschwellige Anlaufstellen zum Beispiel die notwendige Infrastruktur herstellen, um Kontakte zu halten – indem sie beispielsweise ermöglichen, dass die Jugendlichen telefonieren und in die Einrichtung Post geschickt bekommen können. Die MitarbeiterInnen können aber auch gezielt Hilfestellung leisten bei der Wiederherstellung vielversprechender »alter« Kontakte oder beim Knüpfen von neuen Beziehungen. Permien/Zink schlagen »fachlich begleitete Begegnungen« vor, die außerdem Fragen nach »verlorengegangenen« Müttern und Vätern oder Großeltern klären könnten (vgl. 1998: 376). Solche Begegnungen könnten die Jugendlichen von unrealistischen Hoffnungen, aber auch von Befürchtungen befreien und somit zum Aufbau von Ressourcen beitragen. Um eine vorbereitete und qualifizierte Begleitung solcher Begegnungen leisten zu können, brauchen Streetwork und niedrigschwellige Anlaufstellen jedoch weit mehr Personal, als derzeit in den meisten Einrichtungen vorhanden ist.

Auch die Ressourcen, die die Szene bietet, sind zu beachten und einzubeziehen. Hier gilt es, insbesondere positive Gruppenstrukturen zu stärken und Zusammenhalt **Positive Gruppenstrukturen stärken** und Freundschaften zu fördern. Insbesondere erlebnispädagogische Projekte, wie zum Beispiel Kanutouren, sind nach unseren Erfahrungen besonders geeignet, eine Gemeinschaftserfahrung jenseits der Realität auf der Straße zu bieten und eine positive Auseinandersetzung mit sich selbst und in der Gruppe zu ermöglichen. Um solche Angebote realisieren zu können, brauchen Streetwork-Einrichtungen und Sleep-Ins eine ausreichende Personaldecke und ein entsprechendes finanzielles Budget.

Aber auch der Erhalt und die Eröffnung von Räumen und Treffpunkten ist hier ein wesentlicher Faktor, der **Eröffnung und Erhalt von Räumen und Treffpunkten** zur Stabilisierung beiträgt. Insbesondere der Vertreibung von wohnungslosen Jugendlichen und jungen Erwachsenen aus dem öffentlichen Raum ist entgegenzuwirken (vgl. auch Koppes 2000: 40). Durch Vertreibung kommen Vermischungen von Szenen zustande, wie zum Beispiel die Vermischung von Heroin- und Punkszene, die den positiven Einfluss und Schutzmechanismus der Punk-Szene gefährden. Oder die Jugendlichen werden in Stadtteile und private Räume vertrieben, von denen die Wege zu den Hilfeeinrichtungen wesentlich weiter sind und was die Erreichbarkeit für aufsuchende Arbeit erschwert. Um die Lebensqualität der Szene zu verbessern, ist es daher notwendig, sich gemeinsam mit den Jugendlichen und jungen Erwachsenen gegen Vertreibung zur Wehr zu setzen, Öffentlichkeit herzustellen und Vorurteile abzubauen. Öffentlichkeitswirksame sozialpolitische Projekte können hier ein wirksames Mittel sein (vgl. auch Bodenmüller/Piepel 2000: 81).

Immer wieder machen wir die Erfahrung, dass Jugendliche und junge Erwachsene, die auf der Straße **Lebensweltnahe Gesundheitsfürsorge** krank werden, die Angebote der medizinischen Regelversorgung nicht oder nur im äußersten Notfall annehmen. Ähnlich wie Marco, der mit einer Lungenentzündung lieber weiter draußen schläft, als ins Krankenhaus zu gehen, verschleppen viele ernsthafte Krankheiten, die dann schlimmer werden, oder entwickeln chronische Leiden. In den letzten Jahren wurden in mehreren Städten Nordrhein-Westfalens erfolgreich Modellprojekte aufsuchender Gesundheitsfürsorge entwickelt und realisiert (vgl. Ministerium für Arbeit und Soziales, Qualifikation und Technologie des Landes Nordrhein-Westfalen 2000: 49ff). Solche Angebote aufsuchender Gesundheitsfürsorge oder ärztliche Sprechstunden in Sleep-Ins oder Streetwork-Basiseinrichtungen bewirken wesentliche Verbesserungen der gesundheitlichen Situation wohnungsloser Menschen. Sie stellen keine Konkurrenz zur medizinischen Regelversorgung dar, sondern arbeiten darauf hin, Wohnungslose wieder ins Gesundheitssystem zu integrieren (vgl. ebd.). Solche Konzepte dürfen nicht länger nur zeitlich befristete Modellprojekte bleiben, sondern müssen zu einem regulären, pauschal finanzierten Angebot der Wohnungslosenhilfe werden.

5.3 Bedürfnisgerechte Jugendhilfemaßnahmen entwickeln

Eine lebensweltnahe, bedürfnisgerechte Jugendhilfemaßnahme kann – wie die Geschichte von Julia zeigt – den Rahmen für eine Stabilisierung bieten, zum Aufbau eines neuen Zuhauses beitragen und das Herauswachsen aus der Szene begleiten. Gleichzeitig können gescheiterte Jugendhilfemaßnahmen, wie die Geschichten von Denis und Bernd zeigen, Straßenkarrieren verfestigen. Aus unserer statistischen Auswertung geht hervor, dass sich in 66% der Fälle an die Jugendhilfemaßnahmen Wohnungslosigkeit anschließt und 23% der Maßnahmen spätestens nach einem halben Jahr beendet werden. Um einer größeren Anzahl von wohnungslosen Jugendlichen und jungen Erwachsenen durch die Jugendhilfe eine Perspektive zu bieten, ist eine Anpassung und Qualifizierung der Angebote notwendig. Gleichzeitig ist es unerlässlich, im Prozess der Installierung die Lebenssituation, die Wünsche und Erfahrungen der »Straßenkinder« einzubeziehen, um die Einleitung unpassender, zum Scheitern verurteilter Maßnahmen zu vermeiden.

Fachlich qualifizierte Schwerpunktsachgebiete Um adäquate Jugendhilfemaßnahmen für diese Zielgruppe auszuwählen und der Situation der Jugendlichen angemessene Hilfepläne zu entwikeln, ist eine umfassende Kenntnis der Lebenswelt Straße und der Problematik der Wohnungslosigkeit im Jugendalter notwendig. Für die dafür zuständigen MitarbeiterInnen der Allgemeinen bzw. Kommunalen sozialen Dienste ist es aber oft eine Überforderung, sich neben den vielfältigen anderen Aufgaben in diese Problematik einzufühlen und einzuarbeiten. Die Vorteile der Stadtteilorientierung der Allgemeinen bzw. Kommunalen Sozialen Dienste kommen hier ohnehin nicht zum Tragen, vielmehr gleicht es einem »Lotteriespiel«, ob der/die jeweilige MitarbeiterIn über Kenntnisse der Lebenswelt der Jugendlichen verfügt. Für die wohnungslosen Jugendlichen ist die Szene längst zu »ihrem Stadtteil« geworden. Werden für sie Perspektiven gefunden, kehren sie meist ohnehin nicht in ihren »Ursprungs«-Stadtteil zurück. Daher halten wir es für sinnvoller, für diese Zielgruppe Schwerpunktsachgebiete zu bilden, deren MitarbeiterInnen sich intensiv mit der Problematik der Wohnungslosigkeit im Jugendalter befasst haben und eng mit Streetwork und niedrigschwelligen Einrichtungen zusammenarbeiten.

Bevor über eine Hilfe zur Erziehung außerhalb der Familie nachgedacht wird, wird in der Regel abgeklärt, ob eine Rückkehr in die Herkunftsfamilie

310

möglich ist. Jugendliche, die noch nicht so lange auf der Straße sind, sind nach Gesprächen mit dem Jugendamt möglicherweise bereit, wieder zu Hause einzuziehen. So gehen auch von den InterviewpartnerInnen einige kurzfristig wieder nach Hause zurück. Mit der Rückkehr ist längst nicht »alles wieder gut«, meist bestehen die Probleme, die Grund zum Ausreißen waren, weiter. In unserer Untersuchung werden 63% der Jugendlichen, die nach einer wohnungslosen Phase zurück zu den Eltern gehen, erneut wohnungslos. Dass Jugendliche wie Marco immer wieder in unterschiedliche Familiensysteme rückgeführt werden, muss unbedingt vermieden werden. Familienrückführungen müssen also überdacht und möglicherweise begleitet werden. Das KJHG bietet in den §§ 27ff eine breite Palette solcher Hilfen. Dies wäre zum Beispiel durch eine sozialpädagogische Familienhilfe (KJHG § 31) oder Erziehungsbeistände (KJHG § 30) möglich.

Familienrückführungen überdenken und begleiten

Jugendhilfe sollte als freiwillige Hilfe für Kinder, Jugendliche und Familien auf Zwang und Repression verzichten. Zwangsmaßnahmen und insbesondere die geschlossene Unterbringung zerstören das Vertrauen in Hilfeeinrichtungen und führen meist dazu, dass die Jugendlichen ausreißen und sich ganz der Straßenszene zuwenden. Oft wird geschlossene Unterbringung für jugendliche Straftäter pauschal gefordert ohne zu berücksichtigen, dass sie zum Beispiel wie Sid sogar selbst den Wunsch nach einer Heimunterbringung äußern und bereit sind oder wären, eine geeignete Maßnahme anzunehmen. Des Weiteren ist die Frage, ob eine von Repression und Unfreiwilligkeit geprägte Umgebung die geeignete Vorbereitung auf das Leben in einer Gesellschaft sein kann, die ein hohes Maß an Eigenständigkeit verlangt. Permien/Zink sehen in diesem Zusammenhang die Gefahr, dass so behandelte Jugendliche im normalen Leben nicht mehr zurechtkommen und die geschlossene Unterbringung somit eher eine Vorbereitung auf das Gefängnis darstellen könnte (vgl. 1998: 360).

Freiwilligkeit hervorheben – auf Zwang und geschlossene Unterbringung unbedingt verzichten

Immer noch gibt es Fälle wie die von Bernd oder Denis, in denen Jugendliche bei der Installierung von Maßnahmen nicht an der Wahl ihrer Unterbringung beteiligt werden. Auch das Stellen der Jugendlichen vor die Alternativen »entweder zurück nach Hause oder ins Heim«, wie Birgit dies erlebt hat, lässt keinen Raum für die Bedürfnisse und Wünsche der Jugendlichen. Demgegenüber ist im KJHG in § 5 ausdrücklich ein Wunsch- und Wahlrecht verankert, das den Leistungsberechtigten das Recht zusichert, zwischen Einrichtungen und Diensten verschiedener Träger zu wählen sowie Wünsche hinsichtlich der Gestaltung der Hilfen zu äußern. Den Wünschen soll dabei entsprochen werden, sofern dies nicht mit unverhältnismäßigen Mehrkosten verbunden ist. Nach § 8 sind Kinder und Jugendliche entsprechend ihrem Entwicklungsstand an allen sie betreffenden Entscheidungen der öffent-

Bei der Wahl der Unterbringung Orientierung an den Wünschen der Jugendlichen

lichen Jugendhilfe zu beteiligen. Dieser Rechtsanspruch muss noch konsequenter in die Praxis umgesetzt werden.

Gemeinsame Entwicklung bedarfsgerechter Jugendhilfemaßnahmen

Wie die Lebensgeschichten zeigen, sind Maßnahmen, die sich nicht an den Wünschen der Jugendlichen orientieren, in der Regel erfolglos und damit »hinausgeworfenes Geld«. Oft reißen die Jugendlichen wieder aus und wenden sich verstärkt der Straße zu. Die Probleme und Bedürfnisse der Jugendlichen sind ernst zu nehmen – zusammen können auf dieser Basis adäquate Formen der Hilfe entwickelt werden. Das bedeutet, einen gemeinsamen Prozess der Perspektiventwicklung zu initiieren, anstatt *für sie* nach einer Lösung zu suchen.

In Fällen, in denen sich Zuständigkeiten überschneiden und mehrere Fachdienste am Prozess beteiligt sind, sind gemeinsame Helferkonferenzen bzw. fallorientierte Clearing-Stellen sinnvoll, deren Aufgabe es wäre, Anwaltschaft für die Jugendlichen zu übernehmen und eine Straffung des Hilfeprozesses zu erreichen (vgl. auch Permien/Zink 1998: 356). Auch eine konstruktive Zusammenarbeit zwischen Jugend-, Wohnungslosen- und Drogenhilfe kann sinnvoll sein.

Andere HelferInnen in Entscheidungsprozesse einbeziehen

Streetwork, pädagogische Fachkräfte in Sleep-Ins oder auch andere Vertrauenspersonen der Jugendlichen kennen diese oft besser als die MitarbeiterInnen im Jugendamt, die die Jugendlichen nur in Beratungsgesprächen hinter dem Schreibtisch erleben. Streetwork nimmt teil an der Lebenswelt und kann daher ganz anders beobachten. Die MitarbeiterInnen sehen nicht nur, ob sich Jugendliche in der Szene aufhalten, sondern außerdem, wie es ihnen dort geht, was ihre Schwächen, aber auch ihre Stützen und Stärken sind. StreetworkerInnen und MitarbeiterInnen niedrigschwelliger Übernachtungs- und Anlaufstellen sollten daher verstärkt in den Entscheidungsprozess einbezogen werden, ebenso andere Personen, die die Jugendlichen als Vertrauenspersonen benennen. Dabei geht es nicht darum, einen HelferInnenkreis ins Uferlose zu vergrößern, sondern gezielt die Personen in das Verfahren und auch in die Entscheidung zu integrieren, die die Jugendlichen als Vertrauenspersonen benennen und einbeziehen wollen.

Ressourcen suchen und einbeziehen

Auch hier können Ressourcen im sozialen Umfeld mehr und besser genutzt werden, wenn sie auf positive Art mit einbezogen und nicht ignoriert werden. Dabei sollte gemeinsam mit den Jugendlichen und gegebenenfalls den von ihnen benannten Vertrauenspersonen nach Unterstützungsmöglichkeiten und stabilisierenden Faktoren und Kontakten gesucht werden. Wichtig ist, den Jugendlichen die Entscheidung zu überlassen, welche Ressourcen sie annehmen möchten. So bieten sich nach unseren Erfahrungen beispielsweise manchmal Verwandte an, unterstützend einzugreifen oder stellen gar eine Wohnmöglichkeit zur Verfügung – die Jugendlichen fürchten aber Kontrolle oder haben mit den Personen bereits negative Erfahrungen gemacht, so dass sie das Angebot nicht annehmen wollen. Auch hier gilt es, die Wünsche der Jugendlichen zu respektieren. Dabei ist ein sensibles Vorgehen notwendig. Riesige Helferkonferenzen, in denen wahllos Personen »zusammengetrommelt« werden, sind zu vermeiden, stattdessen sollte in Gesprächen genau eruiert werden, wer wo und wie unterstützen kann und wer sich – unabhängig von offizieller Zuständigkeit – für die Jugendlichen einsetzt.

Uneinigkeiten über die örtliche Zuständigkeit der Jugendämter dürfen nicht auf dem Rücken der Jugendlichen ausgetragen werden. Jugendliche auf der Straße müssen die Möglichkeit haben, an ihrem Aufenthaltsort

Hilfen unabhängig von örtlicher Zuständigkeit

auch weiterführende Hilfen wie Jugendhilfe zu erhalten. Nach KJHG § 85.3 soll das Jugendamt am tatsächlichen Aufenthaltsort in finanzielle Vorleistung treten und die ausstehenden Beträge im Nachhinein einfordern. Dies wird jedoch leider viel zu selten in die Praxis umgesetzt. Oft werden die Jugendlichen einfach an ihr Heimatjugendamt verwiesen, wohin sie jedoch meist nicht zurückkehren. Oder Hilfeprozesse werden wegen Zuständigkeitsunklarheiten langwierig verzögert, bis die Jugendlichen schließlich aufgeben. Permien/Zink schlagen darüber hinaus vor, die Heimatjugendämter stärker zur Kooperation zu verpflichten (vgl. 1998: 357).

In den Fällen, wo Eltern Hilfemaßnahmen blockieren, bleibt den Jugendlichen nur die Möglichkeit, gegen ihre Eltern zu klagen. Dies ist für die meisten ein undenkbarer Schritt. Ein eigenes Antragsrecht auf Hilfen zur Erzie-

Eigenes Antragsrecht auf Hilfen zur Erziehung

hung zumindest für Jugendliche ab 14 Jahren könnte ihnen dazu verhelfen, ihren Forderungen und Interessen in Konflikten mit Eltern und Jugendamt Nachdruck zu verleihen. Wie so eine Möglichkeit in die Praxis umgesetzt werden kann, müsste fachlich diskutiert und ausgearbeitet werden. Es müsste rechtlich festgelegt werden, wann den Anträgen von Jugendlichen stattgegeben wird, auch wenn Elternrechte dabei berührt werden (vgl. auch Permien/Zink 1998: 357). Jedenfalls dürfte es nicht mehr vorkommen, dass Maßnahmen, die von Jugendlichen gewünscht und von Fachkräften der Jugendhilfe für sinnvoll erachtet werden, am Widerstand der Eltern scheitern und Jugendliche deshalb auf der Straße verbleiben.

Die Jugendlichen mit ihren Wünschen und Bedürfnissen ernst zu nehmen und dementsprechende Perspektiven zu entwickeln, bedeutet auch, die Lebenswelt der Ju-

Lebensweltnahe Unterbringung

gendlichen in den Prozess einzubeziehen und lebensweltnahe Konzepte zu entwickeln. Mädchen und Jungen fernab der Szene in einem ländlichen Heim unterzubringen bedeutet, ihnen die sozialen Bezüge, die sie haben, zu nehmen und führt unseren Erfahrungen nach schnell dazu, dass die Jugendlichen dort wieder ausreißen. Flexible Konzepte sind hier gefragt, kleinräumige Lösungen, in denen die Jugendlichen die Chance haben, ein Zuhause zu finden. Nach unseren Erfahrungen bringen viele Jugendliche, die auf der Straße leben, Negativerfahrungen mit Betreuungspersonen und der Erwachsenenwelt mit, so dass sie oft sehr lange brauchen, um Vertrauen zu fassen. Sie kommen meist mit Konzepten mit wenigen, festen Betreuungspersonen besser zurecht als mit größeren Teams. Wichtig ist, mit den Jugendlichen gemeinsam Lösungen zu suchen und auch nach Gründen für die Ablehnung zu fragen. Hier sollte in jedem Fall den Wünschen der Jugendlichen mehr Gewicht gegeben werden als denen der Eltern – schließlich sind es die Jugendlichen, die in der Maßnahme tagtäglich *leben* müssen.

Kriterien für Aufnahme und Verbleib herabsetzen und flexibilisieren

Die meisten Jugendlichen, die jahrelang auf der Straße gelebt haben, können nicht umgehend drogenfrei sein und regelmäßig zur Schule gehen. Die typischen Kriterien für Aufnahme und Verbleib in einer stationären Maßnahme können sie somit nicht erfüllen. Es kann jedoch nicht sinnvoll sein, immer mehr »Spezialmaßnahmen« für ausgegrenzte Jugendliche zu konzipieren. Vielmehr muss es darum gehen, die Jugendlichen möglichst in bestehende Angebote zu integrieren. Das bedeutet für die Anbieter erzieherischer Hilfen die Flexibilisierung von Maßnahmen und eine kritische Reflexion, inwieweit Maßnahmen und Aufnahmekriterien den Lebensrealitäten von Jugendlichen mit Erfahrungen im Straßenleben angepasst werden können. Die Träger stationärer Jugendhilfemaßnahmen sollten dabei flexible Angebote machen und ihr Angebot nach den aktuellen Bedürfnissen der Jugendlichen ausrichten. Für die MitarbeiterInnen im Jugendamt bedeutet dies gleichfalls, solche »Anpassungsschwierigkeiten« zu berücksichtigen und nicht auf die Einhaltung von Verpflichtungen hin zu drängen. Für alle Beteiligten heißt es, sowohl die Forderung des Ausstiegs aus der Szene als auch die polarisierte Sichtweise »Szene oder Integration« aufzugeben – zu Gunsten der Ausrichtung auf eine Stabilisierung, die die Grundlage für weitere Entwicklungsschritte bildet.

Integration statt Spezialisierung

Permien/Zink sehen die Gründe für Diskontinuitäten, die Straßenkarrieren fördern, auch in einer sich immer weiter ausdifferenzierenden und »hochgradig fragmentierten Maßnahmenlandschaft«, die zu immer spezielleren Jugendhilfeangeboten führt (vgl. 1998: 351). Für Jugendliche, die wie Marco eine Vielzahl unterschiedlicher Maßnahmen vom klassischen Heim über Wohngruppen und betreutes Einzelwohnen bis zum Reiseprojekt mitmachen, wird schließlich die Diskontinuität zur prägenden Lebenserfahrung. Seine Entwurzelung wird dadurch noch mehr verstärkt. Gibt es spezielle Angebote für bestimmte Problemgruppen, so werden Jugendliche, die mit diesen Problemen belastet sind, schnell in diese Einrichtungen abgeschoben, statt dass die Probleme aufgearbeitet werden und eine Integration in bestehende Angebote versucht wird. Die Unterbringung in problemorientierten »Sondergruppen« entspricht auch meist nicht den Wünschen der Jugendlichen. So äußerte beispielsweise in einer von Hartwig durchgeführten Befragung sexuell missbrauchter Mädchen keine einzige den Wunsch, ausschließlich mit missbrauchten Mädchen zusammen leben zu wollen, um spezielle Therapien oder Hilfen zu erhalten. Vielmehr wünschten sich die Mädchen »Normalität« und eine Beendigung der Sonderbehandlung (vgl. Hartwig 1990: 280). Die Flexibilisierung und Anpassung bestehender Hilfen halten wir für sinnvoller und den Jugendlichen angemessener, als die Konzipierung immer speziellerer problemorientierter Angebote.

Um rasch intensive Hilfe zu leisten, kann es in vielen Fällen sinnvoll sein, eine Betreuung auf der Straße anzubieten, bevor über die geeignete Unterbringung entschieden wird. So bietet zum Beispiel die Frankfurter Einrichtung »WALK MAN« neben Streetwork mobile Betreuung an, bei der dem Jugendlichen eine feste Mitarbeiterin oder ein fester Mitarbeiter mit einem Zeitbudget einer halben Vollzeitstelle zur Seite gestellt wird. Dabei wird auf Beziehungskontinuität geachtet, die Jugendlichen werden auf allen weiteren Wegen durch das Hilfesystem begleitet. Die MitarbeiterInnen sind Bestandteil der Hilfeplanung. Die Jugendlichen bekommen als Notunterkunft ein Hotelzimmer zur Verfügung gestellt, wenn möglich bereits in einem Stadtteil, in dem für Jugendliche Ressourcen vorhanden sind (vgl. Kommunale Kinder-, Jugend- und Familienhilfe Frankfurt am Main 1999: 4–7). Ein ähnliches Ziel verfolgt die von Permien/Zink vorgeschlagene Installierung von »Lotsendiensten« für Jugendliche auf der Straße, die auf der Grundlage intensiver sozialpädagogischer Einzelbetreuung (KJHG § 35) arbeiten und in Krisensituationen intensive Unterstützung leisten können (vgl. 1998: 358;369f). In beiden Konzepten geht es nicht um einen »Ersatz« für das betreute Wohnen, sondern letztendlich um eine Hinführung zu Jugendhilfemaßnahmen. Eine intensive Betreuung auf der Straße könnte ein Bindeglied zwischen den akzeptierenden Angeboten von Streetwork und den höherschwelligen der Jugendhilfe darstellen und somit den Jugendlichen den Übergang erleichtern.

> Betreuung auf der Straße als niedrigschwelliges Angebot der Jugendhilfe

Bei der Installierung von Jugendhilfemaßnahmen ist es unseres Erachtens sinnvoll, die Stärken der Jugendlichen einzubeziehen. Nach unseren Erfahrungen sind Angebote, wie die mobile Betreuung in einer eigenen Wohnung, die die vorhandene Selbstständigkeit der Jugendlichen unterstützen, meist erfolgreicher als die, die den Jugendlichen einen Großteil der Eigenverantwortung abnehmen. So machen wir beispielsweise die Erfahrung, dass teilweise bereits 15-jährige Mädchen allein wohnen wollen, weil sie die familienähnlichen Strukturen auf Grund ihrer Negativerfahrungen im Familiensystem einfach nicht mehr ertragen können. Diese Mädchen haben oft ein hohes Maß an Selbstständigkeit erlangt und sind, da sie zum Beispiel in der Herkunftsfamilie jüngere Geschwister versorgen mussten, durchaus in der Lage, einen eigenen Haushalt zu führen. Unterstützung brauchen sie eher in Form einer Vertrauensperson, mit der sie vor allem emotionale Probleme besprechen wollen. In solchen Fällen sind Alternativen zu Wohngruppen gefragt, viel-

> Wohnformen, die Selbstständigkeit unterstützen

leicht muss auch einmal der Versuch gewagt werden, solch eine 15-Jährige in einer eigenen Wohnung mobil zu betreuen. Hier haben wir durchaus positive Erfahrungen gemacht. Was für die Einzelnen das adäquate Angebot ist, kann nur zusammen mit den Jugendlichen herausgefunden werden.

Lebensbezüge und Bezugspersonen einbeziehen

Bei der Installierung von Maßnahmen müssen die Lebensbezüge und Bezugspersonen der Jugendlichen einbezogen werden. Auch hier gilt es, gegebenenfalls Partnerschaften zu akzeptieren und die dabei entstehenden Probleme zu thematisieren und zu bearbeiten, anstatt den Partner auszugrenzen und zu verurteilen. Maßnahmen dürfen jedoch nicht an Partnerschaften gekoppelt werden, damit keine Abhängigkeiten entstehen. Für wieder andere Jugendliche spielen weniger Partnerbeziehungen als Szenefreundschaften oder Hunde eine große Rolle. Die meisten Jugendlichen, die Hunde halten, lehnen alle Maßnahmen rigoros ab, bei denen sie den Hund abgeben müssten. Wie die Lebensgeschichten zeigen, haben die Jugendlichen oft intensive Beziehungen zu den Tieren. Hier gilt es, bestehende Konzepte zu flexibilisieren und eine Haltung von Tieren zu ermöglichen.

Drogenkonsumierende und -abhängige Jugendliche nicht ausgrenzen

Drogenkonsum ist vielfach ein Kriterium für den Ausschluss aus Jugendhilfeeinrichtungen. Wie die Lebensgeschichten zeigen, gehört für die meisten Jugendlichen Drogenkonsum zum Leben auf der Straße dazu, verliert aber für viele an Bedeutung, sobald sich ihre Situation stabilisiert. Dennoch ist dies ein langsamer Prozess, so dass es für die Jugendlichen vielfach undenkbar ist, den Konsum von heute auf morgen einzustellen. Auch hierauf muss die Jugendhilfe flexibel reagieren – der Zwang zur Abstinenz lässt leider immer noch zu viele Maßnahmen scheitern bzw. verhindert sie. Projekte, die Drogenkonsum oder -abhängigkeiten akzeptieren und darauf flexibel reagieren, können natürlich keine klassischen Wohngruppen sein, in denen andere BewohnerInnen durch den Drogenkonsum gefährdet würden. Dennoch denken wir, dass insbesondere im Rahmen der mobilen, flexiblen Betreuung in eigenen Wohnungen ein solch akzeptierender Ansatz möglich sein müsste. Für manifest drogenabhängige Jugendliche muss es jenseits der Angebote für erwachsene Süchtige eigene Möglichkeiten der Entgiftung und Therapie geben, die in das System der Jugendhilfe eingebunden sind. Eine der wenigen jugendspezifischen Drogentherapieeinrichtungen ist die nach dem Konzept »Option« arbeitende »Intensivgruppe Villa Lichterglanz« des Landschaftsverbandes Westfalen Lippe, die darüber hinaus mobile Hilfen und Nachbetreuung bietet (vgl. Landschaftsverband Westfalen Lippe o.J.).

Angebote der Jugendhilfe für junge Volljährige

Nach unseren Erfahrungen enden viele Jugendhilfemaßnahmen mit dem Erreichen des 18. Lebensjahres. Wie zum Beispiel die Geschichte von Marco zeigt, bedeutet die Beendigung der Maßnahme für die jungen Erwachsenen, nun mit allen anfallenden Schwierigkeiten allein zurechtkommen zu müssen.

In manchen Fällen werden die Maßnahmen zwar noch über den 18. Geburtstag hinaus weitergeführt, werden dann aber an Schul- oder Ausbildungsabsolvierung geknüpft. Obwohl das KJHG mit § 41 die Möglichkeit bietet, über das Erreichen der Volljährigkeit hinaus Hilfen zur Persönlichkeitsentwicklung und eigenverantwortlichen Lebensführung zu gewährleisten, werden nach Vollendung des 18. Lebensjahres kaum mehr neue Maßnahmen installiert. Junge Erwachsene, die erst als Volljährige das Elternhaus – zum Teil aus ähnlichen Gründen wie die Jugendlichen – verlassen, werden auf die Wohnungslosenhilfe verwiesen, die nur selten adäquate Angebote machen kann. Oft würde hier eine (kostengünstige) stundenweise Betreuung ausreichen, um die jungen Erwachsenen zu begleiten und zu stabilisieren und eine Verfestigung von Wohnungslosigkeit zu vermeiden.

Wohnungslosen und ehemals wohnungslosen Jugendlichen und jungen Erwachsenen, die Eltern werden, müssen geeignete Angebote gemacht werden, was sowohl Übergangseinrichtungen als auch dauerhafte begleitete Wohnformen einschließt. **Lebensweltnahe Hilfen für junge Mütter, Väter und ihre Kinder** In den relativ hochschwelligen Mutter-Kind-Einrichtungen kommen junge Mütter, die Erfahrungen mit dem Leben auf der Straße gemacht haben, in der Regel nicht zurecht. Junge Mütter wie Birgit, die sich bislang allein »durchkämpfen« mussten, sind meist nicht mehr bereit, ein vergleichsweise hohes Maß an Einschränkungen und Kontrolle hinzunehmen. Hier sind ebenfalls Maßnahmen gefragt, die an den Fähigkeiten und Stärken der jungen Eltern anknüpfen und Bevormundung vermeiden. Nach unseren Erfahrungen bleiben die Väter meist »außen vor«, wenn es um betreutes Wohnen für Mütter mit Kindern geht. Modelle geteilter Elternschaft sind hier nur selten zu realisieren, oft erhalten die Partner bestenfalls eine Besuchserlaubnis (vgl. auch Kluge 1994: 5). Konzepte wie das Berliner »Mutter-Kind-Projekt« des Vereins »Leben lernen e.V.«, das Wohnbedingungen bietet, die den jungen Müttern die Möglichkeit gibt, dass ihre Freunde (ohne eigene Möbel und polizeiliche Anmeldung) bei ihnen mitwohnen können, so dass sie das »Experiment Familie« starten und sich hierbei Unterstützung durch die Betreuerinnen holen können (vgl. Eyßelein 1994: 14), gibt es bislang leider zu selten.

Die Beendigung von Jugendhilfemaßnahmen stellt für die Jugendlichen häufig ein Problem dar. Dies beschreiben zum Beispiel Julia und Marco. **Maßnahmen verantwortungsvoll beenden** Dabei erlebt Julia das abrupte Ende der Maßnahme als emotional belastend, selbst wenn sie anschließend gut zurechtkommt. Marco ist nach dem Ablauf der letzten Betreuung nicht in der Lage, seine Wohnung allein zu halten, bzw. sich aus eigener Kraft eine neue zu suchen. Auch die MitarbeiterInnen des Projektes »WALK MAN« berichten, dass das Ende der mobilen Betreuung oftmals bei den Jugendlichen schwere Krisen hervorruft – auch wenn eine Anschlussmaßnahme folgt (vgl. Kommunale Kinder-, Jugend- und Familienhilfe Frankfurt am Main

317

1999: 7). Häufig wird Jugendlichen in Jugendhilfemaßnahmen zu viel abgenommen und eine intensive Vorbereitung auf ein selbstständiges Leben, wie es KJHG § 35 vorsieht, findet nicht in ausreichendem Maße statt. Bei der Beendigung der auf Beziehungsarbeit aufbauenden Betreuung ist also Sensibilität und Verantwortung gefragt. Langsame, stundenweise Reduzierung kann hier eine Möglichkeit darstellen, aber auch die gemeinsame Suche nach Ressourcen und Anschlussperspektiven ist sinnvoll. Krasse Brüche sollten in jedem Fall vermieden werden – zu oft haben die meisten Jugendlichen dies in ihrem Leben schon erfahren.

Integration in weiterführende Angebote einleiten

Darüber hinaus könnten weiterführende Angebote, die in dieser Zeit, in der die Betreuung wegfällt, eine Unterstützung bieten, sinnvoll sein. Dies können Angebote im Stadtteil sein, wenn im Rahmen der Betreuung vorher darauf hingearbeitet wurde, eine Integration in diese Einrichtungen zu erreichen. Aber auch Nachsorgeangebote, wie das Modellprojekt der nachsorgenden Beratung der Dortmunder »GrünBau gGmbH«, die kombinierte Hilfen zur Überwindung von Arbeits- und Wohnungslosigkeit für junge Erwachsene anbieten, können hier sinnvoll eine Lücke schließen. Im Rahmen des Modellprojektes bietet eine Sozialarbeiterin eine maximal zweijährige Beratung im Haushalt der jungen Menschen an, die somit weiterhin praktische Hilfestellung im Alltag, beim Umgang mit Ämtern oder Unterstützung bei der Arbeitssuche erhalten (vgl. Ministerium für Arbeit und Soziales, Stadtentwicklung, Kultur und Sport des Landes Nordrhein-Westfalen 1989: 11). Solche Angebote helfen, Wohnungslosigkeit im Anschluss an Jugendhilfemaßnahmen zu vermeiden, und können eine Unterstützung sein, die Selbstständigkeit fördert.

Verlässliches Berichtswesen zur Qualitätsentwicklung

Generell wäre ein verlässliches Berichtswesen wünschenswert, das Verläufe, Dauer und Beendigung von Jugendhilfemaßnahmen auswertet, um Schwachstellen und Änderungsbedarfe aufzuzeigen. Dies darf sich nicht auf statistische Aussagen beschränken, sondern sollte Beurteilungen und Erfahrungen betroffener Jugendlicher bewusst mit einbeziehen.

5.4 Wohnraum erschließen – Wohnen begleiten

Gesicherte Wohnraumversorgung

Wohnen trägt fast immer zur Stabilisierung bei. Auch für die jungen Erwachsenen, die eine Wohnung wieder verlieren, ist die Zeit in der Wohnung eine Phase, in der sie zur Ruhe kommen, Straftaten und Drogenkonsum einschränken und weiterführende Perspektiven entwickeln können. Die Versorgung mit bezahlbarem Wohnraum muss für jeden, der eine Wohnung möchte, gewährleistet sein. Die Bundesarbeitsgemeinschaft Wohnungslosenhilfe fordert hier eine verfassungsrechtliche Absicherung des Rechts auf Wohnen, die über eine Festschreibung der Pflicht des Staates zum Bau und Erhalt preisgünstigen Wohnraums in Verbindung mit einer rechtlichen Grenze für Zwangsräumungen realisiert werden könnte (vgl. Bundesarbeitsgemeinschaft Wohnungslosenhilfe e.V. 2001: 12).

Im Prozess der Stabilisierung leben ehemals wohnungslose Jugendliche und junge Erwachsene oft zunächst von Sozialhilfe, wobei das Sozialamt innerhalb eines bestimmten finanziellen Rahmens die Miete über-

Bezahlbaren Wohnraum und »Nischen« erhalten

nimmt. Sobald junge Erwachsene aber eine Ausbildung machen oder wieder zur Schule gehen, sind sie auf Berufsausbildungsbeihilfe oder SchülerInnen-BAFöG angewiesen, wovon in der Regel eine eigene Wohnung kaum bezahlt werden kann. Sie benötigen daher preiswerten Wohnraum, der jedoch in den großen Städten kaum mehr zu finden ist. Sanierungskonzepte reduzieren Nischen wie Hinterhäuser oder baufällige Altbauwohnungen, die gerade für solche jungen Erwachsenen häufig ideal wären, weil sie bezahlbar sind und hier oft ein tolerantes Wohnumfeld zu finden ist. Der bewusste Erhalt solcher Nischen sollte in Städteplanung und Sanierungskonzepte einbezogen werden.

Bedürfnisgerechtes und an den Lebensrealitäten orientiertes Wohnen sollte für junge Erwachsene möglich sein. Dies bedeutet zum Beispiel die Bildung von Wohngemeinschaften mit Freunden, was im Rahmen des So-

An Lebensrealitäten orientiertes Wohnen ermöglichen

zialhilfebezugs schwierig ist, oder die Möglichkeit, Hunde zu halten. Auch das Leben in einem Bau- oder Wohnwagen – von manchen Wohnungslosen bewusst gewählt und selbstständig als Lösung vorangetrieben – sollte als Wohnraum akzeptiert und unterstützt werden. Lebensweltorientierte Ansätze sollten sowohl von den Wohnbaugesellschaften, als auch von den Sozialämtern berücksichtigt werden, ebenso von den Anbietern betreuten Wohnens nach BSHG § 72. Auch hier werden viel zu selten die speziellen Lebensrealitäten junger Wohnungsloser einbezogen und beachtet.

Dienstleistungen zur Wohnraumbeschaffung stehen armen Menschen in der Regel nicht zur Verfügung. Die Übernahme von Maklergebühren oder einer Kaution

Unterstützung bei der Wohnraumvermittlung

durch das Sozialamt wird längst nicht in allen Städten praktiziert. Da Wohnungslose generell geringere Chancen auf dem freien Wohnungsmarkt haben, ist eine Unterstützung bei der Suche nach einer Wohnung sinnvoll und notwendig. Sinnvoll sind auch Projekte, die Beratung und Hilfe bei der Wohnungssuche mit Akquirierung von Wohnraum verbinden und somit für Wohnungsnotfälle neue Zugänge zum Wohnungsmarkt erschließen (vgl. auch Ministerium für Arbeit und Soziales, Qualifikation und Technologie des Landes Nordrhein-Westfalen 2000: 19ff). Solche Angebote können wohnungslosen Jugendlichen und jungen Erwachsenen zugänglich gemacht werden, indem sie nicht in speziellen Beratungsstellen stattfinden, sondern in Angebote integriert werden, die von den Jugendlichen ohnehin genutzt werden. So bietet die Streetwork Münster seit 1998 wöchentlich ein spezielles Wohnungssuchangebot in der Anlaufstelle an, was stets von 15 bis 20 Personen genutzt wird (vgl. Amt für Kinder, Jugendliche und Familien der Stadt Münster 2001: 12).

Mietberatung und Mieterschutz zugänglich machen

Nach unseren Erfahrungen kommt es, wenn junge erwachsene ehemals Wohnungslose eigenständig Wohnungen anmieten und beziehen, immer wieder zu Konflikten mit Nachbarn und Vermietern. Wie die Interviews zeigen, verlieren Sid, Ela, Denis, Marco, Julia und Birgit angemietete Wohnungen wieder, weil sie ihren Pflichten als MieterInnen nicht nachkommen, sich Mietschulden anhäufen oder aber auf Grund von jugendtypischen Verhaltensweisen. Eine Beratung und Unterstützung in mietrechtlichen Fragen wäre für viele sinnvoll. Da die Angebote der Mieterschutzvereine meist kostenpflichtig sind, sollten für junge SozialhilfebezieherInnen kostenfreie Beratungsmöglichkeiten zugänglich gemacht werden.

Mietschulden- übernahme bei drohendem Wohnungsverlust

Von den InterviewpartnerInnen verlieren mehrere auf Grund von Mietschulden ihre Wohnungen wieder. Auch wenn es durchaus andere Gründe für Wohnungsverlust gibt, so kann eine Übernahme von Mietschulden durch das Sozialamt in solchen Fällen Wohnungsverlust und damit verbundene, noch teurere Maßnahmen vermeiden helfen. Die Bundesarbeitsgemeinschaft Wohnungslosenhilfe fordert in diesem Zusammenhang einen Rechtsanspruch auf Mietschuldenübernahme durch das Sozialamt bei wirtschaftlicher Hilfebedürftigkeit (vgl. Bundesarbeitsgemeinschaft Wohnungslosenhilfe e.V. 2001: 12), was sicherlich vielen beim Erhalt ihres Wohnraums helfen könnte.

Ein weiteres Problem ist, dass viele junge Erwachsene erst erreicht werden, wenn Kündigungen bereits wirksam sind. Daher ist es wichtig, Beratungs- und Begleitungsangebote an den Stellen anzusiedeln, wo sich die jungen Erwachsenen aufhalten: Schulden- und Mietrechtsberatung als Angebot von Streetwork oder niedrigschwelligen Anlaufstellen oder auch im Rahmen stadtteilorientierter Beratungs- und Begegnungsangebote ermöglichen rechtzeitige Zugangs- und Hilfemöglichkeiten.

Begleitung beim selbstständigen Wohnen – Erweiterung der Hilfen nach BSHG § 72

Für viele junge Erwachsene ist eine Begleitung oder niedrigschwellige Betreuung des Wohnens sinnvoll. Dabei wünschen sie sich zwar Unterstützung, die stationären Angebote nach BSHG § 72 kommen aber nur für die wenigsten in Frage. Wie die statistische Auswertung zeigt, werden BSHG-Angebote nur in wenigen Fällen installiert und angenommen. Nicht nur die Heimlösungen, auch betreute Wohngemeinschaften werden nach unseren Erfahrungen von den meisten jungen Erwachsenen abgelehnt, da sie endlich auf »eigenen Beinen« stehen wollen. Hilfe bei der Haushaltsführung, Beratung und Begleitung suchen viele junge Erwachsene bei der Streetwork, die diese umfangreiche Aufgabe mangels personeller Ausstattung jedoch kaum leisten kann. Hier müssten die Möglichkeiten des BSHG § 72 weiter ausgeschöpft werden und insbesondere für junge Erwachsene Begleitung und niedrigschwellige Betreuung in einer eigenen Wohnung angeboten werden. Mehr lebensweltnahe individuelle Lösungen, Einbeziehung von Partnerschaften oder Hundehaltung sowie niedrigschwellige Angebote sollten auch hier verwirklicht werden.

Eine freiwillige wohnprojekt- oder wohnraumbezogene Begleitung kann in vielen Fällen sinnvoll sein. So wurden in einigen Städten Nordrhein-Westfalens in den vergangenen Jahren Modellprojekte umgesetzt, in denen Beratungsangebote für ehemalige Wohnungsnotfälle angeboten wurden (vgl. Ministerium für Arbeit und Soziales, Qualifikation und Technologie des Landes Nordrhein-Westfalen 2000: 31ff). Die Beratung und Begleitung in der neuen Lebenssituation hat zum Ziel, Selbstverantwortung und Eigenständigkeit zu stärken, so dass auf Dauer ein selbstständiges Wohnen und Haushalten ermöglicht wird. Auch eine Einbindung in Stadtteil und Wohnumfeld sind wesentliche Bestandteile zum dauerhaften Erhalt der Wohnung. Durch Identifikation mit der Wohnfeldumgebung und Akzeptanz durch die Nachbarschaft können Konflikte vermieden und die Integration der ehemals Wohnungslosen gefördert werden.

Dennoch werden niemals alle wohnungslosen jungen Erwachsenen in Normalwohnraum vermittelt und integriert werden können. Gute Erfahrungen machen wir mit dem Angebot der Wohnhilfen, in denen junge Erwachsene ihr Zuhause selbst ausbauen und in der Folgezeit mit Unterstützung durch eine niedrigschwellige Begleitung leben können (vgl. Bodenmüller/Piepel 1998: 10–12). Wie die Geschichten von Andrea, Bernd und Marco zeigen, tragen die Wohnhilfen wesentlich zur Stabilisierung der jungen Erwachsenen bei. Für viele Jugendliche ist das selbstständige Ausbauen von Wohnraum wie zum Beispiel eines eigenen Bauwagens eine Bereicherung, die darüber hinaus die Identifikation mit dem zur Verfügung gestellten Wohnraum erhöht. Jedoch gilt dies nicht für alle jungen Erwachsenen. Für diejenigen, die weniger handwerkliche Begabung und Interesse zeigen, wären Konzepte denkbar und sinnvoll, die ihnen eine entsprechende niedrigschwellige Begleitung in einer Mietwohnung bieten. Die Weiterentwicklung bzw. Einrichtung von niedrigschwelligen Wohnprojekten ohne Hilfe*planung*, die für Jugendliche und junge Erwachsene von der Straße zugänglich sind, ist für eine umfassendere Integration unverzichtbar.

Ausbau und Förderung von Wohnhilfen

In Nordrhein-Westfalen wurden in den vergangenen Jahren mehrere Modellprojekte gefördert, die die Schaffung von zusätzlichem Wohnraum zum Ziel hatten und gleichzeitig als Beschäftigungs- und Qualifizierungsprojekte fungierten, in die (ehemals) Wohnungslose integriert werden konnten. Berücksichtigt werden bei diesen Konzepten die Bedürfnisse der zukünftigen

Wohnraumschaffung durch Wohnungsbauprojekte mit Qualifizierung

321

BewohnerInnen sowie die Gestaltung des Wohnumfeldes, wobei hier im Gegensatz zu den Wohnhilfen der Streetwork die TeilnehmerInnen des Qualifizierungsprojekts nicht zwangsläufig identisch mit den zukünftigen BewohnerInnen sind (vgl. Ministerium für Arbeit und Soziales, Qualifikation und Technologie des Landes Nordrhein-Westfalen 2000: 23ff). Solche Ansätze sollten nicht nur Modellprojektcharakter haben, sondern umfassend in Stadtplanung und Wohnungsbau Einzug finden.

Gemeinsame Lösungen für Partner- oder Freundschaften ermöglichen

Die Ausgestaltung der Sozialhilfe als Individualhilfe erschwert die Einbeziehung unverheirateter Partner in die Hilfemaßnahme. Wenn Paare eine gemeinsame Unterstützungslösung wünschen, kann es passieren, dass für den einen die Hilfe bewilligt wird und für den anderen nicht (vgl. auch Bundesarbeitsgemeinschaft Wohnungslosenhilfe 2001: 13). Beim Bezug einer Wohnung sind gemeinsame Lösungen für Wohngemeinschaften oder FreundInnen oft schwer zu realisieren. Die gemeinsame Wohnungssuche wird von Sozialämtern meist nicht unterstützt. Einzelmietverträge werden vom Sozialamt gefordert, während der Vermieter eine Hauptmieterregelung favorisiert. Hier sollten Beziehungen und Freundschaften als zu fördernde Ressource gesehen und Lösungen entwickelt werden, die gemeinsame Hilfen ermöglichen, ohne Abhängigkeiten zu schaffen. Trennungen sollten unabhängig von der Hilfegewährung möglich sein.

Angebote für junge Familien und Alleinerziehende

Insbesondere jungen Familien muss adäquater Wohnraum zur Verfügung gestellt und bei Bedarf eine Begleitung angeboten werden. Hier kann eine Kombination von Jugendhilfe- und BSHG-Angeboten sinnvoll sein. Mit dem Eltern-Werden ist in der Regel ein komplett anderer Lebensalltag verbunden. Die Lebenssituation junger Eltern und insbesondere Alleinerziehender sollte hier Berücksichtigung finden. Vor allem Alleinerziehende verlieren mit der Geburt ihres Kindes oft die bisherigen Bezüge, auch die Szene stellt dann keine Ressource mehr da. Projekte, die speziell an den Lebenslagen alleinerziehender Frauen anknüpfen, Beratung bieten, Sozialkontakte zwischen den Frauen stärken und Selbsthilfe-Potenziale unter den betroffenen Frauen wecken, wie das Frauenwohnprojekt des Espelkamper Vereins »Hilfe für Frauen in Krisensituationen e.V.«, können hier eine wertvolle Ressource sein (vgl. Ministerium für Arbeit und Soziales, Qualifikation und Technologie des Landes Nordrhein-Westfalen 2000: 33). Positiv ist hier außerdem zu bewerten, dass das Projekt nicht nur nachbarschaftliche Kontakte zwischen den betroffenen Frauen fördert, sondern auch eine Integration in Stadtteil und Wohnumfeld.

5.5 Schulische und berufliche Integration ermöglichen

Mit dem Leben auf der Straße gehen in der Regel Schul- und Ausbildungsabbrüche einher. Wenn Jugendliche wie Julia es schaffen, vom Zelt aus weiter zur Schule zu gehen, dann stellen sie in dieser Hinsicht eher die Ausnahme als die Regel dar. Die Auswertung der Lebensgeschichten zeigt, dass Schule und Arbeit für die einen wertvolle Ressourcen darstellen können, für die anderen jedoch eine Überforderung bedeuten. Damit die Ressourcen von Schule und Ausbildung auch für Jugendliche, die sich hier eher skeptisch und ängstlich zeigen, verstärkt genutzt werden können, sind Veränderungen notwendig.

Schule und Ausbildungsstellen sind nicht selten an der Ausgrenzung ohnehin schon marginalisierter Jugendlicher beteiligt. Generell wird der Druck, der von diesen Systemen ausgeht, auf Jugendliche, die sich der Straßenszene zuwenden und Fehlzeiten zu verbuchen haben, eher erhöht, als dass nach Hintergründen gefragt wird und Hilfeangebote gemacht werden. Eine verbesserte Zusammenarbeit von Jugendhilfe und Schule könnte dies auffangen. Grundsätzlich ist es notwendig, dass sich das Schulsystem »auffällig« gewordenen Jugendlichen bewusst zuwendet. Ein integrativ ausgerichtetes Schulsystem könnte Jugendlichen in schwierigen Lebenslagen Ressourcen bieten, anstatt sie zusätzlich auszugrenzen oder »fallen zu lassen«. Schulformen, die einen langsamen oder partiellen Wiedereinstieg ermöglichen (zum Beispiel durch den Besuch einzelner Kurse) müssten noch entwickelt werden.

Schule integrativ ausrichten

Bereits im Vorfeld sollten Schule und Jugendhilfe verstärkt zusammenarbeiten. Regelmäßige Präsenz von Fachkräften des Jugendamtes an Schulen, Unterstützung in Einzelfällen und Beratung der LehrerInnen, SchülerInnen und Eltern insbesondere über Angebote der Jugendhilfe, wie sie zum Beispiel die Fachstelle »Jugendsozialhilfen« des Amtes für Kinder, Jugendliche und Familien der Stadt Münster bietet, sind hier ein vielversprechender Ansatz (vgl. Amt für Kinder, Jugendliche und Familien der Stadt Münster 1999). Dadurch können Problemlagen frühzeitig erkannt und Ausgrenzung vermieden werden.

Zusammenarbeit von Jugendhilfe und Schule

Für Jugendliche und junge Erwachsene, die auf der Straße gelebt haben, ist es in der Regel schwer, sich wieder an einen geregelten Arbeits- oder Schulalltag zu gewöhnen. Um individuell eine berufliche Perspektive zu entwickeln, brauchen die Jugendlichen und jungen Erwachsenen Unterstützung. Hier ist die Jugendberufshilfe gefragt, nicht nur Angebote vorzuhalten, sondern auch offensiv auf die Jugendlichen und jungen Erwachsenen zuzugehen. Offene Beratungs- oder »Ausprobier«-Angebote, wie zum Beispiel die in einem Gießener Jugendzentrum eingerichtete Probierwerkstatt für Mädchen des Vereins ZELA e.V. (vgl.

Beratungsangebote zugänglich machen

Geiß 1998: 21f) oder das Münsteraner Projekt »Jugend-online«, das das Angebot der Internetnutzung mit Berufsberatung und Bewerbungstraining verknüpft (vgl. Amt für Kinder, Jugendliche und Familien der Stadt Münster 2000) sind sinnvoll, insbesondere, wenn sie an Streetwork-Einrichtungen, niedrigschwellige Anlaufstellen oder Jugendzentren angegliedert werden.

Individuelle Angebote statt Zwangsvermittlungen

Individuelle, flexible Lösungen sind gefragt, um den Jugendlichen und jungen Erwachsenen mit ihrer Biografie, ihren Bedürfnissen und Ängsten gerecht zu werden. Dabei darf Hilfe zur Arbeit nicht in »Arbeit als Hilfe« umdefiniert werden. Alle auf Zwang basierenden Konzepte wie erzwungene gemeinnützige Arbeit oder die Vermittlung in Weiterbildungsmaßnahmen gegen den Willen der jungen Erwachsenen unter Androhung der Sozialhilfekürzung sind zu vermeiden. Auch der Zwang, regelmäßige Bewerbungen zu schreiben um keine Sozialhilfekürzungen zu erfahren, wirkt sich für die jungen Erwachsenen eher kontraproduktiv aus. Durch das regelmäßige Einhandeln von Absagen sinkt das Selbstbewusstsein, viele nehmen dann lieber finanzielle Einbußen in Kauf und fangen wieder an zu betteln. Die Folge ist, dass für den Aufbau einer konkreten beruflichen Perspektive dann noch weniger Zeit und Motivation übrig bleibt. Wenn für ehemals wohnungslose Jugendliche dauerhafte Perspektiven entwickelt werden sollen, ist ein sensibles Vorgehen notwendig, das Motivation weckt, anstatt sie durch Zwangsmaßnahmen zunichte zu machen. Es gilt, den Jugendlichen und jungen Erwachsenen gezielte Angebote zu machen, die sie zur Entwicklung einer beruflichen Perspektive nutzen können.

Niedrigschwellige Jugendberufs-hilfeprojekte

Niedrigschwellige Projekte, die mit geringer Stundenzahl beginnen und auch in der Lage sind, bei Fehlzeiten nicht mit »Rausschmiss« zu reagieren, sind notwendig. Wie die Lebensgeschichten zeigen, bieten solche Projekte immerhin für einen Teil der Jugendlichen und jungen Erwachsenen eine wertvolle Ressource. In einigen Städten sind solche niedrigschwelligen Projekte bereits verwirklicht, meist im handwerklichen Bereich. In Münster bietet hier unter anderem das Konzept der Jugendwerkstatt eine niedrigschwellige Arbeitsmöglichkeit im handwerklichen Bereich (vgl. Jugendausbildungszentrum des SKM/ Jugendinformations- und -beratungszentrum: 1996). Jugendliche und junge Erwachsene, die sich beruflich anderweitig orientieren wollen, fühlen sich wie Birgit in handwerklich ausgerichteten Projekten aber oft fehl am Platze. Die Ausweitung solcher Maßnahmen auf andere Berufsbereiche (zum Beispiel Umweltschutz, Soziales oder Neue Medien) ist sinnvoll.

»Tagelöhnerprojekte«

Noch niedrigschwelliger und auch für Jugendliche und junge Erwachsene zugänglich, die auf der Straße leben, ist das Projekt »Tagelöhner« des Münsteraner Vereins »Dach überm Kopf e.V.«. In diesem Projekt können Jugendliche und junge Erwachsene, die Jugendhilfe oder Sozialhilfe beziehen, 33 Stunden monatlich arbeiten und bis zu

200 DM im Monat anrechnungsfrei hinzuverdienen. Was das Projekt für wohnungslose Jugendliche und junge Erwachsene insbesondere attraktiv macht,
ist die Möglichkeit, sich morgens ganz spontan zur Arbeit zu melden und dann
vier Stunden dort arbeiten zu können. Insofern bietet das Projekt ansatzweise
eine Alternative zu anderen Überlebensstrategien auf der Straße. Jugendliche
und junge Erwachsene, die dort längerfristig mitarbeiten, werden beraten, begleitet und gegebenenfalls in Arbeit vermittelt (vgl. Dach überm Kopf e.V. o.J.).

Aber nicht nur im Bereich niedrigschwelliger Arbeitsprojekte bedarf es einer Ausdifferenzierung. Alternative
Wege sind im Bereich von überbetrieblichen schulischen

**Flexibilisierung der
Jugendberufshilfe**

Berufsausbildungen gefragt. Das Bildungs- und Ausbildungssystem muss
durchlässiger werden, vermehrt Quereinstiege zulassen und die Stärken und
Fähigkeiten der Jugendlichen und jungen Erwachsenen einbeziehen. Auch
wenn es den meisten ehemals wohnungslosen Jugendlichen schwer fällt,
pünktlich und kontinuierlich zu arbeiten, so bringen sie doch andere Fähigkeiten wie Kreativität und Selbstständigkeit mit. Es gilt, an diesen anzusetzen
und sie auszubauen. Des Weiteren werden verstärkt Teilzeitangebote benötigt,
um ehemals wohnungslose junge Erwachsene, für die eine 38,5-Stunden-Wo-
che eine Überforderung darstellt, und insbesondere junge Mütter in Arbeits-
bezüge zu integrieren.

Viele Jugendliche, die auf der Straße gelebt haben,
haben auf Dauer Schwierigkeiten mit einem geregelten
Arbeitsalltag, besitzen jedoch ein erstaunliches kreatives
Potenzial und eigene Ideen. Mit ihren schulischen Vor-

**Förderung selbst-
ständiger Tätigkeit
im Rahmen der
Jugendberufshilfe**

aussetzungen haben sie keine Chancen, in Arbeitsbereiche hineinzukommen,
in denen sie ihre Fähigkeiten einsetzen können. Dies zeigt zum Beispiel die Lebensgeschichte von Bernd, der aus diesen Gründen immer wieder Maßnahmen
der Jugendberufshilfe abbricht, aber bei der Erstellung seiner Szenezeitung einen enormen Arbeitseifer entwickelt. Die Förderung selbstständiger Tätigkeiten ist im Bereich der Jugendberufshilfe noch Neuland. Lediglich ein Pilotpro-
jekt in Brandenburg ist uns bekannt, das unter dem Namen »Enterprise« berufliche Selbstständigkeit von jungen Erwachsenen sowohl ökonomisch als
auch beratend unterstützt (vgl. Hukal u.a. 2000, 44–47). Natürlich kann die
Förderung selbstständiger Tätigkeiten kein Patentrezept für alle ehemals wohnungslosen Jugendlichen sein, könnte aber gerade für kreative junge Erwachsene mit eigenen Ideen eine Chance sein, der Arbeitslosigkeit zu entkommen.

Jugendliche, die eine Ausbildung beginnen, stehen mit
deren Beginn oft finanziell wesentlich schlechter da als
zu Zeiten des Sozialhilfebezugs. Mit der als Existenzminimum geltenden Sozialhilfe wird die komplette Miete

**Lebensunterhalt
während der
Ausbildung sichern**

übernommen, während im SchülerInnen-BAFöG und in der Ausbildungsbei-
hilfe nur ein geringer Mietanteil enthalten ist, der keinesfalls die Miete für eine
eigene Wohnung decken kann. Somit brechen immer wieder junge Erwachse-

ne wie zum Beispiel Interviewpartner Fistal aus finanziellen Gründen eine Ausbildung ab, die ihnen jedoch ermöglicht hätte, ohne Sozialhilfe auszukommen. Notwendig ist hier eine Weiterfinanzierung der bisherigen Hilfe zum Lebensunterhalt – die zwar gesetzlich durch das Sozialamt heute schon in sogenannten Härtefällen möglich, aber leider kaum bekannt ist und nur in den seltensten Fällen praktiziert wird.

Gerechtere Verteilung von Arbeit auf politischer Ebene

Letztendlich müssen hier politische Lösungen gefunden werden. Bei einer Arbeitslosenquote, die über Jahre hinweg mehr als 10% beträgt (vgl. Landesarmutskonferenz Niedersachsen und DGB-Landesbezirk Niedersachsen/ Bremen 2001), stehen die Chancen für ehemals wohnungslose Jugendliche und junge Erwachsene auf eine Integration in den Arbeitsmarkt denkbar schlecht. Neben der Schaffung von Arbeitsplätzen und der Ausweitung gezielter Angebote der Jugendberufshilfe muss über eine Umverteilung der Arbeitszeit nachgedacht werden.

5.6 Räume schaffen und Ressourcen eröffnen

Wie die Auswertung der Lebensgeschichten verdeutlicht, sind sowohl an der Entstehung von Straßenkarrieren als auch an den Prozessen der Weiterentwicklung und des Herauswachsens nicht nur Familiensystem und Jugendhilfe beteiligt. Für alle InterviewpartnerInnen spielen weitere Faktoren eine Rolle, die sich unterstützend oder destabilisierend auswirken. Viele von ihnen können auf gewisse Ressourcen zurückgreifen: Beziehungen, soziale Einrichtungen, professionelle Angebote und materielle Hilfen, die ihnen in ihrer schwierigen Situation weiterhelfen.

In diesem Abschnitt geht es darum, Ideen und Konzepte vorzustellen und Denkanstöße zu geben, die helfen könnten, solche Ressourcen besser nutzbar zu machen. Dabei ist einerseits der Beziehungsaspekt von Bedeutung im Zusammenhang mit der Frage danach, welche Veränderungen dazu führen könnten, förderliche Beziehungen zu aktivieren und zu stärken. Andererseits geht es um strukturelle Ansätze und konzeptionelle Angebote, die nicht nur im Moment der Wohnungslosigkeit hilfreich sein können, sondern insgesamt für eine Veränderung des sozialen »Klimas« und eine Verhinderung von Ausgrenzung sorgen. Der Ausbau solcher Ressourcen könnte einerseits manche Straßenkarriere abwenden, andererseits Integrationschancen eröffnen und somit erneute Wohnungslosigkeiten vermeiden helfen.

Elternberatung und -begleitung

Insbesondere die Lebensgeschichten von Sid und Bernd zeigen, dass Eltern, die mit der Erziehung ihrer Kinder überfordert sind, nicht selten damit allein gelassen werden. Oft wird Jugendhilfe erst dann eingeschaltet, wenn Jugendliche bereits ausgerissen sind, auf der Straße leben oder durch Straftaten »auffällig« gewor-

326

den sind. Beratung erfolgt – wenn überhaupt – häufig erst zu einem Zeitpunkt, an dem ein Verbleib im Familiensystem kaum mehr möglich ist. Hier müssen präventive und offensive Konzepte verstärkt genutzt werden. Das können stadtteilorientierte Erziehungsberatungsstellen sein; wichtig sind aber auch hier Angebote, die beratend und nicht kontrollierend auf die Familien zugehen, anstatt hinter dem Schreibtisch auf ihre KlientInnen zu warten.

Die offene Jugendarbeit verliert ihre präventive Funktion leider zunehmend durch die Hinwendung zur Jugendkulturarbeit zulasten der Beziehungs- und Begleitungsarbeit. Die Umwandlung von Angeboten offener

Offene Jugendarbeit muss Angebote für sozial Benachteiligte machen

Treffs zu Stadtteilzentren mit Cafébetrieb trägt dazu bei, dass sich Jugendliche, die diese Angebote vorher genutzt haben, auf informelle Treffpunkte zurückziehen und direkt oder indirekt ausgegrenzt werden. Den jungen Menschen gehen dadurch AnsprechpartnerInnen verloren, die ihnen bislang bei Problemen Unterstützung bieten konnten. Unserer Ansicht nach ist es notwendig, gerade in Jugendeinrichtungen die Beziehungsarbeit aufrechtzuerhalten und zu stärken. Dies muss und darf nicht bedeuten, das Angebot eines Jugendzentrums nur auf sozial benachteiligte Jugendliche auszurichten. Vielmehr sollten Integrationsmöglichkeiten geboten und unterschiedliche Angebote konzipiert werden, so dass Jugendzentren einerseits für möglichst viele Jugendliche attraktiv bleiben, andererseits aber auch für problembelastete Jugendliche eine niedrigschwellige, zugängliche Anlaufstelle sind.

Wie deutlich wurde, spielen geschlechtsspezifische Aspekte sowohl bei der Genese der Wohnungslosigkeit im Jugendalter als auch für die Lebenssituation auf der Straße eine bedeutende Rolle. Jugendarbeit sollte sich daher den Grundkonflikten mädchen- bzw. jungenspezifischer

Geschlechtsspezifische Aspekte berücksichtigen und entsprechende Angebote vorhalten

Sozialisation annehmen. Dabei hat sich insbesondere für die Mädchenarbeit die Arbeit in geschlechtshomogenen Gruppen und Räumen etabliert und als erfolgreich erwiesen (vgl. z.B. Klees u.a. 1989: 37–39). Mädchen brauchen verstärkt Schutz- und Freiräume, in denen Rollenkonflikte nicht tabuisiert, sondern thematisiert werden. Integraler Bestandteil mädchenspezifischer Präventionsarbeit sollten Konzepte offensiver feministischer Sexualpädagogik (vgl. Christiansen/Linde/Wendel 1991: 15–64; Friedrich 1993: 274–332) sowie Selbstverteidigungs-/Selbstbehauptungskurse für Mädchen (vgl. z.B. Lichthardt 1995) sein. Diese Konzepte sind geeignet, Mädchen zu unterstützen, offensiv ihre Wünsche und Bedürfnisse zu formulieren und sich gegen Missbrauch und sexuelle Belästigung selbst zur Wehr zu setzen bzw. sich Hilfe zu organisieren, bevor eine jahrelange Gewalterfahrung ihr Selbstbewusstsein untergraben kann. Auch für Jungen sind geschlechtsspezifische Angebote wünschenswert, die ihnen einen geschützten Rahmen bieten, um Gefühle, Schwächen und Ängste zuzulassen und zu äußern (vgl. auch Lembeck/Ulfers 1997: 26). Insbesondere Konzepte, die zur Auseinandersetzung mit der männlichen Rolle anregen und Alternativen zu Gewalt als Konfliktlösungsstrategie vermitteln, sind gefragt.

Stadtteil- und Gemeinwesenarbeit

Konzepte der Stadtteil- und Gemeinwesenarbeit können Ressourcen im Stadtteil aufbauen und nutzbar machen, Anlaufstellen und Treffpunkte bieten und so Kontakt und Beziehung unter den BewohnerInnen und die Identifikation mit dem Stadtteil stärken. Um ehemals wohnungslose Jugendliche und junge Erwachsene in einen Stadtteil zu integrieren und Ablösungsprozesse von der Szene zu unterstützen, ist es wichtig, im Wohnbereich beratende Angebote vorzuhalten, die gleichzeitig Selbsthilfe und nachbarschaftliche Unterstützung fördern. Aber auch im Vorfeld können durch Gemeinwesen- und Stadtteilarbeit vor Ort bestehende Jugendgruppen gefördert und gestärkt werden, Probleme frühzeitig erkannt und gemeinsam angegangen werden. Eine gut funktionierende Stadtteilarbeit könnte junge Erwachsene nach und nach in den Stadtteil integrieren, so dass sie die Angebote der Streetwork und Wohnungslosenhilfe nicht mehr benötigen und dort wieder verstärkt deren Ressourcen für neue Kontakte oder »Akutfälle« zur Verfügung stehen.

Um Ressourcen im Stadtteil zu bündeln und verfügbar zu machen, sind Räume und Treffpunkte nötig, aber auch Fachkräfte, die Koordination, Anleitung von Selbsthilfegruppen und professionelle Beratung übernehmen können. Um Kontinuität und Nachhaltigkeit zu sichern, bedarf es qualifizierter MitarbeiterInnen mit unbefristeten Arbeitsverträgen (vgl. auch Grimm/Hinte 2000: 32). Sinnvoll ist es, bedarfsgerechte Unterstützungsangebote wie Schulden-, Miet- oder Rechtsberatung direkt im Stadtteil anzusiedeln und in Konzepten von Stadtteilberatungsstellen und Stadtteiltreffs zu verankern. Auch eine Zusammenarbeit mit der Jugendhilfe ist wünschenswert. Denkbar sind stadtteilorientierte Angebote der Hilfen zur Erziehung, Jugendberatung und Angebote der Jugendberufshilfe.

Professionelle Stadtteil- und Gemeinwesenarbeit kann neben der Förderung von Selbst- und Nachbarschaftshilfe auch auf Infrastruktur und Stadtplanung Einfluss nehmen und Modelle der BürgerInnenbeteiligung verwirklichen. Im Sinne des Empowerment kann hier auf die Stärkung der Teilhabe der BewohnerInnen an Entscheidungsprozessen, die ihre Lebensgestaltung und ihre soziale Umwelt betreffen, hingearbeitet werden, so dass langfristig Benachteiligungen abgebaut werden können (vgl. auch Herringer 1996: 293).

Wohnraumerhaltung und MieterInnenmitbestimmung

In Nordrhein-Westfalen wurden in den letzten Jahren Modellprojekte »stadtteilbezogener Prävention zur Vermeidung von Wohnungsnotfällen« (vgl. Ministerium für Arbeit und Soziales, Qualifikation und Technologie des Landes Nordrhein-Westfalen 2000: 16ff) installiert, die mit Hilfe von Stadtteilbüros, die Beratung und offene Angebote vorhalten, Wohnungsverlust im Vorfeld zu verhindern suchen. Insbesondere in Stadtteilen, in denen ganze Wohnblöcke von ein und der selben Wohnbaugesellschaft verwaltet werden, ist es möglich, auf mehr MieterInnenmitbestimmung und -mitgestaltung hinzuarbeiten.

Stadtteilorientierte Konzepte ermöglichen mehr Selbstbestimmung und Integration. Sinnvoll und förderungswert sind hier insbesondere ganzheitliche Konzepte, die auch eine ökonomische Verselbstständigung und Aufwertung des Stadtteils zum Ziel haben. Gemeinwesenökonomischen Projekten wie die Trierer »Genossenschaft am Beutelweg«, die nicht nur Integration fördern und das Wohnen stabilisieren, sondern ökonomische Grundlagen dafür herstellen, indem über genossenschaftliche Gemeinwesenunternehmen Arbeitsplätze selbst geschaffen werden – sei es in der Wohnungsrenovierung oder in der Kinderbetreuung – sind ein weitreichender, langfristig sinnvoller Ansatz (vgl. Elsen 1998: 11).

Als stadtteilorientierte Angebote konzipiert erreichen Streetwork und Mobile Jugendarbeit Jugendgruppen und Cliquen im Stadtteil und bieten auch dort lebensweltnahe Hilfen und parteiliche Unterstützung an. Insbesondere durch die Bereitstellung von Räumen zur eigenen Gestaltung und Nutzung entsteht ein soziales Klima, in dem Cliquen im Stadtteil stabilisiert und die Jugendlichen in ihrer Entwicklung gefördert werden (vgl. auch Deinet 1996: 109). So kann dem Verlust von Ressourcen und sozialen Bezügen entgegengewirkt werden, der oft mit einer Hinwendung der Jugendlichen zu Innenstadtszenen verbunden ist.

> **Streetwork und Mobile Jugendarbeit im Stadtteil**

Eine weitere Ressource können sozialtherapeutische Angebote für Jugendliche und junge Erwachsene in Krisen sein, die zum Beispiel im Stadtteil oder über die Jugendhilfe angeboten oder an niedrigschwellige Einrichtungen angegliedert sein könnten. Wie die Lebensgeschichten zeigen, ist Kreativität für viele Jugendliche eine Möglichkeit sich auszudrücken und damit eine wertvolle Ressource, an die angeknüpft werden kann. Sozialtherapeutische und kreativtherapeutische Konzepte, die an diesen Ressourcen und Stärken ansetzen (vgl. z.B. Baer 1999; Wrobel 1995: 32–43; Kruse 1997) wären für viele angemessener als problem- und defizitorientierte Therapiemethoden. Insbesondere Zwangsmaßnahmen wie erzwungene Psychiatrieeinweisungen müssen vermieden werden. Alltagsorientierte therapeutische Konzepte, die Selbsthilfe und Selbstverantwortung stärken und Wahlmöglichkeiten für den konkreten Alltag anbieten, sollten dabei den Jugendlichen und jungen Erwachsenen zugänglich gemacht und finanziert werden. Des Weiteren können Konzepte, die kreativ-sozialtherapeutische Ansätze mit konkretem praktischen und sinnvollen Tun verbinden, wie zum Beispiel die Erstellung einer Straßenzeitung, wirksame Ansätze sein (vgl. Rosenke 1997: 255–270).

> **Kreativ- und sozialtherapeutische Angebote als Ressource**

Therapeutische Hilfen wären für viele Jugendliche sinnvoll, werden aber von den wenigsten angenommen, weil sie nicht in ihrem Lebensalltag verankert sind. Die Schwelle, sich von einem Hausarzt zu einem unbekannten nie-

Einbindung therapeutischer Angebote in niedrigschwellige Einrichtungen

dergelassenen Psychotherapeuten überweisen zu lassen, ist für die meisten zu hoch. Lebensweltnahe psycho- oder sozialtherapeutische Hilfen könnten so aussehen, dass eine niedrigschwellige Anlaufstelle oder eine Streetwork-Einrichtung eine therapeutische Fachkraft beschäftigt, die die Jugendlichen bei offenen Angeboten unverbindlich kennen lernen, so dass sie langsam Vertrauen entwickeln können. An diesem langsamen Vertrauensaufbau könnten sich Einzeltherapiestunden oder gruppentherapeutische Angebote anschließen. Hierfür müssten Gelder bereitgestellt werden. Ideal wäre eine Pauschalfinanzierung, die Anonymität und Flexibilität ermöglicht.

5.7 Unterstützung und Hilfe statt Strafe und Repression

Wie die Lebensgeschichten zeigen, sind Straftaten, die wohnungslose Jugendliche begehen, vorwiegend Überlebensstrategien bzw. entstehen im Kontext einer belastenden Lebenssituation. Strafen, Repression, verstärkte Kontrolle und Ahndung führen meist dazu, dass sich die Probleme verschärfen. So vermehren sich zum Beispiel Schulden durch Geldstrafen, Kleindelikte summieren sich, regelmäßige Kontrollen eskalieren oder Auflagen wie das Abarbeiten von Sozialstunden können ohne Wohnung kaum erfüllt werden, was weitere Repressionen nach sich zieht. Für viele erledigt sich das Problem der Straftaten ganz von selbst, sobald sich die Lebenssituation stabilisiert und ein geregeltes Einkommen vorhanden ist. Die »Altlasten« wie Schulden oder ausstehende Gerichtsverfahren behindern aber oft eine weitere Stabilisierung. In diesem Abschnitt können nicht Strafsystem und Justiz in ihrer Komplexität erörtert werden. Vielmehr geht es um Anregungen und Anstöße, die die Lebenssituation wohnungsloser junger Menschen diesbezüglich verbessern und Stabilisierung erleichtern könnten.

Straftaten im Kontext der Lebenssituation sehen

Straftaten, die wohnungslose Jugendliche und junge Erwachsene begehen, müssen im Kontext ihrer Lebenssituation gesehen werden. Werden Jugendliche als Straftäter abgestempelt, so übernehmen sie diese Zuschreibung oft in ihr Selbstbild, so dass ihnen subjektiv kaum Wahlmöglichkeiten für alternative Handlungsstrategien bleiben. Die gesellschaftliche Verurteilung bestätigt ihre Ausgrenzungserfahrung und drängt sie weiter an den Rand.

Möglichkeiten zur Entwicklung alternativer Handlungsmuster bieten

Die Auswertung belegt, dass von Strafverfolgungen und Inhaftierungen in erster Linie Jungen und junge Männer betroffen sind. Während bei Mädchen und jungen Frauen begangene Straftaten meist kleinere Delikte im Zusammenhang mit Überlebensstrategien sind, sind Jungen und Männer oft in Körperverletzungen verwickelt oder begehen wie Sid Straftaten, um Anerkennung zu finden. Pädagogische Konzepte sind also gefragt, dem entgegenzuwirken, damit insbesondere Jungen und junge Männer legale Alternativen zu ihren Handlungsmustern entwickeln können.

Zunächst ist eine finanzielle Absicherung auf der Straße notwendig, um Überlebenskriminalität zu reduzieren (vgl. 5.2). Darüber hinaus ist es unerlässlich, straffällig gewordenen Jugendlichen in gleichem Maße Hilfe und

Hilfe und Unterstützungsangebote statt Strafverfolgung

Unterstützung zukommen zu lassen wie nicht delinquent gewordenen. Hilfeangebote sollten Vorrang vor Strafverfolgung haben. Dass Jugendlichen wie Sid auf Grund von Straftaten die Aufnahme in Einrichtungen der Jugendhilfe verwehrt wird, ist fatal. Die für diese Jugendlichen oft geforderte geschlossene Unterbringung ist nicht die bessere Alternative zum Knast, sondern versperrt die positiven Möglichkeiten der Jugendhilfe, die auf Freiwilligkeit, Bedürfnisorientierung und Hilfe beruhen (vgl. auch Kinkel u.a. 1998: 235). Strafe darf nicht als Hilfe getarnt werden; Maßnahmen der Jugendhilfe sollten gerade jenen Jugendlichen als ernst gemeintes Unterstützungsangebot offen stehen und nicht als Strafe verhängt werden.

Strafen führen für wohnungslose Jugendliche und junge Erwachsene meist zu einer Verschärfung ihrer ohnehin schon problematischen Lebenssituation. Dennoch wird es immer wieder Fälle geben, in denen eine Straf-

Alternative Möglichkeiten des Jugendstrafrechts nutzen

verfolgung unumgänglich ist, wie zum Beispiel bei schweren Körperverletzungen. Hier sollten Maßnahmen zur Anwendung kommen, die nicht zu einer Situationsverschlimmerung führen – womit oft weitere Straftaten verbunden sind – sondern die die Auseinandersetzung mit der Straftat fördern und alternative Handlungsmuster vermitteln, wie zum Beispiel Formen des Täter-Opfer-Ausgleichs (vgl. z.B. Bruns 1993: 158ff) oder Anti-Aggressivitätstrainings (vgl. Kunstreich 2000: 35). Alternative Möglichkeiten des Jugendstrafrechts sollten hier verstärkt genutzt werden, was jedoch nicht dazu führen darf, bei Kleindelikten anstelle von Freisprüchen »pädagogische« Strafen zu verhängen.

Lange Zeiträume zwischen Straftat und Gerichtsverhandlung führen immer wieder zu grotesken Wartephasen. Zum Beispiel wartet Marco ein Jahr auf seine be-

Zeitnahe Gerichtsverhandlungen

fürchtete Inhaftierung, während dessen er keine Perspektiven entwickeln kann. Immer wieder erleben wir solche Fälle, in denen junge Erwachsene ähnlich lang auf ihre Verhandlungen oder Stellungsbefehle zum Haftantritt warten und dadurch jegliche Motivation und Perspektive verlieren. Zeitnahe Gerichtsverhandlungen und Umsetzungen der Urteile sind notwendig, um solch absurde Wartephasen zu verhindern.

Haftstrafen sollten insbesondere für junge Menschen möglichst vermieden werden, da sie sich unserer Erfahrung nach keineswegs stabilisierend oder resozialisierend auswirken. Falls sie doch verhängt werden, ist eine

Haftstrafen möglichst vermeiden – Inhaftierte verantwortungsvoll begleiten

intensive und verantwortungsvolle sozialarbeiterische Begleitung in Haft not-

331

wendig, auch um zusammen mit dem Inhaftierten Anschlussperspektiven zu entwickeln. Entlassungen in die Wohnungslosigkeit sollten unbedingt vermieden werden. Vorher vorhandene Ressourcen müssen erhalten und ausgebaut werden, so dass nach der Entlassung auf Beziehungen und Anknüpfungspunkte zurückgegriffen werden kann. Das bedeutet, mehr und längere Besuchskontakte zuzulassen, die jungen Gefangenen auf das Leben in Freiheit vorzubereiten und die Integration in soziale Bezüge bereits aus der Inhaftierung heraus zu fördern.

Benachteiligung der Armen in der Strafverfolgung abbauen

Die im Rahmen der Strafverfolgung übliche Diskriminierung und Benachteiligung von armen Menschen muss verhindert werden. Wer über finanzielle Mittel verfügt, kann in vielen Fällen eine Strafverfolgung vermeiden, was für Wohnungslose und SozialhilfeempfängerInnen nicht möglich ist. Für Kleindelikte wie zum Beispiel Beleidigung werden manchmal Geldstrafen verhängt, deren Höhe ein Vielfaches der monatlichen Sozialhilfe entspricht. Hier muss gerechter verfahren werden bzw. müssen auch andere, nicht an Einkommen geknüpfte Regelungen, wie zum Beispiel der Täter-Opfer-Ausgleich verstärkt zur Anwendung kommen.

Entkriminalisierung jugendtypischer Kleindelikte

Sinnvoll wäre auch die Entkriminalisierung von jugendtypischen Kleindelikten, wie zum Beispiel von kleineren Ladendiebstählen, Besitz von Cannabisprodukten, Hausfriedensbruch in Bahnhöfen, Beförderungserschleichung oder Beleidigung. Die Umwandlung solcher Kleindelikte von Straftaten in Ordnungswidrigkeiten würde zur Verminderung von Kriminalisierung beitragen und darüber hinaus Gerichte und SozialarbeiterInnen entlasten.

Öffentliche Räume für alle erhalten

In den letzten Jahren hat sich die Präsenz von Sicherheits- und Ordnungskräften im öffentlichen Raum drastisch erhöht, mit dem erklärten oder indirekten Ziel, öffentliche Plätze frei von sogenannten Randgruppen zu halten (vgl. Behrendes 1998: 43). Für Wohnungslose, die ja kein Zuhause haben, in dem sie sich aufhalten können, ist die Möglichkeit, sich im öffentlichen Raum aufzuhalten und zu treffen, jedoch von existentieller Bedeutung. Werden Verhaltensweisen wie Betteln, »Alkoholkonsum außerhalb ausgewiesener Freischankflächen« oder »Herumlungern« als Ordnungswidrigkeit geahndet, so bedeutet dies praktisch, dass Wohnungslose allein auf Grund ihrer Existenz bestraft und zur Kasse gebeten werden. In vielen Städten werden überdachte Treffmöglichkeiten, öffentliche Toiletten und Sitzgelegenheiten beseitigt, um zu verhindern, dass sich dort »Randgruppen« niederlassen. Dies schränkt die Lebensqualität im öffentlichen Raum ein – nicht nur für die Gruppen, für die er zum Mittelpunkt geworden ist, sondern für alle. Ein Klima von Angst und Intoleranz wird geschürt. Das Ordnungs- und Sauberkeitsdenken steht oft in keinem Verhältnis mehr zu den Lebensbedingungen der betroffenen Menschen. Die erhöhte ordnungsrechtliche Aufmerksamkeit bezüglich wohnungsloser Jugendlicher und junger Erwachsener führt für die Betroffenen zur Problemverschärfung ihrer ohnehin schon belastenden Lebenssituation. Statt viel Geld in Kontrolle und »Säuberung« öffentlicher Plätze und Maßnahmen der Repression gegen Wohnungslose und andere sich dort aufhaltende Zielgruppen sozialer Arbeit zu investieren, sollten bedarfsgerechte Hilfeangebote ausgebaut und intensiviert werden.

5.8 Eine soziale und engagierte Gesellschaft

Wohnungslosigkeit ist eine extreme Form von Armut und Ausgrenzung, die gesellschaftlich entschärft werden muss. Allein die Auszahlung von Sozialhilfe und die Bereitstellung niedrigschwelliger Hilfen reicht nicht, um aus dieser existentiellen Armut herauszufinden. Dabei muss die Tatsache einbezogen werden, dass die Bundesrepublik Deutschland eines der reichsten Länder der Erde ist, in dem allerdings ein hohes Gefälle zwischen Arm und Reich herrscht. So besitzen zum Beispiel 0,5% der Deutschen mehr als ein Viertel des gesamten deutschen Geldvermögens (Landesarmutskonferenz Niedersachsen und DGB-Landesbezirk Niedersachsen/Bremen 2001).

> **Armuts- und Reichtumsgefälle abbauen**

Darüber hinaus sind junge Menschen verstärkt von Armut betroffen. 40% der SozialhilfebezieherInnen sind Kinder und Jugendliche (vgl. ebd.). Auch wenn nicht alle wohnungslosen Jugendlichen aus armen Familien kommen, so steht das Problem der Wohnungslosigkeit im Jugendalter doch im Zusammenhang mit Armut von Kindern und Familien. Arbeitslosigkeit, drohende Armut und die Abhängigkeit vieler Familien und Alleinerziehender von Hilfe zum Lebensunterhalt führen unter anderem dazu, dass sich innerfamiliäre Probleme verschärfen und für die Familie eventuell nicht mehr allein lösbar sind. Umverteilungsprozesse sind unumgänglich, insbesondere um allen Kindern und Jugendlichen eine Chance auf gesellschaftliche Teilhabe zu eröffnen.

> **Durch Umverteilungsprozesse gesellschaftliche Teilhabe ermöglichen**

Grundsätzlich ist ein Umdenken in der Sozial-, Arbeitsmarkt- und Ausländerpolitik notwenig – in Richtung einer Integrationspolitik, die sich für Benachteiligte einsetzt, sich an sozialen Grundsätzen orientiert und nicht den Unternehmensgewinnen verpflichtet fühlt. Um als Sozialstaat glaubwürdig zu bleiben, müssen Wirtschaftlichkeitsdenken und Profitorientierung spätestens bei der Gefährdung der im Grundgesetz verankerten Menschenwürde Grenzen gesetzt werden.

> **Der Profitorientierung im Sozialstaat Grenzen setzen**

Die auch in der sozialen Arbeit zunehmende Orientierung auf das Ökonomieprinzip hin beinhaltet die Gefahr eines Preiswettbewerbs der Hilfeformen untereinander, was häufig auf Kosten der Qualität der Angebote geschieht. Insbesondere die Hilfeangebote für Personengruppen, die auf Grund ihrer wirtschaftlichen Situation über keine Wahlmöglichkeiten verfügen und somit ihre Bedürfnisse nicht marktgerecht einbringen können, drohen dadurch eingeschränkt zu werden.

Toleranz und Akzeptanz des Anders-Sein

Eine integrative Gesellschaft muss Lebensentwürfe jenseits der »Normalität« akzeptieren – im Einzelfall, aber auch bezogen auf Gruppen, die einen anderen Lebensstil verwirklichen wollen. Das bedeutet, Nischen und Freiräume zu erhalten und unkonventionelle Lebensstile zu akzeptieren. Abschied nehmen müssen wir von der Fixierung auf eine arbeitsmarktgerechte Normalbiografie. Im Zeitalter der Individualisierung von Lebensführung, Pluralisierung von Lebenslagen und Massenarbeitslosigkeit müssen wir individuelle Perspektiven entwickeln, kreative Strategien fördern und nach unkonventionellen Lösungen suchen.

Kinder und Jugendliche als vollwertige Menschen sehen und ernst nehmen

Kinder und Jugendliche müssen als vollwertige Menschen betrachtet werden, die letztendlich ihr eigenes Leben leben. Das bedeutet die Abgabe von Macht und Führung und mehr Zutrauen und Vertrauen in die Selbstverantwortung der Jugendlichen. Die Entwicklung zu einer »eigenverantwortlichen und gemeinschaftsfähigen Persönlichkeit« (vgl. KJHG § 1) kann nur gelingen, wenn sie den Jugendlichen zugetraut und zugestanden wird. Dabei bedeutet Eigenverantwortung nicht Alleinlassen, sondern die Förderung einer eigenständigen Entwicklung, und das beinhaltet Engagement und Einsatz für die Bedürfnisse der Jugendlichen, auch wenn es vielleicht neue und unkonventionelle sind.

Auch wenn das Straßenleben oft besser ist als alles, was die Jugendlichen vorher erlebt haben, ist es weder Lebensziel noch Endpunkt einer »Karriere«. Vielmehr muss der Entwicklung, die diese Jugendlichen durchmachen, Rechnung getragen werden. Menschen entwickeln sich – *auch* und *gerade* in biografisch problematischen Situationen und Krisen. Durch diesen Blickwinkel wird Straßenexistenz nicht weniger dramatisch oder gefährlich – sie ist und bleibt eine Notlage in extremer Armut! – aber sie bekommt eine andere biografische Bedeutung. Dass das Erzwingen von Ausstiegsprozessen aus der Szene in den seltensten Fällen zum Erfolg führt, ist längst bekannt. Aber auch das ledigliche Bereitstellen niedrigschwelliger Hilfen und Grundversorgung für diejenigen, die ausgegrenzt und scheinbar »ganz unten« angekommen sind, wird unter diesem Blickwinkel fatal. Denn es zeigt sich, dass die meisten Jugendlichen Wege aus der Straßenexistenz finden – je mehr sie unterstützt und begleitet werden, desto eher und stabiler. Streetwork ist hier nicht das Allheilmittel, aber ein unverzichtbarer Baustein in einem funktionierenden Hilfesystem für »Straßenkinder«. Um weitere Schritte der Integration zu ermöglichen, ist die gesamte Gesellschaft gefragt – vom einzelnen Passanten, der den Spruch »Geh doch arbeiten!«, den er einem schnorrenden Punk entgegenschleudert, überdenken sollte, bis hin zu einer verantwortungsvollen, sozialen Gesetzgebung.

6 Persönliche Schlussbemerkung

Ela, Denis, Marco, Birgit, Bernd, Fistal, Sid, Julia und Andrea haben sich heute weitgehend von der Szene verabschiedet. Verbindendes Element ihrer Geschichten ist das »Straßenleben«, die erlebte Wohnungslosigkeit und die Erfahrungen in der Straßenszene, dennoch sind sie völlig unterschiedliche Wege gegangen. Wir haben sie und viele andere über Jahre hinweg begleitet, ihre Entwicklungen mitverfolgt und konnten so manches Mal »Erfolge« unserer Arbeit sehen, auch wenn Streetwork immer nur *ein* Stabilisierungsfaktor ist, der aber oft einen besonderen Stellenwert hat. Aber es gibt ebenso junge Erwachsene, die dauerhaft in der Szene verbleiben oder die diese Zeit nicht überlebt haben. Manchmal gilt es dann, die eigene Hilflosigkeit anzuerkennen und zu akzeptieren.

Gleichzeitig sind heute wieder neue Jugendliche auf der Straße. Sie werden manches ähnlich, vieles aber auch völlig anders erleben. Als Ela das erste Mal ausgerissen ist, gab es noch kein Sleep-In, in das sie hätte gehen können, noch nicht einmal Streetwork. Andrea kann dagegen beides nutzen. Demgegenüber saßen Denis und Ela als Jugendliche noch mit ihren Cliquen im Bahnhofsgebäude, während heute die meisten Jugendlichen Hausverbot im Bahnhof haben. Es gilt, stets neue Entwicklungen im Blick zu haben und die Hilfemöglichkeiten den Veränderungen anzupassen. Dazu bedarf es einer umfassenden Vernetzung des gesamten Hilfesystems als auch der Toleranz der Bevölkerung.

In der Bundesrepublik Deutschland wird die Schere zwischen Arm und Reich immer größer, und wohnungslose Jugendliche stehen am unteren Ende dieser Skala der Armut – egal wie wohlhabend ihre Herkunftsfamilien sind. Zunehmend werden sie jedoch eher als Störenfriede wahrgenommen denn als Hilfebedürftige. Diese Entwicklung in Richtung »Ordnung, Sicherheit und Sauberkeit« stimmt uns bedenklich. Wenn die Installation von Hilfen bald nur noch dazu dient, Jugendliche aus dem Stadtbild verschwinden zu lassen, wenn Streetwork mit Ordnungspolitik zusammen arbeiten muss, um weiterhin öffentliche Gelder zu bekommen, ist es fraglich, inwieweit der Auftrag des KJHG, zum Wohl des Jugendlichen zu handeln, noch umsetzbar ist.

Die Erhaltung einer »Ordnung« und die »Anpassung« an vorgegebene, teilweise fragwürdige Normen kann nicht das Ziel von Jugendhilfe sein, die sich die Erziehung von jungen Menschen zu eigenverantwortlichen Persönlichkeiten in einer durch Individualismus und Eigenständigkeit geprägten Gesellschaft zum Ziel gesetzt hat. Eigenverantwortung beinhaltet immer auch ein gewisses Maß an Eigensinn, den es zu tolerieren und zu achten gilt.

Denn letztendlich waren es nicht nur die – oft ohnehin nur über die Jahre hinweg wahrzunehmenden – Ausstiegsprozesse, die uns Mut und Kraft gaben, jahrelang diese Arbeit zu machen, sondern trotz aller Notlagen, Schwierigkeiten und Rückschläge das Freche und Frische, der Lebensmut und Lebenswille dieser Jugendlichen, die Lebendigkeit, die sie auf der Straße überleben und dort vielerlei Stärken und Fähigkeiten entwikeln ließ. Wie oft haben wir ihren Lebenswillen bewundert, über ihre Kreativität und ihren Humor gestaunt und zusammen mit ihnen über Geschichten und Erlebnisse, die sie zu erzählen hatten, gelacht.

Diese Lebendigkeit, zu der auch einmal eine weggeworfene Kippe oder ein nicht angeleinter Hund gehört, und die manchmal Pöbeleien und Provokation mit sich bringt, gilt es zu achten – was nicht bedeuten muss, jede Folgeerscheinung gut zu heißen. Und es geht etwas verloren, wenn diese Lebendigkeit in »geordnete« Bahnen gelenkt wird, wenn Anpassung auf Kosten von Kreativität und Buntheit abverlangt wird. Stattdessen sollten wir unseren Blickwinkel ändern, und uns die Frage stellen, was wir von den »Straßenkindern« lernen können. Denn letztendlich ist es diese Lebendigkeit, die den Jugendlichen hilft, ihren Weg zu gehen und nicht an ihrer Geschichte zu verzweifeln.

Anhang

I Methodische Anmerkungen zu den lebensgeschichtlichen Interviews und deren Auswertung

Der lebensgeschichtliche Teil unserer Studie versteht sich als qualitative Fallstudie, die auf der Basis inhaltlicher Analyse ausgewählter Fälle zu exemplarischen Aussagen gelangen möchte. Vorrangiges Ziel **Exemplarische Aussagen** ist hier nicht, eine allgemeine Gültigkeit von Aussagen oder Hypothesen zu überprüfen, sondern zunächst beispielhafte Aussagen über Lebenswege, Erfahrungen und Weiterentwicklungen wohnungsloser Jugendlicher und junger Erwachsener zu machen. Die Untersuchung dient somit der Entwicklung von Theorie, der Darstellung und Interpretation von Lebenswelten und nicht der Überprüfung bereits bestehender Hypothesen.

Wichtig ist uns dabei, die biografischen Entwicklungen der Jugendlichen und jungen Erwachsenen, ihre Lebensläufe und ihre Deutungen in den Vordergrund zu stellen. Der Ansatz der Biografiefor- **Subjektive Bedeutungszusammenhänge erfassen** schung (vgl. Fuchs 1984) ermöglicht die Erfassung subjektiver Lebenswelten. Mit Weber/Schneider (1992: 81) verstehen wir Lebenswelt nicht als eine objektiv für alle Beteiligten identische Umwelt, sondern als »die Welt, wie sie sich dem Subjekt als einzigartig darstellt, d.h. von ihm gedeutet, gestaltet, konstruiert und rekonstruiert wird«. Das Forschungsinteresse ist auf die subjektive Interpretation der Lebensgeschichte des/der Beforschten gerichtet. Und damit geht ein Perspektivenwechsel einher: weg vom Relevanzsystem des Forschers/der Forscherin und hin zum Relevanzsystem derjenigen, deren Lebenswelten beschrieben und verstanden werden sollen (vgl. Hitzler/Honer 1991: 383). Lebensgeschichtliche Forschung zielt also nicht auf repräsentative »objektive« Ergebnisse ab, sondern auf die Besonderheit des Einzelfalls, Erfassung der Binnenperspektive der Beforschten. Das bedeutet für die Forschenden, die Welt mit den Augen der Handelnden im Forschungsfeld zu sehen – ohne dabei jedoch ihre Rolle als ForscherInnen aufzugeben. Die biografische Interpretationsmacht verbleibt in den Händen der Betroffenen, sie bleiben im Forschungsprozess Subjekte, ExpertInnen ihrer Geschichte (vgl. Hartwig 1990: 106). Fuchs (1984: 206) weist in diesem Zusammenhang auch auf die emanzipatorischen Ansprüche von Biografieforschung hin: Sie soll dazu beitragen, dass benachteiligte Gruppen eine bessere Chance haben, ihre Sicht von Welt, ihre Einstellungen und Eigenarten angemessen präsentieren zu können. Das Erzählen der eigenen Lebensgeschichte dient den Betroffenen darüber hinaus zur Aneignung und Festigung ihrer Biografie und wirkt in diesem Sinne identitätsstiftend (vgl. Hartwig 1990: 106).

Zur Erfassung der biografischen Entwicklung der Jugendlichen und jungen Erwachsenen ohne Wohnung scheint es uns nicht sinnvoll, in detaillierter Weise sämtliche biografischen Daten zu erheben. **Befragung mittels Interviews** Es soll vielmehr der Blick darauf gerichtet werden, wie sie ihre Lebensgeschichten selbst einschätzen, was sie für biografisch bedeutsam erachten und wie sie ihre Erlebnisse einordnen und bewerten. Interviews bieten hierzu eine – in der empirischen Sozialforschung gängige und gründlich erprobte – Zugangsmöglichkeit. Dabei kann ein Interview im Allgemeinen verstanden werden als »eine Gesprächssituation, die bewusst und gezielt von den Beteiligten hergestellt wird, damit der eine Fragen stellt, die vom anderen beantwortet werden« (Lamnek 1989: 35f). Im Gegensatz zu standardisierten bzw. fragebogenorientierten Interviews, die einer unflexiblen Befragung gleichen, soll das qualitative oder offene Interview eine möglichst alltagsnahe Gesprächssituation darstellen (vgl. ebd.: 65). Hierbei soll den Befragten ermöglicht werden, umfassend über ein Thema Auskunft zu erteilen, ihre Sichtweise und ihre Deutungen mitzuteilen und auf weitergehende Nachfragen einzugehen. Dadurch wird es möglich, die alltäglichen Handlungszusammenhänge aus der Sicht der Befragten kennen zu lernen.

Die Methode des narrativen Interviews als offene, lebensgeschichtlich orientierte Form des Interviews, die von Schütze (1977) entwickelt wurde, scheint uns passend. Grundelement ist

Narratives Interview und offene, lebensgeschichtliche Herangehensweise

die von den Befragten frei entwickelte Stegreiferzählung, die durch eine Eingangsfrage – als »erzählgenerierende Frage« bezeichnet – angeregt wurde (vgl. Lamnek 1989: 70–73). In diesem Zusammenhang entwickelten wir einen offen und flexibel gestalteten Leitfaden, am den wir uns je nach Interviewsituation mehr oder weniger orientierten. Die von Rainer Wyen im Rahmen seiner Diplomarbeit geführten Interviews sind dabei etwas mehr leitfadenorientiert, während die von uns geführten Gespräche sich durch eine offenere Gestaltung auszeichnen. Die Gestaltung der thematischen Struktur wird den GesprächspartnerInnen aber in beiden Fällen weitgehend selbst überlassen, vielmehr versuchen wir, auf die von den jungen Erwachsenen gewählte Systematik einzugehen. Im Sinne des narrativen Grundgedankens (vgl. Schütze 1977; Baake 1978: 1–7) lassen wir sie zeitweise einfach frei erzählen. Dadurch können Bedeutungsdimensionen erfasst werden, die bei einer vorgegebenen Strukturierung verloren gehen. Grundsätzlich begreifen wir den Forschungsprozess als einen Kommunikationsprozess, ein Gespräch, in dem InterviewerIn und BefragteR beide an der Aushandlung von Situationsdefinitionen mitwirken. Die geführten Interviews haben eine Länge von ca. 60 bis 120 Minuten. Mit der Erlaubnis unserer GesprächspartnerInnen erfolgt eine Aufzeichnung auf Kassette.

Aufarbeitende Funktion und identitätsstiftende Wirkung

Es ist deutlich zu spüren, dass die Interviews für die jungen Erwachsenen durchaus die positive identitätsstiftende Wirkung im Sinne einer »Aneignung und Konsolidierung ihrer Biografie« (Hartwig 1990: 106) haben. Die zusammenhängende Widergabe ihrer Lebensgeschichte und die Formulierung von Zusammenhängen und Auslösern haben für die InterviewpartnerInnen durchaus eine »aufarbeitende« Funktion. Die Bedeutung und Verarbeitung erleben wir aber bei den Befragten als recht unterschiedlich. Manche erzählen im Interview Dinge, die sie uns noch nie erzählt haben, wodurch eine besondere Nähe entsteht, die auch noch über die Interviewsituation hinaus in die Beratungssituation hineinreicht. Aus pädagogischer Sicht hätte in diesen Fällen ein solch ausführliches biografisches Gespräch schon viel früher sinnvoll sein können. Andere haben eher die Veröffentlichungssituation im Kopf und verallgemeinern und umschreiben schon von vorne herein Dinge, die sie nicht auf Papier geschrieben sehen wollen. Gleichzeitig hat die biografische Beschäftigung für alle eine hohe Bedeutung. Dies zeigt uns das große Interesse am transkribierten Text und unserer Weiterbearbeitung.

Zugang und Interviewbereitschaft

Unsere jahrelange Tätigkeit im Arbeitsfeld der Streetwork ermöglicht uns teilnehmende Beobachtung, Kennen lernen der Jugendlichen und jungen Erwachsenen und den Aufbau von Vertrauensverhältnissen. Zugangsschwierigkeiten gibt es daher keine. Dennoch ist die Bereitschaft, Interviews zu geben unterschiedlich und reicht von jungen Erwachsenen, die uns gerne ein Interview geben über jene, die zwar zusagen, bei denen es aber aufgrund verschiedener Umstände dennoch nicht zum Interview kommt, bis hin zu jungen Erwachsenen, die Bedenken haben und dies ablehnen.

Rolle als SteetworkerIn und zugleich als ForscherIn

Unsere sozialpädagogische Tätigkeit in der Szene und die nun neu eingenommene ForscherInnenrolle bedeutet die Vermischung zweier unterschiedlicher Rollen, deren Vereinbarkeit nicht immer einfach ist. Pädagogische Haltungen, Handlungsanforderungen und Hilfewünsche stehen den Forschungsinteressen oft im Wege (vgl. auch Wolffersdorff-Ehlert 1991: 388). Im Bereich der Streetwork – einem akzeptanzorientierten Arbeitsfeld mit lebensweltorientiertem Ansatz – unterscheidet sich der Stil der Interviewführung jedoch nicht so grundsätzlich von der Führung von Beratungsgesprächen wie vielleicht in anderen Arbeitsfeldern. Hinzu kommt, dass die meisten der jungen Erwachsenen ihre intensivste Zeit in der Szene hinter sich haben und kein unmittelbarer Bedarf nach umfassender Unterstützung und Krisenintervention notwendig ist.

StreetworkerInnen bringen Vorwissen mit

Allerdings müssen wir auf eine weitere Komponente der ForscherInnenrolle verzichten. So weist Lofland darauf hin, dass Inkompetenz eine wichtige Voraussetzung für die Akzeptanz einer Forscher- oder Beobachterrolle ist: »Ein Beobachter ist schon fast definitionsgemäß jemand, der nicht Bescheid weiß. Er ist ein Nicht-Wissender und hat Unterweisung nötig.« (Lofland 1979: 75). Personen, die nicht Bescheid wissen, sind viel eher in der Lage, naive Fragen zu stellen und sich

338

»belehren« zu lassen. Eine bereits im Feld arbeitende Person bringt Vorwissen mit, das es unmöglich macht, unbefangen zu fragen. Die Vermischung beider Rollen ist durchaus nicht unproblematisch. Während der Interviewführung weisen wir daher die jungen Erwachsenen darauf hin, dass wir sie auch Dinge fragen, die sie uns eventuell schon einmal erzählt haben. Wie ermutigen sie zu einer umfassenden Erzählung ihrer Sicht der eigenen Lebensgeschichte unabhängig von unserem »Wissen« oder »Unwissen«.

Demgegenüber beschreibt Girtler (1995: 210) die Notwendigkeit intensiven Kontaktes mit dem Forschungsfeld insbesondere im Bereich der »Randkulturen« als Grundvoraussetzung, um Vorurteile abzubauen. **Teilnehmende Beobachtung wird einbezogen** Genaue Beobachtung und »geduldige Gespräche« ermöglichen seiner Ansicht nach eine differenzierte Sicht der Lebenswelt der Betroffenen. Unsere Doppelrolle sehen wir daher nicht per se als hinderlich an, vielmehr versuchen wir, sie bewusst in den Forschungsprozess mit einzubeziehen. Das bedeutet, unsere Erfahrung positiv zu nutzen und eventuelle eigene Vorurteile anhand der Erzählungen der InterviewpartnerInnen kritisch zu hinterfragen. Als StreetworkerInnen verhalten wir uns seit Beginn unserer Tätigkeit unter anderem wie teilnehmende BeobachterInnen im Feld. Sowohl die InterviewpartnerInnen als auch andere Jugendliche und junge Erwachsene, die sich in der Münsteraner Bahnhofsszene aufhalten und/oder zur Streetwork Kontakt aufnehmen, werden nicht nur begleitet und unterstützt, sondern auch »beobachtet«. Nicht um sie zu kontrollieren, sondern um über ihre Wahrnehmungen, Lebensweisen und Bedürfnisse mehr zu erfahren und den Hilfebedarf daran anzupassen. Die Erfahrungen aus dieser teilnehmenden Beobachtung sind daher ebenfalls von Bedeutung. Unsere Erfahrungen und Wahrnehmungen der Jugendlichen und jungen Erwachsenen in der jeweiligen Zeit und unsere Kommunikations- und Unterstützungsangebote fließen somit bewusst in die Auswertung mit ein.

Die Interviews werden vollständig verschriftlicht und chronologisch geordnet. Um die Anonymität der Befragten zu gewährleisten, sind alle Personen- und Ortsnamen verändert bzw. durch willkürliche Buchstaben ersetzt. **Transkription und Anonymisierung** Da es sich bei der Zielgruppe der Streetwork Münster um eine zahlenmäßig relativ kleine Gruppe handelt, ist es notwendig, auch andere biografische Informationen zu verschlüsseln, um die Gefahr einer Identifizierung der Befragten möglichst auszuschließen. Verändert sind somit gegebenenfalls auch biografische Daten, die nicht in relevantem Bezug zur thematischen Fragestellung stehen, aber die Befragten identifizieren könnten. Um die Authentizität zu erhalten, werden die sprachlichen Formulierungen der InterviewpartnerInnen weitgehend unverändert wiedergegeben. Nur Teile, die uns ansonsten unverständlich erscheinen, sind an die Schriftsprache angeglichen. Fehlende Textbausteine werden hier in runden Klammern ergänzt und eingefügt, wenn das Zitat ansonsten nicht verständlich wäre. Größere Auslassungen werden durch Pünktchen in eckigen Klammern gekennzeichnet. Darüber hinaus benutzen die GesprächspartnerInnen oftmals Ausdrucksweisen aus der Szene, die für Außenstehende sicherlich nur schwer zu verstehen sind. Die Erklärungen hierzu sind in eckigen Klammern ergänzt. Informationen zu Personen und Einrichtungen werden ebenfalls in eckigen Klammern ergänzt. Genauso wird mit nichtsprachlichen Elementen, die dennoch von Bedeutung sind (z.B. Lachen, Aktionen), verfahren. Diese sind zusätzlich durch kursive Schreibweise abgehoben.

Strukturierungsversuche authentischen Materials stellen immer einen gewissen Balanceakt dar: Um vergleichen zu können, ist es notwendig, das Material in seiner Komplexität zu reduzieren – dies **Biografisch orientierte Auswertung** bedeutet aber gleichzeitig eine Einbuße im Hinblick auf die Ganzheitlichkeit des jeweiligen Falls (vgl. Elger u.a. 1984: 32). Wir wollen die Einzigartigkeit der Lebensgeschichten betonen und wählen daher im ersten Teil eine ausführliche Wiedergabe der biografischen Entwicklung mit möglichst vielen Originalzitaten. Dabei wird die lebensgeschichtliche Entwicklung der jungen Erwachsenen aus deren subjektiver Sicht rekonstruiert und dargestellt. Diese persönliche Darstellung der Lebensgeschichten ist uns wichtig, um die biografische Perspektive zu wahren und um den Blick auf die Biografie als Ganzes nicht zu verlieren. Gerade für das Verstehen von Entwicklungsverläufen, stabilisierenden und destabilisierenden Faktoren sowie die Ermittlung individueller Ressourcen ist es notwendig, die Geschichte eines Individuums als zusammenhängende Biografie zu verstehen. Was in der einen Lebensgeschichte ein traumatisches Erlebnis mit negativen Folgen bedeuten kann, hat in anderen Fällen eine positive Wendung zur Folge. Zu diesem Zweck bringen wir die Interviews in eine chronologische Reihenfolge und ergänzen die Zitate der jungen Erwachsenen durch eigene Erinnerungen, Beobachtungen und Interpretationen. In einem Kommentar fassen wir die prägnanten Entwicklungsschritte aus unserer Sicht zusammen und ergänzen die Deutungen der jungen Erwachsenen durch unsere eigenen.

Vergleichende Auswertung

In einer vergleichenden Auswertung bringen wir anschließend die Erkenntnisse aus den Lebensgeschichten miteinander und mit den Ergebnissen der quantitativen Untersuchung in Verbindung, um letztendlich Faktoren und Bedingungen zu eruieren, die für eine Entwicklung in die eine oder andere Richtung bedeutsam sind. Die Kategorien ergeben sich dabei aus den Themenbereichen, die von den jungen Erwachsenen als bedeutsam für ihre Entwicklung benannt werden.

II Methodische Anmerkungen zur quantitativen Analyse und Auswertung

Post Hoc Untersuchung

Bei der statistischen Auswertung handelt es sich größten Teils um eine Post Hoc Untersuchung. Das heißt, dass die Datenerhebung nicht nach einem auf die Untersuchung abgestimmten Plan stattfindet. Vielmehr werden die verwendeten Informationen im Nachhinein aus Notizen der Streetwork Münster gewonnen, die ursprünglich nicht mit dem Ziel einer wissenschaftlichen Auswertung erstellt wurden.

Datenerhebung

Diese Notizen bestehen zum einen aus Karteikarten, auf denen wir bei einem neuen Kontakt den Namen und das Alter der/des Jugendlichen oder jungen Erwachsenen notierten. Oftmals war nach dem ersten Gespräch nur der Name oder ein Spitzname bekannt, das Alter wurde eingetragen, sobald es bekannt wurde. Ebenfalls wurde auf den Karten das Datum des Erstkontaktes vermerkt, so dass im Nachhinein eine Referenzierung des angegebenen Lebensalters möglich ist (*Wann* hatte die Person dieses Alter).

Zum zweiten bestehen die Notizen aus Einträgen in eine Art Tagebuch, in das wichtige Hinweise oder Veränderungen als Gedächtnisstütze eingetragen wurden, wie etwa eine Änderung der Lebenssituation für eine Person. Die ausgewerteten Tagebucheinträge werden zur Systematisierung auf die Form »Person«, »Ereignis«, »Datum« reduziert. Auf diesem Wege kann die Lebenssituation für die entsprechenden Personen monatsgenau für den Zeitraum des Kontakts ermittelt werden.

Generalisierbarkeit

Wie schon in Teil 3 angedeutet, ist eine Generalisierung der Ergebnisse auf andere Städte Deutschlands nicht möglich, da nicht davon ausgegangen werden kann, dass es zwischen den Straßenszenen in unterschiedlichen Städten keine systematischen Unterschiede gibt. Eine Generalisierung auf die gesamte Szene von wohnungslosen jugendlichen und jungen Erwachsenen in Münsters ist dagegen gar nicht nötig, da es sich bei unseren Daten nicht nur um eine repräsentative Stichprobe handelt, sondern das die Szene zum größten Teil erfasst wurde. Aus diesem Grund verzichten wir auf die Berechnung von Konfidenzintervallen und die Durchführung von Signifikanztests und beschränken uns in der Auswertung auf einfache deskriptive, d.h. beschreibende Statistik. Tabelle A1 zeigt alle ausgewerteten Variablen.

Die Lebens- und Wohnsituation in den einzelnen Monaten des Untersuchungszeitraums wird in 25 Kategorien erfasst, die je nach Fragestellung unterschiedlich zusammengefasst werden. Tabelle A2 zeigt die einzelnen Kategorien und die benutzten Oberbegriffe.

Verwendete Maße

Als Maß der zentralen Tendenz wird meist das arithmetische Mittel verwendet, bei Verteilungen mit hohen Ausreißerwerten wird zusätzlich der Median angegeben, der in diesem Fall als das geeignetere Maß gilt. Zusammenhänge zwischen unterschiedlichen Werten werden als Pearsons Korrelationskoeffizient r angegeben (vgl. Bortz 1993: 189). In zwei Fällen wird eine Partialkorrelation berechnet, um den Einfluss einer dritten Variablen auf einen Zusammenhang abzuschätzen (vgl. ebd.: 411ff).

340

Variable	Ausgewertete Kategorien
Verbleib in der Szene am Ende des Untersuchungszeitraums (Dez. 98)	– hielt sich nicht in der Szene auf – hielt sich sporadisch in der Szene auf – hielt sich regelmäßig in der Szene auf – Unterbringung in Justizvollzugsanstalt – Unterbringung in Psychiatrie/stationärer Therapie – Verstorben
Wohnort beim Erstkontakt bzw. letzte Meldeadresse	– Münster – Münsterland (angrenzende Kreise) – Durchreise (Wohnungslose auf Durchreise, weniger als 3 Monate in Münster) – Nordrhein-Westfalen – Alte Bundesländer – Neue Bundesländer und Berlin – Ausland
Letzte/r bekannte/r Meldeadresse bzw. Wohnort	– Münster – Münsterland (angrenzende Kreise) – Durchreise (Wohnungslose auf Durchreise, weniger als 3 Monate in Münster) – Nordrhein-Westfalen – Alte Bundesländer – Neue Bundesländer und Berlin – Ausland – Wegzug an unbekannten Ort – Unterbringung in Justizvollzugsanstalt – Unterbringung in Psychiatrie / stationärer Therapie – Verstorben
Staatsangehörigkeit	– unbekannt – deutsch – deutsche Staatsangehörigkeit mit aber mindestens einem ausländischen Elternteil – Aussiedler (deutsche Staatsangehörigkeit) – EG-Staaten – Türkei – ehemaliges Jugoslawien – Polen – Außereuropäische Herkunft / staatenlos
Freiheitsstrafen	– war bereits in Haft – Freiheitsstrafe auf Bewährung – unbekannt, ob bereits in Haft – bislang keine Freiheitsstrafe
Lebens-/Wohnsituation in den Monaten 11/1991–12/1998	(Kategorien siehe Tabelle A2)

Tabelle A1: Ausgewertete Variablen

Lebens-/Wohnsituation (zusammengefasst)	Einzelne ausgewertete Kategorien
Familie/familiäres System	– Elternhaus – Verwandte – Pflege/Adoptivfamilie – Elternhaus mit eigenem/n Kind(ern) – Elternhaus mit Partner und eigenem/n Kind(ern)
Eigene Wohnung	– Wohnung allein – Wohnung mit Freund(en), Wohngemeinschaft – Wohnung mit Partner(in) – Wohnung mit Kind(ern) – Wohnung mit Partner(in) und Kind(ern)
Dauerhaft betreutes, begleitetes Wohnen	– Jugendhilfemaßnahme – Jugendhilfemaßnahme mit Kind(ern) – Betreutes Wohnen nach BSHG – Betreutes Wohnen nach BSHG mit Kind(ern) – Wohnhilfen der Streetwork
Abhängige Unterkunft	– Justizvollzugsanstalt – Psychiatrie/stationäre Therapie – Bundeswehr – Arbeitsabhängige Unterkunft
Wohnungslos in Übergangslösungen	– Einrichtung der Inobhutnahme – Betreute Übergangseinrichtung (z.B. Sleep-In, Übergangseinrichtungen der Wohnungslosenhilfe) – Betreute Übergangseinrichtung mit Kind(ern) – Unbetreute Übergangseinrichtung (z.B. Hotel, städtische Notunterkünfte) – Dauerhaftes Mitwohnen (z.B. bei Bekannten, Freunden) – Dauerhaftes Mitwohnen mit Kind(ern)
Wohnungslos ohne Unterkunft	– manifest wohnungslos ohne Unterkunft

Tabelle A2: Einzelne ausgewertete Kategorien der Lebenssituation in den Monaten

Je nach Fragestellung werden unterschiedliche Teilmengen der Gesamtzahl von n = 373 Fällen betrachtet. Eine solche Einschränkung der Stichprobe ist jeweils angegeben.

III Konzeption der Streetwork des Amtes für Kinder, Jugendliche und Familien der Stadt Münster

Die Streetwork wendet sich an Jugendliche und junge Erwachsene, die sich am Hauptbahnhof oder in der Innenstadt aufhalten. Für die meisten von ihnen ist die Straße oder Szene zum Lebensmittelpunkt geworden – viele sind wohnungslos. Streetwork geht zu den Treffpunkten und sucht die Jugendlichen direkt in ihrer Lebenswelt auf. Als feste Anlaufstelle steht eine Einrichtung in Bahnhofsnähe zur Verfügung, wo auch offene Angebote stattfinden. Streetwork bietet Hilfe und Unterstützung bei allen Problemen, die das Leben auf der Straße mit sich bringt.

1 Die Zielgruppe

Streetwork ist ein Angebot für Jugendliche und junge Erwachsene, die den Bahnhof oder die Innenstadtszene regelmäßig als Treffpunkt aufsuchen. Für viele von ihnen ist die Straßenszene zum zentralen Lebensmittelpunkt geworden. Diese jungen Menschen werden von den herkömmlichen Angeboten der Jugendhilfe oft nicht bzw. nicht mehr erreicht oder aufgrund ihrer nicht-akzeptierten Verhaltensweisen von diesen Angeboten ausgegrenzt. Dabei geht es in erster Linie um Jugendliche und junge Volljährige im Sinne des KJHG (vgl. KJHG § 7 (1)). Die Altersspanne reicht dabei von 12 bis 29 Jahren. Der Schwerpunkt liegt allerdings deutlich bei den 14- bis 23-Jährigen.

Die Jugendlichen, die sich in der Münsteraner Straßenszene aufhalten, setzen sich aus Mädchen und Jungen in unterschiedlichen Lebenssituationen zusammen. Manche sind aus Familien, andere aus **Jugendliche** Heimen oder Psychiatrien ausgerissen, wieder andere aus dem Elternhaus »hinausgeworfen« worden. Ein Teil der Jugendlichen hat noch Kontakt zum Elternhaus, andere wiederum pendeln zwischen Eltern oder Jugendhilfeeinrichtung und Straße hin und her. Für einige ist die Szene ein attraktiver Anziehungspunkt, für viele eine Art Ersatzfamilie oder Notgemeinschaft.

Gemeinsam ist diesen Mädchen und Jungen, dass meist massive Störungen und gravierende Probleme im Elternhaus vorliegen, die sie dazu gebracht oder gezwungen haben, die Familie zu verlassen. Sexueller Missbrauch, massive körperliche und psychische Gewalt, Kontrolle und starke Einschränkungen, aber auch völlige Vernachlässigung sind typische Erfahrungen. Speziell von Mädchen werden Kontrolle, Verbote und Einschränkungen, die zum Teil in intimen Verletzungen wie Tagebuchlesen oder Zimmerdurchsuchen gipfeln, regelmäßig als Konfliktthemen benannt – bei Jungen stehen Probleme mit Ausbildung und Schule öfter im Vordergrund.

Viele Mädchen und Jungen wurden schon früh in bestimmten zentralen Lebensbereichen in Erwachsenenrollen gedrängt, so geraten z.B. innerhalb der Familie missbrauchte Mädchen in die Rolle einer »Ersatzpartnerin«; Jugendliche in Ein-Elternteil-Familien werden zur Erziehung jüngerer Geschwister herangezogen. Kinder von Eltern mit Alkohol- oder Suchtproblematik müssen die Verantwortung für den Lebensalltag übernehmen, die die Eltern selbst nicht mehr tragen können. Der Schritt, das Elternhaus zu verlassen, ist zunächst ein Akt der Befreiung aus destruktiven Strukturen. Häufig ist die Flucht ein Signal, ein aktiver Problemlösungsversuch, teilweise (insbesondere bei sexuellem Missbrauch oder körperlicher Gewalt) eine konkrete Überlebensstrategie. Viele Jugendliche sind bereits öfter ausgerissen und haben dabei auch negative Erfahrungen mit Einrichtungen wie Jugendschutzstellen oder Heimen gemacht. Mit dem Leben auf der Straße setzen sie in letzter Konsequenz einen früh aufgedrängten und später verinnerlichten Erwachsenenstatus in ihre äußere Realität um. Den Verlust des »Kindsein-Dürfens« verarbeiten sie, indem sie sich wenigstens die für sie erreichbaren Vorteile des Erwachsenenstatus einverleiben – so z.B. Bewegungsfreiheit, sexuelle Kontakte, Partner- und Elternschaft. Eine eltern- oder jugendhilfeunabhängige Existenz ist besonders bei den Jüngeren undenkbar, gleichzeitig findet sich jedoch bei fast allen das Bedürfnis nach Autonomie und soziokultureller Selbständigkeit, das mit den Kontrollansprüchen der Eltern bzw. der Jugendhilfe kollidiert und zu Konflikten führt. Das Straßenleben und die damit verbundene »Auszeit«

343

in Bezug auf Schule und Beruf lassen die ökonomische Eigenständigkeit noch weiter in die Ferne rücken. Schulabbrüche sind eher die Regel als die Ausnahme.

Hinzu kommt, dass sich Jugendliche, die auf der Straße leben, generell in einer nicht legalen Situation befinden, da ein minderjähriges Kind laut Gesetz den Wohnsitz seiner Eltern teilt und somit seinen Aufenthalt nicht selbst bestimmen kann. Das Aufenthaltsbestimmungsrecht ist Teil des elterlichen Sorgerechts und als solches im Bürgerlichen Gesetzbuch verankert. Haben die Eltern oder Erziehungsberechtigten eine Vermisstenanzeige aufgegeben, so bedeutet das, dass die Jugendlichen polizeilich gesucht werden. D.h. ihr Dasein gleicht einem Versteckspiel vor Polizei, Bahnpolizei und anderen Behörden, weil sie berechtigterweise fürchten, sofort ins Heim oder in die Familie zurückgeführt zu werden, sobald sie aufgegriffen werden. Jugendliche, die bereits mehrmals gegen ihren Willen untergebracht oder rückgeführt wurden, meiden meist jeden Kontakt mit SozialarbeiterInnen und -arbeitern und nehmen von sich aus nicht die Hilfe des Amtes für Kinder, Jugendliche und Familien in Anspruch. Insbesondere Mädchen finden in der Straßenszene unter den erwachsenen Wohnungslosen oft freiwillige »Helfer«, die ihnen Schlafplatz, Schutz oder Mitversorgung bieten – oft jedoch nicht ohne Gegenleistung.

Junge Erwachsene Ein nicht unerheblicher Teil der Jugendlichen wird im Laufe seiner »Straßenkarriere« erwachsen. Zur Zielgruppe der Streetwork gehören außerdem junge Erwachsene, die z.T. aus ähnlichen Gründen wie die Jugendlichen erst nach dem 18. Geburtstag ihr Elternhaus verlassen haben, so wie auch junge Frauen und Männer, die nach der Beendigung einer Jugendhilfemaßnahme nicht wissen, wohin. Weitere Gruppen sind junge Haftentlassene, Klinikentlassene, junge Frauen und Männer, die – z.B. aufgrund von Kündigung, Arbeitsplatzverlust oder Trennung vom Beziehungspartner – wohnungslos geworden sind und sich in der Straßenszene aufhalten.

Wohnungs- und mittellose Erwachsene bekommen generell Hilfe zum Lebensunterhalt durch das Sozialamt, was für Jugendliche nur im begründeten Einzelfall möglich ist. Während für Jugendliche betreute Maßnahmen noch in Frage kommen, werden diese von den meisten jungen Erwachsenen abgelehnt. Viele von ihnen haben ebenfalls negative Erfahrungen mit dem Hilfesystem oder Enttäuschungen hinter sich und wollen möglichst »auf eigenen Beinen« stehen. In der Regel wünschen sie sich eine Wohnung. Aber mit dem Bezug einer Wohnung sind längst nicht alle Probleme gelöst. Wohnungslosigkeit ist gerade im Bereich der jungen Erwachsenen und der Punks eine durch unterschiedliche Phasen charakterisierte Problematik. Während ältere erwachsene Wohnungslose oft über viele Jahre hinweg auf der Straße leben, zeichnet sich die Situation vieler junger Erwachsener durch einen Wechsel von Phasen der Stabilisierung mit Phasen akuter Wohnungslosigkeit aus. Oft treten nach dem Einzug in eine Wohnung Folgeprobleme z.B. durch Gläubigerforderungen oder das Mitübernachten wohnungsloser Freunde auf.

Lebenswelt Straße Obwohl viele Jugendliche und junge Erwachsene berichten, dass die Straße immer noch besser sei als alles, was sie vorher erlebt haben, ist die tatsächliche Lebenssituation in der Straßenszene alles andere als angenehm. Sie stellt für die Betroffenen – ob minderjährig oder erwachsen – eine extreme Notlage dar. Wer auf der Straße lebt und nicht die Hilfe einer Übernachtungseinrichtung annehmen will oder kann, muss draußen schlafen oder bei Bekannten unterkommen. Insbesondere für Mädchen gehört die Angst vor Überfällen beim »Platte machen« bzw. die sexuelle Gegenleistung für einen Schlafplatz beim Bekannten zum Alltag. Wer im Winter draußen schläft, setzt sich massiven gesundheitlichen Gefahren aus. Körperpflege und Hygiene sind generell nur eingeschränkt möglich, chronische Krankheiten sind oft die Folge.

Auf der Straße zu leben heißt aber auch, keine Privatsphäre und nur ganz begrenzt Privateigentum zu haben. Es gibt keine Rückzugsmöglichkeiten. Mehr als Schlafsack und Rucksack zu haben, bedeutet Ballast. Zum Alltag gehören Polizeikontrollen, Hausverbote, Platzverbote und infolgedessen Kriminalisierung. Das Leben auf der Straße ist teuer. Es gibt keine Möglichkeit, Vorräte zu lagern oder selbst zu kochen. Immer wieder werden Kumpels, die gerade völlig mittellos sind, von den Freunden mitversorgt – oft reicht die Sozialhilfe dann nur für wenige Tage. Und durch Bußgeld- oder Gläubigerzahlungen ist die ohnehin schon knappe Sozialhilfe oft stark verringert. Das führt dazu, dass viele auf Betteln, Diebstähle oder Gelegenheitsprostitution angewiesen sind, um über die Runden zu kommen. Und dies führt wiederum zu Kriminalisierung. Drogen und Alkohol sind gängige Bewältigungsstrategien dieser Lebenssituation. Viele Jugendlichen experimentieren auch mit legalen und illegalen Drogen aller Art. Zusätzlich wird aber durch das Leben auf der Straße Drogen- und Alkoholkonsum »sichtbar« – das wiederum bedeutet verstärkte Diskriminierung.

Für Mädchen bedeutet die Etikettierung als Wohnungslose neben der Stigmatisierung als »Pennerin« noch eine zusätzliche sexuelle Stigmatisierung als »Straßenmädchen«. Fast automatisch wird ihnen Prostitution unterstellt. Männer können durchaus noch eine positive Bestätigung erlangen, indem sie sich z.B. selbstbewusst als Straßenpunk oder Abenteurer gegen den Rest der Gesellschaft darstellen. Für Mädchen gibt es eine vergleichbare positive Besetzung von Wohnungslosigkeit nicht. Viele sind daher darauf bedacht, die Straßenexistenz zu verbergen.

Auch in psychischer Hinsicht hat das Leben auf der Straße gravierende Folgen. Einerseits haben sich die Jugendlichen und jungen Erwachsenen teilweise aus destruktiven Strukturen befreit und daraus Stärke und Selbstbewusstsein gewonnen, andererseits machen sie weiterhin die schmerzvolle Erfahrung, »unerwünscht« und »überflüssig« zu sein. Je mehr sie sich in das Leben auf der Straße mit seiner spezifischen Dynamik integrieren, desto schwieriger wird es, Alternativen zu entwickeln. Wird andererseits »Normalität« zum angestrebten Orientierungsmuster, so machen sie immer wieder die Erfahrung, als »nicht normal« eingestuft und abgestempelt zu werden. Jeder gescheiterte Versuch der Integration in die Gesellschaft zerstört Hoffnungen und nagt am Selbstbewusstsein.

Streetwork wendet sich an verschiedene jugendkulturelle Gruppierungen, die sich am Bahnhof und in der Innenstadt aufhalten. In der Vergangenheit waren darunter Punks, Raver, Grufties, Skater, **Szenen und Jugendkulturen** Heavies, teilweise rechtsorientierte Jugendliche und zu einem nicht geringen Teil Jugendliche mit »ganz normalem« Outfit, die sich äußerlich kaum von anderen Altersgenossen unterschieden. Dabei bringt jede der genannten Gruppen wieder unterschiedliche Eigenschaften und Problemlagen mit, wie zum Beispiel die in der Punkszene übliche Hundehaltung, die die Vermittlung in Hilfeeinrichtungen und auch auf dem freien Wohnungsmarkt extrem erschwert.

Grundsätzlich grenzt Streetwork nicht aus, wenn es um wohnungslose Jugendliche und junge Erwachsene geht, gleich welcher Jugendkultur sie sich zugehörig fühlen. Zwischen den verschiedenen Szenen gibt es ohnehin Vermischungen – obwohl es zuweilen auch Abgrenzungstendenzen und Ausgrenzungen gibt. Eine Abgrenzung im Rahmen der Angebote der Streetwork findet jedoch sowohl im Hinblick auf die Altersbegrenzung statt, als auch in Richtung der manifesten Heroinszene im Erwachsenenbereich. Da diese Szene seit einigen Jahren den Bahnhofsbereich deutlich dominiert, ist eine erhöhte Gefährdung der neu zum Bahnhof kommenden Jugendlichen gegeben. Obwohl die Heroinszene eine hohe Anziehungskraft auf Minderjährige ausübt, grenzen sich die Gruppen von Jugendlichen in der Regel von dieser Szene ab und wollen »mit Junkies nichts zu tun haben«. Die Streetwork unterstützt diese Abgrenzung im Sinne von Prävention.

2 Die Ziele

Die Zielgruppe der Streetwork zeichnet sich unter anderem dadurch aus, dass sie den Kontakt zum Hilfesystem, meist aufgrund negativer **Kontaktaufnahme und Abbau von Schwellenängsten** Erfahrungen und Enttäuschungen, abgebrochen hat. Viele Jugendliche und junge Erwachsene, die auf der Straße leben, sind nicht (mehr) bereit, Hilfeeinrichtungen anzunehmen, haben Ängste entwickelt und meiden die für sie originär zuständigen Stellen. Sie haben das Vertrauen in sozialpädagogische Hilfen verloren. Ziel von Streetwork ist es, diesen Kontakt (wieder) herzustellen. Das bedeutet für die Streetwork, im Rahmen der aufsuchenden Arbeit von sich aus Kontakt zu den Jugendlichen und jungen Erwachsenen aufzunehmen, Vertrauen aufzubauen und Ängste bei der Inanspruchnahme von Hilfen abzubauen.

Streetwork ist Beziehungsarbeit. Vertrauensvolle, belastbare Beziehungen zwischen Jugendlichen und Streetworkerinnen bzw. Streetworker stellen die Grundlage dar, ganzheitliche

Aufbau vertrauensvoller Beziehungen

Einzelhilfe und Unterstützung bieten können. Viele Jugendliche haben bereits massive Enttäuschungen hinter sich, so dass sie nicht bereit sind, Erwachsenen erneut zu vertrauen. Ziel von Streetwork ist es, den Jugendlichen dauerhafte, verlässliche Beziehungsangebote zu machen, die sie – auch in Krisensituationen – annehmen können.

Erweiterung individueller Kompetenzen zur Lebensbewältigung

Die Jugendlichen und jungen Erwachsenen, die mit der Streetwork in Kontakt kommen, haben alle bereits auf unterschiedliche Art und Weise versucht, ihre schwierige Lebenssituation zu bewältigen. Dabei haben sie verschiedene Überlebensstrategien entwickelt, die als wirkliche Kompetenzen angesehen werden können, teilweise aber auch für ihr Weiterleben eher hinderlich oder gefährlich erscheinen (wie z.B. massiver Drogenkonsum, um Probleme zu verdrängen). Ziel von Streetwork ist es, den Jugendlichen und jungen Erwachsenen ein breiteres Handlungsspektrum an Bewältigungsmöglichkeiten zu eröffnen. Das bedeutet einerseits das Erschließen von personellen, sozialen und finanziellen Ressourcen, andererseits aber auch die Eröffnung von individuellen Wahlmöglichkeiten.

Im Mittelpunkt steht dabei der jeweilige Jugendliche als ganzer Mensch mit seiner individuellen Geschichte und seinen persönlichen Bedürfnissen und Zukunftsplänen. Dabei geht es nicht darum, die Jugendlichen möglichst an das Schema einer gängigen »Normalbiografie« anzupassen, sondern mit ihnen zusammen individuelle Lebensperspektiven zu entwickeln, die für die Jugendlichen stimmig sind. Ziel ist dabei auch die Stärkung von Selbstbewusstsein und Selbstbestimmung der Jugendlichen, sowie die Förderung ihrer Entwicklung hin zu einer »eigenverantwortlichen und gemeinschaftsfähigen Persönlichkeit« (KJHG § 1).

Stärkung positiver Gruppenstrukturen

Streetwork versucht nicht, Szenen und Treffpunkte aufzulösen oder einzelne Jugendliche aus gefährdenden Milieus »herauszuholen«. Ziel ist vielmehr, den Einzelnen *in* seinem Lebensumfeld zu stabilisieren, und dazu gehört auch das Einbeziehen seiner sozialen »Settings« und der dort potentiell verfügbaren Ressourcen. Dabei sollen positive Gruppenstrukturen gestärkt und sozialräumliche Lebensbedingungen verbessert werden. Das bedeutet, Gruppen zu stabilisieren und die dort vorhandenen Kompetenzen und Handlungspotentiale zu mobilisieren.

Abbau von Benachteiligung und Eröffnung von Lebensräumen

Bei der Zielgruppe von Streetwork handelt es sich um ausgegrenzte Gruppen von Jugendlichen und jungen Erwachsenen, die vielfach von gesellschaftlicher Teilhabe ausgeschlossen sowie von Benachteiligungen betroffen sind. Ziel von Streetwork ist es daher, Benachteiligungen abzubauen und gleichzeitig Lebensräume zu erhalten bzw. zu eröffnen. Das bezieht sich sowohl auf konkrete räumliche Bereiche wie z.B. einen Innenstadttreffpunkt, der als Aufenthaltsort erhalten bleiben soll, die Bereitstellung neuer Treffmöglichkeiten für Gruppen bzw. die Wohnraumversorgung, als auch auf ideelle Bereiche: z.B. Möglichkeiten zur Teilhabe am gesellschaftlichen Leben eröffnen und Ausgrenzung abbauen. Streetwork setzt sich damit zum Ziel, repressive ordnungspolitische Zugriffe (die z.B. eine direkte Benachteiligung darstellen) zu reduzieren und die soziale Integration zu fördern. Damit einher geht die Zielsetzung, Stigmatisierung und Diskriminierung der Zielgruppe aufzudecken, zu benennen und abzubauen. Ausgrenzung, Diskriminierung und Repression lassen sich nur wirksam minimieren, wenn

Verbesserung gesellschaftlicher Rahmenbedingungen

gleichzeitig auf politischer Ebene gezielt gesellschaftliche Strukturen so verändert werden, dass Benachteiligungen abgebaut werden. Ziel von Streetwork ist daher, darauf hinzuwirken, dass gesellschaftliche Rahmenbedingungen verbessert und benachteiligende Vorschriften und Gesetze verändert werden. Dazu gehört notwendigerweise auch, den Aufbau einer sozialen Infrastruktur zu fördern, die der Benachteiligung entgegenwirkt und Chancengleichheit ermöglicht. Dies schließt den Bereich präventiver Maßnahmen mit ein.

3 Der Arbeitsansatz

Streetwork ist aufsuchende Arbeit in der Lebenswelt der Jugendlichen. Dies beinhaltet nicht nur die Kontaktaufnahme mit Jugendlichen im Bahnhofsbereich, sondern auch das Miterle-

346

ben und Kennenlernen dieses sozialen Raumes. Streetwork begibt sich dabei als Gast auf die Straße und akzeptiert die dort geltenden Grenzen und Regeln. Diese Geh-Struktur trägt dazu bei, Schwellenängste abzubauen und dauerhafte, belastbare Beziehungen aufzubauen.

Geh-Struktur

Der Aufbau einer vertrauensvollen Beziehung ist im Grunde das Kernstück der Arbeit mit Jugendlichen und jungen Erwachsenen, die meist schlechte Erfahrungen mit der Erwachsenenwelt und mit Institutionen gemacht haben und daher ein hohes Misstrauen mitbringen. Grundvoraussetzungen hierfür sind selbstverständlich Akzeptanz, Freiwilligkeit und Verschwiegenheit. Dies schließt eine Zuführung von Jugendlichen (z.B. durch Polizei, Gerichtsauflagen) sowie eine personenbezogene Aktenführung aus.

Vertrauensvolle Beziehungen

Eine akzeptierende Grundhaltung gegenüber der Zielgruppe ist die Basis, auf der sich ein Vertrauensverhältnis bilden kann. Akzeptanz und Parteilichkeit bedeutet nicht, alles, was diese Jugendlichen machen, bedingungslos gutzuheißen – es bedeutet vielmehr, ihre Lebensstile und Sichtweisen zu akzeptieren, keinen Veränderungsanspruch zu stellen und sich für die Belange der Jugendlichen einzusetzen. Damit einher geht auch, Verhaltensweisen, Pläne und Ideen der Jugendlichen nicht zu bewerten, sondern den Jugendlichen mittels nicht-direktiver Gesprächsführung dazu zu verhelfen, eine Einschätzung ihrer eigenen, persönlichen Bewertungen zu gewinnen. Das bedeutet auch, nichts über die Köpfe der Jugendlichen hinweg zu entscheiden oder zu unternehmen. Dabei geht es hier nicht um eine gleichgültig-akzeptierende, abwartende Haltung gegenüber den Jugendlichen. Angemessen sind Empathie und Wertschätzung. Denn nur in einem Klima, wo ausgegrenzte Jugendliche anfangen können, sich akzeptiert, angenommen und »zu Hause« zu fühlen, können sie auch beginnen, Verhaltensweisen zu überprüfen, gegebenenfalls zu revidieren und neue Wege auszuprobieren. Unverzichtbar ist dabei, den Jugendlichen die Zeit zu lassen, die sie brauchen. Streetwork drängt nicht, sie macht Angebote, zieht sich aber auch gegebenenfalls wieder zurück.

Pädagogische Beziehungen im Rahmen der Streetwork sind im Gegensatz zu Beziehungen im Rahmen der erzieherischen Jugendhilfe komplementäre Beziehungen. In der Jugendhilfe wird meist Reziprozität gefordert – von den Jugendlichen wird Mitarbeit, Erfüllung bestimmter Aufgaben und/oder Verhaltensänderung gefordert. Sind die Jugendlichen dazu nicht bereit, werden sie oft als »schwierig« und »unerreichbar« abgestempelt. Für die Streetwork gibt es keine hilferesistenten Jugendlichen, denn es werden keine Erwartungen gestellt. Streetwork orientiert sich an den aktuellen Bedürfnissen und Hilfewünschen, sie stellt keine Vorbedingungen und keinen Anspruch an Verhaltensänderung.

Die Angebote der Streetwork sind niedrigschwellig, d.h. sie setzen an elementaren Grundbedürfnissen an und bedürfen keinerlei Voraussetzungen des Zugangs. Sie tragen dazu bei, die Lebenssituation der Jugendlichen zu verbessern und eine existentielle Grundversorgung zu sichern. Sie dienen

Ganzheitliche, unbürokratische Hilfen

zunächst der Stabilisierung in Krisen- und Notsituationen. Wieviel und welche Hilfe die Jugendlichen annehmen wollen, entscheiden sie selbst. Dabei hat die angebotene Hilfe stets ganzheitlichen Charakter: die Jugendlichen können mit der Gesamtheit ihrer Problemlagen kommen und Gehör finden; Streetworkerinnen und Streetworker sind »Universalansprechpartner«, für den »ganzen Menschen« zuständig und nicht für einzelne Problembereiche. Erst in einem zweiten Schritt wird gegebenenfalls und nur auf Wunsch des Jugendlichen weitervermittelt. Wenn die Jugendlichen es wünschen, wird nach Möglichkeit dieser Schritt auch begleitet. Dabei soll die Einzelhilfe nicht dazu führen, dass Jugendliche in einer hilflosen Position verharren. Vielmehr werden Unterstützungsmöglichkeiten geboten, die den Jugendlichen ermöglichen, die Veränderung ihrer Lebenssituation, den nächsten Schritt oder das nächste Telefonat selbst in Angriff zu nehmen. Hilfe zur Selbsthilfe und Förderung von Eigenverantwortung stehen im Vordergrund.

Streetwork wendet den Blick ab von den Schwächen der Jugendlichen – die so oft im Mittelpunkt stehen – und setzt sich zum Ziel, an den bestehenden Stärken der Jugendlichen (z.B. Kreativität, Selbständigkeit) anzusetzen und diese zu fördern. Im Blickfeld der Streetwork steht der ganze Mensch, nicht die »Störung«. Einbezogen werden je nach Wunsch des Jugendlichen sein Umfeld, soziales Setting, seine Lebenswelt. Dabei wird der Jugendliche weder als Problemverur-

Perspektivwechsel

347

Integration und nicht den »Ausstieg« fördern

sacher noch als hilfloses Opfer gesehen, sondern als handelndes Subjekt, der für seine Verhaltensweisen einen Grund hat. Die Jugendlichen werden dabei als autonome Partnerinnen und Partner angesehen und behandelt. Sie werden als grundsätzlich kompetent betrachtet, was ihr Leben, ihre Aussagen und ihr Umfeld betrifft.

Eine oft an Streetwork gestellte Erwartung oder Forderung ist, die Jugendlichen »aus der Szene« und von den »jugendgefährdenden Orten« wegzubringen (Jugendschutz) bzw. bestimmte innerstädtische Zonen von nicht erwünschten Personengruppen freizuhalten. Streetwork ist jedoch kein Recyclingsystem, das Jugendliche »vom Bahnhof wegholt«, sondern orientiert sich an den Problemlagen und Bedürfnissen der Jugendlichen. Letztendlich ist es Ziel der Streetwork, zusammen mit den Jugendlichen individuelle Lebensperspektiven zu entwickeln, die für die Jugendlichen lebbar sind. Die Ablösung von der Szene kann dabei eine mögliche Perspektive sein – es gibt aber noch andere.

Letztendlich ist es absurd, von aus der Gesellschaft Ausgegrenzten zu fordern, aus der Straßenszene als der einzigen »Welt«, in der sie Integration erfahren, auch noch auszusteigen. Sie haben dort Freunde gefunden, teilweise Solidarität und Unterstützung erfahren. Streetwork will nicht nur Selbstbewusstsein und Selbständigkeit der einzelnen stärken, sondern auch solidarische, helfende Strukturen in diesen Gruppen fördern. Die Stärkung positiver Gruppenstrukturen steht insbesondere bei Projekten und Freizeitangeboten im Vordergrund.

Szeneinteressenvertretung

Bei der Zielgruppe der Streetwork handelt es sich in der Regel um Jugendliche und junge Erwachsene, die von politischer und gesellschaftlicher Mitbestimmung weitgehend ausgeschlossen sind. Das Durchsetzen Ihrer Rechte und Anliegen ist für sie kaum möglich. Aufgabe von Streetwork ist daher, Durchsetzungs- und Teilhabeprozesse zu unterstützen. Dabei werden Jugendliche nicht bevormundet, vielmehr setzt Streetwork sich gemäß einer »Anwaltschaft« mit den Jugendlichen zusammen für ihre Bedürfnisse ein.

Um gesellschaftliche Diskriminierung und Ausgrenzung der Zielgruppe zu verringern, versucht Streetwork, Erkenntnisprozesse in Gang zu setzen und Vorurteile innerhalb der Bevölkerung abzubauen. Dies wird unter anderem mit Hilfe von Öffentlichkeitsarbeit und Projekten erreicht. Um die Lebensbedingungen der Szene strukturell zu verbessern, setzt sich Streetwork dafür ein, Defizite, Benachteiligungen und Problemlagen zu erkennen, öffentlich zu benennen und arbeitet u.a. in Öffentlichkeit, Arbeitskreisen und politischen Gremien darauf hin, Verbesserungen zu erzielen.

Berücksichtigung geschlechtsspezifischer Aspekte

Beim Aufsuchen der Jugendlichen und jungen Erwachsenen in ihrer Lebenswelt trifft Streetwork in Münster in der Regel auf gemischtgeschlechtliche Gruppen. Somit liegt es nahe, dass sie geschlechtsgemischt arbeitet. Dennoch werden geschlechtsspezifische Aspekte thematisiert und in der Arbeit berücksichtigt. Da Mädchen und junge Frauen in der Münsteraner Szene zahlenmäßig in der Minderheit sind und aufgrund von doppelter Diskriminierung ihre Wohnungslosigkeit oftmals eher versteckt halten, besteht die Gefahr des »Übersehens«. Daher ist es wichtig, sowohl die Bedürfnisse, als auch Diskriminierung und Benachteiligung von Mädchen stets im Blick zu haben, um darauf angemessen reagieren zu können.

Um den Bedürfnissen von Mädchen und Jungen gerecht zu werden und beidergeschlechtliche Ansprechpartnerinnen und Ansprechpartner zu bieten, ist eine gemischtgeschlechtliche Besetzung der Streetwork unerlässlich. Ebenso gehört dazu eine enge Zusammenarbeit mit geschlechtsspezifischen Institutionen, wie z.B. den Sleep-Ins. Vor dem Hintergrund einer weitgehend geschlechtsgetrennten Wohnungslosenhilfe in Münster bietet die Streetwork insbesondere mit ihren offenen Angeboten einen Raum, wo sich wohnungslose Jugendliche und junge Erwachsene in den gegebenen gemischtgeschlechtlichen Strukturen aufhalten können. Insbesondere Paare können hier zusammen Beratung und Unterstützung erfahren oder auch Beziehungsprobleme gemeinsam thematisieren und aufarbeiten.

348

4 Die Angebote

Grundlage für die Streetwork ist die Szenearbeit, das bedeutet aufsuchende Arbeit in der Szene, sowohl zu Fuß am Hauptbahnhof oder an anderen Treffpunkten als auch mit dem Streetwork-Mobil. Hier **Aufsuchende Arbeit** wendet sich die Streetwork an bereits bekannte Jugendliche und knüpft neue Kontakte. Es finden kurze Beratungsgespräche statt, soweit die Hektik der Szene es zulässt. Es werden Termine vereinbart, Angebote bekannt gemacht. Ein wichtiger Bestandteil ist aber auch die Teilnahme an der Lebenswelt der Jugendlichen, was bedeutet, sich in ihrem Territorium zu bewegen, ihren Alltag mitzuerleben. Ein ideales Bindeglied zwischen der aufsuchenden Arbeit zu Fuß und den Bürosprechstunden stellt die niedrigschwellige Anlaufstelle »Streetwork-Mobil« dar, ein beheizbarer, zum Beratungsmobil ausgebauter Kastenwagen. Hier können sich die Jugendlichen aufwärmen, Kaffee, Tee und Vitaminsaft trinken, mit anderen ins Gespräch kommen oder Kontakt zu den Mitarbeiterinnen und Mitarbeiter der Streetwork suchen.

Im Rahmen der Einzelhilfe ist Streetwork grundsätzlich für alle Problemlagen offen, die die Jugendlichen mit Hilfe der Streetwork **Ganzheitliche Einzelhilfe** angehen können. Dies geschieht vor allem in alltagsorientierten Beratungsgesprächen, die sowohl auf der Straße als auch im Büro (zu den Sprechstundenzeiten oder nach Absprache) oder bei einzelnen Angeboten stattfinden können. Die Palette der Unterstützungsangebote reicht von niedrigschwelligen Überlebenshilfen bis hin zu konkreten Ausstiegshilfen aus der Szene. Die Beratung und Begleitung hat ganzheitlichen Charakter, das heißt, dass die Jugendlichen mit der Gesamtheit ihrer Problemlagen angenommen werden und Unterstützung bekommen. Erst in einem zweiten Schritt beinhaltet die Begleitung auch die Vermittlung zu anderen Fachdiensten, was jedoch nur im Einverständnis mit den Jugendlichen geschieht. Dabei kommt dem Aufbau eines institutionellen Netzwerkes eine besondere Bedeutung zu.

Daneben bietet Streetwork Ressourcen an, mit deren Hilfe Jugendliche sich zumindest partiell selbständig helfen können. So sind im Streetwork-Szene-Info alle wichtigen Hilfeeinrichtungen aufgeführt und beschrieben. Erste Schritte zur Stabilisierung und Wohnungssuche sind damit für die Jugendlichen jederzeit möglich. Daneben bietet die Streetwork mit einem »Beratungsraum« Jugendlichen die Möglichkeit, selbständig mit Hilfe von Telefon und Zeitungen Wohnung und Arbeit zu suchen und Ämtertelefonate zu führen. Ein für die Jugendlichen nutzbarer Computer ergänzt dieses Angebot. Wer dabei Unterstützung möchte, bekommt sie natürlich auch.

Gruppenbezogene Angebote finden überall dort statt, wo Streetwork sich an bestehende soziale Gruppen von Jugendlichen und jungen Erwachsenen wendet. Dabei setzt Streetwork an den vorhandenen Beziehungen und Gesellungsformen an. Dies bedeutet, dass es kein dauerhaftes, fest installiertes Gruppenangebot mit verbindlichen Teilnehmerinnen und Teilnehmern gibt, sondern dass sich bei den Gruppenangeboten (z.B. offenes Frühstück, Kochangebote, Freizeit, Aktivitäten) immer wieder neue Gruppen zusammenfinden. Es werden positive Gruppenstrukturen gestärkt und Alternativen zum Aufenthalt in der Bahnhofsszene ermöglicht. Neben den regelmäßigen stattfindenden offenen Angeboten gibt es auch je nach Bedarf und Kapazitäten unterschiedliche Angebote im freizeitpädagogischen Bereich.

Projektarbeit bedeutet, gemeinsam mit Jugendlichen Projekte unterschiedlichen Charakters durchzuführen. Dies können öffentlich- **Projekte** keitswirksame Veranstaltungen, einzelfallbezogene, erlebnispädagogische, mädchenparteiliche oder themenspezifische Projekte sein. Die Projekte bieten den Jugendlichen die Möglichkeit, ihre Stärken und Interessen einzubringen, ihre Ideen umzusetzen und somit ihr Selbstwertgefühl und Selbstbewusstsein zu stärken.

Erlebnispädagogische Projekte, wie zum Beispiel Kanutouren, werden in regelmäßigen Abständen durchgeführt. Speziell diese Angebote bieten den Jugendlichen und jungen Erwachsenen eine Möglichkeit der Auseinandersetzung mit sich selbst und in der Gruppe, der Gemeinschaftserfahrung und der Erfahrung von Lebensqualität unter einfachen Bedingungen in der Natur. Für die Jugendlichen und jungen Erwachsenen, die auf der Straße leben, bedeuten erlebnispädagogische Projekte Alternativen zur Freizeitgestaltung am Hauptbahnhof, die Mög-

349

lichkeit, legale Grenzerfahrungen zu machen und die eigenen Stärken und Fähigkeiten (z.B. des Überlebens draußen) positiv einzusetzen. Sie können neue, fremde Rollenmuster erproben und ihr persönliches Handlungsspektrum erweitern.

Da die Zielgruppe der Streetwork von gesellschaftlicher Ausgrenzung betroffen ist und in der Regel wenig öffentliche Artikulationsmöglichkeiten besitzt, kommt der Initiierung öffentlichkeitswirksamer Projekte eine besondere Bedeutung zu. Dies können z.B. Fotoausstellungen, Radiosendungen oder Presseartikel sein, an deren Erstellung sich die Jugendlichen und jungen Erwachsenen aktiv beteiligen und somit ihre Anliegen und Bedürfnisse an die Öffentlichkeit bringen. Dies beinhaltet neben der Förderung der verbalen Meinungsäußerung und der Schaffung einer Mitsprachemöglichkeit auch die Hinführung zur Nutzung Münsterscher Medien, um sich in der Öffentlichkeit zu artikulieren.

Wohnhilfen Um jungen Erwachsenen, die auf dem freien Wohnungsmarkt chancenlos sind und nicht in Einrichtungen der Wohnungslosen- bzw. Jugendhilfe vermittelt werden können oder wollen, dennoch ein weitgehend normalitätsorientiertes Wohnen zu ermöglichen, bietet die Streetwork je nach Bedarf, Möglichkeit und Kapazitäten Wohnhilfen an. Diese niedrigschwelligen Wohnprojekte, die jedoch keine Form des Betreuten Wohnens darstellen, sind selbstausgebaute oder -umgebaute Unterkünfte bzw. Bauwagen. Sie dienen der Wohnraumversorgung und werden von der Streetwork lediglich begleitet. Es werden keine Ziele oder Hilfepläne vereinbart, sondern lediglich Wohnmöglichkeiten geboten, die sich an den Bedürfnissen und der Lebenswelt der jungen Erwachsenen orientieren.

Eine Normalitätsorientierung soll erreicht werden: das bedeutet, eine feste Meldeadresse zu bieten und keine zeitliche Begrenzung festzusetzen. Dabei kann die Streetwork jedoch nicht als Vermieter auftreten, insbesondere in Problemsituationen würden große Rollenkonflikte entstehen. Auch müssen die Mitarbeiterinnen und Mitarbeiter der Streetwork als Universalansprechpartnerinnen und -partner weiterhin für einen Jugendlichen erhalten bleiben, der eventuell wegen untragbarem Verhalten aus dem Wohnprojekt ausgegrenzt wurde. Die Vermieterfunktion muss daher von anderer Stelle übernommen werden (andere Ämter oder freie Träger). Dennoch muss die Platzbelegung direkt über die Fachkräfte erfolgen, die vor Ort mit den Jugendlichen auf der Straße arbeiten. Sollte in den Projekten ein Platz frei werden, so wird mit den jeweiligen Bewohnerinnen und Bewohnern gemeinsam nach neuen Mitbewohnerinnen und Mitbewohnern gesucht.

Die jungen Erwachsenen bekommen keinen fertig renovierten Wohnraum zur Verfügung gestellt, sondern beteiligen sich aktiv an der Errichtung ihres neuen »Zuhauses«. So werden Eigenverantwortung und Selbständigkeit gefördert, handwerkliche Fertigkeiten vermittelt und an den Stärken und Fähigkeiten der Jugendlichen angesetzt. Die Identifikation mit dem Wohnraum ist um so höher, je mehr die Bewohnerinnen und Bewohner dort selbst mitarbeiten und je mehr eigene Ideen sie dort verwirklichen können.

5 Vernetzung und Öffentlichkeitsarbeit

Die Vernetzung und Zusammenarbeit mit anderen Institutionen ist für die Arbeit der Streetwork unerlässlich. Hierzu gehört die Teilnahme und aktive Mitarbeit in Arbeitskreisen und Fachgesprächen zu relevanten Themen und die Pflege eines Kontaktnetzes innerhalb des Münsteraner Hilfesystems. Auch der überregionale Austausch und die Zusammenarbeit mit Streetworkerinnen und Streetworkern aus anderen Städten ist sinnvoll.

Dabei ist im sensiblen Feld der Einzelhilfe in jedem Fall der Sozialdatenschutz zu wahren. Insbesondere an Polizei und Ordnungsbehörden dürfen keine personenbezogenen Daten weitergegeben werden. Die Zusammenarbeit mit Polizei und Ordnungsbehörden kann nur »Einbahnstraßencharakter« haben: Informationen können an die Streetwork weitergegeben werden, z.B. wenn dadurch Hilfe für Betroffene ermöglicht wird; Polizei und Ordnungskräfte können aber von der Streetwork keine Informationsweitergabe oder Mithilfe bei Festnahmen oder ordnungspolitischen Aufgaben erwarten. Die Zusammenarbeit mit Polizei und Ordnungsbehörden ist in übergeordneten Gremien sinnvoll und hilfreich – einzelfallbezogen jedoch nur auf ausdrücklichen Wunsch des betroffenen Jugendlichen und jungen Erwachsenen angebracht.

Um Vorurteile, Misstrauen und Diskriminierung gegenüber der Szene in der Bevölkerung abzubauen und gleichzeitig die Problemlagen der Jugendlichen und den Arbeitsansatz der Streetwork darzustellen, wird regelmäßig Öffentlichkeitsarbeit geleistet. Dies geschieht z.B. in Form von Interviews, Zeitungsartikeln, Vorträgen, thematischen Veranstaltungen und projektbezogenen Aktionen mit Jugendlichen.

6   Der Rahmen

Streetwork stützt sich im Kinder- und Jugendhilfegesetz auf die §§ 11 (Jugendarbeit) und 13 (Jugendsozialarbeit). Dabei liegt der Schwerpunkt aufgrund der beschriebenen Problemlagen der Zielgruppe eindeutig im Bereich der Jugendsozialarbeit.

Gesetzliche Grundlagen

Die Streetwork ist eine eigenständige Fachstelle in der Abteilung Jugendsozialarbeit des Amtes für Kinder, Jugendliche und Familien der Stadt Münster.

Organisation

Bei der Streetwork arbeiten zwei hauptamtliche pädagogische Fachkräfte als eigenständiges Team. Die Besetzung der Stellen ist gemischtgeschlechtlich. Zusätzlich werden freie Mitarbeiterinnen und Mitarbeiter für ergänzende Arbeiten und Projekte eingesetzt. Im Rahmen der Angebote können Teilzeitpraktikantinnen und -praktikanten eingesetzt und angeleitet werden.

Team

Die hauptamtlichen Mitarbeiterinnen und Mitarbeiter bedürfen einer qualifizierten Fachausbildung (Fachhochschule oder Universität) im Bereich Sozialarbeit oder Sozialpädagogik. Zur fortlaufenden Qualifizierung finden Fort- und Weiterbildungen statt. Die Arbeit sollte durch Supervision begleitet werden. Persönliche Voraussetzungen sind eine akzeptierende Grundhaltung gegenüber der Szene, Empathie und Einfühlungsvermögen gegenüber den besonderen Problemlagen und der Lebenssituation der Zielgruppe.

Professionalität

Zusätzlich zu den beiden Vollzeitstellen werden von der Stadt Münster in ausreichendem Maße Honorar-, Programmittel und abrechnungsfreies Handgeld bereitgestellt.

Finanzierung

An räumlichen Ressourcen steht der Streetwork eine eigene Etage als Anlaufstelle zur Verfügung. Die Streetwork verfügt über einen zum Beratungsmobil ausgebauten Kastenwagen, der insbesondere als mobile Anlaufstelle in der Szene und für Umzugshilfen eingesetzt wird.

Räume

Streetwork kann nicht als kurzfristiges »Feuerwehrprogramm« zur Beseitigung von Problemlagen eingesetzt werden. Vielmehr sind Langfristigkeit, Kontinuität und feste Verankerung im Jugendhilfesystem notwendig, um strukturell die Lebensbedingungen der Zielgruppe zu verbessern. Daher ist eine langfristig angelegte Finanzierung und Absicherung der Arbeit nötig.

Zeitrahmen

Stand: 1999

IV Literatur

Amt für Kinder, Jugendliche und Familien der Stadt Münster 1999: Die Oberbürgermeisterin der Stadt Münster (Hg.): Streetwork Jahresbericht 1998, Münster

Amt für Kinder, Jugendliche und Familien der Stadt Münster 2000: Presse- und Informationsamt (Hg.): Streetwork Szene-Info, Münster

Amt für Kinder, Jugendliche und Familien der Stadt Münster 2001: Der Oberbürgermeister der Stadt Münster (Hg.): Streetwork Jahresbericht 2000, Münster

Arbeitskreis Streetwork / Mobile Jugendarbeit Westfalen-Lippe 1996: Allgemeine Konzeption Streetwork / Mobile Jugendarbeit in der Jugendhilfe. In: Landschaftsverband Westfalen-Lippe – Landesjugendamt (Hg.): Streetwork und Mobile Jugendarbeit, Münster, S. 125–134

Arbeitskreis Streetwork / Mobile Jugendarbeit Westfalen-Lippe 1998: Streetwork im Spannungsfeld ordnungspolitischer Vereinnahmung und stetig wachsender Armut – Über Ausgrenzung in den Innenstädten unter dem Deckmantel »Sicherheit«. In: Wohnungslos 3/98, S. 117–120

Baake, Dieter 1978: Lebensweltanalyse von Fernstudenten. Zum Problem »Lebensweltverstehen«. Zu Theorie und Praxis qualitativ-narrativer Interviews. Werkstattbericht, Hagen

Baer, Udo 1999: Gefühlssterne, Angstfresser, Verwandlungsbilder ... Kunst- und gestaltungstherapeutische Methoden und Modelle, Neukirchen-Vluyn

Behrendes, Udo 1998: Kooperation zwischen Polizei und Sozialarbeit in *Sicherheits- und Ordnungspartnerschaften*? In: Wohnungslos 2/98, S. 41–48

Bodenmüller, Martina 1995: Auf der Straße leben. Mädchen und junge Frauen ohne Wohnung, Münster

Bodenmüller, Martina 1996: Mädchen und junge Frauen ohne Wohnung – eine Herausforderung an die Jugendhilfe. In: Jugendhilfe 1/1996, S. 35–46

Bodenmüller, Martina / Piepel, Georg 1998: Streetwork schafft Wohnprojekte für Punks. Gefährden Wohnhilfen den Streetwork-Ansatz? In: Sozial extra 5/98, S. 10–12

Bodenmüller, Martina / Piepel, Georg 2000: Jugendliche auf der Straße – Zugangs- und Hilfemöglichkeiten von Streetwork. In: Hinz, Peter / Simon, Titus / Wollschläger, Theo (Hg.) 2000: Streetwork in der Wohnungslosenhilfe, Hohengehren, S. 70–83

Bortz, Jürgen 1993: Statistik. 4. vollständig überarbeitete Auflage, Berlin/Heidelberg/New York

Britten, Uwe 1995: Abgehauen. Wie Deutschlands Straßenkinder leben, Bamberg

Bruder, Almut / Bruder, Klaus-Jürgen 1984: Jugend: Psychologie einer Kultur, München/Wien/Baltimore

Bruns, Bernhard 1993: Hilfen für junge Rechtsbrecher. Modelle, Entwürfe, Auswertungen zur projektorientierten Jugendgerichtshilfe in der Osnabrücker Region, Münster

Bundesarbeitsgemeinschaft Evangelischer Jugendaufbaudienst 1997: Kinder und Jugendliche auf der Straße – Jugendsozialarbeit mit Straßenkindern, Dokumentation der Fachtagung vom 25.–27.02.97, Karlsruhe

Bundesarbeitsgemeinschaft Wohnungslosenhilfe e.V. 2000: »Wohnunfähigkeit«? – »Störer«? – »Problemhaushalte«? – Soziale Ausgrenzung schwervermittelbarer Wohnungsnotfälle aus der Versorgung mit Wohnungen und Strategien zu ihrer Überwindung. Positionspapier der BAG W, erarbeitet vom FA Wohnen, verabschiedet vom Gesamtvorstand auf seiner Sitzung vom 23./24.10.2000. In: Wohnungslos 4/00, S. 158–162

Bundesarbeitsgemeinschaft Wohnungslosenhilfe e.V. 2001: Für eine bürger- und gemeindenahe Wohnungslosenhilfe. Grundsatzprogramm der BAG Wohnungslosenhilfe e.V., Abschlussentwurf, Vorlage des Grundsatzausschuss der BAG W für die Mitgliederversammlung am 20.06.2001, Köln

Burkhardt, Sabine / Reckfort, Andrea / Tebbens, Anke 1996: Masy in Münster. Sleep In und offener Treff für Mädchen und junge Frauen. In: Betrifft Mädchen 3/96: Wohnungslos – bodenlos? Die Lebenswelt von Mädchen und jungen Frauen auf der Straße, Münster

Celik, Husniye / Kunsleben, Christine 1994: Mädchenhaus Bielefeld e.V., Verein zur Unterstützung feministischer Mädchenarbeit e.V., Zufluchtstätte. In: Betrifft Mädchen 2/94: Im Labyrinth der Kulturen – Arbeit mit ausländischen Mädchen, Münster, S. 6–10

Christiansen, Angelika / Linde, Karin / Wendel, Heidrun 1991: Mädchen los! Mädchen macht! 100 und 1 Idee zur Mädchenarbeit, Münster

Condrops (Hg.) 2000: Irrwege, Auswege – Immer auf der sicheren Seite ... ein kriminalpräventiver Ratgeber, Garmisch-Partenkirchen

Dach überm Kopf e.V. o.J.: Das Projekt Tagelöhner, Münster (Faltblatt)

Degen, Martin 1995: Straßenkinder. Szenebetrachtungen, Erklärungsversuche und sozialarbeiterische Ansätze, Bielefeld

Deinet, Ulrich 1996: Cliquen brauchen Räume – im Jugendhaus und in der Mobilen Arbeit! Ein Vergleich zwischen mobiler- und einrichtungsbezogener Jugendarbeit. In: Landschaftsverband Westfalen-Lippe – Landesjugendamt (Hg.): Streetwork und Mobile Jugendarbeit, Münster, S. 103–122

Deutsche Bahn AG o.J.: So ist's in Ordnung (Hausordnung). Aktuelles Informationsblatt, Aushang an den Personenbahnhöfen, o.O.

Deutsches Jugendinstitut DJI (Hg.) 1995: Projektgruppe »Straßenkarrieren von Kindern und Jugendlichen«: »Straßenkinder« – Annäherungen an ein soziales Phänomen. DJI-Materialien, München/Leipzig

Elger, Wolfgang / Hofmann, Hans-Jürgen / Jordan, Erwin / Trauernicht, Gitta 1984: Ausbruchsversuche von Jugendlichen: Selbstaussagen – Familienbeziehungen – Biographien, Weinheim/Basel

Elsen, Susanne 1998: Genossenschaftliche Gemeinwesenunternehmen. In: Sozial extra 1–2/1998, S. 11–13

Eyßelein, Renate 1994: Wohn- und Lebensraum für jugendliche Mütter – Das Mutter-Kind-Projekt von Leben lernen e.V. Berlin. In: Betrifft Mädchen 1/94: Und plötzlich bist Du erwachsen ... Jugendliche Mütter in Maßnahmen der Jugendhilfe, Münster, S. 12–14

Freesemann, Oliver 1997: Sozialraumanalyse der Situation der Straßenpunks in Karlsruhe. In: Bundesarbeitsgemeinschaft Evangelischer Jugendaufbaudienst 1997, S. 63–64

Friedrich, Monika 1993: Mädchen und AIDS. Schriftenreihe des Bundesministeriums für Gesundheit Band 22, Baden-Baden

Fuchs, Werner 1984: Biographische Forschung. Eine Einführung in Praxis und Methoden, Opladen

Geiß, Bärbel 1998: ZELA e.V.: Projekte zur Förderung der Integration von Mädchen und jungen Frauen ins Erwerbsleben. In: Forum Frau und Gesellschaft 2/98, S. 20–31

Gerdes, Peter 1995: Drogenkonsumierende Jugendliche und Sozialarbeit. In: Forum für Kinder- und Jugendarbeit, Heft 3/95, S. 28–33

Girtler, Roland 1995: Randkulturen. Theorie der Unanständigkeit, Wien/Köln/Weimar

Grimm, Gaby / Hinte, Wolfgang 2000: vor Leuchtturmprojekten aus Stein wird gewarnt. In: Sozial extra 9/00, S. 28–34

Hansbauer, Peter (Hg.) 1998a: Kinder und Jugendliche auf der Straße. Analysen, Strategien und Lösungsansätze, Münster

Hansbauer, Peter 1998b: Die Straße: Erlebnisort und Marktplatz. In: Sozial extra 9/98, S. 2–4

Hartwig, Luise 1990: Sexuelle Gewalterfahrungen von Mädchen: Konfliktlagen und Konzepte mädchenorientierter Heimerziehung, Weinheim/München

Heitkamp/Holtei 1997: Was erwarten Anwohner, Geschäftsleute und gesellschaftliche Gruppen von einer Innenstadtwache der Polizei am Beispiel der Polizeiwache/Kriminalkommissariat Mitte in Münster und welche Konsequenzen ergeben sich für die polizeiliche Organisation? Der Versuch einer kriminologischen Regionalanalyse der Innenstadt Münster, Projektstudium an der Fachhochschule für öffentliche Verwaltung NRW, Abteilung Münster, Münster

Herringer, Norbert 1995: Empowerment und das Modell der Menschenstärken. Bausteine für ein verändertes Menschenbild der Sozialen Arbeit. In: Soziale Arbeit 5/95, S. 155–162

Herringer, Norbert 1996: Empowerment und Engagement. In: Soziale Arbeit 9–10/95, S. 290–301

Hitzler, Ronald / Honer, Anne 1991: Qualitative Verfahren zur Lebensweltanalyse. In: Flick, Uwe / v. Kardorff, Ernst / Keupp, Heiner / v. Rosenstiel, Lutz / Wolff, Stephan (Hg.) 1991: Handbuch Qualitative Sozialforschung, München, S. 382–385

Hukal, Katrin / Kunz, Norbert / Lang, Reinhard: Enterprise-Mission in Brandenburg. In: Sozial extra 7–8/2000, S. 44–47

Institut für soziale Arbeit e.V. (Hg.) 1996: Lebensort Straße: Kinder und Jugendliche in besonderen Problemlagen, Münster

Internationale Gesellschaft für erzieherische Hilfen 1998: Niedrigschwellige Angebote für Mädchen. Protokoll des Expertinnengesprächs der Fachgruppe Mädchen und Frauen in der IGfH vom 27. bis 29.04.98 in Wiesbaden, Erziehungshilfe Dokumentationen Band 11, Frankfurt am Main

Jugendausbildungszentrum des SKM / Jugendinformations- und -beratungszentrum (Hg.): Projekt Jugendwerkstatt. Integration junger Menschen über Qualifikation durch Arbeit. Zwischenbericht 1.4.96–31.3.97, Münster

Kavemann, Barbara 1991: Mädchenhäuser – Zufluchtsorte für Mädchen in Not. In: Birtsch, Vera / Hartwig, Luise / Retza, Burglinde (Hg.): Mädchenwelten, Mädchenpädagogik. Perspektiven zur Mädchenarbeit in der Jugendhilfe, Frankfurt, S. 163–178

Keller, Gudrun u.a. 1991: Zufluchtstelle für Mädchen und junge Frauen. Ein Projekt der Initiative Münchener Mädchenarbeit e.V. Abschlußbericht der wissenschaftlichen Begleitung, München

Kinkel, Klaus u.a. 1998: Jugendhilfe: Hilfe, nicht Strafe. Stellungnahme der vier bundesweit tätigen Erziehungshilfe-Fachverbände zur Diskussion um Jugendkriminalität. In: Forum Erziehungshilfen 4/98

Klees, Renate / Marburger, Helga / Schumacher, Michaela 1989: Mädchenarbeit: Praxishandbuch für die Jugendarbeit Teil 1, Weinheim/München

Kluge, Christiane 1994: Junge Frauen und ihre Kinder in den Erziehungshilfen – Zwischen Alltäglichkeit und Problemlage. In: Betrifft Mädchen 1/94: Und plötzlich bist Du erwachsen ... Jugendliche Mütter in Maßnahmen der Jugendhilfe, Münster, S. 3–8

Kommunale Kinder-, Jugend- und Familienhilfe Frankfurt am Main 1999: Walk Man. Arbeitsbericht Herbst 1999; Frankfurt a.M.

Koppes, Reinhart 2000: von der (teil)stationären Arbeit zur Streetwork – Aufsuchende Arbeit als Ergebnis der Differenzierung von Angeboten. In: Hinz, Peter / Simon, Titus / Wollschläger, Theo (Hg.) 2000: Streetwork in der Wohnungslosenhilfe, Hohengehren, S. 28–40

Krause, Fred 1992: Streetwork in Cliquen, Szenen und Jugend(sub)kulturen (1). In: Jugendhilfe 3/1992, S. 98–107

Krause, Hans-Ullrich 1994: Kinderspiel mit dem Tod, Münster

Krüger, Eckhardt 1977: Gedanken über den Strafvollzug. In: Bittner, Wolfgang (Hg.) 1977: Strafjustiz. Ein bundesdeutsches Lesebuch, Fischerhude, S. 230–231

Kruse, Otto (Hg.) 1997: Kreativität als Ressource für Veränderung und Wachstum. Kreative Methoden in den psychosozialen Arbeitsfeldern: Theorien, Vorgehensweisen, Beispiele, Tübingen

Kunstreich, Tim 2000: antiGEWALTiges Training. In: Sozial extra 5–6/00, S. 35–39

Lamnek, Siegfried 1989: Qualitative Sozialforschung Band 2: Methoden und Techniken, München

Landesarmutskonferenz Niedersachsen und DGB-Landesbezirk Niedersachsen/Bremen 2001: 10 Vorurteile gegen Arbeitslose und Sozialhilfeberechtigte und mehr als 10 Argumente dagegen, Hannover

Landesarbeitsgemeinschaft Streetwork / Mobile Jugendarbeit Bayern e.V. 2000: Fachliche Standards für Streetwork/Mobile Jugendarbeit 2000, München

Landschaftsverband Westfalen-Lippe, Westfälisches Jugendhilfezentrum Dorsten o.J.: Option. Ein pädagogisch-therapeutisches Konzept für drogenabhängige und von Abhängigkeit bedrohte Jugendliche. Konzeption: Intensivgruppe »Villa Lichterglanz«, Dorsten

Langhanky, Michael 1993: Annäherung an Lebenslagen und Sichtweisen der Hamburger Straßenkinder. In: Neue Praxis 3/1993, S. 271–277

Lembeck, 1996: Junge Menschen in besonderen Lebenslagen – Annäherungen an das Tagungsthema. In: Institut für soziale Arbeit e.V. (Hrsg.): Materialsammlung der Fachtagungen zum Thema »Straßenkinder«, Münster

Lembeck, Hans-Josef / Ulfers, Rainer 1997: Jungen auf der Straße, Unveröffentlichte Expertise, Münster

Lichthardt, Christiane 1995: Laut(er) starke Mädchen. Selbstverteidigung und Selbstbehauptung an Schulen, Münster

Lofland, John 1979: Der Beobachter: inkompetent und akzeptabel. In: Gerdes, Klaus (Hg.) 1979: Explorative Sozialforschung, Stuttgart, S. 75f

Meyer, Dieter 1995: »Nichts wie weg – aber wohin?« Erfahrungen aus dem Schlupfwinkel Stuttgart. In: Wohnungslos 1/1995, S. 12–13

Ministerium für Arbeit und Soziales, Stadtentwicklung, Kultur und Sport des Landes Nordrhein-Westfalen 1989: Wohnungslosigkeit vermeiden – dauerhaftes Wohnen sichern. Ein Landesmodellprogramm, Düsseldorf

Ministerium für Arbeit und Soziales, Qualifikation und Technologie des Landes Nordrhein-Westfalen 2000: Wohnungslosigkeit vermeiden – dauerhaftes Wohnen sichern. Beispielhafte Pressemeldungen zum Landesprogramm, Düsseldorf

Ministerium für Frauen, Familie und Gesundheit des Landes Nordrhein-Westfalen 2000: Kinder und Jugendliche an der Schwelle zum 21. Jahrhundert. Entwicklungen in der Heimerziehung, Düsseldorf

Mobile Jugendarbeit Innenstadt 1999: Jahresbericht 1999, Chemnitz

Münstersche Zeitung vom 07.02.2000: Immer mehr Kinder leben auf der Straße, Münster

Permien, Hanna / Zink, Gabriela 1998: Endstation Straße? Straßenkarrieren aus der Sicht von Jugendlichen, München

Pfennig, Gabriele 1996: Lebenswelt Bahnhof. Sozialpädagogische Hilfen für obdachlose Kinder und Jugendliche, Neuwied

Projekt Zora 2000: Dokumentation & Jahresbericht 1998/1999, Anlauf- und Beratungsstelle / Offener Treff für Mädchen und junge Frauen, Wiesbaden

Quitmann, Helmut 1985: Humanistische Psychologie, Göttingen

Reis, Dagmar 1997: Streetwork – echte Hilfe oder Kosmetik am System? In: Bundesarbeitsgemeinschaft Evangelischer Jugendaufbaudienst 1997, S. 53–54

Reismann, Hendrik / Freesemann, Oliver 1998: Evaluation von Anlaufstellen für »Jugendliche auf der Straße« am Beispiel der Städte Karlsruhe, Mannheim und Stuttgart. In: Hansbauer 1998a, S. 236–283

Rosenke, Werena 1995: Wohnungslose Frauen. In: Theorie und Praxis der sozialen Arbeit 2/1995, S. 63–68

Rosenke, Werena 1996: Weibliche Wohnungsnot. Ausmaß – Ursachen – Hilfeangebote. In: Wohnungslos 3/96, S. 77–81

Rosenke, Werena 1997: Straßenzeitungen – eine neue Option für Wohnungslose und sozial Ausgegrenzte. In: Kruse (Hg.) 1997, S. 255–270

Scheerer, Sebastian / Vogt, Irmgard 1989: Drogen- und Drogenpolitik. Ein Handbuch, Frankfurt a.M.

Schnack, Dieter / Neutzling, Rainer 1993: Kleine Helden in Not – Jungen auf der Suche nach Männlichkeit, Reinbek bei Hamburg

Schrank, Myriam 1996: Café Sperrgebiet Hamburg. In: Betrifft Mädchen 3/96: Wohnungslos – bodenlos? Die Lebenswelt von Mädchen und jungen Frauen auf der Straße, Münster

Schütze, Fritz 1977: Die Technik des narrativen Interviews in Interaktionsfeldstudien – dargestellt an einem Projekt zur Erforschung von kommunalen Machtstrukturen. Arbeitsberichte und Materialien Nr. 1, Fakultät für Soziologie, Bielefeld

Seidel, Markus Heinrich 1994: Straßenkinder in Deutschland: Schicksale, die es nicht geben dürfte, Frankfurt am Main/Berlin

Simon, Titus: Rahmenbedingungen und fachliche Standards in der Wohnungslosenhilfe. In: Hinz, Peter / Simon, Titus / Wollschläger, Theo (Hg.) 2000: Streetwork in der Wohnungslosenhilfe, Hohengehren, S. 11–21

Specht, Walther (Hg.) 1991: Straßenfieber. Beiträge sozialer Arbeit der Diakonie Band 4. Stuttgart

Stadt Dortmund, Jugendamt, Abteilung Jugendarbeit (Hg.) 1998: Lebensmittelpunkt Bahnhof – Problemlagen von Jugendlichen, Dortmund

Stadt Münster, Amt für Stadtentwicklung und Statistik: 2000, Münster

Stark, Wolfgang 1993: Die Menschen stärken. Empowerment als eine neue Sicht auf klassische Themen von Sozialpolitik und sozialer Arbeit. In: Blätter der Wohlfahrtspflege – Deutsche Zeitschrift für Sozialarbeit 2/93, S. 41–44

Statistisches Bundesamt Wiesbaden 1996: Statistisches Jahrbuch 1996, Wiesbaden

Steinmaier, Helga 1993: Raumaneignung durch Mädchen in öffentlichen Räumen. In: Heiliger, Anita / Kuhne, Tina 1993: Feministische Mädchenpolitik, München, S. 166–175

Streetwork Innenstadt – Frankfurt am Main 1996: Den Einstieg zum Ausstieg vermitteln, Frankfurt

Stierlin, Helm 1975: Eltern und Kinder im Prozeß der Ablösung, Frankfurt am Main

Trauernicht, Gitta 1992: Ausreißerinnen und Trebegängerinnen, Münster

Verein Arbeits- und Erziehungshilfe e.V. 1995: Sleep-In Jahresbericht 1995, Frankfurt a.M.

Weber, Georg / Schneider, Wolfgang 1992: Herauswachsen aus der Sucht illegaler Drogen: Selbstheilung, kontrollierter Gebrauch und therapiegestützter Ausstieg. Hrsg.: Ministerium für Arbeit, Gesundheit und Soziales NRW, Münster

Weber, Monika / Retza, Burglinde: Die Straße gehört den Jungen – oder: Wer denkt bei Straßenkindern schon an Mädchen? Anmerkungen und Ergänzungen aus geschlechtsspezifischer Sicht zum Aktionsprogramm »Kinder und Jugendliche in besonderen Problemlagen« In: Institut für Soziale Arbeit e.V.: 5 Jahre »Straßenkinder« im Blick von Forschung und Praxis – eine Zusammenschau, Tagungsreader der Fachtagung vom 30.–31.10.98 in Berlin, S. 116–129

Wolffersdorff-Ehlert, Christian 1991: Zugangsprobleme bei der Erforschung von Randgruppen. In: Flick, Uwe / v. Kardorff, Ernst / Keupp, Heiner / v. Rosenstiel, Lutz / Wolff, Stephan (Hg.) 1991: Handbuch Qualitative Sozialforschung, München, S. 388–391

Wrobel, Gerda 1995: Ja, wir malen. Gestaltungs-Sozialtherapie mit Ausgegrenzten, in: Sozialtherapie Heft 11, April 1995, S. 32–43

Wyen, Rainer 1999: Ehemals obdachlose Jugendliche in sozialpädagogisch begleiteten Wohnprojekten. Eine empirische Studie; unveröffentlichte Diplomarbeit, Münster